彭山年鉴

PENGSHAN YEARBOOK

2022

PENGSHAN
YEARBOOK

眉山市彭山区人民政府　主办
眉山市彭山区档案馆（党史和地方志编纂中心）　编

方志出版社
Publishing House of Local Records

图书在版编目（CIP）数据

彭山年鉴．2022 / 眉山市彭山区档案馆（党史和地方志编纂中心）编．—北京 ：方志出版社，2022.10

ISBN 978-7-5144-5395-9

Ⅰ．①彭… Ⅱ．①眉… Ⅲ．①区（城市）—眉山—2022—年鉴 Ⅳ．①Z527.14

中国版本图书馆 CIP 数据核字（2022）第 232661 号

责任编辑：陈菁
责任校对：刘玉霞
责任印制：梅中英
出 版 者：方志出版社
地　　址：北京市朝阳区潘家园东里 9 号（国家方志馆 4 层）
邮　　编：100021
网　　址：http://www.zgfzcb.cn
发　　行：方志出版社图书营销中心（010-67110500）
印　　刷：成都市兴雅致印务有限责任公司
开　　本：889 毫米 ×1194 毫米　1/16
印　　张：23.75
字　　数：692 千字
版　　次：2022 年 10 月第 1 版
印　　次：2022 年 10 月第 1 次印刷
定　　价：280.00 元

彭山区行政区划图

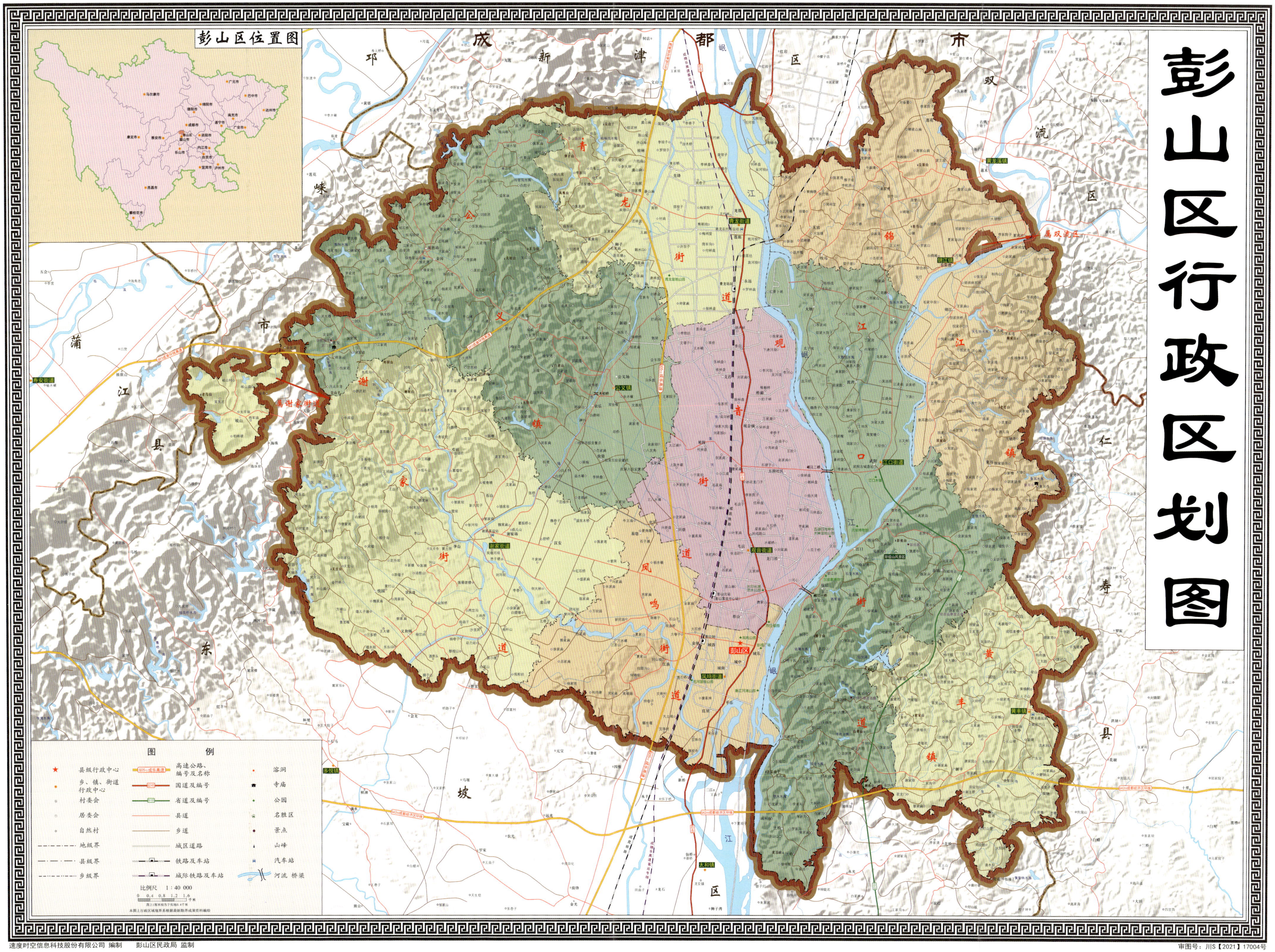

速度时空信息科技股份有限公司 编制 彭山区民政局 监制

审图号：川S【2021】17004号

年度荣誉 | 2021

- 彭山区获评“‘四好农村路’全国示范县”
- 彭山区获评“全国信访工作‘三无’县”
- 彭山区妇女联合会获评“全国妇联系统先进集体”
- 彭山区人民检察院获评“全国检察宣传先进单位”
- 彭山区自然资源和规划局获评“全国自然资源系统‘七五’普法工作中成绩突出的集体”
- 彭山区司法局获评“2016—2020 年全国普法工作先进单位”
- 彭山区农业农村局获评“促进家庭农场高质量发展制度创新试点”
- 江口司法所获评“全国模范司法所”
- 黄丰镇团结村获评“第二批全国乡村治理示范村”

数说彭山 | 2021

- 面积 465 平方千米
- 耕地面积 19903.7 公顷
- 省级经济开发区 1 个
- 省级五星现代化农业园区 1 个
- 年末户籍总人口 32.43 万人
- 年末常住人口 32.9 万人
- 地区生产总值 196.44 亿元
- 第一产业增加值 18.38 亿元
- 第二产业增加值 89.01 亿元
- 第三产业增加值 89.05 亿元
- 三次产业比例 9.4 ：45.3 ：45.3
- 社会消费品零售总额 85.22 亿元
- 进出口总额 2.24 亿元
- 实际利用外资 3018 万美元
- 地方一般公共预算收入 18.77 亿元
- 地方一般公共预算支出 32.85 亿元

- 税收收入 13.37 亿元
- 旅游收入 47.44 亿元
- 城镇登记失业率 3.04%
- 城镇最低生活保障 630 元 / 月
- 农村最低生活保障 450 元 / 月
- 旅客周转量 10141 万人千米
- 货运周转量 10213 万吨千米
- 金融机构各项存款余额 336.6 亿元
- 金融机构各项贷款余额 215.28 亿元
- 人口自然增长率 -2.56‰
- 教育支出 41621 万元
- 中小学在校学生 25210 人
- 科学技术支出 508 万元
- 专利授权 323 件
- 医疗卫生支出 21174 万元
- 医疗卫生机构数 209 个
- 医疗机构技术人员 2441 人
- 医院、卫生院床位数 1945 张
- 城镇污水集中处理率 96%
- 城镇居民人均可支配收入 43313 元
- 农村居民人均可支配收入 24259 元
- 城乡居民社会养老保险人数 107496 人

换届工作

1 | 2 | 3

❶ 2021年4月19日，召开区镇领导班子换届工作会 （区融媒体中心供图）

❷ 2021年8月20日，召开中共眉山市彭山区第三次代表大会代表选举工作会议暨区镇两级人大换届选举工作动员会 （区委宣传部供图）

❸ 2021年3月13日，岐山村召开第十一届村民委员会换届选举大会 （区委宣传部供图）

庆祝中国共产党成立100周年暨党史学习教育

1 | 2

3

❶ 2021年6月11日，彭山区举办庆祝中国共产党成立100周年文艺作品展 （区委宣传部供图）

❷ 2021年6月16日，彭山区举行庆祝中国共产党成立100周年党史知识竞赛，图为决赛现场 （区委宣传部供图）

❸ 2021年6月17日，凤鸣街道城西社区党委举办庆祝中国共产党成立100周年文艺会演 （区委宣传部供图）

1 2 3 4
5 6

❶ 2021年6月30日，彭山区举行庆祝中国共产党成立100周年文艺晚会（区委宣传部供图）

❷ 2021年7月1日，彭山区党员干部集中观看“庆祝中国共产党成立100周年大会”视频（区委宣传部供图）

❸ 2021年5月8日，彭山区赴绵阳举办党史学习教育区级领导班子中心组学习暨区级领导干部专题读书班（区委宣传部供图）

❹ 2021年5月15日，百岁老党员到企业讲党史（区委宣传部供图）

❺ 2021年6月17日，彭山区举行“我为群众办实事”授旗仪式（区委宣传部供图）

❻ 2021年6月1日，黄丰镇绘制百米画卷感党恩（区委宣传部供图）

眉山市彭山区党史学习教育区级领导班子中心组学习暨区级领导干部专题读书班

企业文化：
共有南方 共同事业
共创平台 共享成就
企业使命：
创造价值，成就你我。
企业精神：
团结、和谐、求实、创新。
不忘初心 牢记使命

永远跟党走 奋进新征程
文明实践进万家 幸福长卷话党恩

产业发展

暨工业园区党建联合体首届职工劳动技能竞赛

眉山市彭山区人民政府 杉杉锂电材料有限公司
杉杉年产20万吨锂电池负极材料一体化基地项目签约仪式
四川眉山·上海浦东 2021年8月

ALBEMARLE
眉山市彭山区人民政府
Pengshan District People's Government of Meishan City
美国雅保公司
Albemarle Corporation
雅保新时代锂电池材料工厂项目签约仪式
Albemarle Next Generation Lithium Battery Materials Plant Project Signing Ceremony

眉山市彭山区2021年第一批经济合作项目引荐奖励现场发放仪式
颁奖仪式
贰万元
叁万元
壹拾壹万元
陆拾贰万元
伍万元
贰万元

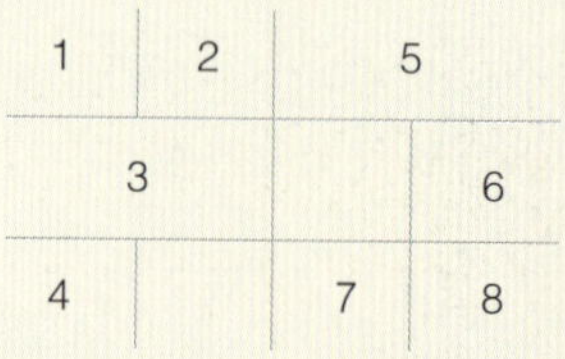
1
2
5
3
6
4
7
8

❶ 2021年4月10日，彭山经开区举办劳动者技能竞赛 （彭山经开区供图）

❷ 2021年8月3日，彭山区政府与杉杉锂电材料有限公司举行杉杉年产20万吨锂电池负极材料一体化基地项目签约仪式 （区委宣传部供图）

❸ 2021年10月20日，彭山区政府与美国雅保公司举行雅保新时代锂电池材料工厂项目签约仪式 （区融媒体中心供图）

❹ 2021年10月29日，眉山市彭山区举行2021年第一批经济合作项目引荐奖励现场发放仪式 （区经合外事局供图）

❺ 四川彭山经开区 （区委宣传部供图）

❻ 四川珂玛材料技术有限公司生产车间里，工人们正在紧张有序地工作 （区摄影家协会供图）

❼ 四川研一新材料有限责任公司一期项目建设基地 （区委宣传部供图）

❽ 格林达年产10万吨电子材料项目 （区摄影家协会供图）

1 2 3 4 5

❶ 2021年7月14日，彭山区召开抓项目促投资工作推进会议

（区委宣传部供图）

❷ 2021年7月15日，彭山区参加美商会2021年度投资分析报告会

（区经合外事局供图）

❸ 2021年10月29日，四川彭山经济开发区管理委员会与中创新航科技股份有限公司举行中创新航锂电正极材料项目签约仪式

（彭山经开区供图）

❹ 2021年1月22日，彭山区召开区委经济工作会议并为全区纳税十强企业颁奖 （区融媒体中心供图）

❺ 彭山区市民服务中心

（区档案馆供图）

开放发展先行区建设

区委经济工作会议
5万元
5万元
10万元
10万元
15万元
15万元
10万元
5万元
5万元
5万元

彭山区市民服务中心
Pengshan District Citizen Service Center

1 3
2 4

❶ 2021年12月23日，彭山区政府与新津区政府签订区域协同发展合作协议 （区委宣传部供图）
❷ 2021年5月26日，彭山区和新津区开展教育同城化发展交流活动 （区教体局供图）
❸ 2021年6月22日，四川省农业科学院与彭山区人民政府举行院区乡村振兴合作签约仪式 （区融媒体中心供图）
❹ 2021年12月7日，彭山区卫健局同邛崃市卫健局签订《区域合作协议》 （区卫健局供图）

院区乡村振兴合作
签约仪式
四川省农业科学院 眉山市彭山区人民政府
2021年6月
签约席

学习贯彻《成渝双城经济圈建设规划纲要》《成都都市圈发展规划》深入推进卫生健康事业高质量发展
成都市邛崃市卫生健康局
眉山市彭山区卫生健康局
区域合作协议签约仪式

品质城市

1 | 2 | 3
4

❶ 锦江学院商业街（区摄影家协会供图）
❷ 工业大道至高速路连接线（区摄影家协会供图）
❸ 彭祖大道秋色（区摄影家协会供图）
❹ 从锦江学院鸟瞰彭山城（区摄影家协会供图）

成乐高速路口互通节点　（区住建局供图）

❶ 成乐高速彭山段（区委宣传部供图）
❷ 正在施工中的彭山岷江大桥（区委宣传部供图）
❸ 市民在长寿牌坊前健身（区委宣传部供图）
❹ 彭山夜景（区委宣传部供图）
❺ 高铁彭山北站（区综交中心供图）
❻ 凤鸣公园（区融媒体中心供图）
❼ 竹韵廊公园（区融媒体中心供图）

凤鸣
凤鸣一声传天籁
孝感千载化武阳

1 | 3
2 | 4

❶ “四馆”建设项目（区委宣传部供图）
❷ 西藏体育局彭山训练基地（区委宣传部供图）
❸ 彭山希望城商圈（区融媒体中心供图）
❹ 江口水镇（区档案馆供图）

五湖四海湿地公园　（区委宣传部供图）

乡村振兴

1 3
2 4 5
6

❶ 2021年3月18日，举行区委农村工作会议暨彭山区争创省级乡村振兴示范县誓师大会（区委宣传部供图）
❷ 2021年5月17日，农民春耕插秧（区委宣传部供图）
❸ “四好”农村路（区交通局供图）
❹ 凤鸣花谷芍药花盛开（区委宣传部供图）
❺ 乡村阅览室（区委宣传部供图）
❻ 2021年7月23日，彭山区举办第十二届葡萄节（区委宣传部供图）

1 2 4
5
3
6

❶ 游客采摘桃子 （区委宣传部供图）
❷ 直播卖柑橘 （区委宣传部供图）
❸ 悦园万亩猕猴桃基地 （区委宣传部供图）
❹ 果农采收火龙果 （区委宣传部供图）
❺ 蓝莓丰收 （区委宣传部供图）
❻ 葡萄采收 （区委宣传部供图）

1 3
2 4

❶ 公义红旗村蜜柚基地 （区摄影家协会供图）
❷ 蔬菜丰收 （区摄影家协会供图）
❸ 谢家稻田丰收 （区摄影家协会供图）
❹ 谢家稻药产业园区 （区摄影家协会供图）

社会民生

1 2 4
3 5
6

❶ 2021年1月29日，举行2021年眉山市彭山区森林火灾应急演练 （区委宣传部供图）

❷ 2021年2月8日，区领导慰问困难群众 （区委宣传部供图）

❸ 2021年3月15日，举行眉山市彭山区春季义务植树活动 （区委宣传部供图）

❹ 2021年6月，在彭山体育馆为市民接种新冠疫苗 （区卫健局供图）

❺ 2021年9月26日，彭山区举行新冠疫情防控演练 （区委宣传部供图）

❻ 2021年8月25日，眉山彭山区教育促进会举行“李密助学金”发放仪式 （区教体局供图）

旗指引回家路 我为群众办实事
“团圆”行动认亲仪
赠：河北省邯郸市公安局武安分局
千里寻亲三十三载
公安鉴定一家团圆
彭山被拐人母亲李素芬赠
二零二一年九月二十八日
赠：彭山区公安分局
千里寻亲三十三载
公安鉴定一家团圆
彭山被拐人母亲李素芬赠
二零二一年九月二十八日

汲取奋进力量
人民英雄永垂不朽

消防车道
禁止占用
川Z·KB183

1　2　4
5
3
6

❶ 2021年9月，“团圆”行动认亲现场
（市公安局彭山区分局供图）

❷ 2021年9月30日，革命烈士纪念日当天举行纪念革命先烈活动
（区融媒体中心供图）

❸ 2021年11月，改造后的彭山区市场监管局小区
（区住建局供图）

❹ 2021年11月5日，国网眉山市彭山供电公司员工盛恩利荣获第八届全国道德模范称号
（国网彭山供电公司供图）

❺ 彭山年味
（区委宣传部供图）

❻ 志愿者开展志愿服务活动
（区委宣传部供图）

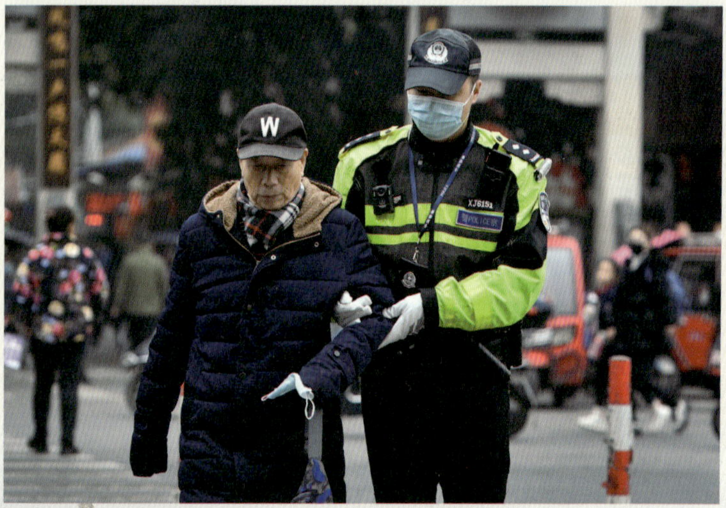

<table>
<tr><td>1</td><td>4</td><td>5</td></tr>
<tr><td>2</td><td></td><td></td></tr>
<tr><td>3</td><td>6</td><td></td></tr>
</table>

❶ 社区治安巡逻（区摄影家协会供图）
❷ 凤鸣公园路口，警察搀扶老人过马路（区摄影家协会供图）
❸ 新建成的城南湿地公园（区摄影家协会供图）
❹ 公义镇新桥小区（区摄影家协会供图）
❺ 新建成的彭山区中医医院（区摄影家协会供图）
❻ 新建成的城南污水处理厂（区摄影家协会供图）

寿乡文化

1 3 4
5
2 6

❶ “三月三”朝山会
（区委宣传部供图）

❷ 2021年6月9日，彭山区参加在丹棱县举办的四川省首届乡村文化振兴魅力乡镇竞演大赛（区委宣传部供图）

❸ 寿乡百岁老人祝寿宴
（区委宣传部供图）

❹ 眉山市彭山区汉崖墓博物馆
（区委宣传部供图）

❺ 2021年9月17日，彭山区举办中秋晚会
（区融媒体中心供图）

❻ 2021年10月14日，彭山区举办重阳节庆祝活动
（区委宣传部供图）

彭祖山　（区委宣传部供图）

歡喜

1 3
2 4

❶ 公义乡村振兴教育基地 （区摄影家协会供图）
❷ 新建成的彭祖书院 （区摄影家协会供图）
❸ 江口考古发掘 （区摄影家协会供图）
❹ 观音铺社区图书阅览室 （区摄影家协会供图）

彭山文创产品

❶ 彭祖祖“常”系列公仔——常隐
❷ 彭祖祖“常”系列公仔——常乐
❸ 彭祖祖“常”系列公仔——常心
❹ 彭祖祖非遗系列——凤鸣莲箫
❺ 彭祖祖非遗系列——黄丰草龙
❻ 彭祖祖非遗系列——谢家竹琴
❼ 彭祖祖穿越系列盲盒——石器时代
❽ 彭祖祖穿越系列盲盒——夏商周
❾ 彭祖祖穿越系列盲盒——秦
❿ 彭祖祖穿越系列盲盒——汉
⓫ 彭祖祖穿越系列盲盒——唐
⓬ 彭祖祖穿越系列盲盒——宋
⓭ 彭祖祖穿越系列盲盒——明
⓮ 彭祖祖穿越系列盲盒——清
⓯ 彭祖祖穿越系列盲盒——新时代

（区文广旅局供图）

1	2	3
4	5	6
7	8	9
10	11	12
13	14	15

《彭山年鉴（2022）》编纂委员会

主　　任　黄秀航　　杨　静

副 主 任　张　瑾　　王　松

委　　员　周明强　　陈小军　　辜　欣

《彭山年鉴（2022）》编辑部

主　　编　辜　欣

副 主 编　朱　玲

编　　辑　罗国华　　徐莉岚　　张　凤　　廖涔岑

《彭山年鉴（2022）》编写组成员名单

中共彭山区委	窦晶晶　段　文	彭山区教育和体育局	翟　洁
彭山区人大常委会	陈　宇	彭山区科技和数字经济发展局	王丽琳
彭山区政府	彭国英	彭山区民政局	田琦姝
彭山区政协	季　恒	彭山区司法局	胡　容
中共彭山纪委监委	汪静飞	彭山区财政局	周才洪
彭山区人民法院	严丹凤	彭山区人力资源和社会保障局	杨　东
彭山区检察院	骆　莎	彭山区自然资源和规划局	张世才
武警彭山中队	王诚桐	彭山区住房和城乡规划建设局	张皓天
彭山区人民武装部	徐德东	彭山区交通运输局	周　玲
彭山区消防救援大队	王　珂	彭山区水利局	张　文
中共彭山区委组织部	曾柏儒	彭山区农业农村局	潘茂利
中共彭山区委宣传部	杨尧钦	彭山区商务局	曾　利
中共彭山区委统一战线工作部	田宏迪	彭山区文化广播电视和旅游局	李云福
中共彭山区委政法委员会	周建勇	彭山区卫生健康局	余雨洁
中共彭山区委机构编制委员会办公室	陈保全	彭山区退役军人事务局	秦　燕
中共彭山区委巡察办	胡　迪	彭山区应急管理局	詹　磊
中共彭山区委党校	官为桥	彭山区审计局	张建才
彭山区老干部工作服务中心	钟　薇	彭山区国有资产和金融工作局	宋慧霞
彭山区目标绩效中心	黄　霞	彭山区市场监督管理局	胡影竹
彭山区档案馆	丁成丽　徐莉岚	彭山区经济合作和外事工作局	曹燕梅
彭山区发展和改革局	汪　波	彭山区统计局	熊维为
彭山区公安分局	黄培宇	彭山区信访局	冯建梅
彭山区经济和信息化局	罗家媛	彭山区行政审批局	蓝紫璇

彭山区综合行政执法局	李晓隆	四川彭山经济开发区	何　斌
彭山区生态环境局	刘守根	彭山区岷江现代农业示范园区	任玉梅
彭山区城乡环境综合治理服务中心	曹金昌	国家税务总局眉山市彭山区税务局	徐冬妮
彭山区社会治安综合治理中心	杨　旭	中国人民银行彭山支行	熊　楠
彭山区融媒体中心	唐　冉	中国工商银行彭山支行	徐　伟
彭山区第三产业服务发展中心	冯秀梅	中国农业银行彭山支行	杨菲菲
彭山区公共资源交易中心	解栖雁	中国银行彭山支行	祝　敏
彭祖山发展推进中心	杨利佳	中国建设银行彭山支行	陈贵全
彭山区林业和园林中心	袁小欣	人保财险彭山支公司	晏思敏
彭山区综合交通枢纽建设推进中心	刘冬梅	中国人寿保险彭山支公司	徐艳红
彭山区机关事务中心	魏晓丽	国网眉山市彭山供电公司	杨艳梅
彭山区城乡土地征收补偿安置中心	阳　洁	彭山区烟草专卖局	李　群
彭山区气象局	史亚非	邮政彭山分公司	滕　爽
彭山区医疗保障局	舒　敏	中国电信彭山分公司	徐嘉奕
彭山区老龄工作服务中心	黄　敏	中国移动彭山分公司	蒋春燕
彭山区总工会	王晓忆	中国联通彭山分公司	陈　露
共青团眉山市彭山区委	余　佳	眉山市彭山港华燃气有限公司	毛瑞琪
彭山区妇女联合会	张夏悦	申万宏源证券彭山营业部	王云兵
彭山区科学技术协会	周翔宇	四川大学锦江学院	郭　晨
彭山区工商业联合会	易昌明	凤鸣街道	陶　婷
彭山区残疾人联合会	徐建华	观音街道	雷　静
彭山区文学艺术界联合会	袁志福	江口街道	郑婷婷
彭山区社会科学界联合会	康文翔	谢家街道	王　琪
彭山区红十字会	吕艳霞	公义镇	陈　超
彭山区供销社	罗　征	黄丰镇	罗琳丹

编辑说明

一、《彭山年鉴（2022）》坚持以马克思列宁主义、毛泽东思想、邓小平理论、“三个代表”重要思想、科学发展观、习近平新时代中国特色社会主义思想为指导，坚持辩证唯物主义和历史唯物主义的立场、观点和方法，全面、客观、系统地记载2021年度彭山区政治、经济、社会等各方面的基本情况、发展状况和重大事件，为各级领导决策提供参考，为社会各界了解彭山提供资讯，为编史修志和研究彭山提供资料。

二、《彭山年鉴》是由眉山市彭山区人民政府主办、眉山市彭山区档案馆（党史和地方志编纂中心）编纂的综合性资料文献，始于1986年，一年一鉴。本年度为第36卷，公开发行。

三、《彭山年鉴（2022）》采用分类编辑法，主体内容按类目、分目、条目三个层次设置。条目为基本单元，全书以不同字体、字号区别不同层次，条目标题用“【】”表示。2022年卷共分特载、年度关注、大事记、基本区情、中国共产党眉山市彭山区委、眉山市彭山区人民代表大会、眉山市彭山区人民政府、中国人民政治协商会议彭山区委员会、纪检监察、民主党派、群众团体、法治、军事、农业、工业和信息化、商贸服务业、旅游业、金融业、城乡建设、交通、综合经济管理、教育、科学技术、文化、体育、卫生健康、社会生活、生态环境、镇·街道、人物、附录，后附索引；在书前刊载反映社会主义建设成就的“影像彭山”彩色图片42页。

四、本鉴所采用的稿件资料，由全区各镇、街道、园区、各部门、各单位负责撰写提供。除对供稿按年鉴规范做相关技术处理外，基本事实和数据不予改动。部分条目中的数据因统计口径、不含天府新区彭山区域等原因，可能与统计资料中的数据不相符合，引用时应以统计资料为准。全书除按原文登载的报告、文件及个别行业外，均使用国家法定计量单位。内文照片由各单位提供，不再另署名。

五、数字用法、标点符号用法分别采用国家标准《出版物上数字用法》（GB/T 15835—2011）、《标点符号用法》（GB/T 15834—2011），计量单位采用国家技术监督局1993年12月发布的《量和单位》系列国家标准。

目　录

特　载

年度关注

大事记

基本区情

中国共产党眉山市彭山区委

眉山市彭山区人民代表大会

眉山市彭山区人民政府

中国人民政治协商会议彭山区委员会

纪检监察

民主党派

群众团体

法　治

军　事

农　业

工业和信息化

商贸服务业

旅游业

金融业

城乡建设

交　通

综合经济管理

教　育

科学技术

文　化

体　育

卫生健康

社会生活

生态环境

镇·街道

人　物

附　录

索　引

Contents

彭山年鉴（2022）
PENGSHAN YEARBOOK

Features

Annual Highlights

Chronicle of Major Events

Brief Introduction to Pengshan District

Pengshan District Committee of the Communist Party of China in Meishan Municipality

Pengshan District People's Congress of Meishan Municipality

Pengshan District People's Government

Pengshan District Committee of the Chinese People's Political Consultative Conference

Discipline Inspection and Supervision

Democratic Parties

Mass Organizations

Rule of Law

Military

Agriculture

Industry and Information Technology

Commerce Service Industry

Tourism

Financial Industry

Ecological Environment

Towns & Streets

Personages

Appendices

Index

特 载

奋进新时代 勇担新使命 全面开启彭山现代化建设新征程

——在中国共产党眉山市彭山区第三次代表大会上的报告（审议稿）

中共眉山市彭山区委书记 黄秀航

（2021年9月29日）

今年是伟大的中国共产党成立100周年。习近平总书记发表了“七一”重要讲话，向全世界庄严宣告，我们在中华大地上全面建成了小康社会！号召全党牢记初心使命，坚定理想信念，践行党的宗旨，继续为实现人民对美好生活的向往不懈奋斗，努力为党和人民争取更大光荣！

今天，我们隆重召开中国共产党眉山市彭山区第三次代表大会。主要任务是：坚持以习近平新时代中国特色社会主义思想为指导，全面贯彻落实党的大政方针和中央、省委、市委决策部署，回顾总结区第二次党代会以来的工作，研究确定今后五年的奋斗目标和主要任务，进一步动员全区广大党员和干部群众，奋进新时代、勇担新使命，全面开启彭山现代化建设新征程，向着全面建设同城化创新发展先行区、成眉同城率先突破区、“中强”核心增长极目标奋勇前进！

下面，我代表中国共产党眉山市彭山区第二届委员会向大会作报告，请予审议。

一、过去五年的主要工作和基本经验

区第二次党代会以来的五年，是彭山应对重大挑战、经受重大考验、实现重大跨越的五年。五年来，在中央、省委、市委的坚强领导下，区委紧紧依靠和团结带领全体彭山人民，抢抓机遇、破难前行、争先进位，战胜了新冠肺炎疫情、特大洪涝灾害等多重挑战，打赢了脱贫攻坚、创文创卫创森[1]等多场“战役”，经济发展稳步向前，园区产业蝶变升级，城乡面貌日新月异，全面小康圆满实现，荣获国、省荣誉200余项，交出了一份无愧于时代、无愧于人民的精彩答卷。

——五年拼搏奋斗，党的建设全面加强，执政能力不断提升。思想政治建设卓有成效。坚持把党的政治建设摆在首位，深入开展“两学一做”学习教育、“不忘初心、牢记使命”主题教育和党史学习教育，“开门抓教育、为民解难题”、红色先锋引领绿色产业等经验获中央和四川省委组织部肯定，被《人民日报》刊载报道。牢牢掌握意识形态工作领导权，社会主义核心价值观建设、移风易俗等工作经验全国交流，被中宣部确定为全面深化改革12大重点宣传区县，中央电视台、新华网等国家级媒体和新闻网站聚焦彭山宣传报道3200余次。全区党员干部进一步增强“四个意识”、坚定“四个自信”、做到“两个维护”，有力提振了干事创业“精气神”。全面从严治党卓有成效。聚焦净化政治生态，集中整治形式主义、官僚主义突出问题经验入选全省指导案例，大数据惩治微腐败和“三委会审”[2]规范基层微权力工作经验，被新华社内参刊载，乡镇（街道）纪（工）委标准化建设经验写入省委全会决定，获中纪委刊发。顺利通过省委巡视和经责审计，党风廉政建设社会评价连续4年位列全省第一方阵。始终保持正风反腐高压态势，严肃查处群众身边腐败和作风问题，反腐败斗争取得压倒性胜利，干部作风向上向好。组织干部建设卓有成效。全面贯彻落实新时代党的建设总要求，“七个基本”规范化建设[3]经验全省交流，智慧党建“e支部”被中央改革办专刊推广，持续深化“一把手”提能、专业化领导干部培养、年轻干部铸魂“三大工程”，政治素质考察经验全省交流，“三式协同”公务员平时考核体系[4]获国家公务员局肯定，人才工作经验被央视报道。党员先锋示范卓有成效。坚持把重大斗争作为检验做到“两个维护”的主战场，推动全区党员干部在脱贫攻坚、项目建设、深化改革、三创一新、疫情防控、抗洪救灾一线担当作为、建功立业，50余个单位、80多名同志荣获国、省表彰。区农业农村局荣获眉山建区设市以来首个全国人民满意的公务员集体。李永伟作为全市唯一的基层代表，受邀参加庆祝新中国成立70周年庆典。“水火英雄”盛恩利同志提名全国道德模范正式候选人。

——五年拼搏奋斗，综合实力显著提升，经济发展增量提质。全区三次产业结构更趋合理，由11.1：50.9：38.0调整到9.7：45.0：45.3。累计实施省市重点项目83个，全社会固定资产投资超过1200亿元，地区生产总值年均增长7.3%。预计2021年，全区经济总量迈上200亿元台阶，一般公共预算收入突破18亿元，城乡居民人均可支配收入分别超过43000元、24000元，位居全省前列。工业产业涅槃重生。坚持工业强区不动摇，成眉石化园区整体并入彭山经开区，园区发展迈入新纪元。签约引进世界500强、行业龙头、“专精特新”[5]等制造业项目72个，光电显示配套产业实现从无到有、茁壮成长，成为全国湿电子材料品类最齐全的地区，入选全省“5＋1”特色产业园区[6]。培育国家高新技术企业7家、省级专精特新“小巨人”企业4家，新建产学研联盟20家。规模以上工业增加值年均增长7.0%，再造一个“工业彭山”迈出坚实步伐。现代农业提质增效。坚持农业规模化、标准化发展，规范流转土地17.12万亩，流转率达70%。培育国家级农业合作示范社4个、省级龙头企业3家、新型农业经营主体3780个，“三品一标”[7]保有量达20个，彭山岷江现代农业园区获评国家农村创新创业园区，葡萄现代农业园区跻身省五星级园区。文旅融合突破提升。全力打好文旅资源牌，彭祖山完成改造提升，顺利通过国家AAAA级旅游景区省级资源评估；汉崖墓博物馆建成开馆；江口沉银博物馆主体工程建设过半；江口文旅度假区展现出勃勃生机，其势将成。圆满完成江口沉银考古发掘，获评全国十大考古新发现，入选全省十大文旅品牌建设名单，成为全国响当当的文旅名片。

——五年拼搏奋斗，改革开放纵深推进，活力动能加速释放。改革创新亮点频现。平稳有序完成机构改革、“两项改革”[8]和眉山天府新区管理体制改革。全力推进66项中央和四川省试点改革，47项圆满结题交卷，创造了一批在全国叫得响、可复制的彭山经验。农村土地流转“四步机制”[9]被《人民日报》头版报道，入编全国首批农村改革案例。农村“两权”抵押贷款五大体系[10]做法，成为《中华人民共和国农村土地承包法》《中华人民共和国农村金融法》立法重要参考。小农户与现代农业有机衔接经验，获农业农村部部长肯定批示。政务服务改革成效卓著，成为全国一体化政务服务平台建设工作联系点，西部区县唯一。招商引资势头强劲。坚持招大引强、招尖引优，成功引进研一新材、晶瑞、江化微、宝能动力电池和动力总成等优质项目100个，其中“三类500强”[11]和投资5亿元以上重大项目33个，协议引资2752亿元。总投资100亿元的杉杉锂电项目成功落地，实现了百亿元工业项目历史性突破。同城发展务实推进。实施千亿交通大会战，坚定不移北融成都、南连东坡。成乐高速彭山段完成扩容改造、剑南大道南延线建成通车，与成都主干道路实现无缝衔接、同标同质。工业大道全线贯通，构建起连接东坡、彭山、眉山天府新区三大区域的产业通道。成都经济环线高速、环天府新区快速通道全面建成，形成50分钟直达天府国际机场的双通道。成贵铁路客运专线日停靠彭山车次增加到22对，彭山至成都跨市公交日均开行170趟次，北融成都更加便捷。太和大道建成通车，联通30千米城市中轴线，东彭融合更加紧密。

——五年拼搏奋斗，城市魅力与日俱增，城乡面貌焕然一新。城市承载能力不断增强。抢抓乡镇行政区划调整改革契机，新设立观音、江口、谢家3个街道，街道数量全市第一，城市骨架持续拉大，发展空间进一步拓展。彭祖新城、城南片区、江口片区等城市新板块加快发展，城市建成区面积增加2.7平方千米，城镇化率达到58.53%。城市品质显著提升。投入城市建设资金246.4亿元，较“十二五”增长8.65%。系统推进城市更新改造，高标准改造龙湾大道等16条城市主干道，柏华路等12条城市道路建成通车，老旧小区改造“六步七化”[12]工作法全省推广，希望城、锦江大学城商业综合体建成投运，城市功能和形象大幅提升。践行公园城市发展理念，高品质建成竹韵廊、五湖四海生态绿地等8个公园，新增公园面积189.9万平方米，较“十二五”增长407.3%。全国文明城市、国家卫生城市、国家森林城市首创即成，群众认同感、归属感、幸福感显著提升。乡村振兴成果丰硕。实施美丽宜居乡村建设，提升农村基础设施覆盖水平，新改扩建农村公路217千米、污水处理厂（站）36座，农村天然气、自来水入社率分别达到98%、91.7%，城乡电力、通信、安全饮水、污水处理、交通出行初步实现了同标同质。乡风文明显著提升，创建省级乡村振兴先进镇1个、示范村4个，“美丽四川·宜居乡村”19个，获评“中国好人”3人。

——五年拼搏奋斗，社会民生和谐共进，幸福指数大幅提升。脱贫攻坚圆满收官。始终把脱贫攻坚作为头等大事，全民动员、尽锐出战、精准施策，2000余名党员结对帮扶贫困户，8762名贫困对象实现稳定脱贫，贫困人口人均增收8672元，增长2.79倍，成为全省率先完成贫困人口全部脱贫的区县。生态环境显著改善。坚决贯彻习近平生态文明思想，全力打好“蓝天、碧水、净土”保卫战，空气质量全面达标，优良率达86.6%；在全省率先推行“河长制”，岷江国考断面水质首次从Ⅲ类提升至Ⅱ类，毛河水质达到优良水平。顺利通过中央和四川省环保督察及“回头看”，生态环境实现历史性、根本性、整体性转好。基层治理硕果累累。构建“一核引领，多元协同”[13]治理格局，成功创建全国信访工作“三无”县，荣获全国乡村治理示范村2个、全省城市基层治理示范小区2个、全省乡村治理示范村2个。深入推进市域社会治理现代化试点，建成全市首个区级社会心理服务中心，智慧平安小区建设经验全省推广。扫黑除恶专项斗争取得全面胜利，连续2年荣获全省平安建设先进县称号。社会事业全面进步。累计支出民生和社会事业资金117亿元，较“十二五”增长66%。教育事业加快发展，彭山一中、彭山四小、锦江幼儿园等一大批现代化学校建成投用，新增教育学位5800个。5所学校与成都九中等知名学校签订合作协议，共同发展。“健康彭山”成果显著，区中医医院新院区、区人民医院新综合楼建成投用。省人民医院托管区人民医院，群众在家门口就能享受到省级医院的优质服务。政务服务智能化、便捷化水平持续提升，214项政务服务实现跨区域通办，市民服务中心荣获“全国最具创新力政务服务大厅”。推进“1＋N”[14]养老服务体系建设，连续5轮成功创建四川省敬老模范县。城乡居民养老保险、基本医疗保险实现全覆盖。

与此同时，区委积极支持人大依法履职、政协参政议政，爱国统一战线进一步壮大，国安、机要、档案、双拥、老干部、人武等工作全面推进，工青妇等群团工作取得新成绩。

同志们，五年的成就令人鼓舞，五年的历程充满艰辛。这些成绩的取得，离不开上级党委的坚强领导，离不开历届区委打下的良好基础，凝聚着全区党员干部的心血汗水，饱含着社会各界的共同努力。在此，我谨代表区委，向全区广大党员干部群众，向各民主党派、工商联和社会各界人士，向驻彭部队官兵、政法干警、消防指战员，以及所有关心、支持和参与彭山建设发展的同志们、朋友们，表示衷心的感谢，并致以诚挚的敬意！

回首五年的工作实践，我们得到以下重要启示。一是必须坚持党的领导、拥护核心。五年来，我们始终坚持和加强党的全面领导，在思想上、政治上、行动上同以习近平同志为核心的党中央保持高度一致，实现了经济社会持续健康发展。事实告诉我们，只有旗帜鲜明讲政治，拥护核心、维护核心、紧跟核心，坚持和加强党对一切工作的领导，才能确保彭山各项事业始终沿着正确方向前进。二是必须坚持站位全局、服务大局。五年来，我们全面贯彻党中央大政方针，积极践行省委“一干多支”[15]发展战略，抢抓成渝地区双城经济圈建设、成德眉资同城化和东彭融合发展机遇，坚持从全局谋划一域、以一域服务全局，推动了各项事业全面进步。事实告诉我们，只有始终立足两个大局、心怀“国之大者”，观大局、明大势，才能谋大事、干成事。三是必须坚持专注发展、突出重点。五年来，我们坚持发展第一要务，聚焦聚力产业发展、项目建设、开放合作、优化环境等重点，不断做大经济总量、做优经济质量，部分工作走在全省、全市前列。事实告诉我们，只有保持发展定力，每年主攻几件事关长远的大事，才能推动整体突破、实现持续发展。四是必须坚持深化改革、扩大开放。五年来，我们始终坚持将改革开放作为推动彭山发展最深沉、最持久的力量，用改革的办法破除体制机制障碍，用开放的举措汇聚一切可用资源，为彭山高质量发展提供了源源不断的强大动能。事实告诉我们，只有勇立改革开放潮头，突出重点领域改革攻坚，不断提高开放水平，才能在激烈的区域竞争中立于不败之地。五是必须坚持牢记宗旨、服务群众。五年来，我们始终秉承初心使命，着力解决群众“急难愁盼”问题，人民群众获得感、幸福感、安全感不断增强。事实告诉我们，“江山就是人民，人民就是江山”。只有坚持以人民为中心的发展思想，让更多改革发展成果造福人民群众，才能汇聚高质量发展的磅礴力量，不断推动彭山各项事业取得新胜利。

与此同时，我们也要清醒认识到工作中的差距和不足。一是党的建设仍需加强，干部能力有待提高。党的建设还不能完全适应新时代、新形势要求，坚持和加强党的领导创新不足、办法不多。部分干部呈现“躺平”状态，干事创业激情退化，推动高质量发展本领不高。二是区域竞争激烈，“中部塌陷”风险剧增。近年来，区域竞争愈演愈烈，随着一批重大交通项目的实施，彭山整体交通区位虽有提升，但由于“成德眉资”同城化交通网的不断完善升级，周边区县交通条件大幅改善，彭山区位比较优势逐渐减弱。同时，经济体量小、底子薄等先天不足，导致与周边区县在经济总量竞争中处于劣势，需要高度警醒警惕“中部塌陷”。三是项目支撑不强，产业基础薄弱。园区起步晚、企业规模小，科创研发能力较弱，缺乏龙头项目和头部企业引领推动主导产业发展；农业品牌化、规模化不足，文旅项目整体呈现度不高，尚未对经济社会高质量发展形成强有力支撑，经济综合实力不强。四是城市能级不高，转型压力叠加。房地产调控政策持续收紧，现代城市经济尚未形成，城镇化水平偏低，由县城格局向现代化城市转型还不彻底，“名区实县”，城市聚集力、影响力还不足，城市外向度、知名度还不高，离“中强”目标还有很大差距。五是优质民生服务供给不足，离群众期盼有差距。基层治理能力和水平还不高，部分领域治理还不精准精细，优质的教育、文化、医疗、养老等公共服务供给不足，还不能满足人民群众的需求和期盼。

二、未来五年的总体要求和主要任务

一代人有一代人的使命！一代人有一代人的担当！未来五年，我们必须坚定走好属于自己的“长征路”。哪怕前路荆棘、哪怕挑战重重，我们都要一往无前、攻坚克难，抢抓机遇、奋勇前行。

未来五年，我们要抢抓重大历史战略机遇，厚植区域发展优势。随着新时代西部大开发、成渝地区双城经济圈建设不断推进，成德眉资同城化发展上升为全省战略，彭山“由枝转干”成为全省发展的主干、开放的前沿，迎来了发展的黄金时代。只要我们不折腾、不懈怠，心往一处想，劲往一处使，彭山的发展前景将不可限量。

未来五年，我们要抢抓副中心建设机遇，推动东彭融合发展，带动主城融入成都。市委赋予彭山“中强”“北上”[16]发展定位，推动东彭仁新一体相融、东彭融合发展，全力建设现代化成都都市圈重要的经济和人口承载地，使彭山跻身双城经济圈、成都都市圈的“圈中圈”，其战略牵引力、政策推动力和发展支撑力前所未有。只要我们始终同省委、市委保持高度一致，说了就干、定了就办，彭山各项事业必将乘势而上，迈上更高台阶，实现更大突破。

未来五年，我们要抢抓科技迭代机遇，坚定不移塑造“先进制造新高地”。以互联网、大数据、新能源等为核心的新一轮科技革命及产业变革正在加速爆发。彭山产业定位新、发展态势好，园区规划建设标准高。只要我们解放思想、敢于争先，积极抢搭新一轮科技革命与产业革命的快车，彭山就能在新一轮区域竞争中实现换道超车、跨越崛起。

未来五年，全区工作的总体要求是：高举中国特色社会主义伟大旗帜，坚持以习近平新时代中国特色社会主义思想为指导，全面贯彻习近平总书记对四川工作系列重要指示精神，全面贯彻党的十九大和十九届二中、三中、四中、五中全会精神，统筹推进“五位一体”总体布局、协调推进“四个全面”战略布局，抢抓成渝地区双城经济圈建设、成德眉资同城化发展等重大战略机遇，深入落实省委“一干多支”战略部署和市委“136”发展路径[17]，把握新发展阶段、贯彻新发展理念、融入新发展格局，紧紧围绕“五个坚定不移、五个突出、五个加快”，振奋精神、昂扬斗志，勇于担当、敢于突破，不断凝聚发展新动力、厚植发展新优势，朝着同城化创新发展先行区、成眉同城率先突破区、“中强”核心增长极目标阔步迈进，全面建设社会主义现代化彭山！

总体工作目标：党的建设进一步增强，人民生活更加富裕，主要经济指标保持全市前列，地区生产总值（GDP）年均增长10%以上，到2026年力争突破330亿元，城乡居民人均可支配收入年均增长分别达到10%、11%以上。努力创建全国生态文明建设示范区、平安中国建设示范县、全省县域经济发展先进县、全省乡村振兴先进县和天府旅游名县，综合竞争力明显增强。

（一）坚定不移深化改革开放，突出全域融合，加快建设成眉同城率先突破区

改革开放是彭山实现换道超车、赢得未来的唯一选择。要深化开放思想、赓续改革精神，以融入

成都、东彭融合、招商引资、深化改革为牵引，加快打造眉山北向开放“桥头堡”和成都都市圈开放发展新高地。

聚焦融入成渝猛攻同城发展。坚持跳出彭山看彭山，置身成渝谋彭山，对标成都建彭山，以更开放的理念、更务实的作风、更灵活的机制，强化向上争取、做实开放平台、扩大合作交流，积极融入成渝地区双城经济圈和国内国际双循环。主动担负起牵引眉山整体北上历史使命，下好交通同城先手棋，突出干道、航道、轨道并驾齐驱、一体推进，建成滨江大道北段、天眉乐高速、彭邛快速通道等快速干道，加快推进川滇藏货物陆水转运中心前期规划，完成成都地铁10号线延伸至彭山、S13线前期工作，构建融入成渝、通达全国的“1港3轨5高8快”[18]综合交通网，打造成都平原地区重要综合交通枢纽。深入推进成眉同城“六大突破重点任务”[19]，全方位推进城市建设、政务服务、生态环保等与成都同标同质。

聚焦东彭一体猛攻融合发展。坚定不移落实市委“中强”发展战略，扛起首位责任，发挥极核支撑，推动东彭相向而行、相互奔赴。用好用活太和大道、工业大道、滨江大道和岷江航道“四条通道”，将交通大道转化为融合发展通道，实现两地生产、生活、生态有机融合。高品质推进东彭融合发展区规划建设，打造城市中央活力区，打通南连东坡“最后一公里”。积极争取重大基础设施和功能性项目布局彭山。全力破除阻碍两地融合发展的行业壁垒和体制机制，实现办事、生活同标准、无落差。

聚焦重点产业猛攻招商引资。将招商引资作为“头号工程”，坚持大招商、招大商，算大账、长远账、综合账。围绕主导产业，突出专业招商，通盘考量招引方向和重点，开展专业性、专题性推介，精准选资洽谈、审慎签约落地，让专业、专一、专注成为彭山的招商品牌。突出延链补链强链招商，瞄准三类500强、行业龙头和“专精特新”，大力引进产业链关键环节、上下游配套企业，力争引进1~2家光电显示和锂电池龙头企业，形成“招来一个、引进一批、带动一方”的集聚效应。建立完善区领导全周期包保重点项目制度，全面推行“一线工作法”，推动签约项目快开工、在建项目快竣工、竣工项目快投产。

聚焦重点领域猛攻改革创新。围绕加快发展，消除痛点、扫除堵点、破除难点，将彭山深化改革这面旗帜举得更高、扛得更稳。要切实增强推进改革的思想自觉、行动自觉，不折不扣落实中央和省委改革部署，有序推进行政体制、科技创新、国资国企等重点领域改革，做好两项改革“后半篇”文章。聚焦中央和四川省改革试点任务，守正创新、大胆探索，让彭山改革经验层出不穷、响彻全国。扎实推进全国新一轮农村宅基地制度改革试点，打造宅基地制度改革助力乡村振兴彭山样板。充分利用全国一体化政务服务平台建设工作联系点优势，深化政务服务“一网通办”改革，建设政务服务标杆城市。深入推进行政审批制度改革，将彭山打造成审批环节最少、效率最高、服务最优的投资高地、成本洼地。

（二）坚定不移推进创新发展，突出转型升级，加快建设成渝高新产业聚集区

高质量发展根基在产业、关键在创新。要努力发展经济新形态，构建产业新体系，培育经济新动能，重塑工业新辉煌，再造文旅新版图。

坚持创新驱动主导地位。积极汇聚高水平创新资源，全力引进国省级科研院所、重点实验室。全面落实激励科技创新优惠政策，引导创新资源向企业集聚，支持企业建设研发机构、创新平台。鼓励龙头企业联合上下游企业、高校、科研院所组建产学研用联盟，攻克一批产业链上的关键核心技术和“卡脖子”难题，推动创新链和产业链融合发展，激发企业创新活力、发展动力。发展与主导产业相融合的高等教育和职业教育，力争引进落户1所全日制本科大学。坚持聚天下英才而用之，实施更加开放的人才政策，创新柔性引才机制，建立健全人才保障制度，搭建干事创业舞台，让人才竞相成长、实现梦想。充分发挥国家知识产权强县试点优势，

强化知识产权保护、商标注册服务、研发资金争取等，营造尊重人才、鼓励创新、崇尚科学的浓厚氛围。

坚持做大做强高端制造业。锚定建设成都都市圈“先进制造新高地”目标，重点发展新能源新材料和高端装备制造两大主导产业。聚焦优势产业集群化发展，突出光电显示、锂电池、新能源汽车，不断延伸产业链、产品链。聚焦产业空间布局优化，全力支持彭山经开区“扩区调位”“扩权赋能”，争创省级高新技术产业园区、省级绿色园区。加快推进观音新城腾笼换鸟、产业升级，提升产业空间承载力。聚焦优质企业培育，支持龙头企业、领军企业持续壮大，培育一批生态主导型产业链“链主”企业；支持中小企业“专精特新”发展，形成一批行业小巨人、隐形冠军，促进大中小企业融通发展；支持本地优质企业做大做强，力争本土企业上市实现“零突破”。树牢可持续发展理念，建立项目准入退出管理机制，开展“亩均论英雄”效益评价，盘活存量土地资源，实现节约集约高效发展。

坚持发展壮大现代服务业。坚持世界眼光、国际标准，整体推进江口片区文旅资源开发，高标准建设江口沉银博物馆、江口古镇等引领型项目，打造上接成都黄龙溪、下连乐山大佛的千亿岷江文旅产业带，争创国家AAAAA级旅游景区。深度挖掘长寿文化、忠孝文化、茶肆文化内涵，强化特色文旅产品供给，以新产品、新业态、新场景讲好彭山故事，争创省级全域旅游示范区和天府旅游名县。促进生活性服务业高端发展，加快发展长寿养生、医疗康养相结合的养老服务产业，打造医疗康养胜地。优化城市商圈布局，加快新型城市商业综合体建设，提升城市商气人气。加快特色美食街区建设，培育“彭祖味道”特色餐饮产业体系，打造舌尖上的城市。

（三）坚定不移提升功能品质，突出以人为本，加快建设天府宜居宜业不老城

坚持围绕生态、人文、现代、宜居目标，打造具有天府韵味、彭山特色的天府宜居宜业不老城，让人民群众拥有更加美好的生活家园。

着力优化城市布局。高水平编制国土空间规划，绘好城市发展蓝图。坚持产业为首、宜居为先、功能为重、生态为要，高品质规划建设彭祖新城、江口片区、观音新城等城市新区，提升城市承载能力，实现城美、人聚、产兴，打造现代化都市样板区。畅通城市交通路网，建好岷江大桥、环湖东路、岷江二桥引道等城市骨干道路，加速实现各城市板块相连相通、有机融合。科学规划建设公共服务及便民配套设施，打造“15分钟便捷生活圈”。力争到2026年户籍城镇化率达到66%，城市建成区面积达到30平方千米。

着力提升城市品质。强化规划刚性约束，严格落实“五线”“五面”“两空间”[20]强制管控要求，加强现代城市建筑设计管理。践行公园城市发展理念，坚持自然为美，做美岷江岸线和沿江城市天际线。持续实施“绿荫彭山、全域增绿”行动，确保森林覆盖率提升到40%以上。深入推进城市更新改造，加快补齐老城区基础设施、人居环境和功能缺失短板，全面完成老旧小区改造，基本消除城中村。启动G245线沿线风貌改造，提升城市北部区域整体形象。加快海绵城市、韧性城市建设，全面完成城市雨污管网建设和地下管网修复改造。加快智慧城市和数字政府建设，推动城市运行“一网统管”。

着力涵养城市文化。坚持把彭山特色文化作为展现城市魅力的核心要素，推动文脉传承、文明彰显、文化繁荣。坚持以文铸魂，加强历史文化资源保护，推进江口古街创建省级历史文化街区，将特色历史文化元素融入城市公园、城市节点规划建设，打造一批独具彭山特色的文化景观、生活场景，增强城市辨识度。聚焦以文化人，积极践行社会主义核心价值观，做优“彭山榜样”道德模范等文化品牌。持续巩固创文创卫成果。突出以文惠民，高水平举办彭祖国际长寿养生文化节等会节活动，打响彭山文化品牌，提升城市知名度、美誉度。

（四）坚定不移推进乡村振兴，突出产强民富，加快建设美丽宜居乡村

以争创省级乡村振兴先进县为统揽，推动农业农村现代化，打破城乡二元结构、缩小城乡差距，加快推进城乡融合发展。

做优现代农业产业。落实最严格耕地保护制度，坚决遏制耕地“非农化”、严格管控“非粮化”，牢牢把住粮食安全主动权，确保粮食播种面积稳定、产量只增不减。坚持以“生态、高效、精致”为发展方向，积极运用新品种、新技术、新模式、新装备，做优做强葡萄、柑橘、猕猴桃、中药材等6大特色优势产业，加快培育现代农业种业、现代农业装备、现代农业烘干冷链物流3大先导产业。推动现代农业生产标准化、智能化、信息化，建设一批绿色标准化农产品生产示范基地，扶持培育一批国省级农业产业化龙头企业、农民合作社、家庭农场。推动现代农业品牌化，“三品一标”达30个以上。坚持农业全域园区化，积极创建国家级农业现代化示范区，争创国家级现代农业园区1个、省级农业科技示范园区1个、省级星级园区2个。

建设美丽宜居乡村。将公共服务和基础设施向乡村转移覆盖，完成全域公交改革[21]，创建“四好农村路”[22]全国示范县，确保公交实现村村通，农村安全饮水全覆盖。深入推进乡村建设行动，注重融入生态元素、人文特色，因地制宜打造一批见得到绿、看得见水、记得住乡愁的美丽村庄、特色小镇。持续开展农村人居环境整治“六大行动”[23]，全力改善乡村面貌，加快建设“美丽彭山·宜居乡村”。

拓宽富民增收渠道。推进巩固脱贫攻坚成果同乡村振兴有效衔接，健全防止返贫致贫动态监测和帮扶机制，稳定优化“两不愁三保障”[24]各类帮扶政策，切实消除返贫致贫风险。坚持先富带后富，培育和扶持返乡创业致富带头人，辐射带动更多群众致富增收。深入推进农业农村改革，发展壮大村级集体经济，增加群众财产性收入。搭建农产品展销平台，发展新型农村电商业态，让农产品卖出好价格。办好眉山（彭山）乡村振兴学院，培养造就一支爱农业、懂技术、善经营的新型职业农民队伍。

（五）坚定不移增进民生福祉，突出共同富裕，加快建设和谐幸福家园

民生无小事，枝叶总关情。始终把人民放在心中最高位置，朝着劳有多得、学有优教、病有良医、老有尊养目标迈进，让彭山的发展更有“温度”、让群众的幸福更有“质感”。

持续提升生态环境质量。树牢“绿水青山就是金山银山”理念，系统推进山水林田湖草生态系统治理，全面落实河湖长制，严格水资源管理保护。推进“减排、压煤、抑尘、治车、控秸”五大工程，空气质量优良率进一步提升。推进土壤污染防治，强化固废、危废规范化处置，实施农药减量行动。完善生态环境损害赔偿和公益诉讼制度，对环境违法行为“零容忍”。稳步推进碳达峰、碳中和[25]，开展能源消耗总量和强度双控制，大力倡导绿色生产生活方式，创建国家生态文明建设示范区。

全方位发展社会民生事业。深化教育综合改革，把孩子们的事情办好。严格落实义务教育阶段“双减”[26]政策，全面提升办学水平，推进学前教育普及普惠、义务教育优质均衡，新增基础教育学位6000个以上。推动高中教育多样化特色化发展，彭山一中创建省一级引领性示范高中。深化医疗卫生体制改革，把人民的健康管好，建立健全多层次医疗保障体系，持续提升医疗卫生水平，强化与华西医院、省人民医院的合作，打造一批名医、特色专科，推动区人民医院、区中医医院成功创建三级乙等医院。强化卫生应急管理体系建设，提高传染病疫情防控能力。落实就业优先政策，支持自主创业，新登记企业2000家以上、个体工商户6000户以上。落实全面“三孩”政策综合性配套措施。深化养老服务体系建设，实现镇（街道）养老综合体全覆盖，提高养老服务能力。

扎实推进基层治理。坚持依法治区，推动法治彭山、法治政府、法治社会一体建设。深化基层治

理创新，开展“五大能力”提升行动[27]，实施“三大领域”攻坚[28]，加快街道、社区、小区三级邻里服务体系建设。深化市域社会治理现代化试点，推动社会治理和服务重心下移、资源下沉，实施“镇街吹哨、部门报到”工作机制，完善网格化服务管理，争创全省城乡基层治理示范区。完善社会治安防控体系建设，常态化开展扫黑除恶斗争，全面打赢禁毒人民战争，创建平安中国建设示范县。严格落实安全生产责任制，加强公共消防安全、食品药品安全、网络安全治理，提高安全防范和应急处置能力。

三、全力推动新时代党的建设迈上新台阶

事业成败，关键在党，关键在党要管党、从严治党。要弘扬伟大建党精神，全面落实新时代党的建设总要求，不断推进党的建设新的伟大工程。

（一）加强思想政治建设，进一步锤炼忠诚可靠的坚强党性

坚持将思想政治建设摆在首位，增强“四个意识”、坚定“四个自信”、做到“两个维护”，不断提高政治判断力、政治领悟力、政治执行力。坚持把学习贯彻习近平新时代中国特色社会主义思想作为最大政治任务，推进“不忘初心、牢记使命”主题教育常态化制度化，推动党史学习教育走深走实。加强党对宣传思想工作的全面领导，旗帜鲜明坚持党管宣传、党管意识形态，深入推进“五大行动”[29]，深化新时代文明实践，做大做强主流思想文化阵地，推动社会主义核心价值观建设达到新高度。

（二）加强基层组织建设，进一步构筑坚强有力的战斗堡垒

大力推进组织革新，推动农村、城市、国企、“两新”等各领域党组织“三化建设”[30]，严密上下贯通、横向联动、执行有力的组织体系，让每一个支部都成为坚强的战斗堡垒。大力推进引领创新，以提升组织力为重点，实施“区域化大党建+网格化小治理”行动，拓展党建联合体工作触角，在城乡基层发展中坚持和加强党的领导。大力推进队伍更新，编制中长期党员发展规划，综合运用优质发展、系统培养、能进能出等方式，有效应对党员队伍断层和迭代挑战，巩固党的执政基础。

（三）加强干部队伍建设，进一步打造堪当重任的中坚力量

坚持战略储备、蹲苗历练，实施干部培养“壮苗行动”，创新实施干部培训“学籍制”管理，选派干部到“六个率先突破”一线实践锻炼，持续提高政治能力、战略眼光和专业水平。坚持事业为上、因事择人，重点围绕交通、产业、城建、文旅、营商、民生六大领域排兵布阵，健全正向激励办法，让敢担当善作为的干部有舞台、受褒奖、有奔头。坚持实事求是、严管厚爱，落实容错纠错机制，让广大干部轻装上阵、担当作为。

（四）加强党风廉政建设，进一步营造风清气正的政治生态

突出政治标准，强化日常监督，持续用力抓好省委巡视反馈问题和审计发现问题整改，防范化解思想涣散、纪律松弛风险，全力确保中央、省委、市委各项重大决策部署落地落实。严查隐形变异“四风”问题，深入整治形式主义官僚主义顽瘴痼疾，紧扣重点行业领域突出问题开展系统治理，持续整治群众身边腐败和不正之风，让群众在反腐“拍蝇”中增强获得感。始终坚持有腐必反、有案必查，无禁区、全覆盖、零容忍惩贪治腐，一体推进不敢腐、不能腐、不想腐，不断净化政治生态。

（五）加强民主政治建设，凝聚干事创业的磅礴力量

充分发挥党委总揽全局、协调各方的核心作用。加强党对经济工作的全面领导。支持人大及其常委会依法行使职权，支持政协依章程履行职责，深化“有事来协商、和谐助寿乡”基层协商平台建设，加强国防后备力量建设，支持和保障各民主党派、工商联、本地企业家和无党派人士有效参与民

主协商，支持统战群团创新开展各类特色活动，切实发挥桥梁纽带作用，为推动彭山高质量发展，凝聚最广泛的共识，汇聚最强大的力量。

同志们！征途漫漫，当扬帆破浪；旌鼓催人，须策马奔腾。让我们更加紧密团结在以习近平同志为核心的党中央周围，在省委、市委的坚强领导下，加速奔跑、实干拼搏、锐意进取，全面开启彭山现代化建设新征程，为建设同城化创新发展先行区、成眉同城率先突破区、“中强”核心增长极而努力奋斗！

名词解释

［1］创文创卫创森：创建全国文明城市、创建国家卫生城市、创建国家森林城市。

［2］“三委会审”：对村级重大事项，由村（社区）党组织班子成员、村（居）委会成员、村纪委委员召开三委会共同议事决策。

［3］“七个基本”规范化建设：按照“落实基本责任、健全基本组织、建强基本队伍、坚持基本制度、开展基本活动、提升基本服务、强化基本保障”7个方面要求，加强基层党组织规范化标准化建设。

［4］“三式协同”公务员平时考核体系：模组式定标、指数式考评、并联式运用的公务员平时考核体系。

［5］“专精特新”：专业化、精细化、特色化、创新化。

［6］“5＋1”特色产业园区：围绕全省“5＋1”（电子信息、装备制造、食品饮料、先进材料、能源化工、数字经济）现代工业体系，建设贯彻新发展理念、优势突出、创新功能完备的重点特色园区。

［7］“三品一标”：无公害农产品、绿色食品、有机农产品和农产品地理标志。

［8］“两项改革”：乡镇行政区划和村级建制调整改革。

［9］“四步机制”：农村土地规范流转“三级土地预推—资质审查前置—平台公开交易—风险应急处理”四步机制。

［10］农村“两权”抵押贷款五大体系：农村承包土地的经营权和农民住房财产权抵押贷款“产权交易、产权评估、风险分担、风险评估、产品创新”五大体系。

［11］“三类500强”：世界企业500强、中国企业500强、中国民营企业500强。

［12］“六步七化”：在老旧小区改造中总结出的“六步”工作法（成立组织、居民申请、方案征询、组织实施、竣工验收、管理维护）和“七化”工作标准（序化、净化、亮化、黑化、绿化、美化、文化）。

［13］“一核引领，多元协同”：坚持中国共产党的领导，发挥包括政府、社会组织和城乡居民等多元主体的协同治理作用。

［14］“1＋N”：街道建设1个城市养老服务综合体、社区建立N个养老服务站点。

［15］“一干多支”：省委十一届三次全会提出的区域协调发展格局。“一干”即做强“主干”，支持成都加快建设全面体现新发展理念的国家中心城市；“多支”即发展“多支”，打造各具特色的区域经济板块，推动环成都经济圈、川南经济区、川东北经济区、攀西经济区竞相发展，形成四川区域发展多个支点支撑的局面。

［16］“中强”“北上”：市委四届十五次全会提出的空间发展战略。“中强”即做强中心，提升主城能级水平，按照“首位提升、品质聚人”增强中心城区极核功能，依托东坡、彭山城区、仁寿县城和眉山天府新区提升城市能级，加快东彭同城发展、东彭仁新一体相融，形成拥江发展、主副联动的城市格局。“北上”即坚定北上，接轨成都核心区域，依托眉山天府新区做强“一带”，辐射带动彭山、仁寿北部区域，打造开放水平高、创新能力强、生态环境美的国际化现代化城市新区。

［17］“136”发展路径：市委四届十六次全会提出的治眉兴眉发展思路。“1”即锚定“建设现代化成都都市圈副中心”一个目标；“3”即“开放引领、

融入成都、五区协同”三项治眉方略；“6”即“一极、一地、一枢、一市、一城、一园”六大支撑。

［18］“1港3轨5高8快”：“1港”即眉山港彭山港区；“3轨”即成贵高铁、成昆铁路、市域铁路S13线；“5高”即成雅高速、成乐高速、成都经济环线高速、天眉乐高速、彭峨高速；“8快”即工业大道、S104线—彭邛快速、彭蒲快速—视青路、环天府新区快速通道—天邛快速、太和大道—彭祖大道—G245线、滨江大道、锦江大道—环湖东路—东彭滨江快速、剑南大道南延线。

［19］成眉同城“六大突破重点任务”：区委二届二十一次全会提出成眉同城要在“交通同网、产业协作、城市认同、文旅融合、环境友好、民生同质”六个重点领域率先实现突破。

［20］“五线”“五面”“两空间”：“五线”即城市红线、城市绿线、城市蓝线、城市紫线和城市黄线。城市红线指城市主次干道路幅的边界控制线；城市绿线指城市各类绿地的边界控制线；城市蓝线指城市水域的边界控制线；城市紫线指历史文化街区、优秀历史建筑及文保单位的边界控制线；城市黄线指对发展全局有影响、必须控制的城市基础设施用地的边界控制线。“五面”即建筑物正面、背面、左侧面、右侧面、顶面。“两空间”即地上空间和地下空间。

［21］全域公交改革：在乡村客运“全通工程”所有建制村通客车的基础上，将全部农村客运线路改造为公交线路，达到100%建制村（社区）通公交车的目标。

［22］“四好农村路”：把农村公路建好、管好、护好、运营好。

［23］农村人居环境整治“六大行动”：村容村貌提升行动、农村生活垃圾治理行动、农村生活污水治理行动、农村厕所革命行动、农业废弃物资源化利用行动、乡风文明提升行动。

［24］“两不愁三保障”：“两不愁”即不愁吃、不愁穿；“三保障”即义务教育、基本医疗、住房安全有保障。

［25］碳达峰、碳中和：碳达峰指中国承诺2030年前，二氧化碳的排放不再增长，达到峰值之后逐步降低。碳中和指企业、团体或个人测算在一定时间内，直接或间接产生的温室气体排放总量，通过植树造林、节能减排等形式，抵消自身产生的二氧化碳排放，实现二氧化碳的“零排放”。

［26］“双减”：减轻义务教育阶段学生过重作业负担和校外培训负担。

［27］“五大能力”提升行动：行政执行能力、为民服务能力、议事协商能力、应急管理能力、平安建设能力提升行动。

［28］“三大领域”攻坚：“农村聚居点、老旧小区、城乡接合部新型社区”三大城乡基层治理薄弱领域攻坚行动。

［29］“五大行动”：思想引领行动、意识形态行动、舆论引导行动、价值引领行动、文化提升行动。

［30］“三化建设”：规范化、标准化、智慧化建设。

政府工作报告

——在眉山市彭山区第三届人民代表大会第二次会议上的讲话

彭山区人民政府区长 杨静

（2022年1月18日）

过去五年成就及2021年工作回顾

过去五年，是彭山把握百年变局、迎战百年大考、奋进百年目标，赶超发展、大幅跃进的五年。五年来，区政府在市委、市政府和区委的坚强领导下，在区人大常委会、区政协和全区人民的大力支持下，审时度势谋大局，尽锐出战迎大考，众志成城战大疫，谱写出全面建成小康社会的最美篇章。

五年奋斗，我们凝神聚力抓发展、全力以赴提能级，夯实了发展基础。预计全区地区生产总值在122.9亿元基础上增加75.2亿元，总量增长1.6倍。城镇、农村居民人均可支配收入分别在29364元、15405元基础上增加14253元、8733元，稳居全省前列；成乐高速彭山段完成扩容改造、剑南大道南延线建成通车，成贵铁路客运专线日停靠彭山车次增加到23.5对，跨市公交日均开行240趟次，北融成都更加便捷；投入城市建设资金246亿元，城市建成区面积增加到16.1平方千米，城镇化率达到57.7%。高品质完成老旧小区改造202个，老旧小区改造“六步七化”工作法全省推广。建成五湖四海、毛河湿地等8个公园，新增公园面积189.9万平方米，全国文明城市、国家卫生城市、国家森林城市首创即成。

五年拼搏，我们内育外引强产业、蹄疾步稳促转型，提升了发展质效。工业经济实现量质双升，成眉石化园区整体并入四川彭山经开区，园区发展迈入新纪元。签约引进世界500强、行业龙头等制造业项目72个，锂电产业从无到有跻身全省四大锂电基地，光电显示配套产业成为全国湿电子材料品类最齐全的地区；持续提升农业现代化水平，建成农业科技示范基地3个，培育国家级农业合作示范社4个、省级龙头企业3家、新型农业经营主体3780个，“三品一标”[1]保有量20个，彭山岷江现代农业园区获评中国农业公园、国家农村创新创业园区；文旅产业快速发展，江口文旅度假区其势将成。顺利推进江口沉银考古发掘，获评2017年度全国十大考古新发现，入选全省十大文旅品牌建设名单，成为名震全国的文旅名片。

五年开拓，我们坚定不移扩开放、锐意进取抓改革，增强了发展后劲。实施全球招商，成功引进研一、晶瑞等优质项目114个，协议引资2769.5亿元，其中“三类”500强或投资5亿元以上重大项目43个，为产业强区打下坚实基础；47项国省试点改革圆满结题，农村土地流转“四步机制”[2]入编全国首批农村改革案例，宅基地制度发展型改革“彭山样本”被国家刊物《乡村振兴文稿》刊载。政务服务改革成效卓著，成为全国一体化政务服务平台建设工作联系点，西部区县唯一；圆满完成机构改革，政府职能持续转变。企业高频事项通办“朋友圈”不断扩大，推出“跨省通办”事项93项、“省内通办”事项165项。企业全生命周期“一件事一次办”事项落地运行，营商环境持续优化。

五年攻坚，我们坚守初心为人民、倾心尽力惠民生，共享了发展成果。全力决战决胜脱贫攻坚，8762名贫困对象实现稳定脱贫，35个市区贫困村稳定退出，率先在全省完成贫困人口全部脱贫。大力实施美丽宜居乡村建设，创建“美丽四川·宜居乡村”37个，省级乡村振兴先进镇1个、示范村4个，3人获评“中国好人”；累计支出民生和社会事业资金117亿元，新建区中医医院新院区、区人民医院新综合楼，彭山一中、彭山四小等一批现代化学校建成投用，增加教育学位5800个。城乡居民养老保险、基本医疗保险实现全覆盖，连续5轮创成四川省敬老模范县；全力打好“蓝天、碧水、净土”保卫战，空气质量全面达标，重污染天气彻底清零，生态环境实现历史性、根本性、整体性转好。

五年笃行，我们居安思危守底线、持之以恒抓安全，筑牢了发展根基。携手抗疫、守望相助，组织7名医护人员驰援湖北。全面动员机关单位、医疗战线、基层组织和社会各方力量防疫情、打胜仗，实现“零输入、零感染、零传播”目标；纵深推进“食品安全放心工程”三年攻坚行动，扎实开展安全生产专项整治三年行动，安全基础不断夯实，全区未发生较大及以上安全生产和食品安全事故；建成全市首个区级社会心理服务中心，智慧平安小区建设经验全省推广，获评全国乡村治理示范村2个。禁毒工作成效显著，扫黑除恶专项斗争取得全面胜利，连续2年荣获全省平安建设先进县称号。

可以说，过去的五年是彭山历史上发展速度最快的五年！是彭山历史上城乡面貌变化最大的五年！是彭山历史上群众得到实惠最多的五年！过去五年，最让我们自豪的是，面对各种风险挑战，全区上下以坚如磐石的信心、只争朝夕的劲头、坚韧不拔的毅力，拼出强区富民大产业，干成改变格局大项目，办好温暖民心大实事，过得很充实、走得很坚定，每一步都不容易，每个人都了不起！过去五年，最让我们感动的是，脱贫攻坚一声号令，无数干部扎根乡村，走进千家万户，道尽千言万语，想尽千方百计，把对群众的责任扛在肩上，把对家人的亏欠埋在心底，战贫斗困，不胜不休，演奏出一曲撼天动地的奋进赞歌！过去五年，最让我们难忘的是，疫情突然来袭，医务人员舍生忘死、逆行出征，广大干部临危不惧、冲锋在前，社会各界守望相助、共克时艰，全区人民风雨同舟、众志成城，书写一段向死而生、可歌可泣的抗疫史诗！岁月静好，皆因你们负重前行！

各位代表，刚刚过去的2021年，我们统筹推进疫情防控和经济发展，实现开局漂亮、全年精彩。预计地区生产总值实现198.1亿元，同比增长8%。第一产业增加值实现19亿元，同比增长7%；第二产业增加值实现86.8亿元，同比增长5.4%；第三产业增加值实现92.3亿元，同比增长11.5%；全社会固定资产投资同比增长12%；地方一般公共预算收入实现18.77亿元，同比增长12.5%；城乡居民人均可支配收入分别达到43617元、24138元，分别增长9%、10%，经济在疫后重振中破浪前行。

这一年，我们创出了对外开放、改革创新的持续动能。同城发展持续深化。坚定不移推进全域开放，成彭合作工业项目增加至27个，协议总投资达70.5亿元。彭山一中、彭山一小等7所学校与成都知名学校开展合作，在全市率先与华西口腔医院合作开展健康促进行动，实现企业登记、社保医保等91项“成德眉资同城化”事项异地可办。工业大道全线贯通，成彭动车实现公交化运营。改革创新不断强化。全省农村宅基地制度改革试点工作推进会在彭山区召开，“三权同确三证同颁”[3]经验做法全省推广。小农户与现代农业有机衔接的“彭山模式”，获得农业农村部唐仁健部长肯定批示。扎实推进两项改革“后半篇”文章，划分2个片区，江口街道作为所在片区中心街道，公义镇作为所在片区副中心镇。将“放管服”[4]改革延伸至村（社区），明确镇（街道）法定行政权力117项，赋予镇（街道）区级行政权力事项48项，基本建成三级政务服务无差别综合受理体系[5]。营商环境日益优化。创新成立企业全能服务中心，设置企业专窗、成立代办队伍，为重点企业、重点项目提供“七个一”[6]企业服务，超过2000家企业享受“三免服务”[7]，实现“零成本”开办。开展“不见面开标”[8]和异地远程评标项目41个，持续降低交易成本。创新土地报批机制，杉杉项目土地报批仅用48天完成，创造全省工业项目用地报批的最短纪录，经验在全省推广。

这一年，我们蹚出了优势突出、特色鲜明的产业足迹。工业产业提质增效。四川彭山经开区成功创建省级绿色园区，全区规模以上工业总产值实现193亿元，同比增长20.6%。金桐化学、研一二期等6个项目开工建设，精事达、晶瑞等9个项目竣工投产，预计工业投资实现43.5亿元，同比增长12%。新培育规模以上企业13家。超10亿元企业4家，亿元企业42家，再造一个“工业彭山”迈出坚实步伐。现代农业优质高效。坚持走规模化、标准化、品牌化发展之路，建成1.6万亩高标准农田，粮食产量稳定在9.5万吨以上。优质生猪产业化项目有序推进，全区生猪出栏12.5万头。设施葡萄、晚熟柑橘等特色水果面积达13.2万亩，产量15.8万吨、产值15.6亿元，葡萄现代农业园区跻身省五星级园区，果园村获评全国乡村特色产业亿元村。第三产业成势见效。商贸载体不断丰富，以希望城、伟业广场、锦江大学城为载体的新兴商圈初步形成。彭祖山完成升级改造“开门迎客”，英迪格酒店、洲际酒店等项目加快推进。圆满完成年度抢救性考古勘探发掘，江口明末战场遗址考古获评“中国百年百大考古发现”[9]。接待游客超过582万人次，旅游收入49.6亿元。

这一年，我们拼出了勇于赶超、争先进位的强大气场。向上争取跑出加速度。持续加大向上汇报对接力度，全年到位地方政府债券及再融资资金22.4亿元，完成全年目标任务149%；向上争取项目214个，到位资金18.9亿元，完成全年目标任务126%。交通建设、城市更新、农网改造等领域对上争取工作成效显著，成功争取到天眉乐高速彭山连接线项目资金7.7亿元，实现了对上争取工作的新突破。招商引资按下快进键。成功引进广州天赐、中创新航等项目25个，协议总投资282.1亿元，完成市下目标任务的178.6%，其中“三类”500强[10]或投资5亿元以上重大项目10个，取得前所未有的成绩。雅保项目是今年全省引进的单体投资最大外商直接投资制造业项目，杉杉项目开工建设更是实现了彭山区百亿级工业项目的历史性突破。项目建设干出新精彩。实施“重大项目攻坚年”行动，推行区领导联系重大项目、“红黑榜”[11]、“三比三看”[12]等制度，实施“345”项目推进法[13]，全年实施省重点项目7个，总投资210.3亿元；实施市重点项目16个，总投资311.8亿元；实施政府性投资项目116个，总投资268.6亿元。

这一年，我们绘出了焕然一新、山河锦绣的城乡画卷。生态环保成效明显。顺利通过第二轮中央生态环境保护督察和省级生态区核查验收。新建城区雨污分流管网8000米，乡镇污水管网15千米，排查污水主干管网37.2千米。空气优良率达到89.9%，岷江国考断面水质，毛河桥江桥、岷江彭东交界省考断面水质稳定保持地表Ⅲ类，城市集中式饮用水水源优良率达100%。城市建设更加出彩。彭祖新城、江口片区等城市新板块加快发展，新建改造城市道路28千米，城市建成区面积增加0.5平方千米，城镇化率提高1.7%。完成老旧小区改造127个，惠及群众1.5万余人。实施城市光彩工程，点亮城市节点20余处。新建、改造公园4个，建成口袋公园1个，绿化覆盖率达38.8%，推窗见绿、移步进园的城市生态逐步呈现。宜居乡村加快建设。巩固拓展脱贫攻坚成果同乡村振兴有效衔接，黄丰镇创成省乡村振兴先进镇。大力实施美丽宜居乡村建设，完成自来水安装1050户、燃气开通1500户、改厕1.2万户。新改扩建农村公路25千米，开通全域公交线路33条，在全市率先创成“四好农村路”[14]全国示范县，城乡在交通出行、安全饮水等方面初步实现同标同质。

这一年，我们谱出了安居乐业、富足殷实的幸福乐章。社会事业全面进步。五小五幼新建、四小扩建项目全速推进，学院路幼儿园、职高实训楼、西藏自治区体育局彭山训练基地项目全面完成，适龄儿童义务教育入学率达100%。持续深化省医院对区人民医院托管工作，率先在全市开展“百岁老人健康护佑行动”，成功承办四川省2021年世界精神卫生日宣传活动。1人获评“全国道德模范”，全市唯一。社会保障全面覆盖。组织开展各类招聘会23场次，提供就业岗位3.1万余个，达成就业意向1.2万余人。城乡居民养老保险参保人数达10.76万人，医疗保险参保人数达26.15万人，基本实现全覆盖。深入推进居家和社区养老服务改革试点工作，高标准打造养老服务设施35个。在全市率先实现社工站乡镇一级全覆盖。区妇联获评“全国妇联先进集体”。社会治理全面提升。成功举办全省首次应对农村地区新冠肺炎疫情应急演练，经验全省推广。坚决向违法犯罪“亮剑”，破获行政刑事案件1505起。顺利完成禁毒整治“摘帽”。成功创建全国信访工作“三无”县，江口司法所获评“全国模范司法所”。扎实开展安全生产专项整治行动，国务委员王勇给予森林防灭火工作“全省冠军、值得学习、保持状态”的高度肯定。

这一年，区政府持续加强自身建设，深入开展党史学习教育，坚持依法行政、依法决策，加强党风廉政建设，坚持向区人大及其常委会报告工作，向区政协通报情况，认真办理人大代表建议68件、政协提案65件，满意率均为100%。与此同时，国防动员和民兵预备役建设、退役军人事务、双拥、保密、档案、民宗、群团、供销、机关事务等工作全面推进，取得新的成绩。

各位代表，艰难困苦，玉汝于成！五年风雨兼程，我们深刻体会到：无论形势多么复杂、任务多么艰巨，坚持党的全面领导是做好政府工作的坚实靠山，比拼发展是做好政府工作的永恒主题，改革创新是做好政府工作的动力源泉，依靠人民是做好政府工作的制胜法宝，优良作风是做好政府工作的坚强保障。

各位代表，成绩来之不易，支持来自八方！这是市委、市政府和区委坚强领导的结果，是历届区政府迎难而上、接续奋斗的结果，是区人大及其常委会、区政协有效监督、倾力支持的结果，是全区广大干部群众齐心协力、顽强拼搏的结果。在此，我谨代表区人民政府，向全区各条战线的干部群众，向大力支持政府工作的人大代表、政协委员、各民主党派、工商联和社会各界人士，向驻彭官兵、政法干警、消防指战员，以及所有关心支持和参与彭山发展的区内外各界人士，表示衷心的感谢，并致以崇高的敬意！

各位代表，唯有清醒，方能致远！在肯定成绩的同时，我们清醒认识到，当前的彭山正处在转型升级、爬坡过坎的关键时期，一些长期积累的深层次矛盾和问题尚未根本解决，一些新的困难和挑战又在不断涌现：比较优势逐步减弱，“中部塌陷”[15]风险剧增；综合实力不强，发展质量不高；项目支撑不足，产业基础薄弱；城市能级不高，公共服务供给不足等。我们一定坚持问题导向，勇于担当、主动作为，精于进取、成于实干，决不让矛盾累积，决不让困难阻挡，用看得见摸得着的发展业绩，回报全区人民的信任和重托！

今后五年政府工作总体安排

各位代表，今后五年，是彭山跨越发展关键发力期，是干事创业黄金机遇期。纵观发展前景，形势向好、未来可期。从国家层面看，双循环格局[16]加快构建，新时代西部大开发、成渝地区双城经济圈建设持续推进，乡村振兴、新基建等政策利好加速释放，有利于我们借势借力发展；从省市层面看，成德眉资同城化发展上升为全省战略，眉山加快建设“成都都市圈高质量发展新兴城市”，宏观政策正在日益优化，区域发展战略红利正在持续释放，彭山的发展动力更加充足，发展前景更加广阔；从自身层面看，产业集群逐步壮大、干事激情持续激发，特别是区第三次党代会确定的发展定位、发展布局、发展路径，描绘了发展蓝图，指明了前进方向。我们相信只要保持发展定力，抢抓机遇、乘势而上，就一定能够步入高质量发展的快车道，走在全省全市前列。

今后五年全区工作的指导思想是：坚持以习近平新时代中国特色社会主义思想为指导，全面贯彻中共十九大和十九届二中、三中、四中、五中、六中全会精神，统筹推进“五位一体”[17]总体布局、协调推进“四个全面”[18]战略布局，抢抓成渝地区双城经济圈建设、成德眉资同城化重大机遇，坚持稳中求进总基调，立足新发展阶段、贯彻新发展理念、融入新发展格局，紧紧围绕区委“五个坚定不移、五个突出、五个加快”[19]，振奋精神、昂扬斗志，勇于担当、敢于突破，朝着开放发展先行区目标阔步迈进，全面建设社会主义现代化彭山！

今后五年全区工作的奋斗目标是：主要经济指标保持全市前列，地区生产总值年均增长10%以上，到2026年末（下同）经济总量突破330亿元。第一产业增加值年均增长4%以上，第二产业增加值年均增长10.2%以上，第三产业增加值年均增长10.5%以上，全社会固定资产投资年均增长12%以上，地方一般公共预算收入年均增长8%以上，城乡居民人均可支配收入年均增长10%、11%以上。努力创建全国生态文明建设示范区、平安中国建设示范县、全省县域经济发展先进县、全省乡村振兴先进县和天府旅游名县，综合竞争力明显增强，人民生活更加富裕。

各位代表，志不求易者成，事不避难者进。尽管外部环境更为复杂、不确定因素更难预测、实现目标任务艰巨，但国内经济长期向好的基本面没有变，彭山跨越发展的态势没有变，干群争先进位的激情没有变。通过纵向分析、横向比较，综合考量、科学测算，完成上述目标我们有底气、有决心、有信心。

一、抢抓机遇，聚力攻坚融合发展

没有开放就没有发展。今后五年，我们将牢固树立大开放促进大发展理念，以融入成都、东彭融合为牵引，加快打造眉山北向开放“桥头堡”和成都都市圈开放发展新高地。

积极融入成渝同城发展。坚持将建设成眉同城率先突破区作为彭山融入成渝地区双城经济圈建设的切入点和突破口，全方位推进成眉同城各项重点任务，重点加强与成都在产业协作、城市建设、政务服务等领域对接。建成滨江大道北段、天眉乐高速及彭山连接线、彭蒲彭邛快速通道等快速干道，实施剑南大道南延线同标改造，完成川滇藏货物陆水转运中心前期规划，构建融入成渝、通达全国的“1港2轨5高8快”综合交通网，打造成都都市圈南部综合交通枢纽。主动融入成眉高新技术产业协作带，依托新能源新材料产业，逐步建成成渝高新产业聚集区。

加快推进东彭融合发展。坚定不移贯彻落实市委“一核引领”[20]发展战略，持续推动东彭融合发展，高品质推进东彭融合区域规划建设，落地一批东彭融合重大基础性、功能性项目，争取落户1所医院、落地1所大学，配合实现城市新中心基本成形。加强两地产业配套合作，推进区域产业错位发展、特色发展、抱团发展，实现产业链资源的共建共享。用好用活太和大道、工业大道、滨江大道和岷江航道“四条通道”，完成尖子山航电等项目建设，实现东彭高水平互联互通。

持续招强引优赋能发展。坚持把招商引资作为“头号工程”，准确把握成渝地区双城经济圈、成都都市圈重大产业产能布局，围绕新能源新材料和高端装备制造两大主导产业，瞄准行业龙头、“专精特新”[21]实施重点招引、精准招引、专业招引，大力引进产业链核心环节、上下游配套企业，奋力推动现代制造业成链聚集、成势壮大。力争培育本土上市公司1家，招引“三类”500强或投资5亿元以上重大项目25个以上，实现到位资金500亿元、外资5亿美元，形成更高质量、更有效率、更可持续的产业集聚发展新格局。

二、多维发力，聚力攻坚改革创新

唯改革者进，唯创新者强，唯改革创新者胜。今后五年，我们将坚持把深化改革、创新驱动作为推动彭山高质量发展的重要抓手，以改革手段破解发展难题、厚植内生动力。

着力强化创新驱动。坚决履行市委赋予彭山“建设同城化创新发展先行区”重任，全力引进国省级科研院所、重点实验室，落户大科学装置和外场实验基地。深入实施企业创新主体培育工程、国家技术创新示范工程，培育高新技术企业15家以上、产学研科技平台30家以上，科研投入强度不低于1%，科技对经济增长贡献率达到60%。深入实施数字经济发展战略，推动互联网＋实体经济创新发展，引进数字经济企业10家以上，数字经济产业产值达到30亿元以上。5G通信网络在城市规划区内全覆盖，城市基础设施网络化、智能化升级改造不断提升。

奋力优化营商环境。紧跟互联网发展趋势，充分运用大数据、区块链等新技术，加快数据共享、电子证照应用，推进数字政府建设。持续推进“审批不见面 最多跑一次”改革，实现200家企业全生命周期“一件事一次办”。围绕融入成渝地区双城经济圈建设和成德眉资同城化发展，实现220项跨区域区级政务服务通办事项“一网通办”。推进相对集中行政许可权改革和综合行政执法体制改革，构建“集中高效审批、分类监管服务、综合行政执法”的政府治理框架，为市场主体投资创造良好发展环境。

全力深化重点改革。围绕全区经济发展，聚焦中央和四川省改革试点任务，依托全国农村改革试验区、全国新一轮农村宅基地制度改革试点区，推进农村宅基地“三权分置”[22]改革，积极探索集体性经营性建设用地入市制度。持续做好“两项改革”[23]后半篇文章，深化镇村便民服务标准化、规范化、便利化建设，优化便民服务体系。持续推动政务信息跨部门共享、政务事项跨区域通办。完善政务服务“好差评”评估服务，利用全国一体化政务服务平台建设工作联系点优势，深化政务服务“最多跑一次”改革。

三、乘势而上，聚力攻坚扶优育强

产业兴则经济兴，产业强则经济强。今后五年，我们将立足资源禀赋、发挥比较优势，加快发展现代优势产业，持续推进产业基础高级化、产业链条现代化，实现产业延链集群、提质增效。

推动高端制造业集群发展。锚定建设成都都市圈“先进制造新高地”目标，力争制造业总产值突破500亿元。加快构建特色工业集群，突出光电显示及材料、锂电池及材料、新能源汽车及其关键零部件产业，不断延伸产业链、产品链。聚焦产业空间布局优化，四川彭山经开区创成省级高新技术产业园区、全省“5＋1”[24]特色产业示范园区。加快推进观音新城产业升级，提升产业空间承载力。实施梯次培育工程，培育行业领军企业2家以上，国家级“专精特新”企业2家以上，规模以上工业企业达到100家以上。

推动现代农业高质量发展。落实最严格耕地保护制度，坚决遏制耕地“非农化”、严格管控“非粮化”。大力推进智慧农业发展，加快现代农业种业、现代农业装备、现代农业烘干冷链物流3大先导产业建设，做优做强葡萄、柑橘等6大特色优势产业。加快品牌升级发展，提升区域品牌的影响力，培育“三品一标”30个以上。坚持农业全域园区化，创建国家级现代农业产业园1个、省级农业科技示范园区1个、星级园区2个。培育示范农民合作社、示范家庭农场等新型农业经营主体450家，新型农业经营主体成为引领农业发展的重要生力军。

推动现代服务业跨越发展。加快省级全域旅游示范区和天府旅游名县创建，整体推进江口片区文旅资源开发，以彭祖山、江口沉银博物馆、江口古镇等为依托，打造千亿岷江文旅产业带。争创1个国家AAAAA级旅游景区，建成2个五星级酒店，江口水镇创成省级旅游度假区，打造成渝地区旅游度假首选地。依托中日国际康养城彭山区域和彭祖国际健康养生养老度假区，打造医疗康养胜地。加快发展电商物流、金融服务2大生产性服务业，创新发展文化旅游、医疗康养、特色美食等6大生活性服务业，初步形成立足成眉、辐射全国的“2＋6”现代服务业发展体系。

四、不遗余力，聚力攻坚城乡融合

城市和乡村是我们生活的家园。今后五年，我们将统筹推进城乡建设发展，走以人为本的新型城镇化道路，不断提升彭山城市宜居品质，建设传统与现代兼具、人文与情怀并重的新城乡。

统筹优化城乡布局。坚持把城市和乡村作为有机整体统筹谋划，高水平编制国土空间规划，实现城乡统筹融合协调发展。加快推进新型城镇化建设，力争户籍城镇化率达到66.4%，城市建成区面积达到30平方千米，人口达到30万人。高标准规划建设东彭融合发展区、四川彭山经开区、彭祖新城、江口片区等城市新板块，实现板块之间相连相通、有机融合。推进城乡规划、产业布局、基础设施一体化，科学规划建设公共服务及便民配套设施，打造“15分钟便捷生活圈”。

精雕细刻城市建设。全面践行公园城市理念，持续开展“绿荫彭山”“拆墙透绿”行动，巩固创森成果、改善人居环境。持续实施城市更新改造，有序推进城中村改造，基本消除城中村。高品质完成76个老旧小区改造和配套基础设施建设，补齐老城区基础设施、人居环境和功能缺失短板。完成G245线沿线风貌改造，持续实施光彩亮化工程，提升城市整体形象。将长寿、忠孝等特色历史文化元素融入城市公园、城市节点，打造一批独具彭山特色的文化景观、生活场景，增强城市辨识度。

全面推进乡村振兴。推进巩固拓展脱贫攻坚成果同乡村振兴有效衔接，健全防止返贫致贫动态监测和帮扶机制，切实消除返贫致贫风险。发展壮大村级集体经济，增加群众财产性收入。将公共服务和基础设施向乡村转移覆盖，新建“农村示范路”120千米，实现农村安全饮水全覆盖。高标准推进农村人居环境综合整治“六大行动”[25]，加快推进农村生活垃圾分类处理、污水处理、“厕所革命”和山水林田路生态建设，形成具有彭山特色的环境秀美、居住舒适的美丽乡村。

五、坚定不移，聚力攻坚民生事业

民生无小事，枝叶总关情。今后五年，我们将下功夫解决好影响人民群众安居乐业、安危冷暖的突出问题，让彭山的发展更有“温度”、让群众的幸福更有“质感”。

倾力抓好民生事业。坚持办人民满意的教育，深化教育纵深改革，持续加大财政投入，创建省市级示范性学校、幼儿园7所，彭山一中创成省一级引领性示范高中，增加基础教育学位6000个以上。大力推进健康彭山建设，持续提升医疗卫生水平，高标准推进公办托育机构建设，区人民医院创成三级乙等医院。健全多层次医疗保障体系，城镇职工、城乡居民基本医疗保险制度更加成熟。全面落实就业优先政策，持续深化商事制度改革。加强养老服务体系建设，实现镇（街道）养老综合体全面覆盖。持续推进征地拆迁群众的养老、居住保障，让发展惠及更多群众。推进公共文化服务均等化，区文化馆、图书馆创成国家一级馆。

扎实推进基层治理。深化基层治理创新，开展“五大能力”[26]提升行动，实施“三大领域”攻坚[27]，加快街道、社区、小区三级邻里服务体系建设。深化市域社会治理现代化试点，实施“镇街吹哨、部门报到”工作机制，争创全省城乡基层治理示范区。大力推进“八五”普法，健全矛盾纠纷预防化解机制，调解率达到90%以上。完善社会治安防控体系建设，常态化开展扫黑除恶斗争，依法打击电信诈骗，全面打赢禁毒人民战争，创建平安中国建设示范县。严格落实安全生产责任制，加强公共消防、食品药品等领域治理，遏制较大及以上安全生产事故发生。

切实改善生态环境。树牢“绿水青山就是金山银山”理念，创建国家生态文明建设示范区。全面落实河湖长制管理，抓好岷江、毛河等重点流域水污染防治工作，实现境内3个国控、省控断面水质优良比例稳定达标100%。推进“减排、压煤、抑尘、治车、控秸”五大工程，PM2.5和O_3实现“双减双控”，空气质量优良率进一步提升。推进土壤污染防治，实施农药化肥减量行动，强化固废、危废规范化处置，全区耕地土壤环境稳中向好。引导产业低碳循环发展，推动全域绿色转型，稳步推进碳达峰碳中和[28]，消耗低、少污染的现代高端产业生态圈初步成型。

2022年重点工作

2022年是新一届政府开局之年，开局关系全局，起步决定后势，做好政府工作意义重大。全区经济社会发展预期目标是：保持经济稳中求进的总基调，地区生产总值增速7.7%以上，第一产业增加值增速4%以上，规模以上工业增加值增速10.5%以上，建筑业增加值增速5%以上，第三产业增加值增速8%以上，全社会固定资产投资增速12%以上，地方一般公共预算收入增速6%以上，城镇居民人均可支配收入增速8.5%以上，农村居民人均可支配收入增速9%以上。

各位代表，没有等出来的辉煌，只有干出来的精彩！预定的经济增速，是底线要求，是发展所需，是彭山担当。我们必须拿出开局就是决战、起跑就是冲刺的干劲，全上跑道、全速奔跑，奋力答好八张新答卷，推动彭山高质量发展。

一、聚焦发展定位，奋力答好融合发展新答卷

主动南向融合东坡，落实市委建设“城市新中心”决策部署，全力配合东彭融合区域规划建设，提前谋划规划编制、产业导入、公共配套等前期工作。加快推进尖子山航电工程、滨江路（城区段）提升改造，完成太和大道至S103连接线设计。深入推进东彭率先实现市内通办事项无差别办理，实现两地生产、生活、生态有机融合。积极北向同城成都，推进成眉同城“六大突破重点任务”[29]，启动滨江大道北段、天眉乐高速及连接线项目建设，完成岷江一桥、岷江二桥引道扩建工程。推进拓利、茵地乐等成彭合作产业项目建设，建设成渝地区双城经济圈和成德眉资制造业“终端产品+协作配套”示范区。依托“省内通办”全省试点，实现279项事项“跨区域通办”。做强内在增强承载，加快推进四川彭山经开区、彭祖新城、观音新城等片区规划，扎实推进江口片区高标准建设，促进房地产和建筑业平稳健康发展，实施城市改造提升三年行动，提高城市精细化管理水平，城镇化率提高1.6个百分点，城市建成区面积达到16.8平方千米，助力“中强”核心增长极。

二、聚焦投资倍增，奋力答好项目建设新答卷

做实政府投资，围绕新型基础设施建设、民生事业等中央预算内投资领域，做好项目谋划策划工作，力争全年向上争取项目资金15亿元以上。加快推进高速路安置区二期、老旧小区改造等政府性投资项目建设，全年实施重点项目81个，完成投资113亿元。激活市场投资，坚持招大引强、招强引优不动摇，重点围绕新能源新材料和高端装备制造两大主导产业，力争引进项目12个以上。其中，“三类”500强或投资5亿元以上重大项目不少于4个，力争实现招商引资到位资金100亿元，外商投资到位资金3000万美元。服务有效投资，坚持资金、要素跟着项目走，服务、保障围着项目转，用好区领导联系重大项目、“红黑榜”、“三比三看”等制度，确保项目能开则开、能早则早、能多则多、能快则快，新开工中创新航等项目39个，新竣工彭山综合客运枢纽、环湖东路等项目35个。

三、聚焦集群集约，奋力答好工业强区新答卷

持续做大集群，重点培育以广州天赐、茵地乐等为主的锂电材料产业集群，力争产业集群产值达到15亿元以上。持续壮大以和晟达、江化微等项目为主的湿电子材料产业集群，力争产业集群产值达到15亿元以上。新增规模以上工业企业10家以上。持续做强龙头，持续培育壮大企业主体，鼓励实现梯次发展和集团化发展，提升企业规模和竞争能力。支持杉杉、雅保、研一等企业进入“贡嘎培优”计划。支持北新防水、金桐化学等企业技改扩能。持续做优园区，稳步推进园区“扩区调位”“扩权提质”[30]，支持四川彭山经开区创建省级高新技术产业园区。推行工业项目“标准地”[31]供应，持续优化功能布局、拓展发展空间。调整优化观音园区、南方家居园区低效企业，强化亩均投资和产出强度硬性约束，加快推进产业升级，促进园区集约高效发展。

四、聚焦有效衔接，奋力答好乡村振兴新答卷

做好巩固拓展文章，落实“四个不摘”[32]，保持帮扶政策总体稳定，重点落实好教育、医疗、住房、饮水等民生保障普惠性政策，提供公益性岗位615个，坚决守住不发生规模性返贫底线。争取乡村振兴衔接资金3385万元，持续推进改水改厕、风貌整治、产业发展等工作，接续打造全面小康“升级版”。做好产业发展文章，坚决扛起耕地保护责任，新建高标准农田1.75万亩，确保粮食播面稳定在18.75万亩以上。做优葡萄、晚熟柑橘、中药材等特色产业，确保年产葡萄3.2万吨、柑橘12万吨，出栏生猪12.5万头以上。创建省级示范社2家、省级示范家庭农场8家，培育新型农业经营主体50个以上。做好乡村建设文章，加快推进农村“水电路气网”提档升级，持续改善农村人居环境，完成农村改厕2000户，农村卫生厕所普及率、生活污水处理率达到95%以上，农村垃圾收集率达100%。创建省级乡村振兴先进镇1个、示范村2个，评选“最美庭院”50户。深入开展乡村移风易俗行动，建设美丽宜居、和谐善治乡村。

五、聚焦繁荣活跃，奋力答好消费升级新答卷

持续培育消费热点，高水平举办葡萄采摘节、橘花节、“三月三”民俗文化节、国际彭祖长寿养生文化节等节庆活动，不断提升商气人气。加快希望城、锦江大学城等新型城市商业综合体建设，打造“15分钟便民生活圈”。加大限上批零住餐企业支持力度，全年新增限上批零住餐单位6家以上，实现社会消费品零售总额80亿元以上。健全完善购销网络，探索“线上线下”融合消费双向提速，持续开展电商示范村（点）建设，发展新型农村电商业态，畅通农产品上行和工业品下行渠道。打造完成电商直播基地，争取入驻直播企业5家。依托电商协会、电商孵化园，组织开展电商专业技术培训6期，力争全区网络销售额突破12亿元。全面打响文旅品牌，完成《彭山区全域旅游发展规划》，扎实推进天府旅游名县创建。完成2021—2022年江口明末战场遗址抢救性考古发掘，江口汉崖墓博物馆正式开馆，彭祖山创成国家AAAA级旅游景区。加快推进江口沉银博物馆和区“四馆”项目建设。有序推进历史文化街区建设。

六、聚焦宜居宜业，奋力答好城乡融合新答卷

推动城市更新，推进国土空间规划“三区三线”划定，启动乡村国土空间规划编制。完成56个老旧小区改造，实施彭祖大道改造、高铁片区道路等项目11个，纵深推进乡镇污水管网延伸改造、城区管网病害整治、拆迁安置区住房建设等工程。完成凤鸣公园提升改造，实施“绿荫彭山、全域增绿”项目35个，切实提升城市品位。畅通城乡路网，疏通城乡交通脉络，锦江大道建成通车，启动彭山港区、成眉物流园前期规划。完成25千米农村公路新改扩建、15千米幸福美丽乡村路建设和撤并建制村直连道路建设，撤并建制村直连道路完成100%，乡镇三级道路畅通率达100%，创成“金通工程”省级样板县[33]。厚植生态优势，持续抓好中央和四川省环保督察问题整改销号，全力争创国家级生态文明建设示范区。确保国考、省考水质断面稳定达地表Ⅲ类以上水质标准，饮用水水源水质达标率100%，危险废物及时处置率100%，空气优良率达90%以上。纵深推进河湖长制，扎实做好长江流域“十年禁渔”工作。全面推行林长制，完成营造林6000亩，全区森林覆盖率稳定在40%以上。

七、聚焦关键领域，奋力答好改革创新新答卷

深化改革添动力，继续深化宅基地制度改革试点，积极探索宅基地所有权、资格权、使用权“三权分置”的有效实现形式，用活宅基地使用权流转和集体经营性建设用地入市两条路径，推动美丽乡村建设，力争形成宅基地制度改革助力乡村振兴的“彭山模式”。完成国有企业改革，推动国资国企高质量发展。创新驱动增活力，严格落实科技创新奖励政策，鼓励企业开展产品创新、技术创新，创建产学研联盟4个以上。引导中小企业走“专精特新”“成长型”专业化发展道路，支持北新防水创建国家级“专精特新”中小企业。创建市级企业技术中心2个，新增高新技术企业1家，企业研发投入强度达0.7%以上。创优环境聚合力，纵深推进“放管服”改革，推出300个“一件事一次办”事项落

地，发布300项“零跑腿”事项清单，推动一批涉企经营类告知承诺事项全面落地。完善“天府通办”彭山分站功能，优化企业全能服务中心服务，梳理公布惠企惠民政策，实现优惠政策精准推送、快捷兑现。

八、聚焦幸福指数，奋力答好民生改善新答卷

让公共服务更贴心，抓实基础教育评价、“双减”改革，推进彭山一中创建省一级引领性示范高中，完成彭山四小扩建、五小五幼新建等项目建设，新增学位3450个。支持区人民医院创建三级乙等医院，打造江口、谢家、公义3个区域医疗卫生次中心。高标准推进托育机构建设和引进工作。加快残疾人康复中心建设。开展文化艺术培训140场、文化惠民演出110场。让保障体系更暖心，稳定扩大社会就业，举办各类招聘会20场，力争新增城镇就业3800人，农村劳动力转移就业6.2万人。基本实现养老、工伤、医保、失业保险法定人群全覆盖，常住人口参保率98%以上，困难群体城乡居民养老保险、医疗保险参保率100%。完善社会救助体系，健全农村留守群体的关爱服务体系，打造社工服务站（点）12个。建成养老服务设施31个，发放养老待遇14.7亿元。让群众生活更安心，严格落实常态化疫情防控举措，巩固疫情防控成果。持续推进扫黑除恶、防诈反诈，深入推进禁毒人民战争，依法严厉打击违法犯罪。深化安全生产专项整治三年行动，推进消防安全、道路交通等重点行业安全隐患排查整治。持续推进基层治理制度体系和能力建设，开展城乡基层治理“三大领域”攻坚行动，完成市域社会治理现代化试点工作，通过中央和四川省评估验收。建成投用社会治理指挥调度中心、群众诉求服务中心。全面推进国防动员、退役军人事务、双拥、民宗、群团、档案等工作。

着力建设人民满意的政府

人民政府为人民，人民满意是根本。我们将把发展的使命扛在肩上，把人民的忧乐放在心头，持续改进工作作风、提升行政效能，以严的精神、实的作风全力打造人民满意政府。

坚持把政治建设作为统领，切实加强党的领导。党的领导是规矩、是原则，是政府开展一切工作的前提。必须把准政治方向，站稳政治立场，坚决拥护“两个确立”、坚定做到“两个维护”，不折不扣贯彻落实中央、省、市和区委决策部署，始终做到思想同心、目标同向、行动同步。

坚持把法治建设作为基石，推进依法科学决策。深入贯彻落实习近平法治思想，健全完善科学决策、依法决策程序，持续加强政府制度建设，确保政府工作全面纳入法治轨道。深入推进政务公开，自觉接受人大监督、政协监督、监察监督、巡察监督、审计监督、统计监督和社会监督，确保人民赋予的权力始终为人民谋幸福。高质量办好人大代表建议、政协委员提案。

坚持把能力建设作为支撑，全面提高政府效能。能干不能干，工作落实看。要全面增强“八种本领”[34]“七种能力”[35]，提高把握新发展阶段、贯彻新发展理念、融入新发展格局的政治能力。倡导“马上就干、马上就办”的作风，勇开“顶风船”、走稳“上坡路”，全力确保重要任务、重点项目迅速落实见效。坚持民有所呼、政有所应，让政府各项工作更加符合群众期盼。

坚持把作风建设作为保障，持续强化廉洁自律。强化党风廉政建设主体责任，持之以恒落实中央八项规定精神及其实施细则，驰而不息纠正形式主义、官僚主义。厉行节约、反对浪费，严格财政支出管理，以政府的“紧日子”保障群众的“好日子”。坚决惩治各类腐败行为和不正之风，牢记嘱托再前进、低调务实不张扬、埋头苦干开新局，塑造干净干事的政府形象。

各位代表，百年征程风正劲，重任千钧再扬帆。让我们更加紧密地团结在以习近平同志为核心的党中央周围，在市委、市政府和区委的坚强领导下，在区人大、区政协的监督下，在全区人民的大力支持下，以实干者的底色、拓荒者的勇气、奔跑

者的姿态，接续奋斗、勇毅前行，奋力建设开放发展先行区，以优异成绩迎接党的二十大胜利召开！

名词解释

［1］“三品一标”：无公害农产品、绿色食品、有机农产品和农产品地理标志。

［2］“四步机制”：农村土地规范流转“三级土地预推—资质审查前置—平台公开交易—风险应急处理”四步机制。

［3］“三权同确三证同颁”：同时为集体经济组织颁发集体土地所有权证，为农户颁发宅基地资格权证和“房地一体”不动产权证。

［4］“放管服”：“放”即简政放权，降低准入门槛。“管”即创新监管，促进公平竞争。“服”即高效服务，营造便利环境。

［5］三级政务服务无差别综合受理体系：实现“区＋镇（街道）＋村（社区）”三级政务服务同一个事项无差别受理、同标准办理。

［6］“七个一”：一个综合窗口服务、一个政务系统申报、一张申请表单填报、一支红色队伍代办、一个服务号码联系、一份办事指南辅导、一车相关部门联合验收。

［7］“三免服务”：免印章刻制费、免邮寄费、免收复印资料费。

［8］“不见面开标”：将线下投标和开标过程全部转移到网上，通过网上开评标系统远程参与，所有投标人均无须到场。

［9］“中国百年百大考古发现”：2021年10月18日，在第三届中国考古学大会上，北京周口店遗址、四川江口明末战场遗址等100项发现入选“百年百大考古发现”。

［10］“三类500强”：世界财富500强、中国企业500强和民营企业500强。

［11］“红黑榜”：每季度重点项目推进情况和投资运行情况进行量化评分，以得分排名确定“红黑榜”通报名单。

［12］“三比三看”：比落地看担当，努力做大投资总量；比进度看作为，全力推进项目建设；比效果看实绩，全面提升项目质量。

［13］“345”项目推进法：围绕“3个”方向挖掘潜力（向外招强引优、向内挖掘潜力、向上对接争取）；落实“4个”举措（领导联系推动、部门清单推进、季度现场拉练、红黑榜单通报督促）；强化“5个1”高效服务（一套方案管总、一支队伍服务、一个平台审批、一条热线沟通、一车联合验收）。

［14］“四好农村路”：把农村公路建好、管好、护好、运营好。

［15］“中部塌陷”：区第三次党代会指出，“近年来，区域竞争愈演愈烈，周边区（县）交通条件大幅改善，彭山区位比较优势逐渐减弱。同时，经济体量小、底子薄等先天不足，导致与周边区县在经济总量竞争中处于劣势，需要高度警醒警惕‘中部塌陷’”。

［16］双循环格局：2020年9月1日，习近平总书记在中央全面深化改革委员会第十五次会议上强调，加快形成以国内大循环为主体、国内国际双循环相互促进的新发展格局。

［17］“五位一体”：经济建设、政治建设、文化建设、社会建设、生态文明建设五个方面统筹推进的建设中国特色社会主义事业总布局。

［18］“四个全面”：全面建成小康社会、全面深化改革、全面依法治国、全面从严治党。

［19］“五个坚定不移、五个突出、五个加快”：区第三次党代会报告提出“坚定不移深化改革开放，突出全域融合，加快建设成眉同城率先突破区；坚定不移推进创新发展，突出转型升级，加快建设成渝高新产业聚集区；坚定不移提升功能品质，突出以人为本，加快建设天府宜居宜业不老城；坚定不移推进乡村振兴，突出产强民富，加快建设美丽宜居乡村；坚定不移增进民生福祉，突出共同富裕，加快建设和谐幸福家园”。

［20］“一核引领”：一核即城市主城区，由东坡、彭山城区组成，瞄准“双百城市”目标，推动“东彭融合、拥江发展、组团布局、强核提能”，支持东坡区创建全国百强区、彭山区建设开

放发展先行区，形成引领全域发展的核心引擎。

［21］“专精特新”：专业化、精细化、特色化、创新化。

［22］“三权分置”：探索农村宅基地所有权、资格权、使用权分置的有效实现形式，落实集体所有权、保障农户资格权、适度放活宅基地使用权。

［23］“两项改革”：乡镇行政区划和村级建制调整改革。

［24］“5＋1”：电子信息、装备制造、食品饮料、先进材料、能源化工、数字经济。

［25］“六大行动”：村容村貌提升行动、农村生活垃圾治理行动、农村生活污水治理行动、农村厕所革命行动、农业废弃物资源化利用行动、乡风文明提升行动。

［26］“五大能力”：行政执行能力、为民服务能力、议事协商能力、应急管理能力、平安建设能力提升行动。

［27］“三大领域”攻坚：“农村聚居点、老旧小区、城乡接合部新型社区”三大城乡基层治理薄弱领域攻坚行动。

［28］碳达峰碳中和：碳达峰指中国承诺2030年前，二氧化碳的排放不再增长，达到峰值之后逐步降低。碳中和指企业、团体或个人测算在一定时间内，直接或间接产生的温室气体排放总量，通过植树造林、节能减排等形式，抵消自身产生的二氧化碳排放，实现二氧化碳的“零排放”。

［29］“六大突破重点任务”：区委二届二十一次全会提出成眉同城要在“交通同网、产业协作、城市认同、文旅融合、环境友好、民生同质”六个重点领域率先实现突破。

［30］“扩权提质”：主要目的是提升园区自身发展能力。扩权，是通过赋予园区涉及项目建设关键领域、关键环节的管理权限，进一步提高工作效率，推动项目加快建设，早日见效；提质，是通过深化体制机制改革，加大财政支持、创新投融资体制、强化平台建设、优化投资环境，激发园区自我发展内生动力。

［31］工业项目“标准地”：指在城镇开发边界内、工业园区内具备供地条件的区域，对新建工业项目先行完成区域评价、先行设定控制指标，企业拿地即可开工建设，且在出让后接受监管的工业用地。

［32］“四个不摘”：摘帽不摘责任、摘帽不摘政策、摘帽不摘帮扶、摘帽不摘监管。

［33］“全通工程”省级样板县：四川省率先在全国提出并启动建设人民满意乡村运输“全通工程”试点，以标识体系、客运服务、农村物流、安全管理、保障机制等为重要内容，每年由交通运输厅负责评定“全通工程”全省样板县。

［34］“八种本领”：习近平总书记在中共十九大报告中明确提出了当前领导干部迫切需要提高的“八种本领”，即学习本领、政治领导本领、改革创新本领、科学发展本领、依法执政本领、群众工作本领、狠抓落实本领、驾驭风险本领。

［35］“七种能力”：在2020年秋季学期中央党校（国家行政学院）中青年干部培训班开班式上，习近平总书记发表重要讲话并强调，“干部特别是年轻干部要提高政治能力、调查研究能力、科学决策能力、改革攻坚能力、应急处突能力、群众工作能力、抓落实能力”。

年度关注

彭山年鉴（2022）
PENGSHAN YEARBOOK

庆祝中国共产党成立100周年暨党史学习教育

【概况】 成立区委庆祝中国共产党成立100周年活动暨党史学习教育领导小组，制定“1＋6＋N”工作方案（“1”指全区党史学习教育实施方案，“6”指6个子方案，“N”指其他配套文件），以“四史”学习为重点，采取干部讲堂领学、专题解读辅学、红色电影助学等方式，引导党员干部拥护“两个确立”、做到“两个维护”。组织党员干部收听收看庆祝中国共产党成立100周年大会，举办庆祝中国共产党成立100周年文艺会演，向2623名党员颁发“光荣在党50年”纪念章，打造公义红色教育研学实践基地。依托“不老彭山”App、新时代文明实践中心（站所）等载体，实现全区1.5万名党员教育全覆盖。开展“我为群众办实事”实践活动和“双百一万”行动，办成民生实事1000余件。

【组织部署】 成立区委党史学习教育领导小组，区委书记任组长。组建区委党史学习教育办公室，下设综合协调、实践活动、联络指导、宣传舆情工作组4个，实行集中办公、实体运行，推进日常工作。分类制定领导小组和办公室运行规则，建立领导小组牵头抓总、党史学习教育办公室具体负责、有关单位齐抓共管的运行机制。区委主要领导履行第一责任人责任，先后主持召开区委常委会7次、领导小组会4次、专项推进会2次、“我为群众办实事”实践活动现场会7次，专题研究工作、听取情况汇报、推动任务落实。领导小组制发《彭山区党史学习教育实施方案》等“1＋6＋N”系列配套文件，明确工作任务40项。党史学习教育办公室坚持“每日碰头、每周小结、每月调度”，召开推进会、培训会、备课会10次，制发指导性文件76个和工作提示9期，编发简报85期。区级班子成员深入镇街部门，通过实地调研、听取汇报等形式，了解党史学习教育推进情况和存在问题，发现总结经验，推动工作落实，形成调研文章110余篇。抽调正科级党员领导干部10名和机关党委书记、党务干事20余名，组建巡回指导组10个，围绕重点任务和重点环节，制定巡回指导工作方案、工作手册、工作清单，综合采取查阅资料、座谈交流、实地督导、列席会议等方式，对72个科级班子全覆盖开展集中巡回指导3次，及时发现问题，传导责任压力，推动工作落实。

2021年6月29日，区人大常委会机关党总支召开会议，庆祝中国共产党成立100周年 （区人大常委会供图）

【党史学习氛围营造】 统筹网上网下、内宣外宣，组织“奋斗百年路 启航新征程”主题宣传报道。在重要节点、重要路口、大型公园等重点场所，因地制宜设置党史学习宣传景观、展示小品，在机关单位、人流集中路段等打造党史文化墙，在企事业单位、银行、出租车顶灯、公交车车载视频、楼宇电视等电子显示屏动态播放宣传标语，营造知史爱党、知史爱国氛围。

【“大学习”开展】 领导干部示范学 对标对表，研究制定《区委常委班子带头开展党史学习教育工作方案》，区委常委会跟进学习习近平总书记系列重要讲话精神和省委、市委有关会议精神，区委理论学习中心组聚焦百年党史、习近平总书记在庆祝中国共产党成立100周年大会上的重要讲话精神、中共十九届六中全会精神等开展集中学习研讨7次，组织领导干部赴绵阳“两弹城”、新津区开展读书班2次，通过专家辅导、实地参观、研讨交流、领学分享、专题培训等方式，结合工作实际逐一谈体会、谈认识、谈打算，以“关键少数”带动“绝大多数”。区委主要领导带头，围绕百年党史为全区基层党组织书记讲专题党课，深入联系村开展中共十九届六中全会精神专题宣讲，示范引领全区党员干部。

灵活方式深入学 开展“悦读党史 书香彭山”读书活动，征订《论中国共产党历史》《中国共产党简史》等8本学习材料，计5万余册，编印“红色口袋书”辅导学习资料1000余本，编撰《星火》《中共彭山历史简本》等学习读本。在新华书店开设党史出版物专柜，创新推出“云上书屋”理论学习“耳朵频道”，引导党员干部在反复研读中提升理论素养。各基层党组织通过理论学习中心组、“三会一课”、主题党日和“坝坝会”、读书会、学习沙龙等形式，运用“学习强国”“彭山E支部”等线上学习平台，创新“百岁党员说党史”“百名书记赛党课”“百名青年党员讲党史”“百部红色电影进乡村”等学习载体，开展“周五干部讲堂”、“党史我来讲”微党课、“我是党员主讲人”等学习活动，确保学习教育全覆盖，工作做法被《人民日报》刊载2次。挖掘和保护本土红色资源，提升改造公义红色教育研学实践基地，该基地被命名为眉山市党史学习教育基地。将党史学习列入年轻干部递进班、基层党员轮训班、重大决策部署专题研讨班等区委党校主体培训班，全年共举办培训班40期，调训学员4579人次，讲党课700余场次。

青少年融入学 在青少年中实施“四史”学习“个十百千万”行动，建立争当德智体美劳全面发展的“五星”好少年标准导向，丰富“读、讲、听、唱、看、寻、演、写、画、入”十大活动载体，建设“四史”文化长廊、板报园地等党史阵地100余个。组织教师千名上好“思政课”，开展“小手拉大手”活动联动家长万名齐参与，先后组织“红心向党”书画大赛、青少年红色书信比赛、“老兵携手少年”红色故事分享、“我给爷爷读党报”、“红色开学第一课”等主题学习教育活动200余场。

认真检视促进学 召开专题组织生活会，会前筹备统一党员思想行动，印发通知，发出工作提示，开展学习研讨、“双访双为”、谈心谈话，区委巡回指导组对方案、发言材料进行审核。会中检视剖析规范党内政治生活，对照四个方面进行深入查摆、自我批评，查找差距，剖析原因、细化措施。

41名区级党员领导干部均以普通党员身份参加所在党支部专题组织生活会，全区670余个党组织均召开专题组织生活会。会后列出清单，扎实推动整改，全区广大党员针对性制定个人整改措施，明确整改时限。

“专家讲堂”专题讲　组织党员干部集中收看“七一”庆祝大会、中央宣讲团报告会，邀请省委宣讲团专家实地宣讲2场，邀请市委宣讲团深入基层宣讲30余次。抽调党史专家、党校教师、领导干部等精干力量40余人，组成区委宣讲团和7个宣讲分团，深入机关、学校、社区、企业、农村等基层一线，围绕“中国共产党百年奋斗历程”等主题，开展面向基层、面向群众的主题宣讲600余场。

“红色讲堂”点单讲　遴选老战士、兵支书、老干部、老教师、老模范等“五老人员”30余名，组成“红色宣讲团”，结合宣讲团成员生活背景、生活经历等，制定个性化“点单”宣传手册，围绕亲历抗日战争、抗美援朝、对印自卫反击战、乡村振兴实践等内容，为全区各级党组织提供个性“订单”宣讲30余场。宣讲团成员先后为全市退役军人、成都赴彭研学学生、区内中小学校等宣讲30余场次。

“百姓讲堂”身边讲　吸纳村（社区）党员干部、“彭山榜样”、道德模范、驻村第一书记、优秀青年等身边的先进典型，组建“橙心为民”“党的女儿”“青言青语”“匠心传承”“‘90后’党史宣讲队”等特色宣讲小分队，深入柑橘园林、妇女“微家”、青年孵化园、工业企业等，开展“田野里的百家讲坛”，以身边人讲身边事，用身边事触动身边人，让群众爱听、能懂、真信。运用川剧、小品、红色电影等形式，依托新时代文明实践等阵地，组织“重走长征路，共筑中国梦”“共绘百米长卷绘党恩”“城南列车进小区”等志愿服务活动百场，播放《上甘岭》《铁道游击队》《袁隆平》等电影420余场次。

2021年6月8日，全区党史学习教育区委巡回指导组动员培训会

（区委宣传部供图）

【全方位主题活动开展】　举办“彭山儿女心向党”彭山区庆祝中国共产党成立100周年文艺演出，为2623名党员颁发“光荣在党50年”纪念章。开展党史知识竞赛、红色经典诵读、主题演讲比赛、红色书画展览、红色藏品征集、党史游园会、红歌快闪等主题活动，组织“明月寄情党恩”中秋文艺晚会、“百年心向党　寿孝满重阳”登高祈福等“我们的节日”系列活动，引导基层群众参与《歌唱祖国》等节目表演，引导广大群众在寓教于乐中厚植爱党爱国情怀。组织“百名书记赛党课”活动，开展“我的初心故事”微党课视频大赛，评选出10件优秀作品并在全区展播。理论研究文稿《从国际比较看中国特色社会主义制度的优势》获评四川省社科界庆祝建党100周年理论与实践征文一等奖，为全省2个一等奖获奖区县之一。在“不老彭山”App开设“奋斗百年路 启航新征程”“奔跑者说”等专栏，线上推出“党史有奖知识问答”45期，整合抖音、微信公众号等平台推出“身边老党员讲党史”等红色短视频，吸引5万余人次参与互动。策划新闻选题，推出“百岁党员说党史”“橘园里

讲党史”“改造老旧小区办实事”等报道100余条，先后登上《人民日报》、新华网、《四川日报》等中央、省级主流媒体；99岁战地记者卢陆念、百岁老人张绍清等题材，先后登录中央电视台《百年风华》《夕阳红》《寿宴》等栏目。创作以“革命先驱郭祝三”为题材的专题纪录片《追寻》，走进大街小巷、建设工地等拍摄《唱支山歌给党听》《社会主义好》等红歌“快闪”，制作《在阳光灿烂下》等彭山干部群众“同声颂党”音乐短片。彭山岐山村村民签订“幸福公约”等三类图片入展四川省庆祝中国共产党成立100周年主题展览。

2021年3月17日，四川大学锦江学院召开党史学习教育动员大会（四川大学锦江学院供图）

【学做结合，抓“大实践”】 坚持问题导向、效果导向，将“我为群众办实事”作为检验党史学习教育成效的重要举措，将实践活动同“让党旗在基层一线高高飘扬”活动有机结合，制发“我为群众办实事”实践活动“1＋13”工作方案，解决群众“急难愁盼”问题。

干部下沉“访”民情。开展“开门问计·我为彭山发展献一策”主题活动，44名区级领导带头，全体党员干部全面行动，开展问计于民、问需于民、问政于民“三问”活动。聚焦“群众、企业、基层”等不同主体，聚焦发展亟待解决的痛点难点问题、长期未能解决的民生历史遗留问题等重点内容，通过座谈会、走访入户、问卷调查等方式，深入各乡镇（街道）、各分管领域、各行业领域蹲点开展调查研究，梳理“我为群众办实事”项目清单480余条。整合政府门户网站留言信箱、“12345”热线、人民网等线上平台，在“不老彭山”App开设“我为群众办实事”网络留言板，征集垃圾治理、城际交通出行、政务服务等意见建议2000余条。

上下联动“晒”清单。结合实际列出“我为群众办实事”实践活动的重点任务33项、专项方案13项，指导全区“我为群众办实事”实践活动开展。区委专题研究，在统筹整合全区实事项目清单的基础上，梳理重点项目清单100项，部署实施“百个项目惠民生、百个支部做实事、万名党员争先锋”的“双百一万”行动，形成区级党员领导干部“我为群众办实事”重点项目清单70项，建立“区级领导领项目、科级干部担项目、党组织推项目”的动态管理台账，实行月督办、月通报、月公示，接受社会和群众监督。至2021年年底，年内项目任务全面完成。

用心用力“办”实事。实施“榜样力量·先锋领航”行动，举行“我为群众办实事”实践活动授旗仪式，成立区级领导任队长的党员先锋队5支、区级部门牵头的专项服务队13支，引领推动全区“我为群众办实事”重点任务落细落实。在保障基本民生需求上，改造老旧小区127个，增加幼小学位3450个，建成养老服务中心5个、养老服务站点27个。在巩固脱贫攻坚成果上，新开通公交线路16条，实现城乡客运一体化，新建高标准农田1066.67公顷。在贯彻新发展理念上，五湖四海、彭溪河D段生态湿地公园等投入使用，重要道路、节点光彩亮化绿化全面提升。在优化政务服务改革便民利民办实事上，实行特殊门诊一站式办理，一元挂号政策全覆盖，对个人全生命周期9个“一件事”进行优化，减时56%，减材料30%，全省首家提供“出生一件事”联办服务。在推进基层治理体系和治理能力现代化上办实事，完成村（社区）亲民化改造22个，新增停车位1676个，新建智慧平安小区33个，获全国乡村治理示范村、全省基层治理百佳示范小区等称号。“双减”课后服务“3＋模式”等经验做法被省级简报采用7期（主条1期）、市级简报采用24期（专刊5期），“四百五讲六进”宣传宣讲、老旧小区改造做法受到中央指导组肯定。

【党史学习教育成效】 在全市率先完成党代会换届选举，实现“三会”组织意图，研究制定推动党史学习教育常态化同加强换届后镇（街道）、村（社区）领导班子思想政治和能力作风建设的实施方案。完成巡察、选人用人、意识形态专项整改和“以案促改”。

（中共眉山市彭山区委党史学习教育领导小组）

乡村振兴

【组织部署】 成立区委农村工作领导小组，区委书记、区长任“双组长”。组建专项领导小组6个，镇（街道）、村设立乡村振兴工作领导小组，推行领导联系乡村振兴工作“区包镇、镇包村、村包组”，构建“横到边竖到底”的领导体系。出台农村工作指导文件，制定各类专项文件10余个，开展镇（街道）党政和区级涉农部门（单位）领导班子领导干部推进乡村振兴战略实绩考核，形成“责任清任务明”的制度体系。实行“一周一调度会、一月一拉练现场会”，对乡村振兴重点工作开展常态化督查，区委常委会、区政府常务会及相关会议研究乡村振兴工作50余次，确保乡村振兴工作部署及时、落实到位。优化空间结构，促进融合发展。以县域乡村振兴战略规划为统揽，统筹全区乡村建设、园区发展、生态建设、农田保护等各类用地，合理有序利用全域空间，推动乡村发展与产业相适应，优化乡村生产、生活、生态空间。完成全区镇（街）村规划经济区划分工作，整合原有村庄规划、村庄建设规划、村土地利用规划、土地整治规划等相关规划，编制完成9个村乡村振兴策划、8个村规划，通过“多规合一”实践，破解多头规划和重复规划等难题。

建立乡村振兴财政投入保障制度。2021年，彭山区本级年初一般公共预算25.16亿元，其中用于农业农村投入3.95亿元，占比16%。截至11月底，彭山区一般公共预算支持乡村振兴实际投入5.61亿元，同比增长43%，实际投入总量高于上年同期1.68亿元。单列用于乡村重点产业和项目用地8.16万平方米，占总供地面积的10.13%。区级领导班子中有乡镇工作经历的班子成员占比64%，涉农区级部门具有农业方面学习经历、农业专长和农村工作经验的占比90%。镇（街道）党（工）委班子中，有2年以上乡镇工作经历的占94%。村“两委”班子341人，高中以上学历占84%，乡村能人占76%，“一肩挑”比例100%。实施美丽宜居乡村建设，提升农村基础设施覆盖水平，完成涉农乡镇小学、幼儿园建设项目4个，农村养老服务分中心及服务点建设29个，农

2021年5月31日，眉山市彭山区乡村振兴局挂牌成立

（区农业农村局供图）

2021年度四川省乡村振兴先进区奖牌 （区农业农村局供图）

村天然气入社率98%，自来水入社率91.7%，光纤宽带、4G网络实现全覆盖，撤并建制村新建道路22.7千米，完成美丽乡村路建设52.4千米，美化提升道路89.9千米，成功创建全国“四好农村路”示范县。

2021年6月4日，彭山区举行首届乡村文化振兴魅力乡镇竞演（区委宣传部供图）

【主要措施】 打造有产业新乡村 出台系列扶持政策，全区优质稻种植面积9000万公顷，粮食作物扩种超过1333.33公顷，全区生猪出栏24.38万头，主要农作物耕种收综合机械化水平提高至79.11%，公义镇获四川省“五良”融合稻药全程机械化示范区称号。充分发挥彭山葡萄现代农业园区五星级园区示范带动作用，全区特色水果面积8800公顷，产值10.5亿元，公义镇获评全国农业产业强镇，观音街道果园村获评全国特色产业亿元村。

打造生态宜居新乡村 创新“一体化工作推进、‘1＋6＋N’方案体系、一个专班日通报周调度、一套手册＋视频、一月拉练一镇街”的“12345”统筹推进模式，着力整治人居环境，全区农村无害化卫生厕所普及率93.2%，农村生活垃圾有效处理的行政村占比100%，生活污水有效处理的行政村占比98%。因地制宜探索创新路边整治、岸边美化、林盘提升、散居治理方式，全区农村地区共拆除违搭乱建3600余处，清理乱堆乱放约1.6万处，新增绿化约28万平方米。开展城乡运输服务均等化改革，完成全域公交改革，打造“寿乡公交2元畅行”运输服务品牌。实施“照明工程”，安装太阳能灯4200组。深化农村饮水安全工程，新增接通自来水农户940户。

建设乡风文明新乡村 开展“文明实践进万家，幸福长卷话党恩”“同唱一首歌，共绘百米长卷”“一勺米，百家粥，百家菜”等文明实践活动880余场次，被中央媒体宣传报道。以村规民约为抓手，实现区级文明村镇创建全覆盖，岐山村“幸福公约”入选四川省100条最佳村规民约，涌现出全国道德模范候选人盛恩利和中国好人吴链、罗永田等先进典型。创新公共文化供给方式，实施“总分馆制＋农家书屋”计划，坚持保护和传承传统文化，将“长寿文化”“忠孝文化”“非物质文化遗产”转化成文化活动，开展群众文化演出交流活动103场次。

打造有秩序新乡村 推进“区乡一体、条块协同”基层综合行政执法改革试点，推行执法人员“常驻制”和“吹哨报到制”管理，提升镇（街道）党（工）委统一指挥、统筹协调能力。在全省率先推行农村基层组织向村党组织报告工作制度，强化村党组织政治领导地位，推动形成治理合力。建立村民小组“三议三签”（村民小组党支部提议—党员大会审议—村民小组会议决议—村民小组党支部书记、村党委联系的班子成员、村党委书记签字确认）议事机制，完善基层事务决策程序。实施农村聚居点治理攻坚行动，搭建“1＋3＋N”组织体系（以聚居点党支部引导，村民议事会、管委会、监委会3会协同，群团、社会组织和群众广泛共同参与的体系），实施基础实施提升“五化四改”（净化、美化、亮化、文化、智慧化，改水、改厕、改线、改习惯），规范建立村民议事会、道德评议会、红白理事会等群众组织143个，创建省级以上乡村治理示范村3个。完善组织监督机制，建立区镇村“三级监管”机制，编制权力、责任、负面“三张清单”，“小微权力”运行流程图和“三务公开”指引。全面推广村级事务“三委会审”，工作做法被《农民日报》刊载。

脱贫帮扶 强化监测排查，制定《彭山区健全防止返贫动态监测和帮扶机制办法》，建立稳定防致贫防返贫的长效监测机制，组织开展“两不愁三保障”回头看大排查，累计排查14.2万余户、44万余人，新增监测对象27户、60人。延续帮扶政策，落实“四不摘”工作要求，将扶持对象扩大到“脱贫人口+边缘易致贫户”，保持低保等兜底保障政策总体稳定，保障城乡低保户5146户，累计支出2711.9万元。落实现有教育、医疗、住房等普惠性政策，投入资金7002万元，实施小额信贷贴息、雨露计划等乡村振兴衔接项目76个，确保稳定脱贫不返贫。规范资产管理，开展扶贫资产清产核资工作，清理扶贫项目289个，涉及资金1.74亿元，建立资产管理台账，分级确权到镇、村、户，健全扶贫资产经营使用、收益分配机制，加强规范管理，防止资产荒废和闲置，确保资产持续发挥效益。

【特色亮点做法】 推进全域农业园区化 成立彭山岷江现代农业园区管委会，完善园区总体规划和专项实施方案，打造六大现代农业园区，成功创建省五星级现代农业园区1个、市级现代农业园区2个，入选省级农业科技示范园区。

推进主导产业规范化 推进品种培优，加快国家级杂交水稻制种基地建设，全区杂交水稻制种面积743.33公顷，生产杂交水稻种子225万千克。推进品质提升，认定各类特色水果标准园16个，推广优质品种改良713.33公顷。推进品牌打造，举办2021年彭山葡萄节、“彭山田野·礼”区域公共品牌创意设计邀请大赛等活动，推广农业品牌，全区“三品一标”保有量20个。

推进利益联结多元化 创新涉农补贴与社会化服务相结合模式，培育各类农业社会化服务组织265个，补贴农业社会化服务资金3000万余元，培育新型农业经营主体2783个。挖掘“互联网+农业”潜力，建设彭山区数字农业服务平台，促进增收5000万元以上。

盘活农村土地 落实农村承包土地“三权分置”，创新推出“三级平台预推—风险审查前置—平台公开交易—风险应急处理”的土地流转“四步机制”，实现土地高效流转、风险全程可控，达到“农民流转有收益、业主投资得效益、政府服务保权益”三方受益效果。截至2021年年底，全区实现规模流转土地1.14万公顷，流转率70%。创新农业农村发展用地保障机制，在完成编制乡村规划前提下，通过村庄整治，节约利用农村存量集体建设用地，采用业主入股、联营方式，盘活农村集体建设土地18.67公顷，解决发展农村新产业新业态用地难问题。深入开展全国新一轮农村宅基地制度改革，以宅基地“三权分置”为统揽，围绕明晰权益、搭建“1+6+N”制度体系，探索宅改与乡村振兴深度融合路径。宅基地制度发展型改革“彭山样本”和“聚焦四个关系做实基础工作”2项经验做法全国推广。

发挥“示范引领”作用 发挥优秀职业农民示范引领作用，结合四川省农业科学院专家教授帮带指

2021年7月28日，全省农村宅基地制度改革试点工作二季度推进会在彭山区召开，区农交中心作为唯一现场考察点位，接待参会单位的调研考察

（区公共资源交易中心供图）

导，引导农户发展标准化、现代化农业。截至2021年年底，帮助农户引进和改良品种12个，带动农户40余户申请创建标准种植园。探索产业链开放共享模式，建立“公司+合作社+家庭农场+农户”带动机制，利用家庭农场联盟、果业商会、数字农业服务平台等资源，完善供种育苗、运输流通、市场营销等全链条服务，扶持农户1万余户。以区正兴农业公司为依托、天鑫农业公司为龙头，吸引专业合作社3家（农户和新型经营主体297个）、家庭农场8家，组建农业产业化联合体，统一农产品种植标准，建立农产品质量溯源系统，打造“彭山田野•礼”“彭山耘集”等区域公共品牌并授权农户有偿使用，促进农户增收。（区农业农村局）

全面深化改革

【区域协同发展改革】 加速“融入成都、同城发展” 对标开展《成德眉资同城化发展暨成都都市圈建设三年行动计划（2020—2022年）》，推进成眉产业链协同配套。2021年年底，共有茵地乐锂电池黏结剂、蜀羊防水材料等成都—彭山合作工业项目21个，协议总投资53.8亿元。做好新津—彭山交界地带跨区域协调机制建立工作，签订《新津—彭山协同发展合作协议》，在基础建设、产业协作、文旅发展等10个领域达成合作协议，加快促进区域优势互补、共建共享。

推进东彭仁新一体化发展 彭山与东坡、眉山天府新区的县、乡、村路网交通圈已基本形成。与东坡及仁寿新能源新材料、光电显示、农产品加工业企业实现产业配套合作，梳理2022年推进东彭仁新同城化发展重大项目34个，总投资254.6亿元。相关改革经验被“川观新闻”、四川新闻网等省级主流新闻媒体报道。

政务服务事项跨区域通办 依托省一体化平台，针对企业登记、社保医保等群众、企业高频事项，梳理出“跨省通办”事项93项、“西南五省通办”事项103项、“川渝通办”事项148项、“省内通办”事项165项、“成德眉资同城化”事项（居民身份证异地办理、社会保障卡补卡、消费税申报等成德眉资政务服务审批服务事项）91项。1—11月，办件18000余件（西南五省通办包含跨省通办，非彭山区内均可算跨区域通办。成都市新津县、资阳市雁江区、成都市简阳市、德阳市绵竹市、资阳市乐至县分别签订《政务服务事项跨区域通办协议》）。

深化教育领域合作 推动成德眉资同城化教育改革创新试验区建设，通过“理念共融、教学共研、资源共享、文化共塑”，建成“区域合作”“结对帮带”“学段融通”3类校联体6个，组织教研交流13场次。与锦江幼儿园、新津华润幼儿园开展院际交流活动。成眉同城化调研会在彭山举行。

完善成眉同城交通 推进尖子山航电、环天府新区快速通道、锦江大道、岷江大桥等项目。推动成眉动车“公交化”，2021年年底，彭山北站动车停靠数量23.5对。加快规划眉山国际铁路港和眉山水港，推进锦江—府河巴蜀文化黄金旅游航道前期研究论证和旅游码头规划工作。

【行政审批制度改革】 推动全国一体化政务服务平台建设工作联系点，依托“省一体化平台（3.0）”，加速“天府通办”彭山分站点建设，线上注册用户16.4万人，注册企业法人7065个，已签章电子证照25673个。梳理个人和企业全生命周期“一件事一次办”事项200项，9个个人全生命周期“一件事一次办”事项全面落地运行，涉及单事项共372个，平均材料减少41%，压缩办理环节35%，跑动次数约减少约39%。相关改革经验被《政务晨讯》《政务工作交流》《四川改革专报》等省级刊物刊载，被人民网、《四川日报》等中央、省级主流新闻媒体报道。落实《眉山市彭山区工程建设项目审批制度改革工作方案》，梳理工程建设项目从立项到竣工验收全流程审批事项，事项数量从108个精简至79个，取消材料10个。分6类主题绘制工程建设项目审批流程图，全流程审批时限压缩至48~79个工作日办结，在法定时限基础上压缩68.4%以上。截至2021年年底，彭山区已在线系统中运行水郡未来城、锦江大学城等建设项目171个，完成审批事项422个。印发《关于印发眉山市彭山区营商环境优化提升工作方案的通知》，依托全国政务服务一体化平台标准化规范，推行线上、线下大融合，实现“小事不出门、大事不出村”。推进镇村便民服务体系建设，改造升级全区所有镇（街道）和村（社区）便民服务阵地，投入资金495.3万元，投放硬件设施166台、远程会诊系统10套，基本建成区、镇（街道）、村（社区）三级“一窗”无差别受理体系，接收评价2.3万余次，建议70余条。

2021年6月17日，区行政审批局组织各镇街分管负责人开展标准化建设培训　（区行政审批局供图）

【“放管服”改革】 **健全机制**　彭山区把深化“放管服”改革优化营商环境工作作为“一把手”工程，成立区打造一流营商环境工作领导小组，区委书记、区长任双组长。围绕提升营商环境18项一级指标，制发《2021—2022年眉山市彭山区创建一流营商环境工作方案》，提出具体工作措施258项，全力提升优化营商环境。区市场监管局、区国资金融局、区经信局等相关部门，围绕企业运转、项目落地、过程保护等多个领域，各自牵头制定《眉山市彭山区强化知识产权保护行动方案》《眉山市彭山区市场轻微违法违规经营行为“首违不罚”清单》《眉山市彭山区2021年“一产一单”金融工作推进方案》《眉山市彭山区企业做大做强扶持政策（2021年修订版）》《眉山市彭山区关于推动制造业高质量发展的实施意见》等工作机制或制度20余项。

打造优质高效营商环境举措　落实企业优惠政策。新开办企业2000余家全年享受“三免服务”，节约成本约90万元。向51家企业兑现做大做强扶持资金289万元，向24家企业和项目兑现春节期间不停工不停产补贴33.27万元。推进创业担保贷款工作，受理创业担保贷款申请139笔，发放贷款1620万元。通过电子税务局向8000余户纳税人推送优惠政策5万多条。至2021年底，免费邮寄发票4000多笔，为纳税人节约办税成本5万余元。

发挥审执职能，保障各方权益　通过破产重整程序，及时挽救企业危机，盘活企业资产7亿余元、土地10万平方米，2021年年底交付房屋260余套，保障700余名购房户和债权人的合法利益。成功补缺社保缺口40余万元，安置职工105人。开展“涉民营企业执行案件”“涉金融债权专项执行”等专项行动，执结案件303件，执行到位金额8711.15万元。

优化金融服务质量　截至12月底，全区存款余额329.5亿元，较年初增加29.16亿元。贷款余额207.45亿元，较年初增加37.27亿元。其中，制造业贷款余额14.35亿元，较年初增长20.08%；涉农贷款余额72.72亿元，较年初增长17.86%。存贷款余额同比增速18.64%，不良率0.4%，居全市最低。金融生态环境在2020年评价中排名全市第一。

营造公平竞争环境　提升“双随机、一公开”监管覆盖率，列入异常经营名录381户，移出异常经营名录204户。全年共归集上报公示涉企监管执法信息62条、红黑名单437条、企业信用承诺书190份、“失信被执行人”主体黑名单125条。同时引导失信企业进行信用修复，截至2021年年底，进行在线信用修复企业49家。

打造法治阳光政府　落实区政府主要负责人履行

推进法治建设第一责任人职责，并纳入年度考核。坚持法治政府建设工作报告及对外公开制度。推进常态化开展法治示范创建活动。深入推进政务诚信建设，加快信用领域改革，贯彻落实《中华人民共和国政府信息公开条例》，执行全省统一社会信用代码制度。依法科学民主决策。落实行政决策合法性审查制度。全面推行“三项制度”，加快推进行政执法规范化标准化建设。启动重点领域综合行政执法改革，推进“两法衔接”。加大对食品药品安全、生态资源和环境保护、社会保障等重点领域犯罪活动的打击力度，提升行政执法水平。树立“人人都是营商环境、处处事关营商形象、个个都有营商责任”理念，践行真心、用心、精心、热心、耐心“五心服务”。设置“办不成事”反映窗口，提供兜底服务，解决企业和群众办事过程中遇到的疑难事项和复杂问题。

提供精准化企业服务 突出服务企业、优化提升营商环境的改革导向，针对企业在开办及生产经营期间审批环节复杂、多头跑路和重复跑路现象突出等问题。成立企业全能服务中心，设置企业服务专窗2个，推出“一个窗口服务、一个系统申报、一张表单填报、一支队伍代办、一个号码联系、一份指南辅导、一车联合验收”的“七个一”企业服务。梳理工程建设项目审批事项108项，在省标准清单基础上结合彭山实际减少至79项。分6类绘制工程建设项目主题式服务审批流程图，全流程审批压缩至48~79个工作日，在法定时限基础上压缩68.4%以上。截至2021年年底，在省工程建设项目审批系统中运行上海杉杉锂电、水郡未来城、锦江大学城等项目298个，完成审批事项635个。在全省工改系统中运行事项覆盖率全市最高。梳理上线第一批惠企政策55项，主动向企业精准推送惠企政策120条，实现网上可直接申报，快速兑现。

优化政务服务能力 做深“一网通办”，推进彭山区综合受办系统全面融入省一体化政务服务平台3.0系统，同步提供手机客户端（App）、微信公众号、自助服务机、PC电脑端等多种服务形式，满足不同服务对象个性化需求。实现网上查阅、预约、申请、受理、缴费、评价等“一站式”审批服务。建成一件事系统，实现“一件事”套餐事项线上办理。开发视频会诊系统，镇（街）、村（社）综合窗口一线接件人员遇到个体化复杂疑难问题时，可直接向区级审批人员发起视频会诊，确保及时解答、高效服务。开发智能政务服务机器人“小彭”24小时在线，以聊天对话方式指导申请人办事，在聊天中获取数据资料、生成电子表单和申报材料，并自动分发到审批部门办理，聊天结束事就办完。开发“办事千里眼”，提高办事全过程效率，引导办事人错峰办理，减少办事人在大厅等待时间94.94%，统筹调度人、物、设备，政务服务资源利用率提升64.94%，群众满意度提升。优化“天府通办”彭山分站点（彭山服务）功能，推动医疗就诊、教育发展、公共交通、水电气信等与群众日常生活密切相关的便民服务应用接入“彭山服务”政务服务平台。2021年，“小彭”受理问答9700余次、高中学费网上缴纳1810余人次、适龄儿童参与公立幼儿园摇号1800余人，预约医院办理健康证3800余次，受惠群众上万人。

做优“一号申请”，以公民身份证号码和企业社会信用代码为网上办事唯一标志，实现企业、群众只用一号申请。强化“一号”下事项数据归集、关联运用，将收集数据自动匹配到下次办事材料清单中，避免重复提交烦琐证明材料，实现“记录一生，管理一生，服务一生”的目标。梳理出“零材料”办事事项50项，刷脸即可办事。

做实“一门通办”，推进“三集中三到位”，全区具有行政审批和公共服务事项的区级部门（单位）33家全部入驻区政务服务大厅或网上大厅。开展“三免服务”，为群众企业免费寄件6000余件，免收复印件上万份，免费刻制印章5000余枚，实现“零成本”开办企业2000余家。紧盯核心指标服务对象满意率，做到“进大厅必有工作人员招呼、办业务必有工作人员指导”。

做强“一窗通办”，成功争取镇村便民服务标准化、规范化、便利化建设省级试点。改造升级全区所有镇（街道）和村（社区）便民服务阵地，投入资金50余万元，开通全区村（社区）电子政务外网，投放硬件设施166台、远程会诊系统10套，基本建成区、镇（街道）、村（社区）三级政务服务无差别综合受理体系，全区所有综窗均可全科受理政务服务事项1200余项，群众办事实现100%城乡无差别受理。设置村（社区）免费代办窗口，落实帮办代办人员600余名，免费提供帮办代办服务，平均年代办量上万件。

做细“一次办好”，在单个事项跑一次的基础上升级为一件事跑一次，围绕公民个人出生到身后、企业准入到退出“两个生命周期”，推出“一事一次办”套餐服务209项，涉及单事项共372个，平均材料减少41%，压缩办理环节35%，跑动次数减少约39%。其中“出生一件事”联办服务改革经验被省政府办公厅《政务晨讯》（2021年第20期）刊登全省宣传推广，入选全省镇村便民服务“三化”建设十佳案例，并作为全省唯一区县入选“一网通办”典型案例汇编。

2021年9月15日，省发展改革委调研彭山区营商环境

（区政府办供图）

【经济领域改革】 推进工业园区高质量发展。出台《企业做大做强扶持政策》《推动制造业高质量发展的实施意见》《经济合作项目引荐奖励办法》等，围绕光电显示配套、锂电池上下游等4个重点产业开展链条招商，改变园区项目招引格局。针对拟入园项目，从产业导向、用地规划、环境评价等方面进行综合评审。做好已入驻园区企业跟踪服务，营造园区一流的投资环境。截至2021年年底，签约杉杉、研一二期等项目11个，总投资230.6亿元，达产后将实现产值365亿元，完成税收18亿元。相关改革工作经验被人民网、中国网、“川观新闻”等中央、省级主流新闻媒体报道。深化财政管理改革。探索推进暂付款清理消化“五年攻坚行动”，执行预算国库管理制度，控制财政新增对外借垫款。2018年年底36051.24万元的国库存量暂付款余额，2019年消化29106.49万元，2020年消化1971.18万元，2021年消化900万元，三年均按目标实现暂付款清理消化，实现时间过半、任务过半的目标。推进民营企业发展。落实《关于促进民营经济健康发展的实施意见》，推进民营企业建立现代企业制度。2021年7月，为6家民营企业授牌并兑现鼓励资金。9月，市级专家组走访诊断新培育企业7家，指导企业整改完善相关管理制度。其中，“彭山区多举措拉动民间投资增长”被《眉山政讯》刊载，被四川新闻网等省级主流新闻媒体报道。推动实体经济改革。印发《眉山市彭山区2021年“一产一单”金融工作推进方案》，成立金融顾问先锋队5个，实地走访服务企业60余家。对2020年挂牌的1家企业按政策发放奖励资金，引导2家民营企业在天府四川股权交易中

2021年8月18日，彭山经济开发区和深圳市研一新材料有限公司举行签约仪式

（区政府办供图）

心挂牌。上报信息被中国网等中央主流新闻媒体报道。加大知识产权保护力度。修订《眉山市彭山区知识产权资助奖励管理办法》，强化对科技成果转化应用的引导和激励，提升科技成果和知识产权的整体质量效益。2021年，共计查处知识产权案件9件，其中假冒商标案件1件，假冒专利案件2件，专利标志不规范案件6件。上报信息被《四川知识产权工作交流》刊载。

【社会治理体系改革】 健全党组织领导下的自治、法治、德治相结合的乡村治理体系，出台《“一肩挑”村党组织书记监督管理的办法》，在全省率先建立区级巡察到村制度，相关做法被《农民日报》等中央和四川省媒体报道。出台《村级组织向村党组织报告工作办法》，在全省率先推行农村基层组织向村党组织报告工作制度。发挥道德模范示范引领和带头作用，推荐获评“中国好人”3人、“四川好人”18人、“四川省文明家庭”2户。国网眉山市彭山供电分公司谢家供电所外勤2班班长盛恩利见义勇为，被授予“第八届全国道德模范”荣誉称号。相关改革经验被《农民日报》、人民网、央广网等媒体报道。开展“枫桥式司法所”建设试点，总投入30万元，完成江口街道“枫桥式司法所”建设，明确功能区域规划，更新标志和制度。2021年10月，江口司法所荣获“全国模范司法所”称号。提炼改革经验被四川法制网等省级主流新闻媒体报道。深化“有事来协商·和谐助寿乡”平台建设，全面完成8个街道（镇）、31个平台建设任务，常态化开展协商活动，解决群众关心的实际问题。截至2021年年底，组织小微协商36次，提出建议意见53条，委员参与86人次。平台建设工作获得省政协领导肯定，被《四川政协报》刊载。出台《眉山市彭山区市域社会治理现代化试点工作九个专项工作组任务清单》，推进社会治安防控体系，累计完成智慧平安小区建设30个，慧眼工程累计建设12000余路。在全市率先设立区社会心理服务中心，“四川省十佳志愿服务组织”——区社会治安志愿者协会

2021年9月2日，市委常委、秘书长汪树槐（右二）带队赴彭山区现场调研市域社会治理现代化试点、居家和社区养老服务等中省部署改革试点工作 （区委办供图）

心理专家团队入驻，投入200万元。2021年，四川省2021年世界精神卫生日宣传活动暨全省社会心理服务体系建设观摩交流会在彭山召开。开展网络综合治理体系建设试点，形成38项网络综合治理体系试点工作责任清单。

【民生领域改革】 深化企业治污设施用电监管工作，通过“物联网＋互联网”技术手段，实现从传统“结果监管”到“过程监管”转变。截至2021年年底，南方家居园区53家工业企业实现用电监管系统全覆盖，相关改革经验被四川新闻网等省级主流新闻媒体报道。贯彻落实《关于进一步加快教育高质量发展的意见》，按照中小学“五项管理”和“双减”工作要求，举办“寿乡教育大讲堂”，交流“双减”做法。搞好“5＋2”模式课后服务，减轻中小学生课业负担。相关改革经验被教育部监管司《“双减”每日快报》刊载，经验全国推广，被中央电视台《军事报道》节目、央广网、《川观新闻》等中央、省级主流新闻媒体报道。探索“最多跑一次”医保改革，深化“综合柜员制”服务，2021年累计服务群众4000余人次。在区人民医院、区中医医院实行特殊门诊一站办理，实现两家医院数据实时对接，累计完成特殊门诊便民服务4121人次。推进区内二级医疗机构一元挂号政策实施全覆盖，2021年累计服务群众52080人次，相关改革经验

被《川观新闻》、四川在线等省级主流新闻媒体报道。开展居家和社区养老服务改革试点，将整合社区养老服务设施运营与政府购买居家养老服务有机集合，打造“15分钟养老服务圈”。2021年年底，该试点通过民政部、财政部中期验收并获得考察组肯定。探索城乡客运一体化改革，完成全部32条线路改造，运营车辆159辆，实现100%建制村（社区）通公交。月均客流量100万人次，较改革前增长100%。彭山区成功创建国家级“四好农村路”示范县。全市加快构建“四好农村路”高质量发展体系现场会在彭召开。相关改革工作经验被中央电视台农业农村频道、人民网等中央、省级主流新闻媒体报道。创新实施老旧小区改造，完成老旧小区改造127个，老旧小区改造工作经验在全国交流。创新推进新时代文明实践中心建设，受益群众8万余人，相关改革经验被中国网、中新四川网等中央、省级主流新闻媒体报道。

【党的建设相关领域改革】 深化“两项”改革及后半篇文章。制定“1+25”工作方案，建立“四个一”推进机制，打造示范点位12个，以点带面推进改革。开展县域内片区划分，划分镇级片区2个、村级片区9个，设置中心街道1个、副中心镇1个、中心村10个，统筹片区资源要素，为产业集群化发展、规模化布局奠定基础。创新城乡基层党组织体系建设，制发《加强村（社区）下一级基层党组织建设的指导意见》，全覆盖建立村（居）民小组、小区（片区）、网格等党支部435个，健全镇（街道）—村（社区）—村（居）民小组（小区、片区）三级组织体系，规范村（社区）下一级基层党组织运行。在公义镇欣荣村开展加强“一肩挑”以后村党组织书记监管市级试点。“一肩挑”村党组织书记监督管理做法被《农民日报》、人民网等平台刊发。成功争取县域共青团基层组织改革试点，出台全省首个《基层党建带团建队建巡察工作细则》，夯实地方党的领导机制。团中央召开县域共青团基层组织改革扩大试点中期交流推进会，彭山团区委作为全团7个（区县层面试点共6个，彭山区为四川省唯一试点）试点之一交流发言。团中央转发团四川省委《四川通过“统选兼用”工作彰显团员先进性》经验材料，彭山区“团员先进性+校地合作”改革经验入编，经验在全国交流。改革经验被《全团要讯》《四川改革动态》《中国青年报》刊载，被人民网等中央、省级媒体宣传报道。“最有人情味的泊林郡”小区团建经验全省推广，获眉山市委书记、彭山区委书记肯定性批示。推动街道（镇）评议区内部门（单位）试点工作，完善“镇街吹哨、部门报到”事项清单，将评议结果纳入全区目标绩效考评。2021年年底，该试点工作受到省委督查绩效办点名表扬，并将主要经验做法印发全省推广。

【农业农村综合改革】 促进家庭农场高质量发展制度创新，出台《省级家庭农场示范县创建实施方案》，加快发展一大批规模适度、生产集约、管理先进、效益明显的家庭农场。全区新增家庭农场65个，创建省级示范场44个。实施家庭农场发展促进联盟建设工程，帮助100余户家庭农场主开展“互联网+”销售活动，运用抖音、微信等现代传媒进行直播带货。帮助51户农场主对接保险风险管控、对接银行贷款，组织开展技术指导培训3个班次，共113人。开展新一轮农村宅基地制度改革试点，搭建“1+6+N”制度体系，出台制度文件21个。开展“三权同确三证同颁”，累计为40个村民小组颁发集体土地所有权不动产权证书40本，为农户颁发农村宅基地资格权证书5158本，颁发“房地一体”不动产权证书5048本。全省农村宅基地制度改革试点工作推进会在彭山召开。农村宅基地制度改革工作经验在全国宅基地基础信息调查工作交流培训班上作交流发言。相关改革工作经验被《人民日报》《农民日报》《中国改革报》《宅基地改革与管理》等新闻媒体报道。小农户与现代农业有机衔接经验，2次获得农业农村部部长肯定批示，获市委书记肯定性批示。推进城乡融合发展综合改革试点，坚持以城带乡、城乡共荣，推动城市

葡萄园区啤酒桶　　（岷江现代农业园区供图）

公共服务和治理方式向农村延伸。印发《关于推行“镇街吹哨、部门报到”的实施意见》的通知，下沉20项事项到镇街和村社区。全面实行救助类事项“一门进、村代办，镇认定、区兑现”，让基层事基层定，让群众少跑路。接受国家发展改革委、农业农村部、省农业农村厅调研并受到肯定性表扬。农业农村部《农村改革动态》刊载《四川眉山彭山试验区：公共服务到家门推进城乡融合》经验。宅基地“三权分置”、创新乡村人才激励和培育引进使用机制3项改革通过国家部委现场验收。创新开展“全域园区化”工作，规划葡萄、柑橘、稻药等6个现代农业园区。2021年2月，彭山区葡萄现代农业园区被命名为五星级现代农业园区。果园村获2020年全国乡村特色产业亿元村称号。通过“园区＋”“农业＋”“农户＋”等途径，推出古堰新桥田园综合体等新产业新业态项目20余个，带动乡村旅游增收14亿元，推广实用技术15项，科技推广运用率100%，服务惠及涉农农户80%以上。相关改革经验被《中国改革报》等中央主流新闻媒体报道。

【改革成绩】 2021年，彭山区抢抓成渝地区双城经济圈建设、成德眉资同城化发展重大机遇，聚焦重点领域和关键环节，推进改革攻坚，在全国、全省、全市创造一批有影响的“彭山模式”“彭山经验”。改革工作经验被《人民日报》《中国改革报》《政务晨讯》等中央、省级刊物刊载27余次，被中央、省级主流新闻媒体报道200余次；1位副国级领导现场调研森林防火创新工作，宅基地“三权分置”、创新乡村人才激励和培育引进使用机制3项改革通过国家部委现场验收，迎接省级督导调研17次；新一轮农村宅基地制度改革试点改革、县域共青团基层组织改革经验全国交流推广，深化职业农民制度试点、省级示范社区创建工作等6项改革经验省级交流推广；承办全省农村宅基地制度改革试点工作推进会等省级改革现场会1次、全市天府科技云服务高质量发展工作推进会1次；小农户与现代农业有机衔接经验获农业农村部部长肯定性批示2次，获市委书记肯定性批示；深化政务服务“好差评”制度改革、创新推动开放发展先行区建设、深化县域共青团基层组织改革3篇改革经验被《四川改革专报（动态）》刊载，数量全市第一。2021年，彭山区获市级“全面深化改革工作先进集体”荣誉称号。（区委办）

深化成眉同城

【产业协作】 2021年，成功引进汇力新材、四川皇家蓝卡铝业等成德眉资区域工业项目5个，总投资21.65亿元。累计签约项目27个，总投资70.2亿元。共建成眉名优产品推荐目录库，引导成眉两地企业构建上下游关系，实现工业产品互通互用，引导成都市新材料和高端装备制造企业优先选用“彭山造”产品。强化重大项目跨区域协调，为保障杉杉项目用能需求，与新津对接，将杉杉220千伏输变电工程从新津500千伏变电站出线。

【交通同网】 与成都市双流、新津、蒲江、邛崃等区县开展交通互联互通对接，初步形成“2高4快2轨”的成眉同城交通网络。剑南大道南延线同标化改造、滨江大道北段、彭邛快速通道、彭蒲快速通道等成眉互通项目顺利推进，成贵客运专线日停靠彭山北趟次23.5对，与成都铁路局进行对接，提升停靠趟次数量。开通成眉跨市公交线路3条，S101、S102线直达双流黄龙溪，XK4线无缝对接成都地铁10号线新平站，跨市公交日均开行170趟次。与成都市锦江旅游航道规划编制单位进行多轮对接，计划将锦江旅游航道延伸至彭山尖子山航电大坝，一并纳入成都市航道规划。

【政务同城】 实现成眉跨区域通办审批服务事项100个，涵盖身份证换（补）领、护照签（换）、医保转移、公积金互认互贷、企业登记、税务申报等高频事项，依托省政务服务一体化平台（“天府通办”App），全程网办率90%以上，共设置“跨区域通办”专窗4个，被省政务服务和大数据中心确定为第一批无差别综合窗口“省内通办”省级试点地区，办事群众和企业的获得感、满意度得到提升。

【公共服务共建共享】 与电子科技大学、四川工商学院签订校地合作协议，与四川农业大学、四川大学等知名高校建立合作关系。彭山一中等5所学校分别与成都七中、成都九中等学校结对合作，在教师交流、人才培养等方面开展合作，打造教育区域发展共同体。强化与华西医院、省人民医院的合作，邀请华西医院、省人民医院专家到区人民医院进行巡诊坐诊、手术展示、指导科室建设、开展院内及线上学术培训。深化公共就业同城，与新津区签订同城化发展人力资源合作协议，促进成眉同城人才交流。

【应急救援共享联动】 与双流、新津、邛崃、蒲江等区县签订协议，实现紧急状况下应急救援物资装备及队伍互助共享。逐步建立健全应急联动机制，如森林防灭火联防联动机制、防汛抗旱联动机制、应急救援联防联动机制等。2021年2月，与邛崃市应急管理局签订《应急救援联防联动协议书》。

【深化对接交流】 创新合作路径和模式，成眉同城化发展向更宽领域、更深层次延伸。与新津签订《新津—彭山区域协同发展合作协议》，充分发掘和发挥两地区位、资源、产业等方面优势，从加快基础设施互联互通、加快先进制造业协作配套、加快文化旅游产业融合发展、加快都市农业联动发展、加快公共服务共建共享等十大方面开展合作，携手推进都市圈建设。（区发展改革局）

2021年12月17日，新津—彭山跨区域合作座谈会召开
（区政府办供图）

重大项目招引和对外合作交流

【概况】实施“重大项目攻坚年”行动，全年向上争取到位资金18.9亿元，到位地方政府债券及再融资资金22.4亿元。全年新引进重点项目25个，协议总投

资282.1亿元，其中“三类500强”和投资5亿元以上重点项目10个。

【引进的重大项目】 杉杉锂电负极材料项目引进总投资100亿元，实现彭山百亿元级工业项目历史性突破；雅保新时代锂电池材料工厂项目引进总投资32亿元，成为2021年全省单体投资最大的外商直接投资制造业项目；广州天赐年产30万吨电解液和10万吨铁锂电池回收项目引进总投资25亿元；研一新材料年产15万吨动力电池电解液项目等系列优质项目引进总投资25亿元，产品涵盖正极前驱体、负极、电解液及添加剂、胶黏剂等锂电上游关键环节，形成锂电池及材料全产业链。 （区经济合作和外事局）

江口沉银遗址考古发掘

【基本情况】 江口沉银遗址位于彭山区江口街道，是一处保存较为完整的古代战场遗址，是眉山市第三批市级文物保护单位。江口沉银遗址保护范围：东至公路，西至河堤，南至岷江大桥，北至两江汇合处。建设控制地带：以保护范围为界南，北外延20米。

清代以来的文献中多记载明末大西军领袖张献忠曾沉银于此。2005—2011年相继在江口镇河道出水明代银锭等重要文物，证实张献忠江口镇沉银之说，并为之提供有力的实物证据。2015年12月，彭山“江口沉银遗址”被确认为张献忠沉银中心区域之一。

经国家文物局批准，2016年4月至2021年4月，对江口沉银遗址进行一、二、三、四期考古发掘，共出水文物7.3万余件。江口沉银遗址出水文物数量多、等级高、种类丰富，具有极高价值，对研究明代政治史、经济史、军事史和生活史等具有重要意义。

2018年4月获“2017年度全国十大考古新发现”称号并被专家定名为“四川彭山江口明末战场遗址”，2018年5月获“四川十大历史文化地标”称号，2021年获“中国百年百大考古发现”称号。

【2005—2011年文物出水情况】 2005年4月20日，彭山区引水工程在江口镇岷江河道内进行施工过程中，由挖掘机在距地表2.5米左右的地方挖出一圆木并从中散落7件银锭，被施工民工全部捡走。此事被媒体以《彭山县江口镇挖出张献忠沉银》为题报道，后被全国各大报刊和网站转载。文物部门和公安部门经过努力，收回所有流失的7件银锭和已被损毁的贮藏银锭的木筒。

2011年4月19日，岷江河道建设过程中，出水大量的文物。因现场人员众多，出现哄抢现象。这些文物一部分得到文物部门的及时清理，一部分却被施工民工和当地群众捡走。经区公安部门、文物部门、当地政府及相关部门共同努力，部分出土文物被征集和追缴回来，但仍有部分珍贵文物流失。

【文物被盗挖情况】 随着经济建设的发展，在岷江河道内过度开采砂石，河床变浅，岷江河道内文物不断发现。2013年以来，在利益驱使下，有部分人无视国法，深夜在河道内盗挖。为了保护好江口沉银遗址，确保文物安全，公安局、文广新局、江口政府等部门成立联合执法队，对江口沉银遗址保护范围进行不定期检查，并通过多种形式进行宣传教育和严厉打击，但是仍有人铤而走险。

2015年5月，经过彭山区公安部门长达一年多的秘密调查、侦察、取证等工作，终于打掉盗挖保护区范围内文物犯罪团伙，并缴获、追缴回珍遗文物100件。其中，一级文物8件，二级文物38件，三级文物54件。

【出水文物研讨情况】 2011年8月11日上午，省鉴定站组织霍魏、高大伦、李召和等省级专家对4月县文管所收集的江口沉银遗址出水文物进行鉴定，基本认定这批出水文物与张献忠江口兵败有一定关系。

2012年3月5日，国家博物馆副馆长张威、中国社会科学院考古研究所副所长白云翔、中国人民大学历史学院院长孙家洲、中央电视台《发现之旅》编导范祝奔、《中国文物报》编辑孙秀丽等一行7人，在省文物考古研究院院长高大伦的陪同下专程到彭山，先后到文物保护单位——江口沉银遗址和文物库房进行参观。最后在彭山县文体新局三楼会议室召开“彭山县岷江河道出土文物研讨会”。

2015年11月26日，国家文物局水下文化遗产保护中心水下考古研究所所长姜波、省文物局文保处处长何振华、省考古院院长高大伦到彭山进行江口沉银遗址实地调查，召开彭山区“江口沉银遗址”抢救性发掘筹备研讨会。

2015年12月25日，四川省文物考古研究院、彭山区文化广播电视新闻出版局又组织多位考古、历史、文物专家，再次来到彭山区江口镇，考察“江口沉银遗址”现场，并参观相关文物，召开“江口沉银遗址”保护和考古研讨会。通过讨论，专家们达成统一意见并郑重出具了《四川彭山“江口沉银遗址”保护和考古研讨会专家意见书》：通过与历史文献相比较，基本可以确定 “江口沉银”的记载可信，彭山“江口沉银遗址”即为历史记载的张献忠沉银中心区域之一。专家们共同呼吁，尽快立项，进行抢救性发掘。

【一、二、三、四期考古发掘情况】 *2016—2017年度考古发掘情况* 2016年1月，四川省文化厅（四川省文物局）组织四川省文物考古研究院、国家文物局水下文化遗产保护中心、彭山区文物保护管理所联合向国家文物局提出了对“江口沉银遗址”进行考古发掘的申请。2016年4月，国家文物局批准对“江口沉银遗址”进行考古发掘。项目于2016年11月开始围堰，2017年1月5日正式发掘。发掘面积2万余平方米，共出水文物3万余件。这些文物包括西王赏功金币、银币、大顺通宝铜币、金册、银册、银锭以及各类金银首饰和兵器等。通过此次发掘，基本确认了张献忠江口之战的地点，出水的3万余件文物是确认这一重大历史事件最直接、最有力的证据。此外，这次考古发掘是四川首次开展的水下考古发掘项目，考古工作创新了工作理念，运用了大量的新技术。

2017—2018年度考古发掘情况 经国家文物局批准，四川省文物考古研究院联合眉山市彭山区文物管理所对江口明末战场遗址开展第二次考古发掘。该年度考古工作于2017年12月26日开始围堰，2018年1月24日正式开始发掘，前后历时近3个月，发掘面积1万平方米。

该年度的考古工作以确认遗址性质、了解遗址范围和文物的分布规律、寻找战争遗物遗迹（尤其是与沉船相关的遗物）、发现更多遗物种类为目的，开展相关调查和发掘工作。考古调查将陆地调查和水面探测相结合，初步将遗址划分为大码头、望江台、巫店子和大石包4个区域。围堰的总长度约为1000米，宽度约为130米，长宽均超过了往年。考古队分别在望江台和巫店子2个区域内开展考古发掘。经考古发掘证实，围堰范围内均有文物出水，但大致可以分为两个较为密集的区域。

该年度总计出水文物1.2万余件，其中最为重要的是发现了一枚蜀王金宝。据《明史》记载，皇子封亲王，授金册、金宝。世子承袭王位，止授金册，传用金宝，即每个藩王府只有唯一一枚金宝，因此较金册显得更为稀少和珍贵。

此次考古发掘出水的大量兵器，尤其是火器的发现，为确认这一处古代战场遗址提供了更多证据。出水的蜀王金宝是国内首次发现明代藩王金宝实物。发现诸多铭刻川内地名的银锭，为张献忠在四川的活动范围提供了实物证据。船钉的大量发现，为认识沉船地点提供了新线索。

2019—2020年度考古发掘情况 经国家文物局批准，在四川省文物局的领导下，四川省文物考古研究院联合眉山市彭山区文物管理所对江口明末战场遗址开展第三次考古发掘。该年度的工作于2019

年11月10日开始围堰，2020年1月10日正式开始发掘，4月28日结束，前后历时3个多月，发掘面积5000平方米，勘探面积1万平方米。

2020年3月7日，江口沉银第三期发掘现场

（区文物保护研究所供图）

江口明末战场遗址该年度的考古工作以抢救和保护珍贵文物、进一步了解遗址分布范围及文物分布规律为目的，开展相关调查勘探和发掘工作，总计出土各类文物1万余件，其中重要文物2000件，主要为金银器，包括金、银币、银锭、银食具，金、银首饰和金、银服饰等。其中最为重要的是一枚金印，方形印台、龟形印纽，印面铸有“蜀世子宝”4个字。印台边长10厘米，厚3厘米，含金量高达95%。“蜀”字证明这枚金印原为明蜀王府之物，“世子”为亲王嫡长子。从印文可知这枚金印为明代蜀王世子所拥有，既是蜀世子的身份象征，也是蜀王府历代世子传用之珍宝。“蜀世子宝”是国内首次发现世子金宝实物，也是目前唯一的一枚金宝实物。

此次出土的官银，从地域及税种上均可补前两次发掘之空白。尤其是发现来自乐至、仁寿、乐山、德阳、广汉等地属大西政权银锭，对研究大西政权的财政制度以及统治区域均具有重要意义。

除此之外，还发现有为数众多的金、银容器，金、银服饰和金、银首饰，为研究明代的工艺水平、服饰制度以及审美情趣提供了珍贵的新材料。

此次挖掘工作，对遗址本身有了更为深入的认识。首先确认文物分布规律与遗址内河床起伏状态、基岩局部微结构以及航道位置具有直接关系。其次发现文物原地埋藏的迹象，在基岩河床上发现了多处银锭、金锭以及金块嵌入岩石的情况，可以推断这批文物未经过长距离搬运，这个区域很可能为战争发生地或接近于战争发生地。此外，还发现同一属性文物集中分布的情况，例如发现金器集中分布区以及银锭集中分布区，这很可能说明当时对于货物的运载存在分船以及分箱的情况。

2020—2021年度考古发掘情况　第四期考古发掘工作自1月4日开始，于4月29日结束。发掘面积1000平方米，勘探面积2万平方米，总计出水文物1万余件。发现的重要文物包括“永昌督理”银印、麒麟金印，来自于青神、西充、夹江等地的五十两银锭。此外还首次发现铜、铅原料以及部分明显被火烧过的金、银制品。　（区文物保护研究所）

“蜀世子宝”金印　（区文物保护研究所供图）

“永昌督理之印”银印　（区文物保护研究所供图）

大事记

1月

4日　区委书记黄秀航先后深入蜀郡东岸和中日康养城项目现场，了解项目规划设计、建设进度、施工难点堵点等情况，听取江口街道工作情况汇报。

是日　市人大常委会主任刘十庆到彭山区专题调研部分重点项目。

是日　彭山区2019年公义江口黄丰片区高标准农田建设项目通过市级全面验收，彭山区成为首个通过的区（县）。

是日　区林业和园林中心召开森林防灭火警示教育会。

5日　区委书记黄秀航先后前往臻润农业公司、区农产品集配中心、果怡农业二期项目、种子检验检测服务中心等地，现场调研彭山区农业农村发展、农村改革、特色水果产业、人居环境治理及农业重点项目建设情况。

7日　召开根治拖欠农民工工资工作联席会议，对做好根治欠薪冬季专项行动工作进行再安排再部署。

是日　区委书记黄秀航先后前往合力村安置小区、雷雷果业有限公司、团结村橘花广场等地，听取黄丰镇产业发展、乡村振兴、基层治理等工作情况汇报。

8日　区委书记黄秀航主持召开党外人士座谈会，听取对彭山区“十四五”规划编制的意见和建议。

是日　新津区红十字会和彭山区红十字会在新津区签订同城化发展协议。

10日　区公安分局举行系列主题活动，庆祝第一个“中国人民警察节”。

是日　区委书记黄秀航到公安基层单位，看望慰问一线公安民警、辅警。

11日　区人社局开展根治欠薪、劳动维权法律法规政策咨询和宣传服务活动。

是日　中国共产党眉山市彭山区第二届委员会第二十一次全体会议召开。全会审议通过《中共眉山市彭山区委关于制定眉山市彭山区国民经济和社会发展第十四个五年规划和二〇三五年远景目标的建议》《中共眉山市彭山区委关于加快建设现代化成都都市圈副中心成眉同城率先突破区、“中强”核心增长极的决定》。

12日　区委书记黄秀航先后前往彭祖大道、彭山北站、滨江路、长寿牌坊等地，实地察看沿线路灯、楼体和公园亮化效果。

13日 区人社局开展疫情防控宣传、禁毒宣传、农民工服务保障五大专项行动、就业社保知识等政策宣讲。

是日 市委书记慕新海到彭山区专题调研疫情防控和安全生产工作。

是日 区公安分局治安大队与市场监管、卫健三部门组成联合执法队，开展冷链食品安全监管执法。

是日 市人民检察院到区人民检察院开展经济犯罪案件办理专题调研。

是日 寄递渠道毒品问题整治工作联席会召开。

14日 市人大常委会主任刘十庆调研彭山区重点项目建设。

14—18日 区退役军人事务局走访慰问18名抗美援朝出国作战老战士。

15日 眉山市委宣讲团到江口街道宣讲中共十九届五中全会、省委十一届八次全会、市委四届十六次全会精神。

16日 华西惠民口腔专家工作室授牌仪式在希望城举行。

17日 2021年武装工作暨党管武装述职大会召开。

21日 全区疫情防控工作领导小组会议召开。

22日 区委常委会（扩大）会议暨2020年度书记落实主体责任述职评议会召开。

23日 彭山区被中共四川省委、四川省人民政府命名为“2021年度四川省乡村振兴先进区”。

26日 彭山区召开援藏、援彝、驻外招商干部座谈会。

是日 市总工会到彭山区开展2021年春节期间送温暖系列慰问活动。

27日 全区招商引资和向上争取工作会议召开，会上解读了《眉山市彭山区经济合作项目引荐奖励办法（试行）》。

是日 彭山区2021年武装工作暨党管武装述职会议召开。

是日 在彭挂职干部座谈会召开。

是日 毛河湿地公园正式开园。该公园占地面积23公顷，其中水体面积8.93公顷。

29日 区委书记黄秀航调研全区公安工作，看望慰问公安民警。

31日 全区51个村（社区）完成党组织换届选举工作。

2月

1日 区委书记黄秀航调研区人民检察院工作，看望慰问检察干警。

2日 副市长、市公安局党委书记、市公安局局长王景弘到彭山区调研督导安全生产以及森林防灭火工作。

5日 彭山区2021年村（社区）党组织书记迎春座谈会召开。

是日 春节前安全生产、疫情防控工作会召开。

7日 市委副书记、市长胡元坤到彭山区督导区委常委班子2020年度民主生活会。

是日 春节前森林防灭火工作部署会议召开。

8日 省生态环境厅到彭山区调研大气污染防治工作。

是日 区委书记黄秀航对节前安全生产、疫情防控和森林防灭火工作，以及青龙油库安全生产工作进行检查。

是日 应对新型冠状病毒肺炎疫情联防联控工作领导小组会议召开，安排部署春节期间疫情防控工作。

是日 区委书记黄秀航看望慰问部分专家人才、老党员、先进模范、困难党员和脱贫户。

9日 区委书记黄秀航调研区人民法院工作，看望慰问法院干警。

18日 区委书记黄秀航深入在建项目、重点企业、机关单位开展调研。

19日 黄丰镇团结村、谢家街道悦园村被命名为2020年度四川省乡村振兴示范村。

20日 区委巡视整改工作领导小组工作推进会召开。

23日 省水利厅副厅长谭小平率队检查府河武阳段水毁修复进度。

是日 征地拆迁安置领域突出问题系统治理工作动员会召开。

24日 市政府副市长、市公安局局长王景弘，赴黄丰、公义、谢家派出所调研指导工作并慰问一线民辅警。

26日 市人大常委会主任刘十庆到彭山区调研东彭交界地带彭山发展规划情况。

3月

1日 区委书记黄秀航调研城市建设工作。

是日 彭山区2021年春季征兵定兵会召开。

2日 全区春节后第一次根治拖欠农民工工资工作联席会议召开。

是日 区委书记黄秀航到江口街道，对锦江大道、环湖东路、江口沉银博物馆等交通和文旅重点项目工作进行再调度再部署。

4日 眉山市暨彭山区2021年学雷锋志愿服务活动和“绿光计划”志愿服务项目正式启动。

是日 区委书记黄秀航到四川彭山经济开发区督导园区项目推进工作。

5日 全区城镇居民人均可支配收入调查业务培训会召开。

是日 2021年就业创业工作动员会召开。

8日 2020年度市管领导班子和市管干部述职测评、干部选任工作“一报告两评议”会议召开。

是日 全区村（居）委会换届工作调度会召开。

10日 政法队伍教育整顿领导小组第一次会议召开，审议全区政法队伍教育整顿实施方案，安排部署全区教育整顿近期相关工作。

13日 村（居）民委员会换届选举工作结束。

15日 举办四川省特色水果重大技术协同推广葡萄种植生产技术培训会。

是日 省委党校2021年新时代治蜀兴川执政骨干递进培养计划年轻干部铸魂工程暨省委党校中青班到彭山区开展现场教学。

是日 全区政法队伍教育整顿警示教育会召开。

16日 区教育和体育局与四川工商学院举行校地合作签订仪式。

是日 市科学技术协会、区科学技术协会在公义镇中心小学联合开展“科普大篷车”进校园活动。

是日 开展以“喜迎建党100周年 科技助力乡村振兴”为主题的2021年“科技下乡·公义行”活动。

17日 “沈厅工作室”“乡村振兴人才研究院”启动仪式举行。

18日 区委农村工作会议暨彭山区争创省级乡村振兴先进县誓师大会召开。

是日 召开领导干部见面会，宣布省委组织部和市委任免决定：杨静任区委委员、常委、副书记，提名任区人民政府区长。

是日 彭山区乡镇行政区划和村级建制调整改革“后半篇”文章工作推进会召开。

是日 通济堰东干渠河长制工作协商推进会召开。

19日 区委书记黄秀航到谢家街道、公义镇，对部分农业重点项目推进进行调度部署。

是日 农村宅基地所有权、资格权及“房地一体”不动产权证颁证仪式在观音街道果园村举行，农户领到彭山区第一批“房地一体”不动产权证。

是日 区委政法工作会议召开。

22日 区委书记黄秀航前往公义镇卫生院、区人民医院和区中医医院，就卫健系统改革创新、医院等级创建、疫情防控等工作开展调研。

24日 全市新闻舆论业务交流会在彭山区举行。

是日 市、区科协联合开展“喜迎建党100周年”为主题的2021年“科普进社区·滨江翡翠行送服务进小区”活动。

25日 清明期间森林防火工作部署会召开。

26日 中国共产党眉山市彭山区第二届纪律检查委员会第九次全体会议召开。

27—28日 区社会治安志愿者协会组织开展“快乐小东坡”未成年人社会保护系列项目活动。

29日 中国人民政治协商会议眉山市彭山区第二届委员会第七次会议召开。

是日 四川省住房城乡建设厅党组书记、厅长何树平到彭山区，调研城镇老旧小区改造、房屋建筑安全风险排查整治工作。

29—31日 眉山市彭山区第二届人民代表大会第九次会议召开。

30日 彭山区第二届人民代表大会第九次会议开幕并召开第一次全体会议。

30—31日 重庆市彭水苗族土家族自治县考察团到彭山区参观考察，了解彭山开放发展、乡村振兴、文物保护、文旅融合等发展情况。

31日 眉山市彭山区第二届人民代表大会第九次会议第二次全体会议召开，选举杨静为区人民政府区长。

是日 省科学技术厅厅长刘东到彭山区调研彭山经开区规划建设发展、基础配套扶持政策、科技研发项目落户情况。

4月

1日 省农业科学院院长牟锦毅一行到彭山区调研葡萄、蔬菜等产业发展。

2日 全区政法队伍学习英模事迹报告会在区公安分局召开。

6日 中央文化和旅游管理干部学院赴彭山调研指导。

7日 全区城市工作会召开。

8日 “建功‘十四五’ 奋进新征程”劳动技能竞赛启动仪式暨工业园区党建联合体首届职工劳动技能大赛在彭山经开区开幕。

是日 彭山区第一季度基层党建现场会召开。

9日 眉山市暨彭山区庆祝中国共产党成立100周年“我为群众办实事”文明实践主题志愿服务活动启动仪式举行。

12日 区公安分局交警大队成功处置一起危化品运输车交通违法案。

是日 政法队伍教育整顿领导小组第二次会议召开。

是日 全区政法队伍教育整顿查纠整改环节集体谈心谈话会召开。

是日 区委全面依法治区工作会召开。

13日 一季度住户调查业务培训会召开。

14日 省非物质文化遗产“彭祖山三月三朝山会”开幕。

15日 省政协副主席钟勉一行莅临彭山区调研“有事来协商·和谐助寿乡”平台工作推进情况，并前往江口沉银遗址进行调研。

是日 省督导组到彭山督导防汛减灾工作。

15—22日 开展“4·22”世界地球日宣传活动。

19日 省高级人民法院党组副书记、常务副院长，省政法队伍教育整顿领导小组成员熊焱到彭山区法院调研督导政法队伍教育整顿工作。

是日 全区政法队伍教育整顿第二次征求意见座谈会召开。

是日 全区区镇领导班子换届工作会议召开，并开展严肃换届纪律集体谈心谈话。

20日 省广电局党组成员、副局长杨静带队到彭山区调研两项改革“后半篇”文章专项工作及“我为群众办实事”工作。

21日 省教育厅社会与民办教育处处长蔡存明一行到彭山区调研家庭教育工作。

是日 彭山区2021年生态环境文明建设委员会第一次会议暨突出问题整改推进会召开。

是日 市委常委、宣传部部长何迎晓到彭山督导彭山区政法队伍教育整顿工作。

是日 2021年上半年环境监管网格化工作培训会召开。

22日 四川省脱贫攻坚总结表彰大会举行，彭山区谢家街道办事处和公义镇五马村党委被授予“四川省脱贫攻坚先进集体”称号，杨魁峰、时序、夏传宝被授予“四川省脱贫攻坚先进个人”称号。

是日 健康彭山暨主动健康口腔计划启动仪式、“老年口腔健康流动服务模式与技术措施及其评价标准”课题示范签约仪式在兴铁宾馆举行。

23日 区委书记黄秀航开展全区重大项目调度。

是日 全区国考省考迎检专题会议召开。

是日 百岁党员卢陆念参与中央电视台《百岁百年》节目录制，4名百岁党员接受新华社专题采访。

25日 举行党史学习教育省委宣讲团报告会。

是日 市政府副市长、市公安局党委书记、市公安局局长王景弘到彭祖山暗访督导森林防灭火工作。

是日 电子商务行业疫情防控工作会和电子商务企业绿色发展工作会召开。

4月25日至5月1日 第19个全国《中华人民共和国职业病防治法》宣传周期间，全区医疗卫生机构开展以“共创健康中国、共享职业健康”为主题的健康知识讲座和健康义诊宣传活动。

26日 彭山区“烛光杯”师生书画大赛在彭山二中举行，参加现场比赛师生530余名，创作作品1000余幅。

27日 省政府妇儿工委“两纲”终期评估检查组组长、省教育厅二级巡视员王羽带队，开展2011—2020年妇女儿童发展纲要终期评估检查工作。

是日 市委书记慕新海到彭山区专题调研省委书记彭清华到眉山调研重要指示精神贯彻落实情况，先后赴彭祖山和江口沉银遗址实地察看项目改造提升、彭祖饮食养生文化挖掘、项目试运营情况，并听取彭山区重点项目推进情况汇报。

是日 区委书记黄秀航带队前往区防汛办、龚家堰水库、岷江一桥重建项目和府河武阳段水毁修复工程现场，实地检查汛期前防汛减灾安全工作。

是日 区委书记黄秀航先后到凤鸣街道、观音街道、黄丰镇，对两项改革“后半篇”文章相关工作进行专题调研。

是日 区委书记黄秀航率队检查节前安全生产工作。

是日 彭山区老战士红色宣讲团正式成立。

28日 禁毒工作专题会议召开，区委书记黄秀航以“党管禁毒 铁腕治毒 着力构建‘六全’毒品治理体系”为题进行禁毒专题课授课。

29日 2021年全民禁毒宣传文艺巡演活动启动仪式在长寿广场举行。

是日 区委书记黄秀航前往彭山一中、观音中学、观音小学、第五小学、第五幼儿园在建项目现场，调研彭山区教体工作发展情况。

30日 全市防汛抗旱和地质灾害防治和河湖长制工作视频会议召开。会议结束后，彭山区召开会议安排部署相关工作。

是日 彭山区工商业联合会（商会）第三届会员代表大会召开，选举产生新一届工商联（商会）领导班子。

是日 区委副书记、区长杨静前往区防汛办、岷江观音段杉树滩水毁工程、谢家街道污水处理厂等地，调研汛期前防汛减灾准备以及开展河长制、突出生态环境问题整治督察工作。

是日 养老保险关系跨省转移接续实现全程网办。

是日 杉杉锂电池负极材料项目75.13公顷用地申请通过省政府联席会议审批，用时48天，报地审批时间打破全省纪录。

5月

1日 市政府副秘书长、政府办主任赖刚到彭山区督导彭祖山安全生产和森林防灭火工作。

6日 区委全面深化改革委员会第三次全体会议召开。

是日 区委农村工作领导小组第三次会议召开。

是日 在澎湃新闻“建党百年 初心之路”大型全国巡展眉山站活动上，彭山区展示彭祖祖卡通公仔、彭祖祖台卡、彭祖书签等特色文旅产品和彭祖寿柑、清见、不知火等特色农产品。

8日 教育部语用司巡视员娄晶一行到彭山区调研学校语言文字工作。

10日 镇（街道）纪（工）委书记严肃换届纪律专题谈心谈话会召开。

12日 市委常委、市委政法委书记、市禁毒委主任周孝平到彭山调研指导彭山区禁毒攻坚行动开展情况。

是日 “送岗位下乡”主题招聘会在观音街道召开，提供岗位1300余个，达成就业意向270余人。

13日 国务委员、国家减灾委主任王勇到彭山考察调研，对彭祖山森林防灭火工作做出“全省冠军、值得学习、保持状态”评价。

14日 区委副书记、区长杨静到多个点位调研禁毒工作推进情况。

是日 省退役军人事务厅党组书记、厅长鞠波一行到彭山区调研军地双方互办实事“双清单”工作。

是日 区生态环境监测站举行挂牌仪式。

是日 2021年度助残日活动在希望城广场开展，宣传残疾人相关法律政策。

15日 公义小学武术代表队在“运动成都”成都市第十八届传统武术锦标赛中夺得金牌26枚、银牌20枚、铜牌7枚。

17日 区委书记黄秀航前往黄丰镇、凤鸣街道开展专题调研，对全区突出生态环境问题整改工作中重点、难点进行分析和研判。

是日 市政府副市长肖忠良一行到彭山区参加农业废弃物资源化利用暨农业面源污染治理推进工作会。

21日 “阳光下成长·红心向党耀眉州”彭山区第十届中小学艺术节展演活动在彭山一中举行。

24日 区委副书记、区长杨静前往凤鸣街道、江口街道等地开展专题调研，对全区突出生态环境问题整改工作中重点、难点进行分析和研判。

是日 彭山区第一次自然灾害综合风险普查工作推进会召开。

25日 区政府廉政工作会召开，传达国务院、省政府、市政府廉政工作会议精神。

是日 全区民生工作会议召开，总结2020年工作情况，安排部署2021年工作。

是日 区委书记、区政法队伍教育整顿领导小组组长黄秀航调研全区政法队伍教育整顿推进情况，主持召开全区政法队伍教育整顿领导小组第三次会议。

26日 全区交通发展工作会议召开，通报2020年千亿交通大会战先进集体和先进个人。

27日 全区党建工作会召开，宣读2020年“彭山榜样”表扬通报并颁奖，就2021年组织工作、宣传思想文化工作、统战工作进行安排部署。

是日 区委庆祝中国共产党成立100周年活动暨党史学习教育领导小组第二次会议召开。

是日 区政协主席杨红带队调研彭山区省级家庭农场示范县（区）创建工作。

28日 省委巡视办三处处长苟玉竹到彭山区调研巡察工作。

是日 应急管理部安全执法和工贸监管局副局长韩宇峰一行到彭山区，对彭山南方家居园区部分企业开展安全生产检查工作。

是日 区委书记黄秀航对高考前期各项准备工作进行专题调研。

是日 区人民检察院到实验小学开展“检爱同

行，共护未来”检察开放日活动。

是日 市科协、区科协在凤鸣公园开展第五个全国科技工作者日活动。

31日 国家发展改革委农经司副司长邱天朝一行到彭山区调研乡村振兴工作。

是日 眉山市彭山区第二届人民政府第七十七次常务会议召开。

是日 彭山区乡村振兴局正式挂牌成立。

6月

1日 生态环境保护委员会2021年第二次会议暨突出生态环境问题整改推进会召开。

是日 “我为青少年办实事”科普大篷车巡展活动走进公义镇公义场社区。

3日 “铭记光辉历史，同心共筑伟业”统一战线学习党史、《中国共产党统一战线工作条例》知识竞赛举行。

4日 市委改革办到公义镇调研农村宅基地制度改革试点和完善家庭农场社会保障政策等工作。

是日 区委书记黄秀航暗访督导突出生态环境问题整改工作。

是日 党史学习教育市委第三巡回指导组指导彭山区工作座谈会召开。

是日 彭山区援建95438部队引接天然气工程顺利开工。

4—31日 开展“人与自然和谐共生”集中宣传活动和眉山市污染防治攻坚战成果巡展。

8日 区禁毒工作推进会暨禁毒攻坚专项整治第四次调度会召开。

9日 高污染燃料禁燃区禁燃工作推进会召开。

是日 举办“我的初心故事”微党课视频大赛，区政法系统代表队夺得冠军。

是日 区委副书记、区长杨静暗访督导突出生态环境问题整改工作。

10日 全区重点行业领域突出问题系统治理工作推进会召开。

11日 工业大道彭山段北段与成乐高速连接线正式通车，全长约1500米，双向六车道，按一级公路标准建设，工业大道全线贯通。

17日 全区“我为群众办实事”授旗仪式在公义红色教育研学实践基地举行。

是日 区委理论学习中心组百年党史专题学习会召开。

17—18日 中国人民政治协商会议眉山市彭山区第二届委员会第八次会议召开。

18日 区委农村工作领导小组第四次会议召开，会前开展乡村振兴和两项改革“后半篇”文章工作6月拉练活动。

是日 第48次疫情防控工作调度会议召开。

是日 区委书记黄秀航深入一线督导安全生产工作。

21日 防止干预司法“三个规定”宣讲会召开。

22日 市委书记慕新海赴彭山区走访慰问部分生活困难党员、老党员、老干部、获得党内功勋荣誉表彰党员、因公殉职党员干部子女、抗美援朝烈士子女代表。

是日 “畅谈百年新成就·建言彭山新发展”老党员老干部、各界人士座谈会召开。

是日 四川省农业科学院与彭山区签署《院区乡村振兴合作协议》。

23日 公安部、教育部督导组胡锦红、王岱一行到彭山区督导检查校园警务工作。

是日 开展全区娱乐场所大排查行动。

是日 区委书记黄秀航调研全区禁毒工作。

24日 区委常委会（扩大）会议召开。

是日 区委书记黄秀航专题调研全区生态环境保护工作和区环督办迎接中央生态环境保护督察工作。

25日 绵阳市游仙区政府考察团到彭山区考察调研征地拆迁安置工作。

26日 彭山区开展“喜迎建党100周年，共享无毒健康人生”“6·26”国际禁毒日集中宣传活动。

27日 市农业农村局专家组到彭山区开展高标准农田项目及灾毁农田恢复项目评审工作。

28日 市委书记慕新海一行参观公义红色教育研学实践基地。

29日 彭山区开展以“落实安全责任，推动安全发展”为主题的城镇燃气应急演练。

30日 省农业农村厅副厅长毛业雄一行到彭山区指导农业生态环境保护工作。

是日 彭山区庆祝中国共产党成立100周年文艺晚会在彭山一中举办。

是日 区委理论学习中心组百年党史专题学习会召开。

是日 彭山区举办“光荣在党50年”纪念章颁发仪式，2623名50年以上党龄党员领取纪念章。

是日 启动全域旅游示范区和天府旅游名县创建工作。

7月

2日 区委副书记、区长杨静带队前往凤鸣街道、公义镇开展突出生态环境问题暗访督查。

5日 区委平安彭山建设领导小组第二次全体会议召开。

是日 彭山区召开庆祝中国共产党成立100周年活动暨党史学习教育领导小组第三次会议。

是日 区委召开常委会第一百六十五次（扩大）会议。

6日 彭山区与成都市简阳市、德阳市绵竹市、资阳市雁江区、资阳市乐至县签订政务服务事项跨区域通办协议，五地明确将居民身份证换领补办、失业保险申领、医疗保险转移接续、税务申报减免登记、公司登记变更注销等与群众生产生活密切相关的75个事项纳入首批跨区域通办清单。

7日 彭山区开展“我为群众办实事 寄递物流大检查”活动。

8日 省委常委、纪委书记王雁飞到彭山区城市生活污水处理厂调研河湖长制工作开展情况。

9日 省农业厅副厅长陈孟坤到公义镇新桥村调研宅基地制度改革情况。

是日 彭山区首个川黔跨省“一站式”户籍迁移业务办理成功。

12日 农业农村部督导组到彭山区督导“大棚房”问题专项清理整治行动“回头看”工作。

13日 区委书记黄秀航调研全区防汛减灾工作。

14日 全区抓项目促投资工作推进会议召开。

15日 省禁毒办副主任、省公安厅禁毒缉毒总队政委王强率队到彭山区调研督导禁毒工作。

是日 共青团四川省委书记张荣一行到彭山区专题调研关爱儿童活动开展情况和青年创新创业情况。

19日 全国爱国拥军模范彭斌茹第四届“强军奉献奖”发放仪式举行，为54名获奖者发放奖金23.6万元。

20日 省供销社党组成员、副主任向伟益一行到彭山区调研指导社有资产及会计服务工作。

21日 退役军人事务部调研组到彭山区调研扶持退役军人创业就业，助力推动乡村振兴有关工作。

22日 省就业服务管理局局长王祎一行到彭山区调研“走流程”工作。

23日 彭祖山景区创国家AAAA级旅游景区通过市级初评。

是日 2021四川花卉（果类）生态旅游节暨第十二届彭山葡萄节在长寿广场开幕。

是日 省文旅厅副厅长、文物局局长王毅为“江口沉银博物馆筹备组”授牌。

24日 新开通76路、71路、89路、90路、92路城乡公交线路5条。

26日 全区区镇领导班子换届工作领导小组第二次（扩大）会议暨严肃换届纪律专题会议召开。

28日 全省农村宅基地制度改革试点工作二季度推进会在彭山区召开。

29日 市委副书记、代理市长黄河和眉山军分区司令员黄昌勇集中慰问彭山区退役军人及其他优抚对象代表。

8月

2日 区委书记黄秀航带队深入车站、医院、商超等地，专题调研抓实抓细疫情防控措施、坚决打赢疫情防控阻击战工作落实情况。

2—16日 彭山区开展文艺助力乡村振兴活动，为期15天，收到文艺作品110余篇（幅）。

3日 彭山区与上海杉杉锂电材料科技有限公司签订年产20万吨锂电池负极材料一体化基地项目合作协议。

5日 市委副书记、代理市长黄河赴彭山区，调研督导项目建设、生态环保、疫情防控、安全生产、防汛减灾等工作。

是日 迎接中央生态环境保护督察暨突出生态环境问题整改工作调度会召开。

9日 彭山区2021年生态环境保护委员会第三次会议暨迎接第二轮中央生态环保督察动员会召开。

12日 区委书记黄秀航先后前往岷江城区段、凤鸣街道、观音街道、公义镇等地，调研指导防汛减灾工作。

13日 区委书记黄秀航调研全区突出生态环境问题整改工作落实情况，现场协调解决工作推进中存在的难题。

14日 彭山区举办线上云交友活动，全区优秀男女青年40余名报名参加。

16日 区委副书记、区长杨静先后到凤鸣街道、谢家街道暗访突出生态环境问题整改工作情况。

18日 区委副书记、区长杨静前往凤鸣街道、谢家街道检查督导防汛预案落实情况。

19日 区委书记黄秀航前往区人民医院看望慰问一线医务工作者。

20日 彭山区第三次代表大会代表选举工作会议暨区镇两级人大换届选举工作动员会召开。

是日 市委书记胡元坤调研公义镇新桥村基层党建、乡村振兴工作。

23日 区委第二届常委会第一百七十四次（扩大）会议召开。

是日 区委书记黄秀航调研全区突出生态环境问题整改工作落实情况。

24日 区第二届人民政府第五次全体会议暨上半年经济形势分析会召开。

是日 区委农村工作领导小组第五次会议暨乡村振兴和两项改革“后半篇”文章8月拉练开展。

是日 彭山区召开基层治理委员会第二次全体会议暨“三大领域”攻坚行动安排部署会。

25日 区委书记黄秀航深入谢家街道调研突出生态环境问题整改工作落实情况。

是日 区委理论学习中心组专题学习会议召开。

是日 彭山区开展2021年秋季开学学校疫情防控工作专项监督检查。

是日 迎接第二轮中央生态环境保护督察工作推进会召开。

是日 彭山区举行2021年“李密助学金”发放仪式，隆重表彰2021年高考取得优异成绩的学生、教师和集体。

8月26日至9月26日 彭山区接受为期1个月的第二轮中央生态环境保护督察。

27日 彭山区禁毒志愿者服务队正式成立。

28日 全区疫苗接种攻坚工作推进会召开。

30日 市人大常委会主任刘十庆调研彭山区托育工作。

31日 彭山区首家公办托育园学院路幼儿园开园。

9月

2日 2021年四川省退役军人创业创新大赛（眉山赛区）选拔赛在彭山区举行。

是日 市委常委、秘书长汪树槐带队到彭山区，现场调研市域社会治理现代化试点、居家和社区养老服务、城乡融合发展、职业农民制度等中省部署改革试点工作。

是日 区委第二届第一百七十六次常委会会议召开。

3—5日 第八届四川国际旅游交易博览会在彭山区举办，为期3天。

7日 省禁毒整治评估验收组到彭山区对禁毒重点整治工作进行全面评估验收。

8日 古堰新桥景区通过省旅资委AAAA级旅游景区景观资源评价，江口水镇旅游度假区通过省旅资委旅游度假区基础评价。

9日 全区2021年总河长全体会议召开。

是日 区委全面深化改革委员会第四次会议召开。

10日 第37个教师节庆祝表扬大会召开。

11日 全市农民合作社质量提升培训交流会在彭山区召开。

12日 年产15万吨锂电池核心材料项目合作协议签约仪式在彭山经济开发区举行，投资25亿元。

13日 市人大常委会党组书记杜紫平到彭山区调研文旅产业、工业发展等情况。

14日 区委书记黄秀航率队调研全区全国文明城市长效管理工作。

是日 眉山市彭山区绿领孵化园在公义镇新桥村挂牌成立。

15日 四川省总工会党组成员、副主席苗勇一行到彭山区调研职工之家建设。

是日 成都市教育局职成高教科科长王芃春、四川师范大学教授李江源一行到彭山区，就“成德眉资毗邻地区教育同城化发展”开展专题调研座谈。

16日 全区扫黑除恶专项斗争总结表扬大会召开。

18日 2021年退役军人秋季专场招聘会在彭山乡村振兴学院举行。

是日 彭山区青少年红色宣讲团正式成立。

22日 彭山区2021年政党协商会议召开。

22—26日 彭山区第二期机关事业单位编外（临聘）人员培训会召开。

24日 市人大常委会主任刘十庆率队到彭山区专题调研民生实事票决项目推进情况。

25日 进行眉山市区、镇两级人大代表换届选举，选举产生新一届区人大代表206名、镇人大代表194名。

26日 四川省应对农村地区新冠肺炎疫情应急演练在彭山区召开。

27日 区委书记黄秀航，区委副书记、区长杨静，分别深入部分镇街道、学校、企业、加油站、基层卫生院、建设工地等处，检查督导节前全区安全生产和疫情防控工作。

28日 眉山开放大学彭山分校举行揭牌仪式。

30日 彭山区第二届第三次党代会召开，选举产生彭山区第三届区委委员、区委候补委员、区纪委委员、出席眉山市第五次党代会代表。

是日 彭山区第三届委员会第一次全体会议召开，选举产生新一届彭山区委常委和书记、副书记。

10月

8日 “老兵永远跟党走·传承红色基因·抒写寿乡风采”文艺作品征集活动优秀作品展在区法治广场公开展出。

9日 四川省2021年世界精神卫生日宣传活动暨全省社会心理服务体系建设观摩交流会在彭山区举行。

11日 眉山市委第二巡察组专项巡察彭山区粮食

购销领域工作入驻动员会召开。

12日 2021年重阳节慰问老干部大会召开。

是日 部分全国人大代表和省人大代表到彭山区调研养老服务工作开展情况。

13日 全省涉藏地区党委书记到彭山乡村振兴学院开展培训。

13—14日 举办四川省第三届“天府杯”创业大赛（彭山区）项目集训营。

14日 彭山区开展2021年“我们的节日·重阳”示范活动暨彭祖山养生登高游主题活动。

是日 2021年彭山区第六届青年创客训练营在彭山区创业孵化园举行开营仪式。

15日 农民工工资拖欠“清零”百日行动动员会召开。

18日 2021年平安建设暨市域社会治理现代化试点工作推进会议召开。

是日 第三届中国考古学大会在河南省三门峡市开幕，江口明末战场遗址入选“百年百大考古发现”。

19日 海南省委政研室到公义镇新桥村调研宅基地制度改革推进情况及新桥村发展型改革模式。

是日 区委副书记、区长杨静先后到凤鸣街道、谢家街道巡察毛河流域生态环保工作开展情况。

是日 2021年全国文明城市长效管理工作推进会召开。

是日 市法院党组书记、院长易晓东一行到彭山区法院调研指导工作，参观诉讼服务中心。

20日 彭山区与美国雅保公司签订雅保新时代锂电池材料工厂项目投资协议。

是日 国家生态环境监测总站对彭山经开区污水处理厂自行监测开展帮扶指导。

21日 区委书记黄秀航到部分区属国有企业专题调研国资国企改革发展工作。

是日 彭祖山景区创建“四川省中医药健康旅游示范基地”迎检。

22日 依法拆除城区“蓝顶子”等违法违规建筑物动员部署会召开。

是日 全区生态环境保护督察工作领导小组（扩大）会议暨生态环境突出问题整改推进会议召开。

是日 区委农村工作领导小组第六次会议暨乡村振兴和两项改革“后半篇”文章10月拉练开展。

24—25日 彭山区第三批散葬烈士集中迁葬仪式在区烈士陵园举行，马永平、郭长安两位烈士遗骸迁入烈士陵园。

25日 应对新型冠状病毒肺炎疫情工作领导小组会议召开。

26日 区红十字会第四次会员代表大会召开。

27日 彭山区2021年政党协商会议召开。

28日 市委常委杨军到彭山区调研社会基层治理、重点项目推进、乡村振兴等工作。

是日 区科学技术协会第二次代表大会召开。

29日 彭山区举行2021年第一批经济合作项目引荐奖励现场发放仪式，为6名经济合作项目引荐人发放项目引荐奖金85万元。

是月底 区委第一巡察组开展对区发展和改革局等6个单位粮食购销领域专项巡察。

11月

1—3日 政协眉山市彭山区第三届委员会第一次会议召开。

2日 市委副书记、市长黄河到彭山区调研全国文明城市长效管理工作。

3—5日 眉山市彭山区第三届人民代表大会第一次会议召开。

7日 区委书记黄秀航带队就彭山区疫情防控工作开展情况进行暗访。

15日 彭山区人民法院江口人民法庭举行揭牌仪式。

20日 区委常委会第五次（扩大）会议召开。

是日 谢家街道开展森林防火演练。

26日 市政府副市长、区委书记黄秀航到东彭融合区域开展专题调研。

29日 彭山区2021年度创建省级乡村振兴先进县暨巩固脱贫成果后评估动员会召开。

30日 彭山区抓项目促投资拉练会召开。

12月

1日 区委庆祝中国共产党成立100周年活动暨党史学习教育领导小组第四次会议召开。

是日 彭祖山景区创国家AAAA级旅游景区迎接省检。

2日 开展第十个"122"全国交通安全日主题宣传活动。

3日 全区根治欠薪工作调度会召开。

6日 市政府副市长、区委书记黄秀航率调研组一行，深入"我为群众办实事"实践活动现场调研。

是日 共青团眉山市委到彭山区召开彭山共青团基层组织改革试点中期评估会。

7日 彭山区卫健局与邛崃市卫健局签订区域合作协议。

8日 市政协党组书记、主席黄剑东率队到彭山区调研政协工作。

是日 区委农村工作领导小组第三次全体会议召开。

是日 "中国体育彩票"杯2021年四川省学生（青少年）多威之星田径冠军赛在彭山区开幕。

9日 区公安分局警犬基地正式投入使用。

12日 2021年度巩固脱贫成果实地评估汇报会召开。

13日 市政府副市长、区委书记黄秀航率队到彭山经开区、公义镇等多个点位，就全区安全生产、森林防灭火、疫情防控和食品安全工作进行暗访督察。

14日 省生态环境厅固体处调研员李富华到彭山区开展危废规范化环境管理评估工作。

16日 全省以工代赈联合调研交流活动在公义镇农乐村设点，进行现场参观。

17日 市政府副市长、区委书记黄秀航深入江口街道双江村，看望慰问联系户。

是日 市政府副市长、区委书记黄秀航到江口明末战场遗址抢救性考古勘探发掘围堰工程现场调研。

是日 市政府副市长、区委书记黄秀航深入江口街道双江村宣讲中共十九届六中全会、省委十一届十次全会和市第五次党代会精神。

20日 举办2021年度公务员（高层次人才）任职培训班暨新一届镇领导班子成员全覆盖培训班。

22日 省公安厅情指中心政委田军到区公安分局调研指导工作。

是日 市委副书记、天府新区眉山党工委书记刘先伟一行到彭山区，就城乡融合、实体经济发展和城市建设等方面进行考察交流。

是日 举办2021年度区级领导干部和乡科级主要负责人专题读书班，调训140人。

23日 市政府副市长、区委书记黄秀航率彭山党政代表团赴成都市新津区考察学习。

是日 成都市新津区人民政府和眉山市彭山区人民政府签署区域协同发展合作协议。

是日 彭山区举行2021年度区级领导干部和乡科级主要负责人专题读书班开班仪式。

是日 区应对新冠肺炎疫情工作领导小组（扩大）会议召开。

28日 区人民检察院、区公安分局共同设立的侦查监督与协作配合办公室正式揭牌。

是日 2021年眉山市暨彭山区多部门跨区域生产安全事故应急救援演练举行。

29日 市政府副市长、区委书记黄秀航率队深入彭山区多个点位，就重污染天气应急管控措施落实情况和安全生产、疫情防控工作进行暗访督导。

是日 彭山经开区与中创新航科技股份有限公司举行项目签约仪式。

是日 省委党史研究室主任刘晓晨一行到公义红色教育研学实践基地调研党史学习教育工作。

基本区情

政　区

【地理位置】 眉山市彭山区位于四川盆地西部，地处岷江中游。地理坐标为北纬30° 07′ ~30° 21′ 、东经103° 40′ ~103° 59′ ，东西长28.7千米，南北宽25.9千米。东临仁寿县，南接东坡区，西与蒲江县、邛崃市交界，北与新津区、双流区相连。位于成都平原经济圈核心层，距省会成都市45千米，距眉山市中心18千米，距双流国际机场30千米。

【建置沿革】 彭山区在战国时期为蜀国之地。周慎靓王五年（前316）秦灭蜀后，设置郡县，置武阳县（县治地在今彭山区江口街道武阳社区），属蜀郡。南朝梁天监四年（505），分武阳县地置灵石县（约今彭山区境）。南朝梁大同十年（544），改灵石县为犍为县（一说为江阳县），属江阳郡。西魏元钦二年（553），撤犍为县，置隆山县（约今彭山区、新津区），县治地由岷江东岸迁到岷江西岸（今彭山区凤鸣街道），属江州。唐先天元年（712），隆山县改名为彭山县，隶属眉州。历经前蜀、后唐、后蜀、北宋、南宋，直至元末都没有大的变动。

明洪武十年（1377）五月，彭山县并入眉县。洪武十三年（1380），眉县升为眉州，十一月复置彭山县，属眉州。

清康熙元年（1662），彭山县并入眉州。清雍正六年（1728），复设彭山县，仍隶属眉州。

民国时期（1912—1949），彭山县先后隶属上川南道、建昌道、第四行政督察区。

1950年1月，彭山县属川西区眉山专区管辖。1953年年初，眉山专区撤销，彭山县划归乐山专区管辖。1959年4月，彭山县并入眉山县，为眉山县彭山区（区公所设彭山镇）。1962年11月，恢复彭山县，仍属乐山专区。1968年改地区为专区，1985年5月乐山地区改为乐山市（省辖市），彭山县隶属关系未变。1997年8月行政区划调整，彭山县划归眉山地区管辖。2000年12月，眉山地区改为眉山市（省辖市），彭山县属眉山市管辖。2014年10月20日，设立眉山市彭山区。

【行政区划】 2021年，彭山区行政区域面积465平方千米（含天府新区彭山区域），辖凤鸣、观音、谢家、青龙、江口5个街道和锦江、黄丰、公义3个镇，有35个村、227个村民小组，30个社区、274个居民小组。青龙街道和锦江镇委托眉山天府新区管委会进行直接管理。

2021年彭山区镇（街道）村（社区）标准名称一览表

表1

镇（街道）名		辖村（社区）名
锦江镇	3个村、19个组	正华、天宫、象耳
	4个社区、36个组	毛家渡、锦江、牧马、莲花
黄丰镇	4个村、19个组	团结、共和、合力、双塘
	2个社区、12个组	新丰、丰华
公义镇	7个村、47个组	欣荣、农乐、金岗、天柱、龙安、五马、新桥
	2个社区、18个组	公义场、保胜场
凤鸣街道	2个村、11个组	江渔、金烛
	7个社区、86个组	城中、城南、平乐、红星、易埝、城东、城西
观音街道	3个村、27个组	果园、文昌、椿巅
	6个社区、44个组	毛店、兴崇、龙门桥、五湖、观音铺、蔡山
谢家街道	6个村、44个组	邓庙、李山、石山、汉安、悦园、岐山
	2个社区、26个组	谢家场、义和场
青龙街道	3个村、14个组	桂林、同乐、狮子
	4个社区、29个组	龙都、永远、先锋、莲池
江口街道	7个村、46个组	泥湾、大塘、茶场、石龙、双江、土桥、永丰
	3个社区、23个组	武阳、泉水、江口
合计	全区有3个镇、5个街道、35个村、227个村民小组；30个社区、274个居民小组	

【人口】 2021年年底，全区户籍总户数12.5万户，户籍总人口32.43万人。常住人口32.9万人，人口城镇化率58.68%。全年出生人口1777人，人口出生率5.52‰；死亡人口2602人，人口死亡率8.08‰；人口自然增长率–2.56‰。

自然环境

【地形地貌】 彭山区地处四川盆地川西平原南缘，东依龙泉山，西靠总岗山，属四川盆地与川西北丘状高原山地过渡地带前缘。东西被龙泉山和总岗山断裂所挟，两山属多圆浅丘地带，两山之间断裂为古隆中新凹陷雁行褶皱带，南北敞开。中部为开阔的平坝区，占总面积32%。牧马山台地由北向南展入区境，台地东为府河，台地西为南河，府河、南河在江口汇合后入岷江。岷江由北向南纵贯区境，构成中部冲积平原。总面积465平方千米。海拔410~711.6米，西北高，东南低。

【土壤】 依据第二次全国土壤普查资料，彭山区土壤酸碱性以中性偏碱为主，有4个土类（紫色土类、潮土类、黄壤土类和水稻土类），9个亚类，21个土属，48个土种。其中，东西山两背斜平行分布着紫色土类，紫色土有3个亚类、6个土属、12个土种；北部牧马山台地及东西部丘陵间断分布着黄壤土类，只有1个亚类、1个土属、3个土种；沿河流两岸分布着近代流水沉积物发育起来的潮土类，有1个亚类、3个土属、3个土种；在以上三大类土壤上人为水耕熟化、长期种稻发育而成的水稻土类，有4个亚类、11个土属、30个土种。水稻土是彭山区的主要土壤类型之一，占农耕地面积72.7%；紫色土是全区旱地的主要土类，主要分布在东西山，占总耕地面积17.64%，遍布全区各乡镇。

【植被】 彭山区属亚热带常绿阔叶林，主要乔木树种有本地桉树、臭椿、枫杨、朴树、构树、槐树、柳树、杨树、榆树、香樟、刺楸、柏木、马尾松、桤木、喜树、苦楝、麻栎、榕树等，引进树种有湿地松、巨桉、桢楠、天竺桂、栾树、蓝花楹、桂花、紫薇、紫荆、黄花决明、红豆杉、意大利杨树、银杏等，经济林树种有柑橘、柚、核桃、葡萄、猕猴桃、梨、枇杷、桃、李等，灌木有马桑、黄荆、火棘、山莓（悬钩子）、地桃花、盐麸木等，竹类有撑绿竹、慈竹、麻竹、金竹、水竹等，地被物主要有芭茅、白茅、莎草、菊类、蕨类、苔藓等，中药材主要有杜仲、吴芋、黄檗、薄荷、茴香。全区森林覆盖率38%。

【山脉】 东山 位于区境岷江以东的江口街道、锦江镇、黄丰镇，属龙泉山西麓丘陵地带。山脉发源于成都东部的龙泉驿，海拔450~644.5米，相对高差194.5米，属浅丘宽谷，冲沟宽度一般在100~150米。境内主要山峰有彭祖山、象耳山、关刀山、石仓洞山等。

西山 位于西面的青龙街道、谢家街道、公义镇所辖诸山，属总岗山南麓地带。山脉走向由东北向西南延伸，海拔458~711.6米，相对高差253.6米。中丘宽谷，冲沟宽度150~200米。区内主要山峰有北平山、金刚山、平盖山等。

【河流】 境内河流主要有岷江及其支流府河、南河。

府河 古名锦江，又名蜀江，因流经成都府，故名。河道由北向南，从双流区黄佛镇铜钱石入境，流经原府河、净皇、江渎、江口等乡镇，在下江口与南河合流，全长16千米。

南河 古名武阳江，在新津区邓双镇入境。河道由东北向东南，流经原青龙、观音、彭溪、江口等镇，在下江口与府河汇合，全长16.6千米。

岷江 古名汶江，又名导江，以发源于松潘的岷山而得名。自北向南经茂县、都江堰，分内外两江穿成都平原，分别在双流区黄佛镇铜钱石及新津区邓双镇入区境，在下江口汇合继续南流入眉山境。岷江流经县境段属岷江中游（包括府河、南河两支流），全长40.1千米。

【气候】 2021年，彭山区年平均气温18.5℃，比历年平均值17.8℃偏高0.7℃；年极端最高气温39.1℃，比历年极端最高值39.0℃偏高0.1℃；年极端最低气温-1.5℃，比历年极端最低值-3.1℃偏高1.6℃。年总降水量882.5毫米，比历年平均值933.9毫米偏少6%。年日照时数959.6小时，比历年平均值1106.4小时偏少13%。1月出现雨雪、霜冻天气，最低气温为-1.5℃。7月下旬至8月出现晴热高温天气，日最高气温超过35℃的天数10天，其中8月3日极端最高温度39.1℃，突破同期历史极值。全年共计出现区域性暴雨天气过程2次、强降水天气过程11次。其中，8月17日8时到20日8时出现持续性强降水天气，全区7个监测站累计降水量大于100毫米，最大累计降水量178.8毫米，出现在公义镇农乐村。

自然资源

【土地资源】 彭山区分为低山、丘陵和河谷平原三种地貌类型。县城中部为贯穿南北的岷江冰水堆积平原和冲积平原，岷江之东的江口、黄丰等乡镇为丘陵地带，西部为低山及丘陵地带。

自然和经济条件的差异，造成彭山区区域间土地利用结构存在较明显差异。耕地主要分布于中部平原地区，有少量分布于西部浅丘地区和东南部浅丘地区；园地与林地主要分布于岷江、南河东岸沿岸中丘地区和西部山区；工业和城镇等建设用地主要集中分布于岷江、府河西岸沿岸地带。

【动植物资源】 彭山区内动物有野生动物和驯养动物两大类。有国家重点保护野生动物虎蚊蛙、红腹角雉等，有重要生态、科学、社会价值的国家级保护陆生野生动物白鹭、赤麻鸭、白骨顶鸡等33种，另有一般兽类、禽类、蛇类、虫类等。驯养动物有兽类、禽类、鱼类、虫类。其中，家畜有牛、羊、猪、兔、猫、犬，家禽有鸡、鸭、鹅、鸽。

彭山区植物资源丰富，树种有4类、71科、232种。其中，裸子植物类7科、15种，被子植物类59科、188种，单子叶植物类2科、24种，蕨类植物3科、5种。彭祖寿柑、丰水梨、红提葡萄、台湾柚等优质水果占据水果市场的主导地位。

【矿产资源】 彭山区矿产资源丰富，主要有钙芒硝、金、硫铁矿、页岩、红石、黏土、砂石、石英砂、矿泉水、煤、天然气等。已探明彭山区矿产资源的储量有：钙芒硝矿储量40.89亿吨以上，页岩储量100亿立方米。

【水资源】 2021年，全区地表水资源量27300万立方米，地下水资源量4900万立方米。水资源总量27300万立方米，人均占有水资源量832立方米。年平均降水量1051.5毫米，比多年平均偏大1.7%。用水总量1.7946亿立方米，城镇人均日生活用水量0.14立方米，农村人均日生活用水量0.11立方米。

国民经济和社会发展状况

【概况】 2021年，全区实现地区生产总值（GDP）196.44亿元，按可比价计算，比上年增长8.0%。其中，第一产业增加值实现18.38亿元，增长7.2%；第二产业增加值实现89.01亿元，增长5.9%；第三产业增加值实现89.05亿元，增长10.2%。第一产业对经济增长的贡献率为9%，拉动经济增长0.7个百分点；第二产业对经济增长的贡献率为34%，拉动经济增长2.7个百分点；第三产业对经济增长的贡献率为57%，拉动经济增长4.6个百分点。三次产业结构由上年的9.7∶45∶45.3调整为9.4∶45.3∶45.3。

全年民营经济（未含港澳、外商经济）增加值112.78亿元，按可比价格计算，比上年增长9.1%，占地区生产总值（GDP）比重57.4%，对经济增长的贡献率为64.7%，拉动经济增长5.1个百分点。其中，第一产业增加值2.56亿元，增长5.1%；第二产业增加值48.29亿元，增长0.8%；第三产业增加值61.93亿元，增长16.8%。

【农业】 全年农林牧渔业总产值30.01亿元，按可比价计算，比上年增长7.8%；农林牧渔业增加值19亿元，增长7.2%。

全年农业产值14.88亿元，比上年增长4.3%。农作物总播种面积22648公顷，其中粮食作物12550公顷，油料作物4481公顷，药材1635公顷，蔬菜及食用菌2707公顷。

全年粮食总产量97114吨，比上年增长0.7%；油料产量10869吨，比上年增长1.6%；蔬菜及食用菌产量46767吨，比上年增长4.4%；水果产量76949吨，比上年增长5.5%。

全年牧业产值9.78亿元，比上年增长13.6%。全年出栏肉猪12.23万头，比上年增长21%；出栏牛875头，增长8%；出栏羊2.04万只，下降6.5%；出栏家禽353.45万只，下降9.2%。全年肉类总产量16357吨，增长18.3%。其中，猪肉9197吨，牛肉138吨，羊肉271吨，禽肉4948吨。全区禽蛋产量6806吨。

全年林业产值0.7亿元，比上年增长3.1%。年底森林面积17737公顷，森林覆盖率38%。

全年渔业产值3.67亿元，比上年增长4.6%。水产品养殖面积1132公顷，水产品产量20600吨。

【工业和建筑业】 全年工业增加值72.85亿元，比

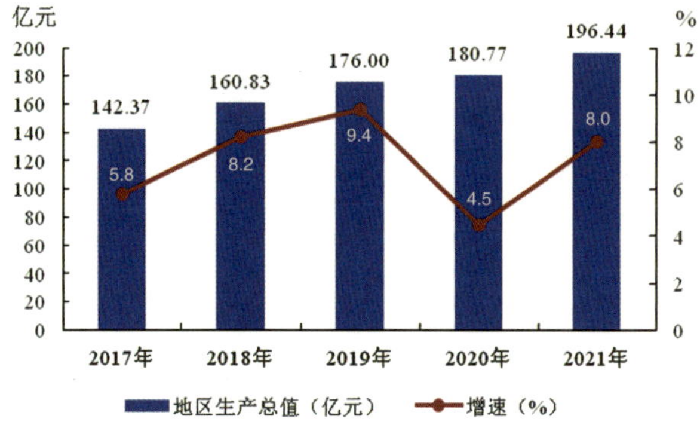

图1 2017—2021年彭山区地区生产总值（GDP）及增速图

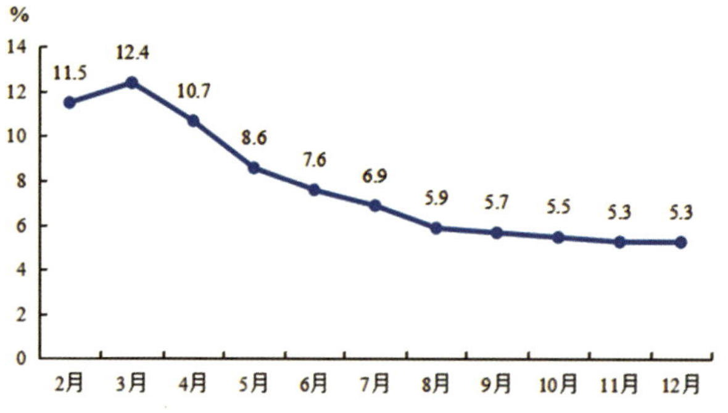

图2 2021年彭山区规模以上工业增加值增速（累计同比）图

上年增长8.6%，对经济增长的贡献率39.4%，拉动经济增长3.1个百分点。年底规模以上工业企业总数152家，比上年增加18家。全年规模以上工业增加值增长5.3%。

在统计的40种工业产品中，有31种产品产量增长，增长面77.5%。规模以上工业企业产销率98.2%。全区152家规模以上工业企业实现营业收入470.92亿元，实现利润总额20.62亿元。

2021年彭山区规模以上工业主要产品产量表

表2

产品名称	产量	比上年增长（%）
混凝土排水管	400千米	21.2
塑料制品	100774.78吨	-2.7
合成洗涤剂	348291.46吨	16.8
金属门窗及类似制品	5280.87吨	24.2
环境污染防治专用设备	1708台（套）	28.5
饲料	1006601.74吨	15.0
表面活性剂	5796.2吨	-0.2
沥青和改性沥青防水卷材	35553499平方米	28.3
变压器	4659413千伏安	8.3
饮料酒	116万升	2.7
家具	504626件	0.4
磷酸（含量85%）	10197.07吨	64.9
化学试剂	652802.92吨	143.3
涂料	456631.74吨	12.8
化学纤维	85252吨	-5.1
合成橡胶	789吨	-3.2
多色印刷品	246789对开色令	15.4
日用玻璃制品	20837吨	20.0
电梯、自动扶梯及升降机	955台	-35.4
中空玻璃	420606平方米	—
纸制品	81940.09吨	11.2
气动元件	2698613件	22.2
非织造布（无纺布）	2268吨	34.4
输送机械（输送机和提升机）	49915.57吨	38.9
钢结构	77852吨	15.1
钢丝	7573.77吨	17.6
氧化铝	50384吨	16.9
水泥	1355539吨	6.0

续表2

产品名称	产量	比上年增长（%）
人造板	893039立方米	4.4
建筑工程用机械	135台	8.9
商品混凝土	3177915立方米	29.4
精制食用植物油	140644吨	-11.6
自来水生产量	2089万立方米	23.0
速冻食品	109121.62米	25.5
预应力混凝土桩	654733米	-8.9
铜材	15940吨	-3.0
初级形态塑料	3560.7吨	3.9
玻璃包装容器	9918吨	18.8
砖	181万块	-90.1
10种有色金属	2823吨	—

全年建筑业增加值16.16亿元，比上年下降4.7%。年底具有资质总承包的建筑企业33家，建筑业企业房屋建筑施工面积240.26万平方米，下降24.16%；房屋建筑竣工面积94.43万平方米，下降29.8%，其中住宅竣工面积65.4万平方米，下降33.3%。

【固定资产投资】 全年全社会固定资产投资比上年增长7.7%。其中，基础设施投资增长36.4%，建安工程投资增长3.7%，更新改造投资增长57%。分产业看，第一产业投资增长34.9%；第二产业投资增长3.4%，其中工业性投资增长3.5%；第三产业投资增长8.4%。第一产业、第二产业、第三产业投资占全社会投资的比重分别为2.1%、22%、75.9%。

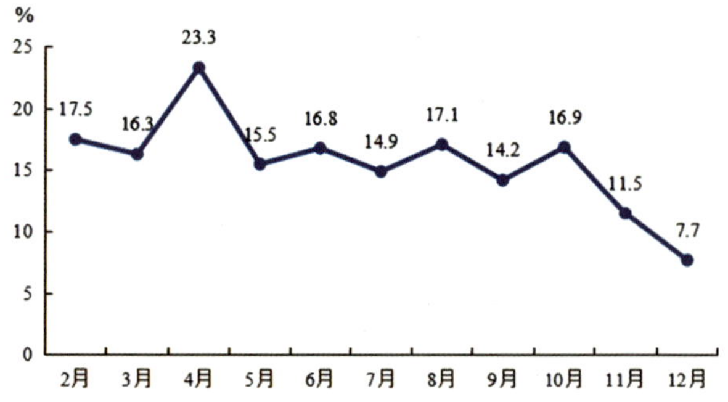

图3 2021年彭山区全社会固定资产投资增速（累计同比）图

全年房地产开发投资比上年增长6.4%。商品房销售面积244.48万平方米，增长31.0%；销售额198.67亿元，增长45.1%。

【国内贸易】 全年社会消费品零售总额85.22亿元，比上年增长15.6%。其中，批发业11.99亿元，增长13.8%；零售业62.3亿元，增长14.2%；住宿业2.68亿元，增长20.2%；餐饮业8.25亿元，增长28.7%。从销售单位所在地看，城镇实现零售额66.74亿元，增长14.8%；乡村实现零售额18.48亿元，增长18.6%。

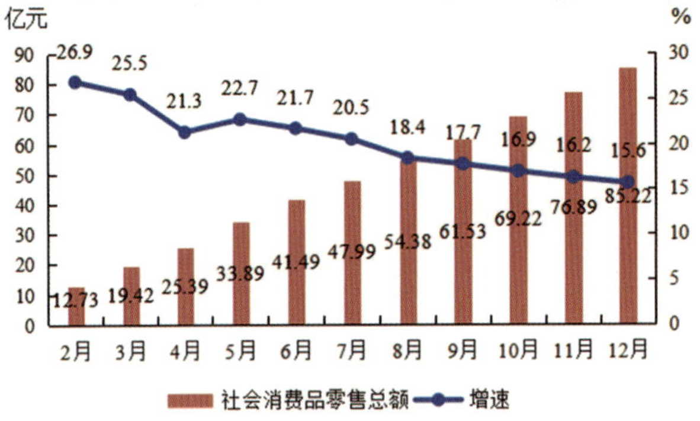

图4 2021年彭山区社会消费品零售总额及增速（累计同比）图

【对外经济】 全年外贸进出口总额2.24亿元。其中，出口1.17亿元，同比增速52.54%；进口1.07亿元，同比增速84.97%。全年实际利用外资3018万美元，全区招商引资到位资金95.31亿元。

【交通和邮电】 全区境内公路里程613千米，其中，等级公路576千米，高速公路22千米。公路旅客周转量10141万人千米，公路货物周转量10213万吨千米。

邮政业务总量4597万元亿元，增长8.1%；全区电信业务总量31.26亿元，增长28.54%。全区固定电话用户78931户，增长3.25%；移动电话用户372622户，增长6.6%；宽带用户数146362户，增长8.58%。

【旅游业】 全年共接待游客559.8万人次，比上年增长22%。旅游收入47.44亿元，比上年增长28%。

【财政】 全年实现地方财政收入84.29亿元，比上年下降14.2%。地方一般公共预算收入18.77亿元，增长12.5%，其中，税收收入13.37亿元，增长17.1%；地方一般公共预算支出32.85亿元，下降1.1%。

【金融业】 全区金融机构各项存款余额336.6亿元，比上年增长12.1%；其中，住户储蓄存款余额240.84亿元，增长10.6%。金融机构各项贷款余额215.28亿元，增长26.5%。

【科技 教育 文化 体育】 全年专利授权323件；全年举办科技培训5次，培训人员200余人次。区财政投入科学技术支出508万元。

全年财政投入教育支出41621万元。全区共有小学15所，专任教师885人，在校学生15650人；普通中学14所，专任教师737人，在校学生9560人。

至2021年年底，全区有文化馆1个、文化站10个、公共图书馆1个、博物馆1个、体育场馆3个。公共图书馆图书总藏量7.1万册。

【卫生 广播电视】 全年财政投入卫生健康支出21174万元。全区共有医疗卫生机构数209个，实有床位数1945张；全区医疗机构共有技术人员2441人，其中执业医师629人。至2021年年底，全区有电视台1个。

【人口 人民生活】 2021年年底，全区户籍总户数125045户，户籍总人口32.43万人。全年出生人口1777人，人口出生率5.52‰；死亡人口2602人，人口死亡率8.08‰；人口自然增长率-2.56‰。

全年城镇居民人均可支配收入43313元，比上年增长8.2%。其中，工资性收入23368元，增长8%；经营净收入10367元，增长13.1%；财产净收入2681元，增长5.5%；转移净收入6897元，增长3.5%。人均消费性支出26499元。其中，居住支出4830元，生活用品及服务支出1654元，交通和通信支出3430元。城镇居民恩格尔系数36%。

全年农村居民人均可支配收入24258元，比上年增长10.6%。其中，工资性收入11301元，增长10.1%；经营净收入8383元，增长12.2%；财产净收入860元，增长7.6%；转移净收入3714元，增长9.1%。农村居民人均生活消费支出18764元。其中，居住消费支出3376元；生活用品及服务支出1264元；交通和通信支出3327元；医疗保健消费支出1775元。农村居民恩格尔系数33%。

高空鸟瞰彭祖仙山景区　（彭祖山发展推进中心供图）

全年参加城乡居民社会养老保险107496人，参加职工基本养老保险136910人，参加城乡居民基本医疗保险261659人，参加城镇职工基本医疗保险29884人，参加失业保险30449人，参加工伤保险25036人，参加生育保险21457人。全年城镇新增就业4021人，城镇登记失业人数1994人，城镇登记失业率控制在3.04%以内。

年底全区各种社会养老机构11所，城镇居民最低生活保障人数1303人，农村居民最低生活保障人数5435人，城乡特困供养供养人数1252人。

风景名胜

【彭祖山风景区】 彭祖山，古称彭蒙山、彭王（亡）山、彭女山、仙女山，海拔610米，垂直高差158米，据传是八百岁寿星、商贤大夫、养生术创始人彭祖出生、修炼和安葬之地，因此闻名四海。2016年起，彭祖山文化旅游综合开发项目由成都环球融创文化旅游有限公司投资开发，项目规划面积28.6平方千米，总投资10亿元，建设年限至2021年。项目以长寿养生文化为核心，打造以旅游度假、文化休闲、养老养生为主的全国养生养老度假产业基地。项目主要建设内容包括新建、改扩建彭祖书院、彭祖祠、膳食术馆、彭祖文化中心、彭祖墓、采气场、养生殿、彭祖居、禅茶院子、不老阁等单体建筑18个，茶园、果园等园林景观4个。该项目集文化展示与休闲旅游于一体，为参与性和体验性极高的综合性特色旅游度假目的地。于2021年7月全面开园。

2021年4月14日，“三月三”朝山节，身着汉服的演员在彭祖广场翩翩起舞　（彭祖山发展推进中心供图）

【江口汉崖墓】 江口汉崖墓（包括江渎崖墓）位于彭山县城东4.5千米的岷江东岸江口街道。在东西宽

2~3千米、南北长约10千米的地带内，保存有汉代崖墓4000余座。2001年6月，江口崖墓被国务院公布为第五批全国重点文物保护单位。2006年6月，江渎崖墓被公布为第六批全国重点文物保护单位（并入江口崖墓）。

江口崖墓（包括江渎崖墓）是一处数量多、分布密集、保存完好的大型古墓遗址，是中国最早见于文字记载的纪年墓。它融合四川岷江流域汉代崖墓的特点，独具特色，是四川岷江流域具有代表性的墓葬群遗址，具有较高的历史价值和科研价值；其平面布局、内部结构、排水系统和精湛的大木作雕刻艺术等，是汉代建筑的艺术结晶；门楣、墓室雕刻和出土的画像石、画像砖及丰富的出土文物，集中反映出汉代人高超、精湛的艺术才华。

【江口沉银遗址】 江口沉银遗址（江口明末战场遗址）位于彭山区江口街道的岷江河道内。遗址面积约100万平方米，2010年被公布为眉山市文物保护单位。

20世纪20年代起，遗址所在的岷江河道内陆续发现有文物出水。2005年，岷江河道内修建饮水工程，出水一段木鞘，内藏7枚银锭。2011年，岷江河道内取沙，发现金册、西王赏功金币等文物。2013年以来，江口明末战场遗址遭到盗掘，虎钮“永昌大元帅”金印在“5·1”特大盗掘倒卖文物案中被追缴回来。

自2016年国家文物局批准四川省文物考古研究院联合国家文物局水下文化遗产保护中心、眉山市彭山区文物保护管理所联合对江口沉银遗址进行首次考古发掘以来，截至2021年年底，共经历4次文物考古调查和发掘工作。发掘面积3.6万平方米，出水明清时期各类文物6.2万余件，较重要的有属于张献忠大西国册封妃嫔的金册、蜀王金宝、蜀世子宝、西王赏功金币、银币、银锭、三眼火铳等。

江口沉银遗址考古发掘是国内首次内水区域水下考古发掘。针对遗址处于岷江河道内的复杂情况，首次采用在枯水期围堰考古发掘的全新模式，为今后滩涂考古、浅水埋藏遗址的发掘提供工作范式和借鉴经验。江口沉银遗址荣获“2021年全国百年百大考古发现”“2017年度全国十大考古新发现”“四川十大文化旅游品牌”“2017年中国人文学术十大热点”“2017四川文化系统十大事件”“2018四川十大历史文化地标”“2018四川十大年度文化大事件”“2019四川十大文化旅游品牌”等荣誉称号。

【中国长寿城牌坊】 中国长寿城牌坊是彭山区的标志性建筑，也是由城区通往江口古镇、彭祖山风景名胜区的大门，始建于1992年。该牌坊宽33米，高33.8米，占地面积700余平方米，由九重宝顶、6个四方楼亭和8.8米的大门组成。九重宝顶，金光灿烂，象征九九长寿及生命的延续；两重6个楼亭作攀高、休闲、观景使用；大门以彭祖八百八十高寿数字为高度，寓意走进长寿之门。整个建筑气势雄伟，造型独特，工艺精湛。据考证，该牌坊高度、规模为

中国长寿城牌坊 （区融媒体中心供图）

亚洲第八牌坊。牌坊南北正门两面刻有彭祖、西王母采气炼丹图；背面为汉代画像砖阴阳交媾图；青龙、白虎、朱雀、玄武等刻嵌于东西两侧。整个牌坊设计融四川吊脚楼、江南飞角、云南佛塔，以及陕西、北京十三陵墓神道石雕等多种元素于一体，采用现代建筑工艺，新颖别致。

【象耳寺】 象耳寺，原名大圣寺，建于南北朝，唐宋时期达于鼎盛，有九楼十八殿，大小房间3000余间，有“上千僧众相见不相识”“鸣钟晓吃饭，骑马关山门”之说。元、明、清各代，象耳寺屡遭破坏，又屡有建修。现存有李白读书台、磨针溪、洗砚池等胜迹，著名的象鼻山、象耳山、擦耳岩等环拱寺前，植被繁密，风光清丽。

地方特产

【彭祖八百寿酒】 彭祖八百寿酒为浓香型白酒，主要有“彭祖”“八百寿”两大品牌。该酒为首批四川十大名酒之一，1986年和1991年先后两次被四川省人民政府授予“四川省名酒”称号；2008年，“八百寿”被授予中国驰名商标称号；2011年，“彭祖”商标被商务部认定为“中华老字号”。2020年，“彭祖八百寿系列酒”在2020四川特色旅游商品评选活动中获旅游酒类铜奖。

【甜皮鸭】 彭山甜皮鸭，又称贡鸭、卤鸭子，是彭山的一道名菜，沿用的是清朝御膳工艺。彭山甜皮鸭选取使用健康粮食喂养、采用放养方式的土仔鸭，辅料考究，采用传统工艺精制而成，不肥不腻。由民间发掘、改进，其卤水别具特色。

【长寿漂汤】 长寿漂汤在彭山也叫长寿汤，用棒骨和老鸡熬成汤底，然后加入多种荤素食材一起煮

彭山甜皮鸭 （区委宣传部供图）

彭山长寿漂汤 （区委宣传部供图）

熟，大致有酥肉、肚条、心舌、香酥小鱼、猪肉片、豆腐、白菜、粉条等，配有一个味碟。先吃菜，后喝汤；荤素搭配，浓淡相宜。

【天下第一羹】 “天下第一羹”是彭祖膳食养生的集大成者。相传，4000余年前，彭祖创制味道鲜美的雉羹，即野鸡汤，献给尧帝食用，治愈了尧帝多年的重病，尧帝便把彭城（今江苏省徐州市）封给彭祖，故而后世称彭祖为厨师之鼻祖。彭祖首创雉羹，影响深广，《礼记》《楚辞·天问》等古籍中均有记载，虽经时代变迁，但仍传承下来，并逐步改良。据《大彭烹事录》记载，“雉羹”被历代皇帝视为珍品，至今仍是高级宴席上的珍馐美食。

【小马卤耳朵】 小马卤耳朵创始人马胜元，彭山

区谢家镇人，于清光绪八年（1882）在谢家场创办“小马猪耳朵”，截至2021年已有139年历史。

【观音葡萄】 观音街道为岷江现代农业示范园区葡萄种植核心区，种植面积1000余公顷，种植夏黑、香妃、红巴拉多、美人指、红提等品种30多种。2021年，大力推广阳光玫瑰葡萄种植，改良葡萄品种53.33公顷，并引进妮娜皇后和巨胜1号两个品种进行示范试种，同时大力推广保温促成技术，使葡萄能提前一周上市。截至2021年年底，该种植核心区的葡萄每公顷产值超过52.5万元。

观音葡萄　　（观音街道供图）

【黄丰柑橘】 彭山区黄丰镇以柑橘产业为支柱产业，拥有柑橘2491.8公顷225万余株，年产柑橘总量8.3万吨，产值3.3亿元。引进爱媛、不知火、明日见、甘平、沃柑等优质品种10余个，种类齐全，常年有鲜果上市，是四川省著名的柑橘生产基地，享有“柑橘之乡”的美誉。

黄丰柑橘现代农业产业园　　（黄丰镇供图）

【谢家猕猴桃】 2021年，谢家街道猕猴桃基地探索全区推广的猕枝蔓牵引新技术和避雨栽培方式。通过注入新技术力量，抢抓上市时间，提高结果架面利用率，采用新技术种植比传统方式种植的猕猴桃提早上市10天左右，并且每公顷产量能够稳定在22.5吨左右，收入增加近15万元。谢家街道种植猕猴桃共计466.67公顷，平均每公顷产值超过19.5万元。

谢家猕猴桃红阳种植区　　（谢家街道供图）

中国共产党眉山市彭山区委

重要会议

【概况】 2021年，彭山区召开区委全会和区委经济工作会，召开区委常委会会议50次，开展区委理论学习中心组学习14次。全年，中央电视台、《人民日报》等中央和四川省主流媒体聚焦彭山宣传报道2100余次，媒体融合经验在全省交流。突出政治监督，抓实监督检查，查处违反政治纪律2人。

【中国共产党眉山市彭山区第三次代表大会】 9月29日，中国共产党眉山市彭山区第三次代表大会召开。审议并批准黄秀航代表中共眉山市彭山区第二届委员会所作报告，同意报告对下一个五年提出的总体目标和安排部署。大会强调，未来五年的工作，要统筹推进“五位一体”总体布局、协调推进“四个全面”战略布局，抢抓成渝地区双城经济圈建设、成德眉资同城化发展等重大战略机遇，深入落实省委“一干多支”战略部署和市委“136”发展路径，全面建设社会主义现代化彭山。要深化改革开放，突出全域融合，加快建设成眉同城率先突破区；推进创新发展，突出转型升级，加快建设成渝高新产业聚集区；提升功能品质，突出以人为本，加快建设天府宜居宜业不老城；推进乡村振兴，突出产强民富，加快建设美丽宜居乡村；增进民生福祉，突出共同富裕，加快建设和谐幸福家园。

【区委经济工作会议】 1月22日，区委经济工作会议召开。会议传达学习中央、省委、市委经济工作会议精神，总结2020年全区经济工作，安排部署2021年经济工作，表彰奖励全区纳税十强企业和十佳企业。区委书记黄秀航主持会议并讲话。会议指出，彭山区经济工作要聚焦四大重点领域，开展重大项目攻坚：抓交通项目攻坚，加快“进城入圈”；抓产业项目攻坚，促进“转型升级”；抓城乡项目攻坚，增强“极核功能”；抓民生项目攻坚，实现“发展共享”。加强党对经济工作的全面领导：提高抓经济工作的能力；解放思想，支持实体经济；优化营商环境服务发展；健全和完善工作项目推动机制。

【区委党建工作会议】 5月27日，全区党建工作会在区委会议中心召开，区委书记黄秀航出席会议并讲话。区委副书记、区长杨静主持会议。区人大常委会主任杨兴弘，区政协主席杨红，区委副书记黄丽、郭建华出席会议。会议宣读2020年“彭山榜样”表扬通报并颁奖，就2021年组织工作、宣传思想文化工作、统战工作进行安排部署。会议强调，要将政治底色作为党建工作的首要前提，要将服务发展作为党建工作的中心任务，要将服务群众作为党建工作的根本遵循。会议还强调，2021年是建党100周年，也是“十四五”规划开局之年。要谋求党建工作新突破，紧扣中国共产党成立100周年这一主题，高水平举办系列庆祝活动；要围绕党史教育这一主线，推进教育活动走深走实。会议最后强调，全区各级各部门要提升党建工作新成效。一要聚焦主责主业抓党建，带头履行管党治党政治责任，亲力亲为抓好统筹推进；二要聚焦擦亮品牌抓党建，瞄准“全国一流、全省领先”目标，擦亮彭山党建品牌；三要聚焦监督考核抓党建。

【区委农业农村工作会议】 3月18日，由区委主办、区委农办承办的区委农村工作会议暨争创全省乡村振兴先进县动员会召开，区委书记黄秀航作总结发言。 （窦晶晶　段文）

2021年3月18日，区委农村工作会议暨争创省级乡村振兴先进县誓师大会召开
（区农业农村局供图）

施政方略

【概况】 2021年，彭山区委结合实际，加强党的建设，研究新情况，解决新问题，抓好稳增长、促改革、调结构、惠民生、防风险、保稳定等工作，抢抓“双城”“同城”历史机遇，实施“重大项目攻坚年”行动，以项目大突破推动经济社会大发展，脱贫攻坚、创文创卫创森等多项工作取得新进展。

【加强党的建设】 抓实基层党组织建设，选优配强领导班子和干部队伍，提升党建工作水平。完成区、镇、村党组织换届工作，实现“五个好”目标。召开区“三会”。在全市率先完成区党代会换届选举任务，成为全市样板；村（社区）“两委”换届经验做法被省委组织部刊载。建立村党组织建设“1＋3”制度体系，出台《村党组织书记监督管理办法》，在全省率先推行村级组织向村党组织报告工作制度。完成国家试点课题结项2项，“融合式”机关党建课题成果获全省一等奖。全面落实党风廉政建设主体责任，保持惩贪治腐高压态势，正风肃纪，巩固政治生态。常态长效推进省委巡视反馈问题整改。全面完成政法队伍教育整顿。村集体“三资”提级监督工作经验在全省交流。

【健全完善民主法治】 把人大工作摆在全局重要位置，召开区委人大工作会议，支持和保障区人大及其常委会依法行使职权。把政协事业纳入全区总体工作布局，支持区政协和各民主党派依照章程开展政治协商、民主监督、参政议政等，“有事来协商、和谐助寿乡”平台建设获得省政协领导肯定。民建彭山总支提案建议写入2021年中央一号文件。引导工会、妇联、共青团等群团组织发挥桥梁纽带作用。推进党管武装，抓好退役军人事务和拥军优属，强化国防后备力量建设。做好老干部和关心下一代工作。

【学习研讨和思想教育】 把学习贯彻中央、省委、市委历次全会精神作为重大政治任务，紧扣中共十九届五中、六中全会，省委第十一届九次、十次全会，市委第四届十八次全会以及市第五次党代会等重大会议精神，及时召开区委常委会（扩大）会议、区委理论学习中心组专题学习会。区委常委班子成员带头深入基层一线宣传宣讲20余场次，举办区级领导干部专题读书班，召开区委全会和区委经济工作会，专题研究贯彻中共十九届六中全会精神，巩固拓展党史学习教育成果，贯彻“双碳”战略实施创新驱动推动“两大主导产业”绿色低碳高质量发展问题，统一思想认识、凝聚发展合力。紧盯重大节点，开展党史学习教育和庆祝建党100周年系列活动，以“四史”学习为重点，引导党员干部坚定拥护“两个确立”、坚决做到“两个维护”。办成民生实事1000余件，汇聚干部群众知恩感恩、拼搏冲刺的思想共识和奋进动力。

【推进一二三产融合发展】 2021年，落实“六稳”，做好“六保”。实施“重大项目攻坚年”行动，全年实施省、市重点项目23个，完成投资85.7亿元，完成年度目标任务140.7%。全区主要经济指标实现稳步增长，地区生产总值实现196.43亿元，同比增长8.0%。聚力市委“开放兴市”战略，推进成眉同城“六大突破重点任务”，提升对外开放水平。以“双碳”战略引领，突出市委“制造强市”战略，紧盯“1+3”现代工业体系，深耕锂电池及材料和高端装备制造两大主导产业，一手抓龙头企业招引，一手抓现有企业培育，做大做强优势主导产业。杉杉锂电项目土地报批和节能审查创造全省工业项目审批最快纪录，创造“彭山速度”并实现快速开工建设。以创建省级乡村振兴先进县为目标，实施五大振兴。培育壮大“2+3+N”农业产业体系，聚焦稻药粮食、葡萄、柑橘等优势产业，实施高标准农田建设，培育壮大农业经营主体，推进农业规模化、标准化、现代化发展。落实粮食安全和耕地保护党政同责。围绕创建全域旅游示范区和天府旅游名县目标，聚焦“1+3+N”文旅集散体系，立足长寿文化、茶肆文化、忠孝文化等特色资源，强化宣传营销，加快配套补短，推进文旅融合，打造成渝周末度假首选地。

【发展社会民生】 紧扣市委“品质立市”战略，抢抓“一核引领、东彭融合”战略机遇，配合市委、市政府做好城市新中心空间管控、规划论证等前期工作，推进城市更新改造、城市光彩工程、绿化美化亮化等，做大城市规模、改善城市品质、提升城市能级。筹备建设彭祖新城、江口片区等城市新板块。完成城乡基层治理示范点建设。顺利完成禁毒整治“摘帽”。推进市域社会治理现代化试点。开展安全生产专项整治三年行动和食品安全放心工程建设三年攻坚行动。打好“蓝天、碧水、净土”保卫战。顺利通过第二轮中央生态环境保护督察和省级生态区核查验收。统筹做好疫情防控和经济社会发展，完成疫苗接种任务，实现“零输入、零感染、零传播”，举办全省首次应对农村地区新冠肺炎疫情应急演练，经验在全省推广。优化教育医疗资源布局，完成学院路幼儿园、职高实训楼、西藏自治区体育局彭山训练基地项目建设，适龄儿童义务教育入学率100%。在全市率先完成全域公交改革，实现“村村通公交”。精准对接就业供需平台。城乡居民养老保险参保基本实现全覆盖，在全市率先实现社工站乡镇一级全覆盖。（窦晶晶　段文）

协调服务

【概况】 区委办公室完成区第三次党代会、区委第二届二十一次全会、区委经济工作会等会议文稿及领导讲话稿120余篇。发挥“千里眼、顺风耳”作用，全年编发《彭山要情》10期，上报各类信息210条，市级以上刊物采用80余条，全面完成市下达的信息工作目标任务。提炼总结改革信息24篇、典型改革案例7篇，改革经验被《农村改革动态》《全团要讯》《政务晨讯》等中央和四川省刊物刊载28次，被《人民日报》《中国改革报》等中央和四川省主流媒体宣传报道200余次，小农户与现代农业有机衔接经验获得农业农村部部长肯定性批示2次。围绕园区建设、城市建设、产业发展、乡村振兴、全域公交改革等重大问题和关注点，开展政策研究、深化改革专项调研30余次，形成调研报告18篇，3项调研成果转化为政策性文件，为区委决策提供参考。

【精文减会】 区委办公室落实“精文减会”工作要求，通过严控发文计划、严格发文程序、统筹参会人员和会议方式，减少文件数量和篇幅、会议次数和规模。2021年，全区制发规范性、通报类文件610件，同比下降38.1%，召开全区性会议309次，同比下降9.4%，完成“精文减会”目标任务。

【会议服务】 区委办公室牵头完成国务委员王勇等上级领导到彭山考察调研、区级领导干部和乡科级主要负责人专题读书班参观点位准备，开展后勤保障和接待服务。2021年，共接待政务、商务客人145批，2692人次；牵头组织开展全区庆祝中国共产党成立100周年系列活动，筹备并承办庆祝中国共产党成立100周年文艺晚会等重大活动，服务全区庆祝中国共产党成立100周年系列活动、党代会、人民代表大会、政协会、全省农村地区防疫演练等重要会议活动110余次，规范保障公务用车219次，实现零失误、无事故。投入5万元，更换区委会议中心、区委常委会议室部分音响系统，解决长期困扰会务工作的破音、啸叫问题，提升会议效率和质量。

【绩效考核】 设置指标体系，在指标编制上突出省、市目标任务导向性，实现差异化设置考核指标和分值权重，引导各单位因地制宜、因时制宜创新工作思路，突出特色，确保各项目标任务全面完成。根据年度基础目标考核结果，分类评选目标绩效管理先进集体，给予上浮加分，鼓励各单位创先争优。在考核结果上将奖励与效益联动，激励干部担当作为，指导各单位建立内部考核激励机制，体现“干多干少不一样”“干好干坏不一样”。探索街道（镇）评议职能部门方式方法，形成可复制、可推广的经验做法，完成省委、省政府确定的街道（镇）评议职能部门试点工作。印发《眉山市彭山区2021年表扬事项目录》，规范表扬事项30项，牵头开展2021年度改革创新工作先进集体和个人表扬评选工作。

【督察督办】 区委办公室围绕中央和省委巡视反馈问题整改、整治形式主义为基层减负、推动成渝地区双城经济圈建设等重大决策部署，项目推进、疫情防控等重点工作，老旧小区改造、就业创业等民生实事办理情况，区委常委会会议、党政班子例会、专题会议定事项和区委书记交办事项开展督查督办132次，形成《督查专报》40期、《督查通报》10期，督导推进杉杉锂电等一大批重点项目建设，推动各项决策部署落地落实。制订《2021年区级督查检查考核计划》，统筹规范全区督查检查考核事项，开展督察检查考核40项。

【巡视整改】 牵头开展巡视整改工作，全面完成巡视整改年度工作任务。制定巡视反馈意见整改工作台账，每月更新台账，确保及时掌握整改进度。发挥统筹协调和日常监督作用，对32个牵头单位开展全覆盖调研调度3轮，6个镇（街道）开展“回头看”1次，印发整改通知24份，倒逼巡视整改工作落地落实。针对巡视反馈的80个问题（省委巡视反馈彭山问题44个，市委巡视反馈涉及区县问题36个），截至2021年年底，已完成整改或完成阶段性整改问题77个，正在整改中问题3个。

【保密机要工作】 利用“4·15”全民国家安全教育日和“12·4”国家宪法日等重要时间节点，开展保密法规和国家安全宣传活动，打造“区县一廊、乡镇一栏、村社一牌”的国家安全宣传阵地，增强全民保密意识和国家安全意识。建设密码通信主渠道第二路由，办理密码电报550份，开展应急密码通信演练12次，实现全年“无事故、无差错、无错情”目标。推进安可替代工程，替换设备34台（套），对重要办公、会议和活动场所进行无线环境安全检测3次，全年未发生失泄密事件和涉国家安全事件。

【提升服务水平】 文稿的起草、审核、印发，倡导务实、清新文风，做到立意构思与时俱进、分析问题切中要害、部署工作周密到位、遣词用语规范准确。推进标准化建设工作，完善《户外办会标准化流程自检表》《项目开（竣）工仪式标准化流程自检表》《新任区领导见面会会务标准化流程自检表》《公务服务工作流程》办公室运行管理标准4个，依托“钉钉”智能办公、“黑马”校对等辅助软件，推动文件办理、会务布置、活动统筹、接待服务、文稿写作等工作规范化、标准化、流程化。

修订《室务会议事规则》《办公室内控制度》《财务管理制度》《全员信息制度》等制度文件，完善党风廉政建设、谈心谈话、档案管理、值班值守、财务管理、印章管理、规范性文件备案等制度，规范干部职工请销假、婚丧嫁娶和区纪委监委交办的其他事项。

开展“我为群众办实事”实践活动，建立实事项目清单，办成民生实事3件。组织机关干部结对帮扶脱贫户64户，开展走访帮扶活动，为谢家街道石山村送去帮扶资金5.98万元，硬化道路50米，修缮沟渠70余米。加强干部培养力度，先后安排干部职工前往成都、绵阳、眉山等省市，参加年轻干部“铸魂”班和党建、生态环保、专业化领导干部培训等专题培训5人次，抽调镇（街道）、部门优秀年轻干部5名跟班学习，推荐成熟干部3名到市委办、市政府办上挂锻炼，搭建年轻干部信息文稿写作等学习交流平台，提升干部队伍综合素质，激发干事创业激情。2021年，获得市区级个人荣誉25人，被选拔为中层干部10人，获提拔4人。区委办公室被推荐为全市办公室工作先进集体，“精文减会”工作经验全市交流，保密机要工作获省委保密机要局局长肯定。

（窦晶晶 段文）

巡察工作

【概况】 2021年，区委巡察机构组织完成巡视带巡察任务2次，市区交叉巡察任务1次，“回头看”工作1次，常规巡察1次，机动巡察1次；接受省委巡视专题调研1次，提请召开领导小组会议2次，书记专题会2次，区委常委会5次，安排部署巡视巡察工作；组织完成第二届区委巡察工作综述、“四书一汇编”、第三届区委巡察工作规划等。

【巡视巡察整改】 2021年2月，整合纪检监察、目标督查、区委巡察办专业力量组建巡察组，配合省委巡视组开展春节期间疫情防控专项巡视。3月，完成第十轮常规巡察7个单位汇报和反馈工作，督促

2021年6月10日，区委第三巡察组召开黄丰镇党委巡察整改“回头看”见面会 （区委巡察办供图）

指导被巡察单位整改问题60个，问题整改率100%。4—7月，组建巡察组2个配合开展对眉山市天府新区下辖乡镇的延伸交叉巡察，发现问题102个，移交线索26条，党纪政务处分12人，立案审查调查3人。5—6月，按照市委第九轮“查漏补缺”工作部署，完成对区人民检察院常规巡察，发现问题8个。5月底，接受省委巡视办对巡察工作联系点建设的专题调研，省委巡视办在调研中对区委高度重视巡察、领导小组成员责任落实、线索办结率、巡察整改实效等方面的工作给予肯定。6—7月，完成对全区7个单位巡察整改“回头看”工作，将巡视整改纳入巡察“回头看”内容，发现问题11个，向区委、区政府及区级相关部门提出建议意见10条。10月底，对全区6个涉粮单位开展粮食购销领域专项巡察，移交线索2条，发现问题20个，提出建议意见6条。11月底，启动对区人民法院等12个单位“党建带团建”工作的机动巡察，推动全区团建工作深化改革，12月中旬完成进驻任务。

2021年10月，区委第一巡察组开展对区发展和改革局等6个单位粮食购销领域专项巡察　　（区委巡查办供图）

【巡察队伍建设】 2021年，新增巡察保障服务中心编制1人，调整巡察机构领导班子3人。组织巡察机构全体党员系统学习习近平总书记关于党史学习教育重要讲话精神和文章17次，组织开展党史学习教育知识问答比赛，召开党史学习教育专题组织生活会。运用省纪委内部通报案件、彭山区“以案促改”案件和全区毒品专项治理通报情况，在机关内部开展警示教育，引导全体巡察干部培养健康的兴趣爱好。“原汁原味”传达书记专题会、领导小组会、区委常委会对巡察干部提出的工作要求和纪律作风要求，增强巡察干部服务区委中心大局的思想自觉和行动自觉。派出60余人次巩固创文创卫成果，派出70余人次参与禁毒宣传和排查，派出80余人次配合开展疫情防控和宣传。按照“四个对照”监督标准，收集整理各类党内法规，第十九届二中、三中、四中、五中、六中全会公报和决议，习近平总书记关于经济、政治、生态、社会、文化、生态和党的建设、党史学习教育讲话，党中央、省委、区委重大决策部署和重要会议相关资料等，在巡察机构理论中心组学习，党支部会、办公会传达学习，督促巡察干部加强自学能力建设。

【巡察制度建设】 建立完善区委工作制度32项，加强组织领导、规范工作、基础保障，深化巡察整改和成果运用，推动各类监督贯通融合。修订完善区委巡察工作流程，制定关键环节资料模板，建立完善巡察机构内控制度，加强巡察机构自身建设。

【巡察工作创新】 在巡察区人民检察院时，坚持巡察监督与政法队伍教育整理工作相结合，推动巡察问题和教育整改问题、党史学习检视问题集成整改。在巡察“回头看”中，探索实践“1122”工作法，坚持综合报告共性问题和问题台账个性问题一体反馈，推动被巡察党组织“举一反三”开展问题整改。在开展涉粮领域专项巡察和“党建带团建”机动巡察工作中，将巡察组办公地点设在区委巡察办。以新进入干部和巡察保障服务人员为主，组建“党建带团建”机动巡察组。探索建立巡前问题清单，加强协作成果运用，明确问题导向。

【巡察规范建设】 2021年4月起，区委巡察办组织人员力量，全面梳理第二届区委巡察开展以来的巡察报告、巡察整改情况报告、移交问题线索办理情况，对巡察制度开展“废、改、立”工作，完成第二届区委巡察工作综述和“四书一汇编”（制度汇编、案例汇编、成果运用汇编、特色亮点汇编）。加强提炼宣传工作经验，区委巡察工作经验在省委巡视办专题调研中得到肯定，在眉山巡察工作调研会上作交流发言，“审计先行、巡察跟进”方式被省委巡视办推广，省纪委监委《清廉四川》机关内刊采用彭山村级巡察小故事1篇，市委巡察办在全市委巡察成果汇编采用彭山经验材料1篇，2021年区纪委全会和警示教育读本采用巡察典型事案例20项。结合巡察整改工作经验，探索建立《彭山区委关于加强巡察整改责任落实的规定》《彭山区委关于深化巡察成果运用的实施办法》。加强制度约束巡察工作中反复出现的风险隐患问题，结合实际建立巡察沟通制度、巡察问题底稿制度、关于提高巡察报告质量的办法等。（胡 迪）

组织工作

【概况】 2021年，彭山区委健全部务会和支部学习制度，规范党内政治生活；示范推动党史学习教育，“说史论今话组工”经验做法被省委《党史学习教育简报》刊发。围绕培养专业能力、专业精神和增强八个方面执政本领要求，举办工作务虚会、业务研讨会，组织干部参加专题培训班，安排干部参与重大工作，提升专业能力、专业精神；实行公务员平时考核制度，开展日考勤、周纪实、月晒账、季考评，推行“项目＋清单”管理，季度组织重大任务督办、干部民主测评，开展警示教育。

【干部教育】 抓实科级以上干部全员轮训、公务员网络全覆盖学习，推进实施干部培训“三大工程”，举办领导干部读书班等培训班20期，推动各级党组织跟进学习1100余场次。巩固深化“不忘初心、牢记使命”主题教育成果九大板块常态举措33条。开展党史学习教育“大学习”“大实践”“大讲堂”，部署庆祝建党100周年“彭山儿女心向党”专项活动9个，创新实施“百个项目惠民生、百个支部做实事、万名党员争先锋”行动，为2623名党员颁发“光荣在党50年”纪念章，4名共产党员、3名党务工作者、6个基层党组织获省市表彰。健全完善“三会一课”制度，落实组织生活会、民主生活会、双重组织生活等规定；以“七个基本”建设为抓手，固化“主题党日”制度，建立健全领导班子民主生活会全过程督导叫停、问题剖析一把手审签等制度。完成巡视、选人用人专项整改，“以案促改”。

【镇村换届工作】 在全市率先召开区党代会，完成区镇村换届各项任务，实现“五好”目标。坚持“五个过硬”，鲜明“六个导向”，紧扣“同城”“双城”战略需要和产业发展定位选拔干部。换届后，镇党委成员平均年龄下降至34岁，2年以上乡镇工作经历干部占81%，具有金融、规划等专业化干部占67%；村（社区）党组织书记100%实现“一肩挑”，乡村能人、返乡优秀农民工分别占比76%和69.7%。落实“凡提四必”、“双签字”、全程纪实、人选联审等制度，全覆盖开展镇村班子运行分析和谈心谈话，开展“两代表一委员”推选，对1600余名候选人逐一“过筛子”，取消20名不符合条件人选资格；对近1年来未考察过的1300名候选人开展全方位考察和政治素质测评。组建督导组10个，对候选人推选政策执行情况再督查、再检视，防止“带病提名”“带病提拔”。建立风气直报、信息互通和快查快结等机制，落实“四个100%”要求，印发换届纪律“明白卡”3.4万余册，签订《严肃换届纪律承诺书》1.8万余份，谈心谈话4700余人次，观看警示教育片《警钟长鸣》2300余人次。全环节督查督导69次，督促整改问题52个；派出大会督导组、驻团监督员150人次。

【基层党组织建设】 推进规范化标准化建设，升格机关基层党委2个，建立区域党委21个，“两新”

2021年5月27日，彭山区召开2021年党建工作会议

（区委宣传部供图）

组织覆盖率达到92%；出台村组两级党组织规范化建设“1+3”制度体系，规范村居民小组党支部435个、功能型党支部88个，实行权责运行、组织生活和议事决策“三个规定”，推行区域化党建“五联”等。推行基层党建工作例会制度、党委（党组）成员支部工作联系点制度，实绩考核“首问”党建办法，压实主体责任。实施党组织书记领办基层党建项目，“1543”支部工作法等项目获市委组织部肯定。在全市率先出台《村党组织书记监督管理办法》，以巡察到村、提级审查等规范村党组织书记履职。在全省率先推行村级组织向村党组织报告工作制度，强化村党组织领导乡村治理能力。聚焦各领域党建短板，开展“社区服务项目化”“党建入章”等提质行动，机关党建课题研究成果获全省一等奖。组织镇村实施“开门一件事”攻坚，相关做法被《中国组织人事报》刊载。提升建设村级阵地13个，成功培育年收入10万元以上村12个，完成“村集体经济新的实现形式”国家试点课题结项，“三类十五种”产业引导模式获验收组肯定。

【基层治理】 健全“镇（街）党（工）委—村（社）党组织—村民小组（小区）党支部”治理架构和指挥体系，规范城乡基层组织分类建设，理顺村（社区）党委与二级党支部权责关系。优化领导、责任、督促体系，健全内部运行、工作调度、统筹协调等机制，形成纵向贯通横向联通的治理格局。建立“项目化+清单式+责任制”工作体系，明确目标要求、责任部门、工作步骤；配套“镇街吹哨、部门报到”、社区工作者专职管理等制度规定15个，建立健全项目资金一事一议、区域化治理联席协商等机制，推行定期拉练、调研调度、常态督导等办法，实现一套体系管到底、管长远。完成11个市级城乡基层治理示范点打造。引导67个区级部门单位、3812名机关党员到所在社区、小区报到，从基层和群众普遍关心的实际问题入手，推进“共治共建”“小区改造”“便民服务”等一批牵引性示范项目，因地制宜探索总结出“五治融合”“小区六进”“五共模式”等符合彭山实际的治理机制和治理模式。

【干部队伍建设】 运用班子运行分析结果和调研成果，动态调整区管干部282名，提拔重用68名，4名事业及村干部通过“五方面人员”选拔进入镇领导班子。提拔重用敢于担当、勇于创新、善作善成的优秀年轻干部，优化“90后”副科、“86后”正科、非党干部比例。完成省委巡视反馈混岗问题整改，全面理顺32名公务员交流到事业单位任职干部的任职关系。围绕增强“八项本领”、提高“七种能力”，举办到村任职选调生培训班、年轻干部铸魂递进培训班，培训优秀年轻干部50名，推荐6名选调生参加中央和四川省市示范培训班；坚持在“六个率先突破”一线历练干部，深化青年人才中心党支部建设，通过“选调生到村任职”“驻外招商”“市区互派”“藏区援助”等平台，磨砺干部80余名。集中开展领导干部经商办企业专项整治，实施经济责任审计项目5个，全年提醒谈话9人，函询7人，诫勉1人；实施每季度掌握了解干部奖惩情况，分类建立正反面工作台账。创新出台《激励干部抓项目促投资十条措施》，择优选派干部42名领办重大产业项目。全年晋升职级125人次，嘉奖公务员261名、记三等功公务员38名。

【人才工作】 以“紧缺急需”为导向，引进紧缺专业硕士选调生4名、高层次人才30名，吸引区外专业化干部100余名，柔性引进高校教授1名；推行“返乡创业孵化项目”“绿领英才班”，吸引高层次人才12名返乡创业，带动产业人才400余名返乡，吸附各类技能人才6000余人。出台《眉山市彭山区乡村人才振兴五年行动实施方案》，推动人才服务乡村振兴，乡村人才建设国家级试点课题完成结项，“双高四带动、一引四协同”引才体系获验收组肯定。围绕锂电、湿电子化学、高端装备产业，搭建高端人才服务中心、专家工作站等创新实践基地，指导泓华专家工作室申报市级专家工作站。推进与北京大学、中国农业大学等共建实训基地、专家大院、精品课程，与电子科技大学共建数字乡村振兴研究院、科创劳育实践基地，吸引800余人次开展实训。全面落实保障政策，打造寿乡英才之家，兑现人才奖补经费127.76万元。推进人才医疗保障、户籍管理、子女入学等优质服务，围绕安心住房、惠民医疗等人才关心问题，提供“点菜式、订单式、定向式”服务支持。开展各类人才评选表扬工作，乡村人才刘沈厅获评“全国乡村振兴青年先锋”，《眉山彭山：80后职业农民的科技致富路》在《人民日报》刊发。（曾柏儒）

宣传工作

【概况】 2021年，彭山区宣传工作坚持以党的领导为核心，以做实理论武装为关键，以开展思想教育为主线，以强化宣传报道为重心，以汇聚发展合力为目标，增强工作的主动性、系统性和前瞻性，为建设开放发展先行区营造良好舆论环境和社会氛围。

【理论武装工作】 印发《2021年全区党委（党组）理论学习中心组专题学习安排意见》《区委理论学习中心组2021年度学习计划》，区委理论学习中心组围绕新民主主义革命历史时期等“四史”、习近平总书记关于全面从严治党的重要论述等内容学习14次，集中学习研讨13次，形成交流发言材料、心得体会100余篇。发放《习近平新时代中国特色社会主义思想学习问答》《论中国共产党历史》《毛泽东 邓小平 江泽民 胡锦涛关于中国共产党历史论述摘编》等理论类书籍5万余本。以百年党史、习近平总书记在庆祝中国共产党成立100周年大会上的重要讲话精神为宣讲重点，领导干部带头讲、专家学者专题讲、文艺活动“接地气讲”，开展宣讲600余场次，打造“橙心为民”等特色宣讲队30余支。围绕中国共产党百年奋斗的光辉历程、伟大贡献、初心宗旨、理论成果、伟大精神、宝贵经验等内容，组织开展专项课题研究，2个市级、27个区级理论研究课题全部结项，1篇理论研究文稿全市唯一获全省社科界“庆祝建党100周年”理论与实践征文活动一等奖。

2021年12月10日，全区马克思主义新闻观专题培训会召开（区委宣传部供图）

【意识形态工作】 将意识形态工作、网络意识形态工作纳入全区绩效考评体系和重要议事日程，区委常委会专题研究3次，推动意识形态工作责任制、网络意识形态工作责任制落到实处。建立完善《重点涉政人员管控协作配合办法》，充实全区意识形态联席会议成员单位，召开意识形态工作、网络意识形态工作联席会议4次，调动各条战线各部门的积极性。开展2021年全区意识形态、网络意识形态专项督查1次，完成省委第四巡视组意识形态专项检查反馈意见阶段性整改任务。

2021年6月8日，全区意识形态、网络意识形态督查工作动员培训会召开　（区委宣传部供图）

【党史学习教育】　全区各级党组织依托理论学习中心组、“三会一课”、主题党日等，持续深入开展干部讲堂领学、专题解读辅学、红色电影助学等主题学习活动。用好公义红色教育研学实践基地、彭山烈士陵园等红色资源，打造党史学习教育基地。组织开展“奋斗百年路　启航新征程”主题宣传报道，登上《人民日报》、新华网、《四川日报》等主流媒体报道70余条。创新开展融合传播，在“不老彭山”App开设党史学习教育专栏，推出“党史知识有奖问答”互动活动，线上吸引3.4万人次参与。突出爱国主义教育、党史学习教育、形势政策教育，围绕“党旗在基层一线高高飘扬”“永远跟党走　奋进新征程”“青少年心向党”等主题，依托新时代文明实践中心、党群服务中心等载体，开展“永远跟党走”群众性主题宣传教育活动，引导群众知史爱党、知史爱国。指导全区所有基层党组织召开专题组织生活会。

开展“开门问计”活动和“我为群众办实事”网络调查，开设“办实事、开新局，我来说两句”网络留言板块，依托“党员双报到”、新时代文明实践志愿服务等渠道，创新开展“书记面对面”“城南列车进小区”等主题活动，找准基层群众麻烦事、揪心事、困难事。形成“我为群众办实事”重点任务33项、专项方案13项和“100＋70”实事项目清单并统筹落实，办好全域公交改革、社区亲民化改造、增加学位供给等实事项目，推动解决群众身边“急难愁盼”问题。举办“我为群众办实事”授旗仪式，成立党员先锋队5支、专项服务队13支，聚焦“一老一小”、困难群众等重点，推进乡村振兴、基层治理、政府服务等民生实事，引领推动全区“我为群众办实事”实践活动落地落实。

组建区委巡回指导组10个，对6个镇（街道）、66个区级部门（单位）按照时间节点，开展全覆盖巡回指导3轮，及时反馈问题、传导压力。总结推广基层创新创造、富有实效的学习培训活动和解决群众“急难愁盼”身边事的有效做法，编发区级简报77期，彭山区24条经验做法被省委、市委党史学习教育简报采用刊发。彭山区“四百五讲六进”宣传宣讲、我为群众办实事“四字工作法”、青少年“四史”学习教育“个十百千万”等做法，受到中央、省委、市委巡回指导组肯定。

2021年6月18日，区政协召开党史、新中国史、改革开放史、社会主义发展史学习教育报告会　（区政协办供图）

【新闻宣传】　在以“不老彭山”App为主，抖音、微信、微博、快手等媒体为集群的“融媒矩阵”上，围绕疫情防控、党史学习教育、森林防灭火、禁毒、乡村振兴等做好宣传，推出“彭祖祖说防疫”“彭祖祖说森林防灭火”等漫画短视频，创新宣传方式。围绕区委、区政府中心工作和战略目标，推出一大批有高度、有深度、有温度、有态度的新闻作品，各级媒体上稿2200余篇，实现中央电视台、《人民日报》、新华社“三上”目标，彭山新闻作品荣获“眉山新闻奖”，数量、类别均居全市前列。区委对外宣传办公室策划制作的纪录片《张献忠宝藏考古发掘记（上、下）》获“第十八届宣传四川好新闻”二等奖（该奖四年一评），制作的短片《百年党史 薪火相传》和《初心》分别获省短视频创作优秀奖、提名奖，《夏小黑的自白》获省优秀网络传播案例“全面小康传播奖”。创新推出“城市CP”，“彭山彭水”联动成渝双圈，城市营销出新出彩。

2021年12月10日，“宣传彭山好新闻奖”评审会召开

（区委宣传部供图）

【网络管理】 四川省县级融媒体中心从业人员专业能力培训第十期教学点走进彭山，工作经验全省交流。推进网络综合治理体系试点工作，抓好正能量传播体系和协同治理体系建设，重点推进彭山区综合指挥调度中心、新时代文明实践中心线上平台建设，形成一批可复制推广的彭山做法、彭山经验。巩固壮大新闻发言人、通讯员等“三支队伍”，提升应对“连锁反应”能力。对全区各单位开设新媒体情况进行登记备案。加强对自媒体管理，定期约谈属地网站、自媒体、互联网文化企业负责人，维护彭山网络环境良好态势。做好网络人士统战工作，引导网络人士弘扬主旋律、贡献金点子、展现正能量。统筹好网上网下两条线，落实专人负责。区委网信办获“四川省网信工作先进集体”称号。

【文化文艺】 开展图书馆、文化馆总分馆建设，建成图书馆分馆7个，文化馆分馆6个。推进村（社区）网络升级改造，运用“互联网+”、大数据等新技术，加强涉改镇（街道）数字文化服务平台建设，实现公共文化内容供给统一平台、统一配送、统一标准、统一规范、统一协调。推进农家书屋改革创新提质增效，实施“总分馆制+农家书屋”计划，采取“订单式”“菜单式”方式，满足不同群体的阅读需求，截至2021年年底，购置图书7800本，儿童读物占比超30%。组织开展“戏曲进校园”、“戏曲进乡村”、“禁毒巡演”、“千灯万福‘谜’漫彭山”猜灯谜活动、“6·12”“非遗”展演等线上线下活动共103余场，参与人员及受惠群众50万人次。创作小品《逆行者》《生而平凡》《师之韵》及歌曲《榜样》等系列文艺作品，其中《生而平凡》获眉山市小戏小品大赛二等奖。在彭祖山落地“非遗”学院，让每个镇（街道）都有拿得出手的1场“非遗”秀、1名“非遗”传承人和1件“非遗”产品。承办全省“中国共产党百年华诞 百部国产电影齐献映”活动启动仪式，原创歌曲《寿乡水岸》获全省《乡村好声音》评选活动银奖，谢家街道获“四川省民间文化艺术之乡”称号。1人加入中国书法家协会，实现该领域国字号“零”的突破。

对上争取专项文化产业资金，支持影院经营、农村公益电影放映、公共文化服务体系建设等，完成7家书店年度校验工作、1家出版物分支机构确认

2021年6月7日，《孝行故事》《百岁人生》《武阳买茶》彭山文化读本专家评审会召开

（区委宣传部供图）

备案事宜。严格内部性出版物审批，审批《2020踏歌而行》等内部性出版物8个，确保全区内部性出版的审核、审批、印刷、发放等各环节规范化。完成出版物经营许可证等新闻出版政务审批线上办理程序设置。出版发行《走进彭山》文艺名家作品集，完成《武阳买茶》《百岁人生》彭山文化读本编辑。完成江口汉崖墓博物馆“江口沉银临展”和《崖筑天阶》汉代文物陈列展。完成全区36个村（社区）基层公共文化服务整体提升工程。完成2020—2021年江口明末战场遗址抢救性考古勘探发掘工程，出水文物1.1万余件，江口沉银获“中国百年百大考古发现”称号，江口沉银博物馆年底完成主体结构封顶。彭祖山景区成功创建国家AAAA级旅游景区，江口茶场村成功创建省级乡村旅游重点村，彭祖养生文化谷成功创建全省中医药健康旅游示范基地，黄丰镇文化站成功创建全省文旅公共服务高质量发展优秀站点。

围绕疫情防控、生产安全，对全区3家影院及重点印刷企业、书店，开展暗访、联合检查多次，检查200余家次，出动500余人次，发现隐患150余个，下发限期整改通知书4份，年内完成整改。深化“扫黄打非”，联合相关部门开展有害出版物查堵、案件查办，“护苗”行动等，净化全区文化市场。巩固建设省级“扫黄打非”基层示范点2个，实现区级基层站点规范化建设全覆盖。（杨尧钦）

统战工作

【概况】 全区华人华侨、归侨侨眷、留学生、归国留学人员及眷属共328人。新侨和海归人士主要集中在经济活力较强的凤鸣、观音等街道；海外侨胞主要分布在美国、德国、英国、澳大利亚、加拿大、韩国等10个国家和地区。区委高度重视，区委常委会多次研究统战工作，统筹部署各领域各部门工作职责，构建区、镇（街道）、村（社区）三级联动的大统战工作格局。7月，全市社区统战工作现场会在彭山召开。建立港澳台侨界重点人士联系卡。推进成德眉资区域侨联协同合作，与德阳广汉市、什邡市，成都双流区，资阳雁江区3个县级侨联建立友好合作关系，签订《服务成德眉资同城化高质量发展友好合作协议》，缔结为友好侨联。开辟“绿色通道”，及时解决侨胞侨属侨商在生产经营中遇到的困难和问题，发挥专业法律服务队伍的作用，提供法律咨询，化解矛盾和纠纷。协调解决港澳台侨界群众子女入学、回国定居、项目投资等方面的困难。

2021年10月17日，彭山区召开2021年政党协商会议
（区委统战部供图）

【彭山区第五次归侨侨眷代表大会】 2021年7月2日，彭山区第五次归侨侨眷代表大会召开。会议审议第四届侨联工作报告，明确今后五年的工作任务，产生区侨联第五届委员会及新一届领导班子，聘请侨联顾问3名。

【涉侨阵地建设】 2021年，在观音街道观音铺社区、谢家街道石山村打造群团精品阵地，增挂村（社区）“侨胞之家”，以点带面，在全区村（社区）进行推广。区侨办通过与司法局、区法律援助服务中心沟通协商，在四川华曙律师事务所创建“为侨法律服务中心”，由区侨办、区侨联、区法院、区司法局、区法律服务中心指派专人共同组成为侨法律服务队伍，为侨界群众提供专业化法律服务。设立矛盾纠纷调解室、多功能会议室等，面积约200平方米，投资2.9万元。截至2021年年底，涉侨群众相对集中的城中社区“侨法宣传角”已接待侨界群众5000余人次。

【基层统战提升年工作】 出台《眉山市彭山区民主党派和统战团体工作绩效评价细则》，对民主党派、统战团体从自身建设、参政议政、民主监督、对口联系、社会服务、廉洁自律6个部分17个方面做出明确要求；制定《眉山市彭山区2021年镇（街道）统战工作模拟评估分析》，细化工作责任清单，夯实基层统战基础；制定《2021年统战工作要点》《关于加强基层统战工作的实施意见》《关于开展普通高校统战工作的实施意见》，在“四区一企”：县区（民主党派“同心基地”）、社区（观音街道蔡山社区）、校区（锦江学院、谢家小学）、园区（彭山经开区）、企业（八百寿酒业公司）各打造示范点1个，提升建设统一战线服务平台；完成区工商联（商会）、区台侨联换届工作，选举产生年龄层次、知识结构更优化，产业覆盖面更广，人员素质更优秀的新一届领导班子。打造“三个一”工程［建设一个“党派阵地”、结对一个联系村（社区）、打造一个示范窗口］，截至2021年年底，联系村（社区）2个，打造示范窗口2个；打造示范村（江口街道双江村）1个、示范基地（眉山永达瑞谷文旅产业有限公司、四川建刚乡产科技孵化集团有限公司）2个；建设区果业商会“有事来协商”阵地，通过协商解决百姓问题，获省政协副主席肯定。由民盟彭山支部创建社区“田园之声乡村学校美乐基地”组织开展的“开学第一课 四川彭山小学生下田体验打谷子”活动，被中央电视台报道。协助区委制订《政党协商（会议协商）计划》，就区政协委员建议名单、党代会工作报告、重要人事安排等重要议题开展政党协商。各民主党派开展社情民意调研、参政议政，形成调研报告14篇，提案20件。其中，民建彭山总支主委何锋主笔撰写的《关于深化“三位一体”农合联改革专注服务乡村振兴问题》被民建中央采用；民盟彭山区区总支撰写的《关于出台眉山市农村人居环境治理条例的建议》作为市政协大会发言得到市委书记重点批示，并转化为地方性法规（《眉山市农村人居环境治理条例》）。各镇（街道）商会选配统战联络员，明确新建商会同步建立党组织。2021年年底，果业商会，谢家街道商会、江口街道商会、观音街道商会、公义镇商会成立党支部。争取上级和区委支持，设立区非公经济服务保障中心，核定全额拨款事业编制2名。做好民营经济代表人士换届政治安排，推荐民营经济界别的人大代表、政协委员60余名。开展区知联会、区新联会基本情况调查，建立分级分类人员数据库。建立健全区网络代表人士台账，召开网络代表人士座谈会，引导其传播正能量。区知联会与旌阳区知联会签订友好合作协议，在信息交流、资源共享、平台建设等方面建立合作长效机制。引导民主党派整合资源，建立“同心基地”，争取区委支持，划拨原食药监局办公楼1178平方米用于民主党派“同心基地”建设；争取区财政项目建设资金70万元，2021年年底进入项目招投标阶段。

【党外干部队伍建设和参政】 与区委组织部建立联席制度，制定党外干部培养计划，确定重点培养对象22名。推荐党外优秀年轻干部12名参加市、区组织的2021年铸魂培训班，提升优秀年轻党外干部政治素养。完成人大代表、政协委员中党外代表人士提名推荐相关工作。与区委组织部、区人大常委会、区政协进行协商，完成区人大代表、政协委员推荐工作，推荐党外区人大代表74名、区政协委员116名。完成人大代表、政协委员建议人选的推荐，推荐党外市人大代表14名、市政协委员22名。

【经济统战工作】 引导各金融机构到果业商会、谢家街道商会等开展银企对接4次，共对接会员企业20余家，对接资金1.8亿元；接待美国百人会、世界书画家报社等海外侨团回乡探亲或来彭考察交流30余人次；赴深圳、上海等地对接港澳台侨投资项目

8个，成功促进深圳高仁材料、弘讯科技、赫比集团、成都宝利根等6家企业莅彭投资考察；成功接待“2021年海科会海外创新团队分线路走进彭山考察”活动，路演对接项目3个，签约“微型航空发动机智能控制器团队”战略合作项目；指导区新联会开展“彭山区2021年抖音网店运营交流活动”3期，培训农产品种植业主、电商从业者130人次。

2021年11月15日，区委常委、统战部部长彭盛东（中）调研彭祖山慧光寺安全生产和疫情防控工作　（区委统战部供图）

【民族宗教界工作】 制定《关于加强民族团结进步示范基地建设的实施方案》《眉山市彭山区民族团结进步创建实施方案》，以社区“民族文化之家”为平台，以谢家小学为试点，利用宣传栏、座谈会等载体，开展铸牢中华民族共同体意识宣传教育和民族团结活动，促进各族群众交融交往；制定《关于加强宗教活动场所规范化管理的实施意见（试行）》，促进宗教场所规范化建设；做好宗教活动场所疫情防控、消防安全等各类安全工作，及时排查整治安全隐患；以“法律进寺庙”为依托，开展政策法规培训班3期，宣传活动20场次；开展“爱国爱教爱家乡”“爱党爱国爱社会主义”主题教育，实施重要节点宗教场所举行升国旗仪式；防范化解宗教领域风险，强化基层宗教治理，开展佛教“两乱”治理和基督教私设聚会点治理“回头看”，制定《依法治理基督教领域非法活动专项行动实施方案》，巩固治理成果；制定《关于建设宗教中国化示范场所的实施方案》，打造宗教中国化示范场所3个（龙门寺、基督教堂、壁山寺），推进宗教中国化彭山实践。（田宏迪）

精神文明建设

【概况】 2021年，彭山区精神文明建设工作学习贯彻习近平新时代中国特色社会主义思想，围绕庆祝中国共产党成立100周年工作主线，以文明城市创建为统揽，开展群众性精神文明创建，加强公民思想道德建设，推动志愿服务工作，加强和改进未成年人思想道德建设，推进乡风文明提升行动，各项工作焕发出蓬勃生机。区委宣传部获“眉山市全国文明城市暨国家卫生城市创建工作先进集体”称号。

【乡风文明提升】 印发《眉山市彭山区2021年乡风文明提升工作方案》，在黄丰镇团结村探索“文明积分”，激发群众参与文明实践和村级公共事务的积极性、热情度，在全区推广实施。健全“一约五会”等群众组织，开展婚丧陋习治理、大操大办劝导等治理。全区完成村规民约修订村（社区）51个，评选星级文明户402户、最美家庭10户。举办彭山区首届乡村文化振兴魅力乡镇竞演大赛，建设具有彭山特色的乡村文化振兴样板村镇5个，团结村、泥湾村获首批市级乡村文化振兴样板村镇称号。

【道德风尚活动】 坚持典型选树，实现公民思想道德建设新突破。盛恩利被授予第八届全国道德模范荣誉称号（全国人选68名，四川人选2名），受到习近平总书记亲切会见，成为眉山建市以来第一个获此殊荣的人，实现眉山市在全国道德模范评选工作中的历史性突破。培塑第七届省道德模范1人（盛恩利），“四川好人”2人（袁学彬、刘志岩），市道德模范3人，“眉山好人”3人，眉山市新时代

2021年10月9日，观音街道开展新时代文明实践所重阳长寿宴活动

（区委宣传部供图）

好少年2人。组织评选2020年“彭山榜样”12名并进行宣讲。承办“我们的节日——重阳”省级示范活动，掀起全民感党恩、跟党走和学习传统文化的热潮。组织彭山三中、实验小学参加全市“中华经典诵读”比赛，分获二等奖和三等奖。注重未成年人思想教育，依托未成年人心理健康辅导中心和中小学校心理健康辅导室，开展线上心理辅导讲座“公益微课堂”30余期、线下心理健康讲座6期、线下心理拓展活动近30期。

【未成年人思想道德建设】 构建“家、校、社”三位一体的未成年人教育网络，加强和改进未成年人思想道德建设工作。区委常委会听取未成年人思想道德建设工作报告，全覆盖开展2021年度未成年人思想道德建设考评工作，开展校园周边环境整治行动20余次，顺利通过全国文明城市未成年人思想道德建设测评。开辟“德育学堂”，以“清明缅怀英烈”“寿乡少年夺五星”等活动，促进思政课落实落细。全区评选新时代好少年35人，获评眉山市新时代好少年2人。依托未成年人心理健康辅导中心开展心理辅导和“体验日”活动66期。策划“童心向党·强国有我”青少年成长夏令营14个，受益儿童超800人。

【群众性精神文明创建】 印发《眉山市彭山区“片长制”实施方案》，推进“片长制”工作，推进“十三项重点工程”“五大专项行动”，打造点位1000余个，巩固全国文明城市创建成果，发放《彭山区市民文明卫生手册》12万份、调查问卷3万余份，顺利通过2021年度全国文明城市复评。启动2021—2023年各级文明村镇、文明单位创建，制定《眉山市彭山区群众性精神文明创建发展规划（2021—2023年）》，新创区级文明村镇8个、市级文明校园2所。实现区级以上文明村镇创建全覆盖。

【志愿服务】 印发《眉山市彭山区关于在基层治理中深化志愿服务的实施意见》，推进志愿服务制度化常态化，全区注册志愿组织524个，注册志愿者总数80145人。加强区新时代文明实践中心与融媒体中心的深度融合，搭建文明实践线上平台，提供志愿“点单”、实践地图、公共服务等功能，为志愿者与群众搭建一座资源共享、福利共惠的桥梁。推进各镇（街道）新时代文明实践所（站、点）示范建设，办好群众的“小事”和“心头事”，得到群众一致好评。打造“90后”党史宣讲队、宝能汽车服务队、巾帼志愿队、草帽志愿者调研队、3D电影放映队、大学生文宣队等品牌队伍6支，形成“女神打造营”“童心向党·强国有我”“银龄计划”等一系列志愿服务品牌，开展志愿服务400余场次，会集群众10万余人次。新成立志愿者团体（云堡幼儿园志愿者协会）1个、志愿服务队（彭山区禁毒志愿者服务队）1支。承办“慈善暖人心志愿见真情”四川省志愿服务活动、全市“我为群众办实事”新时代文明实践主题志愿服务活动启动仪式。凤鸣街道城东社区获全国“学雷锋志愿服务100个最美志愿服务社区”称号，黄丰镇团结村获2021年度“四川省十佳志愿服务社区”称号，2人获市优秀志愿者称号，2个社区获市优秀志愿服务社区称号，1个组织获市优秀志愿服务组织称号。（王心桥）

机构编制工作

【概况】 2021年，彭山区机构编制工作围绕“五个明确”，突出“五个到位”，开展机构编制核查工作，确保查实核准机构编制资源配置情况，夯实机构编制管理基础。深入贯彻《中国共产党机构编制工作条例》和四川省实施办法，坚持党管机构编制，以两项改革“后半篇”文章为契机，深化重点领域改革，推进机构编制工作创新，提升机构编制资源使用效益，为全区高质量发展提供体制保障。

【重点领域体制改革】 做好两项改革“后半篇”文章。牵头制定《眉山市彭山区优化乡镇机构编制资源配置工作实施方案》和《关于建立“区乡一体 条块协同”基层综合行政执法体制机制的实施方案》《关于完善镇（街道）派驻机构管理体制的实施方案》《关于推行乡镇机构“平台化”运行的实施方案》专项工作方案3个，聚焦实施“三项行动”，推进基层综合行政执法改革、派驻机构管理和基层机构编制资源配置工作创新，在观音街道打造优化基层治理体制机制、提升基层服务能力示范点，发挥示范带动效应。优化镇机构设置和职能配置，制定镇“三定”方案，统一设置综合办事机构，规范设置下属事业单位。创新基层综合执法改革，在观音街道开展“区乡一体、条块协同”基层综合行政执法改革试点。完善派驻机构管理体制。建立基层实战化工作平台。调整优化乡村振兴工作机构设置。理顺开发区管理体制，规范园区管理机构设置。优化彭山区公安分局机关内设机构设置和科级领导职数配备，推动建立“大部门、大警种”现代警务体系。完善应急管理职责体系建设，厘清区级各部门之间安全生产职责边界，细化明确相关区级部门在新产业新业态新模式等行业领域安全生产监管职责。完成党校分类建设涉及机构编制工作任务，配合做好47名生态环境监测监察执法人员编制划转工作。

【机构编制配置】 制定眉山江口沉银博物馆、公义镇、黄丰镇“三定”规定，优化机构设置，推进职能转变。强化城乡基层治理保障机构和工作力量，设立区城乡基层治理服务中心。强化社会治安综合治理工作相关机构保障，将区网格化服务中心更名为区社会治安综合治理中心，加挂区网格化服务中心牌子。调整优化基层医疗卫生机构布局，将10个基层医疗卫生机构调整为8个。对13个中小学进行规范更名。通过控、调、收等方式，盘活用好机构编制资源，为高层次人才引进、区外人员考调、退役士兵安置、教育卫生用编等提供保障。

【机构编制管理】 制定《第二次机构编制核查工作实施方案》，全覆盖核查全区295个机关事业单位机构编制事项和人员信息，形成《全区第二次机构编制核查情况报告》《统筹使用机构编制资源情况专题分析报告》。以“两办”名义印发《关于清理精简议事协调机构的通知》，开展议事协调机构清理，严格议事协调机构设置前置审核。做好全区机关事业单位编外人员专项核查统计，全面摸清编外人员情况。做好退役士官安置和随军家属安置涉及编制保障工作。及时更新完善机构编制台账及实名制系统数据。完成乡村振兴实绩考核有关镇（街道）“一办一中心”满编率、在岗率考核指标等区委办交办的工作任务。

【事业单位登记管理】 完成265个事业单位2020年度事业单位法人年度报告公示工作，公示率100%。随机抽取事业单位5个，开展跨层级、跨区域事业单位法人公示信息抽查，发现问题3个，发出整改通知单1份。（陈保金）

老干部服务

【概况】 2021年，彭山区老干部工作围绕解决基层群众、服务对象“急难愁盼”问题，优化服务举措，开展“我为群众办实事”实践活动，为老干部解难题、办好事，全面保障离退休干部政治生活待遇，组织老干部、老党员投身党史学习教育、城乡基层治理、关心下一代等活动，并取得成效。

【服务管理】 全面落实离退休干部政治待遇和生活待遇，坚持离休干部“两费”无拖欠、生活补贴及时足额发放，在“七一”前全面落实增发离休干部一个月的基本离休费作为生活补贴，落实有特殊困难的17名离退休干部及遗孀困难帮扶资金5.1万元。落实中华人民共和国初期参加革命工作部分退休干部门诊医疗费用和生活不能自理费用15.84万元，按最新政策提高建初干部困难补助标准。在春节、“七一”、重阳节等重大节日走访慰问老干部、老党员等200余人次，为党龄50年的老党员拍摄集体照留影，组织14名离退休干部党员参加区“光荣在党50年”纪念章颁发仪式。做好离退休干部看望慰问、疫情防控、体检疗养、参观考察、兴趣小组活动、来信来访等服务管理工作。

【离退休干部党建】 组织离退休干部赴泸定、赤水、南充等地开展“重走长征路，重温党的历史”主题党日活动，参观公义乡村振兴教育基地和眉山抗战纪念馆3次。组织老干部拍摄《我想对党说句心里话》短视频，与区民政局、区老年大学联合举办‘七一’文艺会演，组织县级实职退休干部排练《我和我的祖国》，并参加“彭山儿女心向党庆七一文艺晚会”；退休干部谢先琴自创诗歌《中国共产党建党百年感怀》，拍摄成短视频参加眉山市党报党端阅读朗诵比赛，获三等奖和最佳表现奖。

【老干部活动】 组织“五老”参与党史宣讲，依托区关工委青少年思想道德教育宣讲团，成立“学党史·颂党恩·听党话·跟党走”青少年主题宣讲组10个，8名关工委老干部到各中小学共开展青少年主题宣讲17场。李先华、曾文高等退休干部参与党史宣讲。组织老党员老干部召开“我看建党百年新成就”专题座谈会和“畅谈百年新成就·建言彭山新发展”座谈会，老干部畅谈建党百年的伟大历史和伟大成就，为彭山经济社会发展建言献策，形成调研报告1篇。组织离退休干部参加市“畅谈百年新成就·建言眉山新发展”座谈会、凤鸣公园改造方案征求意见座谈会、区政府办提升城市能级工作建议意见座谈会等，共征集老干部意见建议15条。组织老干部到黄丰镇团结村、城南社区实地调研，解决实际困难3个。儿童节到黄丰小学看望慰问留守儿童，“七一”到城南社区、团结村看望慰问困难党员3次，到黄丰镇团结村开展帮扶慰问活动2次。关工委同区教体局共同打造彭山区青少年社会实践基地，投资近20万元在青少年社会实践基地打造党史学习教育室1间。全年组织5个老干部兴趣小组开展兴趣活动35次，参与老干部1500余人次。截至2021年年底，老干部在彭山老干部网上刊载文章36篇、诗歌40篇、摄影作品160幅，举办摄影专刊3期。离退休干部党员主动到小区报到，部分退休干部担任临时党支部书记或委员、小区业主委员会委员、小

6月22日，彭山区召开“畅谈百年新成就·建言彭山新发展”老党员老干部、各界人士座谈会 （区老干部工作服务中心供图）

区关工组织委员等职，参与小区党建、宣传、治理、调解、疫情防控、关心下一代等工作，用实际行动融入城乡基层治理。

【关心下一代工作】 全区各级关工委利用重要时间节点，在广大青少年中开展学雷锋活动、清明祭奠活动、儿童节庆祝活动等。开展“传承红色基因 争做时代新人”“学党史·颂党恩·听党话·跟党走”主题教育活动。截至2021年年底，开展党史学习教育宣讲1221场，参与“五老”人数248人；通过校园广播收听学生12万多人次；思想道德课宣传1400多课时，受教育学生5万多人次。开展“四家”教育，举办“好家风家庭”评选活动，编印《天府寿乡好家风》集锦2000册。开展“五助一帮”活动，关爱帮扶“五失”青少年、贫困学生、留守儿童、创业青年、特校学生等群体。加强青少年普法教育，建好用好青少年社会实践基地，做好关心下一代基金募集工作，制定和实施2021年基金公益项目计划。区关工委工作经验《用“四家”教育弘扬传统美德》被中国关工委主办的《中国火炬》杂志刊载报道，区关工委执行主任、第八届四川关爱明天“十佳五老”梁则栋事迹材料《退休不褪色 丹心育栋梁》被四川省《关爱明天》杂志采用并荣登杂志封面。2021年5月，区关工委获“四川省关心下一代工作先进集体”称号。（钟 薇）

目标和绩效管理

【概况】 2021年，彭山区目标绩效和督查督办工作发挥整合优势，围绕全区中心工作和重点工作，督促各项决策部署落地落实，推动各项目标任务完成。

【目标考核】 围绕区委、区政府中心工作设置指标体系，实行“1+1+N”（基础+职能+重点）考核模式；在指标编制上突出省、市目标任务导向性，实现差异化设置考核指标和分值权重，引导各单位因地制宜、因时制宜创新工作思路，突出特色，确保各项目标任务全面完成。在考核对象上实行单位分类评先加分制度，按工作职能将全区考评对象分为镇（街道）、党群部门、经济发展部门和民生服务部门四个类别，根据年度基础目标考核结果，分类评选目标绩效管理先进集体，给予上浮加分，鼓励各单位创先争优。在考核结果上将奖励与效益联动，激励干部担当作为，指导各单位建立内部考核激励机制。探索镇（街道）评议职能部门方式方法，形成可复制、可推广的经验做法，完成省委、省政府第一批镇（街道）评议职能部门试点工作。

【督察督办】 开展中央巡视反馈问题整改、省委巡视反馈问题整改、整治形式主义为基层减负、推动成渝双城经济圈建设等重点工作督查督办28次，推动各项决策部署落地落实。常规督查督办区委、区政府主要领导召开的重要会议和批示落实情况，定期收集核实党政班子例会、区委常委会、区政府常务会、专题会议定事项，领导批示事项办理情况，向区委、区政府主要领导报送专报40余期；专项督查督办主要领导关注、群众关心的问题，开展疫情防控、生态环境治理、防汛减灾、禁毒、根治欠薪、老旧小区改造等方面专项督查80余次；追踪督查督办推进滞后工作，针对推进滞后的工作，采取“发点球”形式，印发整改通知单要求相关部门限时办结，并且列入重点督办事项一督到底，确保整改到位。（黄 霞）

党校教育

【概况】 2021年，区委党校坚持党校姓党原则，聚焦主责主业，干部培训、科研咨政、质量评估组织部部长、特色办学、一体办学、人才建设等方面，完成目标任务。开展常态化疫情防控、文明城市建设成果巩固、联系户帮扶、禁毒防艾、机关党建、党风廉政测评、换届风气监督等工作。党校系统办学质量初评结果等级优良，获82.84分。迎接上级领导考察调研累计13次。

【课程开发】 牵头录制“信仰的力量——郭祝三‘一门三英杰’的革命故事”微党课，受到市级领导高度认可，并联网展播。联合省委党校决策咨询部开发精品案例课“彭山区破解‘人—地—钱’难题全面推进乡村振兴的探索与实践”，纳入省委党校主体班课程。打造现场教学精品路线2条：乡村振兴线路（区公共资源交易中心—果园村—果怡农业—眉山乡村振兴学院），基层治理线路（江口福临家园—果园村—泊林郡小区—新桥村）。累计承接现场教学9期722人次。党校教师开发新课程8门。

【干部培训和宣讲】 完成乡科级领导干部进修班、村（社区）党组织书记进修班、中青年干部培训班（铸魂班）、基层党员示范轮训班、入党积极分子和预备党员示范培训班、生态文明建设重大决策部署专题研讨班等主体班次11期，培训700余人次。按照《市县级党校主体班班次办学规范（试行）》要求设计课程，从严管理，学制、党性课程比重、领导干部上讲台等符合办学规范。党校教师到村（社区）、镇（街道）等基层单位和高校、中小学校讲党课，宣讲习近平总书记在庆祝中国共产党成立100周年大会上的重要讲话、中共十九届六中全会、省委十一届十次全会和市党代会五次代表大会精神，累计90余期。

【科研咨政】 2021年初，向中共眉山市委党校、眉山市彭山区社会科学界联合会申报立项的《关于眉山市推进垃圾分类处理的调查研究》《社区美空间建设研究》《党史百年理论创新与经验总结》《实现中华民族伟大复兴必须发挥人才的支撑作用》课题4项全部结项。撰写《追忆彭山革命先辈　丰富中国革命精神谱系》《以新的理论飞跃夺取新的伟大胜利》等理论文章。在省委党校决策咨询部指导下，与省委党校完成“关于点状用地的对策建议”咨政报告，获副省长肯定性批示。

【市区一体化办学】 参与市区一体化办学，做到硬件一体投入、人员一体管理、学科一体建设、资源一体整合、培训一体组织。彭山区分摊的“一市三区”新校园建设首笔资金3471万元于2021年12月划转至市委党校新校园建设账户。

【特色办学】 按照公开比选方式，将眉山乡村振兴学院品牌托管给四川巢夫乡学教育科技有限公司，收取品牌托管费13.8万元/年。合作公司聘请名誉院长、高层次高学历执行院长和教学教务团队，提档升级硬件设施，具备承接100人以上培训班次教学、食宿能力。承接重庆市委党校主体班、西藏昌都创建全国文明城市培训班等委托培训班16期、1267人次。承接四川省委党校第75期市厅级领导干部进修班、新时代治蜀兴川执政骨干递进培养计划年轻干部铸魂工程暨省委党校中青班、全省涉藏地区乡镇党委书记示范培训班等现场教学9期、722人次。承接仁寿县供排水公司、四川广电网络眉山分公司、眉山市黄埔军校同学后代联谊会等党史学习教育13期396人次。

【自身建设】 引进硕士研究生3名，试用期结束转正定级为助理讲师。支持骨干教师外出培训、跟班学习，实现教职工全覆盖参训。参照市委党校，核定专业技术岗位“高级—中级—初级”职称比例2：4：4。核定参公编制6个，专业技术编制6个。

（官为桥）

眉山市彭山区人民代表大会

彭山年鉴（2022）
PENGSHAN YEARBOOK

重要会议

【概况】 全年组织召开区人民代表大会会议2次、区人大常委会会议9次、区人大常委会主任会议10次，配合做好市人民代表大会服务工作3次。

【人民代表大会会议】 2021年3月29—31日，眉山市彭山区第二届人民代表大会第九次会议召开。大会听取和审查区人民政府工作报告、区人大常委会工作报告、区人民法院工作报告、区人民检察院工作报告；听取区人民政府关于人大代表票决民生实事项目2020年完成情况和2021年候选项目的报告（书面）；审查和批准区人民政府关于2020年国民经济和社会发展计划执行情况及2021年计划草案的报告（书面）；审查和批准区人民政府关于2020年财政预算执行情况和2021年财政预算草案的报告（书面）；审查区人民政府关于2020年度全区环境状况和环境保护目标完成情况的报告（书面）；审查和批准彭山区国民经济和社会发展第十四个五年规划和2035年远景目标纲要草案（书面）；听取区人民政府关于代表建议批评意见办理情况的报告（书面）；对彭山区2020年度民生实事项目办理落实情况进行满意度测评，票决彭山区2021年度民生实事项目。补选杨静为眉山市彭山区人民政府区长，徐国为眉山市彭山区监察委员会主任，钱军、余波为眉山市彭山区第二届人大常委会副主任，田利军为眉山市彭山区人民法院院长。表决通过大会各项决议草案。

11月3—5日，眉山市彭山区第三届人民代表大

2021年12月5日，彭山区第三届人民代表大会第一次会议第二次全体会议召开
（区人大办供图）

会第一次会议召开。大会选举杨静为眉山市彭山区人民政府区长，王松、王胜、周浩、刘江涛、周泽轩、钟华为眉山市彭山区人民政府副区长，杨兴弘为眉山市彭山区第三届人民代表大会常务委员会主任，钱军、游德华、余波、李建伟为眉山市彭山区第三届人民代表大会常务委员会副主任，伍懿为眉山市彭山区监察委员会主任，田利军为眉山市彭山区人民法院院长；选举出眉山市彭山区第三届人民代表大会常务委员会委员和各专门委员会成员；选举出彭山区出席眉山市第五届人民代表大会代表。

【人大常委会会议】 2021年，眉山市彭山区第二届人大常委会共召开常委会会议9次，第三届人大常委会共召开常委会会议2次。

2月24日，眉山市彭山区第二届人大常委会第五十次会议在区人大常委会机关五楼常委会会议室召开。会议经审议和票决，决定任命：张勇为眉山市彭山区人民政府办公室主任，王仲文为眉山市彭山区教育和体育局局长，吴洪为眉山市彭山区住房和城乡建设局局长，陈小军为眉山市彭山区财政局局长，曾敏为眉山市彭山区经济和信息化局局长，张鸿涛为眉山市彭山区水利局局长；决定免去：钟阳眉山市彭山区人民政府办公室主任职务，罗鸿翔眉山市彭山区教育和体育局局长职务，张奇眉山市彭山区住房和城乡建设局局长职务，余波眉山市彭山区财政局局长职务，柴洪军眉山市彭山区水利局局长职务，陈小军眉山市彭山区经济和信息化局局长职务，王仲文眉山市彭山区行政审批局局长职务。

3月24日，眉山市彭山区第二届人大常委会第五十一次会议在区人大常委会机关五楼常委会会议室召开。会上，对区住建局2019年度审计查出问题整改结果、区人民政府办理区人大常委会关于医疗保障工作审议意见落实情况、区人民政府办理区人大常委会关于2019年本级预算执行和其他财政收支审计报告审议意见落实情况进行满意度测评。会议经审议和票决，决定任命杨静为眉山市彭山区人民政府副区长。决定接受郭红辞去眉山市彭山区人民政府区长职务的申请，报下一次人民代表大会备案；接受王皓辞去眉山市彭山区二届人大代表职务。决定副区长杨静代理眉山市彭山区人民政府区长职务。会议听取和审议2020年规范性文件备案审查情况的报告，审议决定召开区第二届人民代表大会第九次会议有关事项。审议表决通过《彭山区人大常委会工作报告》，听取区政府关于2021年人大代表票决民生实事初步候选项目的报告，经审议和票决，通过2021年人大代表票决民生实事初步候选项目。

3月29日，眉山市彭山区第二届人大常委会第五十二次会议在区人大常委会机关五楼常委会会议室召开，会议听取代表资格审查委员会关于个别代表的代表资格审查报告，经审议同意审查报告，确认区第二届人民代表大会178名代表资格有效。审议《区人民政府关于宝能动力电池生产基地项目和宝能增程式动力总成生产基地项目落户彭山有关情况报告的议案》，经会议审议，同意宝能动力电池生产基地项目和宝能增程式动力总成生产基地项目在四川彭山经开区落户。

4月27日，眉山市彭山区第二届人大常委会第五十三次会议在区人大常委会机关五楼常委会会议室召开。会议经审议和全体常委会组成人员表决通过，确定新一届镇人大代表194名，其中公义镇70名，黄丰镇57名，锦江镇67名。

5月26日，眉山市彭山区第二届人大常委会第五十四次会议在区人大常委会机关五楼常委会会议室召开。会议对区人民政府办理区人大常委会关于2019年度国有资产管理情况审议意见落实情况、对区人民政府办理区人大常委会关于“七五”普法工作开展情况审议意见落实情况、对区人民政府办理区人大常委会关于贯彻实施《中华人民共和国大气污染防治法》情况审议意见落实情况进行满意度测评。会议经审议和票决，决定任命：谭怡为眉山市彭山区行政审批局局长，黄惠敏、李彬为眉山市彭山区人民法院审判委员会委员。决定免去：段利霞审判委员会委员职务，陈新民事审判庭（未成年人与家事案件审判庭）副庭长、审判员职务。会议听取和审议区人民政府关于贯彻《中华人民共和国农产品质量安全法》实施情况的报告，提出审议意见。

7月28日，眉山市彭山区第二届人大常委会第五十五次会议在区人大常委会机关五楼常委会会议室召开。会议经审议和票决，决定免去：余卫斌眉山市彭山区科技和数字经济发展局局长职务，龚涛眉山市彭山区商务局局长职务，宁武眉山市彭山区人民代表大会教育科技文化卫生民族宗教委员会副主任委员职务，张锦刚眉山市彭山区监察委员会委员职务，刘苓宇眉山市彭山区监察委员会委员职务，李昌莹眉山市彭山区人民法院青龙人民法庭庭长、审判委员会委员职务，邓艳眉山市彭山区人民法院立案庭庭长职务，李彬眉山市彭山区人民法院立案庭副庭长职务，田苗眉山市彭山区人民法院审判员职务。决定任命：许鸣为眉山市彭山区科技和数字经济发展局局长，杨正朝为眉山市彭山区人民代表大会农业与农村委员会副主任委员，陈宇为眉山市彭山区人民代表大会常务委员会研究室副主任，李彬为眉山市彭山区人民法院青龙人民法庭庭长，邓艳为眉山市彭山区人民法院江口人民法庭庭长。会议听取区人民法院、区人民检察院关于2021年上半年工作情况的报告，听取和审议区人民政府关于2021年上半年国民经济和社会发展计划执行情况的汇报并提出审议意见。会议听取和审议区人民政府关于2021年上半年财政预算执行情况的汇报并提出审议意见。会议审议表决通过关于调整代表资格审查委员会组成人员的报告。会议经审议表决，决定调整代表资格审查委员会，组成人员名单如下：主任委员余波，副主任委员胡小丁，委员丁越、邓志勇、先张玉、郑发启、彭忠卫。会议审议表决通过关于提请任命区镇人民代表大会代表选举委员会组成人员的报告、区镇选举委员会名单、关于提请决定区镇两级人大代表换届选举日的报告。会议经审议表决，决定眉山市彭山区区镇两级人大代表换届选举日为2021年9月25日。会议审议区政府提请的《关于提请审议杉杉科技锂电池负极材料一体化基地项目落户彭山的议案》《关于提请审议智能控制电动执行器及工程机械高端专用电机生产项目等3个项目落户四川彭山经开区的议案》议案2个，原则同意区政府提请的议案。

9月27日，眉山市彭山区第二届人大常委会第五十六次会议在区人大常委会机关五楼常委会会议室召开。会议听取和审议区人民政府关于禁毒工作情况的报告并提出审议意见。会议听取和审议区人民政府关于2020年度区本级预算执行和其他财政收支情况的审计工作报告并提出审议意见。会议听取和审议区人民政府关于2020年度财政决算情况的报告，会议经审议，表决通过《关于批准眉山市彭山区2020年本级财政决算的决议（草案）》。会议经审议和票决，决定免去：李忠云眉山市彭山区人民政府副区长职务，魏晓雪眉山市彭山区人民法院民事审判庭副庭长职务，宋议眉山市彭山区人民法院青龙人民法庭副庭长职务。决定任命：刘江涛为眉山市彭山区人民政府副区长，伍懿为眉山市彭山区监察委员会副主任、代理主任，毕旭齐为眉山市彭山区人民检察院检察员、检察委员会委员、副检察长、代理检察长，魏晓雪为眉山市彭山区人民法院立案庭庭长，宋议为眉山市彭山区人民法院立案庭副庭长，张强强为眉山市彭山区人民法院青龙人民法庭副庭长，罗佳琪为眉山市彭山区人民法院审判员。接受徐国辞去眉山市彭山区监察委员会主任职务，龙科辞去眉山市彭山区检察院检察长职务。

9月27日，眉山市彭山区第二届人大常委会第五十七次会议在区人大常委会机关五楼常委会会议室召开。会议经审议和票决，决定免去廖长明眉山市彭山区人民政府副区长职务，决定任命周泽轩为眉山市彭山区人民政府副区长。

11月1日，眉山市彭山区第二届人大常委会第五十八次会议在区人大常委会机关五楼常委会会议室召开。会议经审议和票决，决定免去：张勇眉山市彭山区人民政府办公室主任职务，罗佳眉山市彭山区经济合作和外事工作局局长职务，陈小军眉山市彭山区财政局局长职务，曾淑敏眉山市彭山区审计局局长职务，谢红眉山市彭山区司法局局长职务，傅艳眉山市彭山区信访局局长职务，彭忠卫眉山市彭山区人大常委会办公室主任职务，胡小丁眉山市彭山区人大常委会人代外侨工委主任职务，邓志勇眉山市彭山区人大常委会研究室主任职务，王瑶眉山市彭山区人大常委会办公室副主任职务，陈宇眉山市彭山区人大常委会研究室副主任职务，梁莉眉山市彭山区人大常委会人代外侨工委副主任职务，毛丽沙眉山市彭山区人大常委会谢家街道工委主任职务。决定任命：陈小军为眉山市彭山区人民政府办公室主任，曾淑敏为眉山市彭山区财政局局长，谢红为眉山市彭山区审计局局长，傅艳为眉山市彭山区司法局局长，张梅为眉山市彭山区商务局局长，郑碧波为眉山市彭山区经济合作和外事工作局局长，葛开红为眉山市彭山区人大常委会办公室主任，王海英为眉山市彭山区人大常委会人代外侨工委主任，蔡贵明为眉山市彭山区人大常委会研究室主任，陈宇为眉山市彭山区人大常委会办公室副主任，胡小斗为眉山市彭山区人大常委会研究室副主任，冯阳为眉山市彭山区监察委员会委员，李刚为眉山市彭山区监察委员会委员。会议审议决定召开区第三届人民代表大会第一次会议有关事项。会议经审议，表决通过会议时间、会议议程等相关事项，同意提交大会按程序表决。

11月26日，眉山市彭山区第三届人大常委会第一次会议在区人大常委会机关五楼常委会会议室召开。会议经审议和票决，决定免去胡晓菲的眉山市彭山区人大常委会江口街道工作委员会主任职务；决定任命：陈伟为眉山市彭山区人大常委会江口街道工作委员会主任，梁伟为眉山市彭山区人大常委会谢家街道工作委员会主任，张宇利为眉山市彭山区人民法院民事审判庭（未成年人与家事案件审判庭）副庭长，冯雅琴为眉山市彭山区信访局局长。会议听取和审议区人民政府关于2020年度行政事业性国有资产管理情况的报告并提出审议意见。

2021年11月1日，彭山区第二届人大常委会第五十八次会议召开
（区人大办供图）

2021年11月26日，彭山区第三届人大常委会第一次会议召开
（区人大办供图）

12月29日，眉山市彭山区第三届人大常委会第二次会议在区人大常委会机关五楼常委会会议室召开。会议对区人民政府办理区人大常委会关于《中华人民共和国农产品质量安全法》《2021年国民经济和社会发展计划上半年执行情况》《2021年上半年财政预算执行情况》3项工作的审议意见落实情况进行满意度测评。会议听取和审议区人民政府关于贯彻《中华人民共和国水污染防治法》实施情况的报告。审议表决通过眉山市彭山区第三届人民代表大会常务委员会关于设立代表资格审查委员会和明确其组成人员名单的决定（草案），主任委员为余波，副主任委员为王海英，王瑶、先张玉、葛开红、蔡贵明、廖志强为委员。会议听取和审议区人民政府关于2020年度区本级预算执行和其他财政收支审计查出问题整改情况的报告以及区人民政府关于2021年预算调整情况的报告。会议根据区人

民政府的提请，经审议和票决，决定任命：王胜为眉山市公安局彭山区分局局长，陈小军为眉山市彭山区人民政府办公室主任，熊念为眉山市彭山区发展和改革局局长，曾敏为眉山市彭山区经济和信息化局局长，王仲文为眉山市彭山区教育和体育局局长，潘勇为眉山市彭山区民政局局长，傅艳为眉山市彭山区司法局局长，曾淑敏为眉山市彭山区财政局局长，张怀庆为眉山市彭山区人力资源和社会保障局局长，吴洪为眉山市彭山区住房和城乡建设局局长，付华为眉山市彭山区交通运输局局长，张鸿涛为眉山市彭山区水利局局长，张杰茜为眉山市彭山区农业农村局局长，张梅为眉山市彭山区商务局局长，张敏为眉山市彭山区文化广播电视和旅游局局长，王太勇为眉山市彭山区卫生健康局局长，易雨为眉山市彭山区退役军人事务局局长，李桂平为眉山市彭山区应急管理局局长，谢红为眉山市彭山区审计局局长，刘庆伟为眉山市彭山区国有资产和金融工作局局长，黎文林为眉山市彭山区市场监督管理局局长，郑碧波为眉山市彭山区经济合作和外事工作局局长，许旺为眉山市彭山区统计局局长，刘跃为眉山市彭山区医疗保障局局长，谭怡为眉山市彭山区行政审批局局长，罗海波为眉山市彭山区综合行政执法局局长，许鸣为眉山市彭山区科技和数字经济发展局局长；决定免去泽仁郎加眉山市彭山区人民政府副区长职务。会议根据主任会议的提请，经审议和票决，决定任命：陈毅为眉山市彭山区人民法院审判委员会委员、副院长，徐惠为眉山市彭山区人民法院副院长，王利为眉山市彭山区人民检察院副检察长，陈远萍为眉山市彭山区人民检察院副检察长；决定免去：张梅眉山市彭山区人民法院审判员、审判委员会委员、副院长职务，徐惠眉山市彭山区人民法院刑事审判庭副庭长职务，袁玲眉山市彭山区人民检察院副检察长职务，张翔眉山市彭山区人民检察院副检察长职务。（陈 宇）

2021年12月29日，彭山区第三届人大常委会第二次会议召开

（区人大办供图）

依法行权

【概况】 2021年，区人大常委会积极推动打好“三大攻坚战”，推动全区经济发展；依法做好人事任免工作，坚持党管干部原则与人大依法任免相统一，及时依法贯彻市委和区委人事安排意图，全年共依法任免国家机关工作人员78人次。

【重大事项决定】 审查和批准区人民政府地方债务限额，确保政府债务限额在可控范围，防范财政重大风险。先后对年度财政预算收支调整变动、国民经济和社会发展第十四个五年规划和2035年远景目标等重大事项作出决定决议。及时依法对杉杉锂电等重大项目落户彭山做出决议，助力全区制造业发展。

【监督和任免】 依法实施财经监督和法治监督。开展预算联网监督，使用预算联网监督系统预警信息，分3期对31个部门反馈问题，督促有关部门限期完成整改。预算联网审查监督工作得到省人大预算委员会肯定并专题刊发经验信息。关注经济运行质量，紧抓预算编制和执行等关键环节，听取审议专项报告，审查预算执行和收支审计情况，督促区政府及相关部门抓好审计发现问题整改落实。落实国有资产管理情况报告制度，推进国有资产管理提质增效。听取和审议法检两院半年工作报告，监督并支持全区法治工作，推进严格执法、公正司法、全民守法。围绕“重大项目攻坚”，深入园区、企业纾困解难，督促区级职能部门帮助企业解决水电气要素保障等实际困难15个。组织开展对城乡环境治理、大气污染防治法和水污染防治法贯彻实施情况的调研，支持并督促区政府及其职能部门加大环境污染治理力度。加强对联系镇（街道）脱贫攻坚工作的指导，巩固人大常委会机关联系贫困户48户的脱贫成果，促进脱贫攻坚与乡村振兴有效衔接。

2021年6月24日，彭山区人大常委会召开全区2021年国民经济和社会发展计划执行情况及工业企业要素保障情况调研座谈会（区人大办供图）

组织开展对乡村振兴、疫情防控、城市更新改造、毛河流域生态修复、五湖四海、水郡未来城、0~3岁婴幼儿托育服务等工作及全区重点项目10余个的视察调研，督促推动有关项目加快建设、落地见效。

全年督促完成老旧小区改造127个，实施农户改水17436户、改厕12047户，新安装太阳能路灯874盏，新安装农村天然气1500余户，新开通学生公交专线3条，推动新增财政资金2945万元用于更新改造

2021年12月6日，区人大常委会召开2022年度民生实事票决项目征集工作座谈会（区人大办供图）

校舍、安装护眼照明设施、提高教师绩效等。2021年初，制定项目清单，常委会领导班子5位成员分别牵头督促推动“乡镇污水管网延伸、改造，全域安全饮水、新（改、扩）建农村公路，全域公交化”等十大民心工程。10月底，新开通公交线路17条，解决“公交城乡一体化”民生热点问题。推动在全市率先设立民生实事票决项目专项财政资金，保证区第二届人民代表大会第九次会议上票决出的10项民生实事项目全部落地落实。

根据代表提出的批评建议意见，对五花八门的酒席随礼陋习给城乡居民带来的经济压力，组织调研组在深入调研的基础上提出整治建议，得到区委主要领导批示肯定。组织省、市、区人大代表对观音街道城市更新改造及风貌提升工作进行专题调研，将调研收集到前程路货车、重车多，监控设施不完善等极易引发交通安全问题，以及学院南路交通标志不规范，车辆乱停乱放严重的情况，及时转交相关单位办理并督促限时办结。

2021年12月29日，区人大常委会召开人大代表建议批评意见办理情况专题询问会（区人大办供图）

常委会领导分工包案对全区央督、省督等反馈的生态环境突出问题50个，进行不定期明察暗访。2021年6月4日，组织省、市、区、镇四级人大代表对中纺粮油挥发性有机物治理等3个生态环境突出问题开展专题质询，加快推进生态环境突出问题整改。12月15日，会同区政协联合开展水污染综合治理、城市发展调研视察。配合市人大开展对《四川

省城镇排水与污水处理条例》贯彻实施情况的执法检查并形成执法检查报告。（陈 宇）

自身建设

【概况】 2021年，区人大常委会注重加强学习，注重意识形态建设，注重重心下沉，提高依法履职能力和水平。建立健全学习制度，坚持每月集中学习。及时组织新一届人大常委会组成人员和机关干部职工到公义乡村振兴教育基地开展党史学习教育，并在座谈会上传达贯彻中央、省、市、区重要会议精神。

【人大代表工作】 贯彻落实中央人大工作会议精神，密切同人民群众的联系，全面加强人大代表履职平台建设，打通代表与群众联系的“最后一百米”。以“我为群众办实事——人大代表在行动”活动为载体，开展“联系群众我行动、乡村振兴我出力、禁毒工作我献策、代表建议我督办、民生实事项目我监督”五大活动，组织代表开展调研走访，全区参与走访代表383人，走访群众1560人，走访企业36家，收集整理问题84件，协调解决问题47件，交有关部门正在解决37件，开展调研督导128次。对在彭山经开区、观音新城调研发现的生产要素保障、企业安全管理、产品品牌培育等问题持续跟踪督办，推动解决一批难题。组织区、镇人大代表换届选举工作，103个选区、274950位选民依法投票选举产生区人大代表206名，78个镇代表选区、67407位选民依法投票选举产生镇人大代表194名。妇女代表比例提高到30.58%；非党代表比例提高到35.9%。大专以上代表占比提高到79.6%；36~55岁165人，占比80.1%，符合相关要求。区人大代表的文化水平提高、年龄下降、结构更优，镇人大代表的非党代表与妇女代表比例“双上升”。区第二届人民代表大会第九次会议期间和闭会期间共收到代表批评建议意见68件，及时转交区人民政府办理，开展首次办理情况专题询问，促进质效提升。截至2021年年底，按规定时限办理完毕建议68件，办理率100%，办结率64.7%，满意率100%。

【常委会建设】 规范收发文，根据来文的内容提出拟办意见送有关领导审批，交承办委室办理并做好跟踪催办工作。全年起草以党组、常委会名义发文文件50余个。办公室按照组织严密程序规范的要求为各类会议服务。会前及时发出通知，准备会议材料以及准备接待工作会中的协调服务工作。按照文件的档案规范化管理的要求完成文件归档工作。严格落实保密规定，加强对涉密文件管理工作。印发常委会党组关于开展“学习、公益、健康”三大行动的通知文件，督促牵头委室按要求及时开展相关活动。尊老爱老，帮助退休干部解决生活、学习、看病等方面的困难，在春节、重阳节等传统节日，组织开展走访、慰问退休干部活动。落实安全责任制，全年没有发生一起安全事故。以省委巡视、区委巡察反馈问题整改为契机，完善财务管理、差旅费报销、接待管理等制度5项，强化制度约束。

（陈 宇）

眉山市彭山区人民政府

重要会议与活动

【区政府常务会议】 2021年，共召开常务会议21次，审议区发展改革局提请审议的《关于印发彭山区“十四五”重点专项规划清单的通知》《眉山市彭山区2021年重点项目计划》，区应急管理局提请审议的《眉山市彭山区森林火灾应急预案》，区政协提请审议的《区政府工作报告（审议稿）》，区经信局提请审议的《眉山市彭山区企业做大做强扶持政策（2021年修订版）》，区农业农村局提请审议的《关于送审眉山市彭山区农业产业扶持政策的请示》，区行政审批局提请审议的《眉山市彭山区“审批不见面 最多跑一次”改革配套制度（送审稿）》，彭山生态环境局提请审议的《彭山区国家生态文明建设示范区规划（送审稿）》，区水利局提请审议的《眉山市彭山区“十四五”水安全保障规划（送审稿）》，区三产中心提请审议的《彭山区“十四五”服务业发展规划（送审稿）》等议题340个。

【重要活动】 2021年，区政府组织开展四川省应对农村地区新冠肺炎疫情应急演练暨农村地区疫情防控和安全生产调度会、“世界精神卫生日”宣传活动暨全省社会心理服务体系建设观摩交流会、“我们的节日·重阳”省级示范活动暨彭祖山养生登高游主题活动。（彭国英）

重要政事

【疫情防控】 牵头筹备区疫情防控应急指挥部领导小组会议、疫情防控调度会议90余次，传达落实疫情防控各项举措。通过争取上级资金支持、社会力量捐赠等渠道，筹集全区储备医用口罩9万只，医用连体防护服8000套、隔离衣4200套，84消毒液10吨，保障疫情防控需要。组织人力、物力，加强疫苗接种未完成人员的组织动员、督导推动等工作，协调全区各镇（街道）、部门（单位）推进新冠疫苗接种工作，确保按时完成接种任务，全年累计接

2021年9月26日，省应对农村地区新冠肺炎疫情应急演练暨农村地区疫情防控和安全生产调度会在眉山市彭山区召开

（区政府办供图）

种疫苗525285剂次，其中3~11岁人群累计接种疫苗20539剂。

【脱贫攻坚与乡村振兴工作】 派出紧缺选调生1名到帮扶村任职书记助理，发挥自身高学历优势，专职帮扶基层村“两委”做好乡村振兴工作。抽派军转干部1名到“乡村振兴示范县”创建办公室，协助做好乡村振兴示范创建工作。组织干部职工深入江口街道茶场村、石龙村开展脱贫攻坚“回头看”及对口帮扶工作，走访慰问困难党员、贫困群众60余人，送去慰问金、慰问品以及各项党的好政策。

2021年8月24日，区委副书记、区长杨静（前左二）到公义镇实地查看最美庭院示范户建设和改水改厕工作 （区政府办供图）

【法治政府建设】 区政府党组坚持依法依规办事，健全完善科学决策、依法决策的程序，深化法治政府建设，确保政府工作全面纳入法治轨道。建立健全行政规范性文件清理动态调整机制，完善规范性文件备案审查制度，出具合法性审查意见11份，印发规范性文件13件。履行“三重一大”决策程序，确保工作程序和决策程序依法依规。围绕中心工作，突出重点，强化督查，贯彻执行区委决定和区人大有关决议，向区委、区人大报告并向区政协通报生态环保、农业农村、民生实事等政府工作开展情况。深化政府决策程序运行，梳理强化重大行政决策类别与流程，召集区级部门、法律顾问及专家进行集体研究，把好“法律入口关”。153项重大行政决策事项、95份重大合同接受合法性审查。以公众需求为导向，以推进“五公开”（决策、执行、管理、服务、结果全过程公开）为重点，全面深化政务公开，围绕深化改革创新、促进经济发展、增进民生福祉、政府自身建设等领域，通过政府网站公开政府信息13000余条。 （彭国英）

综合政务

【政研信调】 《彭山区在全省率先推出新生儿“出生一件事”联办服务》被省政府办公厅《政务晨讯》采用，信息工作在全市排名第二，1人荣获2021年度政府信息工作先进个人称号。

【政府信息公开】 全年开展专项清理4次，关停、注销不符合管理要求的政务新媒体6个，发现有过期或需要修改的信息56条。在区政府门户网站发布、转载信息13260条，政府文件42个，规范性文件12个，政策解读12个。接受公众依申请公开信息33件次，保证公众能及时查阅政府信息。

【提案建议办理】 按照“两个100%”和“两个提

高”目标，建立完善建议提案跟踪督办制度。全年办结人大代表建议意见68件（转天府新区眉山管委会11件），办理率100%，满意率100%；全年承办政协提案共65件，办理率100%，满意率100%。

【民生工程】 累计筹集、拨付民生工程项目资金占一般公共预算支出的80%。全区30件民生实事、149个民生工程项目中，59个项目超额完成年度目标任务，90个项目按时保量完成年度目标任务。

【文秘工作】 派出30余人次参与筹备区委全会、区两会等综合性大型会议，组织召开疫情防控、项目建设、招商引资等专题会议、调度会议和电视电话会议240余次。全年收办上级来文4200余件、来电2000余件，协调区领导参会、调研等事务500余件，协调应对相关部门临时性增加、取消会议和活动310余件，累计派出10余人次协助办好建党100周年庆祝活动。起草、审核区政府及办公室文件750余件、区政府常务会议纪要19期，起草工作报告、领导讲话、汇报材料等各类文稿400余篇70多万字。全年以区政府名义印发的各类文件较2018年减少60%，以区政府名义召开的会议较2018年减少93%，完成“精文简会”目标任务。撰写各类调研报告40余篇，上报信息共200余条，采编信息80条，编印《彭山要情》11期。（彭国英）

人才与人事管理

【概况】 2021年，彭山区持续开展专家智力服务基层活动，配合区人才办实施好“寿乡人才引育”计划，做好专业技术初级职称评审，中、高级职称评审推荐工作，通过考试招聘事业单位工作人员、考核招聘卫生人才和事业单位高层次人才，将人才引进工作抓好、抓紧、抓实。发挥彭山智汇人力资源有限公司专业优势，为企业搭建好人才引进平台，为全区经济发展提供人才智力支持。

【管理服务】 2021年，先后组织开展全区事业单位公招9人，面向社会公开考试招聘教师23人，提供支教岗位2个，面向高校毕业生公开招募“三支一扶”人员，卫生类专业技术人才考试招聘21人，三批次高层次人才聘用11人，卫生类高层次人才引进20人，农村医学定向生9名等各项引智工作，为全区发展注入新鲜“血液”。协助区委组织部抓好高层次人才引进工作，完成区外考调、区内遴选等工作。落实人才保障，配合区委组织部，做好党政人才人才公寓入驻、人才优才卡发放等服务。发挥智汇人力资源有限公司作用，统一规范管理，改善和提升全区人才队伍的结构和质量。做好2021年“四川省专家服务团走进眉山”活动，2名省文博专家到彭山区开展文博高地建设论证指导，为江口汉崖墓博物馆建设、江口沉银博物馆建设等建言献策，推动彭山文博高地建设。全年共计完成6名事业单位管理人员非领导职务晋升。

【职称评审】 2021年，通过初级专业技术职务任职资格评审100人，推荐中级专业技术职务任职资格评审并通过143人，推荐高级专业技术职务任职资格评审并通过118人。

【工资福利】 完成彭山区机关、事业单位工作人员按年度考核结果正常晋升工资工作。做好机关事业单位工资变动审批工作。完成新进人员76名（考调15人、商调5人、全科医生2人、士官安置11人、公招43人）的工资标准核定。完成全区机关单位工作人员年终一次性奖金审批工作、上年度事业单位奖励性绩效工资审批工作。为46人办理连续工龄审批手续并重新确定工资标准；办理转正定级并重新核定工资73人。为46名干部职工核发死亡一次性丧葬费和抚恤金，并对符合政策的遗属享受生活困难补助进行审批。为92名到龄机关事业单位工作人员办

理退休手续，并核定退休待遇。核算并审批退休一次性补贴85人。（杨　东）

行政审批

【概况】 2021年，彭山区行政审批局接待各级各地学习参观考察50余批次。改革经验被《农村改革动态》《政务工作交流》《政务晨讯》《眉山要情》《眉山政讯》《彭山要情》等国家级、省、市、区级内刊刊登，人民网、改革网、中央广电总台《国际在线》、“学习强国”四川频道、四川经济网、《潇湘晨报》、中国网、《四川日报》、四川在线、四川省政务服务和公共资源交易中心官网、《眉山日报》等多次刊登彭山政务改革相关信息。

【“放管服”改革】 制定“审批不见面 最多跑一次”改革配套制度5个，对改革形成制度支撑；制发《2021—2022年眉山市彭山区创建一流营商环境工作方案》，围绕提升营商环境18项一级指标细化任务分工，提出工作举措258项；制发《个人全生命周期“一事一次办”实施方案》《企业全生命周期“一事一次办”实施方案》，围绕公民个人出生到身后、企业准入到退出“两个生命周期”，把单个事项“最多跑一次”升级为“一件事最多跑一次”。

对依申请政务服务事项梳理优化，全区依申请类单个政务服务事项承诺时限在法定时限基础上提速80%以上，调整即办件比例50%以上。对100个高频事项重点优化，减时限、减材料、减环节。优化前材料总计886份，梳理后减少356份，平均减少46.57%，实现审批效率提升60%以上。梳理个人和企业全生命周期“一件事一次办”事项209项，涉及单事项共372个，平均材料减少41%，压缩办理环节35%，跑动次数减少约39%。深化“证照分离”改革，按照审批改为备案、实行告知承诺、优化审批

2021年9月15日，省发展改革委调研彭山区营商环境
（区政府办供图）

服务等方式推进，取消食品经营许可改为备案，涉企经营类事项51项推行告知承诺制。成立企业全能服务中心，设置企业服务专窗2个，为重点企业重点项目提供“一个窗口服务、一个系统申报、一张表单填报、一支队伍代办、一个号码联系、一份指南辅导、一车联合验收”的“七个一”企业服务。梳理工程建设项目从立项到竣工验收全流程审批事项，事项数量从108个精简至79个，对保留的审批事项简化申请材料，共取消材料10个。分6类主题绘制工程建设项目审批流程图，全流程审批时限压缩至48~79个工作日办结，在法定时限基础上压缩68.4%以上。梳理上线第一批惠民、惠企政策55项，实现可网上直接申报，主动向企业推送惠企政策120条。为新开办企业提供“免印章刻制费、免邮寄费、免收复印资料”的“三免服务”，近2000家企业实现“零成本”开办。推进异地可办，梳理彭山可办的“跨省通办”事项93项，“西南五省通办”事项103项，“川渝通办”事项148项，“省内通办”事项165项，“成德眉资同城化”事项91项，涵盖企业登记、社保医保等群众、企业高频事项。其中，公安、税务、社保、医保等部分事项通过业务专网实现通办。在区市民服务中心、分中心共设置“跨区域通办”专窗4个，实行异地“专窗专办”，申请人通过网络、窗口、邮寄等办理方式，可跨区域就近递交申请材料和领取证件，不需再“两地跑”。

全面对接省一体化政务服务平台，推动“天府通办”彭山分站点建设。截至2021年年底，政务数据共享目录数803个，公共数据开放数683个，电子印章制作数86个，电子证照种类58种，已签章电子证照27010个。建成一件事系统，实现“一件事”套餐事项线上办理，推出智慧应用“办事千里眼”，通过数据清洗搭建、AI演算，为办事人提供最优办事方案。

2021年，推进2020年以来承接的政务服务“好差评”国家标准试点等省级以上改革试点工作5项，其中全省工程建设项目审批系统（2.0）试点结束，工改系统正式运行，全省工建项目在系统内正常运行。争取到镇村便民服务标准化、规范化、便利化建设和无差别综合窗口“省内通办”省级试点2个，其中申报的镇村试点地区2个（江口街道和谢家街道便民服务中心）于11月底通过验收。

【政务服务体系建设】 2021年，投入资金50余万元完成村社便民服务室标准化打造。开通全区所有村（社区）便民服务阵地电子政务外网，投放硬件设施166台，培训全区综窗人员18批次，基本建成区、镇（街道）、村（社区）三级政务服务无差别综合受理体系，群众在任一窗口均可办1200余项区级政务服务事项，实现简单事项“不出门”、复杂事项“不出镇”、投资事项“不跑路”、所有事项“就近办”。梳理公布区、镇（街）行政权力事项、政务服务事项机制，实现清单之外无权力。印发《眉山市彭山区镇（街道）法定行政权力事项清单》《眉山市彭山区赋予镇（街道）区级行政权力事项清单》。共动态调整行政权力1124项，其中，新增364项，变更216项，取消544项。调整后区本级行政权力共5197项，镇街法定行政权力共117项，赋予镇（街道）区级行政权力事项49项。“全部委托”至镇街办理的区级政务服务事项共450项。

【线下政务环境】 政务服务大厅按照“五星级”政务服务体系进行标准化管理，接入全省行政效能视频监察系统，对窗口受理人员进行专门的业务培训和礼仪培训，面对办事者做到“一口清”“微笑服务”，提升政务服务质量。研判老年人需求，软服务上开展适老改造。方便特殊群众，聚焦医疗、社保等领域，组合推出“我要报销医保”等老年人“主题式”服务项目6个。开通绿色办事通道，安排专员按需完成引导服务，改善老年人办事体验。在“彭山服务”App、微信公众号等线上平台开发“代人办事”模块，鼓励村社干部、网格员、家庭成员为老年人提供网上代办帮助。线下设置代办窗口51个，各村（社区）落实帮办代办人员共600余人，提供各类业务咨询，基层老年人服务代办量9000余件。线下在区市民服务中心设置“爱心专区”，配备老花镜、放大镜、轮椅、雨伞、医药箱等物品；取号机设置老年人现场取号方式，60岁以上老年人和特殊群体无须预约即可现场取号。

【“12345”政务服务热线】 2021年，彭山区热线工作“24小时不打烊”，围绕“心系百姓 有呼必应”目标理念，听民声、解民忧，办实事、解难题。全年共受理市热线转派工单6191件，办结6006件，办结率、回复率、回访率100%，满意率98.50%，收到群众表扬工单3件，感谢电话无数。

建立疑难复杂问题协调处理机制。涉及各部门的投诉工单，要求部门主要领导亲自过问，妥善解决。对于全区性疑难问题由区领导召开协调会专题研究，如人力三轮车取缔业主重复投诉、SPACE酒吧噪声扰民等热点问题，区领导通过召集相关部门协同处置，明确牵头部门和责任部门，各部门按分工实施监管、执法或应急处置。建立对特殊情况的特殊处理机制。2021年8月环保整治期间，全区相关部门成立专项工作组，驻点专项整治因夜间营业产生噪声扰民等行动，启动7×24小时热线不打烊工作机制，热线工作人员在夜间、节假日正常开展热线处理，响应市民诉求，环保类工单全部在4小时内办结。市“12345”热线整合其他18条政务便民热线，为确保企业和群众反映的问题和合理诉求及时得到处置和办理，区政府特批新增专职热线工作人员4名。

完善定期分析工作制度，每月对全区热线工单进行梳理分类与分析研究，发挥热线工单作为城市发展“晴雨表”功效。找出当月群众诉求中的热点、难点，联合部门分析诉求形成的原因、现状以及解决方案，形成热线“每月通报、专报、快报”送区委、区政府领导作决策参考。为区委巡察组、区纪委及环保专项整治工作等提供大数据支撑。以点带面，实现从处理一件工单到整顿一类问题的转变，例如通过处理“迎宾一号小区交房问题”，对商品房验收交房问题，联合区自然资源和规划局、区住建局、区房地产服务中心、区市场监管局形成合力，建立应急联动机制，确保相关问题及时解决。

对于群众合理诉求，协调、督促各承办单位解决反映问题。对于当前政策无法解决的诉求，区热线及时与市热线沟通，配合各承办单位做好政策解释工作，争取群众对政策的理解。对于群众的无理诉求，区热线配合部门做好政策、法治宣传，引导群众树立正确观念。（蓝紫璇）

应急管理

【概况】 推动建设彭山经开区特勤站（预计2022年建成），建立20人镇（街道）应急队6支、10人村（社区）应急分队51支，编制修订总体应急预案和专项预案20个，组织开展各应急演练650余次，建成镇村级物资储备库57个，新置450万元应急物资装备，设置城区减灾避难场所3个、村级减灾避难点66个、地震监测预警台站2个、微型消防站60余个。全面推进安全宣传示范点创建工作，在公义场社区开展“全国综合减灾示范社区”“安全生产进农村示范点”创建，通过国省验收，成功创建彭山一中、公义中学为省级、市级防震减灾科普示范学校，防震减灾工作被推荐为省级先进单位。截至2021年年底，全区共发生各类生产安全事故5起，死亡5人（生产经营性道路交通事故3起，死亡3人；工贸行业事故2起，死亡2人），较2020年事故起数和死亡人数持平，未发生较大及以上生产安全事故。

【安全生产责任制】 完善清单制体系，对党委、政府的属地责任，行业部门的监管责任和企业的主体责任进行再明确、再细化、再落实，推动安全生产责任落实到最小工作单元，履行“党政同责、一岗双责”和“三个必须”工作职责。全年召开区委理论中心组学习1次、区委常委会会议4次、区政府常务会7次、安委会及安全生产专题会议5次，传达学习中央、省、市领导重要指示批示精神，研究部署安全生产、应急管理、防灾减灾救灾工作。

2021年6月26日，区委副书记、区长杨静（左三）检查安全生产工作（区政府办供图）

【安全服务和监管执法】 从企业引进、建设、生产全过程参与、全时段服务，对新建企业“三同时”办理手续和换办证企业主动上门服务，实现企业“零跑路”，优化营商环境，建立企业“一企一档”，实行风险分级管控机制，靶向施策，全年服务指导建成安全生产标准化三级企业4家。开展“创安2021”监管执法专项行动，全年监察执法生产经营单位35家，立案18件，暂停设备和作业场所9处，实施预防性罚款处罚40.09万元。严格行刑衔接工作制度，查处私自贩卖燃油案件1起（左某因危险作业罪被判处管制5个月），为2021年3月施行《中华人民共和国刑法修正案》以来，全省首个涉嫌危险作业典型案例，被评为省先进执法案例并推送至应急部参评全国优秀执法案例。

【双重预防机制】 定期深入重点行业领域排查安全隐患，帮助企业进行隐患排查、风险辨识和风险管控。排查一般隐患问题2553个，完成整改问题2396个，限期整改157处；完成公共安全隐患治理80处，投入资金391.4万元。针对风险较高领域的企业面临的“痛点、重点、难点”问题，以“点对点”方式，推进专家“会诊”和风险研判，累计协助、指导业解决现实困难和问题46处，为企业分析和发现风险点位24处，提出相关防范措施31条。

【安全宣传】 组织开展安全生产月、安全生产法宣传周、新修订安全生产法集中宣传月等活动，宣传安全生产法律法规和典型案例，发放各类宣传资料10万余份，接受群众咨询3000余人次，推送工作信息被主流媒体刊载116篇。推进安全宣传“五进”活动，常态化组织干部职工进企业、进农村、进社区、进学校、进家庭，开展安全宣传活动，引导群众强化风险防范、安全应急意识和自救互救能力。通过在区电视台、报社等媒体开辟专栏，在电影院、公交车投放公益广告等形式，在全区宣传安全生产工作动态、典型事故案例、森林防灭火和防汛减灾、地震地灾防治等各方面知识10余期。

【重点专项整治】 在每个涉林村（全区51个村社，其中涉林村29个）建设森林防灭火物资储备库，防灭火装备由林业和园林中心配置，全区巡山护林员共66人，每人每月500元工资。2021年，新建林火红外线热成像视频监控系统5套（全天候可视范围半径5千米）、智能卡口视频监控系统10套，升级原有林火视频监控系统2套、森林防火预警指挥平台1套，基本实现林区全覆盖，提升防灭火能力。5月，国务委员莅彭检查，对彭山区森林防灭火工作作出“全省冠军、值得学习、保持状态”的高度评价。

【消防救援】 2021年，区委主要领导亲自审定《彭山区消防安全专项整治行动方案》，区政府常务会会议集中“学法”2次，政府常务会、安委会先后听取火灾形势分析、研究全年重点项目4次，组织召开联席会、约谈会等5次。行业部门落实责任制实施办法，形成全区隐患整治联动协作效应，彭山区消防救援大队发函请办数、来函协办数、隐患罚款数、执法办案数创历史新高。区消防救援大队年度经费突破3000万元大关，区政府专职队员按城市一级站满编标准补齐45人。全年争取省级专项债券2500万元，占地面积1.53公顷的经济开发区特勤消防站建设获批。执勤备战专项经费、应急救援能力提升专项经费等新增预算项目纳入政府常年保障。完成“明厨亮灶”建设，执法办案场所、办公室集中改造、营产营具更换等和标志统一，升级换代执勤装备，累计投入正规化建设专项经费46万元。区消防救援大队执法质量考评连续2个季度位居全市前列，第三季度名列全市第一，区医院行政处罚案被总队评选为全省消防行政执法指导性案例进行经验推广，同时获评全国优秀执法案卷。出台专职队员、文员管理规定，集中辞退专职队员7人，离职4人。实施为基层办实事计划，对区消防救援大队指战员、文员42名落实工会慰问，协调落实专职队子女4名入学，先后投资9万余元为全体指战员购买体育用品、防暑降温物品，组织全员体检等。率先在观音街道推行政府执法力量联合下沉，依托区应急管理局原消防大队工作事业编制人员建立“吹哨报到”服务机制，落实消防隐患排查、宣传及巡防任务，推动教体、民政、文旅、卫健等多个行业部门将消防安全标准化管理纳入考核评定内容，组织联合检查执法60余次，集中培训消防安全责任“明白人”1000余名。联合公安、住建、综合执法四部门出台《彭山区消防车通道联合执法工作机制》，全区新改建公共停车场8个，新增停车位788个。推动经信、应

2021年11月30日，四川江化微电子材料有限公司开展消防演练

（区消防救援大队供图）

急、民政等行业部门20余个，部署开展打通专项治理、危险化学品、城乡消防安全等专项工作11项，集中关停公义、泉水2个家具园区企业共计21家，提请政府集中整治并完成南方家具园区32家企业7000余平方米面漆房聚氨酯夹心泡沫板整改，挂牌重大火灾隐患1起并完成销案。调整充实双随机单位名录库近2000家，办理行政处罚55家，查封11家，“三停”10家，罚款55.8万元，同比上年增长10倍；组织开展火调5起，其中1起受到支队通报表扬。执行执法“三项制度”，每季度召开大队内部执法工作例会，开展主办人员讲卷评卷活动，按照“三整治一行动”工作要求，剖析执法案件进行自查复核整改对照巡视巡察整改问题，提升大队全员执法办案工作水平。（詹磊　王珂）

信访工作

【概况】 2021年，全区信访总量2388批（件）次，与2020年同期相比下降2.2%。网、信、访占比分别为67.6%、5.2%、27.2%。眉山市彭山区被国家信访局评为信访工作“三无”县，区信访局被省信访局评为“人民满意窗口”。

【群众来信来访】 全区共发生群众走访650批、2690人次。其中，到省走访1批、1人次，到市级走访97批、341人次，到区级走访551批、2347人次。全区共收到群众来信123件。其中，国家信访局转送来信25件，省信访局转送来信24件，省政法队伍教育整顿第十七指导组转送来信17件、来电9件，市委粮食购销领域专项巡察组转交来信1件、来电5件，市信访局转送来信1件，群众向区级领导致信41件。全区共收到群众网访1615件。其中，国投网143件，省投网9件，市投网3件，区投平台11件，省委书记信箱5件，省长信箱53件，区长信箱留言1193件，人民网网民留言198件。

【疑难案件化解】 全区共受理市级交办信访突出问题4件，全部办结。中央、省、市第一批“治重化积”专项案件全部按期办结；中央交办的第二批“治重化积”专项案件15件，区级包案领导分别召开专题会议进行研判，责任单位因人施策制定化解方案，2021年年底化解7件。

【领导接访】 党政领导定期坐班接访48人次，接待群众84批235人次。召开分管领域问题分析会30余次，召开疑难案件研判会15次，推动化解共享单车投放、凯鑫华府等疑难问题30余件。

【信访联席会议】 2021年，区委书记黄秀航亲自召集召开信访联席会议2次，专题研究重大疑难问题12件；召开全区信访工作会议2次，推动“治重化积”和安排部署重大会节期间的信访工作；召开区党政例会19次，召集召开联席会议35次，研判信访问题36个，带案下访21次，向区委、区政府提出参考建议16条。区信访局班子成员联系区领导包案86件，

2021年7月28日，区信访局召开信访工作联席会

（区信访局供图）

成功化解“治重化积”信访件案件53件、区自排的“百日攻坚”案件3件。

【机制创新】 印发《关于建立镇（街道）信访工作联席会议制度的实施方案的通知》，在谢家街道办试点建立镇街信访联席会议制度。将矛盾纠纷化解在基层、化解在萌芽，实现“小事不出村、大事不出镇、矛盾不上交”。2021年，谢家街道到区级以上信访总量与2020年同期相比减少21%。

【满意度评价】 2021年，纳入满意度评价考核范围的国家信访局交办满意度评价件全区共有101件，办结已评价双满意93件，正在办理中3件，超期未评价5件，满意率96.88%。（冯建梅）

网格化服务管理

【概况】 2021年，全区网格员办理网格事件61222件，人均月办理26.2件，完成市定目标131%；网格活跃度99%，超出市定目标9.9%；发现上报治安隐患2947条，完成市定目标285.03%；特殊人群走访比例和异常情况签收率100%。向各级媒体投稿193篇，被采用158篇，其中，中央级媒体采用3篇，省级媒体采用3篇，市级媒体采用152篇，完成市定目标253%。

【网格力量建设】 2021年，村级建制调整后，全区共划分网格194个（城区网格118个，农村网格76个），专职网格员200名，其中，镇（街道）网格长6名，网格员194名。评选出市级优秀网格员10名、区级优秀网格员30名。红星社区罗思远被评为全省“十佳网格员”，城南社区衣凤春荣获“市优秀共产党员”称号。村级建制改革后，共54名网格员成长为村（社区）“两委”干部。全年共邀请相关部门10余个对全区网格员进行业务能力提升培训4次，并针对学习情况进行专题考试，提升网格员为民服务能力。为全区网格员更换手持终端机共194部，更换网格公示牌共5893个。

2021年7月23日，全区网格员在四川大学锦江学院参加防范非法集资培训（区综治中心供图）

【社会治理指挥调度中心建设】 2021年，赴眉山市综治中心学习项目建设经验。组织区科技和数字经济发展局、区综合行政执法局、区应急管理局和区融媒体中心等单位召开协调会6次，征求项目建设意见。起草《区社会治理指挥调度中心建设方案》，经区委全面深化改革委员会会议审议通过。组织市政府办、市科技和数字经济发展局、区教体局5名专家，对项目进行评审3次，确保可行性研究报告和设计方案紧贴建设要求，科学合理。是年开工建设。

【综合执法改革】 制定《关于在基层综合执法改革工作中网格员走访巡查的方案》和“事件处理七步闭环”流程图。2021年6月，制定涉及11个执法部门的《网格员走访巡查工作清单》46条，印发工作手册300余份。网格员协助开展基层综合执法工作100余次，线上、线下宣传防范非法集资和防范电信网络新型违法犯罪等信息10000余次；扫黑除恶宣传排查5929次；安全隐患排查6485次。清理归档2019年以来彭山区网格员协助开展基层综合行政执法工作的相关材料（工作开展情况、外宣资料、工作完成数据、工作图片等）。

【优化服务】 拓展网格员职能职责，在环保、违建等“十大重点领域”发挥宣传、巡查、线索上报等作用。2021年，全区网格员开展环保巡查16121次，上报线索1451件；违建排查7188次，上报线索761件；组织群众接种疫苗95880人次；上门为群众在“政务服务”App上办理各类证件及事务2587件；安全隐患排查9797次；关爱弱势群体14751人次；协助法院送达文书及提供被执行人线索170件；矛盾纠纷“随手调”694件。结合党史学习教育和政法队伍教育整顿工作，组织全区网格员开展“我为群众办实事”实践活动，组织全区200名网格员利用“一日双巡”和入户收集上报社情民意5080件。全区网格员利用网格微信群和入户走访，向群众宣传国家政策、法律法规，宣传普及防范电信诈骗等安全防范知识和禁毒知识，线上、线下宣传6000余次，线下入户宣传89562户，发放宣传单10万余份，走访吸毒人员2010余人次，协助村（社区）关爱帮扶吸毒人员困难家庭2人次；入户宣传并引导注册认证“天府通办”35925人；帮助2名走失老人寻找到家人；发动全区网格员为在抗美援朝战争中牺牲的焦纪华（祖籍彭山）烈士找到亲人4位。（杨 旭）

2021年1月，网格员在鹏利街巡逻和宣传烟花爆竹禁放

（区综治中心供图）

机关事务

【概况】 2021年，眉山市彭山区机关事务中心加强制度机制建设，全面落实主体责任。加强政策法规学习，坚持以制度规矩办事，强化机关自身建设。结合机关事务与后勤工作实际，修订出台《眉山市彭山区机关事务工作管理制度及服务规范》，涵盖制度规范20项，创新制度机制、明晰服务规范、理顺管理运行、提升服务质量，建成规范管理体系。落实主体责任与“一岗双责”，狠抓队伍作风，依法依规照章办事，履行职责职能，打牢服务保障基础。抓好重点工程建设工作。融合开展业务提升、政策法规强化、程序手续规范和节能减排降耗综合推进。抓好区委大楼、区人大老旧办公楼综合改造。

【公共机构节能减排】 推广垃圾分类处置，在三大集中办公区设置垃圾分类投放亭4个，投放分类垃圾桶80个，分类收集转运可回收、不可回收、有害垃圾和餐厨垃圾。推进示范创建工作，推荐彭山区10个党政机关成功创建节约型机关，指导彭山区第一中学成功创建四川省节约型公共机构，申报四川省节约型机关建设先进集体。开展以“节能降碳 绿色发展”为主题的节能周和以“低碳生活 绿建未来”为主题的低碳日活动，印制节能周和低碳日活动倡议书1000余份。推进集中办公区能耗监测平台创建工作，向全区机关单位发出公共机构节约用电通知，配合区融媒体中心，利用彭山电视台、“不老彭山”App和“智慧眉山”App等宣传机关单位节约用电办法与措施。

【办公用房使用管理】 2021年，健全办公用房信息台账，运用系统统计和入库数据锁定、核查、清理和监督办公用房配备使用情况。审批部门单位的维护、修缮，全年审查备案维修维护事项6个，无违规超标维护装修。统筹调配区政协、区商务局、区供销社等单位办公用房，开展清理清查3次，领导干部无违规超面积用房情况。常态化清理清查腾退闲置办公用房。坚持定期不定期清查。采取定期督查、不定期抽查、专项督查方式，开展办公用房清理整治3次，全区无超标、无违规。

【公务用车】 严格公务用车购置审批机制，从严审批、控制公务用车新增新购和处置。实施公务用车专项教育整顿，为期3个月，强化全区各部门及驾驶员的安全用车意识，创新完善管理运行机制。强化公车日常监管，常态化开展驾驶员安全文明出车教育。坚持公车统一标志化管理，严格节假日封存停放，联合区纪委开展专项督查3次，会同区财政抽查检查2次，开展自查自纠3次，遏制违规用车情形。全年规范文明出车出行7600余次、121万余千米，完成多次重大活动、重要会议、重要调研保障任务，受到各级好评，全年无责任事故。

【其他后勤服务管理】 2021年，保障全区重要、重大会议104次，综合性会务服务活动653场次。加强门卫安保管理，做到“四勤三检查”，强化夜间和节假日值勤巡查，三大院全年安全无事故。坚持“三绿三化一亮”，加强日常保洁养护与维护，照明、水龙头、空调、绿化、车库等后勤保障。加强服务人员培训，强化日常考核考评，提升保安、保洁、劳务等服务技能。集中办公区保持干净整洁、秩序良好，周转房、家属区的管理让领导与干部群众满意。

（魏晓丽）

中国人民政治协商会议彭山区委员会

政协会议

【概况】 2021年，召开区政协二届全体会议2次，召开区政协三届全体会议1次，召开区政协二届常委会会议6次。

【全体会议】 3月29—30日，中国人民政治协商会议眉山市彭山区第二届委员会第七次会议在区委会议中心二楼大会议室召开。会议审议批准杨红代表政协眉山市彭山区第二届委员会常务委员会所作的题为《搭好协商平台 凝聚智慧力量 全力助推建设现代化成都都市圈副中心成眉同城率先突破区 “中强”核心增长极》的工作报告、毛太忠代表政协眉山市彭山区第二届委员会常务委员会所作的提案工作情况报告，听取协商《眉山市彭山区人民政府工作报告》《眉山市彭山区人民法院工作报告》《眉山市彭山区人民检察院工作报告》《眉山市彭山区2020年国民经济和社会发展计划执行情况及2021年计划草案的报告》《眉山市彭山区2020年财政预算执行情况和2021年财政预算草案的报告》《眉山市彭山区2020年环境状况和环境保护目标完成情况的

2021年3月29—30日，中国人民政治协商会议眉山市彭山区第二届委员会第七次会议召开 （区政协办供图）

2021年6月17—18日，中国人民政治协商会议眉山市彭山区第二届委员会第八次会议召开 （区政协办供图）

报告》。

6月17—18日，政协眉山市彭山区第二届委员会第八次会议召开。赵锐当选为政协眉山市彭山区第二届委员会副主席。

11月1—3日，政协眉山市彭山区第三届委员第一次会议召开。杨红当选为政协眉山市彭山区第三届委员会主席，罗鸿翔、赵锐、唐维苑当选为副主席，宁武当选为秘书长，万里行等33人当选为常务委员。会议听取并赞同杨静区长所作的政府工作报告，赞同区人民法院、区人民检察院工作报告以及计划、财政、环境保护工作报告。审议批准杨红主席所作的政协眉山市彭山区第二届委员会常务委员会工作报告和罗鸿强副主席所作的提案工作报告。市政府副市长、区委书记黄秀航在会上作重要讲话。

2021年11月1—3日，中国人民政治协商会议眉山市彭山区第三届委员会第一次会议召开（区政协办供图）

【常委会会议】 3月22日，区政协二届二十九次常委会会议召开。会议传达区委二届二十一次全会精神，听取协商彭山区人民政府工作报告起草说明，审议区政协二届七次会议议程（草案）、区政协二届七次会议日程（草案），讨论区政协常委会工作报告（讨论稿）、区政协常委会关于二届五次全会以来提案工作情况的报告（讨论稿）。协商卢勇辞去政协眉山市彭山区第二届委员会委员相关事项，协商增补罗鸿翔、欧乙成2人为政协眉山市彭山区第二届委员会委员。

3月30日，区政协二届三十次常委会会议召开。会议审议通过选举办法（草案）；审议通过区政协副主席候选人建议名单；审议通过总监票员、监票员建议名单，指定总计票员、计票员；审议通过大会决议（草案）。

6月10日，区政协二届三十一次常委会会议召开。会议传达《中共眉山市彭山区委关于提名赵锐同志任职的通知》，学习《政协四川省委员会印发〈关于开展“助力脱贫攻坚，助推乡村振兴”专项活动的实施方案〉的通知》，审议通过四史学习教育报告会的议程、二届八次会议日程。审议选举赵锐为政协常委会副主席，通过何勇来辞去政协眉山市彭山区第二届委员会委员，协商增补赵锐为政协眉山市彭山区第二届委员会委员。

6月17日，区政协二届三十二次常委会会议召开。会议审议通过选举办法（草案）；审议通过区政协副主席候选人建议名单；审议通过总监票员、监票员、总计票员建议名单，指定计票员。

9月23日，区政协二届三十三次常委会会议召开。会议传达市委四届十八次全会精神，协商区委第三次党代会工作报告，听取区政府2021年度提案工作办理情况。协商通过区政协第三届常委会委员人选名单，协商区政协第三届常委会委员建议名单，提交全会选举。审议通过龚涛任政协眉山市彭山区资环委主任，通报区委关于宁武、罗建斌2人的任免事项，通过增补宁武、龚涛为政协眉山市彭山区第二届委员会委员。

10月26日，区政协二届三十四次常委会会议召开。会议审议通过政协眉山市彭山区第三届委员会第一次会议议程、日程安排（草案），审议通过政协眉山市彭山区第三届委员会第一次会议主席团成员建议名单，听取政协眉山市彭山区第三届委员会第一次会议筹备工作情况报告。审议通过《政协眉山市彭山区第二届委员会常务委员会工作报告（送审稿）》《政协眉山市彭山区委员会常务委员会关于区政协二届以来提案工作情况的报告（送审稿）》《政协眉山市彭山区第三届委员会第一次会议选举办法（草案）》，审议通过政协眉山市彭山区第三届委员会第一次会议提案审查委员会成员建议名单，协商通过政协眉山市彭山区第三届委员会第一次会议分组召集人建议名单。

【主席会议】 1月12日，区政协二届五十二次主席会议、七十二次党组（扩大）会议召开。会议通报市委关于提名罗鸿翔任命政协眉山市彭山区副主席的通知、区委关于任命罗鸿翔为政协眉山市彭山区党组成员的通知、区委关于提名罗鸿翔增补为政协眉山市彭山区第二届委员会委员的通知，按照《政协章程》规定办理相关事宜。通报区政协二届七次会议筹备工作推进情况。

1月21日，区政协二届五十三次主席会议、七十四次党组（扩大）会议召开。会议传达市政协四届六次全会精神。审议通过《关于认真学习贯彻区委二届二十一次全会精神的实施方案》《中共眉山市彭山区政协党组2020年专题民主生活会会议方案》，协商通过增补罗鸿翔、欧乙成2人为政协眉山市彭山区第二届委员会委员，决定提请区政协常委会审议决定。

2月7日，区政协二届七十五次党组会议、五十四次主席（扩大）会议召开。会议传达学习十九届中央纪委五次全会、省纪委十一届五次全会精神，《关于认真做好市县乡领导班子换届工作的通知》精神，区委二届一百四十七次常委会会议精神，全省乡镇行政区划和村级建制调整改革“后半篇”文章工作推进会议精神，集体讨论研究2021年区政协意识形态工作，并作出安排部署。

3月2日，区政协二届七十六次党组（扩大）会议、五十五次主席会议召开。会议传达学习《政协眉山市委员会关于进一步加强和改进对区县政协工作指导的意见》《政协眉山市委员会关于聚焦党委重大决策部署进一步加大民主监督力度的贯彻意见》。传达市长在区委民主生活会上关于重点项目攻坚年对彭山的指示和要求，区委书记在调研项目工作时提出的项目要加快开工和全力推动的要求，省委在全省农村工作会上将彭山的葡萄园区评为全省五星级农业园区，省委第四巡视组巡视彭山反馈问题整改工作推进会上关于按照上本轮结合的要求抓好问题整改落实，2月22日党政班子工作例会精神，区委二届一百四十九次常委会会议精神，全省党史学习教育动员大会精神。通报省委第四巡视组巡视彭山涉及区政协反馈问题整改情况，省委第四巡视组区委第三巡察组巡视巡察区政协机关反馈问题整改情况。协商通过《2021年区政协主要工作和区委、区政府确定的由区政协领导负责的重点工作任务分解表（讨论稿）》。

3月22日，区政协二届七十七次党组（扩大）会议、五十六次主席会议召开。会议学习传达全国政协十三届四次会议精神，全国政协十三届四次会议精神。会议协商通过《中国人民政治协商会议眉山市彭山区第二届委员会第七次会议议程（草案）》《中国人民政治协商会议眉山市彭山区第二届委员会第七次会议日程（草案）》《中国人民政治协商会议眉山市彭山区第二届委员会常务委员会工作报告（讨论稿）》《中国人民政治协商会议眉山市彭山区第二届委员会常务委员会关于提案工作情况的报告（讨论稿）》。审议通过《政协眉山市彭山区第二届委员会第二十九次常委会议议程（草案）》，决定于3月22日下午召开区政协二届二十九次常委会会议。

4月2日，区政协二届七十九次党组会议、五十八次主席（扩大）会议召开。会议讨论同意《中共眉山市彭山区政协党组党史学习教育实施方案》，传达全市县乡领导班子换届工作会议精神，传达学习全市县乡领导班子换届工作会议精神，听取区政协二届七次全会各项工作情况汇报。

4月14日，区政协二届八十次党组会议、五十九次主席（扩大）会议召开。会议研究区政协党组中心组学习新民主主义革命时期（1919—1949年）党史大事、区政协党组红色革命教育活动安排。研究区政协党总支学习党史学习教育主题党日活动安排。通报省委第四巡视组反馈区政协三个问题整改情况，省政协副主席调研“有事来协商”情况，协商并通过《政协眉山市彭山区委员会关于对区疫情防控工作专题视察的报告》。通报研究区政协办公室搬迁相关问题，研究同意季恒为“社情民意信息服务中心”负责人。

5月12日，区政协二届八十一次党组（扩大）会议、六十次主席会议召开。会议听取政协眉山市彭山区第二届委员会第七次会议提案立案审查情况汇报，同意提案委提出的审查意见。审议通过《政协眉山市彭山区二届委员会第七次会议重点提案建议名单》。讨论通过关于何勇来的免职事项，决定提交区政协常委会审议。通报眉彭委〔2021〕61号文件，研究同意将增补赵锐为区政协第二届委员会委员和提名为区政协第二届委员会副主席等事宜提交常委会审议。

5月28日，区政协二届八十二次党组（扩大）会议、六十一次主席会议召开。会议讨论通过《政协眉山市彭山区委员会第二届第八次会议筹备工作方案》。协商通过《中国人民政治协商会议眉山市彭山区第二届委员会第八次会议议程（草案）》《中国人民政治协商会议眉山市彭山区第二届委员会第八次会议日程（草案）》，提交区政协常委会会议审议。

7月1日，区政协二届八十六次党组（扩大）会议、六十四次主席会议召开。会议学习习近平总书记在庆祝中国共产党成立100周年大会上的讲话，传达区委常委会会议精神，区政协主席会成员分工调整。审议通过《关于省级家庭农场示范县（区）创建的调研报告》并提交常委会审议。

7月20日，区政协二届八十七次党组（扩大）会议、六十五次主席会议召开。会议传达区委党政班子例会精神，学习《党委（党组）落实全面从严治党主体责任规定》，通报党组班子履行党风廉政建设的相关情况。学习《中共眉山市委组织部关于印发〈做好领导干部报告个人有关事项工作十条措施〉的通知》，传达区委理论学习中心组学习工作提示，协商通过《关于城区居民小区民主治理情况的调研报告》，决定提交区政协常委会审议。听取曾敏关于工业园区规划建设工作推进情况介绍和下一步的工作计划；听取办公室关于区政协办公区域安全隐患排查与整治工作情况汇报；协商区委关于宁武、龚涛2人的任职事项，决定提交区政协常委会审议；协商宁武、龚涛、罗建斌3人的区政协委员职务任免事项，同意提交常委会审议。

7月30日，区政协二届八十八次党组（扩大）会议、六十六次主席会议召开。会前集体学习省纪委印发《学习贯彻〈中国共产党权利保障〉工作方案》、省委办公厅印发《四川省贯彻落实〈中国共产党统一战线工作条例〉实施方案》，和中央宣传部、国务院安委会、应急管理部印发《关于组织观看学习〈生命重于泰山——学习习近平总书记关于安全生产重要论述〉电视专题片的通知》。会议讨论审议《政协眉山市彭山区委员会第三届第一次会议筹备工作方案》，协商通过《中国人民政治协商会议眉山市彭山区第三届委员会第一次会议议程、日程（草案）》，审议通过《关于“助力巩固脱贫、助推乡村振兴”专项活动领导小组及职责分工、实施方案》，审议通过“首届全国县（市区）彭祖文化研究交流联席会”筹备工作相关事项，传达区委疫情防控紧急工作会议精神。传达贯彻区委一百六十八次会议精神，组织学习《中国共产党组织工作条例》，传达市委四届十八次全会精神和市委书记在彭山组讨论时对彭山提出的6条要求，传达常委会审议杉杉科技20万吨锂电池负极材料一体化项目协议。

9月6日，区政协二届八十九次党组（扩大）会议、六十七次主席会议召开。会前集体学习《中共眉山市彭山区委办公室关于传达贯彻习近平总书记在西藏考察期间重要讲话精神》《中共眉山市彭山区委办公室关于传达贯彻习近平总书记近期关于安全生产、疫情防控重要指示讲话精神》《中共眉山市彭山区发展和改革局党组关于传达贯彻中共中央政治局会议、中央财经委员会第十次会议、省委财经委员会第十次会议、市委财经委员会第九次（扩大）会议精神》。协商通过《政协第三届眉山市彭山区委员会委员、常委建议人选名单》。审议通过政协全体机关干部、区政协全体委员统一订购学习《中国共产党简史》《中华人民共和国简史》《改革开放简史》《社会主义发展简史》书籍事项，审议通过2020年机关干部重点项目奖考核方案。

9月18日，区政协二届九十次党组（扩大）会议、六十八次主席会议召开。会议集体学习《习近平总书记关于生态文明建设重要论述》，传达市委、区委常委（扩大）会议精神，传达第二轮第四批中央生态环境保护督察第二批次典型案例的通报。审议通过区政协二届三十三次常委会议相关事项。

9月23日，区政协二届九十一次党组（扩大）会议、六十九次主席会议召开。会议审议区政协第三届委员建议名单，决定提交区政协常委会协商决定。

10月18日，区政协二届九十三次党组（扩大）会议、七十一次主席会议召开。会议审议通过中国人民政治协商会议眉山市彭山区第三届委员会第一次会议议程、日程（草案），审议通过政协眉山市彭山区三届委员会第一次会议主题团成员建议名单（草案），决定提交区政协常务委员会审定。审议通过《关于成立政协眉山市彭山区第三届委员会第一次会议临时党委的通知（代拟稿）》《政协眉山市彭山区委员会第三届第一次会议筹备工作情况报告（送审稿）》《政协眉山市彭山区第二届委员会常务委员会工作报告（送审稿）》《政协眉山市彭山区委员会常务委员会关于区政协二届以来提案工作情况的报告（送审稿）》《政协眉山市彭山区第三届委员会第一次会议选举办法（草案）》，审议通过政协眉山市彭山区第三届委员会第一次会议提案立案审查委员会成员建议名单、2020—2021年区政协优秀提案建议名单，协商通过政协眉山市彭山区第三届委员会第一次会议分组召集人初提人选名单，协商通过政协眉山市彭山区第三届委员会第一次会议选举大会总监票员、监票员初提人员名单，审议通过关于表扬优秀政协眉山市彭山区第二届委员名单、《政协眉山市彭山区第二届委员会第三十四次常委会议议程（草案）》。

11月4日，区政协三届一次党组会议、一次主席（扩大）会议召开。会议对政协眉山市彭山区第三届委员会主席会议、党组成员进行初步分工安排，听取2022年民生项目征集相关工作要求，对眉山市彭山区政协2022年民生项目征集相关工作进行研究和安排，提出下阶段的具体工作要求，商讨通过《关于全区重点文旅项目推进情况的调研报告》。

11月22日，区政协三届三次党组会议、二次主席（扩大）会议召开。会议审议通过关于招商引资项目建设视察情况的报告，审议关于基层公共卫生服务能力提升的调研报告、关于天然水域禁捕工作的视察报告，协商在“有事来协商　和谐助寿乡”平台和“专家库”建设中发挥政协委员作用工作事项、2021年工作总结和2022年工作要点撰写工作事项，协商通过在“双助”活动中发挥政协委员作用工作事项。（季　恒）

履行职责

【概况】 2021年，区政协党组召开党组会议27次，加强对宣传思想工作、“双助”活动、“有事来协商·和谐助寿乡”平台建设、做好换届工作等的领导。区政协组织调研视察28次，与区人大开展联合调研视察1次、专题协商4次；召开“有事来协商·和谐助寿乡”协商会议45次、协商活动60余次，参与协商人员近7000人次。开展个案监督8次，民主评议8次，收集提案71件，立案65件，办理率和满意率100%。收集社情民意60余条，编报《社情民意》26期，区委主要领导签批10期，上报市政协5条，被省政协采用1条。区政协荣获2021年度全省政协宣传思想工作第二名，在全省政协宣传思想工作会议上作大会发言。完成政协换届工作任务，满票选举产生区政协第三届领导班子。加强与上级政协交流，邀请省政协报社机关到彭山开展“走转改”活动，在全省“走转改”基地工作会议作工作交流发言。健全主席会成员分工联系各民主党派、工商联和人民团体制度，做到重要议题共同协商、重大活动共同组织、重点调研共同开展。凝聚社会各界共识，以“求同”“成事”为目标导向，加强与党外知识分子、非公有制经济人士、新的社会阶层人士的联系，开展谈心谈话、政策宣讲、团结联谊等活动，做好解疑释惑、理顺情绪、增进团结的工作。

2021年5月27日，区政协主席杨红（前右二）带队调研彭山区省级家庭农场示范县（区）创建工作（区政协办供图）

【政治协商】 2021年，推进“有事来协商·和谐助寿乡”协商平台建设，开展协商活动。按照区委“有事来协商”平台建设试点工作实施方案要求，区政协党组落实联系镇（街道）平台建设制度，政协主席亲自开展专题督导，在镇（街道）、行业协会、村（社区）成立平台阵地建设31个，实现既定的“全覆盖”目标任务。全年开展专题协商16次，微协商29次，通过协商平台线上、线下协商活动60余次，参加协商讨论人员近7000人次，化解各类矛盾问题近80个，收入市政协案例平台3个。牵头筹办全国县（市、区）彭祖文化研究暨政协工作交流联席会。5月，先后前往广西壮族自治区东兴市和龙胜县、浙江省临安市、陕西省宜君县、甘肃省镇原县、河南省鄢陵县、山东省临清市等地参观学习考察彭祖文化，形成专项考察报告报送区委。全年接待外省、市及区县政协学习交流30批次，“走出去”到通江、新津、邛崃、青神等地学习考察，加强彭山彭祖文化和彭山开放发展的对外宣传，扩大彭山对外影响。

【参政议政】 2021年，共征集区政协委员及政协各参加单位和政协各专委会提案71件（集体提案11件，个人及联名提案60件），立案65件，不予立案提案6件。立案提案中，涉及经济建设方面的11件，占16.9%；教体文化建设方面的11件，占16.9%；市政交通等基础设施建设与管理方面的8件，占12.3%；社会建设方面的29件，占44.6%；生态文明建设方面的6件，占9.3%。经政协主席（党组）会议、政协常务会会议审查后，立案提案全部转区政府交办。截至2021年年底，65件立案提案全部办理完毕，办理率100%，满意率和基本满意率100%。对所提建议意见采纳或基本采纳的45件，占69.2%；正在研究落实或列入规划逐步解决的19件，占29.2%；因条件所限未能采纳或留作参考1件，占1.6%。对其中《关于改造凤鸣公园使其实至名归的建议》《关于利用区域资源搭建全区中小学劳动教育大平台的建议》《关于扩建剑南大道南延线江口至G245观音接口段道路的建议》等重点提案（含并案）7件进行督办。通过区政协常委会、专题视察、调研等方式收集委员反映的社情民意60余条，整理、编发《社情民意》26期，呈报区委，区委书记亲自签批10期。截至2021年年底，办复率96%。另上报市政协社情民意5条，被省政协采用1条。

【实践活动】 区政协党组织发动政协委员参与“双助”活动，推行“三联+四助+五活动”模式，将乡村振兴试点村、联系户、边缘户、监测户等纳入必“走”对象，听取和收集群众建议和意见。共收集社情民意58条，撰写提案45条，为群众办实事477件，巩固脱贫攻坚成效，确保联系户无一返贫。结合镇、村干部及村民反映热点难点问题，组织政协委员为村集体与村民提供产业发展规划建议，发动委员企业与委员农场，采取众筹和村民土地入股、与省内省外农科院校合作投资等方式培育特色产业，开展菜单培训，培养村经营管理技术人才队伍。培养职业农民200名，带动各类新型农业经营主体500余户，提供就业岗位1898个；成功引进水果龙头企业鑫荣懋集团等水果经销商20余家到彭山，推销滞销水果700万千克，销售额5600余万元。

【疫情防控和经济发展】 政协区级领导带头深入街道、社区和重点场所开展疫情防控督促检查，全体机关干部对包保联系的306户、892人实现宣传、登记、排查全覆盖。向全区政协委员发出倡议书，发送疫情动态信息、疫情防控知识600余条，发放宣传资料1.1万余份，收集提交疫情防控相关社情民意信息150余条。在疫情防控取得阶段性重要成果之际，以委员企业为重点，开展调研指导，为企业排忧解难，助推企业复工复产。区政协领导和各专委会共走访企业63户，召开座谈会26次，交流谈心130余人次，收集建议意见27条。帮助企业22户解决实际困难和问题22个，协调解决口罩、消毒液等疫情防控物资110余件。

【宣传交流】 突出“大团结、大联合”凝聚各方共识。健全主席会成员分工联系各民主党派、工商联和人民团体制度，做到重要议题共同协商、重大活动共同组织、重点调研共同开展。以“求同”“成事”为目标导向，加强与党外知识分子、非公有制经济人士、新的社会阶层人士的联系，开展谈心谈话、政策宣讲、团结联谊等活动，做好解疑释惑、理顺情绪、增进团结工作。截至2021年年底，牵头组织编辑出版《彭山民风民俗》《彭山美食》《彭山革命历史资料汇编》《星火——川西南第一个县委》《话说彭祖》彭山文史资料5部。举办庆祝新中国和人民政协成立70周年书画作品展。全年编撰第二届政协工作纪略、工作报告、提案和社情民意等政协工作文史资料700余万字，分发到政协委员及相关部门和民主党派、人民团体。

【政协自身建设】 开展党史学习教育和“四史”学习教育。区政协党组在全区政协组织与政协委员中全面开展习近平新时代中国特色社会主义思想学习教育，学习贯彻习近平在庆祝中国共产党成立100周年大会上的讲话和第十九届六中全会精神，在政协组织和政协委员中增强“四个意识”、坚定“四个自信”、做到“两个维护”、拥护“两个确立”。强化委员主体责任。强化激励约束机制，建立健全委员履职档案、委员履职情况统计和委员履职考核等制度，定期做好委员履职评估。加强机关干部思想教育，引导机关干部以“一线思维”“一线标准”全面提升能力。完善机关制度建设，建立完善干部学习调研制度、联系服务群众制度、工作“清单”督促落实制度等，提升机关工作规范化和效能水平。

（季 恒）

纪检监察

重要会议

【区纪委二届第九次全会】 2021年3月26日，中国共产党眉山市彭山区第二届纪律检查委员会第九次全体会议召开。出席区纪委委员28人，列席41人。

2021年3月26日，中国共产党眉山市彭山区第二届纪律检查委员会第九全体会议在区委会议中心举行（区纪委监委供图）

区委书记黄秀航出席会议并讲话。区委常委，区人大常委会、区政府、区政协领导，区法院院长、区检察院检察长出席会议。

全会由中共眉山市彭山区纪律检查委员会常务委员会主持。传达学习十九届中央纪委五次全会、省纪委十一届五次全会、市纪委四届八次全会精神，审议通过徐国代表区纪委常委会所作的《服务中心大局 勇担使命职责 为加快建设成眉同城率先突破区、“中强”核心增长极提供坚强保障》工作报告。回顾区纪委二届八次全会以来党风廉政建设和反腐败工作，指出要清醒认识党风廉政建设和反腐败斗争形势。强调2021年全区纪检监察工作要坚定不移全面从严治党，发挥监督保障执行、促进完善发展作用，一体推进不敢腐、不能腐、不想腐，把“严”的主基调长期坚持下去，为建设现代化成都都市圈副中心成眉同城率先突破区、“中强”核心增长极提供坚强保障。

全会听取2名副区长、黄丰镇党委、区文广旅局党组、区交通运输局党组、区农业农村局党组主要负责人的述责述廉，进行现场问答和民主测评。

【区纪委二届第十一次全会】 2021年9月26日，中国共产党眉山市彭山区第二届纪律检查委员会第十一次全体会议召开。全会由中共眉山市彭山区纪律检查委员会常务委员会主持。审议通过伍懿代表区纪委常委会所作的《坚定不移推进纪检监察工作高质量发展　在全面建设同城化创新发展先行区中展现更大作为》工作报告。要求全区纪检监察系统监督保障执行、促进完善发展，推进全面从严治党、党风廉政建设和反腐败斗争，推动党中央、省委、市委、区委决策部署落实落地，为全面建设同城化创新发展先行区提供坚强纪法保障。

【区纪委三届第一次全会】 2021年9月30日，中国共产党眉山市彭山区第三届纪律检查委员会第一次全体会议举行。出席区纪委委员共27人。伍懿主持会议。全会选举伍懿、任柱、杜远虑、李慧、张志浩、马强、汪静飞为中国共产党眉山市彭山区第三届纪律检查委员会常务委员会委员，选举伍懿为中国共产党眉山市彭山区第三届纪律检查委员会书记，选举任柱、杜远虑为中国共产党眉山市彭山区第三届纪律检查委员会副书记。　（汪静飞）

2021年9月30日，中国共产党眉山市彭山区第三届纪律检查委员会第一次全体会议在区纪委第一会议室举行（区纪委监委供图）

纪检监察体制改革

【纪律检查体制改革】 完成区、镇两级纪委换届工作。换届后，区纪委、镇（街道）纪（工）委班子平均年龄分别降低1岁、8岁，全区各镇（街道）纪（工）委班子全日制本科及以上学历占比提升48.5%。成立村级纪检组织51个，选配纪检干部143人，制定《村级纪检组织运行规则（试行）》，进一步规范村级监督。开展全员培训12期，上挂锻炼4人，“以案代训”18人次，着力提升政治修养、担当精神、专业能力、工作水平。落实市纪委“阳光纪检”建设要求，开展“清风扬眉·向阳而生”专项行动，开展向周永开学习“六个一”活动，打造“纪检态度鲜明、纪检工作透明、纪检政策讲明、纪检队伍光明”的纪检监察铁军。

【内部监督改革】 结合省、市纪委内部督察反馈意见，制定整改方案，修订完善《区纪委常委会议事决策制度》等内部管理制度，健全内控机制。充分发挥特约监察员作用，邀请参与“阳光问责”等重大活动，对纪检监察工作开展监督，提出意见建议。　（汪静飞）

政治建设监察

【“两个责任”落实】 制定加强对“一把手”和领导班子监督工作任务分工，明确具体举措39条。区领导2名、单位（部门）“一把手”4名向区纪委全会述责述廉，追究履行主体责任不力的领导干部12人。

【监督监察】 围绕疫情防控、森林防灭火、禁毒

2021年3月24日，彭山区开展全区政法队伍教育整顿政治轮训 （区纪委监委供图）

攻坚、环保督察等中心工作开展监督检查，督促整改问题480余个，问责16人。出台《换届风气督查督导工作方案》等风气监督制度12个，全环节跟进督查督导64次，督促整改问题29个。聚焦“七个有之”，查处违反政治纪律2人。 （汪静飞）

腐败治理

【概况】 开展国家公职人员违规从事营利活动、领导干部收受红包礼金、权力监督机制不健全不完善问题专项整治3个，查处相关问题14件、14人，筛查84名公职人员及其亲属经商办企业情况。纠治享乐主义、奢靡之风。开展违规发放节礼和津补贴、“三公”经费管理不规范、“吃公函”等问题专项治理，查处违反中央八项规定精神问题19件34人。开展中央八项规定制度建设“回头看”，清理保留规范性文件120余个。整治形式主义、官僚主义。开展“奇葩证明”清理整治，清理不必要证明事项54项，清理率超60%。巩固“精文减会”成果，全年全区发文同比减少40%，召开全区大会同比减少5%，精简区级议事机构68个。

【微腐败治理】 开展巩固脱贫攻坚成果同乡村振兴有效衔接专项督查，督促整改问题78个。村集体“三资”提级监督试点经验在省纪委交流，推广运用小微权力“监督一点通”服务平台工作得到省纪委肯定。

【扫黑除恶专项斗争】 坚持把扫黑除恶专项斗争与查处基层“微腐败”结合起来，落实“两个一律”“一案三查”机制，组织处理2人，追责问责7人。开展政法队伍教育整顿执纪问责，建立工作专班，组织处理56人，立案审查调查20件、20人。

【重点领域治理】 制发系统治理“九条措施”，专题研究12次，查处相关问题19件、19人。督促追回医保基金330余万元，人防系统追缴漏审漏批人防异地建设费2577万元，推动治理单位新建制度9个、修订完善制度6个。

【巡视督察】 建立区委巡察人才库，全年开展交叉巡察、专项巡察、巡察“回头看”等6次，发现并反馈问题150个，移交问题线索28条，督促整改问题68个，建立完善制度17项。市区交叉巡察、粮食购销领域专项巡察得到市委巡察工作领导小组肯定。配合区委整改办成立专项督查组，督促区级部门32个，整改省委巡视反馈问题96个。

【廉政教育】 深化“六廉”教育机制，运用“一片一书两基地”开展警示教育，多渠道循环展播优秀廉洁文化作品，建成区廉洁文化基地。分层级对2020年受到党纪政务处分的74名党员干部进行回访教育。 （汪静飞）

民主党派

中国民主同盟眉山市彭山区总支委员会

【概况】 2021年年底，中国民主同盟眉山市彭山区总支委员会（以下简称民盟彭山总支）共有市人大代表1人，市政协委员3人，区人大代表3人，区政协委员12人（常委4人）。共发展新盟员2人，共有盟员52人。

【组织建设】 民盟彭山总支工作被民盟中央表彰为盟务工作先进基层组织，被民盟省委表彰为社会服务工作先进基层组织、“庆祝民盟成立80周年先进组织”。盟员唐建超被民盟中央表彰为“2020年反映社情民意工作先进个人”，被民盟省委表彰为“庆祝民盟成立80周年先进盟员”，被选举为区第三届人大代表；盟员万里行被民盟中央表彰为“2020年度社会服务工作先进个人”，被民盟省委表彰为乡村振兴先进个人，被选举为市第五届人大代表；盟员王娜被民盟省委表彰为“2020年度四川民盟思想宣传工作先进个人”；盟员杨静指导学生参加省教育厅征文比赛获三等奖，指导学生参加彭山区中小学艺术节活动获一等奖，领导所在部门成功创建四川省防震减灾示范校，被评为2020—2021年度校级优秀教师、彭山区中小学艺术节活动优秀指导教师，协商通过任市第五届政协委员；盟员李清川饰演苏东坡的节目在中央电视台外语频道播出，被民盟省委表彰为烛光行动先进个人，在市政协组织的演讲比赛中代表民盟市委参赛并获得优秀奖；盟员徐渝嘉、朱雀被选举为区第三届人大代表；盟员陈文秀、周骏玮、邹依然、黄杰、张宇梅协商通过任区第三届政协委员。

【参政议政】 2021年，民盟彭山总支累计完成调研报告、社情民意、提案议案、理论文章25篇。其中，调研10篇，《关于我市义务教育存在的几个问题和应对建议》《关于整合劳动资源促进劳动教育的建议》《补短板激活力 提高学前教育公益普惠水平》为市政协重点提案，《关于打破信息共享壁垒 助力成德眉资同城化发展的建议》为市政协提案，《化解执法矛盾，营造良好的营商环境》被推荐至省政协，“加强‘四个建设’ 提高‘五种能力’ 努力提升新时代中国特色社会主义参政党建设水平”为民盟中央课题，“加强校地校企合作 助推眉山创新发展”为民盟市委课题；社情民意9篇，《压减企业开办手续、规范和创新监管执法的建议》被全国政协采用，《关于为中小学校配置可升降课桌椅的建议》《关于出台中小学生定期视力筛查和屈光检测制度的建议》《关于化解人口结构变动中劳动与就业供需矛盾的问题与建议》被民盟省委采用。

【服务社会】 2021年，民盟彭山总支赴保胜中学开展“农村烛光教育”行动，捐赠彩色双面打印机2台，价值2000元。盟员万里行结对帮扶保胜中学单亲贫困女孩张靓颖，直到完成学校教育为止；盟员杨静与保胜中学初三教师座谈，就复习迎中考工作开展充分讨论。4月26日，民盟彭山总支与区教体局合办“烛光杯”师生书画大赛，全区参与现场比赛师生530名，创作作品1000余幅。5月19日，民盟彭山总支组织部分盟员赴武阳中学开展“农村烛光教育行动”，组织彭山一中优秀学生代表12名与武阳中学全体学生分享交流青春成长感悟。深化、拓展“同心·润心”盟教合作基地建设，与武阳中学沟通了解学校2021年工作开展计划，根据盟教基地合作内容研究制订2021年基地建设计划，加大资金和发挥界别优势，定期对武阳中学教师开展业务培训，提升教师业务素养。9月27日，民盟彭山总支和观音小学共建“田园之声”同心美育艺术社成立，民盟彭山总支利用界别优势汇集音乐、美术、书法、舞蹈等教师资源，为乡村学校捐赠美育设备，培育美育教师和艺术特长生。

（民盟眉山市彭山区总支委员会）

中国民主建国会眉山市彭山区总支委员会

【概况】 2021年，中国民主建国会眉山市彭山区总支委员会（以下简称民建彭山总支）强化班子队伍政治思想引领，强化会员履职能力提升，围绕党委、政府中心工作在建言咨政和凝聚共识上双向发力，开展各类社会服务活动，完成年初确定的各项工作任务。会员许鸣、何锋被表彰为优秀市政协委员，何锋获民建省委表彰为2021年度社情民意工作先进个人。

【思想建设】 全年开展以“风雨同舟共甘苦 携手并进铸辉煌”为主题的党史、会史学习教育活动。组织新会员、入会积极分子，赴重庆特园民主党派之家、实业大厦民建成立旧址、红岩革命纪念馆，组织全体会员赴青神红色西山革命纪念馆现场教学；选派优秀会员参加中共省委、市委、区委统战部，市、区政协，省、市民建组织的各类党史学习教育培训活动，组织会员集中开展党史学习教育150余人次；组织会员及家属30余人观看《长津湖》，开展座谈交流；组织全体会员分散观看庆祝中国共产党成立100周年纪念活动，聆听习近平总书记在庆祝中国共产党成立100周年大会上的重要讲话；购置党史会史学习教材，组织开展“学习党史会史，弘扬优良传统”专题读书活动；开展“庆祝中国共产党成立100周年”座谈会，听取广大会员党史会史学习感受，开展“同歌百年辉煌、共进崭新征程”主题征文；选派优秀会员4名参加区委统战部统战史知识竞赛；组织市人大代表、市政协委员参加市委会“庆祝中国共产党成立100周年”座谈会。

【组织建设】 2021年，民建彭山总支领导班子进行较大调整，执行民主集中制原则，施行集体领导和个人分工负责相结合。全年新发展会员7人，储备入会积极分子5人。加强会员的培养和推荐工作。提拔重用正科级干部1名，新提拔使用副正科级干部1名；成功推荐区人大代表6人，区政协委员17人，市人大代表2人，市政协委员6人。

【参政议政】 2021年3月4日全国政协十三届四次会议上，民建彭山总支《关于深化“三位一体”农合联改革专注服务乡村振兴问题的建议》被民建中央原文采用，是全省唯一一篇提交全国政协的集体提案。市、区两会期间，会员共提交提案15件，其中集体提案3件，市政协提案4件。《探索完善农业支持保护机制加速推进实施乡村振兴战略》提案作为区政协大会发言提案，《关于提高粮食生产能力 保障全区粮食安全的建议》获评区政协重点督办提案；《关于以小区治理为抓手助推社区治理现代化的建议》作为市政协大会发言提案得到市委书记肯定性批示并作为市政协重点提案督办，《关于建立农业大数据平台引导农村产业结构调整的建议》《关于进一步改善农村人居环境的建议》《关于完善天府新区眉山区域公共法律服务体系建设的建议》获评优秀市政协提案。何锋在市政协常委会上作《关于加强电力保障助推新能源新材料产业发展的建议》大会发言。在区委政党协商会、党外人士座谈会等重要会议上，10位会员共提出建议意见20余条。民建彭山总支领导班子带头撰写《关于加快推进东彭仁新相融一体发展的几点建议》《彭山区政务数据共享和开放情况调研报告》《性侵幼女司法统计分析——基于P区近五年来办理的性侵儿童案例分析》等理论研讨文章8篇，《关于整治彭祖山风景区周边违法收取停车费的建议》《关于妥善解决二孩就近便利入学的建议》社情民意6条。撰写外宣信息20余条，其中《学党史 办实事》在《团结报》刊载实现总支"零"的突破，《粽情飘香节前慰问暖人心》被《人民日报》新媒体刊载，其他信息分别在四川政协网、"今日头条"、四川民建网、眉山政协网、眉山民建网上刊登。

【服务社会】 2021年，10余位会员企业家共捐款200余万元，捐助市退役军人创业基金、市妇女儿童联合会、区教育促进会、市慈善总会，捐助联系村和困难大学生，为群众购买医疗保险等。会员企业家在新冠肺炎疫情严重影响下，稳岗稳产，依法纳税，为彭山经济恢复做出贡献。民建彭山总支组织部分会员在区残疾人日间照料中心开展"不离不弃、携手同行"送温暖活动，为60名残疾人送去价值6500元的生活用品。

（民建眉山市彭山区总支委员会）

中国民主促进会眉山市彭山区总支委员会

【概况】 中国民主促进会眉山市彭山区总支委员会（以下简称民进彭山总支）把政治建设放在首位，注重加强"四个意识""四个自信"和"两个维护"思想教育，从讲政治的高度要求会员一言一行。召开专题研究，完善制定《参政议政工作制度》《民主生活会工作制度》《民主议事决策制度》等多项工作制度。

【思想建设】 全年共组织班子学习3次，会员学习会2次。重点学习中共十九届六中全会，全国、省、市、区两会精神，民进中央十四届四中全会精神，领会习近平总书记在党外人士座谈会上的重要讲话精神。开展中共党史学习教育，将中共党史学习教育与"不忘合作初心，继续携手前进"主题教育活动相结合。共选派会员50人次参加区委统战部、民进眉山市委会组织的百年党史专题学习。运用汇贤学堂、"学习强国"学习平台等载体开展线上党史学习。组织会员到彭山区爱国主义教育基地、彭州市刘邓潘纪念馆等地开展红色教育3场次，组织"学党史 颂党恩"红色经典诵读会1期。组织会员3名参加区委统战部组织的"牢记光辉历史 同心共筑伟业"专题知识竞赛，取得优秀奖。

【组织建设】 补充完善骨干会员信息库，组织骨干会员、后备干部参加民进市委会组织的培训会2次，新发展会员2人，培养积极分子2人。2021年是民进中央确定的"反映社情民意信息"主题年，总支先后组织会员23人次参加省、市参政议政专题培训，履职能力提升培训和社情民意信息培训会，提升会员履职能力和参政议政水平。注重新会员发展工作。以政治标准为首位，严把会员入口关，把一批党派需要、有培养潜质、与中国共产党同心同德的优秀人才发展进民进队伍。

【参政议政】 2021年，民进彭山总支深入观音文昌村开展乡村振兴专题调研，深入彭山一中开展创建国重活动专题调研，全年共组织开展各类专题调研活动5次，为参政议政打下基础。形成并上报区委统战部、民进市委会调研报告5篇，上报社情民意信息7篇。以“靠谱”“支招”为要求，在“会协商、善议政”上下功夫，发挥参政党建言献策作用。截至2021年年底，总支有市政协委员3人，区人大代表2人，区政协委员14人，其中区政协常委3人。在市政协会上提交联名提案《关于打破信息壁垒 助力成德眉资同城化发展的建议》，集体提案《关于进一步提升全市物业小区管理水平的建议》，个人提案《关于对我市部分人行天桥进行合理化改造的建议》。提出2点建议：提升全市物业服务水平；优化营商环境中进一步发挥优秀企业家作用。在区政协会上提交个人提案7篇：《关于进一步打造彭山区稻药现代农业园区的建议》《关于立足当前，加强对果农进行柑橘品改培训的建议》《关于由彭山长寿文化研究所牵头，成立“彭山民间彭祖文化研究协会”的建议》《关于加大城区体育健身场所和设施建设的建议》《关于进一步提高全区物业服务水平的建议》《关于进一步加强彭山区消防建设的建议》《关于建立健全土地生态保护修复机制的建议》。

【服务社会】 组织书法家会员开展“春联万家”活动，惠及群众200余人。号召会员为河南受灾群众捐款，16名会员自愿捐款7000元。走访慰问贫困户6户，为江口街道五一村贫困学生送去慰问金5000元。倡议会员定向购买帮扶对象农副产品。3月，组织部分会员参加植树活动，与其他民主党派一起助力统战林建设。结合民进自身特点，与彭山一中、彭山职高建立党派与学校共建基地，深入学校开展“同心彩虹助学行动”，为品学兼优的同学送去民进的帮助与温暖。共开展座谈会2次，看望慰问同学30人次。与启韵艺术学校建立合作协议，建立党派联校基地。推行人人公益，倡导“服务就在身边，人人可以参与”的微公益理念，鼓励会员参与爱心公益。开展送教下乡、送法入校园、参加志愿者团队、敬老送温暖服务等活动。开展下乡义诊；为观音小学的孩子们送教下乡；下沉社区开展创文创卫、禁毒知识专题宣讲。

（民进眉山市彭山区总支委员会）

中国农工民主党眉山市彭山区支部委员会

【概况】 2021年，中国农工民主党眉山市彭山区支部委员会（以下简称农工党彭山区支部）加强组织建设，学习践行“三严三实”以及反“四风”等方面的要求，聚智出力，履行参政议政职能，服务社会民生，在本职工作和党派工作上取得新成绩。

【思想建设】 2021年，农工党彭山区支部贯彻落实习近平总书记的中共十九大报告精神，组织党员召开党史学习教育会，集体学习《中国共产党简史》《论中国共产党历史》等中共党史学习教育书籍，回顾中国农工民主党与中国共产党一起携手前进、一起共同奋斗、一起经受考验、一起攻坚克难的光辉奋斗历程；组织党员收听收看中共十九届六中全会，领悟学习习近平总书记的报告精神。组织选派党员先后参加农工党省委在江西瑞金组织的“学习中共党史、牢记合作初心”学习教育培训班、市委统战部组织的同心大讲堂、农工党市总支举办的“中共党史学习教育暨牢记合作初心培训班”、彭山区委2021年度年轻干部铸魂工程递进培养班和区委统战部组织的泸定红色学习，同时选派党员参加区委统战部举办的“铭记光辉历史，同心共筑伟业”彭山区统一战线学习中国共产党历史、《中国共产党统一战线工作条例》知识竞赛。10月20日，支部组织全体党员观看爱国主义教育影片《长津湖》。

【组织建设】 2021年，农工党彭山区支部按照组织发展程序，吸收优秀的新生力量加入支部队伍，发展新党员1人（生态环境局的研究生）。11月初的中国人民政治协商会议眉山市彭山区第三届委员会第一次会议上，支部主委乔璐继任常务委员；党员王鑫被推荐为眉山市彭山区第三届人民代表大会代表。

【参政议政】 2021年，农工党彭山区支部提交市政协提案1篇、区政协提案1篇。在区政协二届七次会议，支部提交《关于进一步推进彭山区老旧小区改造及管理工作的建议》提案，在大会作书面发言。安排党员先后参加区政协组织的三胎相关政策调研座谈会、提案办理情况调研座谈会，区委组织部、统战部组织的“老党员、各界人士代表”座谈会等活动，在调研活动现场和座谈会上提出意见和建议。抓好信息调研和对外宣传。全年被各级媒体采稿共计28篇，其中四川新闻网1篇，四川政协网1篇，《四川政协报》1篇，省委统战部3篇，农工党省委9篇，眉山市政协10篇，眉山市委统战部3篇。

【服务社会】 2021年，农工党彭山区支部多次举办服务于百姓的健康宣传和义诊服务活动。3月15日，组织党员并邀请四川省人民医院彭山医院妇科主任在彭山区实验幼儿园举办“与您同行 呵护健康”健康知识进校园公益讲座；4月17日，邀请四川省人民医院彭山医院心血管内科主治医师、心理医师举办周末健康公益讲座；5月28日，邀请四川省人民医院彭山医院妇科主任到彭山一中为高一、高二女学生开展“青春期的秘密”青少年健康保健知识专题讲座；6月6日，组织党员到老年大学开展“关爱老年人视力健康”公益讲座；6月15—22日，组织党员到江口街道、黄丰镇开展百岁老人健康服务活动；10月14日，组织党员和理发师志愿者到谢家街道石山村开展“重阳敬老爱老”活动。加强同结对联系的观音街道蔡山社区的互动联系，做好示范窗口的打造工作。（农工党眉山市彭山区支部委员会）

群众团体

彭山区总工会

【概况】 2021年，彭山区总工会全年对上争取资金任务300万元，争取到省、市项目资金136.28万元，包括农民工关爱服务资金、省总八大群体送温暖资金、省部级劳模慰问金、送清凉资金、乡镇开发区专项资金、省总困难职工帮扶工作经费、社会化工会工作者专项补助、省总专项资金、省财专项资金。

【劳动技能竞赛】 联合区委组织部、经开区总工会，在工业园区、电力系统、幼儿园安全管理等领域，分类组织开展“建功‘十四五’　奋进新征程”系列职工劳动和技能竞赛暨工业园区党建联合体首届职工劳动技能竞赛，全区参赛企业20余家，参赛职工200余人；相继举办全区电工技能竞赛、全区幼儿园安全教育管理竞赛，全区一线电力工人100余名和幼儿园20余家参赛。动员全区规模以上企业结合生产实际，开展劳动技能竞赛，助推企业健康有序发展。主动融入“同城”“双城”战略，组织企业职工参加2021年成渝地区双城经济圈现代制造业技能大赛和四川省第七届职工职业技能大赛。带动全区规模以上企业、重点工程项目立足实际开展岗位劳动竞赛，截至2021年年底，全区共有企业和单位67家参赛，规模以上企业覆盖面90%以上。是年，联合区妇联在凤鸣、观音、谢家街道举办“巾帼家政体验式培训”4期，培训群众162人。

【普惠服务】 开展“普惠购物补贴”“普惠提能培训班”“一元早餐”“普惠进企业”线上线下等系列活动，惠及会员10000余人次，共投入资金20余万元。

【劳动保护】 联合镇（街道）工会干部深入企业，开展安全生产、劳动保护、职业病防治、禁毒知识等宣传活动，发放资料1500余份；组织39家企业1000余名职工参加“安康杯”竞赛答题，其中园区企业参与率100%；联合区红十字会开展“职工安全应急知识培训进企业”活动，提高广大职工自我安全健康意识及防护能力，助力企业安全生产。动员全区企业职工参与全市群众性安全生产隐患排查活动1次，收集安全生产隐患排查30条。

【关爱各类群体】 2021年，彭山区总工会在全区开展“四送”活动。春节期间开展“冬送温暖”活动，联合人社部门在高铁站、汽车站等重点场所设立“返乡农民工宣传服务点”，做好返乡农民工疫情防控、禁毒知识、维权保障等工作，为大家送上《致全区返乡农民工慰问信》《农民工就业创业手册》等政策大礼包和医用口罩、毛巾、牙膏等生活物资。联合区人社局、区邮政针对响应号召就地过年的在外农民工，开展“邮爱相伴 关爱到家”亲情连线慰问活动，并为留守老人及儿童发放慰问品。向上争取农民工返岗补贴2万元，惠及职工近400名。慰问困难职工、一线职工、先进模范、道德模范179人，发放慰问金17.9万元；慰问“八大群体”职工、农民工、农民子女（留守儿童）300人，发放慰问品7.5万元；关爱慰问困难女职工（农民工）24人，发放慰问金1.98万元。联合彭山电信分公司举办返乡人员专场就业招聘会“春送岗位”活动，组织中国平安、彭山久安水务有限公司等参与招聘，活动现场咨询100余人次，达成就业意向近30人。开展“夏送清凉”活动3期，看望慰问机关事业单位、园区企业一线岗位职工2000余名，投入资金14万元；慰问70周岁以上劳模8人，发放慰问金0.8万元。开展“金秋助学”活动，慰问困难职工子女18人，发放慰问金6.7万元。春节慰问省市劳模49人，发放慰问品10.04万元；“五一”国际劳动节慰问省、市劳模49人，发放慰问金及慰问品5.53万元；国庆节、重阳节慰问省、市劳模34人次，发放慰问金2.1万元。安排省、市劳模参加一年一度的体检，为退休并年满70周岁的劳模购买“孝心帮”志愿服务，定期为劳模提供关爱服务活动。在全区范围内推进“劳模创新工作室”的创立和恢复，发挥先进、劳模“传帮带”作用。

2021年1月26日，区总工会慰问南风化工农民工

（区总工会供图）

【为民服务活动】 2021年，召开群团部门工作联席会，解决群团部门工作中的重大问题和重大困难。结合乡村振兴、社会治理等工作，整合全区群团组织优势资源，合力打造群团精品阵地，投入资金10余万元，通过购买社会组织服务方式，在全区6个镇（街道）11个社区开展科普宣传、健康知识普及、亲子活动、安全教育、普法宣讲等为民服务活动。截至2021年年底，开展活动19期70场次。开展普惠活动8次，分别是“幸福工会 快乐生活年”普惠活动、“平安春节·同心抗疫”普惠活动、“为民办实事·工会在行动”技能提升培训班、“为民办实事·普惠活动进企业”、“为民办实事·关爱城市美容师”一元吃早餐、“阅读经典好书·争当时代工匠”好书优惠购等线上线下普惠活动，惠及会员10000余人次，共投入资金20.9万元。

【基层维权】 指导企业开展工资集体协商，联合镇（街道）、园区总工会，深入企业开展劳动用工法律体检，引导企业依法用工，职工依法维权。截至2021年年底，受理法律援助案件6件，涉及职工12人，涉案金额247145元。开展大走访、大排查，联合维权律师团队开展送法进企业、进村社等活动。党组班子成员带队深入镇（街道）、行业、企业开展职工劳动保障宣传，了解企业生产及职工困难等。先后联合人社、司法等部门，在就业招聘现场开展根治欠薪、劳动保障法律法规政策咨询；联合区妇联在“三八”妇女节前深入村（社区），开展《中华人民共和国妇女权益保障法》法律法规宣讲；组织维权律师深入经开区企业，举办法律用工讲座；依托建好的社区、行业共享职工之家，发放法律宣传资料，开设法律讲堂。深入开展企业劳动用工风险排查，加大职工法律援助力度。组织镇（街道）、园区总工会，深入近30家企业开展劳动用工法律体检；办理职工法律援助案件4件，涉及10人，涉案金额21万余元。将劳动调解工作向园区和企业延伸，联合区司法局增加经开区法律工作站工作内容，注重职工和企业日常法宣和职工法律援助。6月，省总工会副主席深入彭山区调研职工劳动保障工作和了解企业劳动纠纷调解工作室建设运行情况，对彭山区法律维权工作予以肯定。

【基层工会组织建设】 2021年，建设完成市级职工之家1个、区级职工之家3个、户外劳动者驿站4个、职工心灵驿站1个、妈咪宝贝屋1个。其中，邮政户外劳动者驿站被评为2021年“四川省最美工会户外劳动者服务站点”，蔡山社区心灵驿站创建为省级示范性职工心灵驿站。9月，省总工会副主席深入彭山区调研新业态劳动者权益保护工作情况，对将职工之家和户外劳动者驿站合并建设、管理、运行的做法予以肯定。组织有意愿职工之家结对共建的企业8家举行“结对共建 联创共赢”签约，为职工搭建一个互助、交流、合作的平台。深入推进“百人以下、25人以上企业”建会工作，新启动社会组织和新业态群体建会入会专项行动，完成新投产企业建会10家，建会率动态保持在92%以上；完成民办幼儿园和民办医院等社会组织新建会19家，超额完成市下达80%的目标任务；通过单建和行业工会吸纳等方式，新增新业态建会3家，完成新业态群体职工入会400余人，同时指导快递行业完成工会组织换届，理顺组织架构，指导规范运行。是年，全区91家企业、行业及社区开展集体协商，培育大黄蜂和中纺粮油协商典型2个。在全市以“聚合力促发展”为主题的优秀职工代表提案征集活动中，彭山区收集优秀职工提案10条。全区6家企业和班组获评眉山市模范职工之家、模范职工小家，4家企业和班组获评眉山市厂务公开民主管理示范单位、先进单位、示范班组，4名基层工会工作者获评眉山市优秀工会工作者。

（王晓忆）

共青团眉山市彭山区委员会

【概况】 2021年，共青团眉山市彭山区委员会累计推报2021年度“全国向上向善好青年”1人，“全国乡村振兴青年先锋”1人，“省优秀西部计划志愿者”5人，少先队省级荣誉4人、集体3个，第24届“四川省青年五四奖章”1人，四川省“两红两优”3人，高于全省平均水平。截至2021年12月31日，全区共有团员8287人，团组织464个；少先队员17229人，中小学少工委22个，特殊教育学校少工委

2021年12月9日，区总工会举办全区工会主席、副主席培训会
（区总工会供图）

2021年7月15日，共青团四川省委书记张荣（右一）到彭州调研
（团区委供图）

1个，青少年宫少工委1个，中队357个（特殊教育学校的2个中队未计入中队总数）。区、镇两级团干部大多来源于体制内，村级团干部大多由“两委”成员兼任。

【团组织建设】 改革团干部选用机制，拓宽团工作骨干来源渠道。优选选调生3名担任专职书记、副书记，从政法队伍中选拔“90后”优秀副科级干部1名挂任副书记，从乡村振兴领域选拔985硕士研究生、新型职业农民1名挂任副书记；在驻地高校选取优秀教师1名兼任副书记。在区委支持下，调剂增加参公编制1名，落实临聘人员1名。依托校地共建，选聘优秀在校大学生4名到机关部室兼任青年干事。6个镇（街道）团（工）委书记全部由实质副科级领导担任，其中4名为党委副书记。考核招聘事业人员1名担任镇团委副书记。社会化选聘6名兼职镇街团干部。专题研究少先队事项2次。以区委名义表扬少先队工作先进集体20个，先进个人30名。开展团教协作会暨中学（中职）团委书记、少先队辅导员培训4次。进行共青团、少先队工作教育督导。落实《区分批入队试点工作方案》，2019级全部实现“分批全童入队”，2020级三批占比30%、40%、30%。开展红领巾争章活动，获评“红领巾奖章”三星章个人10个、中队5个、大队4个，选评“红领巾奖章”二星章个人35个、中队11个、大队9个。推选少先队员代表和成人代表各1名参加第八次省少代会，推选少先队员代表10名、成人代表8名参加第二次市少代会。审议并由区委办印发《区共青团基层组织改革试点实施方案》。出台全省首个《基层党建带团建队建巡察工作细则》。将改革试点纳入深化改革工作和党建群团工作考核内容。新增将党建带团建、推优入党纳入组织工作考核，100分制目标绩效考核分值由0.42分增加至0.66分，增幅57.1%。出台《区团干部管理办法（试行）》，实施“月晒账、季考评、年总结”，强化过程管理。改革团组织设置和运行方式。建立县域团代表联络站，优选团代表130名、委员29名。新建非公企业团组织17个，完成市下达任务141.7%。新增社会领域团组织190个，增长131%，社会领域团组织共计334个，密度56.1。累计实体化青年之家8个，开展公益性活动148次，服务青年3600余人次，覆盖率和活动频率居全省前列。投资22万元实施“五彩群团、爱在寿乡”项目，在村（社区）打造点位13个，开展活动47场，受惠群众800余人。出台《区中学“双积双评”积分入团实施方案（试行）》，新发展团员435人（社会领域35人），初中毕业班13.9%，高中毕业班45%，中等职业学校39.4%。制定《加强中学团校建设实施意见》，实现全区10所中学团校全覆盖。出台《区共青团员“三亮三比”亮分制管理实施细则（试行）》《区共青团推优入党工作实施方案》。

基层组织改革试点工作经验属西部地区唯一，在全国县域共青团基层组织改革扩大试点会上做交流发言。相关改革经验被共青团中央《全团要讯》刊载，全国推广；入选团省委报团中央基建部案

2021年9月7日，彭山区组织召开县域共青团基层组织改革试点工作推进会　　（团区委供图）

2021年12月6日，共青团眉山市委到彭山组织召开彭山共青团基层组织改革试点中期评估会　　（团区委供图）

例，被全国转发学习；专刊登上省委深改办编发的《四川改革动态》；多项经验被团省委《每月要情》《青年工作动态》和天府新青年刊载；被《中国青年报》头版头条、《中国共青团》杂志、“天府新青年”微信公众号等刊载；被人民网、“川观新闻”等省级以上媒体宣传报道75次。

【青少年思想教育】 304个团组织开展以“学党史、强信念、跟党走”的党史学习教育系列活动，参与人数5.4万人。开展庆祝中国共产党成立100周年主题活动。举办“青春向党 奋斗强国”——彭山区庆祝中国共产党成立100周年红色诗词诵读会，团员青年、少年1000余名参与诵读红色经典，抒发爱国情怀。区青少年宫开展“学党史、强信念、跟党走”书画大赛，13个学校、800余幅作品参赛。挂牌成立“区少先队校外实践教育基地”10个。开展“青年大学习”“红领巾爱学习”等网上主题团课、队课，“青年大学习”共27万人次参与，参学比长期超100%，最高居全省第八。组织“新时代文明实践青年分团”“青年讲师团”“红领巾讲师团”宣讲党的理论11场，覆盖团员青年2.5万人次。

【服务青年】 落实《四川省中长期青年发展规划（2017—2025年）》，相关工作在全市中期评估中被评定为“优秀”。与成都市新都区、自贡市沿滩区签订合作框架协议。开展“返家乡”“逐梦计划”活动，对接208名优秀大学生到26个部门、镇（街道）开展社会实践活动。开办绿领英才班，受训学员在第六届中国国际“互联网＋”创新创业大赛获银奖，70余人深度参与。实施“青年创业促进计划”，4个青年创业团队成功申请创业贷款共计33万元。推荐青年参加眉州之星双创大赛、志愿服务项目大赛。举办第六届青年创客训练营活动。获评眉山市“青创计划”先进集体。根据《区青年志愿服务制度改革试点方案》，打造具有彭山特色的志愿服务项目。以社区青春行动为载体，毛店社区全年累计开展邻里融合等活动50余次，覆盖居民4000余人次。推动“志愿四川”平台运用，注册志愿者20950人，建立团队434个，总服务时长30378小时，为志愿服务时长300小时以上的志愿者23名发放物质奖励折合9000余元。

【关爱重点青少年】 运营童伴计划项目点位6个，覆盖留守儿童88名，开展活动200余次，走访106次，惠及2400余人次。累计创建“双零”社区（村）6个。联合区文联、区少工委开展禁毒原创公益作品大赛，共收到作品2400余份，通过“大手拉小手”，形成“亲子同禁毒”的良好局面。开展团团筹、新年微心愿、“爱在暖冬 青心相伴”等活动，帮助24所中小学305名困境青少年。公益助学捐资15000元。区少年宫少工委推出“爱的陪伴 寻找天才少年”系列免费公益课堂28次，受益500余人。

（余 佳）

彭山区妇女联合会

【概况】 2021年，眉山市彭山区妇女联合会（以下简称区妇联）开展党史学习教育，抓好“我为群众办实事”实践活动，激发女性发展创新活力，荣获“全国妇联系统先进集体”称号，工作经验在全省妇联系统交流2次。

【组织建设】 2021年4月底，全区村（社区）妇联51个组织选举产生妇联主席51名，妇联副主席126名，妇联执委765名；10月底，全区镇（街道）妇联6个组织选举产生妇联主席6名，妇联副主席23名，妇联执委154名。深化实施“三联一对接”联系妇女群众、年度工作任务清单、执委月例会等工作制度，《三三模式提升村级妇联组织运转效能》入编《全省基层妇联组织建设与改革典型案例》，经验全省推广。

【"我为群众办实事"实践活动】 形成家庭建设调研报告、法律维权调研报告、乡村振兴调研报告和离婚调研报告4个。开展家政培训、手工编织培训，共培训妇女192名掌握相应技能；聘请专业律师开展法律月讲堂活动。多部门联合开展困难母亲救助，全年共救助困难母亲60名。推进友好型城乡社区儿童之家建设，打造友好型儿童之家10个。

【妇女发展】 坚持培训与就业相结合，围绕双城、同城战略，引入成都先进的手工编织企业，探索订单式手工编织培训，依托手绘幸福里女红手工创意编织室开展培训2期，立足成都等市场需求开展家政培训2期，为农村妇女转移就业提供服务。发挥巾帼致富带头人示范引领作用，在全区范围内开展"巾帼风采·三寻"活动，其中3人获市级"最美果园女主人"称号，2人获"最美餐饮女主人"称号。

【妇女儿童救助帮扶】 建立完善特困难人群的关爱服务机制，依托"五彩群团·爱在寿乡""友好型儿童之家"等项目，全年共开展救助帮扶、健康检查、养殖技术培训等活动88场，受惠群众1700余人次；看望慰问困境留守儿童8名，发放慰问金和慰问品折合共2000余元；结对帮扶困难母亲60人，发放救助金3万余元；救助"两癌"妇女7人，发放救助金7万元；结对帮扶联系户15户，发放慰问品折合1万余元。

【妇女儿童维权】 开展宣讲活动，利用"三八"维权周、"11·25"国际反家暴日等重要时间节点，通过线上线下相结合的方式，扩大宣传覆盖面。开展专题宣讲活动4次，覆盖500余人次。聘请律师开展法律月讲堂活动，全年共开展8次，覆盖400余人次。在儿童之家、家长学校、妇女微家等开展各类法律宣传活动40余次，帮助妇女儿童树立法治思想，助力法治社会建设。开展基层妇联干部能力提升培训班和旁听法院维权案件审理，提升基层妇联干部法治管理水平和维权工作能力。利用"寿乡女性"公众号，设立"12338"妇女维权热线，强化宪法、未成年人保护法、妇女权益保障法、反家暴法等方面内容的宣传推送，帮助妇女儿童解决遇到的各类维权问题。做好城乡基层治理"三大领域"攻坚行动，在农村聚居点治理小区建立妇女微家13个；配合小区党支部，多种形式开展维权、家庭建设、禁毒宣传等活动50余次，覆盖4000余人次。

【信访维权】 坚持妇女儿童维权联席会议制度及家事纠纷调解委员会制度，加强区、镇、村三级维权队伍联动维权，落实维权工作"五项机制"和"八

2021年7月1日，眉山市妇联主席王学芳（左二）调研观音铺社区儿童之家　（区妇联供图）

2021年7月19日，区妇联在四川省妇联系统维权业务研讨培训班上作交流发言　（区妇联供图）

字工作法”，规范妇联组织家事调解程序。全年共接待并化解来访41起，信访办结率100%，未发生民转刑案件。7月，《“四个强化”构建家事纠纷调解新模式》在四川省妇联系统维权业务研讨培训班上作交流发言，被编入《四川省基层妇联维权工作经验交流材料汇编》，经验在全省推广。

【家庭建设】 开展“家庭经典诵读”“颂歌献给党”“公益直播课”等活动，播放“家长履行监护职责”“防范未成年人受侵害”等公开课110余次；开展网络公益直播课程1次，在线收看500余人；征集“家庭经典诵读”“颂歌献给党”等视频80余条。强化家长学校建设，完成全区家长学校全覆盖，统一为城区家长学校购买社会组织服务。截至2021年年底，开展“幸福护航”“基于尊重的沟通”等家庭教育讲座5期，亲子手工制作130余次，安全教育11次。建立“最美家庭”常态化寻找机制，把寻找“最美家庭”列为妇联工作重点，动员广大农村妇女和家庭积极参与，选树区级最美家庭10户。（张夏悦）

彭山区科学技术协会

【概况】 2021年，彭山区科学技术协会（以下简称区科协）完成全区镇（街道）科协组织换届工作，由镇（街道）党（工）委副书记兼任科协主席。召开区科协第二次代表大会，总结工作得失，提出今后五年科协工作的总体思路和重点任务。加大对科技工作者的关心关怀，召开科技工作者座谈会，深入企业、学校、农技协走访、看望、慰问优秀科技工作者，倾听他们的意见建议。区科协被省科协评为“2021年度精准服务科技工作者（团队）优秀组织单位”，被市科协评为2021年度科普活动先进集体、2021年度服务全民科学素质提升先进集体、2021年青少年科技教育工作先进集体。

【天府科技云服务】 在全区开展天府科技云平台宣传推广工作，开展天府科技云进机关、进协会、进学校、进企业、进社区“五进”活动。开展天府科技云服务工作，推动经济与科技智能对接，建成彭山区天府科技云服务中心并通过省、市科协验收。引入第三方服务机构，确保云服务中心高效有序运转，区科协获评省级天府科技云服务示范引领案例1个，成功创建省级天府科技云科普惠民共享基地6个。组织参加省首届科创大会，在全区征集遴选科创项目16个并在大会上公开发布，达成合作意向1个。

【青少年科技创新】 在彭山区第一小学开展以“崇尚科技　创造未来”为主题的校园科普节活动；在彭山第一小学、公义镇中心小学、公义镇童伴之家开展“科普大篷车进校园”活动，参加活动师生3000余名。组织全区中小学校参加市20届青少年科技创新大赛和省36届青少年科技创新大赛，获市级一等奖13个、二等奖32个、三等奖56个，获省级一等奖1个、二等奖1个、三等奖4个。区科协

2021年9月16日，市、区科协和教体局在彭山一小联合开展以“崇尚科技　创造未来”为主题的2021年全国科普日校园科技周活动（区科协供图）

2021年9月17日，市科协、区科协、观音街道在观音铺社区开展新时代文明实践活动——科普进社区 （区科协供图）

2021年5月28日，市、区科协在凤鸣公园开展第五个全国科技工作者日活动 （区科协供图）

被评为第36届四川省青少年科技创新大赛“基层优秀赛事组织单位”。联合教体局在全区中小学开展“校园科技周”活动，其中彭山区一小校园科技周活动被中国科学技术协会表彰为2021年全国科普日优秀活动。

【科普宣传】 分别在公义镇、观音街道开展科普进社区主题活动26场，发放涵盖实用技术、疫情防控、低碳环保、防灾减灾、健康生活、安全生产、反邪教、禁毒、“三创”等方面的各类科普宣传资料2万余册，受益群众3万余人次。指导各基层科协结合实际组织科普志愿者开展形式多样的科普宣传活动。在观音葡萄协会、红阳猕猴桃协会、黄丰果品协会开展施肥、清园、绑枝、修枝、病虫害管理方面的各类科普培训、讲座。全年各农技协开展各类实用技术培训18场，发放各类科技资料1000余份，受益人数2000余人次。

【服务乡村振兴】 在技术、项目、资金等方面加大对乡土人才培育扶持力度，邀请乡土人才开展专题授课和现场培训。彭山区乡土人才李利红在第五届四川省乡土人才创新创业大赛中获金奖。深化“银会合作”项目，助力产业发展，向上争取贴息资金9万元，区级财政配套9万元，为解决农技协及会员户融资难、融资贵问题做出贡献。 （周翔宇）

2021年4月16日，彭山区选手李利红（右二）获四川省乡土人才创新创业大赛金奖 （区科协供图）

彭山区工商业联合会

【概况】 2021年，彭山区工商业联合会完善主席办公会、轮值主席（会长）会、兼职副主席（副会长）工作述职办法、商会重大事项报告等议事报告制度，制定机关干部联系商会和重点会员企业、兼职副主席（副会长）联系基层商会等联系走访制度。开展交流拓思路，相互学习促提升，全年共组织机关干部外出学习交流2次，接待外地工商联前来学习考察2次。3月，区委批准设立“彭山区非公有制经济服务保障中心”，做好招商引资工作。发挥工商联（商会）对外交流优势，宣传推介彭山。收集对接项目3个，意向投资共2.6亿元。

【参政议政】 做好民营经济代表人士换届政治安排，向区人大、区政协推荐民营经济界别的人大代表、政协委员80余名；提高民营企业家参政议政水平，开展参政议政培训2次，培训100余人次，收集到会员企业家提交调研报告1篇、各类提案9篇、建议意见20余条；建设参政议政智库，智库专家学者共30余名，涵盖经济、环保、社会等各类学科；组织会员企业49家注册全国工商联民营企业调查系统，全年完成全国工商联、四川省工商联发布的各类调查问卷8次，填报率90%以上，荣获“全国工商联2021年度民营企业调查点工作先进基层单位”称号。

【服务企业】 拓展财税融资服务平台，解决2021年年底中小微企业“融资难、融资贵”的问题，并与眉山农商行彭山支行共同成立果业商会专项金融服务平台；引导各金融机构到果业商会、谢家街道商会等开展银企对接4次，共对接会员企业20余户，对接资金1.8亿元。开展“我为群众办实事”实践活动，全年共走访会员企业10余次，收集困难问题15件，采取“企业＋商会＋区职能部门＋乡镇政府＋法律顾问”的创新模式，化解涉企矛盾，维护商会会员的合法权益。

【引导企业服务社会】 引导商会会员投身公益事业，动员会员企业9家通过彭山教育促进会，对2021年高中教育2家先进集体、3名先进个人和20名优秀学生进行表彰，筹集教育奖励资金100万余元。7月上旬，为支援河南防汛救灾，区工商联（商会）系统共有会员企业63家通过四川省光彩事业促进会向河南灾区捐款28万余元；重阳节期间，组织商会2家、会员企业20余家，为彭山区老人700余名开展慰问活动4次，捐助各类物资价值7万余元。动员号召全区民营企业、企业家们参与“百企联百村 共走振兴路”行动，29家企业及商会开展各类项目帮扶振兴行动，投入资本800余万元、公益捐资捐赠100余万元，解决就业600余人；依托“百企联百村 共走振兴路”行动，打造示范基地2个。

【民营企业家教育】 开展以“学、走、访、干、比”为主题的系列党史学习教育活动，先后组织民营企业家共300余人次进行学习，非公经济代表人士参学率100%，学习方法被《中华工商时报》刊载。转发中央、省、市工商联和有关部门关于民营企业“援企稳岗政策进民企、促和谐、助发展”，劳动法进民企暨企业规范用工“云”讲堂，“川商云课堂”等线上培训课堂；分别组织民营经济代表人士20余名，参加省委统战部、省工商联、市工商联、区委统战部组织的走出去学习培训5次。全年共组织民营企业20余家开展“送法入企入商会”“民营企业法治体验”活动4次，指导会员企业2家成功建立现代企业制度。

【基层商会建设】 2021年4月30日，彭山区工商业联合会（商会）第三届会员代表大会在兴铁宾馆召开，选举产生执委63名（新安排执委43名），企业家副主席8名（新安排副主席7名），企业家副会长8名（全为新安排）。推进基层商会改革和建设，在彭山区5个镇（街道）建立商会，基层商会覆盖率83%；建立行业商会2个、异地商会2个，筹建商会1个。会员共611人，覆盖彭山区民营企业集中的行业和新兴产业领域80%以上；完成登记注册商会4个，完成资料准备商会3个；完成阵地建设商会3个。加强工商联所属商会党建工作。各镇（街道）商会选配统战联络员，主要由各镇（街道）商会秘书长担任。指导6个所属商会成立党支部，基层商会党组织覆盖率80%以上；指导观音街道商会新建民营企业党支部6个，其中3位副会长担任党支部书记。

（易昌明）

文学艺术界联合会

【概况】 2021年，彭山区文学艺术界联合会（以下简称区文联）完成《眉山市彭山区彭祖文学艺术奖评奖办法》的起草工作，并按相关程序完成办法修订。6月，策划举办“讴歌百年辉煌 凝聚奋进力量”——眉山市彭山区庆祝中国共产党成立100周年文艺作品展，参观人数突破万人次。承办“眉山市彭山区乡村振兴采风文艺创作”活动，共收到优秀文艺作品200余件，挑选出45件扎根农村、展示农村、惠及农村的优秀文艺作品，入围此次创作展览活动。是年，各协会多次开展相关文艺人才培育的活动。区摄影家协会每两个月开展看片交流会1次，邀请省、市各级摄影家共同参与点评会员作品，提升创作水平；区收藏家协会每两周开展藏品交流会1次，相互切磋学习，去伪存真；区书法家协会组织不同形式的培训活动，带领会员再创佳作。是年，彭山区书法家康永久成为中国书法家协会会员。区文联下属各协会会员书画作品获国家级、省级以及市级奖项100余件；摄影作品入展省级以上展览30余幅；区级奖项各类入展、获奖作品500余件。

【彭山区老年书画研究会】 2021年，彭山区老年书画研究会组织会员到凤鸣街道办事处城东社区开展“送福送春联”活动，送出“福”字和春联300幅（副）。3月，组织4位老师辅导彭山一小、彭山二小6位学生，参加四川省关心下一代工作委员会、四川省教育厅、四川省文学艺术界联合会、四川省书法家协会等6个部门主办的“老少牵手，庆祝建党一百周年书画大赛”，获得一等奖1项、优秀奖2项。

协会会员主讲楷书的用笔和结体4课，听课会员68人次。特别邀请国家一级美术师进行线上培训学习5次。特别邀请成都市著名青年画家进行写生创作指导2次（彭祖山写生创作、五湖四海写生创作）。开办培训班1次，参加培训学员18人。

组织会员在“讴歌百年辉煌 凝聚奋进力量”——眉山市彭山区庆祝中国共产党成立100周年文艺作品展中投稿及看稿。组织会员到彭祖山、五湖四海开展采风写生活动。组织会员参加川渝两地“非常梦想——农民工书画摄影大赛活动”，胡荣富获美术类优秀奖，康永久获书法类三等奖，吴树明获书法类优秀奖。组织会员开展为期15天3个点位（公义、黄丰、谢家）的文艺助力乡村振兴采风写生活动，康永久、游洪全、柴世明、吴树明、陈汉兴获书法作品优秀奖，倪兴国、曹德华、陈汉兴获绘画作品优秀奖。协会会员李久明、吴树明、曾光中、伍大顺、陈学林、帅成清、游洪全、康永久、柴世明的书法作品和王晓林、陈贵全、王文邦、倪兴国、罗永祥、罗玉辉、曹德华、陈汉兴、周树云、胡荣富的美术作品入展区委宣传部举办的“百年辉煌 百花齐放——党旗下的我们”文艺作品展。游洪全获省“学党史、颂党恩、听党话、跟党走”庆祝中国共产党成立100周年——四川省老少牵手书法征文活动一等奖。康永久、吴树明书法作品入展川中南七市联展和庆祝中国共产党成立100周年美术、书法、摄影作品展。柴世明作品《王以明》获艺巡中华公益文化活动——“英雄赞歌杯”全国书法与美术大赛银奖。曹德华作品在四川省首届老年美术作品展中获优秀奖。

【彭山区摄影家协会】 2021年，彭山区摄影家协会组织会员开展摄影艺术交流培训活动10期（每月1期）；指导会员参加中国第18届国际摄影艺术展、四川新风景摄影展和四川第18届摄影大会展等活动；与区总工会举办职工摄影艺术培训2期。承办区“建党100周年”摄影展，展出作品80幅；承办彭山区重阳节摄影展，展出作品60幅。开展乡村振兴摄影采风创作10次，为区委、区政府提供摄影作品500余幅。

会员盛晓波摄影作品《水街夜色》获四川省

第18届摄影大会金奖，《贡嘎奇云》入展第一届“最美西南”全国摄影大展；袁志福摄影作品《张献忠江口沉银遗址发掘现场》获四川省第18届摄影大会优秀奖；柴树清摄影作品《藏家女》荣获香港第十一届全国摄影艺术展览“新闻及纪实摄影”铜奖，《花开时节》《五彩缤纷悦城夜》入展四川新风景摄影展；张勇摄影作品《沃土》入展“大河上下”黄河流域九省（区）艺术摄影展。15名会员的30幅摄影作品入展由四川省文化和旅游厅主办的“凝聚辉煌·见证初心”——庆祝中国共产党成立100周年摄影展。

【彭山区收藏协会】 2021年，彭山区收藏协会建立以主席、副主席、秘书长为核心的班子。各理事对协会工作分工管理，具体落实到人，学习、宣传、会务、账务分工管理，相互合作。在彭山区收藏协会艺术品交流中心为省内外及全区爱好者提供学习交流平台，吸引各地收藏爱好者了解、宣传彭山历史文化。5月，聘请四川省收藏家协会法律顾问宣讲国家在有关收藏中的法律法规，聘请四川省古陶瓷收藏大家向协会会员讲解古陶瓷及明清瓷的鉴赏收藏知识。5—6月，带领会员多次前往成都、洪雅、射洪、温江、三台等地，参观博物馆、交流会等学习交流；协助区文联在彭山区竹韵长廊举办“庆祝中国共产党建党100周年”红色书画摄影藏品展。7—8月，在彭山区烈士陵园举办庆祝中国共产党成立100周年的红色藏品展。10月16日，同中国古陶瓷学会四川研究中心及四川省收藏家协会陶瓷专委会共同在彭山区止语雅集举行大型研讨会。每周星期日下午在协会定点开展以协会成员为主的研讨学习活动，吸引许多外地藏友到彭山参加活动。是年，区收藏协会奇石专委会会员以彭山岷江文字石参加全国各项展赛并获奖；4月26日，吴凯和倪成学到北京国家会议中心参加庆祝中国共产党成立100周年“唱支山歌给党听”展览交流，吴凯获金奖1个、银奖1个，倪成学获银奖1个；6月25日，吴凯参加中韩文化交流·河南省灵宝市“函谷关”杯国际赏石博览会，获金奖2个。奇石专委会组织石友参观在成都市温江区举办的国家级“女娲”杯奇石展，每月举办赏石、交流、培训活动1次。

【彭山区音乐家协会】 2021年2月，彭山区音乐家协会协助市音协开展川剧《先驱》创作，即郭祝三革命历史的采风活动。3月，配合四川八百寿酒业有限公司开展一年一度的宣传、订货联谊会。5月，与青神音协开展采风交流与音乐创作活动。6月，开展庆祝中国共产党成立100周年音乐、舞蹈作品展示展演会。7月，组织观看由四川歌舞剧院创编的庆祝中国共产党成立100周年舞台艺术精品舞剧《英雄》。9月，组织完成彭山区音协新会员的入会工作，新增会员20人；协助区文化馆开展参加全国群星奖四川赛区声乐比赛的事宜。创作出《榜样》（王珂作词，向顺、李雨燊作曲）和《点亮生命》（向顺作词、作曲）音乐作品2首。全年开展具有地方特色与行业特点的音乐艺术活动10余次。

【彭山区书法家协会】 2021年，彭山区书法家协会围绕“以文塑城，以文名区”的既定文化目标，主动配合区文联各类文化工作和活动的开展，加强与其他协会的联动交流合作。备战年度省、市、区乃至全国各项、各类书法比赛展览，吸收新会员，培养书法骨干作者。在中国共产党成立100周年庆典之际，倡议广大会员和书法爱好者创作优秀书画作品，投身到“讴歌百年辉煌 凝聚奋进力量”——眉山市彭山区庆祝中国共产党成立100周年文艺作品展工作中。

【彭山区作家协会】 2021年，彭山区作家协会组织开展“讴歌百年辉煌 奋进崭新征程”征文创作活动、音频展播活动，参与投稿30余人，收到稿件70余篇（首），汇编成册（征文集）优秀作品40余篇作为资料发送给有关部门和人员交流。与区融媒体中心等单位合作，推出征文作品音频展播共8期，参与创作、朗诵等会员10余名。组织会员参加上级有关部门的征文活动，河清、杨成儒等多名会员的征文作品被省级平台录用或展出。在协会公众号“彭山文苑”推出征文作品专刊3期。开展“三月笔会”“清明诗会”“文学助力乡村振兴”等采风创作活动。召开“古诗词研讨会”，7名会员加入四川省老年诗词学会。组织会员参加著名作家刘小川、著名学者蔡天新教授的讲座，参与“马平新作分享会”“龚莹莹新作研讨会”等，参加会员是除市区外最多的。5月，承接“川黔散文作家采风团”20余人采风江口沉银、彭祖山等，陪同采风会员10余名。通过鼓励创作、联络发表、推荐发表等方式，为会员拓展发表平台，陈群、故事、河清的诗歌在《四川日报》《时代文学》《鸭绿江》等省级刊物发表，突破发表瓶颈。覃贤茂、盛云树、宋学镰、李艳芬、柴世明、徐敬德等的诗文在《诗歌月刊》《格调》《神州文学》等省级报刊发表。李明菊获中共四川省委宣传部、四川省教育厅等联合主办的“经典诵写读”征文二等奖，盛云树、李新中、河清、徐敬德等10余名作者获得省、市、区多项征文比赛等级奖及优秀奖。中国作家网、中国诗歌网等大量网络平台发表会员作品100余件。

【彭祖书画院】 2021年，彭祖书画院通过外请和内举、培训班等多种形式，开展书画培训活动。组织会员投稿及看稿、举办写生活动，开展“非常梦想——彭山农民工书画摄影采风活动”，书画院开展书画助力乡村振兴交稿看稿、创作交流活动。

【彭山区舞蹈家协会】 2021年，彭山区舞蹈家协会与彭山区音乐家协会共同举办“庆祝中国共产党成立100周年”音乐、舞蹈作品展示展演会。会员参与“彭山儿女心向党”庆祝中国共产党成立100周年文艺晚会，排练1个月，正式演出获得好评。指导并参加海星艺术培训学校汇报演出。会员代表彭山区参加四川省首届乡村文化振兴魅力乡镇竞演大赛（眉山赛区），参演节目《李密还乡》荣获二等奖。多次参加区上文艺演出、下乡活动。

【彭山区美术家协会】 2021年，因新冠肺炎疫情防控工作，眉山市彭山区美术家协会未开展大型书画交流学习活动，以组织会员在家创作、组稿送稿、线上展示、群内交流为主导方式开展活动。组织会员创作抗疫题材书画作品，参加省、市、区主办的抗疫题材书画展；组织“四川省工业题材”书画展作品创作工作；组织参加省、市、区各类“建党100周年”纪念性展出活动；协助区美术馆组织参加“成渝德眉资五市五区五馆书画联展”；组织会员参加眉山国画院2021年度作品展；协助区退役军人事务局完成“老兵永远跟党走·传承红色基因·书写寿乡风采”优秀文艺作品评审工作。（袁志福）

彭山区社会科学界联合会

【概况】 2021年，彭山区社会科学届联合会以“把握导向，整合资源，凝聚力量，注重实效”为工作思路，深入研究彭山区改革、发展、稳定中遇到的重大理论和现实问题，在决策咨询、社科评奖、社科普及和社科组织建设等各方面取得新进展，服务社会经济发展。

【课题研究】 2021年，彭山区社会科学界联合会围绕中国共产党百年奋斗的光辉历程、伟大贡献、初心宗旨、理论成果、伟大精神、宝贵经验等内容，组织开展专项课题研究。组织申报“眉山市彭山区深化小农户与现代农业有机衔接的探索实践”等市级课题研究2项并结项。组织区内广大社科工作者申报区级课题，确立“中国特色社会主义制度的优势”等课题27项为2021年度区级课题，加强对立项社科课题的管理、服务与指导，截至2021年年底，区级课题全部结项。做好《眉洲学刊》稿件选送推荐工作。召开《百岁人生》《武阳买茶》《彭山孝行故事》彭山文化读本专家评审会，根据专家所提意见建议进行修改完善。截至是年底，完成《武阳买茶》《百岁人生》《彭山孝行故事》彭山文化读本编辑。参与开设地方特色文化课堂10余期。

【社科基地建设】 组织开展社科活动月活动，以“悦读党史·书香彭山”活动为载体，围绕庆祝中国共产党成立100周年这一主线，结合党史学习教育，依托“系辞读书”阅读品牌，在线上和线下扩大全民阅读活动的覆盖面和影响力。区级社科基地区图书馆开展阅读推广进校园系列活动，走进公义红色教育研学基地开展“童心颂党史”系列活动。在彭祖山景区开展“童心向党 颂我中华 争做新时代好少年”系列活动。区级社科基地江口街道小学开展中华传统优秀文化进校园实践活动，邀请太极协会老师为广大师生教授太极。

【科普活动】 以“喜迎建党100周年 科技助力乡村振兴”为主题，为广大群众送去种养殖实用技术，禁毒、安全、法律、健康生活、反邪教、防诈骗、文明城市创建等方面的科普书籍和资料。共发放各类科普读物和资料4000余份，受益群众6000余人。开展“科普大篷车”进校园活动，组织科普志愿者向学生讲解各类科普小知识，结合科普大篷车的科普道具，现场为学生们讲解、演示。 （康文翔）

彭山区残疾人联合会

【概况】 2021年，彭山区残疾人联合会配合民政、人社、医保等部门，落实残疾人医疗保险、低保救助、两项补贴等社会保障政策，超额完成九项残疾人民生工程任务。

【残疾人保障服务】 为贫困脑瘫儿童21名提供康复救助；为贫困听力残疾儿童6名提供康复救助；为困难偏瘫、截瘫残疾人6名提供康复救助；资助白内障患者119名实施复明手术。对困难残疾人家庭45户实施家庭无障碍设施改造；为残疾人423名适配基本型辅助器具和体育用具；集中（居家）托养智力、精神和重度肢体残疾人380名。

【残疾人教育就业】 对240名残疾人开展农村残疾人实用技术培训。对全区小学、初中、高中及以上在校残疾学生107名进行教育资助，其中小学生每人每年1000元，初中生每人每年1250元，高中及以上每人每年2000元，总金额12.225万元。推进残疾人居家灵活就业，对282名残疾人发放每人1000元创业（就业）直补金。推进按比例安置残疾人就业工作，征收残疾人就业保障金530万元。

【残疾人民生工程】 2021年，深化“量服”工作，为全区持证残疾人7441名提供“量体裁衣”式个性化服务；安排资金8万余元，支持5个残疾人专门协会开展扶残助残活动；在每个镇（街道）选出一个示范村（社区），开展村（社区）规范化建设试点工作，11月底全部完成；配合民政、人社、医保等部门，精准落实社会保障政策，残疾人享受城乡医疗保险缴费补贴3667人，享受低保救助1849人，享受困难残疾人生活补贴2194人，享受重度残疾人护理补贴2656人。10月，完成区残疾人康复中心综合楼建设项目主体工程建设任务。 （徐建华）

彭山区红十字会

【概况】 2021年，眉山市彭山区红十字会新发展基层组织19个，发展会员100人，注册志愿者20人。成立区红十字应急救援分队1支，成立“眉山市彭山区红十字会警察服务站”，在区青少年社会实践基地建立区红十字青少年教育基地，争取到省红十字会关于实施红十字社区健康促进项目1个，项目资金3万元。起草《眉山市彭山区红十字会改革方案》。制定并印发《眉山市彭山区红十字会关于加强全区红十字队伍建设的实施方案》，规范新建（或已建）基层红十字会并指导其开展工作。召开眉山市彭山区红十字会第四次会员代表大会。选举产生区红十字会第四届理事会理事、常务副理事、会长、常务副会长、兼职副会长；成立监事会，选举产生监事会监事、监事长和副监事长；聘请名誉会长；提名通过秘书长人选。与成都市新津区红十字会签订同城化发展协议，从红十字会特色工作入手，就整合应急救援资源、开展急救师资交流、打造应急救护平台、建立救援联动机制、宣传志愿服务典型、联合开展大型活动等进行合作，推进红十字事业同城化发展。全年开展急救师资座谈会、参观学习等交流活动2次。获中共眉山市彭山区委表彰的“2021年度群团工作先进集体”称号；区红十字应急救援分队队长张健被中国红十字会总会评为“全国红十字志愿服务先进典型”。

【疫情防控】 组织红十字救援队队员和志愿者共50余名在区人民医院参与疫情防控工作，协助完成核酸检测9000余人。

【公益活动】 在街道（社区）、区青少年社会实践基地、中小学校、企业等开展急救知识普及培训14期，培训人数2500余人。分别在学校、景区、企业等开展应急救护培训7期，参加培训650余人，取得红十字救护员证520人。红十字应急救援分队开展志愿服务活动10次以上，服务时长近1000小时。在“5·8”世界红十字日、“6·26”国际禁毒日、“99”公益日、“世界急救日”和“12·1”艾滋病日期间开展宣传活动5次，发放各类宣传资料1万余份。开展造血干细胞宣传、采集和人体器官捐献活动2次，完成血样采集43人。收集全区民辅警及家属服务需求，与爱心连线志愿服务团队达成合作意向，开展主题为“心心相印，携手共进”团体心理辅导活动1次。在区青少年社会实践基地建立区红十字青少年教育基地，面向全区各中小学生开展应急救护、红十字知识、心理健康、卫生常识等普及培训。区红十字应急救援分队在全国高（中）考期间，分别组织救援队队员10名和志愿者30余名，开展服务高（中）考志愿活动，为全区4200余名高（中）考考生保驾护航。河南灾情发生后，区红十字应急救援队奔赴当地开展救援行动，共转移被困群众860人，水上转运急需物资约1.5吨。国庆期间，组织红十字志愿者和救援队队员20余名，分别在希望城和彭祖山风景区开展“关爱生命救在身边”应急救护志愿服务活动。

【扶贫济困】 开展春节“送温暖”活动，组织红十字志愿者分别到黄丰镇共和村、公义镇保胜场社区和江口街道泉水社区，为困难群众30户发放家庭包共30个，总价值6525元，受益100余人。将爱心人士捐赠的总价值2855.3元的学习用品发放到黄丰中心小学部分贫困学生手中。争取到中国红十字基金会“小天使”救助基金6万元，分别救助白血病患儿2名。做好“99”公益日资金募集工作，共募集线上捐款105731元。全年走访慰问贫困户、老党员共5次，送去总价值6000余元的帮扶资金及慰问品。（吕艳霞）

法 治

政 法

【概况】 2021年，彭山区政法部门以平安彭山建设为主线，以政法队伍教育整顿为抓手，以市域社会治理现代化试点为载体，抓实落细保安全、护稳定、强治理各项举措，维护全区政治安全、社会安定、人民安宁，推进政法工作走在守正创新的实践前沿，为全区经济社会高质量发展提供政法保障。

【队伍建设】 贯彻落实《中国共产党政法工作条例》及四川省实施细则，执行重大事项请示报告、政法委员会述职评议等制度，全年政法各部门向区委、区委政法委请示报告重大事项111件。开展政法队伍教育整顿，查实并整改“六大顽瘴痼疾”问题127个，核查违纪违法问题线索39条，政法干警主动投案15人，组织处理58人，给予党纪政务处分16人，采取留置措施4人。坚持边治边改边建，在管方向、管事权、管人3个方面出台或修订制度84个。区委政法委机关教育整顿工作经验全省交流。组织开展“万案大评查”，全年评查案件110件，整改瑕疵案件、不合格案件38件，化解涉法涉诉“治重化积”案件10件，清理未收押未收监人员13人。

【维稳工作】 把政治安全放在首位，落实防范、管控、教转各项措施，开展政治重点人、邪教人员教转攻坚专项行动，全年未发生政治安全案（事）件。全年重大决策和项目社会稳定风险评估审查备案率100%；排查住建、金融、征地拆迁、民工工资等领域重大涉稳问题22个，化解不稳定因素238件；完成各级领导到彭山考察调研安保等任务96次，完成全国两会、全省两会、中国共产党成立100周年、

2021年6月29日，区委常委、政法委书记郭益（中）督导观音街道“七一”信访工作 （区委政法委供图）

中共十九届六中全会、市区三会等重大敏感节点维稳工作，实现“五个坚决防止发生”目标。中央、省、市交办的第一批“治重化积”案件42件全部化解销案，中央交办的第二批15件完成省下达的45%目标任务。维稳综合指标全市排名前列。

【社会治理】　做强区县特色，创建“3＋6＋N”市域社会治理彭山品牌，建成全市首个区级社会心理服务中心，承办全省社会心理服务体系试点建设现场观摩交流会，“三个三”社会心理服务模式在全省推广，基层经验在中央政法委《长安》杂志刊发；完成市域社会治理现代化试点中期评估，市域社会治理现代化试点工作全市排名靠前。全区村（社区）配备“五员”（社会治理委员、警务助理、禁毒社会工作人员、专职网格员、专职人民调解员）队伍，共配备社会治理委员51人，警务助理53人，禁毒社会工作者58人，专职网格员200人，专职人民调解员69人，“五员”万人比全市最高。在全市率先推行“一村一法律顾问”；在全市率先打造“力量整合最强、资源集成最全、信息化程度最高、诉求办理最优”的群众诉求服务中心，2021年年底完成主体工程；在全市率先建设社会治理指挥调度平台，实现政务、网格、应急、综合执法等部门数据共融共享，探索社会治理综合管理运行新模式。

2021年10月1日，区委常委、政法委书记冷劲涛（右一）调研谢家污水处理厂　（区委政法委供图）

【平安建设】　完成“我为群众办实事”项目26项，解决群众关心关注和急难愁盼问题，破解小区治理难题、治安乱点乱象等问题。修订《彭山区举报治安隐患行业乱象及违法犯罪线索奖励办法》，发动群众参与平安创建。建成智慧平安小区33个，超额完成市下达目标，建成率、覆盖率、使用率全市第一，考核排名全市第一；推动雪亮工程、天网工程优化升级，成立无人机中队和警犬中队，实现人防、技防、物防有机结合。开展禁毒攻坚行动，健全党管禁毒工作体制，构建“六全”毒品治理体系，完成禁毒重点整治攻坚战各项目标任务，提前实现省级禁毒重点关注地区“摘帽”。打击电信、“食药环”等领域违法犯罪，破获“6·8”“9·30”电信诈骗案，部督“11·8”信息网络犯罪等重大案件，查处“食药环”案件8起。江口派出所依托互联网载体打造“江口微警务”；校园警务工作接受公安部、教育部联合检查，典型经验全省推广。全区治安案件、刑事案件发案率实现2018—2021年连续4年下降。审结郭某等23人涉黑案件；破案18起，刑拘18人，移送起诉27案38人。开展信息网络、自然资源、交通运输、工程建设四大行业领域专项整治，破获信息网络领域案件45起，查处非法营运车辆和网约车违规经营61起，严重超限运输车辆292台，查处污染环境问题48起，查处自然资源领域违法线索问题9起。健全矛盾纠纷排查发现、信息共享、研判预警、协调联动、跟踪回访五大机制，化解涉婚姻家庭重大矛盾纠纷案（事）件3起，全区2018—2021年连续4年未发生“民转刑”命案。（周建勇）

公　安

【概况】　2021年，共立刑事案件1094起，其中侵财性案件865起（盗窃案件516起，诈骗类案件349

起），较2020年同期766起上升42.82%。全局结案512起，较2020年同期370起上升38.38%。全年共抓获网上逃犯37人，其中外省逃犯2人。先后破获了观音系列商铺被盗案、刘某等人涉嫌帮助信息网络犯罪活动案、夏某洪等人寻衅滋事案、“4·9”金山游戏案等重大案件。

2021年4月21日，彭山区公安分局在分局机关大楼举行涉案财物返还仪式　（彭山区公安分局供图）

2021年4月21日，彭山区公安分局举行赃物集中返还仪式　（彭山区公安分局供图）

【队伍建设】 2021年，彭山区公安分局推进政法队伍教育整顿和党史学习教育，狠抓政治建警、从严治警、素质强警、从优待警、文化育警、作风立警，提升“四化”水平，建成“四个铁一般”公安队伍。全年24个集体、121人受到表彰奖励，获市级以上领导肯定批示5条，其中3个集体、9人受到省级以上表彰。分局被评为眉山市全国文明城市暨国家卫生城市创建工作先进集体，江口派出所被四川省公安厅评为防汛救灾工作成绩突出集体，命名为全省公安机关最强党支部；特巡警大队被公安部荣记集体一等功，获评全省公安机关成绩突出集体。郎古邓知家庭荣获全国文明家庭荣誉称号；李巍被四川省公安厅、四川省人力资源和社会保障厅评为遂行建党100周年安保维稳任务先进个人；郑超被四川省公安厅荣记个人二等功1次。是年，在省厅百佳社区民（辅）警评选中，分局共有2人上榜。召开述责述廉报告会1次、政治承诺会1次。组织旁听职务犯罪案件庭审，组织“关键少数”赴廉政警示教育基地，开展集体对照正反典型“照镜”。在队伍教育整顿期间，开展从宽从严政策宣讲30余场次，开展谈心谈话4轮次，全覆盖784人次；完成自查事项填报4轮次，全覆盖1063人次。通过内部巡查、外部协查，数据筛查、案件核查、线索倒查等多种手段，组织处理62人，协同纪检部门对违纪违法行为实行“零容忍”。推动制度建设“废立改”，修订和完善内部管理制度10余项。

2021年6月25日，省政法队伍教育整顿第十七驻点指导组公安现场指导专班负责人邓维民（右中）一行三人到彭山区公安分局评估验收队伍教育整顿工作　（彭山区公安分局供图）

【社会治安】 结合辖区道路交通状况和重点目标、重点区域分布，优化快反圈层划分，实现快速反应网络全覆盖，突出政府机关、商圈、汽车站、广场等人员密集场所，合理划分“135”分钟快速反应处置圈层和重点目标点位。在处置反恐怖、反暴力袭击等严重暴力刑事案件中快速集结，处理各类街面突发事件和接受群众求助。成立无人机中队和警犬中队，在执行救援、搜寻、侦查、巡防等任务时有效破解空间与地域限制，提升打击现行违法犯罪活动的精准度和成功率，为传统警力提供空中视角、精准搜捕力量，实现人机犬联巡、互动，全面提升立体巡防力度。

【创新警务】 2021年，凤鸣派出所打造“家门口警务室”，推动城市“立体防控”建设，发挥机制效能。6月，成功抓获严重违反协议的社区康复吸毒人员3名。观音派出所将心理疏导贯穿于“公调对接”全过程，开创工作新模式，打造“枫桥”式派出所。黄丰派出所围绕柑橘经济发展，探索“柑橘警务”，橘果木被盗案全年保持“零发案”纪录。江口派出所依托互联网载体打造“江口微警务”，9月，通过“微警务”平台向群众征集照片、视频，锁定范某等人非法捕捞证据，抓获非法捕捞人员9名。

【防范电信网络诈骗】 组织全区各乡镇（街道）以及100余家机关事业单位财务人员参加电信网络诈骗专题培训会，通过以案说法、情景剧演绎、发传单、贴海报以及引导群众安装关注“国家反诈中心”App等方式，向广大群众讲解如何防范电信网络诈骗。拍摄制作《警花说反诈》《贩卖两卡》等短视频作品，再现电信网络诈骗的危害，传播识骗防骗知识。每日对下发的电信网络诈骗数据进行分析，对可能被诈骗的高危人员通过见面或打电话的方式进行精准预防。全年完成电信诈骗精准劝阻3471条，反馈率100%，见面率76.58%，提前预警阻止打款避免损失260余万元。

【疫情防控】 在疫情防控工作中发挥公安情报信息优势，共处理疫情数据22104条，筛分推送2387条。其中，时空伴随者及航班火车数据共接收715条，筛分推送103条；重点区域驻留数据共接收3864条，筛分推送475条；红黄码异常数据接收17525条，筛分推送1809条。

【行业场所管理】 对接创建省级平安智慧小区43个，平安智慧小区采集覆盖率46.2%，完成对全区医疗机构2家信息采集对接工作。未办证留宿场所信息采集覆盖率100%（22家）；完成寄递物流信息采集点核查，并按要求上传信息5万余条；检查旅馆800余家次，清理整治未办证留宿场所，检查230余家次；开展对文化娱乐场所的各类检查150家次、行政处罚10家119人。加强寄递物流管理工作，实地检查219家次，提出整改意见19条。

【校园警务】 推进中小学幼儿园安全防范建设三年行动计划具体工作落实，落实校园疫情防控工作机制，在城区6所学校开展校园警务工作，共出动警力1000余人次，负责校园周边巡逻巡防及上放学期间治安秩序维护。全年累计开展校园安全检查600余家次，校园及周边风险隐患排查400余家次，开展进校园消防、疫情防控、突发事件处置等演练60余家次，进校园进行法律、反电诈、禁毒宣传讲座等100余次。按照校园安防“六个100%”要求，共排查出安全隐患90余处，协同区教体局对学校安防进行整改。全区中小学幼儿园全部安装一键式报警并联网，安装监控视频并接入公安网，安装防冲撞设施，全封闭管理达标并实行护学岗。

【毒品犯罪】 全年共破获各类涉毒刑事案件24起，捣毁外地制毒窝点1个。共刑事拘留各类涉毒人员43人，移送起诉案件20件，起诉33人；查处涉毒

2021年9月7日，省禁毒整治评估验收组到彭山，对彭山区禁毒重点整治工作进行全面评估验收　　（彭山区公安分局供图）

行政案件98件，行政拘留178人，强制隔离戒毒41人。责令社区戒毒177人，社区康复62人。对全区易制毒化学品企业45家和精麻药品使用医疗机构46家每月开展检查，未发现流向不明情况；对全区433家卤制品作坊、火锅店等开展罂粟壳类成分快检及随机抽样检测3轮，打掉在食品中添加罂粟壳的卤制品作坊、餐饮店6个，刑事拘留12人，查获罂粟壳18.62千克。辖区污水处理厂生活污水含毒量21毫克（实时数据），比整治前下降91.7%。2021年9月，彭山区被省禁毒委取消毒品问题重点地区关注。

【经济犯罪】 全年共受理经济案件38件，立经济案件33件，侦破经济犯罪案件21件，破案率63.64%。共抓获网逃人员7人，侦破“7·20”非法经营案及一批有影响力的涉金融领域案件等涉众型经济犯罪案件5件，共移送起诉73人。

【“食药环”犯罪】 “食药环”案件打处排名全市第一。共查处涉及生产销售有毒有害食品案件8件，生产销售伪劣产品案件2件，完成协查案件线索10件，采取刑事强制措施13人，起诉12人。

【“黄”“赌”整治】 开展惩治“黄赌”、打击地下赌场专项行动。指导、联合辖区派出所查处涉赌行政案件29件，行政处罚120人，破获涉赌刑事案件11件，移送审查起诉21人；查处涉黄行政案件5件，行政处罚9人。完成公安部级核查涉嫌跨境赌博活动人员122人、网络赌博人员59人。

【重点部位安全防范】 开展水、电、气、金融机构等区重点内保单位安全防范业务指导工作。完成彭山区银行业金融机构第七轮安全评估工作，累计开展区级重点单位安全检查87家次，抽查银行营业网点38家次，发现和整改治安隐患16处。开展散装汽油购销系统的安全监管工作，网上巡查和实地抽查84家次，发现和整改治安隐患5处。开展汽车客运中心、高铁车站等公共安全监管和指导9次，现场督导和提出安全整改意见2条。

【枪支、危爆品监管】 修订并印发《派出所开展道路交通、消防、危爆品安全管理工作考评办法和实施细则》，审查涉爆人员168人次并完成年度复训和新训任务，受理民爆物品“两证”154次（炸药1150吨，雷管31.36万发），每月对全区危爆品企业（单位）进行全覆盖安全检查不少于2次，共排查整治各类安全隐患33处。全区芒硝采矿企业50吨以上溶区爆破作业4次，全面推行机械化装药，较大规模爆破作业安全风险降低。全年共查处非法生产、运输、储存烟花爆竹案件9件，其中立治安案件查处4件，治安拘留4人，移交相关部门查处5起，收缴非法烟花爆竹产品3100余件（组）并组织安全销毁。开展枪爆违法犯罪专项整治，侦破涉枪案件4件，移送起诉4件。

【矛盾纠纷排查化解】 联合村（社区）干部、治保会成员、警务助理等群防群治力量，依托“四川e治采”微信小程序，对辖区内各类矛盾纠纷、风险隐患，通过小程序及时采集、分类报送、民警审核、补充完善，拓展拓宽信息来源渠道，建立专群结合、警民联动的矛盾风险排查录入、动态更新机制。共发展群防群治力量用户257人，上报矛盾纠纷和风险隐患排查1450余条，排查化解隐患467条，排查化解矛盾纠纷983条。

【户政管理】 全年共受理二代证12637人，办理临时身份证3055人，发放二代证10467张（送证上门400余张），办理出生登记、迁入、迁出等各项户籍业务26000余人次，接受电话咨询17000余次，办理边境通行证1049人次。全面完善四川省人口信息管理系统中每户地址信息，共计10万余户。完成2021年公安部、省厅下发各项清理任务。其中，清理公安部下发的2021年共11批次人像比对疑似重户人员41人，完成率97%；办理户籍业务引用标准地址完成引用率100%。推动落实户籍制度改革实施方案，提高城镇化率，加强与国土、统计、住建、社保等相关部门联系，促进全区农业转移人口市民化。

【“放管服”改革】 为群众办理川渝黔跨省户口迁移“一站式”业务共计48人。落地落实公安交管便民政策12项，普及“网上办”服务、App、警邮合作、警银合作等多种方式，结合乡镇、街道地理位置增设“警保”服务站，宣传机动车检验标志电子化、接受教育减免交通违法记分、网上查询等服务举措。

【出入境管理】 按照“外防输入、内防反弹”的要求，在辖区旅店业和涉外单位发放中韩双语、中日双语、中英双语、中法双语、中俄双语版《新型冠状病毒感染的肺炎公众预防提示》40余份。对辖区内常住境外人员38名实行“人人见面、人人见证”住宿登记+动态轨迹双监管，严格疫情监测，实现“点对点”“线到线”全方位监控。严格境外人员管理工作，截至12月底，境外人员住宿登记74人（受疫情影响自2021年3月28日起禁止外国人入境），全区常住境外人员38人。处理全国系统境外人员管理相关信息1200余条，比对核实境外人员入住、过境信息74条，境外人员住宿登记合格率100%，及时率99.75%，登记率100%。开展涉外单位登记备案信誉等级评定和“三星”窗口创建工作，核实走访涉外单位5家，向涉外单位宣传外国人管理、就业、居留相关法律法规，规范涉外单位服务管理工作。提高窗口规范化水平建设和“三优”窗口服务水平，争创“三星”窗口，共受理出入境办证业务244起，发放出入境证件242件。

【道路交通安全管理】 2021年，彭山辖区共发生交通事故2615起，较2020年同期上升14.84%；死亡39人，同比下降11.36%；受伤1408人，同比上升37.63%；财产损失67.9万元，同比上升26.16%。辖区未发生一起较大（死亡3人）交通事故。共开展道路安全隐患排查11次，排查出各类道路安全隐患132处，并及时上报区安委会督促相关部门进行整治。共清理重点车辆逾期未检验401辆、逾期未报废56辆，清理面包车违法387条；清理重点驾驶人逾期未审验6973人、逾期未换证1015人，A证、B证重点驾驶人和重点车辆年审率、审验率98%以上。

【交通设施建设】 全年施划停车泊位260个，清除标线300平方米，施划标线8200平方米，新增标志标牌40个，新建红绿灯3组。

【交通违法整治】 2021年，组织开展“一盔一带专项整治”“货车超载超限”“假牌假证专项治理”“护旗系列专项行动”“酒驾、毒驾、疲劳驾驶”等专项整治活动，查处重点车辆和驾驶人严重违法行为。共查处货车超载1572起，非法改装169起，货车其他违法2403起；无牌无证652起，超速行驶6845起，假牌套牌2起，报废车39起，客车超员5起。乱停乱放9926起，机动车不礼让行人5670起，驾乘摩托车不戴头盔5169起，逆行6381起，未系安全带2837起，闯红灯5717起，饮酒驾驶399起，醉酒驾驶14起。

【农村道路交通管控】 推进“两站两员”建设，辖区乡镇警保合作劝导站6个按要求录入农村交管系统，“农村交管”App安装率100%。各乡镇共录入安全劝导日志55955条，录入马路市场隐患点34处，道路隐患50处，录入面包车数据1063条，录入小型汽车15995条，录入群体性活动33次。开展农村交通违法专项整治15次，查处货车违法载人360起，拖拉机违法163起，无牌无证208起，驾驶摩托车不戴头盔614起。

【机动车驾驶人管理】 共办理车辆注册登记5461辆，转移登记1486辆，注销登记4212辆，变更登记287辆，转入登记950辆，抵押登记1010辆，车辆年检16431辆，非机动车注册685辆；驾驶证初次申领

272本，增驾申请780本，补证换证9921本，注销登记71本，驾驶证满分学习39本。

【重点运输企业监管】 完成重点运输企业备案35家，备案率100%，完成重点运输企业人车比大于等于1企业备案25家。先后组织开展货运企业安全检查41次，客运企业安全检查18次，学校安全检查28次，危化品企业安全检查7次。对重点企业驾驶人进行毒驾检测5次，约谈高风险隐患运输企业9家，下发整改通知书9份，向行业主管部门发送抄告函7份，联合区道安办、区交通局、区教体局开展交通安全培训6次。

【长江禁捕工作】 联合区农业农村局、区市场监督管理局、区交通运输局建立彭山区打击长江流域非法捕捞犯罪联合执法工作机制，开展日常联合执法11次，印刷长江禁捕宣传标语1000份，对全区水产品市场、涉渔餐饮、渔具市场开展日常执法检查及宣传。破获非法捕捞水产品案件3件，移送审查起诉3人。

【警务监督和宣传】 全年共计现场督察90余次，暗访所、队40余次，暗访服务窗口20余次，网上督察200余次。核查并办结网上督察系统问题线索20件，办结率100%；核查属实8件，发布督察通报20期，提出督察建议50余条，督察建议书1份。蓝色预警2个部门2人次，通报批评13人，记分13人次。聘请警风警纪监督员52名，从如何推进警社协作、为民服务、治安管理、队伍管理等方面进行探讨交流，共收到意见建议30余条，并落实到位。先后在中央、省、市、区各级媒体上发表外宣稿件400余篇次，对外宣传报道“我为群众办实事”实践活动200余篇次，制作专题4条。9月，组织开展“团圆行动直播仪式”，在央视频、《四川日报》等10余家中央、省级媒体平台上集中宣传报道；12月，开展“国字号”荣誉先进集体特巡警大队的专题宣传，其先进事迹先后在人民网、中国经济网、国际在线总网等10余家中央级媒体刊载。（黄培宇）

检　察

【概况】 2021年，彭山区检察工作协同完善监察执法与刑事司法衔接机制，监检互相配合、互相制约，不断提升办案质量。彭山区人民检察院开展“我为群众办实事”活动，通过法律专项监督、司法救助、服务律师、公开听证、法治宣传积极为群众办实事解难事。

【队伍建设】 全年共召开各类学习教育会议48次，建章立制12条，查纠整改问题6个，召开党组会专题研究意识形态工作2次。向党委、上级检察机关请示报告重大事项、重大案件9件。开展检务督察8次，节假日督察报告6次，提醒谈话4人次，诫勉谈话4人次。抓住落实“三个规定”不放松，筑牢防范人情案、关系案、金钱案的制度“堤坝”，全面记录、如实填报过问干预案件等重大事项34件。组织参加政治轮训、公益诉讼检察业务培训等专题培训、网络培训158人次，组织参加政法大讲堂、领导干部业务讲座等172人次，先后组织6人次参加区外学习培训。5名进入员额检察官序列的班子成员带头共办理案件144件。彭山区人民检察院全年集体获得国家级表彰1项（“二〇二一年度全国检察宣传先进单位”）、市级表彰1项、区级表彰9项，个人获得省级表彰1人次、市级表彰2人次、区级表彰36人次。

【落实未成年人司法保护】 贯彻“一号检察建议”，推动平安校园建设。开展新修订的未成年人保护法宣传活动，开展法治进校园4次，检察开放日1次。5名检察官担任全区中小学校法治副校长，开展法治讲堂5次。依法办理未成年人犯罪案件8件12人，对涉嫌轻微犯罪并有悔罪表现的未成年人不批捕2人、不起诉1人。配合区关工委、团区委组织涉罪未成年人家庭主要成员开展亲职教育8人次，开展心理辅导8次。

【反贪污贿赂（职务犯罪）】 受理审查起诉职务犯罪3件、4人，提起公诉3件、4人，依法办理四川省国有资产经营投资管理有限责任公司原总经理、董事长李某中受贿，国有公司人员滥用职权案，依法办理区医保中心徐某、谢某锴贪污案等。在办案的同时履行追赃挽损职责，为国家挽回经济损失共计150余万元。

【刑事检察】 全年共受理审查逮捕案件112件、163人，批准逮捕103件、149人，依法不批准逮捕11件、18人。受理起诉案件217件、378人，提起公诉176件、309人，依法不起诉30件、38人。监督公安机关立案7件，追捕3人，追诉17人，纠正侦查活动、审判活动违法14件。提前介入重大复杂疑难案件26件。办理羁押必要性审查案件10件，纠正监管场所各类违法8件。纠正监外执行和社区矫正中的脱漏管5件。

【民事检察】 提出民事再审检察建议2件，民事生效裁判监督案件审结率100%；办理民事审判程序监督案件10件，民事执行监督案件10件，对裁判正确的民事申诉案件依法做好释法说理、息诉服判工作。办理支持起诉案件17件，其中民事支持农民工起诉15件，帮助农民工追回拖欠工资10余万元。

【行政检察】 办理行政审判程序监督案件3件，行政非诉执行监督案件8件。

【服务经济】 护航民营企业健康发展，坚持依法保障企业权益和促进守法合规经营并重。批准逮捕破坏市场经济秩序、涉嫌串通投标、组织领导传销、销售假冒注册商标的商品等犯罪11件22人，起诉11件30人。区分正当融资与非法集资、产权纠纷与恶意侵占、个人财产与企业法人财产等界限，注重审慎采用限制人身和财产权利的办案强制措施，依法不起诉2件2人。

【扫黑除恶专项斗争】 批准逮捕涉黑涉恶犯罪案件8件12人，受理审查起诉2件31人。依法办理郭某、沈某如等23人组织、领导黑社会性质组织案，夏某洪、段某等8人寻衅滋事案，改善社会治安秩序。

【司法救助和公益诉讼工作】 推动国家司法救助制度落地落实，对因犯罪侵害等致生活陷入困境的被害人及其近亲属“应救尽救”，防止因案致贫返贫。办理国家司法救助4件9人，发放救助金9.08万元。立案行政公益诉讼案件56件，发出诉前检察建议56件，提起刑事附带民事公益诉讼案件6件。向眉山市生态环境局天府新区分局发送诉前检察建议，推动对龙王庙沟的污染治理。探索“河长＋检察长”协作机制，累计发现问题线索15件，发出诉前检察建议12件。探索建立食品领域民事公益诉讼惩罚性赔偿金的管理和使用，保障群众“舌尖上的安全”，在眉山市检察机关创新工作会上作经验交流，被四川电视台宣传报道，并先后获区委、人大主要领导肯定性批示。

【认罪认罚从宽工作】 贯彻宽严相济刑事政策，重罪须从严追诉，轻罪则依法宽缓，促进认罪认罚。办理适用认罪认罚从宽制度审查起诉案件185件289人，占审结刑事案件90%，其中提起公诉251人，不起诉37人，量刑建议法院采纳率97%。办理速裁程序案33件，占认罪认罚案件23%。

【社会监督】 加强与人大代表、政协委员的联络，走访联络省市人大代表18人次、市政协委员13人次，邀请人民监督员监督办案15件，邀请代表、委员、监督员到院视察调研等7次。通过官方微博、微信、公众号等，主动与媒体互动，接受舆论监督。深化检务公开，提升司法公信力，在“12309”中国检察网发布重要案件信息27条，公开法律文书193

份。受理控告申诉等各类信访案件25件，落实7日内程序回复，3个月内办理过程或结果回复制度，信访化解率100%。对不符合受理条件或审查后不支持监督申请的信访案件，耐心释疑解惑，使当事人信服。对有较大争议、案情疑难、矛盾尖锐的案件8件进行公开听证，邀请人大代表、政协委员、人民监督员等参与，以公开促公正赢公信，化解社会矛盾。

（骆 莎）

法 院

【概况】 2021年，区法院共受理各类案件5105件，审执结5029件，受理同比上升34.70%，结案率98.51%，平均审理天数34.93天，比2020年的45.83天下降10.9天，人均结案186.2件，同比增加47.74件，涉案标的额12.65亿元。诉讼服务中心质效指标稳居全省第一。15项工作、47人次干警受到区级以上表彰奖励，被眉山市表彰为眉山市扫黑除恶专项斗争先进集体，与市中院联合拍摄全市法院首部廉政微电影《红线》，获得最高院“金法槌奖”一等奖、最佳男主角奖，形象宣传片《不忘初心 公正司法》获得省委政法委第五届平安中国看四川“三微”比赛优秀作品奖、2021年川渝法治微视频微电影大赛三等奖。提升青龙法庭基础设施和运维保障，完成新建江口法庭过渡性办公场所装修改造，11月15日正式运行使用。

2021年11月15日，彭山法院江口人民法庭举行揭牌仪式

（区法院供图）

【机构设置】 2021年，区法院有内设机构9个：综合办公室、政治部（督察室）、立案庭、刑事审判庭、民事审判庭（未成年人与家事案件审判庭）、行政审判庭（综合审判庭）、执行局、审判管理办公室（研究室）、司法警察大队。派出法庭2个：青龙人民法庭、江口人民法庭。下属事业单位1个：诉讼服务中心。核定编制数75名，其中政法专项编制72名，事业编制2名，工勤编制1名。核定员额法官28名。实际在编干部职工65名，其中员额法官25名，司法行政人员11名（含工勤1名、事业1名），审判辅助人员29名（含司法警察5名、事业1名）。

【涉企和涉民生案件】 落实“六稳”“六保”专项工作要求，开展涉民营企业案件和涉民生案件专项行动，共执结涉企和涉民生案件534件，执行到位金额6414.38万元。审理涉天府新区项目建设、商品房买卖等案件243件。对标对表103项区重点项目建设清单，化解和推进尖子山航电项目系列案件、涉青龙公铁物流园及恒大系列等纠纷案件。落实关于推进企业破产和积极稳妥处置“僵尸企业”的决策部署，审结破产类案件11件，4个月完成金玮矿业破产清算，推进闲置资产清理。组织开展涉金融领域执行联席会2次。执结涉金融债权执行案件150件，执行到位金额4512.14万元。

【刑事审判】 依法审理故意伤害、聚众斗殴罪、多发性侵财、贪污贿赂、食品药品安全等犯罪案件179件，公开审理左某某贩卖汽油构成危险作业罪案，是自《中华人民共和国刑法修正案（十一）》正式实施以来彭山法院判处的首例危险作业罪，新闻宣传报道被四川省高级人民法院采用。审理涉恶势力案件3件、75人，审结郭某等23人涉黑性质组织

2021年3月18日，区法院公开开庭审理一起制造毒品、非法持有毒品案件，各镇（街道）共40余名禁毒社工全程观摩庭审
（区法院供图）

案，将审理期限降低至51天。审结涉毒案件38件、57人，57人未适用缓刑，判处5年以上重刑17人。加强未成年人保护，适用《中华人民共和国刑法修正案》关于低龄犯罪新变化，从严审理未成年人性侵害犯罪2件。

【民事审判】 审结民事类案件3352件，通过“快立＋快调＋快审”模式，为讨薪农民工57名提供当天立案、当天分案、当天调解的快捷司法服务，追回劳动报酬25.3万元，其中张某某、邬某某等农民工38名追讨经济补偿金案件，从立案受理到调解结案耗时13天。推进民法典实施，将社会主义核心价值观融入裁判文书释法说理，开展各类普法活动21期。

【行政审判】 受理东坡区行政辖区行政诉讼案件87件（含旧存3件），审结87件，受理非诉执行案件18件，审结18件，结案率100%。推进行政首长出庭应诉工作，行政机关负责人出庭应诉率90.48%。推进“府院联动”机制，为行政科学决策提供有益参考，报送行政审判“白皮书”1期，法学调研报告12份，发出行政司法建议6份。报送的关于民间借贷的分析报告等得到区委主要领导的肯定性批示。落实司法救助机制，共受理国家司法救助案件57件，结案57件，救助人数61人，发放救助金57.19万元。通过开设法治讲座、邀请执法人员观摩庭审等措施，促进行政机关提高执法水平。

【执行工作】 执结执行案件2558件，向当事人发放执行案款4.6亿元，案款支付平均用时3.66天，居全市第一、全省前列。通过联席会议、线上“云查控”、纳入失信“黑名单”等措施，开展打击拒执专项行动，公布失信人员68人次，限制高消费875人次，拘传19人，司法拘留1人，判决拒执犯罪2件、2人，其中刘某因拒不执行判决罪被判处有期徒刑7个月，系彭山区首例、近3年来眉山市首例拒执自诉刑事案件。

2021年9月9日，眉山市中级人民法院督导检查彭山区人民法院执行工作会
（区法院供图）

【法院改革】 压实审判权力制约监督机制，落实院长、庭长带头办理疑难复杂案件制度。2021年，院长、庭长共计审结各类案件4290件，占全院结案数85.32%。同时，压实院长、庭长对“四类案件”的监督职责，共监管“四类案件”案件数591件，召开部门例会、质效分析会、发改案件分析会等23次，参加“万案大评查”活动，开展“三评查”工作，强化评查情况的结果应用。开展优秀文书、庭审等各类评选活动，1件案件庭审获评全市法院“十佳庭审”、全省法院优秀庭审，1人获全省法院庭审标兵称号。推行专业法官会议制度和审判委员会议事规则，形成会议记录全程留痕，供合议庭参考。争取

干警职务与职级套改晋升的最优政策，职级晋升司法辅助和行政人员16名，择优选升员额法官6名。首次向外遴选员额法官1名，因任职回避自愿退出员额法官1名。完善“分调裁审”机制，推进案件“繁简分流”，简案办理平均审理时间控制在19.2天以内。做好智能化诉讼服务中心、执行指挥中心、“六专四室”、派出法庭日常运维工作，确保审执工作实现庭审直播、互联网远程开庭和智慧监控等功能。全面推行移动微法院，通过微法院立案2290件、跨域立案及协作38件、在线办理保全6件、在线申请司法确认228件。完成眉山市第二批“诉源治理示范村（社区）”创建工作，开展第三批“诉源治理示范村（社区）”推荐工作，实地考察调研诉源治理示范村2个。

【队伍建设】 通过领学、研讨、实践等形式，开展党史学习教育，全年共开展理论中心组学习7次，“政治夜校”12期，现场实践教学6次，各支部集中学40余次。完成学习教育阶段规定动作19项，查纠整改阶段目标任务35项，整改提升阶段制度建设31项。争取党总支升格为机关党委，完成4个支部组织整合和1个团委组织增设，选优配强党务干部。结合法治教育基地项目实施，创新打造兼具法治文化和寿乡特色的法治教育阵地。举行“光荣在党50年”纪念章颁发和庆祝中国共产党成立100周年表彰大会。加强员额法官、审判辅助、司法行政人员分类培训，开展“青蓝工程”和“书香法院”等活动，健全完善考评体系和激励保障机制。

【接受监督】 贯彻落实政法工作条例和重大事项请示报告制度，定期向上级法院、区委报告全面工作，报告“三个规定”、队伍建设、重大敏感案件等工作。执行审务督察、案件评查制度和党组会、院长办公会、审委会等议事规则，共开展督察39场次，发现问题64个，提醒谈话11人，约谈3人，通报批评16人。通过观看警示教育片、领导带头讲廉政党课、集中学习党规党纪、干警谈心得体会等形式，引导干警树立正确价值观。审理的李某某受贿、国有公司人员滥用职权案件受到省市两级重点关注，省国资委派出纪检组、市检察院、市纪委监委分别组织职工到区法院参加现场旁听。开展“两代表一委员”“开门纳谏”活动，推进庭审、审判流程、裁判文书、执行信息公开。（严丹凤）

司法行政

【概况】 2021年，健全公共卫生法治体系，成立应对新型冠状病毒肺炎疫情联防联控工作领导小组办公室，印发相关文件。创新“红色代办”“模拟审批”“并联审批”“容缺审批”等机制，推进基层政务公开标准化、规范化建设，营造“亲清”新型政商关系。深化市场监管、生态环境、文化旅游、交通运输、农业农村“五个领域”综合行政执法改革，实现“一个领域一支执法队伍”。

【“法律七进”活动】 *法律进机关* 区委常委会、区政府常务会开展会前学法，区人大、区政协坚持“一月一学法”制度，全年学法50余次。区级各部门开展部门会议学法、干部职工法律知识培训、岗前法律培训120余次。全区领导干部4000余名结合“党史学习教育”主题教育以及自学等方式学习党纪党规、法律法规100余部，完成年度述法工作。

法律进学校 全区25所中小学利用课堂教学，以《宪法教育读本》和《道德与法治》等读物为教材，对学生进行课堂普法教育。利用中小学安全教育月、“6·26”国际禁毒日、“12·4”国家宪法日等重要节日，开展“宪法法律进学校”“关爱明天、普法先行”等主题活动，受教育师生超过2万人。

法律进村（居） 全年在各普法节点开展“法治赶场”活动200余场。征求群众学法意见，邀请律

师、法官、部门业务骨干到公义镇、观音街道等地举办法治讲座20次，开展“模拟法庭”活动5场、“调解一次纠纷 上好一堂课”2次。

法律进社区 开展“法治宣传进小区”“法律服务进小区”活动，发放宣传资料5万份。发动普法志愿者、律师、公证员和法律服务工作者深入社区，开展“民法典进社区”主题宣讲活动6次，举办“美好生活·民法典相伴”法治文艺会演活动1场，为居民提供法律咨询、政策宣传等免费法律服务。

法律进企业 针对工业园区管委会、园区企业开展“律师服务进园区”和“法律跟着项目走”活动，选派优秀律师服务纳税十强企业，一对一提供优质免费的法律体检服务30余次，为全区重大项目、重要企业保驾护航。

法律进单位 全区各单位完善职工学法、热点问题公示等制度，设置法治宣传栏，建立行业调解室，开展法治专题培训100余次。

法律进宗教场所 全区三大宗教团体建立寺庙（教堂）学法用法联系人工作制度，设立法治宣传栏。

【社区矫正和安置帮教】 2021年，彭山区做实“两类”特殊人群的监管，健全社区矫正工作和安置帮教工作机制，创新监管手段，提升监管和矫正帮教水平。制定《关于防止干预司法“三个规定”暂行办法》《眉山市彭山区社区矫正工作规范》《社区矫正工作考核细则》，每季度对6个司法所进行专项督查通报。参加省厅、市局举办的视频宣讲教育培训130人次，组织18人到成都参加市局举办的为期3天的社区矫正工作业务知识培训，编印《社区矫正文件汇编》60册；社区矫正工作者的基本工资、绩效工资、五险一金标准参照禁毒社工执行。在全区社区矫正对象中开展“文化引领、四德夯基、助力新生”和“学‘四史’、明初心、塑新生”主题教育活动，开展“六一”送法献爱心公益活动，省司法厅向社区矫正工作人员和社区矫正对象未成年子女发放学习用具和防疫物资90余份，价值4000元。开展线索案件倒查、重点案件交叉评查，对自开展社区矫正以来“减假暂”案件59件开展排查，对“万案大评查”中社区矫正瑕疵案3件进行整改。将涉毒社区矫正对象列为重点管理对象，对社区矫正对象实现尿检全覆盖。强化监所衔接、法治教育、走访摸排、政策帮扶。开展全国安置帮教工作信息管理系统核查衔接工作，做好刑满释放人员信息录入、核查比对工作。加强与社治办、派出所、村委会的衔接配合，做好两类特殊人群重要节点的维稳安全工作，定期开展走访摸排。对刑满释放和服刑人员未成年子女进行核查、帮扶，排查与帮教人员相关的矛盾纠纷化解。强化落实刑满释放人员必接必送制度，将三无人员和有再犯罪倾向人员列为重点对象予以关注，制定针对性帮教方案，多渠道、多举措进行教育管理和帮扶救助。大量安置帮教对象通过劳务输出、自主创业等方式回归社会，未出现人员失联失控，未发生一起恶性事件，刑满释放人员帮教率95%以上，安置率90%以上，重新犯罪率2%以下。

【人民调解】 2021年4月，组织全区人民调解员心理辅导培训60余人次。7月，制定并出台《关于加强全区专职人民调解员队伍建设的实施方案》，通过政府购买服务方式为全区6个镇（街道）分别配备专职人民调解员2名。10月，组织20余人次到双流集中培训4天。11月，与区人民法院联合出台《关于建立司法调解与人民调解联动工作机制的若干意见（试行）的通知》。各级调解组织全年共受理调处矛盾纠纷746件，调处成功746件，成功率100%。全年全区乡镇（街道）各调委会分片区、分镇（街道）开展人民调解业务培训16场次，人民调解员业务培训率90%以上。

【法律援助和服务】 办理刑事指定辩护案件42件，办理刑事认罪认罚法律援助案件102件。加强特殊人群法律援助工作，重点解决民工工资追讨法律援助问题，对于请求支付劳动报酬的农民工开辟“绿色通道”，实行“三优先”（优先接待，优先受理，优先指派）原则，一律免除经济状况审查等制度规定。截至2021年年底，共计受理民工工资纠纷案件120余件，办结120余件。建立中小企业“服务包”制度，开辟新冠肺炎疫情防控期间法律援助绿色通道、提供免费法律服务。累计向社会公众提供法律援助3265人次，受理法律援助案件395件，办结395件，超额完成年度工作任务。

开展“暖心关爱公益”公证服务，为老弱病残等特殊人群提供上门服务，为贫困群众提供法律咨询、公证法律援助等。全年上门办理案件137件，公证免收费用1件，减半收取公证费用3件；减免费用1300元。共计办理公证案件1148件，完成公证收费收入84.68万余元。疫情防控期间组织律师服务团，“一对一”联系园区省、市、区重点项目，集中为重点项目提供法律服务，将项目实施过程中的法律问题和矛盾纠纷化解在事前和事中。为企业出具法律风险评估报告27份，特别是在新型冠状病毒疫情期间，为21家企业复工复产进行服务提供法律咨询57次，出具法律风险意见书6份，解决劳动合同纠纷2起。安排全区律师事务所6家及基层法律服务工作者协会一共8人组成精准扶贫团，筹集捐款3万元，开展贫困户结对帮扶工作。开展公共法律服务进小区的试点工作，在小区建立公共法律服务室，实现公共法律服务与城镇商住小区居民“零距离”。2021年年底，建成商住小区公共法律服务室3个，得到中国法学会党组成员、副会长、中国法学会法治文化研究会会长以及眉山市委的肯定。彭山经开区公共法律服务站以及山水福都公共法律服务室成为彭山区“一市一品牌”“一县一特色”的工作亮点。

【复议与应诉】 2021年，共受理行政复议案件27件，结案24件，其中，撤回17件，不予受理1件，维持1件，确认违法2件，撤销3件。以区政府为被告的行政诉讼案件27件，审结16件，行政机关负责人出庭34件，负责人出庭应诉率83.3%，执行法院生效判决率100%。

【执法监督】 针对彭山区机构改革及镇（街道）行政区划调整，梳理具有行政执法主体资格的行政机关及法律法规授权组织35个，镇政府（街道办事处）6个。组织行政执法考试2次，组织行政执法业务培训2次，开展行政执法案件评审1次，开展“三项制度”专项检查1次。

【合法性审查】 对区政府重大行政决策及需提交区政府常务会议审议的行政决策事项203项进行合法性审查。对以区政府（办）名义印发的行政规范性文件进行合法性审查意见11份，按时向市政府及区人大常委会备案。区司法局牵头起草《眉山市彭山区人民政府合同管理办法》，以区政府办名义印发；统筹合同审查委员会成员单位及区政府法律顾问对《杉杉科技锂电池负极材料一体化基地项目投资协议》《四川彭山经开区宝能动力电池项目合作协议》等重大投资协议、政府合同97份进行审查，领导和合同双方当事人采纳修改建议意见95%以上。区司法局牵头梳理出全区各类证明事项148项，形成保留清单和负面清单，其中，取消证明事项54项，保留证明事项94项。区司法局牵头制定告知承诺任务清单，将现存保留证明类事项的其中50项作为首批告知承诺证明事项予以推动；成立告知承诺工作联席会议，确定成员单位和工作责任人，各成员单位按照各自实际情况制定工作规程、告知承诺书模板、工作流程，公示首批告知承诺事项清单，在工作开展中强化事后核查。（胡 容）

军　事

人民武装

2021年1月17日，区人武部召开彭山区2021年武装工作暨党管武装述职大会（区人武部供图）

【概况】 2021年，彭山区人民武装部（以下简称区人武部）加强各类队伍建设。加强人才培养，先后组织征兵业务、专武干部和国防动员潜力调查等培训。会同彭山区委和眉山天府新区管委会按条件提名并联合考察，配齐专武部长5名、专武干事2名，1名专武部长被提拔为镇长，区人武部被四川省军区表彰为全面建设先进人武部。

2021年1月17日，区人武部召开彭山区2021年议军会（区人武部供图）

【战备工作建设】 2021年，区人武部落实战备要求，推进备战打仗准备，完成“1+2+N”应战预案和“3+1”应急预案修订。组织进案民兵应急拉动演练，开展战备值班管理教育整顿活动，抓好秩序规范养成，确保各级保持良好的战备状态。落实《国防动员单位军事训练大纲》要求，从严治训、主业主训，每月组织本部机关人员进行队列训练、体能训练，加强业务培训。7月，组织区民兵应急连及专业分队8支218人进行集中训练，为期15天，突出在“管、训、教、考”上下功夫。区长参加开训动员，区委书记慰问参训民兵。研判首次“一年两征”形势，精准宣传发动，严格工作流程，2019—2021年连续3年实现“零退兵”目标，大学生和大学毕业生征集比例在全市名列前茅，无不良信访反映，彭山区人民政府征兵办公室被表彰为全省征兵工作先进单位。调整区国动委领导小组，召开区国动委职能办公室会议，组织开展国防动员潜力调查业务培训和数据会审3次，深入区交通运输局、电信公司、卫生医疗、生产企业等20余家单位对重点数据进行核实。调整区民兵工作领导小组，召开全区民兵整组工作推进会，军地联合下发《民兵整组指示》，部署全区民兵调整改革任务。突出任务牵引和精准编建，研究探索新质民兵分队建设，编建应急、专业、特殊三类37支基干民兵队伍。2021年，在军分区组织的民兵整组检查考评中位居全市第一名。

【基层正规化建设】 2021年，区人武部利用参加武装工作调研、征兵检查、民兵整组点验等时机，带工作组深入基层指导帮带20余次，面对面帮建指导工作、帮抓骨干培养。协调地方党委、政府加大对基础设施建设的投入，全区8个镇（街道）武装部正规化建设全部达标。做到“三个纳入”。即：纳入领导述职，年度党管武装工作述职时各镇（街道）全面汇报抓建工作情况，直面成绩排序，接受点评；纳入形势分析，每季专题研究抓建形势，由专武部部长汇报落实、进展、成效和存在问题，现场制定措施；纳入各级考核，借助党管武装绩效考评和列办督察，讲评反馈抓规范化建设履职尽责情况。

【作风建设】 2021年，区人武部着眼建党百年特殊政治要求，加强政治引领、强化作风养成、规范制度秩序、严守安全底线，确保部队安全稳定和集中统一。做到综合施治、标本兼治，补充手续、建章立制、组织培训、追究责任，把各项整改工作抓到底、落到位。贯彻军委安全形势分析部署会议精神，党委会议先后9次专题分析安全形势，督导推动安全工作落到实处。结合节日战备和重点敏感时期开展形势政策专题教育，利用周交班组织观看形势战备教育录像片，强化官兵备战打仗危机感、紧迫感。

【后装保障建设】 2021年，区人武部严格执行预算编制，重视抓好财务管理规范化运行。加强营院、军需油料、军车号牌管理，落实每月入库检查武器装备制度。5月，组织全面核查民兵武器库所有枪支，做到账务卡相符。规范后勤保障秩序，按照《四川省军区工程物资采购管理办法》规范物资采购流程。通过地方政府“交钥匙”工程方式，完成民兵集结场、战备器材库、作战会议室、党委会议室、文体活动室、现役干部和文职人员休息房等场所硬件设施改造。

【参建参治】 2021年，区人武部与谢家街道29户贫困家庭建立对口帮扶，全年拨付扶贫资金5万余元。利用节假日走访慰问老党员、老革命。投身地方经济建设，组织基干民兵投入“三创”、秸秆禁烧、扶贫帮困、植树造林、森林防火等活动。

【军事训练】 2021年，区人武部在完成基干民兵

2021年7月21日，区人武部在彭山区第一中学开展民兵训练，区委书记、区人武部第一书记黄秀航（前右一）看望参训民兵（区人武部供图）

编兵任务的基础上，重点突出新质民兵队伍编组，优化爆破工程技术排、直升机运输排、导弹维修排、2个特种车辆维修排、无人机侦察班、测绘导航班、法理斗争班等8支新质民兵力量，新质力量比率10.3%。7月16—30日，组织区民兵应急连及专业队伍进行集中训练，为期12~15天，赴空军95438部队组织挂钩训练，聘请防暴、防汛、消防、野战救护等专业教员组训，通过理论授课与实装实弹训练相结合、逐人考核等方式，提升彭山民兵“两应”能力。在军分区组织的民兵群众性比武竞赛中取得第二名、民兵整组检查考评中取得第一名。

【兵员征集】 2021年1—6月，区人武部组织完成18岁青年兵役登记工作。组织预征对象上站体检，完成征兵任务。无一例责任退兵。役前训练“七个一”做法受到各级领导肯定，在《国防时报》和省军区《要训》上刊发，彭山区人民政府被推荐为四川省征兵工作先进单位。（徐德东）

2021年3月1日，彭山区春季征兵定兵会在区人武部召开

（区人武部供图）

武　警

【概况】 2021年，彭山区武警中队以“固强补弱提升标准，稳中求进狠抓落实，凝神聚力再争先进”为工作思路，坚持政治建队铸忠诚、重心备战谋打赢、依法从严促正规，全面建设稳中有进。

【队伍建设】 2021年年初，武警中队组织学习《习近平总书记在党史学习教育动员大会上的讲话》《军队基层建设纲要》等文件，学职责、学法规、学标准、学方法，总结梳理工作，提升支部统筹谋划、管党务党、组织指挥、抓建部队的能力。坚持干部带头，纠治形式主义、官僚主义，落实武警部队惩治酒驾醉驾7条硬性措施等党纪条规。把“两个群众性组织”建设纳入总体规划，以党建带团建群建，集中开展群众组织应用培训，明确职责任务。在涉及官兵利益的问题上，落实“四公开”，尊重军人委员会和团支部推荐权、监督权和建议权。

【执勤工作】 2021年，武警中队落实眉山支队两次执勤优化调整改革，调整执勤部署、修订执勤方案。采取以上带下、以老带新、以强带弱的方式，严抓应知应会、设施操作、情况汇报、执勤动作、情况处置等环节，提升哨兵执勤能力。全年共担负临时勤务9次。贴近实际抓好实战化训练，月、周组织召开议训会议。围绕“抓重点、训难点、补弱项、促提高”的思路，开展创、破纪录活动，建立官兵训练档案，训练尖子和典型上龙虎榜。释放“智慧磐石”工程科技强勤效能，开展“四个一”活动，每月同目标单位共同分析查找执勤中的硬隐患。对排查出的安全隐患实行挂账销号、限期整改，全年共查找和整改执勤隐患10余处。

【安全管理】 2021年，武警中队开展“学法规、用法规、守法规”活动，组织条令知识竞赛、“五查十纠”整治活动，纠治各种违反条令条例的顽瘴痼疾和倾向性问题。组织官兵学习各类规范性法规文件，逐项对照要求抓好整改；组织安全专题辅导、事故案件通报学习、观看警示录像，人人谈体会。以争创“六无”先进单位活动和安全管理领域各项整治活动契机，每日“六个一”活动为抓手，紧盯内部关系“焦点”、手机管理使用“难点”、信息保密安全“重点”，枪弹管理“险点”，提升抓安建安水平。全年共排查整治安全隐患4起。落实武警部队、总队疫情常态防控指示要求，严格控制外来人员和车辆进入营区，副食品配送在营门外消毒静置后由专人“零接触”运回。加强在外人员管理，跟踪掌握在外人员思想行为动态，落实归队前核酸检测和隔离制度，建立“离队有教育、定期有反馈、适时有检查、归队有汇报”的在外人员管控机制。

【后勤综合保障】 2021年，武警中队组织资产大清查，做到逐个库室清、逐项资产查、逐条账目对，确认现有资产的型号、价格、数量，摸清存量资产管理情况。后勤队伍针对不同季节、不同训练强度的实际，以高营养食物为主，研究可口的新菜品，做好伙食调剂，官兵对伙食满意率100%。根据年度计划安排，先后协调地方及目标单位，完善智慧磐石工程；完成指挥训练室建设、隐形防护网安装和犬舍建设，以及司务室改造，营区窗帘、空调的更换等营区环境维修建设。（王诚桐）

人民防空

【概况】 2021年，彭山区人民防空工作完善人防工程验收程序，持续深化“放管服”改革，推进人防工程综合验收工作，强化人防工程使用维护管理，人防工程标准化建设取得新成就。

【易地建设费征收】 截至2021年12月底，武警中队按照省人防收费标准，征收的缴纳人防易地建设费全部上缴国库，实行“收支两条线”管理。

【规范管理】 2021年，人防办开展人防领域系统治理，印发《关于再次明确民用建设项目结建防空地下室报建审批和易地建费审核征收工作流程的通知》《关于协助督促民用建筑项目办理防空地下室审批手续的函》和区自然资源和规划局、彭山经开区建设局，形成信息共享、定期复核流程制度，严防漏审漏批现象。（张皓天）

农 业

农业农村管理

【概况】 全面完成2021年主要经济指标任务。全年全区第一产业增加值实现19亿元，同比增长7.2%；农村居民人均可支配收入实现24259元，同比增长10.6%，居全市第一位。向上争取项目32个，项目资金15041.3万元；全区粮食播种面积1.26万公顷，总产量9.73万吨，主要农作物综合机械化水平82.76%；蔬菜面积4066.67公顷，产量实现8.56万吨，产值4.79亿元；水产养殖面积1200公顷，成鱼产量2.06万吨，渔业经济总产值2亿元以上；生猪出栏12.5万头，小家禽出栏353万只。认定各类特色水果标准园16个，推广优质品种改良713.33公顷，全区特色水果种植面积8800公顷，产值14.59亿元；省级、市级龙头企业25家，家庭农场2558个，农民合作社282个；打造电商示范村2个，全区农村电商网络销售额3.2亿元，实现乡村旅游收入13.9亿元；完成改厕12047户，无害化卫生厕所普及率94.1%，建成"美丽四川·宜居乡村"达标村37个；开展农村人居环境整治"六大行动"，改善乡村面貌，推动公共服务和基础设施向乡村转移覆盖，建设"美丽彭山·宜居乡村"。把治理体系和治理能力现代化建设作为主攻方向，推动社会治理重心向基层下移，健全党组织领导下的"三治融合"乡村治理体系，提升乡风文明。

【农业生态安全】 *畜禽养殖污染治理* 通过排查摸底，锁定宜养区、限养区、禁养区内的规模养殖场（户）实施"精准治理"和严格监管。针对各类畜禽养殖场（户），采取明察暗访的形式严查偷排漏排粪污的行为。对查处出的问题会同乡镇（街道）进行处理，对污染严重的移交有关部门处理。各镇（街道）和畜牧部门每月对辖区内的畜禽养殖场（户）开展检查2次，责任到人划片包干，对检查的情况经政府分管领导签字，加盖政府公章报区畜牧站，并对排查出的问题进行处理。协助镇（街道）、村（社区）召开好畜禽养殖污染治理动员大会，做好污染治理宣传。累计建成种养循环示范基地4个，实施畜禽养殖场提升工程38个，全区规模养殖场畜禽粪污治理设施配套率100%，规模养殖场畜禽粪污综合利用率100%，全区秸秆资源化利用率92%以上，固体废弃物回收率88.2%，全区化肥农药2019—2021年连续3年实现负增长。

水产养殖污染治理 与彭山生态环境局、彭山水利局联合制定水产养殖污染防治管理办法，全区0.33公顷以上池塘落实“一包一”监管制度和尾水排放申报许可制度；制定《单个池塘水产养殖尾水治理技术操作规程》《规模化池塘养殖尾水治理十条措施》。按照长江“十年禁渔”有关要求，“5＋2、白＋黑”对重点水域开展巡查，打击非法捕捞和不规范游钓行为。截至2021年年底，现场纠正违规垂钓1000余人次，共立案处理渔政案件6起，其中移交公安机关立案查处3起。

病死畜禽无害化监管 开展夏季综合无害化处理培训和指导，与成都科农动物无害化处置公司签订处置协议，对全区病死动物及其产品进行无害化处置。完成乡村振兴示范点（农业固体废弃物回收转运站）改造工程。

耕地质量保护与监测 完成2021年度31个耕地质量调查点土壤样品的采集、化验及录入耕地质量监测管理系统，完成2个省级和2个区级耕地质量监测点及监测点试验的监测相关任务，收集相关数据对耕地质量数据库更新评价与成果编制。聘请第三方技术服务单位（四川农业大学）开展全区耕地质量等级评价工作，包含全区范围的高标准农田区域，完成眉山市彭山区耕地质量等级初步评价，彭山区耕地组成以中等质量耕地为主。

农业面源污染 开展化肥减量工作，印发化肥减量指导手册5000份，宣传横幅24幅，提高农户科学施肥意识，提升科学施肥水平。开展农作物秸秆综合利用工作，配合第二轮中央环保督察迎检工作，按要求提供资料给彭山生态环境局迎接检查。

化肥减量增效 全区新建化肥减量增效示范点5个，涉及乡镇3个。推广应用化肥减量增效技术措施，辐射带动推进全区化肥减量工作，全年实现全区化肥零增长。

【农产品质量安全】 农产品安全日常监管培训部署农产品质量安全飞行检查、食用农产品合格证制度等。2021年年底，开展部省市风险、例行抽检，合格率98%。

农畜产品安全专项整治 开展禁限用农药专项整治行动，检查生产经营企业450家次，出动执法人员280余人次；开展兽用抗菌药专项整治行动，检查生产经营企业190余家次，出动执法人员170余人次；开展“三鱼两药”专项整治行动，检查生产经营企业120余家次，出动执法人员120余人次；开展生猪屠宰“扫雷”行动，检查生产经营企业70余家次，出动执法人员200余人次；开展“瘦肉精”专项整治行动，检查生产经营企业50余家次，出动执法人员150余人次；开展农资打假专项整治行动，检查生产经营企业620余家次，出动执法人员380余人次。

农产品质量安全追溯体系建设 指导全区生产主体入驻国家级农产品质量追溯信息平台，新增生产主体入追溯系统230个，全区入驻追溯系统主体295个，监管、检测、执法系统录入数据325条，生产主体录入生产批次1045条，销售批次1301条。检验检测站完成市级风险监测任务385个、省级风险监测任务75个，合格率100%。

【饲料兽药监管】 组织召开饲料、兽药、农药法律法规培训3期、安全生产2期、安全农资下乡2期、农业废弃物培训1期，共培训1000余人次，发放资料1200余份。开展2021年度饲料药物添加剂使用、禁限用农药、兽用抗菌药、农资打假、农产品质量及食品安全、“渔政亮剑”等专项整治行动，共立案查处21起。

【农资流通监管】 共出动执法车辆180余台次、执法人员600余人次，对全区农资生产经营户进行“拉网式”检查。严查经营资质、产品标志、来源、索证索票落实情况，规范市场主体准入，督促农资经营户建立完善进、销货台账，记录农资商品的来源与销售去向。打击违规使用禁限用农药和违禁农业添加剂等违法行为，共查处假冒伪劣等农资案件7起，农产品质量案件6起。

【屠宰行业监管】 开展生猪屠宰专项整治行动，强化产地检疫、屠宰检疫的监督检查，产地检疫、屠宰检疫报检率、检疫率100%，进场待宰猪耳标佩戴率100%，未发生一例畜产品质量安全责任事故。

【农业执法】 全年办理案件21件，含农业7件、农产品质量安全6件、畜牧2件、渔政6件，其中向公安机关移送渔政案件3件。组织现场宣传渔政法规5次，张贴禁捕通告50余份，发放宣传手册300余份，回答群众咨询500余人次。走访餐馆、水产品经营户等商家1500余家次，发放禁捕等宣传资料1900余份。在全区天然河流域沿线设置禁捕警示宣传牌100余个，共出动执法车辆400余台次，执法人员1400余人次，现场纠正违规垂钓1000余人次，查扣非法游钓的鱼竿渔具100余根，查获并销毁非法捕捞网具21副200余米。安排非法捕捞涉案人员4人进行补偿性增殖放流，放生鱼苗6万余尾。

【厕所革命】 开展村和涉农社区43个全域改水改厕工作，完成农村户厕所改造12047户，改水17436户，农村无害化卫生厕所普及率94.1%，农村生活污水得到有效处理的行政村95%，群众满意率98%。

（潘茂利）

农村经营管理

【概况】 全面清查核实集体所有的各类资产，摸清集体家底，健全管理制度，防止资产流失。涉及资产总额54776万元（经营性资产10329万元），资源性资产2.8万公顷。做好两权融资抵押工作，为家庭农场、合作社等新型经营主体提供融资服务。

【集体产权制度改革】 依法确立主体地位，开展合并村融合发展，完成合并村产权制度改革，建立52个合并村经济集体经济组织。确认成员户数74224户，成员220426人。将农村集体经营性资产以股份或份额形式量化到本集体成员，量化资产总额13922万元。

【盘活利用村级闲置资产】 摸底盘查闲置办公室42处，共计17045平方米。其中，用于出租和发展集体项目25处，合计7985.57平方米；用于老年协会活动场所等公益项目13处，合计5980平方米。闲置资产利用率90.5%。

【“三资”管理】 升级三资财务核算系统，实现财务在线支付功能，使其具备实时支付监管功能。4个试点村（凤鸣街道金烛村、黄丰镇团结村、江口街道茶场村、谢家街道邓庙村）新建合并村集体经济组织，完成登记赋码，对村集体资产和债权债务进行清理并移交，同时建立资产台账分类管理。落实区、镇（街道）、村三级监管责任，规范农村集体经济组织资金、资产、资源管理工作，完善“三资”管理配套制度，强化业务能力。组织辖区内镇（街道）三资办和村会计举办彭山区2021年村集体经济组织会计业务能力提升培训班。

【产权价值评审】 全年共办理经营权证9份，经营权证注销13份。组织开展农场产权价值评审77件，评审价值1.27亿元。办理抵押抵款49笔共2716万元，撬动社会资本2730万元，办理抵押注销业务88笔，注销贷款4522万元。

【农产品品牌建设】 举办2021年彭山葡萄节、

2021年7月23日，2021四川花卉（果类）生态旅游节暨第十二届彭山葡萄节开幕

（区农业农村局供图）

“彭山田野·礼”区域公共品牌创意设计邀请大赛等活动，推广农业品牌，全区“三品一标”保有量20个。（潘茂利）

农村农业改革

【概况】 2021年，彭山区探索推进农村金融服务，开展农村土地经营权抵押贷款，推出“产权＋设施、产权＋机具、产权＋订单”等贷款产品16个，全方位支持现代农业发展。向新型农业经营主体259家发放贷款1.53亿元，涉农贷款余额70.85亿元。

【农村土地制度改革】 构建宅基地“三权分置”的政策体系，建立健全“1＋6＋N”改革体系，初步形成依法取得、节约利用、权属清晰、权能完整、流转有序、管理规范的宅基地制度体系。通过宅基地所有权、资格权、使用权“三权同确三证同颁”，破解宅基地权属关系不清难题，为村民小组40个累计颁发集体土地所有权不动产权证书40本，为农户颁发农村宅基地资格权证书5158本、颁发“房地一体”不动产权证书9860本。农村宅基地制度发展型改革“彭山样本”、聚焦四个关系抓实抓细宅基地制度基础工作2项经验做法被农业农村部刊载，宅基地“三权同确三证同颁”、集中式“三权分置”改革、新桥村探索“七步法”有序推宅改等4项经验做法被省农业农村厅刊载。盘活闲置资源建设美丽宜居乡村。如新桥村建古堰新居、乡村振兴学院、稻香民宿、农产品集配中心等新产业新业态，新达成意向项目18个。保留何家院子具有建筑美学和生态价值的农房14栋，以集体经济组织为主体，以业态定位招商，主要用于发展乡村民宿、院所科研团队工作室、书画院、乡村振兴学院配套设施等。

【健全乡村治理体系】 完成村（居）委会换届工作，选出村（居）委会主任51名，其中大专以上学历占比62.7%，较上届提升42.7%，平均年龄43岁，较上届下降7岁。建立村级会议记录、公开、监督等一体化机制。开展普法宣传，做优“彭祖祖说法”品牌，推出“彭祖祖说继承”“彭祖祖说禁毒”等说法系列信息6期，点击量3万余人次。成立矛盾纠纷多元化解协调中心，做到矛盾纠纷一站式接收、一揽子调处、全链条解决，实现群众矛盾纠纷解决“只进一扇门、最多跑一地”。成立新时代文明实践所，开展活动880余场次，受益群众8万余人。

【发展家庭农场项目】 发展一批规模适度、生产集约、管理先进、效益明显的家庭农场。探索社会组织承接政府公共服务职能，实施家庭农场发展促进联盟建设工程，帮助家庭农场主100余户开展“互联网＋”销售活动，运用抖音、微信等现代传媒进行直播带货，助力相关农产品通过电子商务出村进城。帮助农场主51户对接保险风险管控、银行贷款，组织开展技术指导培训3个班次113人。截至

2021年年底，全区新增家庭农场65户，创建省级示范场44户，市级示范场71户，区级示范场154户，实现全区所有镇（街道）有省级示范场、39个行政村（社区）有市级示范场。支持家庭农场主38名进行涉农学科大专及以上学历提升，兑现补贴金额8万元。支持参加城镇职工养老保险，每人每年按照个人缴费额50%给予补贴，年度补贴金额最高不超过1万元，补贴金额20万元。鼓励家庭农场主技术创新，申请相关专利技术，提高农业产值。举办农业技术应用技术创新大赛，表彰柑橘生物有机质覆土防冻技术（郑利彬）、酵素生态农用法（向珊）等优秀项目9个，补助创新资金9万元。

【小农户与现代农业】 针对小农户向现代农业有机衔接所面临组织建设薄弱、多维发展要素保障不足等多个挑战性矛盾，聚焦小农户组织体系建设、人才培育、政策支持三大领域重点突破，创新探索以“强化合作社、集体经济组织、家庭农场三大主体带动，突出引领性人才赋能和精准化政策供给两大关键支撑”的双重路径，深化对小农户融入现代农业发展的全面扶持。开展合作社标准化建设专项行动，建立合作社名录库，健全动态监测制度，建立准入、准退机制，按照“清理整顿一批、规范提升一批、扶持壮大一批”的思路，清理“空壳社”36个，创建国家级示范社4个，省级示范社17个，市级示范社11个。在黄丰镇团结村、谢家街道石山村、观音街道兴崇社区等村（社），探索盘活存量、扩大增量、输血引导等多种模式，激活闲置资源资产，带动小农户共同发展、分享改革发展红利。拓展性培育合作组织核心人员，依托新型职业农民培训和致富带头人培训机制，分期分批加大对合作社、集体经济组织骨干培训。通过对本土精英人才的全方位赋能，认定职业农民200名，增强乡村精英对小农户的带动作用。深化小农户与现代农业有机衔接，“彭山模式”两度获得农业农村部部长肯定性批示。全区行政村29个经营性收益超过5万元，其中10万元以上8个。

【科技示范和科教】 建立四川果怡农业科技有限公司、眉山市彭山区沈厅家庭农场、四川臻润农业科技有限公司农业科技示范基地3个，组织开展先进适用技术试验示范，推广重大引领性技术和农业主推技术，开展农技人员现场实训，组织示范主体观摩学习，为周边农户提供技术指导和培训服务。培育眉山市彭山区佳维家庭农场任和明和眉山市彭山区汉君家庭农场刘汉君为科技示范主体，打造主推技术应用的主力军、“永久牌”农技服务专家队伍，发挥对周边农户，特别是贫困户的辐射带动能力。组织区、乡农技人员85人，参加省、市5天以上脱产业务培训。确定四川省农业广播电视学校为市级知识更新培训机构。推介发布23项农业主推技术，印制《眉山市彭山区农业农村局推荐发布2021年农业主推技术》手册1000份，将先进适用的主推技术入户到田。引导广大农技员安装使用“中国农技推广”App，全区“中国农技推广”App使用率100%。四川农业大学、四川省农业科学院园艺研究所、成都市农林科学院园艺研究所和区农业农村局专家组成团队，对彭山区的葡萄种植户进行集中培训，区内培训3次，培训人数310人，组织葡萄种植业主代表和基层农技员25名到西昌等地现场观摩教学，提升种植户的技术应用能力和农技人员的服务水平，把产业科技优势转化为产业优势和经济优势，擦亮“彭山葡萄”金字招牌。

【乡村振兴】 推进巩固拓展脱贫攻坚成果各项工作落实落细，通过省2021年度巩固脱贫成果后评估组考核，守住“防止规模性返贫”底线。累计对脱贫户（含监测户）3035户、一般农户71131户进行防止返贫动态监测“回头看”排查，发现问题77个并完成整改。保持教育、医疗等普惠性政策和低保等兜底保障政策，实施小额信贷贴息、“雨露计划”等乡村振兴衔接项目71个，投入资金近1亿元。

（潘茂利）

涉农项目管理

【概况】 2021年，彭山区聚焦农业节本增效、农村特色产业发展，向上申请乡村振兴专项债券资金，新建、改造涉农项目，促进全区农业经济发展。

【提灌站建设项目】 新建或改造农机提灌站26处，其中利用2018年智慧灌溉项目结余资金建设江口街道土桥村四组农机提灌站1座。解决近1000公顷特色产业生产用水，其中水稻生产区近266.67公顷，柑橘、猕猴桃区733.33公顷。农机提灌站新增动力机组32台782.7千瓦，总投资519.5万元。

【高标准农田建设项目】 2021年，推进谢家街道高标准农田建设项目，涉及谢家街道汉安村（原红石村），项目总投资1380万元，计划建设高标准农田面积306.67公顷。主要内容为整治排灌沟渠8031米，新建及整治田间道路15.68千米。

【灾毁修复项目】 灾毁农田修复项目涉及谢家街道谢家场社区和义和场社区。项目总投资3870万元，计划建设高标准农田860公顷。主要内容为地力培肥860公顷；整治蓄水池6口，提灌站10座，山坪塘4口，排灌渠17.53千米；新建及整治田间道路35.93千米；沟道治理1201米。

水库农渠灾毁修复项目位于江口街道双江村6组。项目总投资31.4万元。建设内容：DN500双壁波纹管（混凝土包管）3处，共38米；对渠道靠山侧滑坡严重，并且存在继续滑坡可能的渠道段，采用DN500双壁波纹管暗渠、并C20混凝土包管。渠墙修复、渠底修复（砼）（0.8米×1米）4处，共165米；对渠道靠山侧滑坡，造成内侧渠墙垮塌，但是滑坡不严重并且再次滑坡可能性小的渠道段，采用C20混凝土靠山侧渠墙20厘米厚恢复、渠底5厘米厚恢复。挡土墙2处，共46米；对于渠道外侧滑坡严重，已无法直接恢复渠道的段，采用先C20混凝土现浇挡土墙恢复渠道砌筑平台再恢复渠道。整段渠道疏浚，共1300米。（潘茂利）

种植业

【概况】 2021年，彭山区出台扶持政策鼓励粮食生产，落实“藏粮于地、藏粮于技”战略；全面治理耕地“非农化”“非粮化”，保障粮食生产面积。

【粮食生产】 建成高标准农田1066.67公顷，新增种植水稻面积39.96公顷，果园间（套）种粮食作物332.84公顷，培育品种繁育基地1个，建成彭山区种子服务中心及“三农”展示中心、制种大数据监管平台，成功创建“五良”融合全程机械化示范区，主要农作物耕种收综合机械化水平82.76%，粮食生产面积1.26万公顷，产量9.73万吨。利用征而未用土地133.33公顷和田边地角、房前屋后100公顷种植粮食，2000平方米池塘浮板种稻。推广水稻新品种5个，工厂化育秧400公顷，小苗移栽1200公顷。发放种粮农民一次补贴、耕地地力保护补贴、稻谷补贴、种粮大户补贴等共计3030.1万元，涉及80684户次。

【特色产业】 全区特色水果生产面积8800公顷，产量实现15.36万吨，产值14.59亿元，分别增长8.3%和10.2%；蔬菜面积4066.67公顷，产量实现8.56万吨，产值4.79亿元，增长24.4%；中药材（川芎、川泽泻）面积2000公顷，干产0.72万吨，产值近1.8亿元，增长50%以上。

【植保服务】 印发病虫防治通知5期，病虫情报8期，技术指导和培训6110人次，发放技术资料0.6

万张，电子信息1.5万条（次）。主要病虫害发生面积5.89万公顷，防治面积15.17万公顷，挽回损失30160.23吨，实际损失1580.93吨。在黄丰镇金鱼村、谢家街道红石村分农舍和农田两种生境设立鼠情监测点，全年共布夹7200个，向部、省、市农业部门上报鼠情信息36期。在全区6镇（街道）设立草地贪夜蛾监测点20个，监测玉米、水稻、柑橘等作物草地贪夜蛾发生情况，全区未发现草地贪夜蛾危害。依托项目发放杀虫灯36台、色板4.2万张。全区主要农作物绿色防控面积9686.67公顷，覆盖率46.9%；统防统治面积6.93万公顷次，覆盖率47.74%。颁发农药经营许可证10份，截至2021年年底，全区农药经营店共140个。开展安全用药培训8期638人次，悬挂农药减量宣传横幅6条，张贴宣传标语300张，全区村（社）全覆盖“大喇叭”宣传安全用药。建立农药减量示范点21个，农药使用调查点47个。全年全区农药使用量182.8吨，比上年减少0.22%。

【植物检疫】 对稻水象甲、细菌性条斑病、黄龙病及红火蚁等重点检疫对象开展重点监管，未发现检疫性有害生物。全年完成杂交水稻种子产地检疫78.33公顷，签发产地检疫合格证12份，总产量24.5万千克；受理柑橘苗木产地检疫1批次。完成省间调运检疫39份，省内调运检疫12批次，共检疫水稻种子14.8万千克、柑橘枝条8116枝。（潘茂利）

养殖业

【概况】 2021年，完成水产养殖面积1200公顷，成鱼产量2.06万吨，渔业经济总产值2亿元以上；生猪出栏12.5万头，小家禽出栏353万只。

【动物疫病防控】 免疫牲畜口蹄疫23.06万头，免疫猪瘟22.38万头，免疫禽流感236.11万羽，免疫小反刍兽疫0.64万只，免疫狂犬病5.80万只。

【非洲猪瘟防控】 2021年，组织召开以“非洲猪瘟”防控技术为主题的培训会共计6次。制作三级网格员公示牌206个，开展大消毒4轮，制作各类“非洲猪瘟”防控宣传资料和承诺书6000份。对养殖专业户、村级防疫人员和基层站工作人员共120余人开展微视频技术培训。组织人员参加农业农村部、省农业厅举办的线上“非洲猪瘟”防控培训208人次。

【养猪项目】 2021年2月，泰善项目建成投产。位于谢家街道石山村，是利用原家具厂改建的标准化生猪规模养殖场、设计存栏母猪3500头的自繁自养场，占地8公顷，投资6000余万元。截至2021年年底，存栏母猪3500头，仔猪与商品猪14000余头。8月，德康项目建成投产。位于谢家街道悦园村，设计规模存栏母猪5000头，占地60公顷，投资8000余万元。截至2021年年底，存栏母猪5000头。

【畜禽养殖】 以种猪场和规模养殖场为重点，落实生产救助政策，稳定能繁母猪和生猪存栏。支持新建、改扩建规模养殖场改善基础设施条件。通过鼓励和支持德康养殖企业与周边小型规模养殖场合作扩大生产规模，发挥龙头养殖企业产业优势，提高生产能力；引导本地大型养殖企业新建或扩建养殖基地，扩大生产规模，提高生猪产能。发放出栏生猪补贴项目资金。创建农业经营主体品牌，引导全区种养专业合作社加强行业管理，规范生产经营行为。打造种养结合示范典型亮点2个，完成畜禽养殖场种养循环提升工程8个。

【水产养殖】 完成水产养殖面积1200公顷，成鱼产量2.06万吨，渔业经济总产值2亿元以上。开展健康养殖技术培训6期，培训人员300人次以上。推广微生物制剂调水、改水和养殖原池用生石灰、微生物处理再利用、池塘浮床种植水稻（水稻种植2000余平方米）2项新技术1066.67公顷。经部、省、市抽检样品20批次，合格率100%。虾、小龙虾养殖面积超过40公顷，单产3750千克以上，每公顷产值近30万元。开展水产苗种检疫108车次，全年未发生一起重大疫病。（潘茂利）

农业机械

【概况】 全年完成主要农作物机耕面积1.54万公顷，完成主要农作物机播面积0.94万公顷，完成主要农作物机收面积1.32万公顷，主要农作物综合机械化水平82.76%；完成新增农机总动力0.19万千瓦，现有农机动力25.44万千瓦。新建或改造农机提灌站26处，解决近1000公顷特色产业生产用水，其中，水稻生产区近266.67公顷，柑橘、猕猴桃区733.33公顷。农机提灌站新增动力机组32台、782.7千瓦，总投资519.5万元。

【农机作业】 完成水稻集中育秧406.67公顷，水稻机插6853.33公顷，无人机水稻飞防植保966.67公顷，水稻机收9466.67公顷，稻谷烘干1.4万吨，小麦机播116.67公顷，小麦机收烘干122公顷，油菜机播2366.67公顷，油菜机收3293.33公顷。全年农机化作业实现节支增收总计2222.37万元。

【农机安全】 严格拖拉机安全检验，年检做到“见人、见车、见证、见技术检验报告”。组织实施驾驶员考试，做好拖拉机驾驶员培训、考试、发证、审验工作。全年年检拖拉机126台，年检率75%，新增拖拉机7台，换发驾驶证46本，新增驾驶员4人，注销驾驶证77本（全区各类拖拉机154台，驾驶员570人）。

【农机执法】 开展农机隐患大排查、大整治检查活动，严查拖拉机违章载人、酒驾、无证驾驶、改装、套牌以及长期脱检等违法行为。检查变型拖拉机是否存在逾期未年检、逾期未报废，督促注销报废车辆（车主）按规定交回牌证和拆解。推进存量变型拖拉机报废清零，每周一次深入农机合作社进行隐患排查。全年检查拖拉机230余台次，纠正违章57起，发现安全隐患8起，完成限期整改，未发现违章载人情况。（潘茂利）

彭山区岷江现代农业示范园区

【概况】 彭山区岷江现代农业示范园区按照“全域园区”理念，编制现代农业示范园总体规划，形成“一园两翼”格局。依托设施葡萄、晚熟柑橘、水稻制种等优势主导产业，按照功能分区，规划葡萄、柑橘、稻药等现代农业园区6个，实现规划全覆

果怡智慧葡萄园　（岷江现代农业示范园区供图）

益。通过“国有公司＋社会组织”，建立土地流转四步机制，达到“农民流转有收益、业主投资得效益、政府服务保权益”三方受益效果。截至2021年年底，园区规模土地流转率80%。创新涉农补贴与社会化服务相结合的模式，培育各类农业社会化服务组织265个，分别在土地托管、育苗育种、病虫害统防统治、劳务服务等环节，提供专业化、组织化服务。开展农村土地经营权和农民房屋财产权“两权”抵押融资改革，推出“产权＋设施”“产权＋机具”“产权＋订单”等贷款产品16个。推进“产学研一体＋数字化农业”。与四川农业大学、四川省农业科学院等高校和科研院所建立校地合作，建设专家大院1个、四川省农业科学院基地1个，推广葡萄厢垄微耕机运用、水肥一体灌溉等实用技术15项，科技推广运用率100%，葡萄设施栽培技术全国领先。年产5万吨有机肥的臻润农业公司投产，农业废弃物回收利用在全省领先。建成农业园区信息化服务平台1个，为业主提供产销对接、劳务服务、生资供给、政策查询、农技培训等服务，信息服务惠及80%以上经营主体。

彭山区葡萄产业丰收采摘　（岷江现代农业示范园区供图）

【“省级五星园区”创建】 2021年，眉山市彭山区葡萄现代农业园区以建设“国家级鲜食葡萄科技示范基地”“天府都市现代农业公园”为目标，结合乡村振兴战略、深化农村改革等工作，强化园区科技支撑，提高园区现代农业装备水平，加快产业融合发展，推进品牌建设，优化园区建设发展环境，提升园区品质效益，加快发展转型。在果怡农业、天鑫农业、永红果蔬、洪九果业等龙头企业的示范带动下，园区项目建设顺利推进。2月，成功创建省级五星级现代农业园区。

【项目建设】 完成公义镇新桥村研学片区380万元基础设施建设投资。利用农业嘉年华设施招商引资，引进省兰花协会建设集兰花种植、科普、观光、交易于一体的天香兰苑，部分馆投入运营。眉山彭山省级农业科技示范园区成功进入2021年第一批省级农业科技示范园区（创建）名单。稻药产业园区成功创建市级现代农业园区。黄丰柑橘园区申报市级现代农业园区。四川省农业科学院蔬菜科研基地、电子科技大学沈厅家庭农场投入使用。完成乡村振兴先进县创建牵头产业振兴主题点位打造工作。古堰新桥AAAA级旅游景区通过四川省旅游景区质量等级评定委员会评审。7月，中央电视台《走进乡村看小康》在园区果怡一期录制，园区党工委副书记作介绍发言。《农民日报》刊载新闻《推动小农户与现代农业有机衔接——来自四川省眉山市彭山区的探索实践》获农业农村部部长肯定性批示。谢家街道悦园村获评省级乡村振兴示范村、省级“六无”平安村。黄丰镇团结村获评四川省首批乡村治理示范村。　（任玉梅）

水　利

【概况】 2021年，彭山区成功申报“四川省第二批深化小型水库管理体制改革示范县”创建县。开展河（湖）长制工作，改善全区水环境质量，被列入全省首批“河湖管理保护示范县”创建单位。

【水利项目建设】 全区共完成水利建设投资2亿

元，编制完成《眉山市彭山区“十四五”水安全保障规划》。完成向上争取资金5319万元。到位项目6个，主要包括岷江三角井、友谊坡、气死洞段防洪治理工程，移民后期扶持项目等；正在争取项目4个，预计争取资金6000余万元，主要包括红光支渠整治工程，岷江杉树滩、南方家私段、府河江口段防洪治理工程，小型水库管理示范县建设等。开展彭山区水系连通及农村水系综合整治项目前期工作。开展岷江彭山区青龙大堤友谊坡段、气死洞段，府河泉水段防洪治理工程，完成工程量60%；完成彭山区水库除险加固工程主体工程建设任务；开展龚家堰水库扩建工程（渠道部分），已完成渠道Ⅱ标工程建设，Ⅲ标完成工程量50%；全面完成考古围堰工程并交付；完成全区27座小（2）型水库第三方物业化管理工作，深化小型水库管理体制改革。成功申报“四川省第二批深化小型水库管理体制改革示范县”创建县。

【河湖长制】 制定《眉山市彭山区2021年河湖长制工作要点》《眉山市彭山区毛河、通济堰灌区面源污染治理工作方案》，印发《眉山市彭山区河长制工作手册》，开展河道巡查，河湖四乱治理，累计巡河6000余次。完成省下发河湖问题整改3起，完成6条河流岷江、锦江、毛河等和龚家堰、双凤等水库3座管理范围划定，编制“一河一策”管理保护方案（2021—2025年），完成龚家堰水库健康评价。全区市级6条河渠水质达到地表水Ⅲ类标准，断面合格率100%，全区水环境质量得到改善。

【水资源管理和水土保持】 完成最严格水资源管理制度、水资源消耗总量和强度双控行动年度目标任务。完成彭山经开区认定省级化工园区的水资源、水土保持和长江干支流关系认定的审批工作。截至2021年年底，彭山区用水总量控制在2.27亿立方米以内，编制《国家节水行动方案眉山市彭山区工作方案》，辖区内四川大学锦江学院成功创建节水型高校。执行水土保持“三同时”制度，开展生产建设项目监督检查100余次，完成水保方案批复64个，完成水保设施验收备案57个，征收水土保持补偿费415万元，综合完成水土流失治理面积2.4平方千米。

【防汛抗旱】 春灌期间，组织各镇（街道）、各水利工程管理单位协调、会商分析旱情，制定灌区输水方案，采取错峰、轮灌等科学管水措施，完成10760公顷保栽保种任务。开展水利工程维修养护，完成红光支渠、龚家堰补水渠、建设筒支渠等渠道54.8千米岁修清淤工作，抢修水毁渠道500米，检修、维护提灌站35座。组织开展防汛抗旱业务培训3场次，演练51场次，修订防汛抗旱预案61个，完成30座水库、11座水闸、12处堤防水旱灾害风险普查，完成渠道水毁修复78处、2300米，以及岷江白庙堤段、南方家私段，府河（府河桥段）堤防水毁修复。实施监测预警，组织会商调度，建立“两书一函”和“三单一书”工作机制，实现防汛“三零”目标，完成防汛任务。

【工程质量安全监管】 落实“项目法人责任制、招标投标制、建设监理制和合同管理制”工程管理制度4项。定期和不定期开展安全生产隐患排查整治，全区水利工程质量监督覆盖率100%，未发生较大及以上安全生产事故。开展水利行业扫黑除恶专项斗争工作，开展水利建设市场主体信用管理工作和水利工程农民工工资“无欠薪”行动。（张　文）

工业和信息化

工业经济

【综述】 2021年，区属规模以上工业总产值完成194.45亿元，同比增长20.6%；区属规模以上工业增加值增速9.5%。工业投资实现42.8亿元，同比增长10%；技改投资实现21.1亿元，同比增长103.4%。新增规模以上工业企业13家。

【项目投资】 新开工金桐化学、研一锂电等项目9个，竣工投产金高丽、精事达等项目15个。

【企业培育】 开展企业梯度培育工作。南风洗涤、驰阳饲料完成两化融合管理体系贯标，泓华油气田、高绿平、中广建材3家企业申报省级“专精特新”中小企业完成项目公示，绿艺华福申报省级服务型制造示范企业。成功创建省级绿色园区，省级化工园区认定工作通过省级评审。

【企业扶持】 制定《2021年工业发展实施意见》《推动制造业高质量发展的实施意见》，修订《企业做大做强扶持政策（2021年版）》，编制《制造业高质量发展“十四五”规划》等政策文件。向在产值规模、税收贡献、创新驱动等方面取得突破的65户企业兑现区级奖补资金共322万元。

【服务保障】 协调解决蜀羊防水2500千伏安用电需求和金桐化学电力专线建设，推进杉杉锂电项目220千伏电源接线、10千伏专线规划建设。协助思念食品、珂玛材料、驰阳饲料等企业招聘工人600余名。联合区国资金融局、人行彭山支行等在彭银行机构开展“一对一”清单制金融服务，组织召开专题金融对接会3次，为72家企业投放信贷资金7.5亿元，将中纺粮油、思念食品等86家企业纳入市级应急转贷资金和贷款风险补偿基金白名单，为宏铭胶粘、蜀都老妈、鑫上建争取工业企业应急转贷资金2200余万元。

【5G建设】 协调推进5G网络建设，启动5G汇聚机房建设。2021年年底，5G网络覆盖中心城区、园区、重要集镇、彭祖山风景区。

【安全生产】 开展重大节日期间安全隐患排查、“安全生产月”专项检查、日常安全检查等，督促企业落实问题整改。落实森林防火责任，实现全年无森林火灾发生。组织开展全区重点工贸行业特别是粉尘防爆、有限空间等领域的企业安全教育培训3次。到全区规模以上工业企业宣传省、市、区关于疫情防控相关规定，督促规模以上工业企业和通信营业厅落实扫码、戴口罩、量体温等疫情防控措施。

【环保工作】 开展工业污染防治工作，对全区重点工业企业72户开展联合检查30余次。聘请环保专家对50多家化工、建材、家具制造、饲料生产四大重点行业企业进行“一对一”专门辅导，提升企业环保工作能力和水平。整改夹江水工环保问题、应林化工地下水污染、蓉兴化工芒硝尾矿处置等环保督察问题7个。对机械设备制造、化工、家具制造、印刷等重点行业开展挥发性有机物治理，南方家居园区规划建设共享喷涂车间，解决家具企业挥发性有机物治理难题。执行启动预警发布时间轮停工业企业批次清单，按要求对企业实施重污染天气错峰、轮停。（罗家媛）

四川彭山经济开发区

【概况】 2021年，四川彭山经济开发区（原成眉石化园区）紧盯新能源新材料和高端装备制造两大主导产业，打造具有核心优势的高技术制造基地，打造西部湿电子材料、锂电池材料聚集区和新能源汽车及配套产业聚集区。园区工业总产值实现47.3亿元，同比增长28.6%；全社会固定资产投资完成36亿元，同比增长15.3%，其中工业投资完成30.8亿元，同比增长7.2%；技术改造投资完成17.1亿元，同比增长54%；完成税收1.4亿元，同比增长27%。

【发展环境建设】 深化“放管服”改革，优化审批流程，非核心要件实行容缺受理、承诺办理，将项目规划设计方案四级审核减为两级审核。开展用工难专题调研，促成现场招聘18次，签订意向协议750人。为杉杉科技等14家企业申请人才公寓36套，协调解决企业租房56套。协调解决农民工工资222余万元。完成省级无烟单位创建。开展疫情防控，组织企业职工注册健康码2463人，接种疫苗3132剂次，服务外籍人员入境34人次，备案进口货物99批次。成立经开区安全生产委员会和生态文明委员会，建立完善书记、主任负总责，班子成员分工负责机制。修订完善安全环保应急预案，编制完成环境影响跟踪评价和整体性安全风险评价。完成隐患排查—整改—销号“闭环管理”。学习《中华人民共和国固体废弃物污染环境防治法》《中华人民共和国长江保护法》等法律法规，查找环保隐患并完成整改135个。加强人工湿地专业化运营维护，做好迎接中央环保第二轮督察工作，其间实现零投诉。开展安全生产专项整治三年行动计划，定期邀请安全管家，采取部门联合执法等方式，开展安全生产隐患排查4次、专项检查2次，发现并整改安全隐患282个。

【产业培育】 经开区纳入全省“5+1”重点特色产业园区培育发展三年行动计划（2021—2023年），成功获批省级绿色园区，入选省级化工园区认定名单。明确经开区主导产业为绿色化工、新材料、高端装备。分类制订企业培育计划，点对点加强企业指导，新增规模以上工业企业9家。推进项目入库，科学制订入库计划，全年新入库项目33个，总投资66.9亿元，分别同比增长73%、112.7%。落实《彭山区促进企业高质量发展扶持政策》，协调解决法液空进口设备减免税、东进电子个税返还、欧力泰尔融资等问题。为乐凯新材、茵地乐等项目争取到省级项目扶持资金1054万元，指导研一、格林达等6个项目申报2022年项目资金，精事达、江化微等项目资金补助顺利通过专家组验收。

【基础设施及配套建设】 新建创新四路、石化四路等道路6.1千米，推进产业新城安置区、住宅支路（寿仙街）等，投资约1亿元。完成加油站、消防站、安置房及宝能动力电池等征地拆迁工作。新入库智慧园区及配套设施建设项目3个，争取到位专项债券资金5878万元。百日攻坚安置、宝能项目征拆所需资金纳入区政府“一事一议”解决。注入资本金17260万元，保障园区基础设施建设。新建经济开发区供水管网长度2200米，天然气管网3000米。完成产业大道以西征地拆迁范围内电力迁改，投资740万元完成交安电力新建和改造工程项目，建设10千伏汉安开闭所1座，新建供电线路8300米。新增用地指标75.07公顷，实际供地107.86 公顷。

【招商引资】 抢抓“碳达峰、碳中和”战略契机，将新材料产业中的日化产业调整为锂电池材料产业，引进锂电池负极材料、电解液等中游企业，新签约锂电材料产业项目6个，协议总投资189.6亿元。聚焦“三强”企业、行业龙头企业和“专精特新”小巨人企业，主动对接、重点跟进、精准招商。签约引进项目21个（投资5亿元以上重大项目8个），同比增长60%；协议总投资217.5亿元，同比增长318%；招商引资到位资金40.67亿元。特别是签约投资100亿元的杉杉锂电池负极材料一体化基地项目，实现园区百亿重大项目引进零的突破；签约投资5亿美元的美国雅保5万吨氢氧化锂生产基地项目，成为今年全省外商直接投资最大单体项目。为乐凯新材、茵地乐等项目争取到省级项目扶持资金1054万元，指导研一、格林达等6个项目申报2022年项目资金，精事达、江化微等项目资金补助顺利通过专家组验收。截至2021年年底，园区共签约引进项目74个，总投资380.53亿元。

【项目投建】 落实“三比三看”“红黑榜”工作机制，由招商和项目部门联动协调，按照投资协议约定，与企业共同商定项目“倒排工期表”，围绕时间节点，半月一调度，每月一通报，严格“打表”推进。建立班子成员和部门负责人专班联系指导企业（项目）制度，点对点服务企业需求，协调解决企业困难和问题30个。针对杉杉科技负极材料一体化项目，成立以党工委、管委会主要领导为组长的协调推进工作领导小组，专人跟进、每周调度。编制《项目服务工作指南》《重点项目工作手册》，设立“综合服务窗口”，健全一次性告知制、全程代办制、限时办结制，以优质服务加快项目建成投产。全年实施省、市、区重点项目26个，预计完成投资25亿元；竣工（投产）项目16个，其中产业项目14个；园区投产项目33个。

【西部电子材料中心和供应链中心项目】 2021年12月，西部电子材料中心和供应链中心项目建成投产。项目位于四川彭山经济开发区，占地面积4.67万平方米，建设年产5000吨笑气、6万标准立方米磷烷混合气、1吨三氟化硼、13万标准立方米惰性混合气及高纯气充装生产线其他仓储经营的特种化学品仓储中心，总投资3亿元。主要服务于西南区域的京东方集团四川成都、绵阳、重庆、昆明等分公司，以及成都紫光国芯、眉山信利、通威太阳能等客户。

（何 斌）

电 力

【概况】 2021年，国网四川省电力公司眉山市彭山供电分公司（以下简称国网眉山市彭山供电公司）负责彭山区凤鸣街道、观音街道等5个街道3个镇的供用电管理任务，供电面积465平方千米。供区内用电客户16万余户，供电人口33万余人。管辖变电站及开闭所18座。其中，220千伏变电站2座，110千伏变电站6座，35千伏变电站4座，10千伏开闭所6座，变电总容量1160.1兆伏安。完成电网建设投资1567.5万元；实现售电量10.74亿千瓦时，同比增长21.84%；综合线损率2.37%，同比降低1.82个百分点；实现连续安全生产7305天。是年，“变电站水泵自动控制装置的研制”荣获国际质量管理赛事“金奖”，保持国网公司四川省文明单位称号。

实施三年“领航计划”“青匠工程”人才培养战略，完成人员全覆盖培训16期600人次。新增中高级职称15人，新取特种作业证39人，入选眉山公司两个“百人计划”12人；员工盛恩利获第八届全国道德模范称号。开展电管家上门服务506次，解决用户用电问题1879项，开展攀亲百岁老人“电亮抗战老兵，传承红色精神”等特色志愿活动135次。33篇新闻报道在《人民日报》等央级媒体刊登，谢家供电所员工周义强事迹《初心》视频选送四川省委宣传部。江口供电所成功创建国网四川省电力公司“五小”供电所示范点、四川省“五小”先进班组、眉山市模范职工小家，荣获国网四川省电力公司先锋党支部称号；公司职工创新孵化中心获评国网四川省电力公司和彭山区沈杰劳模（工匠）创新工作室；公司40个团体、64人次获眉山公司级及以上荣誉。

【电网建设】 完成配网项目储备80个，其中彭祖网格入选国网四川省电力公司标杆网格。完成35千伏灵谢线、锦江大道、工业大道至城区连接线等迁改工程26个。完成35千伏谢家变电站35千伏开关柜改造、汉安开闭所新建、红义一二线宏业路支线、红金一线百业路支线新建等工程项目18个。推进农网工程实施，满足农村经济发展需要。推进“机器代人”应用，实现重要区段视频监控全覆盖。开展“无人机＋视频监控”立体巡检，累计飞巡150余千米；实现12座变电站高清视频监控巡检，发现并消除缺陷3项。完成配网自动化子站建设，实现配电自动化“三遥”零的突破。

【用电安全】 深化“线上＋线下”全方位管控，全年开展安全督查380次。配合彭山区经信局出台《10千伏电力客户受电设备准入验收规范》《关于切实做好电力设施保护安全可靠供用电的通知》等规定，提高全区电力工程质量，政企、警企联手打击外力破坏，实现用户设备故障跳闸率同比下降25%，外破同比下降28%。主动将全区安全用电隐患大排查纳入政府统一部署，完成整改重要用户安全隐患99项；开展隐患排查整治专项活动，倡导零点消缺方式，发现并消除输变配电设备各类隐患问题344项，整改跨鱼塘线路隐患65处，森林火灾隐患整改率实现100%。落实各级疫情防控要求，保障疫情防控“双零”目标。

【经营管理】 成功创建国网同期线损百强县公司5次、百强供电所8次。开展配网不停电作业400次，创历史新高，减少停电时户数2.9万时/户，增供电量

2021年2月9日，国网眉山市彭山供电公司“三中心”正式揭牌投入使用。图为该公司员工休息时间在文体活动中心看书、锻炼身体　（彭山供电公司供图）

2021年11月10日，国网眉山市彭山供电公司服务辖区柑橘产业发展，助力乡村振兴。图为江口供电所员工上门为雷雷果业检查用电设备，开展安全用电宣传　（彭山供电公司供图）

2021年8月3日，国网眉山市彭山供电公司员开展带电作业“汗”卫清凉。图为该公司带电作业人员正顶着烈日开展带电改接（彭山供电公司供图）

约300万千瓦时。与彭山区交通运输局、发展控股公司、产业新城签订充电桩建设业务合同，完成5个停车场45个充电桩接电任务。

【供电服务】 全市首创政电融合，实现全区乡镇全覆盖，典型经验在国网报刊发、入选国网四川省电力公司工作交流专刊。实现“一网通办”“用电+房产”联动过户，让客户“一次都不跑”。举办全员网上国网推广竞赛，完成推广约2.5万户。低压全线上化缴费率99.4%，同比提升3.53%；高压线上缴费率97.41%，同比提升3.48%。（杨艳梅）

天然气

【概况】 2021年，眉山市彭山港华燃气有限公司（以下简称彭山港华）用户数71170户，其中城镇用户68424户，农村用户1087户，工商客户1659户；微信公众号累计关注用户数58743户。

【管网建设】 贯彻“西南六策”的方针与政策，与新津港华及眉山兴能燃气实现管网互联互通。与中石油川港燃气实现凤鸣阀室气源点的下载供气，优化公司气源点布局，在2021年年底气源危机中保障彭山区平稳供气。

【燃气安全管理】 提升员工的安全生产意识，落实企业各项安全生产管理制度，消除各类隐患，配合政府完成对农贸市场、商业综合体、天然气管道及设施经过的人员密集区、公共区域、老旧小区、农村自建房、用气情况复杂的居民用户、餐饮用户重点进行排查工作3次，确保一级隐患100%消除。

【改进服务】 精简业务流程，减少用户业务办理等待时间。截至2021年年底，通气点火业务实现“用户零跑路”，户内工程改造业务实现“用户至多1次跑路”。是年，彭山港华对客户大厅进行改造及装修，整合传统客户服务业务、舒适家延伸业务、时刻家业务，使其成为彭山区域内集业务办理、场景体验、产品营销、客户关怀四位一体的先进业务窗口。（毛瑞琪）

电信通信

【概况】 2021年，中国电信股份有限公司眉山彭山区分公司把数字信息技术支撑当地经济发展的可行性、实效性和实施效果，作为衡量惠民工作是否到位的唯一标准，结合实际需要，为用户提供用得了、用得起、用得好的信息化产品，为城区、镇（街道）、村（社区）各级系统建设提供强有力的稳定信号和充足的网络保障。

【基础设施建设】 信息化建设计划投资1900万元，截至2021年12月底，实际投资1868万元。新建宽带端口4400个，新建专线860余条，全区实现光纤网络深度覆盖。建成城区4G基站97个，地下室分覆盖53个小区，农村4G基站63个，在重要交通道沿线、人口相对聚集的区域、集中作业区域、景区等实现4G网络全面深度覆盖。电信5G网络建设计划投资6500万元，拟建5G基站220个。截至2021年12月底，实际投资5800万元，建成5G基站195个，实现城区主要街道、小区、政府单位及农村乡镇5G信号连续覆盖。

【网络信息安全】 开发多项系统保障，办理业务时必须提供身份证等国家有效证件，需人脸活体认证，朗读防诈宣传内容，才能办理电信业务，同时按周由公司专人到营业厅进行抽查、暗访等。为确保实名工作进度，为彭山区营业厅更换最新身份证识别仪500余个。全区关停“三无”号卡2.51万张，一证多卡非实名拆机568个。建立IT支撑系统，分析用户行为，建立多种防诈模型，对中标模型用户实施关停。做好自营网站、App的内容监测和应急处置。在网站备案方面，上线未备案自动封堵系统；开展向客户递交未备案不得接入告知书函告工作2次，同步开展网站备案信息准确率核查。完善举报核查处置机制，确保核查及时率和准确率，加强舆论宣传，提高用户防范意识。公司一把手任防诈专班组组长，各分管领导任副组长，专业部门联动抓好防诈，发现一起督查一次，做到有案必查、有责必追。加强宣传，全区推送防诈宣传、预警短信40万条，开展防诈宣传进小区、进村社、进校园共计1200余次。制定庆祝中国共产党成立100周年期间保障方案，开展应急演练。按月开展责任对抗检查。检查出现批量数据使用未及时销毁、生产现场张贴工号、网站备案信息变更等不合规情况，及时通报整改。

【信息惠民】 开发具备通话功能的电子学生证，运用于本区3所学校内，同时在校内新安装校内卡式话机，便捷家长联系学生，解决学生与家长通话需求。推动数字乡村建设，利用信息化手段造福本区农村群众，开发数字乡村平台，打造安全化、信息化新农村。出资300余万元，为30余个小区免费安装智能人脸识别门禁系统，同时联网公安，提升物业信息化管理能力。

【安全生产】 组成安全生产督查小组，牵头对机房、车辆、食堂、营业厅等关键场所和重要设施不定时进行抽查和排查。对电源、电梯等容易引起安全隐患的设施进行登记排查；落实消防安全设施的完好和应急状态下的使用；通过对员工消防知识的宣传和现场消防演练，保证所有员工能掌握和使用消防设施。

【业务经营】 截至2021年12月31日，全年主营业务收入9932万元，移动电话用户数154894户，增速6.6%；互联网宽带用户数74473户，增速4.74%；5G手机用户数39090人，5G套餐64943户。

【疫情防控】 新冠肺炎疫情防控期间，购买口罩上万只，用于平时营业场所、公共区域、门卫、分支局外出营销、会议等；严格营业厅、门卫消毒，进入人员亮码、扫码措施；严格年休或学习出省、出眉山流程报备制度；开展监督提醒，支部纪检委员牵头，组织办公室对营业厅、门卫等公共场所不定时抽查，制定考核管控机制；配合社区开展防疫宣传，在包保区域发放防疫宣传单2300余份，为小区人员注册健康码370余人次。（徐嘉奕）

移动通信

【概况】 中国移动通信集团四川有限公司彭山分公司围绕区委、区政府“融入成渝同城发展”“推进东彭融合”“招强引优赋能”等重大部署，服务经济社会发展，加快数字化发展。在公司生产经营和转型升级过程中，推进提速降费、网络品质提升工程、“移动服务进万家、进万铺、进万企”等工作。依托中国移动4G/5G、云计算、大数据、NB-Iot、高速全光网络等能力，结合彭山彭祖山独特的旅游文化资源，推进“智慧文旅”建设，助力四川全域旅游文化发展。利用5G、大数据、信息化等手段，满足疫情防控工作需要，服务全省疫情防控大局。完成抗击新冠肺炎疫情和特大暴雨洪涝灾害等各类应急通信保障，保障政府、卫健等部门重大视频会议。

【生产经营】 截至2021年12月31日，累计在彭投资1.6亿元，总体连接数规模18万户，客户规模16.5万户，基站总数575个。全年运营收入超1.2亿元。

【5G技术发展】 加速5G“融入百业、服务大众”，确保客户5G体验感知领先。推动5G“双千兆”体验升级，服务5G客户超4万户。与四川长虹等企业合作，打造“业务+终端+入口+平台+统一协议”五位一体产品体系，全方位满足数字家庭生活需求。与各企事业单位联合打造一系列全国领先的5G示范应用。引领5G成渝赋能“走在前列”，与重庆移动在“基础设施共建、信息化能力共享、业务服务融合”三方面达成合作协议，共同推动区域经济的建设和发展。在实施“网络信息扶贫工程”中，试点5G特色农业，打造“5G数字乡村”。在助力疫情防控及复工复产中，保障省、市“新闻发布会”等云视频会议超10场，为全省提供“远程会诊、5G红外成像”等应用。

【信息惠民】 累计投资超0.8亿元，推进电信普遍服务试点，承担全省一半任务，包括建设难度最大的甘孜、凉山等地区。实施“双百工程”，推进行政村4G覆盖和行政村通宽带覆盖，全省行政村4G网络覆盖率100%。运用信息技术推动“互联网+优势特色农业”O2O农村电商平台建设，实现特色优势农副产品从产区到销区的高效对接，加速推动农副产品“走出去”。打造“平安乡村”信息惠民平台，完成6个镇（街道）“雪亮工程”建设，实现县—乡—村三级监控，解决偏远地区群众安全感“最后一公里”问题。（蒋春燕）

联通通信

【概况】 2021年，中国联合网络通信有限公司眉山市彭山区分公司落实总体国家安全观，筑牢网信安全防线，落实集团、省公司决策部署，围绕“1+5+5”总体工作基调，打造品质服务，经营发展态势稳中有进，规模效益持续提升，实现“十四五”良好开局。

【“数字眉山”建设】 推进“数字眉山”建设，融合5G与“云、大、物、智、安、链”等技术，促进与实体经济深度融合，在数字政府、智慧环保、平安城市等多个领域助力产业结构转型升级，拓展信息消费新业态新模式。加强疫情防控，为政府机构及企业提供“互联网+舆情”服务。

【网络运营】 推进5G引领的“新基建”建设，打造技术领先的5G匠心网络，实现重点乡镇连续覆盖。推进4G网络深度覆盖建设，城区人口覆盖率98%，乡镇及行政村人口覆盖率96%。光纤宽带乡镇覆盖率95%，用户宽带接入端速率均100Mbps及以上。

工业企业选介

【四川研一新材料有限责任公司】 四川研一科技有限公司动力电池电解液、添加剂项目位于四川彭山经济开发区，由研一集团投资，是公司五大产业基地之一。深圳研一是以开发锂电池新型功能材料为核心业务的高技术创新公司，拥有正负极黏结剂、PI新材料、补锂添加剂、电解液及其添加剂、固态电池等五大业务板块。公司主要客户为宁德时代、LG、三星、深圳新宙邦、广州天赐、张家港国泰华荣等知名企业。公司动力电池电解液项目计划总投资25亿元，占地面积6.67公顷，主要建设年产15万吨电解液生产线，达产后预计实现产值170亿元，实现税收9亿元，创造就业岗位100个以上。2021年年底，正在进行主体建设和部分设备安装，计划2022年6月部分试生产。此外，公司在四川彭山经开区投资5亿元建设年产9000吨电解液添加剂项目，2021年年底部分试生产，达产后预计实现年产值20亿元，实现税收1亿元；投资2亿元建设年产6000吨锂金属材料项目，2021年年底开展前期手续，计划2022年9月开工，达产后预计实现年产值5亿元，实现税收3000万元。

【四川杉杉科技有限公司】 公司位于四川彭山经济开发区，由上海杉杉锂电材料科技有限公司投资。上海杉杉锂电作为国内第一家实现人造石墨负极材料产业化的高新技术企业，先后获得国家科技进步奖二等奖、国家制造业单项冠军等荣誉，在行业内具备领先的技术实力。杉杉负极材料主要包括石墨负极产品和硅负极产品，石墨负极产品用于数码类、动力类及储能类。杉杉公司数码类的高容量快充负极产品全球市场占有率第一，动力类及储能类的高端人造石墨负极产品同行技术领先，硅负极产品是国内具备量产能力的两家企业之一。主要客户包括宁德时代、比亚迪、LG、欣旺达等国内外锂电龙头企业。2021年，杉杉负极材料总出货量超10万吨，位列国内人造石墨出货量第一，全球市占率12%。公司年产20万吨锂离子电池负极材料一体化基地项目计划总投资100亿元，占地110.53公顷，主要建设年产20万吨锂离子电池负极材料生产线，达产后预计实现产值120亿元，实现税收6亿元，创造就业岗位2500个以上。眉山基地20万吨锂电负极材料将满足200亿瓦时动力电池所需，可就近供给宁德时代、比亚迪、中创新航等在成渝地区的新建基地，为四川乃至西部地区发展壮大锂电池和新能源汽车产业提供有力支撑。2021年年底，石墨化1号、2号、3号车间正在进行基础施工、钢结构立柱安装等，一期5万吨石墨化生产线预计2022年8月正式投产。

【雅保四川新材料有限公司】 2021年10月，雅保四川新材料有限公司年产5万吨氢氧化锂锂电池材料项目正式签约落户眉山石化工业园。项目总投资5亿美元，占地17.27公顷。项目取得备案（核准），能评、环评、安评等相关评审正在进行。项目采用国产设备，利用转型酸化技术，建设年产2.5万吨生产线2条，建成后产能5万吨/年，技术水平达到国际国内领先水平。项目全面达产后，预计实现年产值约90亿元，销售收入约80.3亿元，年利润16.7亿元，上缴税款约12亿元，拉动上下游配套产业实现产值约100亿元，带动就业480人。（罗家媛）

商贸服务业

彭山年鉴（2022）
PENGSHAN YEARBOOK

商贸流通

【概况】 2021年，彭山区加强调度指导，加强与企业沟通，确保数据准确。同时加大对现有限额以上企业及个体经营户的跟踪服务力度，定期深入企业，了解经营状况，指导企业做好社会消费品零售额数据的统计上报工作，做到不虚报瞒报、不错统漏统、不延时迟报。加大入统引导工作，选择引进一批市场前景好、有竞争力的企业（个体），升级门槛入规，实现增速最优化。

【社会消费零售】 2021年第一季度，社会消费品零售额增速34.5%，区属全市第一。1—12月，全区社会消费品零售总额完成85.21亿元，增速15.6%。会同相关部门开展"寿乡年夜饭抖音直播抢红包"活动，鼓励限上企业春节期间"不停工、不停产"，并对在春节期间"不停工、不停产"限上批零住餐企业（个体）予以一定的资金补贴，拉动城区餐饮业的业绩。对29家限下样本单位中的2家餐饮企业、3家餐饮个体、1家药店、1家旅店、1家批发个体、2家零售个体进行替换。

【电子商务工作】 推进电子商务示范村建设营运工作，通过电子商务示范村开展电商人才培育、电

2021年2月8日，区政府副区长廖长明（中）到商贸企业调研春节前保供工作　　（区商务局供图）

2021年4月25日，区商务局组织召开电子商务企业绿色发展工作会　　（区商务局供图）

商专业技术培训，对电商平台资源进行帮扶等，实现一村一品、村级电商产业发展，让农村农产品种植户、返乡创业人员、大学生创业人员借助农村电商将本土农产品销往全国，形成彭山电子商务在农村的示范效应、经济效应，促进农村电商创新、创业、就业。2021年，悦园村万亩猕猴桃电商示范点线上销售水果共计20万千克，农户增收20万余元，带动就业20余人。组织猕猴桃春季管理室内理论培训和田间实践培训，共计100余人次参加。彭山区网络销售额突破13亿元（不含苏宁易购、当当网）。

【会展工作】 组织区内商贸流通企业、电商企业、家庭农场、果品商会（协会）、专合社等，参加第一届中国国际消费品博览会、第七届成都国际汽车零配件及售后服务展览会、2021中国（成渝）美食工业博览会等会展活动。

【外贸进出口工作】 全区外贸进出口额实现22352万元，完成目标任务124.18%，同比增速66.60%，在全市9个区县园区中排第四位。新增实绩外贸企业2家，提前半年完成市下达新增实绩外贸企业2家目标任务。

【“味美四川”川派餐饮汇活动及餐饮人才培育】 根据四川省商务厅《关于开展2021“味美四川”川派餐饮汇活动的通知》和市商务局《关于开展2021“味美四川”川派餐饮汇活动的实施方案》的要求，启动彭山区2021“寿乡美食 人间至味”活动。彭山区餐饮企业、特色小吃经营业主踊跃报名参加活动，区商务局、区餐饮协会会同寿乡名菜评选委员会通过对报名单位推荐的菜品进行品鉴和筛选，从中选出菜品15道推荐到市上参加“东坡名菜”和“天府名菜”的评选。

结合四川省商务厅组织的2021“味美四川”川派餐饮汇和眉山市“东坡美食 人间至味”活动，围绕彭祖养生美食文化传承，培育烹饪技艺精湛、社会行业推崇的知名厨师6名，提升彭山城市品牌形象，研发和完善彭祖养生文化宴，传播彭祖养生文化。

【家政服务培训】 2021年，家政服务人员目标培训300人，新增家政人员100名。截至12月31日，通过彭山区贝乐福职业技术学校和彭山区新时代职业技术学校完成培训280人，新增家政人员85人。

【重点项目】 投资670万元，完成彭山区电子商务直播基地（电商孵化园新址）公共区域装修工程。润土果品集散中心是彭山区2019年农商互联暨农产品供应链项目，2019年6月启动建设，经多次延期，原计划于2021年10月下旬完成初验工作。截至2021年12月31日，项目方提供资料未达到初验标准。

（曾 利）

供销合作

【概况】 2021年，彭山区通过“供销社+村‘两委’+专合社或农业领军人物”的模式改建、新建基层社，培育三星级综合社服务社，开展农民职业技术培训，完成2021年两项改革“后半篇”文章工作市下目标任务，并通过市供销社验收。

【供销综合改革】 改建、新建基层社4个，创建基层社示范社4个，改造提升薄弱基层社1个，培育三星级综合社服务社2个，开展农民职业技术培训100人次。在基层社示范社的打造过程中，建立健全“三会制度”等运行管理机制和监督激励机制，推进基层治理水平提升，壮大集体经济体量，推进基层供销社经营服务网点向村组下沉，间接撬动社会资本近2000万元。指导农民专业合作社积极参加各级示范社评选，5个成员社获评区级示范社，黄丰“三交界”水果专业合作社参与全国农民专业合作社示

2021年11月18日，市供销社监事会主任阮永忠（右三）一行检查验收江口基层供销合作社建设工作情况　（区供销社供图）

2021年5月14日，区供销社理事、监事及区农合联理事、监事和执委会成员等在北川维斯特农业示范园参观学习

（区供销社供图）

范社申报。与区农业农村局、区科技局联合举办区农业技术应用创新大赛，4个会员单位获评优秀创新奖。以彭山区星丰农产品烘干服务中心为试点对象，协助其自主研发低温烘干作业流水线设备，截至12月底，该新能源多功能烘干机组取得实用性新型专利1项、商标1项。全年帮助农户、种植业主烘干泽泻200吨，川芎600吨，枳壳、枳实120吨，稻谷1000吨，玉米200吨。帮扶种植户抢救性烘干泡水谷60余吨，挽回经济损失14万元。组织基层社、农合联理事会成员、监事会成员、执委会和骨干会员代表30人，赴绵阳、德阳学习考察，学习借鉴先进生产经营管理经验和理念。

【系统维稳工作】 关注系统内新中国成立初期参加革命工作的老同志、企业军队转业干部、困难遗属、困难党员、困难职工的生产生活。做好系统4000多名下岗职工的服务、维稳工作及遗留问题的处置。妥善化解革命伤残军人江月成信访积案，及青龙糖厂佘国刚信访案，收回集体资产46万余元。全年无一例进京、到省、到市的上访事件发生。

（罗　征）

烟草专卖

【概况】 2021年，全区销售川烟3565箱，娇子系列销售2776箱，全年销售卷烟11407箱，单箱均价40416元，实现销售收入4.6亿元。

【营销服务】 推进“面向消费者的现代营销体系”建设。社会库存下降，卷烟价格保持平稳，社会存销比稳定在0.4~0.8，客户盈利水平稳定在14%左右。全年打造会员终端39个，新增智慧终端43个，总计77个。

【专卖管理】 全年共查处各类违法案件51起，5万元以上案件5起，三烟查缉数151.76万支，完成全年总任务151.76%，涉案金额128.22万元。在市局牵头下破获“7·20”案，现场查获涉案卷烟40.46万支，涉案金额46.16万元，抓获嫌疑人22人，逮捕5人。

【法治建设】 紧抓法律风险防控，以“三个依法”确保企业健康运行。借助“八五”普法开局契机，开展培训、宣传；加强执法全过程监督，全年案件审查率100%、大案上报率100%，无行政诉讼、复议和投诉事件；推出便民举措，简化办理流程，完成对合理布局规划的修订；建立“制度库”，合同纳入线上审批，降低法律风险。

【安全管理】开展安全培训35次，安全知识测试9次，网络安全知识竞赛2次。深入开展“安全四进”“四个专项治理”“安全生产宣传月”活动，按进度推进“一标”创建，完成岗位危险源辨识、责任书签订、安全承诺宣誓等工作。（李 群）

房地产业

【概况】2021年，全区房地产新开工面积225万平方米，其中，彭山城区73万平方米，天府新区152万平方米。施工面积711.99万平方米，其中，彭山城区306.7万平方米，天府新区405.29万平方米。

【房地产开发】全年办理预售许可69宗，建筑面积105.2万平方米，共计14997套（预售许可不含天府新区彭山区域），网签成交28018套，成交均价7120元/平方米（彭山区域11468套，6637元/平方米；天府新区16550套，7617元/平方米）。区属新增房地产开发企业2家，新开发项目6个。区属全年完成房地产投资49.1亿元。

【房地产管理】推进“放管服”改革，健全制度，强化预售许可、预售资金监管。完善新建商品房交付流程，以房协会名义印发《关于进一步完善新建商品房交付流程的通知》，统一规范商品房交付行为，维护商品房买卖双方的合法权益。

【行业监管】加强对新建商品房购房业主预缴存办理不动产权证书资金的监管，规范预缴存流程。完善房屋交易与产权管理程序，加强楼盘表管理、新建商品房销售管理、存量房转让管理、房屋抵押管理、房屋租赁管理、房屋面积管理、房屋交易与产权管理信息平台建设等工作。加强服务窗口建设，合理配置人员，优化服务流程，提高业务能力。推进房屋与产权管理规范化工作，提高依法行政水平，简化办事程序。

【住房保障】2021年，住房保障在保户数共计974户，其中实物配租保障954户，租赁补贴20户，发放金额37376元。累计保障户数4215户，其中实物配租保障2219户，租赁补贴1996户，累计发放金额294.4万元。（张皓天）

“三产”服务

【概况】2021年，全区第三产业增加值实现89.05亿元，增速10.2%，位列全市第二。

【规划编制】2021年2月启动彭山区“十四五”服务业发展规划编制工作；5月完成初稿；6月形成征求意见稿；8月完成衔接论证，征求相关部门及乡镇意见3次；11月完成专家论证；12月16日通过区政府常务会议；12月25日以区政府名义印发。

【重点“三产”项目】共有江口沉银博物馆、中日国际康养城等市级重点服务业项目7个，全年计划投资28.75亿元。截至2021年12月底，完成投资34.95亿元，完成年度计划的121.46%。

【升规入统】与统计、税务、市场监管等部门加强联系，会同区商务局、区科数局等行业主管部门，扩大企业摸底排查范围，充实全区规上（限上）服务业企业培育库，选择一批市场前景好、有竞争力、符合入规入库标准的企业纳入统计，专人指导提交入统申请的企业完善申报资料。全年入统10户。

（冯秀梅）

旅游业

彭山年鉴（2022）
PENGSHAN YEARBOOK

旅游管理

【概况】 2021年，彭山区以创建全域旅游示范区和创建天府旅游名县为依托，制定和实施“十四五”文旅规划，强化文旅产业基础设施建设，提升全区公共文化服务体系效能，实施区新文化馆、图书馆和江口沉银博物馆及遗址公园等重大文旅项目。全年接待游客582万人次，同比增长27%；旅游收入49.6亿元，同比增长34%。完成旅游投入目标9.8亿元。

【创建省级全域旅游示范区规划】 制定《眉山市彭山区创建省级全域旅游示范区暨天府旅游名县工作实施方案》，将旅游业高质量发展与生态文明、乡村振兴、新型城镇化相结合，以“全域旅游发展”为统揽，以特色品牌建设为重点，完善旅游产品供给体系、补足旅游基础设施、提升公共服务效能，加快全区旅游业科学发展、转型发展、跨越发展，把旅游产业打造成为彭山区经济发展的重要增长极，带动区域经济高质量发展，形成全区农旅结合、文旅互动、兴旅富民、全域旅游的新格局，争创天府旅游名县，提升彭山区文化旅游影响力和美誉度，推动彭山区文旅发展再上新台阶。工作目标：2022年成功创建天府旅游名县候选县，成为省级全域旅游示范区创建单位，2023年成功创建省级全域旅游示范区和天府旅游名县命名县；建成国家A级旅游景区6个以上（彭祖山、古堰新桥2个国家AAAA级旅游景区和团结村、中法农业科技园、川娃子工业园、刘家大院4个国家AAA级旅游景区）、省级旅游度假区1个（江口水镇旅游度假区）；加强文化旅游与一、二、三产业融合发展，创建省级研学教育示范基地1个、省级工业旅游示范基地1个、省级中医药旅游示范基地1个、省级农业主题公园1个、文化旅游产业示范园区1个，改（扩）建旅游厕所5个以上；围绕“彭祖”“沉银”两大文化IP，打造常态化演出的品牌演艺节目1台；加快完成江口沉银博物馆建设，提升汉崖墓博物馆展陈水平，建设以彭祖山、汉崖墓、江口古镇、沉银博物馆等为特色的环彭祖山长寿养生文旅融合发展带；至2023年，实现全区旅游总人次1000万人次，旅游总收入突破100亿元；基本形成产业体系健全、基础设施完善、市场管理规范、服务质量满意的全域旅游新格局。

彭祖山景区建设

【概况】 4月14日，彭祖山景区正式对外开放。“四川省中医药健康旅游示范基地”创建成功；国家AAAA级旅游景区完成创建验收等级审批，长寿村旅游安置小区二期完成建设，老百姓分房并入住；固投入库、投资各项经济指标任务全面完成。

【水郡未来城项目建设】 投资任务5亿元，实际完成投资约8亿元，超额完成任务。水郡未来城一期主体封顶完成88%；二期B区主体结构封顶完成60%，其余主体结构施工中，CD区基础施工完成80%；江口水镇一期A区样板段施工完成，正式对外开放。H-1区主体结构封顶完成75%，部分二次结构施工中；二期A-1区基础施工完成80%，部分主体施工完成；府河段河堤修复完成；洲际酒店和英迪格酒店主体封顶。

【长寿村旅游小镇二期项目建设】 长寿村旅游小镇二期建设约1.1万平方米，安置112户，总投资2983万元，完成主体工程审计、总坪验收等工作。会同江口街道对二期112户完成分房。

【蜀郡东岸项目建设】 江口街道双江村村委会新办公楼启用，开展特色农业种植，完成市民公园和景观平台建设。11月9日，《彭祖山风景名胜区双江片区详细规划》取得省林草局批复。

【景区经营管理】 11月，通过眉山西交所平台，以公开征集方式征集彭祖山文化体验园的经营和管理维护合作方，最终确定为环球融创公司，与其签

2021年4月14日，“三月三”朝山节，彭祖山景区对外正式开放 （彭祖山发展推进中心供图）

订《彭祖文化体验园经营和运维管理服务项目合作协议》。规范彭祖仙山景区门票销售，提升旅游经营服务质量。开展小微创新改革，探索建立景区负面清单，推动景区生态保护、游客服务，实现优质管理。完成景区抢险救援器材库的报建等相关手续。

【安全工作】 安全生产 制定《眉山市彭祖山景区安全应急预案》，每月对景区安全设施进行“全覆盖”式隐患排查，建立隐患台账并及时整改。

疫情防控 建立“一把手”负总责的疫情防控工作机制，实行景区员工、来访游客两级防疫管控制度，游客入园查扫健康码、保持一米线、检测体温，密闭场所规范佩戴口罩，最大限度降低疫情风险。建立景区疫情防控应急机制，确保一旦发现红黄码、发热和中高风险地区旅居史人员，能够在最短时间内进行科学处置。

2021年10月2日，区应急管理局局长李桂平（左）带队检查彭祖山景区森林防灭火工作 （区应急管理局供图）

森林防灭火 建立景区森林防灭火指挥中心，安装高清监控探头240个，5000米长距红外线遥感摄像头1个，实行24小时值班值守；在景区入口设置火源存放点和森林防火二维码，实行扫描入园，进行轨迹追溯；成立25人组成的景区义务扑火队，每季度对防火隔离带进行检查清理；建立景区森林防灭火物资储备库2个，投入100余万元采购防灭火装备和器材。配备风力灭火器8台、消防水泵4台、防火服50套、铁耙30把，明确专人定期对设备和器材进行养护保养。 （杨利佳）

其他旅游项目

【江口沉银博物馆建设】 江口沉银博物馆及遗址公园项目选址于眉山市彭山区武阳镇五一村，位于两江汇合处，紧邻江口沉银遗址。江口沉银博物馆及遗址公园项目总占地13.33公顷，估算总投资15亿元。其中，博物馆占地面积4公顷，估算投资10亿元，建筑面积5万平方米（主体面积3.63万平方米，另含停车场等），展陈面积7300平方米（包含江口沉银遗址出水文物展厅、水下考古遗址实景展厅、临时展厅、历史展厅）。江口沉银博物馆在外观设计上引入天圆地方自然地层的概念，以创建城市地标，水下考古科普基地为目标，致力于建设成为国家一级博物馆。截至2021年年底，完成地下基础施工，地上主体部分完成二、三层，完成主体工程量60%左右。

【江口古镇项目建设】 6月14日，古镇概念性策划方案上区规委会；《江口古街历史文化街区整治保护规划》修编报告通过区规委会审定，待报市规委会审定；江口古街策划方案编制完成并报区规委会待审批；7月12日，《江口古街历史文化街区综合提升项目投资协议书》通过区政府常务会审定。

（杨利佳）

金融业

彭山年鉴（2022）
PENGSHAN YEARBOOK

金融管理与服务

【概况】 截至2021年12月底，彭山区存款余额336.61亿元，较年初新增36.27亿元。贷款余额215.29亿元，较年初新增45.11亿元。存贷款余额同比增速17.71%，增速居全市第一。银行金融机构不良贷款率0.45%，居全市最低；在四川省金融生态环境评价中，彭山区2019—2021年连续3年排位全市第一。直接融资7亿元，完成全市下达目标任务；处非工作取得阶段性成效。4月，彭山金融工作被市金融工作领导小组专刊转发，得到肯定。12月初，《眉山政讯》专题报道彭山区创新“1＋5＋6”模式提升金融服务水平。

【金融服务】 成立金融工作领导小组，截至2021年年底召开金融联席会议6次。印发《眉山市彭山区2021年“一产一单”金融工作推进方案》，成立金融顾问先锋队5个，开展“金融顾问企业行”专项行动，走访服务企业150余家（次），帮助企业解决融资问题。制定《招商引资签约项目金融服务提前介入工作方案》《重点项目（重点企业）金融服务工作方案》，加强对招商引资的企业和重点企业的金融服务。邀请各银行对彭山区招商引资的重点企业——杉杉科技项目、雅保项目开展“一对一”专场对接服务。印发《彭山区普惠金融“六进服务”活动方案》，各银行开展普惠金融进乡村、进社区、进园区、进企业、进机关、进学校“六进服务”活动共95次，提升金融服务可得性、人民群众获得感和金融服务满意度。

【五大专项行动】 实施“金融助农”“金融强工”“金融活商”“金融支持省市重大项目”“金融支持国企”五大专项行动。截至2021年12月底，向区内企业投放贷款25.58亿元，其中，向一产投放7.66亿元，二产投放8.64亿元，三产投放9.28亿元。服务企业及个体工商户2052家。对到期还款困难的企业及个体工商户采取展期、无还本续贷、延长还款期限、调整还款计划、减免逾期利息的共143家，续贷金额3.73亿元。

【金融政策扶持】 在各银行推出的“惠抵贷”“稳保贷”“战役贷”等10多种信贷产品基础上，鼓励银行创新应收账款质押、知识产权质押贷款等金融产品，探索“金融定制服务”等创新服务，金融产品平均利率4.48%，疫情暴发以来共计减少企业融资成本约6000万元。各银行机构优化服务意识，开辟绿色通道，优化简化业务流程，在政务中心设立综合金融服务窗口，为企业提供面对面、点对点的金融服务。

【助力乡村振兴】 与四川省农业信贷担保有限公司签订合作协议，支持小微企业和“三农”发展。截至12月底，省农担眉山分公司担保投放贷款4529万元。建立眉山市彭山区乡村振兴农业产业发展贷款风险补偿金1075万元。推广农村承包土地经营权抵押贷款，鼓励金融机构加大涉农信贷投放。截至12月底，彭山区两权融资发放贷款2315笔，累计投放11.28亿元。保险业开展特色农业保险承保业务，覆盖特色优势产业10个。

【金融生态环境建设】 *地方金融组织监管* 12月中旬，区国资金融局聘请第三方机构对彭山区两家小贷公司进行合规经营审计，对整改发现的问题督促小贷公司限期整改，实施地方金融组织“减量提质增效”的工作要求。

防范和处置非法集资 在岁末年初、市“三会”、区两会等重要时间节点，在全区牵头开展涉非涉稳重点风险线索排查清理行动。眉山市级非法集资举报奖励办法修订实施后，在全市范围内率先实现有群众举报、迅速兑现奖励，《眉山日报》对此次事件进行专题报道。在处非宣传月、反诈宣传月及金融知识宣传月期间，除现场宣传外，区国资金融局创新宣传手段，拓宽宣传渠道，在城区内24个公交站台、51个村（社）、商超电梯、机关院落设置防范非法集资宣传广告；组织全区网格员300余名在锦江大学进行处非工作培训；启动法律顾问机制，聘请专业律师，深入全区6个镇（街道），面向老年协会、村（社）干部开展贯彻《防范和处置非法集资条例》法制宣讲系列活动；面向全区居民发送处非宣传短信27万余条。

多层次资本市场建设 推进企业改制挂牌上市工作，加强规模以上企业改制政策的宣传动员、推动和协调工作，召开企业挂牌上市专题培训会，加大企业培育力度。按照企业的条件、进程和意愿，实施“分类指导，梯度培育”。申报2家企业进入眉山市挂牌上市企业后备资源库。对上年挂牌的1家企业按政策申请鼓励资金。引导2家企业在天府四川股权交易中心挂牌。（宋慧霞）

银行业

【概况】 2021年，彭山区贯彻落实稳健货币政策，依法履行金融管理职责，防范化解金融风险，提升金融服务水平。年末，全区各项贷款余额215.28亿元，比年初增长26.5%，增速居全市第一。全年法人金融机构使用再贷款6125.54万元。各项存款余额307.66亿元，比年初增加31.78亿元，增长11.52%。

【中国人民银行彭山支行】 推进农村信用体系建设，抓好三项评定工作，评定信用村7个、信用镇1个。组织开展征信宣传活动5次，受理征信投诉1笔，征信异议14笔，群众满意度100%。辖区内全年收缴假币1761张，金额累计170510元。推进“人民币净化工程”，强化现金清分面向管理，强化警银协作，配合加大假币犯罪打击力度。开展人民币反假宣传活动，全年共开展集中宣传3次，组织金融机构开展“拒收现金”宣传工作。优化银行账户服务和农村支付环境建设，截至12月底，完成账户核准877户，企业账户事后核查2265户，彭山全辖ATM机158台，POS机1507台，助农取款点258个，覆盖彭山区8个镇（街道）、65个行政村（社区）。以“云闪付”App为核心，以公共缴费、景区应用等为重点，全面推进移动支付惠民便民工程。完成预算收入161861笔，金额578050.71万元，办理预算支拨和财政申请支付划款凭证19575笔，金额809005.74万元；

办理各级预算收入退库8438笔，金额28204.02万元；办理各级预算收入更正调库52笔，金额153282.05万元。累计办理个人所得税的汇算清缴退库业务6885笔，合计金额310.14万元。推动中国邮政集团有限公司眉山市分公司与彭山区税务签订三方协议，成功办理第一笔跨地区异地税款电子缴库；打造国库惠民服务平台6家，完成社保缴费笔数31笔、金额2.48万元，医保缴费笔数127笔，金额2.94万元。开展金融知识宣传月活动3次，组织辖内金融机构开展金融知识宣传30余次。开展征信、反洗钱、存款保险、防范和打击电信网络诈骗等金融知识进社区、进校园、进乡镇集中宣讲10余场次。春节时期组织辖内金融机构开展以“为民服务　情暖巴蜀”为主题的人民币知识宣传，分别在建筑工地、车站等地开展宣传3次。纪检组以货币信贷工作中涉及财政奖补审批、再贷款发放、专项再贷款等高风险业务监测为重点，指导监测贷款利率定价、资金落实等关键环节。对账户开立、征信查询等重点对外履职窗口进行全面监督管理。（熊　楠）

【中国银行眉山彭山支行】 截至2021年12月31日，总存款77405万元，较年初新增7724万元。其中，公司存款25955万元，较年初新增3255万元；个人存款51450万元，较年初新增4469万元。总贷款余额82459万元，较年初新增25734万元。其中，公司贷款15998万元，较年初新增6533万元；个人贷款62079万元，较年初新增19201万元。不良贷款金额83.49万元，不良贷款率0.13%，较年初不良贷款金额减少43.82万元。合计为78家（户）小微企业及个人经营户经营发展提供授信支持。普惠贷款余额13600万元，新增普惠贷款4396万元。其中，公司普惠贷款余额7729万元，较年初新增2014万元；个人普惠贷款5871万元，较年初新增2382万元。先后为2家防疫企业提供授信支持，授信金额合计2000万元，贷款余额合计1100万元。为四川金山制药有限公司授信金额1000万元，贷款余额100万元；为成都拓利科技股份有限公司授信金额1000万元，贷款余额1000万元。（祝　敏）

【中国建设银行彭山支行】 截至2021年年底，一般性存款时点余额62.59亿元，较年初新增19.3亿元。其中，对公存款时点余额30.88亿元，较年初新增15.92亿元；个人存款时点余额31.71亿元，较年初新增3.38亿元。一般性存款日均余额49.97亿元，日均新增7.15亿元。其中，对公日均存款余额18.72亿元，较年初新增4.45亿元；个人日均存款余额31.25亿元，较年初新增2.7亿元。各项贷款余额43.62亿元，较年初新增9.12亿元。其中，对公贷款余额17.72亿元，较年初新增2.47亿元；个人贷款余额25.9亿元，较年初新增6.65亿元。全年累计实现账面利润12769万元；中收2151万元；不良贷款余额32.34万元，不良贷款率0.01%。（陈贵全）

【中国工商银行彭山支行】 2021年，营业净收入14461万元，同比增加3990万元，增幅38.1%。拨备前利润12454万元，同比增加3944万元，增幅46.34%；净利润5890万元，同比增加671万元，增幅12.86%。全部存款时点余额42.28亿元，余额占比22.35%，较年初下降2.75个百分点，同业第三；净增2.47亿元，增量占比8.07%，较年初下降20.92个百分点，同业第三。储蓄存款余额24.80亿元，较年初增加2.54亿元。系统内余额占比10.49%，排名第三，较上年末提升0.07个百分点；增量占比10.78%，排名第三，较上年末下降2.19个百分点；余额同业占比19.75%，较年初减少0.09个百分点，增量占比19.03%，较年初减少2.61个百分点，同业排名第三。法人存款余额17.48亿元，余额占比27.46%，同业第二，较年初减少10.35个百分点；增量较年初减少707万元，增量占比-0.41%，较年初减少39.42个百分点，同业排名第四。其中，公司存款余额10.52亿元，较年初增加2.82亿元，任务完成率141%，同业余额占比21.92%，较年初减少10.35个百分点，同业第二；增量占比11.68%，同业第三；日均较年初净增2.43亿元，任务完成率122.13%。机构存款余额6.96亿元，较年初减少2.89亿元，同业余额占比44.56%，较年初增加0.85个百分点，同业第一。各项贷款余额38.88亿元，余额同业占比26.71%，较年初增加0.11个百分点，同业第三；净增9.64亿元，增量同业占比27.01%，较年初增加6.22个百分点，同业第二。个人住房贷款余额25.46亿元，较年初增加8.12亿元，完成全年目标任务的225.56%，同业余额占比31.04%，较年初增加1.39个百分点；增量占比34.51%，较年初增加3.42个百分点，同业第一。法人贷款余额10.07亿元，较年初增加1.42亿元，同业余额占比22.08%，较年初减少2.82个百分点，同业第三；同业增量占比第三。其中，银监普惠贷款较年初净增3826万元，任务完成率65.97%。不良贷款余额80.36万元，较年初减少114.43万元，不良率0.02%，较年初下降0.05个百分点。其中，法人不良贷款余额0万元，法人剪刀差维持为零。个人不良贷款余额80.36万元，较年初下降114.43万元，不良率0.03%，低于全市0.09个百分点。个人剪刀差余额544.64万元，较年初净增45.59万元，违约率0.21%，低于全市平均水平0.17个百分点。个人客户数157607户，较年初净增9514户，任务完成率84.19%。其中，5万元以上的客户11463户，较年初增加1217户；100万元以上的客户334户，较年初增加8户；时点800万元以上的客户数15户，较年初增加3户；年日均800万元以上的客户12户，较年初减少3户。新开对公结算账户433户，净增397户，增量同业占比38.92%，同业第一。公司新拓414户，任务完成率92%。其中，普惠有贷户新拓64户，任务完成率91.43%；建筑安装施工单位拓户22户，任务完成率68.75%；有贷户及直营客户代发工资拓户13户，任务完成率65%。机构客户净增19户，任务完成率100%；机构日均1万元以上拓户28户，任务完成率97%；工会账户拓户14户，任务完成率117%。（徐 伟）

【中国农业银行彭山支行】 截至2021年年底，各项存款余额76.52亿元，各项贷款余额46.57亿元，存贷总量突破123亿元，居彭山区域四行第一。开展“深耕乡村市场，助力乡村振兴”综合营销活动，建立与重点村“两委”日常联系机制，部门与挂钩网点协同配合，夯实乡村振兴金融服务基础，三农绩效排名全市第一。加强乡村振兴宣传报道，《彭山农行：金融“活水”问“稻”国家级制种基地》《农行四川彭山支行：让葡萄产业成为农民“致富果”》等多篇新闻报道分别被总行、省分行级别媒体刊登。开展防范电信网络诈骗工作，3次邀请市公安局警官来行宣讲反电信诈骗知识，进行网点宣传。党员先锋队到观音镇菜市场口送反诈知识下乡村，到府河小学和川大锦江学院送反诈知识入校园，到凤鸣公园送反诈知识进公园，到包保网格送反诈知识入小区，共计发放宣传折页4000余份，接受咨询5000余人次。堵截事件12件，金额共计300万元，其中堵截电信网络诈骗8件，非法开卡4件。每周在包保网格开展金融知识普及、大扫除、禁毒宣传、疫情防控等多项志愿者活动。8月25—27日，组织人员排查住户827户、商铺49户，对未接种新冠疫苗第一剂次的居民进行提醒。（杨菲菲）

人寿保险

【概况】 2021年，中国人寿保险股份有限公司眉山市彭山区支公司实现总保费16631万元。长险新单中的首年保费（含短险）3943万元，首年期缴2136万元，10年期以上期缴（含10年）610万元，标保508万元；长险续收12689万元。短险中的短期险1806万元，其中健康险1366万元，意外险440万元。

【客户服务】 加强客户投诉管理，全年公司共收到消保中心、省公司转办、监管转办投诉件12件。针对客户反映的问题，会同相关部门商定处理办法，跟进案件，督促确保在最短时间内进行撤诉和结案。开展VIP客户服务与增值服务活动，组织公司4名尊钻级客户参加省公司华西医院健康体检和入会礼发放，协助星级客户457人次在VIP服务商场兑换生日礼、SOS救援卡、基因体检、龙腾卡等各级别礼品。在眉山范围内举办以“牵手国寿·共创美好”为主题的第十届少年儿童绘画作品展活动。参与网上报名客户800多名，上传参赛作品103幅，选送优秀作品12幅参加市公司评选。

【风险防范】 研究监管部门及上级公司风险管理部相关工作要求，组织各部门落实日常及专项的风险排查、问题整改工作，先后开展重点风险专项治理、人身保险市场乱象整治、“五虚”问题专项整治、声誉风险专项排查整治等风险专项治理工作8项，全年排查风险预警数据1145条，进行客户身份识别617件。开展“强内控 抓执行”专项工作、“内控合规建设年”工作、内控执行反馈和穿行测试工作等，强化内控管理制度执行，提升公司内控管理质量和风险管控能力。开展各类合规培训，学习警示案例，落实经理进职场讲风控系列课程，全面覆盖公司各部门员工和各渠道销售人员；参与“诚信合规好声音”演讲大赛，推进公司诚信、合规文化建设。

【服务地方】 发动员工及销售人员参与社会宣传，组织反洗钱、防范非法集资、防范电信网络诈骗、金融知识普及、消费者权益保护等主题宣传活动。落实普惠金融“六进”行动，筹划开展“天使之爱”健康行动等专项宣传活动。全年向彭山区税务局缴纳个税、增值税、印花税等税金合计111.79万元。

（徐艳红）

人保财险

【概况】 2021年，中国人民财产保险股份有限公司眉山市彭山区支公司在财产保险服务领域完善彭山区政策性农业保险、特色农业保险，创新“水果收入保险+支农融资”业务。截至2021年12月31日，完成全险保费收入8291.71万元，同比增长16.11%，农险保费收入1156.46万元，已决赔款1309.65万元。全险种综合赔付率56.62%，其中农险赔付率139.37%。上缴地方各类税金共计957万元。

【业务开展】 明确车险业务发展方向，在受综改因素保费大幅缩水导致整个行业车险负增长的形势下，实现车险保费规模与2020年同期持平的良好业绩。利用农村网点优势服务“三农”，公司赔付保障农业可持续生产。在2021年全市农险遴选中，以全区第一的成绩中选彭山区政策性农业保险承保机构遴选项目。关注新冠肺炎疫情变化，主动排查风险隐患，提高员工防疫意识，升级理赔服务，发挥保险保障功能，支持疫情防控工作，针对企业推出稳定企业复工复产的保险保障、主动扩展校园方责任保险的新冠肺炎保险，推出疫苗保险、“安康系列”医疗保险等。对接相关单位，推出社会民生类保险，如法院法律救助责任险，将救助责任金放大1.6倍的保险额度，利用有限的财政资金扩大保障额度；针对政府临时组织应急救援人员的不确定性，提供不记名投保应急救援人员意外伤害保险，最高保障80万元/人。推出建筑行业的投标、完工履约及农民工工资保证保险；在财产险领域，与知名科技公司合作，探索用“科技+保险”模式，把风险事故的理赔向风险发生的防范上转移，控制火灾、爆炸风险的发生。响应国家新安法的实施，在彭山石化园区试点推出安全生产责任保险。

【客户服务】 与市公安局交通警察支队共同发布关于印发《“警保联动”深化事故快处快赔改革试点工作实施方案》的通知，在全市范围内开展交通事故快处快赔工作，按要求统一购置快处快赔相关设备，配置专用摩托车用于路面巡查。通过各交警大队授予巡查人员“12123”辅警权限，“警保联动”人员通过线上调度、线下巡查相结合的方式，开展快处快赔工作，向交通事故当事人提供协助报警、现场查勘、现场定损、现场理赔、协助施救、小额人伤调解、后续索赔指引等服务。共开设警保联动服务站2个、交通安全劝导站1所，分别位于公司本部、公义镇、谢家街道。

【风险防范】 2021年6月，开展以“学法用法护小家·防非处非靠大家”为主题的非法集资宣传活动。在营业厅张贴抵制非法集资的宣传海报，出单柜台发放宣传折页，主要宣传非法集资的表现形式、常见手段、社会危害、法律处罚等。召开专题晨会，强化员工行为管理，防止从业人员参与非法集资，宣导关于防范和打击非法集资的文件及要求，要求全体员工认真学习，在工作中加强防范意识。在日常对外展业过程中，对企业单位及村社进行保险知识宣传培训的同时宣传非法集资相关知识，详细讲解非法集资案例，让群众意识到非法集资的不良影响。10月，开展反洗钱集中宣传月活动。在办公场所张贴、摆放宣传物料，开展反洗钱培训会，在微信群反复强调反洗钱工作重要性及注意事项。

【服务地方】 参与区扶贫开发协会的各项公益活动，如彭山区“栋梁工程”捐款活动、彭山区“国家扶贫公益”捐赠活动，被区扶贫开发协会授予副会长单位及先进单位荣誉称号。（晏思敏）

邮政保险

【概况】 中国邮政彭山分公司保险收入完成496.7万元，完成计划目标的134.2%，同比增长64.1%，进度列全市第三位，增幅列全市第二位，保险超全年目标绝对值127万元。

【客户服务】 从客户的角度出发，推荐适合的保险产品，提供指导出单、协助理赔等“一条龙”服务，为村镇居民提供医保缴费服务，让群众“少跑路、跑短路、就近办”。

【风险防控】 在金融工作中严格把控防范并化解风险。2021年，彭山区邮政公司风险监测得分87.6分，列全市第一位。（滕 爽）

证 券

【概况】 申万宏源证券有限公司眉山彭山区紫薇路证券营业部（以下简称申万宏源证券彭山营业部）位于眉山市彭山区紫薇路37号，由申银万国证券眉山东坡镇营业部彭山服务部于2009年10月升级而来。该营业部面积743平方米，员工15人。依托公司金融业务平台，为当地投资者提供证券经纪、证券投资咨询、融资融券、代销金融产品、证券投资基金代销，为期货公司提供中间介绍业务等多种服务。

【投资服务】 强化合规风险管理，采取多种措施做好投资者适当性管理和投资者教育工作。配合证券期货业协会、证监局、人民银行、金融工作局等部门开展“3·15”投资者保护主题活动、民法典宣传、金融知识普及宣传、反诈骗警示宣传等活动。（王云兵）

城乡建设

建设规划

【概况】 截至2021年年底，彭山区城镇化率59.44%，比2020年年底提高1.76%，新增城镇建成区面积0.48平方千米，新增城镇人口0.46万人。

【规划编制】 按照部、省下发的规则与要求开展"三线"（永久基本农田范围线、生态保护红线、城镇开发边界线）试划工作。划定生态保护红线并报部封存，完成永久基本农田范围线和城镇开发边界线第二轮试划并上报省厅。配合市局开展眉山市国土空间规划、眉山市中心城区中央活力区策划概念规划方案以及东彭仁新一体化发展规划编制工作。启动彭山区国土空间规划编制工作，三线划定结束后正式编制彭山区国土空间规划。全面启动彭山区管理范围内的连片村规划编制工作，编制范围全覆盖彭山区管理范围；完成彭山区镇（街道）村规划片区划分工作，划片成果上报市自然资源局并经市规划联席会审议通过；编制完成新桥马林村连片村规划，通过省自然资源厅备案；进行五马村、果园村、邓庙村、永丰村的村规划编制和报审工作。制定《彭山区集体建设用地土地级别与基准地价》《彭山区农用地土地级别与基准地价》《彭山区城镇标定地价》，建立城乡一体的政府公示地价体系。

【规划审批】 全年召开专家评审会14次，审议议题92个，召开规委会5次，审议项目共40个。完成各类审批项目63个，其中水郡未来城修建性详细规划和城市设计等修建性详细规划2个（建筑面积706.65万平方米），水郡未来城二期项目（CDE区）规划设计方案、锦江·大学城三期等房地产类项目方案5个（建筑面积1287465.13平方米），四川日出科技有限公司年产5万吨水性丙烯乳液（环保型水性胶黏剂）项目规划设计方案、眉山汇森科技有限公司年产18万吨表面活性剂生产剂生产线项目规划设计方案等工业类项目方案7个（建筑面积104810.85平方米），彭山凤鸣体育公园片区改造方案、高速公路出口安置区（二期）工程项目规划设计方案等其他类项目方案31个（建筑面积149507.29平方米），四川省国家区域性公路交通应急装备物资储备中心工程建设项目规划调整方案、领地观江府项目规划设计调整方案等调整类项目方案18个，公示率100%。办理建设工程规划许可证50件，总建筑面积2725799.66平方米；办理竣工规划核实项目52个（建筑面积3212998.49平方米）。

【用地审批】 办理建设项目用地预审与选址意见书20件，总用地面积80.33公顷；建设用地规划许可证47件，总用地面积505.08公顷；建设工程规划许可证50件，总建筑面积2725799.66平方米（房地产项目13件，建筑面积1978172.07平方米；工业项目14件，建筑面积194418.47平方米；其他23件，建筑面积553209.12平方米）。

四川研一新材料有限责任公司锂电池功能性助剂和材料生产性项目总投资11亿元，占地13.33公顷，计划年产9000吨。

四川格林达电子材料有限公司100KT/a电子材料项目总投资4.26亿元，计划年产14万吨。项目全部竣工达产后，预计年产值2.1亿元，税收1000万元以上，解决就业人数100人。

【违法违规建设整治】 出动巡查车辆90台次，315人次。共受理自然违法线索16起（"12336"举报5起，其他方式举报11起），共立案查处9起，违法违规占用土地面积227.96公顷，收缴罚款6435.6425万元，按规定在政务一体化平台、"两法衔接"平台录入。发出《责令停止自然资源违法行为通知书》16份，制止违法行为16起。制作并送达《行政处罚决定书》9份；收到群众、镇（街道）反映违规建设75起，依法认定36起，全部移交区规划建设执法大队。依法查处在建违反规划行为4宗，收缴罚款436513.69元。开展"违建别墅"问题"回头看"和深化巩固工作，对全区已整改到位的34个违建别墅问题全面开展"回头看"，未发现"死灰复燃"回潮反弹。开展违建别墅疑似图斑核查工作，负责核查的疑似图斑8个，面积107.23公顷，未发现违建别墅。开展农村乱占耕地建房摸排工作，全区2013年以来纳入摸排问题台账的图斑共计1110个，图斑面积57.1公顷。 （张世才）

城市建设

【概况】 牵头实施重点项目建设21大项、32小项，全部完成年度目标任务。其中，五湖四海湿地公园、彭祖新城配套道路、城南湿地公园、彭溪河D段生态湿地、迎宾大道品质提升、老旧小区配套基础设施改造项目三标段等18个项目完成；武阳安置区一期、武阳一期配套基础设施、高速路二期安置区、北外街特色文化街区等14个项目按计划推进。

【城市基础设施建设】 投资1470万元，完成新彭谢路、工业大道、观保路20.1千米供水主管网建设，完成观保路、谢家李山、江口街道茶场加压泵站建设，新增农村自来水用户1050户，超额完成市下目标任务5%，全年彭山区全域供水量1577.6062万立方米。新建改造乡镇污水主支管网16.23千米，全区污水处理厂（站）共32座，污水处理厂配套管网共计196.53千米，城区污水排放量1385.08万吨，处理率96.34%；投入1200余万元，新建乡镇燃气管网40千米，开通农村用户1500户。眉山市彭山港华燃气有限公司供应区内燃气客户8.3352万户，主城区燃气化率98%，全年供气量近5000万立方米。

【市政设施】 修补城区损坏的路灯、路面、人行道，更换井盖、井箅，全面清疏排水管道。东南西北街、彭祖大道、迎宾大道、滨江路、彭溪河公园等区域点亮城市节点20余处，安装灯网、彩灯共14000余个。全年更换井盖402套，更换雨水箅157套，维修人行道彩砖383.21平方米、花岗石506.47平方米、透水混凝土521.53平方米，疏通清淤3331.4立方，全年雨季城区未发生内涝。排除电缆故障132次，更换故障烧毁电缆2568米，城市道路及公共场所装灯率100%，亮灯率99%。

2021年7月4日，毛河生态湿地公园全景　　（区住建局供图）

【老旧小区改造】 向上争取到老旧小区改造、老旧小区配套基础设施改造等项目资金9731.36万元，其中中央资金7948.23万元，省级资金1783.13万元。在2020年完成75个老旧小区改造的基础上，完成127个老旧小区改造，改造总面积约52.69万平方米，老旧小区停车难、违建等“顽疾”得到全面治理，有条件的小区安装监控21套，既有建筑增设电梯20台。惠及群众5088户、15260人。“六步七化”工作模式、“连片打包、破解物业难题”及老旧小区改造导则工作经验在全省、全市推广，先后接待省内兄弟区县学习考察团近40批次。经验做法多次被《人民日报》《四川日报》、四川电视台等主流媒体报道。

【建筑业】 新入统建筑企业6家，共计入统34家，全年完成产值58.74亿元，同比下降6%。

【公园城市建设】 推进“公园城市”建设，完成“五湖四海”、凤鸣公园提升改造，新建城南湿地公园、彭溪河D段公园，新建公园面积266.67万平方米，人均公园面积实现13.82平方米。利用城市零散地块和边角地块，累计建成口袋公园21个，实现绿化覆盖率38.77%。

【安全检查】 开展房屋建筑、城镇燃气、在建工地、市政管网安全隐患排查整改专项行动，排查发现燃气安全隐患4处，市政管网安全隐患7处，供排水安全隐患1处，建筑工地安全隐患23处，全部完成整改。制定《眉山市彭山区“创安2021”燃气安全

2021年11月29日，五湖四海湿地公园　　（区住建局供图）

2021年6月18日，区委书记黄秀航（中）检查指导四川蓉兴化工有限责任公司矿山安全生产工作　（区应急管理局供图）

专项执法行动实施方案》，联合应急管理、市场监管、交通执法等部门，派出160多次，完成燃气企业经营许可及餐饮行业燃气报警装置整治工作，查扣报废和超期液化气钢瓶60只，查扣非法私自运输液化气车辆2辆。共发出限期整改通知书9份。完成30个高层住宅小区、204栋楼的电缆井、管道、排烟道等消防隐患排查，发现一般消防隐患1153项，重大消防隐患109项。汛前组织物业100多人，开展地下车库内涝应急演练。

2021年9月30日，区应急管理局召开2021年烟花爆竹经营单位安全培训会　（区应急管理局供图）

【生态环境问题整改】 治理建筑工地扬尘，在建工地严格执行扬尘治理“六必须、六不准”，工地实行标准化打围，配备车辆冲洗设备，施工道路全硬化，专人定时保洁、湿法作业、喷雾降尘措施到位。推进中心城区和乡镇雨污管网建设、改造，新建中心城区雨污管网8千米，乡镇污水管网15千米，提高污水收集率。聘请第三机构对城市老旧雨污管网体检，排查污水主干管网37.2千米。制定《眉山市彭山区城乡生活污水处理厂（站）运行管理办法》，巡查污水处理厂（站）90余次，发现常规问题82项，整改问题82项。

【民工工资】 落实建筑工人实名制和工资专户管理。全区在建建筑工地43个设立农民工工资专户43个，上传省厅28个，在册工人数35571人，合同签订人数2552人，每月公示发放农民工工资。处置农民工信访41起，追回农民工工资350万元。（张皓天）

城乡土地征收补偿安置

【概况】 2021年，彭山区持续推进被征地农民养老保障工作，加强与区财政局、区城乡土地补偿安置中心沟通与协作，实现征地补偿、参加社保、享受生活补贴等政策无缝衔接，确保被征地农民生活水平不降低、长远生计有保障。

【失地农民社会保障】 全年共完成2272名被征地农民2018—2021年生活补贴待遇调整工作；完成2376名被征地农民2018—2020年养老保险代缴和缴费补贴发放工作，共计3942万元；完成66名2019—2021年已死亡被征地农民丧抚费计算和发放工作，共计1938万元。

【集体土地征补】 协助区自然资源和规划局报批用地共计10个批次（2021年第1、2、3、4、5、6、7、8、11、12批），报批面积共计246.1379公顷，主要保障杉杉、宝能、五湖四海湿地公园、融创未来水郡城等重点项目用地需求。申报征拆资金48笔，共计资金27986.88万元，其中新征地项目6个（环天快速通道、锦江大道、兴崇二号桥引道、高铁小学和幼儿园、建设路延伸段、城南污水处理厂），面积19.7公顷，约拆迁336户。办理完成社保预存款共计10个批次1908人，缴纳资金26960万元。报送失地农民参保1820人。

【国有土地征补】 完成国有土地收购12宗，总面积41.69万平方米，涉及建筑面积1813.39平方米，收购补偿总金额2.045亿元。牵头完成《眉山市彭山区中心城区工业土地收储指导性意见》，为解决历史遗留问题开展有效探索。

【安置工作】 2019—2021年，市下达彭山区“征而未安”目标任务5810人。截至2021年12月底，完成安置5829人，超额完成安置19人。实物安置5243人，其中长寿小镇安置区（二期）安置237人、卡口安置区安置643人、北外街安置区抽签分房安置817人、武阳安置区抽签分房安置1537人；货币补助购买商品房安置586人。2月，谢家安置区进场，截至12月底，主体工程完成50%；高速路口安置区（二期）完成初步设计，进行财政评审和招标等前期工作；彭山经开区管委会确定产业新城安置区安置地点，进行可行性研究报告。（阳 洁）

城市综合行政执法

【概况】 2021年，彭山区聚力体制改革、精细管理、废污共治、民生实事，完善执法体系，实施城市光彩工程，大力改善人居环境，城市综合管理效能和整体管理水平有效提升。推进行政执法改革，按照四川省“三集中三到位”和“放管服”等工作要求，将行政审批、行政征收、公共服务等事项全部纳入行政审批局窗口一站式办理。

【行政执法】 全年受理行政许可779件，涉及金额528万元。疫情期间精简审批流程，让企业和办事群众足不出户就能办理电子行政许可文书。在财政未明确非税征收任务的情况下，按应收尽收原则，全年完成非税征收1330万元。7月，执法局第一批下沉人员（6人）下沉观音街道开展“常驻制”试点工作，执法部门联合执法先后关停“散乱污”企业4家、清理乱堆乱放175起、取缔违规废旧回收14家、查处野外用火12次、纠正违规行为170余起、消除安全隐患25处。11月，第二批下沉16名执法人员到其他镇（街道），实现执法下沉全覆盖，助力基层提升综合执法能力和社会治理水平。全年办理行政处罚案件96件，罚没金额22.56万元，实施的行政处罚案件中，无一件行政复议和行政诉讼，实现执法办案零差错、零投诉、零复议。

【市容秩序管理】 规范设置非机动车停车区域，纠正非机动车乱停乱放3600余辆（次），保持对城区人力客运三轮车限行管理高压态势，联合区公安交警大队、区路投公司，对城市主次干道施划路边占道停车泊位，纳入公司规范化管理路边停车泊位2337个，在彭祖广场、毛河公园等8座停车场设置停

2021年12月6日，区综合行政执法局对城南农贸市场惠民摊点开展综合整治（区综合行政执法局供图）

车泊位900个，其中充电专用泊位50个，8座停车场实行24小时无人值守管理，实现“人工现场收费”向“电子收费”的智能转变。针对老旧小区夜间停车位不足、餐饮集中区就餐高峰时段停车难的问题，引导市民在规定时间路边有序免费临时停放，缓解老街“停车乱”、出行群众“停车难”问题，非机动车规范停放率95%以上。在加大街面巡查力度的基础上进行长效规划，联合街道、社区、市场经营者，引导流动摊贩进店入市、上摊位规范经营，在城区五座农贸市场、希望城商圈等场所设置便民摊区，规范流动摊贩“限占道时段、限经营品种、限区域规范”经营。在农贸市场内设置公益性摊点，方便自产自销农户和经济困难贫困户销售农副产品，抽调专人负责5个农贸市场的日常监管和考核，督促疫情防控措施有效落实。在城南市场设置爱心惠民摊位44个，利用下午市场内非机动车停车场停放闲置区域，设置惠民限时便民摊区1个（共50个摊位），公益性摊点10%；在龙门桥市场设置爱心便民摊位15个，公益性摊点8%。指导彭溪、城西、翡翠龙湾3座民营农贸市场设置不少于总摊位8%作为公益性摊点。

依据《眉山市彭山区店招店牌设置导则》，按照“治旧控新”原则，亮化升级改造店招611个，拆除各类存在安全隐患、破损店招160处（个），纠正违规设置店招90余个，城市建筑立面品质提升。

根据中共眉山市彭山区委办公室关于印发《全区重要会议确定的工作任务分解表》的通知和全区城市工作会议精神，分阶段对彭山区城区约30万平方米“蓝顶子”等违法违规建筑物依法拆除并实施改造。凤鸣街道拆除“蓝顶子”违建面积共904.08平方米，改建面积838平方米；观音街道拆除“蓝顶子”违建面积共3424.32平方米，改建面积为3184.05平方米。

【人居环境整治】 **噪声扰民整治** 依据《眉山市彭山区城区广场舞管理暂行办法》，对市民反映强烈的“广场舞”噪声扰民进行专项治理，发放《关于开展城市噪声污染专项治理工作的通告》等宣传资料1700余份，落实专人定点宣传、文明劝导，采用定点值守方式对公园内噪声扰民问题进行制止和纠正，劝导、取缔各类噪声产生污染源142处。针对夜宵店食客夜间噪声扰民问题，安排执法人员对夜宵店店主进行约谈，对投诉问题第一时间到现场进行处置，对反复投诉拒不整改的联合市场监管部门集中进行整治。

餐饮油烟整治 对新开业的餐饮企业通过人员在街面巡查或业主店招设置申请时及时了解，提前介入。开展“涉环”类法规宣传，引导商家在进行店铺装修时同步开展同经营规模相匹配的油烟净化装置（专用烟道）安装。共督促餐饮业主690家安装油烟净化装置，建立并落实定期清洗制度，创新监管方式，由网格监管人员每季度逐店对餐饮商家开展油烟净化装置的清洗检查，并“贴标”确认进行双向监管，促进商家自律，方便网格监管人员查验。联合相关部门组成工作专班进行综合治理，对涉及餐饮油烟投诉件，每件均坚持现场查看，坚持必查油烟净化装置安装使用情况。全区餐饮业安装完成率95%以上，使用率100%。

扬尘治理 督导中联环卫公司利用雾炮车、道路清扫车、洒水车、人行道冲洗车，加大对主干道和在建施工工地周边的喷雾降尘力度，对主要街道洒水次数每天不少于4次。启动重污染天气应急预

2021年10月22日，区委常委彭盛东、副区长刘江涛在区政府四会议室组织召开城区“蓝顶子”拆除工作推进会

（区综合行政执法局供图）

案，制定重污染天气管控责任清单，实行“日报制”向区环督办报告工作开展情况，具体管控措施为重污染天气期间增加3次，在彭祖大道、迎宾大道、245国道等重要街道中午11点到2点、夜间10点至凌晨2点增加喷雾降尘作业2次，把每日洒水降尘次数从“两扫四冲洗两喷雾”调整到“两扫四冲洗四喷雾”，重污染天气预警期间再加强“两扫六冲洗六喷雾”，每天道路清扫洒水降尘面积500万平方米左右。加强城区所有在建工地巡查，突出动态监测；制止各类违规扬尘作业，工地施工做到全封闭管理，保持围挡（围墙）完整，全覆盖裸露地面和土方作业面；工地出入口路面实施硬化，出口处配备车轮和车身清洗装置。全年累计巡查占道施工打围600余次，发出限改通知书50余份，查处擅自占道施工44起，罚款9.73万元。对城区40余家各类在建工地，采用“周见面”方式，每周至少开展一次建筑工地出入口现场检查，确保出口道路硬化，冲洗池完好使用，配备专人对出场（脏）车进行冲洗。每月开展路面抛、洒、滴、漏车辆检查2次，遏制覆盖不严运输砂石物料和建筑垃圾，控制货运车辆、渣土运输车辆污染，严控脏车入城。采取随机和定点相结合方式设置扬尘治理检查点，对渣土、砂石、物料运输车辆进行检查。联合交通、交警设卡对货运车辆进行扬尘专项整治12次，共检查渣土、砂石、物料运输车辆720余台（次），立案查处63起，罚款22.8万元。

公厕、公园管理 全年完成“厕所革命”公厕升级改造4座，市政公厕管护增加到18座。7月1日，移交接手管理五湖四海湿地公园；11月1日，按相关法定程序正式实施市场化运作管理考核。7月和8月，分别对毛河生态公园和竹韵廊公园进行日常监督考核，考核结果按程序抄送区住建局和区林业和园林中心。12月，完成彭溪河湿地公园管理服务市场化运作工作。在毛河公园、竹韵廊、五湖四海等公园探索试点，设置适量便民自动售货机，抽调专人负责公园管理考核工作，安排专人采用巡查和定点值守的方式，对乱摆摊点，健身舞音响噪声，非机动车乱停放，躺卧座椅，公园内吸烟、遛狗、垂钓等不文明行为进行劝导、制止和规范。

【废污治理】 **生活垃圾处置** 执行环卫市场化考核工作，全年按考核标准共扣除履约企业服务费5万余元。城区设置垃圾分类桶、箱1700余个，城区生活垃圾采用街道巡回、小区定点上门服务的方式收集，乡镇生活垃圾采用户分类、村收集、镇集中、区转运的收运模式，所有镇（街道）和部分示范村全覆盖，生活垃圾及垃圾压滤液全部运往眉山中机国能进行焚烧发电无害化处置，生活垃圾无害化处置率100%。

餐厨垃圾处置 利用市场化手段在不增加财政支出的前提下，引进6家企业临时应急开展彭山区餐馆餐厨垃圾的统一收集、运输和处置。2021年7月，成立彭山区餐厨垃圾收运处置工作专班，投入1.8万元采购餐厨垃圾收运专用桶100个，制作发放《关于餐厨垃圾规范处置的通告》等宣传册、告知书3000余份，与眉山市城投中恒能环保科技有限公司签订餐厨垃圾处置合同，指定专人负责过磅数据现场核实，每天约30吨餐厨垃圾实现无害化、资源化、减量化处理，彭山餐厨垃圾的规范处置率超过85%，走在全市各区县前列，避免餐厨废弃物流入养殖环节和非法收运提炼地沟油再次回流到餐桌。

生活垃圾分类 按照《眉山市彭山区城区生活垃圾分类和处置工作实施方案》，启动城区公共机构生活垃圾分类试点工作，确定观音街道为生活垃圾分类示范街道，贯彻落实“为民办实事推进生活垃圾分类”工作，采购垃圾分类桶300个，完成城区50个标准垃圾分类投放点升级改造。开展垃圾分类“进家庭、进学校、进小区、进机关、进公共场所”五进宣传活动，在电视台、《眉山日报》、“微彭山”、“不老彭山”等报刊媒体、大型LED显示屏、临街部分商户LED显示屏、灯箱式路铭牌等滚动播放宣传标语，制定印发彭山区垃圾分类手册、分类投放指南等多种宣传资料3000套9000余份，定期修订和公布。借世界环境日之机，向广大市民宣传垃圾分类知识，实现知晓率90%、普及率60%、参与率50%以上。

【便民停车服务】 成立路投市政设施管理公司，组织交警部门施划路边占道停车泊位776个，在彭祖广场、毛河公园等8座停车场设置停车泊位900个，其中充电专用泊位50个，纳入公司规范化管理停车泊位共计2337个。投入172万元，建立智慧停车管理体系，引进公共停车场管理系统，在城区8座停车场实行24小时无人值守管理，实现“人工现场收费”向“电子收费”的智能转变。全国首创占道停车“无感支付”功能，与工商银行联合推出“1分钱”停车活动，实现车主“0操作”自动扣费功能。“一校一策”制定接送学生车辆限时停车方案，在城区10所学校周边划定停车区域，允许接送学生车辆限时免费停放。针对老旧小区夜间停车位不足的问题，引导市民晚9:00至次日7:00在路边有序免费停放，缓解“停车难”问题。

【安全生产】 开展安全生产知识培训2次，累计150人次参训。开展安全生产大检查16次，检查136处，发现隐患46处，均限时完成整改，全年未发生安全生产责任事故。

【执法宣传】 推进依法治区，加强城市管理综合行政执法队伍建设，开展巩固深化城市管理综合行政执法队伍“强基础、转作风、树形象”专项行动，选派人员参加省市法治专题培训9次，制作法律宣传展板60余个，印发宣传资料50000余份，利用周例会开展学法普法研法，执行执法人员持证上岗和亮证执法，一线执法全面实施“721”工作法。

（李晓隆）

市政园林

【概况】 城市建成区绿化面积553.24公顷，绿地率34.45%，绿化覆盖面积632.85公顷，绿化覆盖率39.4%，公园绿地面积186.45公顷，实现人均公园绿地面积13.88平方米。

【园林绿化养护】 全年共修剪绿篱8次，约60万平方米；修剪草坪7次，约30万平方米；修剪行道树约2.2万余株；扶正树木105株；清理全城区存在安全隐患的树木85株；更换全城区鲜花共7次，约6.2万平方米；根据植物的长势及病害的发生施肥施药6次。全城区树木覆盖率98%以上。对全城区缺失的灌木和地被进行补栽，共计补植灌木9500平方米，补栽地被8200平方米。全年苗圃生产鲜花30万盆，品种有一串红、孔雀草、矮牵牛、虞美人等。牵头实施彭祖新城大道新一中段道路绿化项目，完成迎宾大道绿化提升工作及城区46条道路行道树修剪工作。完成2021年彭山中心城区鲜花农药化肥的政府采购工作。

【城市美化项目】 牵头实施区级重点项目工作“绿茵彭山、全城增绿、美化乡村”活动，项目39个，涉及区级部门、镇（街道）10个，2021年年底全面完成项目建设。牵头实施成乐高速公路原互通节点绿化提升、五湖四海花堤提升、柏华路三段节点、柏华路延伸段等绿化项目，投入资金400余万元。 （张皓天）

交　通

彭山年鉴（2022）
PENGSHAN YEARBOOK

交通建设

【概况】 区交通运输局推进重点项目建设，提升农村公路管养水平，全面推进城乡交通基本公共服务一体化。开展彭山区岷江大桥、环湖东路等省市重点项目建设，累计完成投资5.2亿元。11月26日，交通运输部对2021年“四好农村路”全国示范县名单进行公示，彭山区为全市唯一。

【干线交通项目建设】 完成尖子山航电工程船闸上引航道左挡墙混凝土、闸室基础处理和混凝土施

2021年12月4日，成乐高速路口互通节点　（区住建局供图）

工等主体工程。岷江大桥桥梁上部现浇箱梁，进行东岸引道路基施工和西岸红绿灯、路灯、人行道收尾工作，完成投资1.5亿元。岷江二桥引道改扩建工程进场施工。彭山北综合客运枢纽项目完成车站站房框架主体结构和三层楼面，维修站房和设备站房主体基本完成，进行土方回填、场地平整和道路路基施工等；主站房二装平面布置基本确定，信息化系统开展设计工作。环湖东路工程完成临时设施建设、场地清理、施工便道、施工围堰。推进成乐高速观音互通经G245线至S103线连接线、S104线彭山区谢家街道至青龙街道段改线工程、滨江大道北段、天眉乐高速彭山段、剑南大道彭山段同标化改造等项目。锦江大道开展涵洞、路基工程；临河挡墙地质状况补勘完成，对变更工程方案进行审查。

“四好农村路”建设——黄丰团结路　（区交通运输局供图）

【道路民生工程建设】 完成公义镇红旗小区幸福路、G245线凤鸣路口至梓潼桥段入户接道等项目建设，完善农村公路进村入户。完成九龙山隧道及岷江二桥等5座大桥健康监测系统建设、39座桥梁定期检查工作及全区道路承灾体普查工作，完成5座农村公路病危桥维修加固。

【乡村公路建设】 “十三五”时期以来，彭山区累计投入资金10亿元，新改建农村公路86条、300千米。全区农村公路通车总里程805.6千米，密度173.2千米/百平方千米，等级公路占比97.4%，大幅高于省、市平均水平，100%建制村和100%村民小组通沥青混凝土路或水泥路，实现所有镇（街道）15分钟上国省干线公路、30分钟上高速公路、通往城区“半小时经济圈”的目标。成功创建全国级“四好农村公路示范县”。美丽乡村路、乡村振兴产业道路工程累计完成33.1千米，累计完成投资1.65亿元。完成农村公路新改扩建13.01千米，完成灾毁整治项目4个，消除灾毁隐患点23处。推进撤并建制村通硬化路公路、以工代赈项目建设。

【铁路建设核资清算】 成绵乐客运专线彭山段和成昆铁路扩能改造工程彭山段两条铁路建设进入资金结算阶段。组织专班深入到铁路沿线街道、镇，清理核查项目情况。委托第三方机构做好项目资金

2021年12月3日，彭山火车站　（区综交中心供图）

的清理、核查。与成绵乐、成昆公司及市铁建办对接，做好三方项目资金锁定工作。2021年年底，成绵乐客运专线项目征地拆迁补偿费用审价金额共40001万元（包含省、市管理费），收到市上拨付征地拆迁资金39533万元，扣除省市级管理费329万元，应拨付彭山区征地拆迁费139万元。成昆铁路扩能改造工程项目征地拆迁补偿费用审价金额共14821万元，收到市上拨付征地拆迁资金8855万元，应拨付彭山区征地拆迁补偿费5966万元（包括省、市管理费）。

【岷江彭山尖子山航电工程建设】 尖子山航电枢纽工程位于眉山市彭山区境内，是规划调整后岷江中游6级航电规划自上而下开发的第一个梯级，2009年获省发展改革委、省交通运输厅、省水利厅审查批准建设。2016年纳入《四川省高等级航道达标升级2016—2020年专项工程方案》。2017年5月纳入《四川省公路水路交通运输“十三五”发展规划》《四川省“十三五”内河水运发展规划》。2019年10月纳入《成都至乐山段航运发展规划》，是四川省“十三五”期省重点开工建设项目。由广西亚王水电股份公司开发，以通航为主，发电为辅，兼顾防洪、灌溉、供水、流域综合开发，按照4级航道标准设计，坝址位于彭山主城区岷江一桥下游约5300米处，水库正常蓄水位426米，电站装机容量6.9万千瓦，多年平均发电量28000万千瓦时，船闸按Ⅳ级航道通行2×500吨级船队进行设计，渠化航道14.9千米，工程概算总投资16.89亿元。前期共有32个专题报告全部取得批复。工程于2019年10月8日开工建设，由四川省岷源水利水电工程设计有限公司、四川省交通运输厅交通勘察设计研究院设计，成都水利水电建设有限责任公司施工，湖南水利水电工程监理承包总公司、四川省水运工程监理事务所有限公司监理。

由于业主亚王公司融资贷款受阻，右岸主体工程于2020年10月28日停工。为确保工程进度，2021年主要是推进左岸防洪堤建设工作，完成防洪堤浇筑约1500米，完成船闸上引航道左挡墙混凝土、闸室基础处理和混凝土施工等主体工程。对航电工地进行全面清理整治，完成裸土裸料覆盖约8000平方米，清理洗砂池、污水及垃圾，拆除破烂棚架、修善堆砂场净水设施，全面迎接全国环保督察。协调亚王公司制定防汛预案和防汛物资储备；安排专人到工地现场和生活区开展巡查，禁止外来人员进入工地内垂钓，加强生活区内的安全用电、用气等工作。开展亚王公司退出航电工程清退核算工作。

（周 玲）

交通运输

【概况】 2021年，彭山区推进乡村客运“金通工程”提质升级。坚持“依法治超、源头治超、智慧治超、综合治超”工作原则，强化路警联合，推进科技治超。加强对货运企业的监管，督促企业每月按时召开安全工作会议，加强对驾驶员、押运员、安全管理人员的教育培训，完善车辆档案、人员档案，开展安全隐患排查和应急救援演练。

【公路旅客运输】 10月底，完成公交化改造彭山区农村客运线路，实现城乡公交全域化。彭山区2家客运公司保留长途客运线路（彭山至成都、彭山至雅安）2条，客车3辆。2021年，彭山区道路旅客运输完成客运量1571万人次，客运周转量10141万人千米。

【铁路客车运输】 为实现彭山与成都同网同级、无缝融合，全域融入成都半小时通勤圈，实现彭山动车公交化运行。与铁路部门共同建立动车运营路地联系协作机制，每季度组织召开专题协调会，加强铁路部门与地方政府沟通联系，解决动车运营过程中出现的问题和矛盾。签订动车运营合作协议，保障彭山北站动车停靠车次不低于15对，优化早晚黄金时段车次停靠。按照市统一部署，从2020年到2029年租赁一组新型动车组，用于解决成眉两地动车运能不足、通勤时段服务频次不够、群众“买票难、上车难”等问题。截至2021年年底，彭山北站每日停靠动车车次在2020年19对的基础上增加到23.5对，同比增长23%。

【货物运输】 彭山区共有货运企业30家，其中普通货运企业29家，危险货物运输企业1家。完成货运量752万吨，货物周转量10213万吨千米。

【金通工程】 打造乡镇综合运输服务站1个、村级物流节点4个。联合商务局、邮政公司、公交公司，对7个乡镇物流节点、35个村级物流节点进行规划，推进“交邮”结合开展。2021年，彭山区创建“金通工程”样板县，截至2021年年底，进入省厅“金通工程”样板县的备选库。

【城市公交】 按照《彭山区城乡公交全域化实施方案》的要求，结合“金通工程”，开通公交线路17条，实现全域公交。全区共有公交线路32条，其中跨市公交线路3条（S101线、S102线、XK4线）、跨区公交线路2条（20路、66路）、城市公交线路5条（51~55路）、城乡公交线路22条（71~92路）。公交车159辆，其中纯电动公交车70辆、混电公交车22辆、纯气公交车38辆、19座坐席公交车29辆。

【道路运输安全】 每月组织道路运输、驾驶人培训、维修企业召开一次安全工作例会，全年共召开12次。会议采取以会代训、观看有关事故案例视频进行安全警示教育，落实企业安全生产主体责任。每季度组织召开一次安全生产工作领导小组会议，全年共召开4次，安排部署有关安全管理工作。督促检查重点货运源头、农村客运、出租、维修、驾驶培训、寄递物流、普通货运、城市公交等企业安全生产工作，全年共组织安全检查1286次，检查企业1561个次，检查营运车辆8623台次，出动检查人员4224人次，出动检查车辆1238台次；发现安全隐患171处，全部整改。客货运输股全年共开展安全检查26次，检查企业78家（次），发现安全隐患24处，按规定进行整改。督促1家危险货物运输企业做好2020年度质量信誉考评工作。督促公交公司做好疫情防控工作，每天对车辆、场所进行消毒，公交驾驶员和乘客自觉佩戴口罩等，督促公交公司做好“双创”工作。全年未发生一起安全生产责任事故。全年督促出租汽车公司召开安全例会12次，每月进行路面安全检查，共检查出租汽车320辆（次）。客货运输股共受理投诉180件，处理180件；投诉做到件件有记录、件件有回复，回复乘客满意率100%。督促3家出租车公司做好2020年度质量信誉考评工作，均为AA级。是年，彭山区共有驾校8家，开展安全检查39次，共出动执法人员115人次，检查驾校90家次，发现安全隐患22处，全部整改。处理驾校投诉（求助）15起，满意率100%。

【超限超载治理】 投入330余万元在谢家和武阳超限超载检测站新建非现场执法系统，利用高科技手段治理货车超限超载。结合流动治超，全年共检测货运车辆521801台，查扣超限车辆331台，交警罚款81.5万元，计3分96台，计6分235台，卸货9882.18吨，道路巡查治理和规范货车抛洒滴漏280台次，清理各种临时占道经营摊点635处，打非治违共查扣非法营运车辆10台，罚款10万元，网约车57辆，罚款28.5万元。

【成眉同城化建设】 对上向省厅、市局汇报，周边主动对接成都市及各区县，对外衔接成都铁路局，推进成眉同城发展。城际铁路成贵铁路客运专线停靠彭山北站车次提高到19对（38趟），日输送乘客近5000人次。3条跨市公交线路（新津1条、双流2条）运行正常，全年完成输送乘客260万人次。S104线改线工程第一期取得省交通厅批复，完成立项。争取市域铁路S13线（地铁10号延伸线）上位规划。

（周 玲 刘冬梅）

公路养护管理

【概况】 2021年，彭山区大力改善城区环境卫生状况，推行“以机械化清扫为主，人工保洁为辅，全天巡回捡拾”的深度保洁模式，持续强化市容环境秩序整治。制定应急演练预案并组织人员进行防汛演练，提升队伍的抢险能力。

【公路养护】 全年出动公路养护段工作人员2480人次，安全巡查道路348多余次，巡查管养桥隧1000余次，巡查处理完成隐患140处。完成维修市政道路、G245线、彭里路、华彭路、邛彭路、岷江二桥引道路面坑凼4710平方米；完成市政道路灌缝21500余米，国、省、县道13500余米，清理所有桥梁伸缩缝500米；桥梁栏杆维修加固土江路新土桥、S104线五星二桥2座桥梁，清理桥梁伸缩缝500米，多黄路白坡桥桥墩防风化处理，公义—保胜路立交桥桥梁栏杆伸缩缝处理，观保路段（县道）沿线水毁点治理；汛期道路抢险10余次，出动机具50余台次，清理岷东大道、彭里路、邛彭路、江白路滑坡和塌方约50余处，清理边沟12千米。

【道路环境卫生整治】 每天对新彭谢路、G245（除城区段、青龙段）、岷东大道、成彭大道、工业大道、贝尔大道、观音工业大道、高保路（观音—公义）、华彭路、江白路、岷东大道至天府大道连接线、G245线路口至岷江二桥等路段进行清扫、洒水、边沟清理，人工清扫道路12000余千米，人工清洗护栏约40千米，清理边沟21余千米，清理白色垃圾、杂草115余吨；机械清扫道路21500余千米，机械清洗护栏5500余千米，用水量47500立方米。

【道路绿化】 对岷东大道、工业大道、华彭路等路段进行绿化整治提升，对岷江一桥、二桥引道行道树进行移植，对所有国、省、县道进行道路绿化养护，清理绿化内杂草共约215万平方米，粉刷工业大道、岷东大道、G245以及县道行道树。

【应急抢险保通】 防汛期间，组织抢险队伍，对多处路段出现的滑坡、塌方和树木倒塌阻断交通等险情进行抢险保通10余次，出动机具50余台次，清理滑坡和塌方约50余处。 （周 玲）

邮 政

【概况】 全区邮政实现业务总收入5411万元，完成市公司目标进度95.83%，列全市第6位；同比增长5.55%，列全市第6位。预计实现经营利润1290万元，完成市公司目标进度100%。全员有效劳动生产率58.82万元/人，排名全市前列。

【寄递业务】 寄递专业实现业务总收入2198万元，完成计划进度86.29%，差全年收入绝对值349万元，在上半年收入缺口500万元基础上通过加快标快高效益发展缩小缺口。其中，全年完成标快总收入513万元，完成计划目标进度112.7%，超全年目标绝对值58万元，进度列全市第一位，增幅列全市第二位。

金通·邮快驿站 （邮政彭山分公司供图）

【文传业务】 集邮文传实现收入430.9万元（原口径），完成进度106.1%，列全市第二位；渠道平台实现收入278.7万元（原口径），完成进度98.5%。

【安全服务管理】 完成区公司消防技改项目工程，按照消防安全使用标准，对区公司综合大楼的消防设施设备进行技术改造；围绕重大节日开展安全检查6次，开展金融资金安全、规范化服务、运行质量等23次。

【寄递惠农】 组建彭山邮政惠农、渠道转型工作专班。建设三级寄递物流体系，打造“金通·邮快驿站”20个，重点县建制村快递进村覆盖率100%，获得省交通运输厅考评验收组肯定。为新型农业经营主体提供18项惠农政策和“5＋12”惠农综合服务，构建“首席＋综合＋专业＋点部”营销体系，在班子中认真落实首席客户经理负责制，走访、巩固战略合作客户42个，实现收入27万元。全区网点转型完成28个，万元以上网点提升完成16个，低效网点压降完成进度100%；开办税邮双代业务点8个，委托代征系统上线率100%；开办警邮网点1个、开办交邮网点1个。与彭山区退役军人事务局合作，在公义网点开展退役军人线上＋线下“服务超市”试点建设工作。（滕爽）

综合经济管理

统筹协调管理

【概况】 2021年，全区GDP增速8.5%；固定资产投资完成151亿元，增速12%。制定《政府性投资工程项目建设单位主体责任管理办法》等规范性文件7个，严格计划、审批、建设、验收4个方面。全面推行首问负责制、限时办结制、服务承诺制、责任追究制，规范行政行为、强化服务意识、提高办事效率。全年先后审批政府投资项目96个、总投资64.7亿元，无一违规核准。开展招投标领域突出问题系统专项治理，重拳出击围标串标行为，全年核准招投标84件，节资率12.5%。

【经济运行监控】 统筹协调经济和社会发展计划，牵头编制主要经济指标目标任务，跟踪完成和排位情况，实行"旬分析、月调度、季结账"，"3个常态"抓实经济运行监控，推动经济社会平稳发展。组织拟定《2021年经济工作要点》《国民经济和社会发展计划执行情况报告》等计划措施。

【区域协同发展】 围绕成眉同城率先突破，推动成德眉资同城化发展，实施新津—彭山交界地带融合发展重点任务46项，重大合作项目加快建设进度。截至2021年年底，四川彭山经济开发区共有成彭合作工业项目21个，协议总投资53.8亿元。建立完善东彭一体发展协同推进工作机制，推动东彭融合一体发展。主动融入成渝双城经济圈建设，拟定纳入成渝双城经济圈建设规划"四重清单"重大项目30个，总投资1368.8亿元，重大政策8项，重大改革6项，重大平台5项，以重大项目和事项为抓手，推动开放融合发展。抢抓成都都市圈发展机遇，研究出台《关于加快建设现代化成都都市圈副中心成眉同城率先突破区"中强"核心增长极决定》，推动深入开展开放合作。

【项目投资建设】 实施"重大项目攻坚年"行动，建立健全领导联系、部门推进、季度拉练、挂图作战四个抓落实机制和"红黑榜单""三比三看"两个考评机制，推进签约项目抓紧开工建设，在建项目加紧建成投产，建成项目尽快达产达效。其中，液化空气、研一锂电池等57个重点项目开工建设，拓利2万吨/年功能高分子材料及研发中心等21个项目竣工投产。

【资金争取】 围绕新型基础设施建设、产业结构、民生事业等中央预算内投资“七大”领域、地方政府专项债“十大”行业，研究政策资金扶持方向，协调指导部门做好项目筛选、包装、上报工作，加大向上汇报对接力度。全年牵头组织向上争取到项目252个、到位资金12.5亿元；申报政府专项债券51个项目、申报资金77.6亿元；申报抗疫特别国债35个项目、申报资金7.3亿元。严格向上争取资金后续使用管理，督促项目单位按时保质完成建设任务，避免因进度、质量等问题影响后续资金争取。

【项目监管】 开展招投标领域突出问题系统治理专项行动，重点核查2019年以来投资金额在3000万元以上的项目，先后自查项目130个，查找问题16个，对发现的问题建立台账，明确责任，限时整改。年底全部整改完毕。修订完善《彭山区镇（街道）交易限额以下和农村工程建设项目招标投标管理办法（试行）》《政府性投资工程建设项目新增工程管理办法》，聚焦项目立项、工程代理、资金拨付、审计结算等关键环节，建章立制，规范运作。全年核准招投标84件，节资率12.5%，无一例投诉件。

【粮食购销储备】 开展政策性粮食库存数量质量大排查，自查和普查粮食3.3万吨。加强粮食安全日常监管，开展执法检查27次，粮食安全生产检查43次，整治隐患35个。抓好粮食购销储备，全区轮换区级储备粮，入库区级储备粮。（汪 波）

财 政

【概况】 2021年，全区财政工作坚持稳中求进总基调，严格执行预算，统筹疫情防控和经济社会发展，做好“六稳”“六保”，全面推进各项财税改革和财政管理工作。推进国库集中支付规范化改革，全面推行零余额账户管理。抓好绩效管理，将绩效评价结果、单位预算执行效率与预算安排相挂钩。

【财政预算收入】 2021年一般公共预算收入（含天府新区彭山区域）实现18.77亿元，同比增长12.5%；政府性基金预算收入完成65.52亿元，缩小与预期收入目标差距。全年全区争取到位上级转移支付资金11.4亿元，与上年同口径比略有增加；到位政府债券转贷资金22.43亿元，其中新增政府债券转贷资金17.13亿元，较上年增加6.62亿元。落实闲置沉淀资金、低效无效资金和结余资金三项清理工作，全年清理收回“三项”存量资金4.16亿元，实际使用3.5亿元，使用率84%。

【优化支出结构】 落实“三保”支出主体责任，实行“三单列三专项”，坚持“三保”支出优先顺序，全区全年未发生“三保”不到位的问题。投入医疗防控资金0.22亿元，落实疫情防控机制，确保核酸检测、疫苗接种、患者救治各环节落实到位；投入教育资金2.6亿元，支持新一中等中小学幼儿园建设，城区学校护眼照明工程、校舍维修改造、“两免一补”等；投入医疗卫生资金1.6亿元，支持健全基本公共卫生服务，区中医院、疾控中心、妇幼保健院建设搬迁等；投入社会保障和就业资金1.95亿元，支持养老服务体系建设及落实各类社会保障补贴政策等；投入文化旅游体育与传媒资金0.5亿元，支持“四馆”建设、三馆免费开放等。30件民生实事190项民生项目投入资金1.96亿元。投入彭山经开区资金4.2亿元，支持其基础设施建设、征地拆迁和产业发展等。投入区属国有企业资金8.97亿元。投入资金1.5亿元开展污染防治攻坚，支持全区流域治理、垃圾污水处理、毛河等湿地公园建设等。投入资金1.56亿元，推动实施乡村振兴和巩固脱贫成果有效衔接，支持农村基础设施、高标准农田建设、扶贫助困产业发展等。投入资金2.72亿元偿还政府债务本息，全年未发生一起拖欠政府债务本息问题。投入资金1.51亿元，推进老旧小区、安置区各类保障性安居工程建设。投入资金4.97亿元，支持城区人行道铺装，高铁片区、彭祖新城建设、工业大道至城区连接线道路、环湖东路及其他市政工程建设等。投入资金0.33亿元，用于全区安全隐患整治和扫黑除恶、禁毒、公安消防等其他公共安全支出。

【落实减税降费】 贯彻落实上级减税降费政策，支持稳固市场主体，减轻企业负担，全年区级落实政策性减税降费7.4亿元（全口径，以下减税降费金额同），兑现企业增值税留抵退税2.23亿元。其中，政策性减税降费主要包括：改善民生减免1.77亿元，促进小微企业发展减免1.11亿元，西部大开发减免0.24亿元，支持“三农”减免0.18亿元。

【一般公共预算执行】 2021年，区级一般公共预算执行区级（不含天府新区彭山区域，下同）地方一般公共预算收入完成11.72亿元，为预算的100%，同比增长8%，其中税收收入完成6.90亿元，税收占比58.8%，同比增长17.9%；加上级返还性收入和转移支付收入11.30亿元，天府新区彭山区域分成收入1.50亿元，地方政府债券转贷收入5.93亿元，上年结转2059万元，调入资金6.6亿元，动用预算稳定调节基金2067万元，收入总量37.48亿元；减当年一般公共预算支出27.77亿元，上解支出1.4亿元，地方政府债务还本支出5.09亿元，安排预算稳定调节金45万元，收支品迭结余3.21亿元，全部结转下年使用。

区级主要收入项目执行情况：增值税完成1.63亿元，为预算的83.6%；企业所得税完成5609万元，为预算的200.9%；个人所得税完成2027万元，为预算的229.6%；非税收入完成4.83亿元，为预算的93.4%。

区级主要支出项目执行情况：一般公共服务支出3.96亿元，为预算的76.9%；教育支出3.50亿元，为预算的148%；社会保障和就业支出2.91亿元，为预算的130.2%；卫生健康支出1.96亿元，为预算的181.7%；农林水支出4.65亿元，为预算的213.2%；交通运输支出9435万元，为预算的211.4%。

【政府性基金预算执行】 区级政府性基金预算收入28.84亿元，加上年结余285万元，上级补助收入1004万元，天府新区彭山区域分成及结算上解收入4.28亿元，地方政府债券转贷收入12.00亿元；减基金预算支出35.91亿元，债务还本支出1.30亿元，调出资金6.6亿元，收支品迭滚存结余1.44亿元，按规定结转下年使用。全区政府性基金预算收入65.52亿元，加上年结余285万元，上级补助收入1004万元，地方政府债券转贷收入16.5亿元；减基金预算支出71.42亿元，债务还本支出1.92亿元，调出资金6.6亿元，收支品迭滚存结余2.21亿元，按规定结转下年使用。

【国有资本经营预算执行】 区二届人大九次会议审议通过的2021年全区国有资本经营收入预算34万元，实际完成34万元，为预算的100%，加上级补助收入4万元，收入总量38万元；国有资本经营支出预算24万元，加调出资金10万元，加年终结余4万元，支出总量38万元。

【社会保险基金预算执行】 区二届人大九次会议审议通过的2021年全区社会保险基金收入预算数1.5亿元，执行数1.37亿元；全区社会保险基金支出预算数6112万元，执行数为7062万元；全区社会保险基金本年收支结余6640万元，加上年结余3.72亿元（含省厅通知的2022年投资收益1285万元），年底滚存结余4.38亿元。

【财政管理】 推进国库存量暂付款“五年消化”攻坚工作，在收入减收情况下，按进度消化2021年计划900万元。加强政府债务管理，动态监控政府债务各项指标，严格在上级规定的限额内举借政府债务，杜绝违规举借债务行为，逐步消化存量债务。加强政府投资项目成本事前控制，全年政府投资项

目评审审减率10.52%。加强直达资金和专项扶贫资金管理，确保资金及时足额支付，直达资金使用率99%。（周才洪）

税 务

【概况】 2021年，彭山区落实各项减税降费及税收优惠政策，建立税费优惠政策标签体系，依托云平台大数据，主动甄别符合享受优惠政策条件的纳税人缴费人，精准推送税费优惠政策。推进关于支持新型冠状病毒感染的肺炎疫情防控有关税收政策、关于支持个体工商户复工复业增值税政策等各项税收优惠政策的宣传与落实，支持企业渡过疫情难关，助力企业复工复产。

【税费收入】 2021年，彭山区税务局累计组织收入突破20亿元，其中税收收入125862万元，较2020年同期增长7.21%，税收收入区县级完成67500万元，同比增长15.45%。另外组织非税收入5372万元，社保费85159万元，工会经费450万元。

【税收治理】 完善“信用＋风险”管理体系，深化“以数治税”工作，探索提升风险管理质效的途径，推出高效精准的风险运行管理模式。完成税收风险管理成效10196.02万元，完成全年任务226.58%，比2020年成效增加6962.24万元。其中，组织入库收入3479.85万元，完成全年入库任务173.99%，比2020年入库收入增加973.99万元，企业所得税调整应纳税所得额26864.68万元，税额6716.17万元。

【办税服务】 建立税费服务支持中心，集中为纳税人缴费人提供宣传培训、系统操作咨询、后台流转事项办理、疑难问题处理等即时服务，跟进电子税务局发起的办税缴费业务，全面提速税费办理。中心共承担税费服务事项102项，共办理线上办结涉税（费）事项18813件，热线接听8025个，平均每天40次，通过运维处理疑难问题55项，参与税费服务支持中心征纳互动平台互动的纳税人累计505人次。办理后台流转事项1655条。为纳税人推送办税提醒、办税指引、税费优惠政策等信息共3926余条。同时，区局根据纳税人需求和业务水平，创新打造“星课堂”，对纳税人开展分级分类精细化培训辅导。

【依法治税】 做好规范执法行为、强化执法监督、全面推行“三项制度”、推广落实“首违不罚”清单制度等重点工作。探索精准执法“突破口”，创新编制“实际案例＋适用法规＋指导意见”的《税务行政行为即问即答汇编》手册，为全局执法人员

2021年6月2日，区税务局党委书记、局长张旭（右二）带队调研江口水镇项目留抵退税情况（区税务局供图）

2021年4月1日，第30个税收宣传月正式启动，税务干部积极向纳税人宣传新成立的税费服务支持中心（区税务局供图）

提供一系列具体且操作性强、实用性高、使用简便的执法“指引”。

【银税互动】 深化纳税信用评价结果增值运用，推行“银税互动”项目，同时全面发挥纳税信用增值效用，累计发放银税互动贷款8925余万元，共172户企业受惠。（徐冬妮）

统　计

【概况】 2021年，彭山区除1个农业镇外，其余镇（街道）均配备2名专职统计人员。彭山区统计局荣获市局统计工作综合评价优秀，区委、区政府乡村振兴、目标管理、开放发展攻坚、新型城镇化、新型工业化、项目工作、民营经济、统计创新创业、统计调查、群团工作、第三产业发展等11个先进集体，统计局领导班子被评为优秀科级领班子，省级劳动力调查工作、粮食统计数据归口管理工作先进区县。彭山区总结在第七次全国人口普查中上报的《四问三夸：确保普查数据质量》被国务院人普办采纳并全国推广。同时，在普查宣传方面，彭山区制作的带有彭山风味的说唱《人口普查RAP》宣传MV被省人普办推荐为全省人口普查宣传工作经验交流会参演节目，并在全省第七次全国人口普查宣传月启动仪式上压轴亮相，区统计局副局长何怡瑶被国务院第七次全国人口普查领导小组评为“第七次全国人口普查先进个人”。

【企业纳入统计工作】 做好企业申规入统工作，加强与有关职能部门就固定资产投资、工业、商贸、建筑业和服务业等行业的纳入统计工作进行逐一排查和筛选，制定“四上”纳入统计企业名录和部门责任清单，关注新注册（开业）企业经营情况，全面监测原企业生产经营动态，做到“应统尽统、统全统实”，全年全区共入规12家企业；加强与天府新区对接纳入统计事宜。

【提高统计数据质量】 制定《镇、街道统计工作考核管理办法》并纳入全区目标考核。镇、街道综合统计站人员实行双重考核，考核权重区统计局占60%，镇、街道占40%；新调（考）入的综合站人员设最低服务年限，乡镇统计员原则上至少3年不变动工作岗位，制定《领导干部统计工作考核管理办法》，将统计工作纳入领导干部履职尽责考核管理体系。组织全区主要领导干部、全体统计干部及企业统计人员学习统计法律法规，学习《统计监督意见》。因新冠肺炎疫情影响，2021年度城乡划分数据质量检查工作主要依靠电话核查与实地核查相结合的方式开展，同时借助城乡划分影像图系统，对部分镇（街道）进行核查。同时，与天府新区电话核实青龙街道、锦江镇的变动信息，确保全覆盖、无遗漏。核查“四上”企业315家，对18家企业开展执法检查，对1户存在违法统计法行为的企业进行警告和罚款处罚。做好“三年行动计划”收官之年相关工作，开展统计巡对照统计规范化建设要求，实地核查打分，对核查结果通报主管部门；开展“统计基层基础规范化建设年”行动，截至2021年年底，各镇（街道）全部配备独立的办公场地和电脑设备、文件档案等统计基础保障，明确分管领导1名，配备高素质专兼职统计人员1~2名。9月，省局到彭山调研指导农业农村基础规范化建设工作，对观音街道、黄丰镇的农业统计规范化建设工作给予高度肯定；完成“两码”维护和管理工作。细化梳理业务流程和设置岗位风险点，以加强对统计数据弄虚作假这一核心问题的风险防控为重点，抓好数据统计各个环节的管理，提高数据质量。深化典型案例，特别是统计数据弄虚作假案例的警示教育，提高党员干部廉洁的法律意识。

【民生调查】 进行第二轮住户调查工作换点换户，150户记账户采用平台“E记账”。充实调查业务人员，制作《平台监控操作手册》，针对薄弱环节进行入点一对一指导，对平台监控、网点管理、调查指标进行全方位培训。上半年对全区15个网点进行星级评定，评定出五星网点2个，四星级网点8个，三星网点5个。做到宣传先行，在3个国家调查点、9个地方调查点涉及的6个街道（镇），张贴调查公告、发放《致调查户的一封信》。调查工作形成区、街道、社区三级联动工作机制，选聘文化程度高、政治觉悟高、有调查经验的年轻社区工作人员作为辅助调查员，通过上级培训和考试顺利上岗，入户调查实行“分管领导＋业务人员＋辅助调查员”全员参与模式，遵守调查流程，每个调查点全面实施“一对一”上门入户调查，面对面访问，完成调查工作任务。被四川省调查总队评为2021年劳动力调查先进单位。

【统计服务】 对照考核目标、区人代会目标统计相关指标，做好指标分解、部门协调、进度跟踪、问题解析和对策研究等工作；做好各专业数据的预测、审核、评估工作，把握经济运行态势。关注省、市及周边区县动态，研判测算彭山区发展现状，提出努力重点和方向，做好对经济运行的预警动态监测，完善预警机制，分析经济运行中存在的问题，报送区领导；履行数据监测职责。推进对各专业月报、季报数据的质量控制和评估分析，对采集到的统计数据进行提前介入、深入研究，做到事前预测重效率，事后统计重分析；履行统计专业职能，开展社情民意监测。建立乡村振兴统计监测工作机制，督促指导创建先进镇、村，完成乡村振兴统计监测，为争创乡村振兴先进县打好基础；完成粮食生产统计监测、城乡一体化住户调查等各类专项调查。做好统计监测预警预测工作，按时发布《统计公报》，年内编印《统计月报》11期、《统计季刊》4期、《统计年鉴》1期、《彭山统计分析》25期。通过政府信息公开网站对外窗口，发布统计工作动态及经济社会发展情况等信息。

（熊维为）

审 计

【概况】 完成审计计划项目20个。其中，财政审计4个，经责审计5个，政府投资审计5个，财政财务收支审计2个，专项资金审计2个，自然资源资产审计1个，政策落实跟踪审计1个。审计查出违规金额9.84亿元，管理不规范金额12.1亿元。审计期间整改7.95亿元，审计避免（挽回）损失1315.23万元（核减投资额调整账务1288.84万元），移送处理事项5件，涉及金额240.53万元。审计提出建议意见65条，被采纳65条。撰写审计信息专报7篇，受到区委、区政府肯定性批示3次。上级审计机关采用信息15篇。全市审计机关审计项目参评中，彭山区审计局分获优秀审计项目二等奖1个、优秀审计报告（主审）三等奖1个，在全市审计机关举办的“最美审计人”演讲比赛中，荣获个人一等奖。

【重大政策措施跟踪审计】 组织开展重大政策落实情况跟踪审计，按季度报送专题报告。重点关注就业创业资金使用、新增财政资金直达市县基层直接惠企利民等落实情况，推动各项重大民生政策措施落地落实。审计发现问题6个，涉及金额5296.45万元，提出审计建议5条。

【财政资金审计】 以提高财政资金使用绩效、保障公共资金安全为目标，财政同级审重点关注政府预算体系完善、财政存量资金盘活、涉农专项资金统筹整合和管理分配、政府性债务管理及中央八项规定精神贯彻落实等情况。开展全区一级预算单位预算执行和其他财政收支情况审计以及2020年区教育、工业企业发展等专项资金专项审计调查。审计发现问题38个，涉及金额11.33亿元，提出审计建议17条，移送案件1件。

【政府投资审计】 审计中重点关注业主履行基本建设程序、投资控制和资金管理使用、项目建设管理以及有关政策措施贯彻落实和规划实施等情况。完成政府投资审计项目6个，审减金额1285.98万元，交办项目审减3237.37万元。审计发现问题22个，向主管部门移送事项1件。

【经济责任审计】 审计中重点审查领导干部贯彻执行党和国家方针政策和决策部署情况、法律法规、落实中央八项规定、“三公”经费等情况。完成计划项目5个，审计查出问题金额1429万元，其中管理不规范金额1324万元，提出审计建议18条，向区纪委监委移送案件1例。

【自然资源资产离任审计】 以促进领导干部认真履行自然资源资产管理和生态环境保护责任为目标，重点关注领导干部履行自然资源资产管理和开发利用责任，贯彻执行中央及省重大决策部署、遵守法律法规、目标任务完成等情况。完成对黄丰镇原书记、原镇长自然资源资产管理离任审计，重点关注农业固体废弃物回收、饮用水水源地保护等情况，审计发现问题5个。

【重点民生资金审计】 开展原铁建办财政财务收支审计、凤鸣街道征地拆迁和2019年环保资金等专项审计调查，查出管理不规范资金 2290.14万元，违规资金218.99万元，促进整改资金 282.73万元，移送区纪委案件线索5 件。

【审计问题整改】 会同相关部门组成联合督查组对审计整改情况进行跟踪督促，对账销号。完成市局审计发现涉及彭山区问题36个，其中高标准农田和水利设施建设方面涉及问题26个、重大政策措施落实涉及问题10个，2021年年底正在推进PPP项目建设管理情况专项调查审计涉及问题整改；对区本级2020年7月至2021年6月审计发现的139个问题整改开展“回头看”，涉及金额123965.52万元。截至2021年12月底，整改129个，整改金额121240.73万元，促进完善规章制度44项，处理处分相关责任人6名；基本完成整改4个，涉及金额2101.87万元；整改中6个，涉及金额622.92万元。

【内审工作】 印发《关于进一步加强和完善内部审计工作的通知》。开展2020年内部审计统计调查，为全区村纪委书记和内审人员开展“如何加强村级财务审计监督”培训。撰写的《浅谈内部审计在医疗卫生系统统筹发展和安全方面发挥增值作用的现状与问题》，获市审计学会三等奖。

【审计改革创新】 探索审计“两统筹”，优化审计项目组合和审计资源配置，将投资审计人员与财务审计人员整合，实施的区公安分局、区行政审批局部门预算审计项目分别向纪委和主管部门移送事项各1件。制发《关于进一步加强审计整改的实施意见》《眉山市彭山区纪巡审协作机制》《眉山市彭山区审计局审计整改检查工作制度》。提炼上报的“彭山区‘三个维度’深化审计整改提升审计监督实效”审计信息受到省审计厅采用。制发《眉山市彭山区审计局大数据顾问工作制度》，建立彭山区大数据审计顾问团队，在8个项目中运用大数据审计，将违规发放死亡人员拆迁安置补偿费21万元移送区纪委监委，收回违规发放高龄津贴11560元，将区医院未及时更新收费价格多收费85858.2元移送主管部门，提交的2020年审计工作报告受到人大点赞。利用审计委员会办公室、经济责任审计联席会议等协同平台，建立协调联动工作机制。强化与纪委监委、组织部、人大财经委、目督办等联动，开展“穿透式”预算审查监督和审计整改满意度测评，将各类审计发现问题整改纳入区目督办整改督查计划定期督查。将审计整改纳入党风廉政建设责任制落实考核范围，并纳入年终领导班子民主生活会内容。推进各单位将审计整改情况作为决策、绩效管理、考核、述职述廉、任免、奖惩和问责的重要参照。 （张建才）

市场监督管理

【概况】 彭山区市场监管局是眉山市彭山区人民政府工作部门，为正科级。设置乡镇（街道）市场监督管理所（青龙市场监管所由天府新区眉山管委会代管）5个，作为区市场监管局的派出机构。职能职责主要涉及食品、药品、特种设备、产品质量四大安全，民营经济、注册登记，质量标准化建设，知识产权保护、反垄断、价格监管，消费维权等领域。工作涉及人民群众衣食住行方方面面。

【服务民营经济】 5月，培育6户民营企业通过现代企业制度评审，为企业授牌兑现鼓励资金60万元。出台《市场轻微违法违规经营行为“首违不罚”清单》的通知。全年全区民营经济增加值完成112.78亿元，增速9.1%（GDP增速8.0%），全区民间投资增速13.5%，全市排位第二。推进注册登记便利化，落实“证照分离”，实现企业开办“一网通办”。共新设立各类企业1102户，个体工商户2329户，超额完成全年目标任务。出台《市场轻微违法违规经营行为“首违不罚”清单》的通知，印发《市场轻微违法违规经营行为“首违不罚”清单》宣传资料。

【食品安全监管】 保障重大活动食品安全，开展

2021年4月2日，彭山区召开2021年二季度安委会暨食品安全工作会议　（区市场监督管理局供图）

学校食堂和校园周边、“特殊食品”、网络餐饮等食品安全专项检查，开展食品经营主体进货查验专项整治、“周三查餐厅、周四查市场”行动，推进农村食品经营店规范化建设试点。全年无食品安全事故发生。在全市牵头测试食品经营风险分级系统App，11月全面投入使用。

【药品安全监管】 开展新冠病毒疫苗专项监督检查、中药饮片专项检查、无菌和植入性医疗器械专项行动、儿童化妆品专项检查等专项检查，严守药械化安全底线。

【特种设备安全监管】 开展安全生产专项整治三年行动、粉尘防爆等安全生产专项整治，加强春节期间、汛期的安全排查。全年共检查全区特种设备使用单位697家次，排查安全隐患259处。

【产品质量安全监管】 开展烟花爆竹、家具行业、农资、电动车、儿童用品等工业产品质量专项检查，对取暖器、灭火器、防护口罩、车用汽油、农用地膜、复混肥料等重点工业产品92批次开展专项抽查，开展不合格后处理5起。

【价格监管】 围绕产业发展、市场准入等涉及市场主体经济活动的规章、规范性文件和政策措施，开展清理工作，做好节日期间及重大时间段的价格巡查，强化节日及疫情期间价格监管，推进供水供气领域价格收费专项检查、商业银行收费专项治理等各项涉企领域专项整治，对校外培训机构利用不公平格式条款、侵害消费者权益违法行为开展集中整治，开展“平安市场”创建工作。

【广告监管】 开展房地产广告违法行为整治，旅游、餐饮、住宿等服务业违法广告专项整治，违法违规商业营销宣传集中整治，“双减”政策关于广告的监管，开展医疗、医疗美容、药品、保健食品等领域整治，对发布虚假广告的培训机构和助考

中介开展清理整顿。

【计量监管】 开展节假日期间市场计量监督检查、低速电动车生产和销售治理、检验检测机构资质认定监督检查、眼镜制配场所计量专项监督检查、能效水效标志专项监督检查、用水用能等重点用能能源计量专项检查、重点领域使用安全防护计量器具监督检查、环境监测领域在用计量器具专项检查工作。

【知识产权】 修订《眉山市彭山区知识产权资助奖励管理办法》，首次将版权奖励纳入其中，在眉山属首例。知识产权资助政策工作在省市场监管局、省知识产权服务促进中心知识产权工作交流〔2021〕第11期被列为"省内动态"交流内容。

【行政执法】 开展"春雷行动2021"暨冷链物流疫情防控执法行动、"长江禁捕"、"百日攻坚"、"铁拳"行动、防范化解和处置非法集资、"联合双打"等专项行动。5月，彭山区市场监督管理局被四川省市场监督管理局评为扫黑除恶专项斗争工作成绩突出集体。全年完成各类食品药品、医疗器械、化妆品抽检共808批次，累计立案265件，罚没111万元。

【"双随机、一公开"工作】 牵头完善《眉山市彭山区市场监管领域部门联合双随机抽查事项清单（第二版）》《2021年眉山市彭山区市场监管领域部门联合双随机抽查任务计划表》，组织市场监管领域监管部门（19个）开展监管平台培训，完善成员单位部门联合双随机"两库一单"建设和工作方案制定，按照方案完成抽查工作。

【消费维权】 做好"12345"党务政务热线工单和"12315"举报投诉的分流、督办、回复工作，全年共受理各类投诉举报案件1472起，挽回损失22万元。

【疫情防控】 将冷链食品监管摆在全局疫情防控工作的突出位置，摸排全区冷链食品底数、落实库长责任、严防冷链输入口、严控风险最大源（思念食品）、守好人员环境关，最大限度降低冷链食品风险。督促各项疫情防控措施落实到位。安排专班专组不分工作日、不分昼夜对辖区内150平方米以上（限额以下）餐饮、药店等人群密集场所进行拉网式巡查；值守城西市场；发挥药店"哨点"作用，及时向属地社区网格、哨点医院推送信息。区市场监管疫情防控工作举措在2021年11月全省市场监管系统视频会议作经验交流，系全省两个区县之一、全市唯一交流代表。（胡影竹）

国有资产监督管理

【概况】 截至2021年11月底，全区国有企业资产总额201.8亿元，同比增长17%；负债总额110.5亿元，同比增长12.6%，资产负债率54.8%；所有者权益91.3亿元，同比增长23.7%；营业收入8.8亿元，同比增长91%；净利润948万元，同比增长1.14倍；净资产收益率0.1%，同比增长1.2%；缴纳税金0.48亿元。初步实现扭亏为盈。

【国有资产管理规范】 拟定《彭山区行政事业单位国有资产处置管理办法》《彭山区行政事业单位经营性国有资产管理暂行制度》，和区财政局共同拟定《眉山市彭山区关于盘活用好镇村公有资产专项工作方案》，按照区委组织部要求，拟定村级阵地闲置资产利用方案，联系和指导各镇、街道做好闲置国有资产的处置和移交工作。完成区人大常务委员会2019年国有资产管理审议意见落实情况的报告。完成区人大常务委员会2020年度国有资产管理情况的报告。

【经营性国有资产管理】 对经营性资产（含门市、

住房、设施）按照“四统一”的原则实行公开招租，公开招租资产41宗，收取租金70次，全年共计收取租金263.74万元。环卫设施设备租赁收入180万元，日常报废残值处置收入50万元，银河汽车集团厂房处置23万元，彭山区公安分局交警大队68辆罚没汽车资产处置收入20.5万元，城市生活污水处理厂和彭祖新城污水处理厂资产处置收入133.4万元。区农业农村局种子站资产出租35.2万元。原血防站业务用房出租收入10.6万元。收城区污水处理费387万元，总计完成非税收入1103.44万元。区国资金融局为解决后疫情时代承租户的租金问题，多次实地走访，根据区内国有门市租用现状与主管部门多次对接协商，将区内20间国有门市的公开招租起租价降低，平均每间降低约3000元。

【国企改革】 成立区国企改革领导小组，区委书记、区长任组长，分管区领导任副组长，相关部门主要负责人为成员。区委书记专门调研国企，部署改革任务；区长多次专题研究国企改革，提出工作要求；常务副区长多次研究论证国企优化整合方案。建立国企改革台账清单，2021年年底完成改革任务70%。开展出资人企业审计，确保国有资产保值增值，建立国企财务负责人向出资人报告财务工作制度。增强企业债务风险防范能力，建立债务风险防范和化解机制，建立债务偿还动态监管台账，每月更新，每月上报。推动彭山发展控股有限责任公司出资眉山创新基金6亿元，其中市场化融资3亿元，服务杉杉科技锂电池重大项目；做好安全生产、生态环保、疫情防控和禁毒工作，区属国企2021年年底“零情况”。完成国企退休人员移交地方196人，党员196人，档案196册。完成对国有企业薪酬分配方案核准。推进企业精兵简政，优化职能部门设置，从严掌握管理岗位设定。如彭山发展控股有限责任公司母公司高管及管理人员共16人，占全集团公司总人数13%。全区国有企业全面推行市场化用工制度，实现员工能进能出。彭山发展控股有限责任公司竞争性子公司武阳文旅聘用职业经理人，实行年薪制，签订聘任合同，进行绩效考核。完成彭发展及其全资子公司、粮食购销公司、兴城诚公司审计，确保国有资产保值增值。完善企业高管任职程序。按照企业高管管理权限，对国企高管任职程序进行完善。牵头组织派驻纪检组、行业主管部门和国有企业等联合对拟任高管进行任前考察。

【国有企业党建党风廉政建设】 强化国有企业党组织的政治功能、发挥政治核心作用，激励和引导党员干部提高政治站位，提升政治能力，增强“四个意识”、坚定“四个自信”、做到“两个维护”，保证党对国有企业的领导不动摇。开展党史学习教育，通过学党史、讲党课、专家培训、开展红色革命教育等形式对企业党员干部进行思想政治教育。结合国企自身实际，开展“我为群众办实事”实践活动。建立班子成员联系企业、指导推进和工作报告机制，推动全区国有企业党史学习教育走深、走实、走细，以国企改革成效检验学习成果。组织国企员工观看廉政警示教育片，开展多种形式廉政教育活动。

【提升金融服务成效】 成立金融工作领导小组，召开金融联席会议6次，分析研判经济形势，推动金融系统工作。实施五大专项行动。分产业精准对接、精准服务。截至2021年12月底，向区内企业投放贷款25.58亿元，服务企业及个体工商户2052家。探索“金融定制服务”等创新服务，金融产品平均利率4.48%，疫情以来共计减少企业融资成本约6000万元。纵深推进农村金融制度改革，截至12月底，省农担眉山分公司担保投放贷款4529万元，支持小微企业和“三农”发展。推广农村承包土地经营权抵押贷款，鼓励金融机构加大涉农信贷投放。截至12月底，彭山区两权融资发放贷款2315笔，累计投放11.28亿元。聘请第三方机构对彭山区两家小贷公司进行合规经营审计，对整改发现的问题督促小贷公司限期整改。建立健全宣传教育工作机制，开展防范和处置非法集资工作排查。

【国有资产监管】 拟定《彭山区行政事业单位国有资产处置管理办法》《彭山区行政事业单位经营性国有资产管理暂行制度》《眉山市彭山区关于盘活用好镇村公有资产专项工作方案》，联系和指导各镇、街道做好闲置国有资产的处置和移交工作。按照《眉山市市级行政事业单位通用办公设备和办公家具配备标准》要求为全区行政事业单位审核配置固定资产268.81万元。全区清理出闲置房屋资产222处，盘活率100%。梳理全区闲置安置房、广告位、停车场、商业门市等优质资产，按程序完成资产评估。加大对闲置和已达报废标准资产的处置力度，2021年共计报废报损划拨资产55次，核减账面原值2093万元。完成经营性资产租金收入489.54万元，资产处置收入226.6万元，收城区污水处理费387万元。为解决后疫情时代承租户的租金问题，将区内20间国有门市的公开招租起租价降低，平均每间降低约3000元。 （宋慧霞）

经济合作

【概况】 2021年，区委、区政府将招商引资作为“一号工程”，主要领导和分管领导亲自带队到上海、广东、浙江、江苏等，“走出去”对接项目50余次，参与省市专题产业推介会2次，参加市领导“高位促进”项目活动6次。主要对接深圳宝能投资集团有限公司、上海杉杉科技有限公司、深圳研一新材料有限责任公司、广州天赐高新材料股份有限公司、常州中创新航科技股份有限公司，推动杉杉锂电池负极材料一体化基地项目；雅保新时代锂电池材料工厂项目；深圳研一新材料二期、三期，天赐新材料项目；中创新航锂电正极材料等项目签约落地。邀请约50家企业来彭考察。盯准“三强”、行业龙头、“专精特新”，特别是优质制造业企业，围绕主导产业强化精准招商，围绕新能源新材料、高端装备制造主导产业精准招引。制造业招商引资“百日攻坚”专项行动开展以来，彭山区在锂电池产业链项目招引中发力，高端优质制造业项目相继落地。

【招商引资】 全区新签约项目共21个，完成市下目标14个的150%；合同金额643.26亿元。“三强”投资或投资5亿元以上的重大项目10个，完成市下目标3个的333.33%。全区有到位资金的招商引资项目共132个，实际完成到位资金95.31亿元，完成市下目标任务92亿元的103.6%。其中，省外到位资金80.71亿元，完成市下目标任务76亿元的106.2%。2021年考核2018—2020年省级活动网报平台签约重点督办项目16个，合同金额104.9亿元。其中，履约率100%；开工率100%；到位资金50.13亿元，资金到位率47.79%。超额完成2021年度“三率”考核任务。

【外资利用】 实现省口径实际到位外资3018.017万美元，完成市下目标1700万美元的178%；实现商务部口径实际到位外资3000万美元，完成市下目标2500万美元的120%。

【“百日攻坚”行动】 开展制造业招商引资“百日攻坚”行动，重点突出工业、先进制造业、高新技术产业及三强重大项目掀起攻坚大会战。“百日攻坚”期间对接企业130余家，捕获一批有效项目信息，累计签约项目13个，其中包含5亿元以上重大项目7个。

【重大工业项目】 8月3日，投资100亿元的杉杉年产20万吨锂电池负极材料一体化基地项目签约落地，标志着彭山实现百亿元级的重大工业项目历史性突破，意味着彭山改变了缺乏龙头性、支撑性工业项目的产业现状。10月，签约美国雅保新时代锂电池材料工厂项目，总投资32亿元，是雅保在西南地区布局产能最大的项目，同时是2021年四川引进的单体投资最大的外商直接投资制造业项目；引进总投资25亿元的广州天赐年产30万吨电解液和10万吨铁锂电池回收项目；总投资25亿元的研一新材料年产15万吨动力电池电解液项目等系列优质项目，产品涵盖正极前驱体、负极、电解液及添加剂、粘胶剂等锂电上游关键环节生产企业。

2021年8月3日，杉杉年产20万吨锂电池负极材料一体化基地项目签约仪式　（区经合外事局供图）

2021年10月20日，雅保新时代锂电池材料工厂项目签约仪式（区经合外事局供图）

【合作招商】 围绕区委、区政府2021年1月26日出台的《眉山市彭山区经济合作项目引荐奖励办法（试行）》，立足主导产业，开展“全民招商”行动，与重庆产业研究院、成都壹一晨商务信息咨询有限公司等专业机构开展合作招商，获取项目信息百余条，促成杉杉锂电池负极材料等一批重大优质产业项目落地。10月，兑现引荐奖励共计85万元。推动中日国际康养城项目计划完成投资10亿元，全年实现投资13.7亿元，完成投资进度137%。

【外资企业服务】 围绕“六稳”“六保”工作要求，发挥外事服务经济社会发展的重要作用。走访在彭外资企业和涉外企事业单位20余次。开展“快捷通道工作”，为法液空、东进、珂玛、江化微等企业的外籍员工和家属办理来彭相关手续4批次25人次。　（曹燕梅）

公共资源交易

【概况】 截至2021年年底，累计完成建设工程招投标、政府采购、土地出让、产权交易等各类交易事项140多项，涉及交易总额10多亿元，通过公开交易实现增收节支7000余万元；完成非税收入近3000万元。推行“政采贷”业务工作，发挥“政采贷”信用融资信息服务平台作用。7月28日，全省农村宅基地制度改革试点工作二季度推进会在彭山区召开，区农交中心作为唯一现场视察点位，接待参会单位的调研考察。10月19日，全国宅基地基础信息调查工作交流培训班在江苏昆山召开，彭山区作交流发言，是西南片区唯一交流发言的试点区县。

【工程招投标】 截至2021年12月底，完成政府性投资项目37个（含绿色通道项目9个），其中公开招标34个，流标2个，终止评标1个。招标控制价44377.82万元，中标金额36409.94万元，节资7967.88万元，节资率为21.88%。完成远程异地评标项目共计13个（6个主场、7个副场），分别与绵阳、达州、内江市（隆昌市）、丹棱、天府新区、东坡等地进行合作。

【政府采购】 截至2021年12月底，进入电子交易平台采购完成总项目60项，其中包含公开招标3个，竞争性谈判33个，竞争性磋商6个，单一来源2个，网上竞价采购16个；总预算金额7056.24万元，总成

2021年7月28日，全省农村宅基地制度改革试点工作二季度推进会在彭山区召开，区农交中心作为唯一现场考察点位，接待参会单位的调研考察（区公共资源交易中心供图）

交额6509.47万元，总节资额546.78万元，总节资率7.74%。落实对小型和微型企业参与政府采购投标（货物、服务）类项目给予10%的价格扣除，用扣除后的价格参与评标。共有采购项目20多个专门面向中小微企业进行采购，采购资金4000万余元。

【国有资产出让】 截至2021年12月底，国有资产出让45宗，成功交易15宗，流拍30宗。其中，铺面公开竞价项目共计41宗，成功交易11宗，流拍30宗，起始价合计为83.84万元，成交价为88.75万元，溢价4.91万元，溢价率5.86%；拍卖项目成功交易2宗，起始价合计为75.44万元，成交金额为176.9万元，溢价123.23万元，溢价率272.47%。通过对两处污水处理厂所拍卖的设施设备进行实地察看、广泛宣传、组织交易，将无处安放的“废品”变成炙手可热的“宝贝”。

【土地出让】 截至2021年12月底，共组织土地出让32宗，完成出让25宗。其中，土地拍卖成功出让4宗，流拍3宗，起始价99681万元，成交金额99988万元，溢价307万元，溢价率0.68%；土地挂牌成功出让19宗，流标4宗，起始价24790万元，成交金额24790万元，无溢价。

【农村产权流转交易】 区农交中心依法流转农村承包土地经营权11宗，共29.93公顷，成交金额279.68万元；挂网4宗农村宅基地使用权流转项目，涉及面积1070平方米。2021年年底，共接待农业农村部、省委党校学习班、眉山市县处级干部进修班及其他市县参观调研工作共计16次，成为乡村振兴工作定点参观调研学习单位。

【改革创新】 与绵阳、内江、达州、东坡区、眉山天府新区等市区县开展远程异地评标工作。开展电子保函代替现金投标保证金，实现保函代替保证金9300余万元；推进“政采贷”业务，实现低息贷款超过2000万元；邀请四川发展融资、金玉融资等3家省属国有担保公司入驻彭山区公共资源交易中心开展电子保函、履约担保等业务，减轻投标人交易成本。截至2021年年底，邀请4家省属国有担保公司入驻眉山市公共资源交易中心彭山区分中心开展电子保函，实施工程招投标电子保函项目30个，惠及投标人80余家，实现保函代替保证金9800余万元，减轻投标人交易成本。（解栖雁）

价格管理

【概况】 2021年，彭山区落实上级简政放权要求，强化行政事业性收费监管，确保“减、免、缓、停”收费政策落实到位。按照省、市文件要求，规范彭山区水电气安装行业收费，疏导安装价格矛盾。

【收费价格管理】 编制《彭山区涉企（涉农）行政事业性收费目录》，全面清理和规范行政事业性收费。制定《彭山区2021年涉企业收费目录》，并在部门网站上公示；制定《彭山区2021年涉农收费和价格公示表》转发至各乡镇进行公示。按照定价权限，调整农村小学附设园保育教育费收费标准；核定锦江幼儿园、学院路幼儿园两所公办幼儿园保育教育收费标准；调整城市挖掘修复收费标准；制定彭山区普惠性幼儿园收费指导价格；根据气价联动机制，顺调彭山区居民用天然气销售价格。开展公益性公墓、小区物业、小区停车、养老服务、学科类校外培训收费、景区门票等收费项目调研，形成调研报告及时报送市发展改革委。根据市发展改革委下达的政府冻猪肉任务，研究制定彭山区政府冻猪肉收储方案及制定彭山区生猪猪肉市场价格应急预案实施细则，完成市发展改革委下达的相关任务。

【价格监测】 受新冠肺炎疫情的影响，按照省、市发展改革委的要求，加大价格监测力度，增加价格监测巡查密度，重点对粮油、肉、蛋、奶、蔬菜等群众生活必需品、日常消费品价格重点监测巡查；对农业生产资料价格进行监测，遇到价格异常波动及时上报，截至2021年12月，共向上级价格主管部门报送各类监测日报、周报、月报表130余份。加大价格监测力度，完成彭山职高住宿费标准、城区停车场收费标准、普通住宅前期物业服务指导价的核定工作。落实城乡低保人员、特困人员价格临时补贴政策。依法提供价格认定服务，为执法机关提供价格认定43起，认定标的215件，涉及金额225万元。

【价格认证】 截至2021年12月底，完成刑事涉案认定33余件，认定金额99.9万元。完成区纪（监）委委托案件2件，认定金额9.4万余元。完成公安分局处置车辆2件，认定金额23.5余万元，为政府处置、拍卖资产提供价格依据。向砂管办提供砂卵石市场价格监测表。（汪　波）

区属国有企业

【彭山区智汇人力资源有限公司】 彭山区智汇人力资源有限公司是眉山市彭山工投产业发展有限公司的子公司，属于有限责任公司，于2017年11月28日成立。根据《眉山市彭山区机关事业单位编外（临聘）人员管理办法》《眉山市彭山区国有资产和金融工作局关于剥离相关子公司的通知》要求，在区机关事业单位编外（临聘）人员管理领导小组以及区人力资源和社会保障局的领导下，主要开展4项工作：人力资源服务、培训；人才信息服务（职业供求信息的收集、整理、储存、发布）、人才职业培训和测评；劳务派遣、劳务外包；职业介绍、管理、服务求职指导和人力资源管理咨询服务。编外聘用派遣人员薪酬严格按照《眉山市彭山区机关事业编外（临聘）人员管理办法》规定的薪酬标准执行。劳务派遣人员工资、社会保险、住房公积金等一系列财政预算，所需费用由用工单位按照期限转给彭山区智汇人力资源有限公司。公司收取编外人员派遣劳务费每人每月80元，用于公司工作人员工资发放，购买五险一金以及公司其他支出等。公司先后与78个单位签订劳务派遣协议，聘用控制数内人员356人，其中研究生1人，本科172人，专科156人，专科以下27人。除教育、卫生公安、城市执法外，实现辖区内机关事业单位全覆盖，签订率100%。公司与39个单位签订购买服务协议，根据不同需要与岗位，购买服务人数为360人，均满足用工单位和事项所需。

（彭山区智汇人力资源有限公司）

【彭山发展控股有限责任公司】 彭山发展控股有限责任公司（以下简称彭发展）成立于1994年6月，是一家按照完全市场化原则，依法独立自主开展生产经营，以实现国有资产保值增值为主要目标的国有企业。内设行政部（党建监察室）、人力资源部、财务部、投资发展部、内审法务部、招采部6个职能部门。注册资本5亿元。于2018年开始市场化转型。彭发展下属子公司5家，共有员工116人。其中，全日制研究生学历2人，全日制本科学历31人，全日制大专学历31人，非全日制本科及以下学历52人。

彭发展下属5家全资子公司：四川武阳文化旅

游股份有限公司，成立于2017年，注册资本5亿元，主营业务为房地产开发经营和旅游项目开发与经营等，2021年年底在建的项目有北外街改造及武阳倾城项目等；四川兴彭建设有限公司，成立于2010年，注册资本2亿元，主营业务为建筑施工等，2021年年底承建的政府投资建设项目有老旧小区配套道路改造工程、漏罐子配套建设、彭山区第五小学和幼儿园项目；眉山盛通融资担保有限责任公司，成立于2016年，注册资本3亿元，主营业务为贷款担保、票据承兑担保、贸易融资担保、项目融资担保等；四川鼎瑞建筑材料有限公司，成立于2019年，注册资本1亿元，主营业务为建筑用石加工、建材批发、土砂石开采等；四川武阳新能源开发有限公司，成立于2016年，注册资本5000万元，主营业务为汽车租赁，新能源汽车集中式快速充电站建设、管理和运营等。

彭发展5家参股公司：眉山农商银行股份有限公司，注册资本93985万元，彭发展下属子公司武阳文旅公司占股4%；彭山珠江村镇银行股份有限公司，注册资本1亿元，彭发展下属子公司武阳文旅公司占股10%；天府新区眉山市彭山区兴龙投资有限公司，注册资本1亿元，彭发展占股20%；眉山盛泰环保科技有限公司，注册资本1亿元，彭发展占股24%；眉山市彭山久安水务有限公司，注册资本5000万元，彭发展占股10%。

彭发展布局地产和文旅板块，武阳倾城、北外街改造等项目；布局建筑施工、建筑材料、融资担保板块，基本完成从投资开发、建设施工到建筑材料生产加工、工程履约保函的建筑行业全产业链打造。政府性工程项目完成情况：彭祖新城“四馆”景观工程及室内展陈装修项目，在2021年12月中标后，按照工期计划推进施工进度；彭祖新城配套道路项目，西藏体育公园配套道路和五湖四海配套道路竣工验收并投入使用；新一中道路及彭溪小学配套道路，完成审计并投入使用。经营性项目建设完成情况：武阳倾城项目，一期一批次房屋按期在2021年6月完成竣工验收，10月底进行集中交付，交房率90%，武阳倾城幼儿园于6月完成建设并竣工验收，室内软装及教玩具配备工作于8月完成并交付区教体局确保顺利开园；北外街特色文化街区改造项目（商业街区），项目已完成EPC设计施工、监理单位、勘察单位招标及合同签订工作，勘察单位完成初勘工作；北外街特色文化街区改造项目（安置片区），除7号楼外，各楼栋全部主体完工，其中1号楼、8号楼为2021年1月开工建设，现砌体工程、室内外抹灰工程、外墙工程完工，项目进入景观工程；新建1条800米的市政支路，新建北外街街区周边配套管网及基础设施，管网工程基本完成，配套道路工程（除郑友良停车场）沥青摊铺工作全部完成、人行道垫层硬化完成；城南农贸市场升级改造项目，审计完成并投入使用；彭祖广场地下公共停车场及周边风貌改造项目，审计完成并投入使用；五湖四海建设项目，竣工验收并投入使用。

（彭山发展控股有限责任公司）

教　育

教育事业发展

【概况】 2021年，全区共有幼儿园专任教师91人，小学专任教师728人，初级中学专任教师449人，普通高中专任教师224人，职业高中专任教师49人，特殊学校专任教师15人。被评为“四川省关心下一代工作先进集体”，获评全市唯一“教育体育工作先进区（县）”，荣获“全市高中教育质量管理一等奖”。

2021年彭山区中小学、幼儿园教职工情况一览表

表3

普通高中		职业高中		初中		小学		特殊教育		幼儿园		
专任教师数	学历达标率	专任教师数	学历达标率	专任教师数	学历达标率	专任教师数	学历达标率	专任教师数	学历达标率	专任教师数	学历达标率	专科达标率
224人	100%	49人	100%	449	100%	728人	100%	15人	100%	91人	100%	100%

【办学条件】 建成投用小区配套公办幼儿园——学院路幼儿园，新增360个学位；完成职高实训楼建设，完成三中、二小、二中“三创一新”改造，完成四小扩建和五小、五幼新建主体工程。完成“明厨亮灶”工程，覆盖率100%。完成城区学校300间教室智慧照明灯光改造项目。

【教师队伍建设】 通过寿乡教育大讲堂、推门听

课、名师引路等方式提高教师业务技能。通过公招、高层次人才引进、区外考调、智汇公司招聘幼儿教师等方式补充教师78人，轮岗交流专任教师80余人。推选四川省特级教师2人，市级优秀教师4人，市级优秀校长1人。争取区委、区政府的关心支持，区委书记、区长专题调研教育工作，区“四大家”主要领导参加第37个教师节庆祝活动，举行2021年教师荣休仪式，解决教师待遇增加资金1000多万元。

【成眉教育同城化】 开展新津区、彭山区成眉教育同城化交流活动，与四川工商学院签订校地合作协议，促进成彭校地合作发展。推进成彭高中合作协同发展，搭建平台开展课题合作和跨区域教研协作。促进成德眉资雅乐职教同城发展，与新津职高、四川汽车职业技术学院结对合作。彭山一中、彭山一小、彭山三中、彭山职高、区幼儿园、锦江幼儿园、学院路幼儿园等与成都学校结合共建。

2021年3月16日，区教体局与四川工商学院校地合作签约仪式（区教体局供图）

【教育教学】 落实”双减”工作，以“减负+提能”并行为着力点，通过培训机构两转、精准设计作业、严控作业总量等方式减负。彭山区研讨“五项管理”“双减”制度建立、过程管理工作被教育部《“双减”改革每日快报》第34期刊载；采取“大课+小课”课后服务被《四川日报》（11月1日）报道；构建“3+”模式激发课后服务活力被《四川教育动态》第35期、省党史学习教育简报第201期采用。推进“五育并举”，彭山区5所学校被列为市“五育并举”参观示范点。彭山三中成功创建省级文明校园。观音小学被评为“眉山市研学实践教育示范校”。彭山四小的“六融入让劳动教育常态化”在全市交流。迎接教育部、公安部对校园安全、教育部对语言文字工作检查受好评。2021年高考文化硬上线一本215人，比2020年增加13人；本科上线639人，比2020年增加70人。彭山一中荣获2021年眉山市高中教育质量奖一等奖。彭山区荣获2021年全市教育体育工作先进区县，全市唯一。

2021年9月15日，“成德眉资”毗邻地区教育同城化发展专题调研座谈会召开（区教体局供图）

2021年4月27日，省“两纲”终期评估检查组到彭山四小开展评估检查工作（区教体局供图）

【教育民生工程】 减免非民族自治地区763名家庭经济困难儿童、孤儿和残疾儿童学前教育保教费，为义务教育阶段1511名家庭经济困难学生提供生活补助，为高中阶段526名家庭经济困难学生发放助学金，为1979人次建档立卡脱贫户学生发放教育救助基金182.46万元；资助建档立卡脱贫户中职学生生活费特别资助92人次4.6万元；资助建档立卡脱贫户本专科学生生活费和学费特别资助75人次、30万元。召开2021年高考奖励表彰大会，发放助学金25.4万元。对家庭经济困难的大学新生24人发放资助金1.5万元。为在校大学生进行生源地助学贷款230人，总金额190.04万元。落实控辍保学“六长”责任制，适龄儿童少年义务教育入学率100%，九年义务教育巩固率100%，残疾儿童少年入学率97.7%。

2021年8月25日，彭山教育促进会举行“李密助学金”发放仪式 （区教体局供图）

【安全工作】 开展生命安全教育，聘请法治副校长，定期到校开展专题讲座。根据季节开展森林防灭火、交通、防溺水、消防、自然灾害等宣传教育。定期组织开展安全生产月、百日安全、食品安全等专题教育活动。组织校开展“4·20”“5·12”“11·9”大型演练活动3次，同时将每天大课间活动作为一次小型疏散演练常态开展。落实学校安全保卫机构，配齐配强保安人员、执行来人来访登记制度。建立完善学校及周边治安综合治理工作机制，定期开展校园周边环境综合治理专项行动，全面净化学校及周边环境。坚持日常安全隐患排查整治，采取学校自查，教体局各股室联系学校每月督查方式。按时办理人民网“书记信箱”、“市长热线”、“区长信箱”、“12345”政府服务热线、“部门信箱”信访案件，办结率100%。

（翟 洁）

学校教育

【概况】 2021年，全区（不含天府新区彭山区域）共有幼儿园37所（含民办及附设幼儿园），在园幼儿7900人，学前教育普惠率89.2%，公办幼儿园在园幼儿占比52.5%；小学14所，在校学生13557人；初

2021年彭山区中小学、幼儿园基本情况一览表

表4 单位：人、个

高中			职业高中			初中			小学			幼儿园（含民办及附设）			特殊学校		
学校数	班级数	学生数	学校数	班级数	学生数	学校数	班级数	学生数	学校数	班级数	学生数	学校数	班级数	学生数	学校数	班级数	学生数
1	52	2758	1	15	423	8	118	5739	14	290	13557	37	252	7900	1	8	49

中8所，在校生5739人；普通高中1所，在校学生2758人；中等职业学校1所，在校学生423人；特殊学校1所，在校学生49人。

【学前教育】 新建和改扩建幼儿园7所。学院路幼儿园启动全园招生，全区普惠性幼儿园（包括公办园和普惠性民办园）在园幼儿占全区在园幼儿89.2%，公办园在园幼儿占全区在园幼儿的52.5%，完成学前教育“80、50”攻坚任务。春季对361名“三儿”（孤儿、残儿、贫困儿童）和建档立卡儿童减免保教费31.63万元。秋季对303名“三儿”（孤儿、残儿、贫困儿童）和建档立卡儿童减免保教费24.79万元。

【义务教育】 完成彭山三中改扩建，新增学位900个。义务教育所有学生享受“三免”（免学杂费、免费提供教科书、免费提供作业本）政策。春季对213名贫困寄宿学生发放生活补助13.28万元，为1161名家庭经济困难非寄宿生提供生活补助30.99万元。秋季对156名贫困寄宿生予以补助9.73万元，对1195名家庭经济困难的非寄宿生补助32.16万元。

【普通高中教育】 2021年，彭山区有普通高中1所，在校学生2758人。是年，高考参考人数1519人，共录取1331人（本科一批录取221人，本科二批录取345人，专科批次录取765人），录取率87.62%。

【特殊教育】 彭山区特殊教育学校位于彭山区毛店村2组，创立于2012年，是一所九年制义务教育学校。学校占地4000平方米，建筑面积3500平方米，先后配备有运动功能室、多感官训练室、乒乓球室、律动室、语言训练室、图书室、感统训练室等专用教室。2021年，共有教学班3个，其中培智班2个、送教上门班1个，在籍学生45名，教职工13人。开设有生活语文、生活数学、生活适应、运动与保健、畅游与律动、劳动技能、美工等课程，并根据学生特点对学生实行个别化教育、生活能力教育和社会实践教育。（翟 洁）

高等教育

【概况】 四川大学锦江学院是2006年4月经教育部批准，由四川大学和四川旭峰实业有限公司合作举办的普通本科高等学校，是彭山区唯一一所高校。学校占地面积66.86万平方米；校舍面积30.01万平方米；图书馆面积7120平方米，有纸质图书136.63万册，电子图书193.39万册。学校有教学用计算机4728台，各类实验室78个，教学科研仪器设备总价值6178.04万元，2021年年底固定资产98445.14万元。学校现设本科专业53个，专科专业20个，有在校学生21608人，其中本科生18773人，专科生2835人。有教师832人，其中专任教师707人；正高级职称28人，副高级职称113人。2021年，学校面向全国招生5713人，其中本科生4844人，专科生869人；毕业生总数5292人，其中本科生4408人，专科生884人。1月20日，经四川省精神文明建设委员会复查确认，保留四川大学锦江学院“四川省文明校园”称号。

【教学工作和改革】 开展第四届校级教学成果奖评审工作，共评出一等奖4个项，二等奖7项，三等奖7项；举办第一届教师教育教学信息化大赛暨2021年度四川省教师教育教学信息化大赛校内选拔赛，共有33名教师（团队）参加比赛，共评选出一等奖4项，二等奖7项，三等奖9项，优秀奖13名；择优推荐10名获奖教师（团队）参加2021年度四川省教师教育教学信息化大赛，《贝叶斯公式及其应用》在第二十五届全国教育教学信息化大赛中获得典型作品称号，《英语语音语调——连读的方式》等2项作品获得研讨作品称号；全面推进教学档案管理规范化建设；召开以“聚焦专业内涵发展，创新人才培养模式，提高应用型人才培养质量”为主题的本科教学工作会。

推进教育教学改革，制定并全面实施新的通识教育改革方案；“多学科交叉融合的会计人才培养模式探索与实践”“基于乡村振兴战略下乡村人居环境设计实践复合型核心专业课程群建设”2个项目获批“第一批四川省新文科研究与改革项目”；“‘Python程序设计’教学内容与课程体系改革”“基于设计思维的专创融合培养教学内容和课程体系改革”等5个项目获批教育部“产学合作协同育人”项目；启动2017—2020年、2018—2020年教育教学改革项目结题验收工作，“基于养成教育的高校课外‘五育融合’育人模式研究与实践”等6个省级教学改革项目及“电子、通信工程专业应用型人才培养模式创新与实践”“校企合作模式下提升应用型人才毕业实践培养效果的改革与探讨”等20项校级教学改革项目通过结题验收；启动新一轮校级教学改革项目立项工作，“基于应用型人才核心素养的通识教育改革研究与实践”“基于多角色扮演的《工程项目管理》理实一体化教学研究”等24个教育教学改革项目获批立项。

【课程建设】 “国际贸易学Ⅱ（实务）”“大学计算机基础”等4门课程获批认定省级一流课程；“食品生物化学”“大学生职业发展与学业管理”“播音创作基础”等5门课程获批省级“课程思政”示范课程名单，“建设工程法规及应用教学团队”获批省级“课程思政”示范教学团队；立项“广播电视新闻采访”“影视传播学”等校级“课程思政”示范课程建设项目30个；立项“国际贸易实务”“武术”等第二批校级“一流课程”9个；立项“数据库原理及应用”“创意思维”等“一师一优课”50门。

【专业建设】 新增网络与新媒体、动画、漫画3个本科专业，跨境电子商务、休闲体育2个专科专业；物联网工程专业新增为学士学位授予权专业；国际经济与贸易、会计学2个专业立项省级一流本科专业建设点；软件工程、市场营销、电子信息工程、国际经济与贸易4个专业立项校级品牌专业建设项目；按照国家标准，落实“四方参与”的原则，完成酿酒工程等5个本科专业人才培养方案重构试点，扩大人才培养方案重构范围。

【科研工作】 学校专职教师主持科研项目41项，其中四川省科学技术厅科技计划项目2项、四川省社科规划项目3项、四川省教育厅项目1项、眉山市社会科学规划项目9项、眉山市科学技术局项目1项、彭山区科学技术局项目4项、四川大学锦江学院青年教师科研基金项目21项。专职教师发表论文228篇，其中SCI（科学引文索引）7篇，EI（工程索引）17篇，CSSCI（中文社会科学引文索引）1篇，北京大学中文核心期刊24篇；专职教师主编、参编教材7本，获得国家专利6项，软件著作权23项。教师科研成果获奖2项，其中，四川省第十九次社会科学优秀成果奖三等奖1项，眉山市第十六次哲学社会科学优秀成果评奖二等奖1项。

【队伍建设】 召开教职工思想政治工作暨师德专题教育启动部署会、师德制度培训暨警示教育大会；加强高层次人才引进和招聘工作，引进博士及高级职称师资12人；开展第二届“十佳辅导员”评选工作，孔德金等10名辅导员被评为第二届十佳辅导员；完成第六届学生科长和团总支书记换届工作；27名教职工晋升高级专业技术职务，47名教职工晋升中级专业技术职务；教职工获得省级及以上各类荣誉73项。

【招生与就业】 2021年，本科报到率92.1%，较2020年减少1.9个百分点；专科报到率80.2%，较2020年减少5.8个百分点。在四川省普通本科录取中，文科调档线（506分），超过二本控制线（474分）32分；理科调档线（450分），超过二本控制线（430分）20分。2021届毕业生总体毕业去向落实率92.48%。其中，本科毕业生4409人，毕业去向落实率91.86%；专科毕业生884人，毕业去向落实率95.59%。

【学生工作】 通过线上线下相结合的方式开展“珍爱生命 健康成长”“防范网络诈骗”“国家安全宣传教育月”活动，全国大学生“同上‘四史’思政大课”、党史学习教育等主题班会和各类专题教育共计50余次。加强学风考风建设，以考风促学风，形成全员参与，相互监督的有效机制。完成大学生征兵工作，2021年度学校总任务完成率118.1%，毕业生任务完成率119.1%。开展志愿服务活动62项，总计184次，参与人数43250人，平均每人全年志愿服务时间为9.2小时；实施第二课堂成绩单制度，利用“到梦空间”系统总录入人数22497人，创建部落559个，发布活动13785个，参与活动总人次332851人次。完成2020—2021学年国家奖学金、2020—2021学年国家励志奖学金、2021—2022学年国家助学金的评审和发放工作，发放2021—2022学年秋季学期国家奖学金20万元，国家励志奖学金293万元，国家助学金1008.99万元；办理生源地信用助学贷款的学生共4626人，贷款总金额3856.76万元；完成200余名学生服义务兵役学费补偿及资助办理，金额共计486.4万元；完成895人次重点保障人群资助办理工作。

【学生参赛获奖】 在省级以上各类学科竞赛中获奖550项，其中第十七届“挑战杯”全国大学生课外学术科技作品竞赛三等奖1项；省赛一等奖2项、二等奖9项、三等奖5项，第七届国际“互联网+”大学生创新创业大赛省赛金奖1项、铜奖16项；在非学科类竞赛中获奖23项，其中第五届“全国大学生网络文化节”网文类三等奖1项、第六届全国学生“学宪法讲宪法”活动四川赛区总决赛二等奖1项。学生获批省级大学生创新创业训练计划项目106项，其中国家级项目32项。

【学生考研】 达到国家考研分数线544人，上线人数占本科毕业生总数12.29%，国内高校录取245人，其中部分被四川大学、电子科技大学等双一流高校录取。美国福特汉姆大学、英国帝国理工学院、加

2021年10月8日，四川大学锦江学院举办应用型人才培养高端学术论坛　（四川大学锦江学院供图）

拿大圣玛丽大学、德国莱比锡大学、比利时鲁汶大学、澳大利亚悉尼大学等世界知名高校录取37人。

【教育交流与合作】 加入“中国教育国际交流协会”“四川省教国际交流协会”“中国（四川）—白俄罗斯高校联盟”“中国—东盟高校创新创业教育联盟”等国际交流平台；与韩国又松大学、爱尔兰利莫瑞克大学、西班牙马德里康普顿斯大学等国外高校签订校际合作协议。学校成为“高校毕业生海外实习就业基地学校”；作为常务理事单位，正式成为四川省教育国际交流协会国际交流基地。

【应用型人才培养高端学术论坛】 10月8日，在建校15周年之际，举办应用型人才培养高端学术论坛，主题为“应用型大学的定位、责任、使命”和“应用型人才培养的模式、路径、经验分享”。四川师范大学党委书记李向成、成都信息工程大学党委书记周激流、成都大学校长王清远、西华大学党委书记余孝其、成都工业学院党委书记严余松、四川大学锦江学院副校长冯建教授分别围绕主题、结合学校特点作报告。

【2021“锦江学院杯”第二十三届全国机器人锦标赛暨第十二届国际仿人机器人奥林匹克大赛】 10月9—11日，由中国人工智能学会主办的2021“锦江学院杯”第二十三届全国机器人锦标赛暨第十二届国际仿人机器人奥林匹克大赛在四川大学锦江学院举行。本届大赛共设六大类48种比赛项目，来自哈尔滨工业大学、北京理工大学、西北工业大学、四川大学、重庆大学、北京工业大学、北京信息工程大学、重庆理工大学、西华大学、海军工程大学、圭尔夫大学等世界各地的70所高校的143支参赛队在线“切磋过招”。最终学校斩获一等奖29项，二等奖20项，三等奖1项。

【数字经济背景下商科专业建设与人才培养研讨会】 12月8日，四川大学锦江学院举行数字经济背景下商科专业建设与人才培养研讨会，会议邀请中国人民大学商学院教授、博士生导师，中国企业管理研究会副会长徐二明；四川大学教授、博士生导师，四川大学校长助理兼商学院院长，教育部长江学者特聘教授徐玖平；四川省社会科学院教授、博士生导师，中共四川省委四川省人民政府决策咨询委员会副主任，成都市社科联主席李后强；西南财经大学教授、博士生导师，西南财经大学马克思主义经济学研究院院长，国务院学位委员会理论经济学学科评议组成员，教育部经济学教学指导委员会委员，四川省委、省政府决策咨询委员会委员丁任重等商科领域的知名专家学者与会，就学校商科专业建设、商科人才培养目标与定位、商科人才培养模式创新与路径等问题展开研讨。（郭 晨）

职业教育

【概况】 彭山区职业高级中学是彭山区唯一一所公办的中职学校，是彭山区政府主办的三年制中等职业学校，是眉山市重点中职学校，是眉山市职业教育先进单位。学校建于1984年。原校址位于下岷江路，占地1.33万平方米。2016年8月整体搬迁至观音街道学院西路1号新校区。学校新校区占地面积4万多平方米，建筑面积20196平方米。全年职业教育融合发展，开展校企、校校合作，就业率100%，彭山职高获得2021年四川省中职生技能大赛六项“三等奖”，一项团体“三等奖”，教师组电子商务项目获“二等奖”。4—5月，由彭山区政协教体医卫委牵头，组织部分区政协委员对彭山区职业教育发展状况进行调研，并针对认识偏差、规模不足、机制僵化、教师队伍现状不适应职教发展需要、专业设置滞后5个职业教育办学中的问题和困难提出对策和建议。

【职业教育基础设施建设】 彭山区职业高级中学有

综合楼、教学楼、实训厂房各1幢，学生宿舍楼3幢，还有体育馆、学生食堂等，投资1500万元的第四期工程实训楼4037.8平方米完工交付使用。学校有先进完善的实训设备供学生操作和训练，建成校内实训基地1个，配置直播间实训室、网店运营实训室、头脑风暴室、摄影工作室、新媒体电商室、电子电工实训室，以及钳工车间、汽车修理厂房、会计电算化室、沙盘演练室、数控加工车间、单片机原理、电子电拖室、机械制图室，刀工实训室、面点实训室、热菜实训室、机器人加工实训室、智慧健康养老服务、影视制作实训室等实训室。每学期收取住校费340元，书本费200元，贫困生可享受生活补助。

【中等职业教育教学】 学校开设有会计事务、汽车运用与维修、计算机应用（动漫方向）、电子商务、中餐烹饪、工业机器人和智慧健康养老服务等7个专业。其中会计事务专业和汽车运用与维修是眉山市重点专业。2021年，学校在校生423人，教职工49人，高级教师16人，一级教师19人，二级教师14人，双师型教师20人。四川省中心教研组成员2人，拥有四川省国家职业技能鉴定考评员资格4人，眉山市中职学校经济类专业学科带头人1人，获国家发明专利1人。重点打造升学班，用“知识+技能”为学生铺设升学坦途。从2012年起，组织高三升学班参加单招考试，大学升学率94%。学校每年有100多名学生通过单招考试和对口升学考试，考入高职院校深造，同时通过在校实训和顶岗实习两种方式对学生进行专业技能培训。（翟 洁）

科学技术

综述

【概况】 2021年，区委、区政府先后出台《眉山市彭山区企业做大做强扶持政策（2021年修订版）》《中共眉山市彭山区委 眉山市彭山区人民政府关于推动制造业高质量发展的实施意见》《眉山市彭山区人民政府关于印发眉山市彭山区知识产权资助奖励管理办法的通知》相关政策，对企业研发投入、驱动创新给予奖励。组织全区14家企业和团队参加全市首届“眉州之星”双创大赛，其中4家企业获奖；组织企业申报省市科技项目，申报2022年度省级科技项目和省级农业科技示范园区配套资金等两个百万元级资金项目。全区“‘点对点’模式提升科技特派员服务质量”工作经验被省科技厅农村科技发展中心全省刊发推广；2021年牵头申报成功进入全省第一批省级农业科技示范园区创建名单（全省10个，全市唯一）；被区委、区政府评为“成渝地区双城经济圈和成眉德资同城化发展”等6项工作先进集体。建立推进数字经济工作机制，推动数字经济产业融合发展。

【科技企业】 全年新申报国家高新技术企业1家（巩固建材），彭山区高新技术企业总数7家；新创建市级工程技术技术研究中心1家（高绿平）；科技型中小企业年度评价入库13家；技术合同认定登记额累计1577万元；申报认定市级科技创新型农业经营主体3个，全面完成市下达任务。2021年，全区科技研发费用为12651.1万元，研发经费强度为0.649。

科技平台

【校地合作平台】 与四川农业大学、四川省农业科学院等高校和科研院所建立校地合作，签订产学研合作协议3个、建设专家大院1个、四川省农业科学院基地1个，推广葡萄厢垄微耕机运用、水肥一体灌溉等实用技术15项，科技推广运用率100%，葡萄设施栽培技术全国领先。打造彭山区乡村振兴学院，以龙头企业、高校、科研机构等为主体，完善专家大院建设，设学术交流研讨中心、高素质农民培训中心。

【信息化服务平台】 2021年，彭山区建成农业园区信息化服务平台1个，为业主提供产销对接、劳务服务、生资供给、政策查询、农技培训等服务，信息服务惠及80%以上的经营主体。依托岷江现代农业园区，围绕葡萄、柑橘两大主导产业，以创新为引领，集中打造能实现三产融合、创新驱动的成眉同城农业科技率先突破区。

科技服务

【科技特派员】 在2020年被省科技厅评为科技特派员工作先进集体的基础上，派好第六批科技特员队伍，为全区农户、农民专业合作社、涉农企业提供技术服务，解决或协调解决产业发展技术问题，助力脱贫攻坚和乡村振兴。

【创新型科技人才培育】 制定《眉山市彭山区科技和数字经济发展局2021年创新型科技人才遴选标准》，对照遴选标准，开展遴选。经审定确定7名科技人员作为2021年全区创新型科技人才培育对象，纳入培育计划。按照科技创新型人才培育目标任务，制定《眉山市彭山区2021年创新型科技人才培育方案》。紧扣全区重点产业发展，以提高自主创新能力、推进科技成果转化为重点，围绕电子信息、农产品及食品加工、机械及高端装备制造、绿色精细化工、大数据应用等重大产业，面向全区高新技术企业、科技型中小企业、农业创新型经营主体、科技服务业等培养和造就一批高水平、高素质的科技领军人才，服务成渝双层经济发展圈、成德眉资同城化发展和成眉高新技术产业带建设。

数字经济

【产业发展】 2021年，彭山区实现数字经济核心产值10.8亿元，其中电子信息制造业2.6亿元，软件和信息技术服务业0.11亿元，电信业产值2.16亿元，互联网及相关服务业0.14亿元，电子商务5.78亿元。2021年新增数字经济企业3家。成立大数据信息化建设工作领导小组，制定《眉山市彭山区企业做大做强扶持政策（2021年修订版）》，推进数字经济与实体经济融合发展，提升全区数字经济企业数量和整体营收。

【国家数字经济创新发展试验区建设】 配合市上做好四川建设国家数字经济创新发展试验区的相关工作。组织评审信息化项目14个，项目总投资7000余万元，组织验收项目3个。其中，四川彭山经济开发区智慧园区项目投资4000余万元，是2021年年底彭山区投资最大的信息化项目。全区5G基站建成256个（电信和联通120个、移动136个），实现主城区小区、场镇、景区全覆盖。组织四川省飞立科技有限公司等企业参加第二届区块链创新与产业发展峰会暨第三届物联网产业创新发展大会；四川省微壹科技发展有限公司参加四川省“诚信企业”评选活动和全国工业App和信息消费大赛。扩大政务数据共享开放程度，发布卫生、教育等方面共享数据806个，开放公众可查询业务数据665个。眉山市数据资源管理平台彭山区节点系统进行内部试运行。

（王丽琳）

气象服务

【概况】 2021年，彭山区气象服务工作把决策服务、为农服务、公众服务作为第一要务，以提高汛期气象预报服务质量和效益为核心，减轻气象灾害造成的损失。每次服务均进行全过程留痕记录，杜绝灾重天气过程的错测漏报。

【监测预报预警】 区气象局按组织、制度、装备、技术、人员、应急6个方面的要求，提早动员，提早部署，提早行动，做好监测预报预警工作。在汛前组织开展自查工作，对软件运行、仪器、网络、人影、防雷、区域站、供电等方面进行安全检查，对检查中发现的问题进行整改。制作汛期气象服务方案及应急服务预案，明确责任，分工到人，团结协作，确保万无一失。全局干部职工严格24小时值守班和领导带班制度，监视天气变化，及时发布预报预警，遇重要天气过程，一把手亲自向地方党委、政府领导汇报。汛期共计出现区域性暴雨天气过程2次，强降雨天气过程11次，区气象局准确预报，提前预警，向政府决策部门报送各项决策材料共532期。共发布橙色预警14次、黄色预警14次、蓝色预警11次，Ⅲ级应急响应1次。

【气象应急服务】 面对灾重天气提前进入应急响应工作状态，各股室按照任务分工，开展应急气象服务工作，监测预警组严密监视天气，加强与市气象台会商和地方决策部门的信息共享，每小时通报最新气象情况和未来演变趋势，根据实际情况和部门需要，开展不定时滚动气象服务，“一把手”亲自向党政主要领导汇报相关情况；后勤保障组，对电源、网络、安全等开展定时巡查，发现故障立即使用备用设备；现场工作组由局领导带队，赴现场了解、指导应急工作，及时进行灾情调查评估。

【气象决策服务】 发送决策气象服务短信至已覆盖区级、相关部门、乡镇主要领导、气象协理员、信息员、村（社区）支书、地质灾害专职监测员及网格员；共发布《气象信息快报》（强降温、连晴、强降水）17期、《雨情通报》81期，共向决策人员发送决策服务短信82万余条，37万余人次。为全区所有乡镇、决策部门以及部分专业客户建立用户ID。

与防汛办、应急管理局、林业和园林中心、交通运输局等单位签订合作协议，建立防汛会商、森林火险、道路交通等应急联动机制。与生态环境局续签大气污染防治合作协议，建立重污染天气应急联动机制，联合开展突发大气环境污染事件和重污染天气应急服务，协议金额17万元。在森林防灭火、春耕农业生产和大气污染防治关键时刻，开展人工影响天气作业，为降低森林火险等级、春耕春播和改善空气质量发挥积极作用。

【气象为农服务】 针对不同季节，在各长、中、短期预报中对汛期期间天气做准确预测，提前向区委、区政府及社会公众发布农用指导产品，共发布《农用天气旬月报》29期、《农用天气预报》29期，提出有利措施，协助区委、区政府要求各乡镇抓住有效时机，做好收播种、施肥、除害、晾晒入库等工作，做好秋收安排，将损失降到最低。

【重大活动保障】 完成“葡萄节开幕式”“彭山区庆祝中国共产党成立100周年文艺会演”等重要活动气象保障服务。在各项活动开展前期和过程中加强天气分析与监测，与市气象台会商，及时发布专题天气预报，做到中期滚动预报与短期补充订正的有机结合。（史亚非）

2021年彭山区气象资料一览表

表5

平均气压（百帕）	温度（℃）					降水（毫米）				平均相对湿度（%）	蒸发量（毫米）	日照时数（小时）	平均风速（米/秒）	最多风向及频率
	平均温度	最高温度	出现日期	最低温度	出现日期	降水量	一日最大	出现日期	暴雨次数					
963.4	18.5	39.1	8.03	−1.5	1.12	882.5	73.0	9.15	2	78	—	959.6	1.1	ENE，9

文 化

文化事业

【概况】 2021年，彭山区健全公共文化服务体系，在文艺创作、文物保护、文化市场执法、文化队伍管理上把好意识形态关，指导管理文艺事业，扶持体现社会主义核心价值观，具有导向性、代表性、示范性的文艺作品，文化传承发展取得实效。

【文博事业】 完成江口汉崖墓博物馆“江口沉银临展”和“崖筑天阶”汉代文物陈列展；完成2020—2021年江口明末战场遗址抢救性考古勘探发掘工

江口沉银博物馆效果图　　（区文广旅局供图）

2021年5月，崖筑天阶——汉代文物陈列展　（区文广旅局供图）

2021年江口街道泥湾村村史馆　（区文广旅局供图）

程，出水文物1.1万余件，整理登记和入档工作结束；江口沉银博物馆地下室区域完成地下部分及一层、二层施工，进行三层施工，非地下室区域完成基础施工及90%房心回填；成功申请江口明末战场遗址旅游基础设施配套项目债券3.8亿元。推进江口汉崖墓博物馆升级改造。

【公共文化设施】 完成全区36个村（社区）基层公共文化服务整体提升工程，为贫困村配备适合农村群体的图书、文体用品；完成全区文化、图书馆总分馆建设。在6个镇（街道）建成文化馆分馆7个、图书馆分馆6个；文图两馆主体完工，内部装修布局规划方案通过区常务会议审议，进入招标程序。文化馆完成文化下乡24场次，参加活动64600人次；完成谢家“石山学堂”、“猕猴桃广场”、黄丰“橘花广场”3个村史馆建设，成功申报以郭祝三故居为核心的公义红色教育研学实践基地为四川省首批中小学红色教育研学实践基地。向“两馆一站”拨付免费开放经费101万元，完善免费开放、错时开放制度。

【文学艺术】 完成现代川剧《先驱》剧本创作；创作编排禁毒主题文艺节目、舞蹈类节目2个、音乐类节目1个、音乐快板1个、曲艺类节目1个，创作的小品《生而平凡》获眉山市戏剧小品大赛二等奖；承办彭山区庆祝中国共产党成立100周年《彭山儿女心向党》文艺晚会；组织编辑出版反映郭祝三革命事迹的内刊图书《星火》；组织美术作品参加省市作品展览，同驻彭部队开展书法美术创作交流活动；崖墓博物馆导游曾渝玲获“第二届四川省红色故事讲解员大赛”专业组优秀讲解员，眉山市导游讲解大赛一等奖。组织开展儿童舞蹈、声乐等暑期免费公益艺术培训，累计开课65节，受益儿童1000余人次。培训基层文艺骨干2500余人次。

【非物质文化】 新增区级非遗项目3个，在观音小学、彭山一小设立非遗民俗传习基地2个，传习项目3项，培训学生100余名。

2021年“七一”彭山区“彭山儿女心向党”大型文艺晚会　（区文广旅局供图）

【全民阅读】 在利用现有阅读平台的基础上，利用现代网络技术开展网上阅读活动。开展线下活动30余场，参与人数约20000人次；获“信仰的力量”——川渝地区庆祝建党100周年“阅读之星”诵读大赛全省区县馆总分排名第二的好成绩，获组织奖；开展“6·12”“非遗”展演、红色故事展演等线上线下活动共90余场，其中线下民生活动71场，完成全年民生活动任务65%，惠及群众30万余人次。

【文旅产业】 全年接待游客582万人次，同比增长27%；旅游收入49.6亿元，同比增长34%，完成旅游投入目标9.8亿元。江口明末战场遗址获评“中国百年百大考古发现”荣誉称号；天府旅游名县和全域旅游示范区创建工作启动。完成《眉山市彭山区创建国家全域旅游示范区暨天府旅游名县工作实施方案》《彭山区全域旅游发展规划》拟稿工作，按照程序报送审批；彭祖山景区创国家AAAA级旅游景区通过市级初检，古堰新桥景区通过省旅资委国家AAAA级旅游景区景观资源评价，江口水镇旅游度假区通过省旅资委旅游度假区基础评价，江口街道茶场村成功创建省级乡村旅游重点村。八百寿酒具套装、创意书本灯、一人茶具套装、华叶宁代用茶礼盒荣获“2021年四川特色旅游商品大赛”银奖，华叶宁代用茶礼盒入围“2021年中国特色旅游商品大赛”。推进中日国际康养城完成樱花风情街、五湖四海、尖子山航电、江口水镇等项目建设，以项目为依托，发展文旅经济，帮助农民增收。

【文旅执法】 出动执法人员2000余人次，开展日常文旅市场和安全巡查700家次，开展校园周边文化环境专项整治5次；配合公安禁毒大队打造禁毒示范点2个（紫轩网咖、芭堤雅KTV），得到省、市领导表扬；完成全区118家酒店民宿的疫情排查任务；处理“12345”投诉228件，电话投诉280余次，开展噪声专项整治工作，噪声投诉减少。

【文化惠民活动】 区文化馆完成文化下乡24场次，参加活动人数64600人次。其中，戏曲进校园6场次，参与中小学生4000余人次；“非遗”日展演展示活动1场，参与人数2000余人次；“我们的节日”活动，“明月寄情颂党恩”中秋音乐会参与人数1000余人次、“汉乐悠悠舞重阳”古风艺术表演参与人数1000余人次；彭山春晚线上展演活动浏览量2万余人次。（李云福 唐 冉）

文物管理

【概况】 2021年，彭山区文物管理工作以文物保护利用和文化遗产保护传承为重点，强化对古建筑的安全监管，做好考古调查、勘探、发掘工作。向上争取文物保护专项工作资金，开展文物保护修缮工作。

【文物保护】 强化对梓潼宫、法王寺、刘家祠堂、壁山寺、阳氏宅等古建筑的安全监管。协助省考古院完成环湖东路、武阳安置区一期考古发掘工作。独立完成融创、领秀房产等相关项目建设的文物调查勘探工作。在汉崖墓博物馆开展文物安全消防演练。完善江口崖墓保护规划方案和刘家祠堂的修缮方案。向上争取江口沉银考古发掘文物保护与展示项目经费200万元及市级梓潼宫维修保护项目经费85万元。

【文物展览】 完成江口汉崖墓博物馆“江口沉银临展”和“崖筑天阶”汉代文物陈列展，接待各级参观团体20余个，人员3000余人。

【重点项目建设】 江口沉银博物馆地下室区域完成地下部分及一层、二层施工，进入三层施工，非地下室区域已完成基础施工及90%房心回填，完成主体结构封顶；成功申请江口明末战场遗址旅游基础设施配套项目债券3.8亿元。完成谢家“石山学堂”、黄丰“橘花广场”、江口街道“泥湾村村史馆”3个村史馆建设，成功申报公义红色教育研学实践基地为四川省首批中小学红色教育研学实践基地。

【江口沉银遗址】 全面完成2020—2021年江口明末战场遗址抢救性考古勘探发掘工程，出水文物1.1万余件，完成整理登记和入档工作。 （李云福）

史志编纂

【概况】 2021年，彭山区党史和地方志编纂工作以传承弘扬彭山优秀传统文化为重点，坚定文化自信，在党史编研、依法修志、史志宣传、地情资料开发利用等工作方面取得新进展。参加2021年科技下乡活动，组织干部职工深入公义镇开展史志宣传活动，向群众发放《地方志工作法规》、史志书签等宣传资料2000余份，接待群众咨询300余人次。加强与新闻媒体的联系，强化史志宣传工作，撰写史志工作信息20条，其中《四川农村日报》采用1条、四川科技网采用2条、四川新闻网采用2条、四川在线（眉山频道）采用2条、“眉山党史方志”微信公众号采用5条。对彭山区红色遗址进行普查登记，筛选符合条件的遗址24处，上报四川省红色资源（红色遗址）普查系统。收集整理彭山区全面建成小康社会、脱贫攻坚相关资料，上报记录小康工程系统。

【党史编纂】 完成1.5万余字《中国共产党眉山执政实录（2020）》彭山区资料的编写与报送工作。推动党史正本编纂工作，《中国共产党彭山历史（1999—2018）》完成初稿并完成校稿。完成50.64万字《中国共产党彭山执政实录（2020）》的编纂出版工作。

【党史学习教育】 申报以“提升地方志存史育人资政价值 助推彭山发展思路研究”“论我党对解决‘三农’问题的伟大实践与探索”“一门三英杰 革命一家人”为题的史志研究专项课题，其中“一门三英杰 革命一家人”课题被《四川党史》采用。拍摄革命红色档案故事5期，分别由分管领导、退居二线党员及一般干部讲述。与《眉山日报》合作，在其开设《学习百年党史·追寻红色记忆》系列报道专栏，提供史料记载，专题刊发彭山党史内容3期，智慧眉山刊发1期。向全区编写印发通俗易懂的《党史学习教育辅导学习资料》，通过区党史学习教育领导小组办公室集中下发。与区融媒体中心联合开发手机小程序，在“不老彭山”App上开办线上党史知识有奖问答活动，参与10万余人次。与区委宣传部联合举办线下全区党史知识竞赛活动。开展“百年辉煌 百年荣光——庆祝中国共产党成立100周年”稿件征集活动，共收到稿件50余篇，并将入选作品以音频方式进行展播。开通“党史上的今天”手机短信服务，根据每日党史大事记重要性，通过短信适时向全区发送当日党史大事记。

【党史教育基地建设】 梳理彭山革命历史人物和事迹、彭山革命遗址概况。收集整理公义红色教育研学实践基地展陈内容。成功申报公义红色教育研学实践基地为眉山市中共党史教育基地。向眉山市方志馆、党史馆提供彭山区资料。会同区文广旅局、区政协办等相关部门完成《星火——川西南第一个县委》一书的编纂工作。

【地方志书籍编纂】 完成《中国地方志年鉴（2021）》《四川省地方志发展报告（2020）》《四川年鉴（2021）》《眉山年鉴（2021）》彭山区资料的组稿、编纂和报送工作，共计1.5万余字，图片7张。全年审核通过年鉴稿件148篇，通过三审三校，完成56万字《彭山年鉴（2021）》的编纂出版工作。启动《彭山区志（2001—2020）》编纂工作，以区委办、区政府办名义印发《〈彭山区志（2001—2020）〉编纂工作方案》。完成《彭山区脱贫攻坚志》初稿编纂。《彭山年鉴（2020）》获第八届全国地方志优秀成果（年鉴类）三等奖，是全市唯一获奖的区县。

【旧志整理】 联合西华大学（地方文化资源保护与开发研究中心）资深专家、教授点校整理嘉庆版《彭山县志》（约12万字），完成点校、整理（繁体版、简体版加注释）工作。

【史志资料数字化】 在全市率先完成史志书籍数字化和信息化建设工作，安装综合数字化信息管理系统，满足全馆史志书籍数字化成果数据查询及双层PDF检索，为全区各部门（单位）、群众快捷查阅相关史志资料和地情资料提供便利。扫描史志书籍1074本、34.92万页。

【乡镇（街道）、村志编纂】 以区委办、区政府办名义印发《关于做好乡镇（街道）、村志编纂工作的通知》。开展乡镇（街道）、村志编纂指导，编纂进度检查和成果审查验收工作。市级传统村落志《保胜乡龙安村志》，市级其他乡（镇）、村落志《黄丰镇志》初稿完成；《保胜乡志》《凤鸣镇志》初稿完成，进入复审阶段；省级历史文化名镇志《江口镇志》列入中国名镇志文化工程，提交中国名镇志丛书编纂委员会办公室最终审核。全面启动《江口街道志》《观音街道志》《谢家街道志》《公义镇志》编纂工作。

【地情资料开发利用】 拓宽服务领域，强化史志书籍服务社会功能，为自然灾害风险普查、政府信息公开、核实烈士信息、社区文化宣传等项目查阅提供大量地情资料，全年接待查询服务168人次。挖掘地情资源，收集、整理、撰写地情资料18篇，其中“眉山党史方志”微信公众号采用12篇。

（徐莉岚）

档案管理

【概况】 2021年，彭山区紧扣档案工作目标任务，找准定位，扎实做好档案保管利用服务、档案执法检查等各项工作。按照上级关于重大活动、重要工作档案接收进馆相关要求，转发工作提示，对全区各级各部门开展脱贫攻坚、庆祝建党100周年纪念活动、党史学习教育、疫情防控等相关工作的档案进行完整收集、整理、数字化和保存。加强脱贫攻坚档案接收进馆工作，会同区农业农村局开展扶贫档案整理培训。

【档案接收】 对19个牵头单位及6个镇（街道）进行档案指导检查，并于12月全面完成验收和移交工作，共接收项目档案673卷（永久：383卷；30年：290卷），光盘内存总计179.48GB；文书档案18556件（永久：9144件；30年：9412件），光盘内存总计119.1GB。共接收43个国有企业的退休人员人事档案2647卷，电子档案内存76.66GB。开展档案馆内部档案进馆工作，接收文书档案1166件、项目档案7卷；开展印章实物档案进馆工作，共计接收进馆印章93枚。对进馆的纸质档案实行超低温冷冻、杀菌，规范整理并上架。

【档案执法检查】 根据年初计划和具体时间安排，先后到区委办公室、区人大常委会办公室等31个部门单位，围绕被检查单位贯彻执行《中华人民共和国档案法》的情况、档案工作的领导小组成立情况、经费落实情况、各项规章制度的执行情况等进行档案执法检查，通过实地查看综合档案室建设情况以及立卷归档范围、整理质量等完成情况，评出优秀单位5个，合格单位26个。

【档案查阅利用】 采取函查、预约查询等多种形式主动提供档案服务。共接待群众1429人次，利用档案2180卷，复印5964页。共接收异地跨馆查询24人次。5月，对馆藏档案1990年、2000年的262号全宗（中共彭山县党史委员会办公室）内部涉及抗日战争的3卷文书档案进行开放鉴定，确定开放中共彭山县党史委员会办公室262-001-0030案卷内1件，中共彭山县党史委员会办公室262-001-0091全卷，中共彭山县党史委员会办公室262-001-0143案卷内6件。刻录档案里的红色故事（视频光盘）5份，分别为《洪文渊篇》《第一个县委篇》《郭祝霖篇》《郭祝三篇》《公义农民武装暴动》。

【档案安全】 7月23日上午，邀请消防宣传中心工作人员开展消防安全知识培训，档案馆全体干部职工、档案整理第三方服务公司等16人参加。对库房设施、档案安全管理、档案信息存储等检查共计11次。“四馆”景观工程及室内展陈装修工程由四川兴彭建设有限公司承建。（丁成丽）

体 育

群众体育

【概况】 2021年，彭山区完成2021年国民体质监测活动，采集数据3162人。开展工间操培训和体育指导员培训，参训人数1000余人次。完成市局新增150名社会体育指导员的任务，全区社会体育指导员达1200余人。

【体育设施建设】 全区各类体育场地1579个，人均体育场地面积2.49平方米。全区23个小区、村（社区）购置安装体育健身器材200余件/套。新建公共篮球场21片，足球场7片。街道（镇）健身广场和社区（村）健身工程实现全覆盖。城区“10分钟健

2021年5月18日，彭山区在区体育馆开展职工工间操培训　　（区教体局供图）

身圈”已初具雏形，群众“健身去哪儿”有更多选项。（翟　洁）

学校体育

【概况】 2021年，彭山区强化学校体育促进学生身心健康发展的总体要求，坚持“健康第一教育”理念，不断深化体教融合，使学校体育成为立德树人的重要载体。

【体育活动】 举办全区中小学生运动会，运动会主要项目是篮球、足球、田径。篮球比赛首次采用主客场制，经过3个组别61场比赛决出组别前三名，男子组前三名：彭山一小、彭山二小、鹏利小学；女子组前三名：实验小学、彭山二小、鹏利小学。参加眉山市中小学生篮球比赛，彭山区获得眉山市小学年龄组女子第一名，眉山市小学组男子第一名。创建全国篮球特色学校2所，全国足球特色学校7所。彭山一中被教育部授予“全国青少年校园篮球体育传统特色学校”称号。

竞技体育

【概况】 成功承办“2021年四川省青少年田径训练营”活动和“2021年学生（青少年）田径冠军赛”，得到了省教育厅、省体育局、省田管中心和各地市州高度评价。

【彭山区“百城千乡万村·社区”系列比赛】 2021年9—11月，举办了眉山市彭山区“百城千乡万村·社区”系列比赛，包括自行车比赛、门球比赛、太极拳比赛、乒乓球比赛、广场健身操舞、象棋比赛共计6项比赛，其中太极拳、乒乓球、象棋以及广场健身操舞参加眉山市比赛。承办眉山市乒乓球比赛。5人制足球比赛、太极拳比赛、象棋比赛分别获得眉山市第一名。

【第七届职工篮球赛】 2021年5—7月，举办了彭山区第七届职工篮球比赛。本次比赛分五人制、三人制、亲子赛及三分球投篮赛4类比赛，共400多名篮球爱好者参与其中。比赛共计220余场，决赛采用三局两胜制，为彭山区篮球赛制的一次革新。各组别产生一、二、三等奖各3名，评选出体育道德风尚奖5名。（翟　洁）

2021年5月10日，彭山区职工羽毛球比赛在彭山区体育馆举行（区教体局供图）

2021年5月29日，彭山区第七届职工篮球运动会在彭山区体育场举行（区教体局供图）

体育产业

【概况】 有各类体育协会、俱乐部共计26个。2021年，彭山体彩销售4425万元。四川省残疾人体育训练中心于2017年建成并投入使用，占地8.67公顷的西藏体育训练中心建成并投用。全区200余个大小晨晚练点，每天参加各类健身活动达2万人次。

【西藏体育训练基地】 西藏体育训练基地项目是西藏自治区体育局在彭山区投资修建的内地平原训练基地，位于眉山市彭山区彭祖新城，占地8.67公顷，由综合训练中心、室外训练场、综合楼组成。基地项目建成于2020年10月。一期工程建筑面积3.61万平方米，总投资1.9亿元。室外体育场地面积3000平方米，主要包括田径运动场及标准足球场、半开放式射箭馆、室外人工岩壁、攀石场地及拓展训练场地、篮球场、网球场、羽毛球场、笼式足球场等。

【四川省残疾人体育训练中心】 四川省残疾人体育训练中心于2017年建成，场地位于彭山区前程路东一段，由四川省残疾人联合会主管，总投资5800万元，建筑面积8293.8平方米，室内场地面积7990.6平方米。训练中心平时主要用于承办全区性的各种体育培训、赛事等。 （翟 洁）

卫生健康

综述

【概况】 2021年，彭山区卫生健康工作围绕“健康彭山”建设，在做好常态化疫情防控工作的同时，全力推动全区卫生健康事业高质量发展。基本公共卫生服务数据质量在全省考核中取得第五名的成绩，受到市卫健委通报表扬。区卫健局被评为眉山市全国文明城市暨国家卫生城市创建工作先进集体。局党委书记、局长被授予全省“卫生健康系统先进个人”荣誉称号。

【公立医院改革】 推动区人民医院、区中医医院“三乙”医院创建工作。与省、市对口部门对接，邀请市内专家对区人民医院和区中医医院开展多轮创建标准培训。12月8—10日，区中医医院顺利接受省中医药管理局三级中医类医院现场评审，区人民医院完成“三乙”创建验收准备工作。优化基层医疗资源配置，调研形成《彭山区基层服务能力提升调研报告》，制定《眉山市彭山区基层服务能力提升工作方案》，结合彭山区实际，计划将原10家基层

2021年12月8—10日，区中医医院顺利接受省中医药管理局三级中医类医院现场评审　（区卫健局供图）

医疗机构整合为8家，在江口打造区域医疗卫生次中心。凤鸣社区卫生服务中心能力提升项目、观音卫生院能力提升项目完工。深化省人民医院对区医院托管工作。区人民医院聘请省人民医院8名专家任学科主任，先后有心内科、麻醉科等专家团队到区人民医院开展诊疗服务6260人次，开办培训113场次。

【医院服务质量提升】 开展提升全区公立医院服务群众质量水平的行动。区人民医院推行6S管理，区中医医院、观音卫生院、彭溪社区卫生服务中心等通过购置就诊排号机，增添老年人“爱心专座”便民设施等措施。

【**成眉卫生健康同城化**】 12月7日，彭山区卫健局同邛崃市卫健局签订《区域合作协议》。深化与新津、双流、东坡、仁寿、天府新区等在疫情防控、医疗服务、医养结合等方面的交流合作。 （余雨洁）

2021年12月7日，区卫健局同邛崃市卫健局签订《区域合作协议》 （区卫健局供图）

疫情防控与经济社会发展

【**概况**】 2021年，区卫健局成立以局党委书记、局长为组长的疫情防控领导小组，对防控相关工作集中研究、集中调度、集中督导。落实“外防输入、内防反弹、精准防控”的要求，开展彭山区涉外（涉港澳）防疫工作。区人民医院、区中医医院、凤鸣社区卫生服务中心被市委、市政府授予“抗击新冠肺炎疫情先进集体”称号。

【**精准管控**】 建立防控指导、医疗救治、集中隔离场所疫情防控专班3个和疫苗接种工作小组1个，专业开展新冠肺炎疫情防控工作。对排查出的人员实施分类分级精准管控，累计排查境外人员619人，国内重点地区15325人。开展监测检测工作的同时，对国内出现疫情的重点地区来（返）彭人员、自愿检测人群开展核酸检测，每天核酸检测约2500人。区中医医院10月底完成移动式PCR（核酸检测）方舱实验室的建设，全区日检测能力13800单管/日，能满足两日内完成全员核酸检测的需要。全区累计核酸检测226624人次，外环境检测22281份。建立关于院感防控的四项制度和八项机制，局领导带队以“四不两直”的方式，开展院感防控督查，区卫监大队同步开展执法检查，对院内感染零容忍。共收到区外协查函18起，通过流调溯源累计排查出密接27人，次密人员541人。全区启用集中隔离场所1个。累计集中隔离密接27人，次密276人，境外人员210人，中高风险地区499人。实现彭山医务人员“零感染”、本土人员感染“零发生”、境外人员“零传播”的“三零”目标。

【**疫苗接种**】 全区共设置固定接种点12个、临时接种点3个、接种台158个，每日接种能力35000剂次。12岁以上人群累计第一针接种232134剂，完成率101.61%，居全市前三；第二针累计接种221189剂（含康希诺2023剂），完成率103.32%。加强针（第三针）接种53251剂，3～11岁接种第一针20348剂，完成目标人群22198剂的91.67%。第二针累计接种18465剂。

【**疫情演练**】 制定《彭山区新冠病毒疫苗集中接种方案》等3个方案（或预案），组建卫生应急处置和

2021年2月2日，彭山区开展新冠肺炎疫情处置应急演练 （区卫健局供图）

救援队伍，开展核酸采样检测、医疗救治现场演练等各类10余次，特别是成功组织参加全省新冠肺炎疫情应急演练。

2021年10月9日，全省社会心理服务体系建设交流座谈会在彭山区召开
（区卫健局供图）

【涉外疫情防控】 2020年3月4日至2021年11月29日，累计排查境外来（返）彭人员 600人，其中从隔离酒店、机场（已在国内其他城市隔离14天后）专班接回境外来（返）彭人员362人。全年无境外输入新冠肺炎疑似病例和确诊病例。7月，制定《关于稳妥有序做好在彭外籍人士接种新冠病毒疫苗工作的实施方案》，并于7月21日组织召开外籍人士接种新冠病毒疫苗专题工作会，部署研究相关工作。共有9名在彭外籍人士完成二针剂接种。

（余雨洁）

卫生健康服务

【概况】 2021年，彭山区落实“以奖代补”政策，各项计生惠民政策落实到位。全区全年甲、乙类传染病报告发病率控制在全省平均水平以下。以健康口腔行动为突破口，推动17项健康彭山专项行动落地落实。

【妇幼和计生服务】 全年25133人享受计划生育奖励扶助，1257人享受计划生育家庭特别扶助，18359个计划生育家庭享受独生子女父母奖励金。抓好“三孩”政策落实，全年进行生育登记1606例，其中一孩999例，二孩588例，三孩19例。

【传染病控制及精神卫生】 2021年，彭山区5岁以下儿童死亡率4.93‰，婴儿死亡率0.70‰，控制在市定目标以内。无孕产妇死亡，无一例艾滋病母婴传播发生。彭山区精神卫生保健院暨传染病区建设项目完成项目可研、立项、环评、方案设计和医学流线审查、规划专家评审，并通过规委会审议。

【“健康彭山”行动】 彭山区在全市率先与四川大学华西口腔医院合作开展“高龄老人口腔健康促进行动”，举行“健康彭山”行动启动仪式。对135名老人建立口腔健康管理档案，制定治疗方案，开展免费安装假牙等相关治疗。在眉山市率先开展“百岁老人健康护佑行动”，将全区1217名高龄老人纳入健康管理，建立健康档案，开展家庭医生签约服务。开展“百名专家送健康”活动。组织100余名专家深入社区、小区等，开展慢性疾病、疟疾、碘缺

2021年4月22日，彭山区举行健康彭山暨主动健康口腔计划启动仪式
（区卫健局供图）

乏病等健康宣教及义诊活动，义诊1000余人次。6月30日，华西口腔医院专家和彭山区专家到谢家街道开展义诊。开展业务知识培训53次，成功处置自杀事件2起。在2020年率先在全市建立区级社会心理服务中心的基础上，10月9日，成功承办四川省2021年世界精神卫生日宣传活动暨全省社会心理服务体系建设交流座谈会。

【执法监督】 组织卫健系统行政大学习考试，培训执法人员35人。推行“首违不罚”监督工作，并制定清单16条。开展疫情防控、非法行医等专项检查20余次，立案查处违法行为12起。妥善解决医疗纠纷，案件处理率、办结率、息诉息访率100%。集中开展安全生产大排查大整治，全年无一例重特大安全事故、可防性治安案件和重大刑事案件发生。系统内所有人员接受发检，全面完成卫健系统禁毒工作任务。共处置医疗废物291吨，在全市率先完成化学性、药物性医疗废物库存清零共279.91千克。

【普惠托育】 加强0～3岁婴幼儿照护服务，开展托育需求市场调查，民营托育服务机构“云之堡”建成招生。依托武阳倾城小区公立学院路幼儿园改建两个托班建设工程已竣工，2022年春季完成招生。引进成都树基集团运营首创城南郡婴幼儿照护中心、彭山区原疾控中心办公用房改建为公办示范性托育机构工作有序推进。 （余雨洁）

2021年彭山区医疗系统人员编制情况表

表6 单位：人

单位名称	公务员（或参公）编制	全额编制	差额编制	自收自支编制	小计	
区卫健局	20	27			47	核定编制855人
区卫监大队	8				8	
区疾控中心		31		3	34	
区血防站		20			20	
区人民医院			252	45	297	
区中医医院			122		122	
区妇幼保健院		41		19	60	
区精保院		8	9		17	
社区卫生服务中心		21		54	75	
乡镇卫生院		32		143	175	

2021年彭山区医疗卫生机构情况表

表7

下属单位	7个	卫监大队（参公单位）、老龄中心（参公单位）、基卫中心（事业单位）、疾控中心（事业单位）、血防站（事业单位）、地防中心（事业单位）、爱卫中心（事业单位）
公立医疗卫生单位	14个	区人民医院、区中医医院、区妇幼保健院、精神卫生保健院、凤鸣街道社区卫生服务中心、彭溪街道社区卫生服务中心、谢家中心医院、观音镇卫生院、公义镇卫生院、黄丰镇卫生院、江口镇卫生院、武阳镇卫生院、保胜乡卫生院、义和乡卫生院
民营医院	7个	福康老年病医院、瑞正利康医院、鹏利医院、帅氏医院、同德医院、新城医院、城北医院

社会生活

彭山年鉴（2022）
PENGSHAN YEARBOOK

社会事务

【概况】 2021年，彭山区以项目为抓手，统筹推进“六个民政”建设，强化政策落地和工作措施落实。三级养老服务体系进一步健全，重点倾斜农村开展服务。率先完成镇街社工站全覆盖。建成全市唯一区级公益性公墓。开展基层治理，试点社区全部评为省优秀。围绕“四类人员”，抓实社会救助保障。实行三抓三管，改革“后半篇”文章取得实效。

【社会工作体系】 三方两级书记共抓，区委书记统筹片区划分，规划编制和规划引领，优化生产力布局，合理配置资源要素。部门党组书记根据四大任务要求，立足片区功能定位，科学布点，推亮点、建特色。镇街党（工）委书记立足片区功能定位，按照中心街道、副中心镇定位，促进项目落地落实。定期会商制度、清单管理制度、跟踪督导制度三项制度共管。每半月召开一次联席会议，推动资金精准投放，高效利用。推行重大任务、具体责任、限时办结“三单合一”，做到责任压实到人、工作推进到位。联合纪委监委、“两改办”等相关部门力量开展督查，每月一次现场拉练，定期通报督查结果。梳理形成区领导小组2021年重点工作任务133项，确定市级示范点位8个，按进度完成任务，片区划分方案于12月7日获得省上确认。印发“1＋25”方案，督导打造特色点位。争取资金推动养老服务体系建设。在全市率先搭建社工体系框架，初步形成区社工总站、镇（街）社工站、村（学校）社工室的社工体系网络，乡镇社工站完成全覆盖。

【养老服务体系建设】 争取到中央、省市各类资金900余万元，其中中央和四川省级养老综合体项目资金600万元，占全市争取该项目资金一半。截至2021年12月底，共拨付乡镇街道718.91万元，建成养老综合体3个，城市养老服务站3个，农村养老服务分中心5个，农村养老服务点24个。全区共建成智慧平台1个，失能半失能特困老人康养中心1个，城乡综合体4个，农村养老区域中心7个，城市养老服务站及农村养老服务分中心32个，农村养老服务点38个。全面超额完成市民生工程下达目标任务。农村四级养老服务体系网络（区特困老人康养中心、镇街区域养老服务中心、村养老服务分中心、村民小组养老服务点）基本健全。完成8000名农村困难家庭老人的居家养老服务，59户散居特困老人和10户百岁老人家庭适老化改造。全年排查出农村留守老人281名，将留守老人的关爱服务纳入驻村干部帮扶内容。

【殡葬改革】 4月，建成全市唯一区级公益性公墓天寿园一期工程并投入运营，区财政直接投入2250万元。一期共建设10000余个全生态、绿色节地型墓穴，可供彭山10年的骨灰安放需求。售卖墓穴500余个，在全市已建成的公益性公墓中，安葬数量最多。农村户口在此安葬，区财政直接补助家属1000元，解决群众尤其是困难群众买不起墓地的问题。做到节约集约用地，助推乡村振兴全面顺利规划。

【基层治理】 规范村级组织工作事务，区民政局会同区委组织部、区财政局、区农业农村局出台《关于建立彭山区城乡社区工作事项准入备案制度的实施方案》，制定三张清单，依法厘清社区工作职责，规范社区自治事项，提升社区自治能力。全面完成全区村（社区）村规民约（居民公约）修订工作。健全完善村级红白理事会等群众自治组织的职能。争取省级资金80万元，完成公义镇新桥村和凤鸣街道城东社区阵地改造。彭山区被列入四川省城乡社区治理试点区县后顺利通过验收，参与试点的3个社区全部评为省优秀。镇街一级社工站在全市率先完成全覆盖，初步形成区社工总站、镇（街）社工站、村（学校）社工室的社工服务体系，凤鸣街道社工站被评为全省优秀。经区委常委会研究通过，出台《彭山区社区工作者队伍专业化职业化管理办法》，明确由区财政解决专职社工报酬。获得助理社会工作师、社会工作师、高级社会工作师职业资格的可落实职业津贴。

【“四类人员”社会救助保障】 保障城乡低保户5139户、6738人（脱贫户享受低保人员1113户、2143人），累计支出3264.54万元。其中，新增城市低保79户、98人，农村低保480户、586人，停止城市低保73户、102人，农村低保301户、427人。纳入特困供养人员1252人，累计发放供养金914.10万元，护理补贴80.59万元。下拨临时救助金67万元，救助困难人员385人，救助金额50.73万元。做好残疾人“两项”补贴保障，累计发放困难残疾人生活补贴30463人次365.76万元；累计发放重度残疾人护理补贴37689人次302.39万元（一级1076人，二级2127人）。

【关爱未成年人】 成立以区长为组长的区未成年人保护委员会，印发未保委2021年工作要点、《彭山区困境未成年人保护专项行动实施方案》，将留守儿童和困境儿童关爱保护活动经费纳入财政预算。排查出留守儿童和困境儿童450人，其监护人和委托监护人签订《委托监护责任确认书》。未成年人保护工作站在6个镇（街）实现全覆盖。联合区教体局，在乡村中学建设学校社工室，通过政府购买服务的形式引入专业学校社会工作者对留守学生、困境学生、问题学生，开展关爱帮扶、心理辅导、个案帮扶等工作。投入46万元，在乡村中学引入蓝信封留守儿童书信陪伴项目，依托“百镇千村 助爱牵手”“快乐小东坡”一系列项目，开展各类关爱保护活动30余场次，服务受益儿童600余人次，监护人能力提升培训20场次，服务受益家长400余人次。将留守儿童、困境儿童的关爱服务巡访探视同样纳入驻村干部帮扶内容。（田琦姝）

社会保障

【概况】 区人力资源和社会保障局全年向上争取资金6203.96万元，完成目标任务137.87%；城镇新增就业4021人，完成目标任务105.82%；城镇失业人员再就业1057人，完成目标任务160.15%；帮助就业困难对象就业483人，完成目标任务161%；城镇登记失业率3.04%；城镇居民人均可支配收入43313元，增速8.2%；全区城镇职工基本养老、城乡居民养老、失业、工伤保险等目标任务全部按进度完成。6月3—4日，彭山区代表眉山市接受省检查组2020年度保障农民工工资支付实地核查。7月22日，省就业局局长一行到彭山区调研指导就业工作。9月，获得省人社厅“四川省优秀公共就业创业服务成果”三等奖。

对全区所有参保企业进行网厅业务培训，让企业足不出户即可办理企业人员申报、查询等业务。分3批次召开培训会议，共计700家企业参训，详细讲解网上操作流程，解决企业在网厅注册账号、绑定单位信息、办理社保服务等问题，全区企业2021年年底全部实现网厅办理相关社保业务。

践行“我为群众办实事”，主动上门开展验证服务。构建“线上＋线下”认证模式。简化程序、优化工作流程，对手续齐全的群众，限时办结；若有急需，则加班办理。对手续不齐全的进行一次性告知，做好政策解释工作。党员干部充分凝聚“红色力量”，成立党员服务先锋队，推动社保民生服务工作的细化落实，为群众办实事、解难题。组织党员干部利用工作间隙走访养老院，上门为老人提供现场认证服务500余人次；同时宣传普及网上认证新渠道，手把手带领养老院工作人员操作使用手机认证App。

【养老金发放】 每月及时、足额为全区离退休人员91539人（企业离退休人员53864人，机关事业单位离退休人员3829人，城乡居民养老保险离退休人员33846人）发放离退休费，全年共发放养老金147829万元（企业退休人员发放养老金114770万元，机关事业单位离退休人员发放养老金26002万元，城乡居民养老保险退休人员发放养老金7057万元）。待遇发放工作做到准时、足额发放。为6852名低保对象、特困人群、重度残疾等贫困人员代缴城乡居民养老保险；推进被征地农民养老保障工作，完成2376名被征地农民养老保险代缴和缴费补贴发放共计3942万元，完成2272名被征地农民生活补贴待遇调整，完成66名被征地农民丧抚费发放共计1938万元，实现征地补偿、参加社保、享受生活补贴等政策无缝衔接。涉及企业退休调资人员51811人，发放基金2944万余元，人均月增长95元；全区机关事业单位退休调资人员3800人，人均月增长172.23元。推动养老保险关系无障碍转移，通过“四川人社”“四川e社保”手机App，实现参保人员“足不出户”就可办理基本养老保险关系转移接续。全年审核完成省内外养老保险关系转入共计236人次，省内外养老保险关系转出共计156人次，办结省外网上转入申请业务467件，养老保险关系转移接续业务网上申请率100%；全年审核并办理在职退保退费48人次，在职死亡退费60人次。组织学习《防范和惩治统计造假弄虚作假重要文件选编》。按照行业分类、报表类别、指标口径等要求，制定责任追究制度、统计台账制度、统计工作考核制度等。组织对岗位配置、权限管理、经办流程、财务管理等环节开展自查，采取电子社保卡实名认证登录。以侵占基金案件为例，结合财务风险隐患的具体表现形式，从业务财务对账、票据管理、会计科目注销、印章U盾管理等方面开展自查自纠，梳理问题，核查整改，加强风险防控，确保基金安全。开展社保基金管理“警示教育月”活动。通过学习典型案例，组织风险分析，举办法律知识专题讲座，开展警示教育专题党日活动，规范窗口服务，查缺补漏。

【特困人群保险】 落实社保贫困代缴。为低保对象、特困人群、重度残疾等贫困人员代缴城乡居民养老保险。截至2021年12月底，完成扶贫代缴3810人。

【“退休中人”养老待遇兑现】 做好退休“中人”养老保险待遇发放工作。成立由区级领导担任组长，区人社局、区社保中心主要领导带队，各部门业务骨干参与的区级“宣传维稳领导小组”。按照“三专”工作的要求，及时分析各批次退休“中人”群体中存在的不稳定因素，做好相应预防措施预案。对接“关键”大单位，及时化解突出矛盾。提前做好解释沟通和引导工作，确保无越级上访。收集整理“中人”待遇计发相关问题及时上报。先后召开座谈会4场，接待咨询334人次。截至2021年12月底，核算退休“中人”待遇共计1103人，全部兑现完毕。 （杨 东）

就 业

【概况】 2021年，彭山区通过线上专场和线下招聘渠道，重点组织脱贫求职人员进行线上应聘求职，参加线下招聘活动。通过三级网络服务渠道发布就业岗位信息，推送给村、社区，依托村、社区做好岗位推荐。全面落实脱贫人口创业补贴政策，开展补贴性创业培训、落实创业担保贷款等各项创业扶持行动，助推脱贫人口创业，鼓励创业者吸纳脱贫人口就业。

【就业创业政策落实】 全年征缴失业保险基金1568.2万元，参保人员3万余人，发放失业保险金、失业补助金、代缴医疗保险共计405.9万元；发放高校毕业生一次性求职创业补贴234.3万元，引导61名大学生及失业青年进行见习就业，落实大学生、失业青年见习就业补贴28.3万元，兑现吸纳稳定就业企业补贴7.7万元；落实“4050”灵活就业社保补贴，引导203名就业困难人员自主就业；安置公益性岗位223人，发放补贴354.9万元。

【基层就业服务网络】 优化完善基层就业创业窗口服务，累计落实就业基层网点服务人员51人；依托“彭山就业”微信公众号、“四川e就业”、每月9日招聘会等，推送招聘求职信息，共举办线上线下招聘会26场，提供岗位3万余个，达成就业意向8500余人。

【就业培训和服务】 引导四川大学锦江学院与眉山工程技师学院、三人行培训学校合作，组织学生参加技能提升和创业培训，让实践教学更贴近工作实际，提前储备岗位技能。共计组织大学生开展技能提升和创业培训1377人。采取订单式、委托式培训模式，组织1439名企业职工参加职业培训。挑选培训机构，加强培训学员审核把关，引导农民工参加小儿推拿、病患陪护、种养殖等劳务品牌培训，共计开展35期，培训517人。组织各镇（街道）实时更新外出务工农民工和区内劳动力信息2000余条，保证就业2.0系统中转移农村劳动力情况完整。走访园区企业、在建工地等了解用工需求，收集掌握农民

2021年1月21日，彭山区召开返乡农民工外出务工服务专班疫情防控调度会 （区人社局供图）

2021年3月24日，区就业服务中心在公义镇举办送岗位下乡招聘会 （区人社局供图）

2021年12月15日，市就创中心主任向阳（中）调研彭山就业创业及农民工服务工作　（区人社局供图）

工求职意愿，通过精准对接，帮助400余名农民工实现就业。

【就业 创业】 11月，眉山市推行的“三区联动”助力就业创业经验受到国务院表扬。全年城镇新增就业4021人，完成目标任务105.82%；城镇失业人员再就业1057人，完成目标任务160.15%；帮助就业困难对象就业483人，完成目标任务161%。搭建“园区＋创业”就业促进平台。发挥彭山区创业孵化园在创业方面的引领作用，通过创业大赛、青年创客训练营等形式营造良好的创业氛围，园区累计孵化服务企业115家，存活78家，带动就业创业近800人。邀请省创业指导专家对参加四川省第三届“天府杯”创业大赛项目进行一对一辅导。举办职业规划讲座，为大学生提供全方位创业就业服务指导，其中接受创业指导大学生346人次，参加创业活动大学生358人次，累计帮助432名大学生开展创新创业。落实创业担保贷款贴息政策，为符合条件的大学生等创业者和企业提供创业担保贷款139笔，发放贷款1620万元，为18名大学生兑现创业补贴。开展创业培训300余人，为有创业意愿的参训者提供有效创业指导。助力四川大学锦江学院与省内30余家企业签订校企合作协议，组织部分学生入企实习，实现定向就业10余人。区人力资源和社会保障局获得省人社厅“四川省优秀公共就业创业服务成果”三等奖。

【就业扶贫】 落实援企稳岗相关政策，推动失业保险稳岗，兑现吸纳就业补贴，发放企业吸纳贫困劳动力就业奖补7.7万元。会同区农业农村局开发脱贫户公益性岗位600余个，发挥就业兜底作用。鼓励脱贫人员务工就业，实现全区有务工意愿的脱贫劳动力动态充分就业。全区脱贫人口8635人中，有3950人实现就业，占45.8%，比2020年年底的43.1%提高2.7个百分点，比2019年年底的41.6%提升4.2个百分点。

【农民工工资拖欠治理】 成立区根治拖欠农民工工资工作领导小组，按照“属地管理、分级负责”“谁主管，谁负责”原则全面落实源头治理责任，开工项目全部建立维权告示牌和工资公示栏，总包企业直发工资直发率、建账率、实发率、缴纳工资保证金100%，政府工程无拖欠工资问题。强化部门联动协调，畅通涉嫌犯罪案件的移送、立案、审理等环节，查处投诉举报问题，打击“恶意欠薪”和“恶意讨薪”行为。全年共检查企业96家，涉及劳动者人数1.07万余人；行政调解立案148件，处理行政调解结案137件，涉及人数212人，标的金额2340余万元；仲裁立案181件，处理仲裁结案181件，涉及人数226人，标的金额1121万元；处理监察投诉举报65件，涉及职工252人，标的金额314.39余万元，处理“12345”市长热线工单136件，向公安

2021年3月1日，彭山区召开2021年根治拖欠农民工工资工作第二次联席会议　（区人社局供图）

机关移送案件1件，涉及职工人数15人，标的金额22.57万元，劳动保障监察投诉案件结案率100%。6月3—4日，彭山区代表眉山市接受省检查组2020年度保障农民工工资支付实地核查，获得肯定。

【表彰工作】 先后表彰2021年开放发展攻坚先进集体30个、先进个人60名，市级抗疫先进集体12个、基层党组织3个、先进个人16名、优秀共产党员4名，对事业单位脱贫攻坚记功7名，嘉奖40名。

（杨 东）

医疗保障

【概况】 眉山市彭山区医疗保障局（以下简称区医保局）对全区城镇职工与居民基本医疗保险、生育保险、药品与医疗服务价格、医疗救助等工作，组织实施和监督检查。实行特殊疾病门诊便民服务、一元挂号和服务只跑一次，减少病人跑路次数，真正实现“审批不见面，最多跑一次”改革。

【医保服务改革创新】 “一件事”办理平台于2020年4月7日正式开始运行，截至2021年12月底，完成特殊门诊便民服务4524人次。6月起，实施医疗保险、生育保险无障碍转移和参保缴费年限互认试点工作。依托省社会保险费信息共享平台，做好省内（成德眉资）跨统筹区异地就医备案线下跨市通办及眉山市内通办试点工作。6—12月，办理通办事项36件，医保关系转移接续106件。实现成德眉资医保参保人员基本医疗保险关系转移接续业务“马上办、就近办、一地办”。10月1日，医疗保障信息平台正式上线。推进“互联网＋医保”管理模式，提升医保公共服务水平，方便群众就医购药结算。截至2021年12月31日，彭山区医保电子凭证的注册人数91109人，占全区总参保人数37.3%，全市8个排名中居第四名。全区148家医药机构除一家还在升级改造中，其余全部升级完成，可以使用医保电子凭证进行结算。使用医保电子凭证结算7355人次，另外受理并上报省医保局医保电子凭证参保地显示不正确63人。

【参保情况】 *参保扩面工作* 完成彭山区2021年城乡居民基本医疗保险及城乡居民补充医疗保险参保扩面工作。截至12月底，全区城乡居民基本医疗保险参保人数261659人；职工医疗保险参保29884人，参加生育保险人数21457人（3月，彭山区部分参保企业划转天府新区眉山管委会，参保人数下降8503人）。

基金收支情况 基本医保基金收入23238.79万元。其中，城乡居民基本医疗保险基金收入个人缴费5886.6万元、财政代缴收入146.24万元，城乡医疗救助资助收入229.46万元、利息收入42.11万元、其他收入333.40万元；职工医疗保险基金保费收入16500.08万元、利息收入17.79万元、转移收入81.98万元、其他收入1.13万元。医保基金支出21403.34万元，其中城乡居民基本医疗保险基金支出13437.03万元；职工医疗保险基金支出7966.31万元，其中统筹基金支出3466.56万元，个人账户基金支出4499.75万元。

脱贫户参保情况 加强动态监测和精准参保，将脱贫户纳入制度覆盖范围，实现应保尽保。财政全额为全区8823户脱贫户购买2021年城乡居民基本医疗保险（280元/人）和补充医疗保险（50元/人），参保个人按照330元/人/年缴费，代缴参保费用共计291.16万元，参保率100%。截至12月底，动态调整后脱贫人口7090人。全区监测对象住院、特殊门诊、慢病门诊20894人次，报销脱贫基金238.79万元（脱贫专项6.64万元，区级财政兜底232.15万元），个人自付不足医疗总费用的10%。

【医疗救助】 出台医疗救助管理办法，全面推行医疗费用报销“一站式”结算服务，实现符合条件困难群众资助参保率100%、医疗救助政策落实率100%、医疗救助“一站式”结算实现率100%。医疗救助累计救助11299人次，合计308万元，其中住院救助5995人次，救助金额283万元；门诊救助5304人次，救助金额25万元。

【医保管理】 动员各乡镇卫生院再一次开展“‘两病’清零行动”，将符合条件的人员全员纳入服务范围，做到应纳尽纳。对相关家庭医生签约人员履职情况进行核实，签约医生服务城乡居民18151人，提供服务52792人次，签约医生服务城镇职工492人，提供服务1567人次；按时拨付家庭医生签约服务费，城乡居民拨付金额52.79万元，城镇职工拨付金额1.56万元。完成城乡居民重复参保、死亡退费278200元，退费人数共922人，其中退2021年医保费用人数874人，退2020年医保费用人数48人。市上清理出来的重复参保的六类人群519人，2021年6月新增建档立卡贫困户14人。做好新系统上线群众参保缴费、住院报销等问题的解释工作。回复“12345”政务服务热线工单69件，处理来电、来信、来访人员接待解释工作23667件。共检查定点医药机构176家（次）。按照《成德眉资医疗保障定点医疗机构服务协议》约定条款，暂停医保服务协议18家，通报批评58家（次），约谈、限期整改58家（次），主动公开曝光58家（次）；追回医保基金330.68万元，处理违约金额19.22万元，共计349.90万元（含智能审核扣款）。实施信访当天办，快速处理矛盾问题。

【争取资金】 向上争取资金目标任务1.55亿元，共争取资金15761.4万元，其中城乡居民医保基金上级补助8863.74万元，职工医疗保险基金上级补助6897.66万元，完成年初制定的目标任务。 （舒 敏）

退役军人事务管理

【概况】 眉山市彭山区退役军人事务局（以下简称“区退役军人事务局”）是眉山市彭山区人民政府工作部门，为正科级。编设综合办公室、拥军优抚股、安置就业创业股3个内设机构，下设直属事业单位区退役军人服务中心、区烈士陵园2个。2021年，区退役军人事务局编制数15名，实有15人。其中，行政编制6名，实有6人；事业编制9名，实有9人。

【优抚安置】 截至12月底，彭山区共有退役军人和其他优抚对象12507人，按政策及时调整抚恤和生活补助标准，确保各项政策落地落实。全年共接收108名自主就业退役士兵，安置11名转业士官到公益一类全额拨款事业单位。

【退役军人就业服务】 2021年，区退役军人事务局组织退役军人线上就业招聘会1场，线下对接专场招聘2场，线下春秋季就业招聘会2场，提供岗位1300余个，达成就业协议62名。与岷江现代农业园区、

2021年9月1日，区退役军人事务局在眉山东站迎接退役军人光荣返乡

（区退役军人事务局供图）

果园葡萄农业园区、三人行孵化园区、区总工会等联合创建退役军人创业示范基地5个。开展2021年度符合政府安排工作军士适应性培训及教育培训1次，组织自主择业军转干部专题培训1次，组织开展自主就业退役士兵适应性、“订单式”、“定岗式”、“定向式”技能培训，共33名退役军人参加职业技能培训。

【退役军人服务站】 2021年，全区“一中心两站”全面建成并达标运行，公义场社区退役军人服务站建成省级红色退役军人服务站及“服务超市”试点站，入编退役军人事务部编印的全国109个红色退役军人服务站画册。建设示范型服务退役军人服务中心（站）12个、达标退役军人服务站46个。

【退役军人关爱帮扶】 2021年，修订《眉山市彭山区困难退役军人关爱帮扶基金管理使用办法》，帮扶救助生活、医疗困难退役军人和优抚对象119人次。

2021年7月19日，眉山市彭山区举行全国爱国拥军模范彭斌茹第四届“强军奉献奖”彭山区颁奖仪式（区退役军人事务局供图）

2021年6月4日，彭山区援建95438部队引接天然气工程顺利开工 （区退役军人事务局供图）

【拥军优属】 2021年，帮助驻彭95438部队援建天然气工程、新建生活污水一体化处理设施，为2名军官随军家属解决随调安置问题，为2名现役军人协调解决子女入学问题，为1名现役军人子女落实“普通高校招生录取照顾性政策”，并被上海科技大学录取。为驻彭山部队提供防疫物资，保障在彭山驻训31634部队和95545部队物资、场地、通信。区委、区政府主要领导在春节、“八一”等重要节日亲自率队走访慰问驻彭部队；区双拥办组织走访慰问驻守中印边境等地的“边海防”官兵家属10人，抗美援朝老兵180人，建国前老党员2人，长期患重病、生活困难、功臣模范、战疫抗洪退役军人代表120人，“兵支书”15人，就业创业代表62人，烈属86人；联系困难退役军人及重点对象126人、企业军转干部49人、军队离退休老干部51人、退役军人在职领导干部50人。

2021年7月29日，市长黄河（中）走访慰问95438部队官兵 （区退役军人事务局供图）

【红色教育】 2021年，区退役军人事务局组建老战士红色宣讲团、兵支书红色宣讲团、青少年红色宣讲团，开展巡回演讲20场次22人次，受教育党员群众6400余人；组织青少年红色宣讲团和老战士红色宣讲团在区烈士陵园、公义镇红色教育基地讲红色故事49场，接待党政机关、企事业单位、大中小学生、社会各界人士49批2766人次。其中抗美援朝袁良钦和罗吉凯2位老战士到区第三中学开展“致敬成边英雄、激发爱国情怀”为主题的开学第一课，被中央七台军事频道专题报道。选送短视频《退役军人李永伟——十年兵支书，缔造葡萄第一村》获省厅优秀作品奖。优秀退役军人盛恩利获第八届全国道德模范（见义勇为类）、第七届四川省见义勇为道德模范、眉山市“优秀退役军人”等荣誉称号；彭山区退役军人马刚、高建刚获评2021年度眉山市“优秀退役军人”，现役军人家属舒莉获评2021年度眉山市“优秀军人家属”。（秦　燕）

老龄事业

【概况】 2021年，彭山区进一步完善老龄工作机制，开展“百岁老人健康护佑行动”“高龄老人口腔健康促进行动”，为高龄老人提供相应健康服务，全区百岁老人达到45人。

【组织领导】 印发区老龄委成员单位名单及工作职责，完善老龄工作机制。印发《彭山区老年健康促进专项行动方案（2020—2030年）》《彭山区百岁老人健康护佑行动方案》《彭山区高龄老人口腔健康促进行动工作方案》等文件。将老龄工作经费和老龄事业发展经费纳入财政预算，每年拨付84万元老龄工作经费，保障老龄工作健康发展。针对“百岁老人健康护佑行动”拨付专项经费20万元/年。

【老年活动】 区老年大学开展庆祝中国共产党成立100周年文艺会演，区老年两协开展“讴歌党伟业，启航新征程”诗歌文艺展演。区老年两协组织开展党史专家讲课和口腔健康知识讲座。开展群众性老年文体活动，开展老年广场舞、老年门球、老年骑游、老年书画等活动。

【老年意外伤害保险】 开展“银龄安康”工作。宣传老年人意外伤害保险，全年全区购买老年人意外伤害保险政府兜底15713人，超额完成市上下达的任务数。

【老龄宣传工作】 彭山区“弘扬长寿养生文化高品质发展”工作被长寿之乡绿色发展合作联盟委员会评为“2020年度中国长寿之乡品牌建设十大亮点工作”。在老年健康宣传周、敬老月活动期间，组织宣传普及老年健康科学知识和老龄相关政策，为老年居民提供测血压、测血糖、健康管理咨询6000余人次，发放疫情防控包、敬老孝亲包、宣传扇、毛巾、围裙、方便袋等宣传品9300余份，健康知识手册5000余本。春节、重阳期间，区委、区政府主要领导深入各乡镇慰问百岁老人、特困老人、抗战老兵、残疾老人和离退休老干部等，各部门和单位也开展走访慰问活动。印发《关于启动第六轮省级敬老模范区创建工作的通知》，在全区范围内开展“寿星”“孝子”评选活动，评选出“寿星”6名、“孝子”6名。

【老年友善医院创建】 组织辖区内二级以上综合性医院和基层医疗机构开展创建工作，推进老年友善文化、老年友善管理、老年友善服务、老年友善环境等方面建设，全面落实老年人就医优待政策，优化老年人就医流程，为老年人提供便利就医服务。全区8家医疗机构成功通过区级初审、市级复核。

【“百岁老人健康护佑行动”】 针对全区90岁以上高龄老人分级进行健康管理，提供相应健康养老服务。分90~99岁、100岁以上两个年龄段建立高龄老人健康档案，定期开展免费体检，建立健康档案，提供就医绿色通道，为高龄老人提供持续的医疗保健和紧急救治服务。同时将90岁以上高龄老年人全部纳入居家养老服务范畴，采取政府补贴的方式，对100岁以上老年人家庭全部开展家庭适老化改造，对90岁以上失能、残疾老年人家庭给予最急需的适老化改造。全区共纳入健康管理的高龄老人1217人，区人民医院对48位百岁老人建立健康档案，订制个性化体检方案，完成全年四季度的入户健康体检；11家基层医疗机构完成对90~99岁老人建立健康档案和家庭医生签约服务，每年开展健康体检1次。

【高龄老人其他健康服务】 实施“高龄老人口腔健康促进行动”。拟对全区80岁以上高龄老人提供口腔健康免费筛查，开展相关口腔治疗。以谢家街道为试点区域，与华西惠民口腔中心举行签约仪式，启动高龄老人口腔健康促进行动工作。完成谢家街道80岁以上老人的口腔健康筛查工作，对135名老人建立口腔健康管理档案，对30名老人制定治疗方案，完成免费安装假牙等相关治疗。加强对农村留守、空巢老人开展心理疏导和精神慰藉等关爱活动，充分发挥老年人协会作用，为服务对象落实临近的村（社区）老协成员，定期走访、陪伴聊天，建立为老服务志愿者队伍，有人员名册、活动计划、活动记录和档案，老年志愿者人数占老年人口总数12%以上。在公义镇农乐村开展老年人心理关爱试点工作，落实项目工作经费2万元，完成老年人心理健康调查334人，覆盖该村老年人数的87.3%，对参与调查的老年人开展健康生活指导、心理疏导等工作。在辖区内医养结合机构——彭山区失能老人康养中心开展医养结合服务质量提升行动，满足失能、半失能老人医养需求，床位使用率100%。在辖区内推进医养结合服务能力建设，指导医养结合机构投入硬件改造，完善服务功能，重视服务细节，完善服务模式。健全完善医疗卫生机构与辖区内养老机构合作机制，全区各基层医疗卫生机构与辖区内养老服务机构签订医疗服务协议11家，签订率100%。开展医养结合服务能力提升项目工作。争取上级资金200万元，支持凤鸣街道社区卫生服务中心和观音镇卫生院开展医养结合服务项目。

（黄 敏）

生态环境

彭山年鉴（2022）
PENGSHAN YEARBOOK

环境质量

【大气环境质量】 彭山区是眉山市唯一全年未出现重污染天气的区县，$PM_{2.5}$年均浓度27.2微克/立方米（全市第一），同比下降7.8%（全市第二）。优良天数328天，优良率达89.9%，同比上升3.3%（全市第二）。

【水环境质量】 国考断面岷江大桥水质为Ⅲ类；省考断面毛河桥江桥水质为Ⅲ类，总磷同比改善2.49%，氨氮同比改善32.5%，高锰酸盐指数与2020年持平，化学需氧量改善12.86%；岷江彭东交界断面水质为Ⅲ类。城镇集中式饮用水水源地水质达标率100%。 （刘守根）

自然资源管理

【概况】 2021年，彭山区加大土地管理法律法规的宣传力度，推进法治自然资源建设，实施“双挂钩”项目，开展问题清理整治专项行动和自然资源调查、不动产登记等工作。6月，区自然资源和规划局被评为全国自然资源系统“七五”普法工作中成绩突出集体，是机构改革自然资源部门成立以来眉山市受到的第一个部级表彰。打击农村乱占耕地建房工作举措获全省通报表扬。行政诉讼、行政复议案件被省厅通报表扬，答复举证相关案例入选省厅通报的正面典型。局下属武阳自然资源所被评为“四川省自然资源系统先进集体”。

【国土空间规划编制】 按照部、省下发的规则与要求开展“三线”（永久基本农田范围线、生态保护红线、城镇开发边界线）试划工作。配合市局推进东彭融合相关研究，配合编制眉山市城市新中心概念性策划方案。贯彻落实省委、市委关于以片区为单元编制乡村国土空间规划，编制完成彭山区镇村规划片区划分初选方案，启动彭山区管理范围内的片区村规划和4个宅基地改革试点村规划编制工作，完成公义镇新桥村马林村村规划（2019—2035年）成果审批和备案工作。

【测绘管理】 完成彭山区城区地图内部使用图的

2021年6月4日，彭山区召开《眉山市彭山区国家级生态文明建设示范区规划》专家评审会　（彭山生态环境局供图）

编制，完成“北湖春天”等全区在建项目的验线，协助“郭祝三红色教育基地”等重点项目的放线核查，配合区级相关部门完成行政区划调整等相关工作。按照市局要求配合“十四五”基础测绘规划的编制，完成全区测绘项目备案。

【自然资源调查确权】 自然资源调查　完成2021年度变更调查，做好“三调”成果维护更新；编制完成彭山区城区内部使用地图；完成全区测绘项目备案，推进自然资源确权工作，配合区级相关部门完成行政区划调整等相关工作。做好全区各部门的宣传和动员，取用收集数据、由基层共同核查图斑等工作方式，做到新增和变化图斑应上尽上，为下一步全区各项工作做好工作底图。

自然资源确权　完成彭山区自然资源确权2021年工作任务的前期数据收集，对接彭祖山景区工作局、龚家堰管理局等相关单位，收集有关文件和数据作为确权有力依据。完成彭祖山风景名胜区范围内相关的数据分析。做好省级自然资源确权的配合，做好向市局的工作汇报，及时调整工作合理范围。

【资源确权登记管理】 不动产登记　全年完成不动产登记共20820件，办理不动产权证书11590本（首次登记389本，转移登记10469本，变更登记302本，更正登记78本，其他登记352本）；办理不动产登记证明9230本（首次抵押4261本，预告登记4941本，变更登记10本，更正登记15本，异议登记3本）；不动产登记证明注销1144件；不动产登记查封、解封226件；档案查询2289件；不动产权籍调查18050户；受理现场业务咨询7852次，电话咨询1776次；受理法律咨询1109次，解决法律纠纷19件。

安置房确权登记　完成第一批统规统建安置房确权登记颁证1610本。

农村房地一体登记　完成彭山区宅基地和建设用地“房地一体”确权登记工作项目全部外业测量工作，共计45700宗，权籍调查45700宗。谢家街道10447宗、观音街道10168宗、黄丰镇5072宗、江口街道7760宗、凤鸣街道2885宗、公义镇9368宗。作业单位完成第二次自检，部分整改。

林权数据整合　完成彭山区林权登记存量数据空间信息采集，建立图形数据、属性数据和档案资料之间的关联关系。

【地质灾害防治及矿山管理】 向上争取地质灾害防治专项资金823万元，完成省定民生项目7个、2020年暴雨恢复重建项目3个，消除地质灾害隐患点10处，保护66户180人生命安全和2670余万元财产安全。完成县域地质灾害风险调查与评价和10处地质灾害隐患点专业监测预警项目，提升彭山区地质灾害综合防治能力和地质灾害预警水平。完成彭山区（2021—2025年）矿产资源规划（草案）的编制和矿产资源国情调查工作。开展安全生产专项整治三年行动和“创安2021”监管执法专项行动，配合应急管理部门加强非煤矿山安全生产监管。实现彭山区地质灾害防治工作连续16年“零伤亡”，被评为“2021年四川省地质灾害防治工作先进集体”。

【生态修复】 开展黄丰镇共和村2组废弃地、黄丰镇共和村4组废弃地、江口镇白蜡村页岩砖厂废弃露天3个修复点修复工作。1月26日，通过市局组织的四川省长江干支流沿岸10千米方位内彭山区废弃露天矿山、4个非煤矿山和2个芒硝尾矿排土场生态修复项目终验，并根据专家评审意见完成整改工作。完成保胜佛岩石材厂、黄丰共和石材厂、公义红光砖厂、公义古井砖厂4个非煤矿山生态修复工作。指导乡镇（街道）开展劲飞化工、和昌化工芒硝尾矿排土场生态修复工作，8月底，全面完成芒硝尾矿排土场生态修复。全面落实张沟“河长制”工作，坚持每月巡查。

【耕地保护】 9月，由自然资源部逐级下发到彭山区耕地保护举证卫星图斑共计98个。涉及兴建坑塘图斑40个、种植人工草皮图斑58个。完成所有图斑的核实、举证上报工作。

【保障用地】 落实“要素跟着项目走”机制。截至2021年年底，批回建设用地共计212.73公顷，保障杉杉、宝能、水郡未来城、太和大道等重点项目。收储土地20宗，面积84.87公顷，回购成本28416.4万元。协调经开区、城中村和零星土地收购事宜，保障重点项目、拆迁安置等项目用地。出让和划拨土地（不含天管委）共计53宗（出让39宗209.41公顷，划拨14宗116.21公顷），总面积325.62公顷，合同价款233415.56万元。建立城乡一体的政府公示地价体系，为下一步农村集体经营性建设用地入市提供价格基础。

【“双挂钩”项目】 截至2021年年底，2个“双挂钩”项目全面竣工，其中果园二期项目通过省、市联合核查，并取得指标确认函，江口茶场项目待省、市联合核查；被核查已验收的11个“双挂钩”项目（14个批次，其中3个项目分2期实施）以及增减挂钩项目汇交入库工作，通过部“一至四轮”、省“三上三下”方式的核查，扣减被占用地块节余指标3.2公顷。

【依法行政】 共接到应按时办结各类来信来访96件，已办结96件，办结率100%。涉及区自然资源和规划局职责行政复议、行政应诉共22件。其中，行政复议1件，维持1件；行政诉讼21件，正在诉讼3件。按申请开展信息公开9件，全部办结，公开率100%。出动巡查车辆90台次，315人次。受理自然违法线索16起，其中共立案查处9起，收缴罚款6435.6万元；收到群众、镇（街道）反映违规建设75起，依法认定36起，全部移交区规划建设执法大队；依法查处在建违反规划行为4宗，收缴罚款43.6万元。

【行政审批】 网上全程电子化申报“建设用地规划许可证”“建设工程规划许可证”，基本实现“立等可取”。办理建设项目用地预审与选址意见书共20件，建设用地规划许可证47件，建设工程规划许可证50件。

【开展问题清理整治专项行动】 共下发彭山区土地卫片执法图斑314个（2020年补充图斑除外），面积162.22公顷，完成内外业核查工作待省厅验收。开展农村乱占耕地建房摸排工作，全区2013年以来纳入摸排问题台账的图斑共计1110个，图斑面积57.1公顷。开展34个“违建别墅”“回头看”和深化巩固工作。开展123宗“大棚房”及1宗“重点区域”违法违规占用国家资源挤占生态空间问题“回头看”工作。开展“挖田造湖造景”清理整治工作。（张世才）

森林资源保护

【营造林】 完成营造林400公顷，其中封育管护33.33公顷，人工更新6.67公顷，中幼林抚育360公顷。本年新育苗3.33公顷。3月，在彭山五湖四海湿地公园开展义务植树活动，全区义务植树15万人，植树40万株。开展凤鸣江渔村、公义新桥村植被恢复项目，栽植香樟、栾树恢复取土场植被6公顷。

【森林资源管理】 加强建设项目征占用林地的审查上报工作，对全区建设用地共申请16宗，经审查依法上报征占用林地手续。全区共依法发放林木采伐许可证196份，林木采伐蓄积量16230.8立方米。做好森林资源清查工作。开展打击毁林专项行动，核实省局下发打击毁林专项行动遥感判读图斑108个，梳理中共十八大以来涉林案件273件，建立案件台账，完善案件资料。完成“2021年森林督查暨林地一张图”工作，共核查122个疑似图斑，按时提交成果。开展风景名胜区建设项目清理工作，发现3个项目无准入许可，除黄丰供水站正在处罚中，其余2个项目处罚完毕，通知相关单位补办风景名胜区准入许可。清理2013年以来办理的批次用地，发现共15个批次用地未办理使用林地审批手续，督促国土部门完善相关林地审批工作，其中8个批次涉及未批先占。对2018—2019年2个土地整理项目开展比对核查工作，现地调查疑似占用林地图斑149个，未发现违法行为。全区共立林业行政案件10件，其中擅自改变林地用途案件4件，滥伐林木案件3件，违反自然保护区管理法规案件2件，违犯野生动物保护法规案件1件。完成年度“森林资源双增长”，净增森林面积60.64公顷，森林覆盖率38%。在城区及各乡镇（街道）重要节点开展普法宣传，对群众进行野生动植物保护法律法规以及爱鸟护鸟宣传。开展野生动物收容救护工作，接到群众送来的野生鸟类4只；接区公安分局移交的野生鸟类2只，委托爱鸟协会代养；救护猴子1只，送成都动物园。联合区公安分局、政法委、网信办、市场监管局、农业农村局开展“清风行动”宣传活动和检查工作。全面清查彭山区国家保护野生鸟类养殖情况，摸清底数，加强法律法规宣传，做好人工繁育鸟类收容代养台账登记，与代养人签订代养协议28份，共计88只。加强新冠病毒和禽流感防控工作。加强对彭山区7个野外监测点和以展示展览为目的的人工繁育野生动物的日常监管工作。

【病虫防治】 牵头实施完成森林防灭火专项整治工作，开展宣传教育，新增大小型宣传标志标牌86个，发放宣传袋4万个，增印宣传日历2万份，发放宣传资料2万份。开展隐患排查，督导检查30余次，发现隐患15处，整改完成15处。参与并完成2021年彭山区森林火灾专业扑火队森林火灾实兵演练，参演兵力100人次。组织开展森林防灭火半专业扑救队伍和村、社群众义务扑救队伍，森林火灾扑救演练及森林防灭火巡护防控、装备应用等相关知识技能培训，参训人员共计500人次。制定并下发巡山护林员队伍管理制度，落实每人每月500元补助，护林员使用“熊猫”App进行智能化巡护。强化森林火灾物资储备工作，总投入28万元新采购一批森林防灭火物资，发放给各涉林镇（街道）及景区。投入资金88.9万元，推进森林火灾风险普查工作。通过前期落实普查经费，公开招投标，会同第三方技术承担单位对全区范围进行多次踏勘调研，形成实施方案，并于9月16日取得省普查办批复。完成5个标准地的外业调查工作。将面上调查技术要求及具体填报细则向镇（街道）相关人员进行培训、对接。投入资金253万余元，新建林火红外线热成像视频监控系统5套（全天候可视范围5000米）、智能卡口视频监控系统10套、升级原有林火视频监控系统2套、森林防火预警指挥平台1套，建立森林防火监测预警系统。完成项目设计的编制与审批，于2021年11月3日完成公开招投标，进入第一阶段建设安装工作。

【森林防火】 开展林业有害生物，春季、秋季专项普查等森林病虫害防治工作，参加省上组织的病虫害防治培训，做好森林病虫害预警监测，定期到涉林企业检查木材检疫情况。发布预警信息并组织进行防控，确保彭山区的森林病虫害成灾率控制在3‰以内。

（袁小欣）

环境保护

【概况】 2021年，彭山生态环境局制定《彭山区生态文明建设规划（2020—2025年）》《眉山市彭山区2021年创建省级生态文明建设示范区工作方案》，规划投资61亿元，开展59项重点项目工程建设，做好省级生态区核查验收点位、资料准备。通过集中核查评审方式，省级生态区创建六大领域35项指标全部达标，顺利通过核查验收。顺利通过第二轮中央生态环境保护督察，成功创建省级生态区，彭山区被评为“2020年全市生态环境保护党政同责考核先进集体”，彭山生态环境局被市生态环境局评为2020年全市生态环境保护工作一等奖。落实机构改革，挂眉山市彭山生态环境保护综合行政执法大队牌子，执法大队大队长由彭山生态环境局局长兼任，内设机构由5个调整为9个。组织全区50名干部参加生态文明建设重大决策部署专题研讨班，组织职工参加省、市、区培训班、递进班50余人次，开展督察执法、环境监测业务培训6次。6人到省厅、市局上挂锻炼，2人进入全省综合业务能力、环境监测比武选拔。

【组织领导】 成立以区委书记和区长为双组长的生态环境保护委员会和生态环境保护督察工作领导小组，统筹全区生态环境保护工作。召开区委常委会会议、区政府常务会24次，研究生态保护工作议题32项，召开全体会、调度会、专题会50余次。印发《眉山市彭山区生态环境保护责任清单》，分部门、分领域细化环保任务，压实环保责任。建立“社区吹哨、部门报道”机制，动员80个区级部门对11个社区、111个网格实行全覆盖包保，解决包保片区生态环境等方面问题。将生态环境保护工作纳入全区目标绩效考核，提高生态环境考核分值比重，污染防治“三大战役”和生态环境保护党政同责纳入基础目标考核得分项。

【行政审批管理】 落实“放管服”工作要求，对行政审批流程和时限进行优化，指导2家核技术利用单位申领核辐射安全许可证。完成大气总量审核项目19个、水污染物总量审核项目21个。组织《排污许可管理条例》培训会2次，排污许可证做到应办尽办，执行报告填报率100%。

【环境保护执法督察】 做好“电监管”经验推广运用，2021年新安装在线监控设施10家，累计安装企业治污设施用电监管系统52家。动态更新污染源监管清单137家，按照“双随机、一公开”开展随机抽查109家次，立案查处环境违法案件20件，下达处罚决定书11件，处罚款金额144.14万元，配套实施扣押2起、司法移送2起。全区生态环境信访量同比2020年下降18%。开展环境信用评价，完成8家企业省级信用评价、10家企业市级信用评价的初评工作；开展生态损害赔偿，对省移交的2条生态损害赔偿线索、市移交的1条生态损害赔偿线索进行核查并形成结果上报。开展8个功能区噪声点位、101个区域声环境点位和8个交通噪声点位监测，开展测管协同出具监测报告19份；完成饮用水水源地和集中式隔离点疫情防护监测200余次。

【成功创建省级生态区】 印发《关于创建国家生态文明建设示范区的意见》，成立以区委书记和区长为双组长的国家生态文明建设示范区创建指挥部，统筹全区创建工作。出台《眉山市彭山区2021年创建省级生态文明建设示范区工作方案》，组建专班、建立任务、指标、项目等清单，明确牵头领导、责任单位、完成时限，压紧压实创建责任。彭山区省级生态区创建六大领域35项指标全部达标，成功通过省级核查验收。

【中央环保督察】 成立以区委书记、区长为组长的区迎接第二轮中央生态环境保护督察工作领导小组，开展重点领域、重点行业专项整治行动暨生态环境突出问题排查整治“百日攻坚”行动，自查梳理问题39个，制定整改措施66项，逐一整改销号，在央督进驻前全面完成第二轮省环保督察交办66个问题及信访件整改。第二轮中央生态环境保护督察期间，彭山区未出现典型案例和负面舆情，未出现因点位问题被中央督察组下沉督察、约谈、函询等情况。共收到信访投诉9件，占全市5.5%，在眉山市6个区县、天府新区中排名第5，同比第一轮中央环保督察下降59%。区委、区政府主要领导亲自研究、一线督促，先后暗访督办突出生态环境问题和信访案件整改20余次。创新性实行“领导包案化解、部门现场化解、问题提级办理”工作举措，出动200余人次开展央督信访件跟办督办，确保高质量处置、回复。9件信访件全部办结，后续整改工作全部完成。从中央、省级督察反馈的问题出发，实行一问一册、定期调度、发函提醒、专班督导，建立“清单制+责任制+销号制”，逐一攻坚、整改销号。第一轮中、省环保督察和“回头看”交办问题及信访件80件完成整改，实现交办问题整改“双清零”；第二轮中央环保督察移交的9件信访件，第二轮省环保督察反馈问题及信访件66件，全部完成整改。在完成第一轮中央和四川省环保督察及“回头看”反馈问题整改、信访举报件办理基础上，开展问题整改情况“回头看”，防止问题反弹回潮、变形变异。把生态环境保护问题整改“回头看”转化成制度执行，固化成责任落实。建设配套人工湿地，形成“污水处理厂生化工程处理+人工湿地生态治理”双重治理体系，累计投入3.2亿元，新建城市生活污水处理厂、谢家污水处理厂、保胜污水处理厂配套湿地。

2021年6月1日，彭山召开彭山区生态环境保护委员会第二次会议暨突出生态环境问题整改推进会　（彭山生态环境局供图）

【“碧水”保卫战】 制定《毛河及通济堰流域生态补偿办法（试行）》，按照“超标者赔偿、改善者得偿”的原则，依据考核断面水质监测结果，对考核断面所在的镇（街道）实行水环境生态补偿考核。投入800万元，在毛河和通济堰流域建设水质微站15座，通过实时监测，全面掌握上下游、干支流、镇（街）交界断面实时数据，作为考核的重要依据。印发《毛河及通济堰灌区稳定达标攻坚方案》，实施“5—32”攻坚行动，完成重点涉水企业——思念食品接管项目。实施2021年“千村示范

2021年6月24日，区委书记黄秀航（中）调研第二轮中央督察工作座谈会　（彭山生态环境局供图）

2021年5月16日，市政协和市医保局领导检查毛河流域问题整改情况　（彭山生态环境局供图）

工程”，开展农村生活污水治理，全区生活污水得到有效处理的行政村和涉农社区占比100%。

【“蓝天”保卫战】 投入746万元建成空气微站、蓝天卫士可视化监管平台，依托数据精准分析研判大气污染防治工作，启动重污染天气应急管控7次、提前发布臭氧污染强化管控预警8次，开展挥发性有机物走航监测8次。投入1800余万元实施中纺粮油燃煤锅炉改造、VOCs深度治理；投资2200余万元建设南方园区集中喷涂中心，在全省范围内率先推行家具行业共享涂装喷涂和集中治理。投资1800万元培育秸秆综合利用企业，建成秸秆综合利用企业1家（四川臻润农业科技有限公司）。完成1189台柴油货车尾气抽测、788台非道路移动机械备案登记。加强扬尘管控，打击货车跑冒滴漏行为，落实建筑工地“六个必须、六个不准、六个100%”，坚持“二六六冲洗法”。抓严禁放禁烧，从严划定禁限放区域，开展联合巡查，劝诫烟花爆竹燃放行为1040余起；清明节期间全域禁止焚烧香、蜡、纸钱等。

【“净土”保卫战】 完成迪美特、观音印染2家公司厂区工业废弃物处置工作，龙腾印染工业废弃物除部分污泥正在处置，其余废弃物处置完成。银河稀土地块土壤初调完成专家评审；龙腾印染基本完成土壤初调工作，编制调查报告；完成4家土壤污染重点监管单位隐患排查并编制土壤隐患排查整治方案。加强芒硝排土场生态环境整治，编制《彭山区芒硝排土场整治方案》，督促劲飞、和昌等6家矿山企业进行生态环境治理。开展28家危险废物产生企业规范化考核，完成145家危废产废企业申报登记工作，安全转移处置危险废物1228批3791吨。印发《彭山区医疗废物管理部门协作机制》，抓好疫情期间医疗废物处置监督，分阶段、全覆盖对全区医疗机构进行检查，督促医疗废物安全处置，累计转移处置医疗废物185吨。完成5家重点行业企业用地土壤污染调查地块布点及采样分析，全区受污染耕地安全利用率100%，危险废物及时处置率100%，秸秆综合利用率92%以上，畜禽养殖粪污综合利用率96.2%。

【主要污染物总量减排】 通过实施城市生活污水处理厂、中纺粮油VOCs深度治理等21个项目，削减COD88吨、氨氮4.3吨、VOCs80吨、NOx75吨，完成2021年度总量减排目标任务。

【环评审批服务】 围绕制造强市战略，开展“红色代办”，抓好杉杉锂电、中航锂电、美国雅保等省、市重大项目环评服务。优化审批流程和时限，将审批时限由法定的30日缩短至8个工作日。共受理审批环境影响报告表30个、备案登记表39个。

（刘守根）

农村环境治理

【概况】 彭山区城乡环境综合治理服务中心建立完善“有制度、有标准、有队伍、有经费、有督查”的农村垃圾治理长效机制，农村生活垃圾“户分类、村收集、镇集中、区转运处理”模式运行良好，村级保洁员配备率100%，行政村生活垃圾集中收集覆盖率100%，农村生活垃圾有效处理的行政村100%，农村生活垃圾分类处置推广率60%以上。全区无非正规生活垃圾堆放点销号任务和新增点位。村庄道路硬化率100%，农网综合电压合格率96.5%，农村家庭宽带普及率70%，农村集中供水率85.32%，自来水普及率83.5%。全域开展村庄清洁行动。彭山区城乡环境综合治理服务中心在2021年度推进乡村振兴战略实际考核获得优秀等次。

【农村垃圾治理制度保障】 相关领导指导镇（街道）、村庄参照《彭山县城乡环境综合治理实施办法》，完善保洁员清扫制度、日常考评机制等，并将环境卫生工作写入村民公约。印发《眉山市彭山区农村环境综合治理标准（试行）》。各镇（街道）成立环境治理办公室，指导村配备环卫人员，按照每个村民小组配备1名环卫工作的标准，在全区组建475人的村级环卫队伍。按照农村人口每人每年12元的标准，将镇（街道）农村环境治理工作纳入区级财政预算，直接划拨到各镇（街道）；同时，各村社按“一事一议”原则，每月向村民或商店、企业收取一定卫生服务费。按照《眉山市彭山区农村人居环境优、差（社区）评选办法》，定期开展月检查、季度评比、年终评选，及时兑现奖惩。

【农村生活垃圾治理】 结合彭山实际，总结推广农村垃圾“二次五分法”（“二次”指农户初次分类，保洁员二次分拣；“五分”指将垃圾分为易腐垃圾、其他垃圾、可卖钱垃圾、有害垃圾、大件垃圾）。在全市“二次四分法”的基础上，增加“大件垃圾”收运类别。在全区涉农村社设立44个大件垃圾临时收集点位，由区级专业公司统一收运集中后，按照相关标准分类拆解处置。区治理服务中心将垃圾分类工作纳入“优、差”村社考评范畴，定期开展月检查、季度评比、年终评选，并及时兑现奖惩。以“乡村振兴”“卫生城市创建”等为契机，开展农村人居环境治理，启动“农村环境集中专项整治行动”“垃圾革命”“村庄清洁行动”和农村“五乱”“三线”等专项整治行动，遏制“脏乱差”现象，提升农村面貌。定期组织开展节假日全民大扫除专项行动，保障节日期间的环境卫生和对外形象。试点推进垃圾分类，在村庄环卫设施实现全覆盖的基础上，由易渐难分类指导推进垃圾减量全域化治理工作。在综合基础条件好的村庄（涉农社区）推行精细化垃圾分类，指导开展生活垃圾“二次五分法”。在综合条件较薄弱的村庄（涉农社区）推行生活垃圾简易化分类，指导开展“一次两分法”（即分为易腐垃圾、其他垃圾）减量分类，提升农村生活垃圾治理效率，促进改善农村生态环境。全区农村生活垃圾分类处置推广率80%以上。针对废弃大件家具等处理难的问题，中心在全区科学合理规划建设一批废弃家具回收点，并通过第三方专业化服务，彻底解决废弃大件家具难收集、难处置问题。

【农村生活垃圾设施建设】 全区现有村级垃圾投放点2200余处，分类垃圾桶4300余个，垃圾收集转运三轮车101辆，垃圾分类“奥北”环保小屋8座，分类垃圾亭75个；镇级垃圾转运点（垃圾地库）36座；区级生活垃圾压缩转运站1座（日处理能力400吨），配套摆臂式生活垃圾清运车7辆、全封闭生活垃圾转运车4辆、垃圾压缩转运车8辆，完善“户分类、村收集、镇集中、区转运处理”的垃圾收运模式，实现农村生活垃圾日产日清。

【村容村貌提升行动】 彭山区城乡环境综合治理服务中心牵头制定《村容村貌提升行动方案》。全面开展村民不良习惯改变等“三清一改”和村庄清洁行动。引导农户整齐堆放生产工具、生活用品、农用物资等物品。建成“美丽四川·宜居乡村”达标村 3个、创建市级及以上森林村庄3个、民生工程路灯照明313盏、“保有四好农村示范路”20千米和“新改建农村公路”10千米，农村土坯房改造647户。共清理乱扔乱倒垃圾1100吨，清理河塘900口、沟渠827千米、淤泥1120吨、黑臭水体59个、农业生产废弃物685吨、“牛皮癣”等散滥标语6742处、乱堆乱放杂物5233处，整治私拉乱建2225处，拆除废弃且濒临坍塌建筑物87处，开展村庄绿化23万余平方米，风貌塑造3800余户，发放宣传资料8万余份，张贴宣传标语3万余条。乡镇投入村庄清洁行动资金1000余万元，社会力量投入资金200余万元。

【优、差村（社区）评选活动】 安排专人对彭山区43个涉农村社进行全覆盖、拉网式检查，特别是乡间小道和卫生死角，对于检查发现的问题一律记录在案，提醒所在村（社区）进行整改，并将此作

五湖社区清理沟渠　（区城乡环境综合治理服务中心供图）

为评选优、差村（社区）的直接依据。每月集中检查，每季度部门综合考评。借鉴“双创”的经验做法，对于检查发现的问题，采取发点球的形式要求所在村（社区）进行整改。通报每季度评选出来的优、差村（社区），逗硬奖惩。

【“最美庭院”评选活动】 各镇（街道）开展宣传动员工作，组织广大群众参与创建活动。区治理服务中心会同区人居环境推进办深入部分农户家中，对庭院建设进行精心指导。全区6个镇（街道）共打造“最美庭院”50户。

【王店河小流域治理】 *垃圾治理* 黄丰镇安排镇级河道巡查员3名，每个村落实村级巡查员1名、保洁员2~4名，按照“一河一策”解决河道管护突出问题。投入资金20余万元、人工290人次，出动大型机具6台次，疏浚清理河道沟渠1500米，清理淤泥垃圾80余吨，绿化河道1000米。

农业面源污染治理 镇、村二级发力，加大面源污染危害宣传力度，引导农户重视污染、合理施肥、慎用农药。按照“园内不留、田间不弃、地头不丢、河沟不乱投”的要求，发动农民群防群治，减少二次污染保护环境。同时，加强与农技站、农业协会等的协作，推广规范化种植技术，使用低毒低残留农药、有机肥，推进种养一体化模式，开展技改和品改工作，从源头上减少面源污染。

完善制度实现常态化管护 根据王店河保护方案和工作清单，从运行、管理、监督、考核等方面，完善河段长工作制度、河道巡查制度和河流污染举报制度，利用“眉山河长”App，实现信息报送和信息共享，保障王店河“河长制”工作运行。彭山区城乡环境综合治理服务中心牵头的王店河水质全年保持三类以上水质。

【铁路沿线环境整治】 全年共消除安全隐患67处，拆除彩钢28000平方米，砍除危树、危竹214棵，清运垃圾62吨，率先在全市完成铁路沿线环境整治任务。投资42.4万元对铁路两侧30户农房进行风貌改造；投资44万元对竹韵廊公园铁路护沟处约11000平方米进行治理；投资17.2万元对高铁观保路口子和高铁团部口子两个景观节点进行打造；投资49.2万元对高铁彭山段蔡山社区前进路进行绿化景观改造。

【村庄清洁行动】 共清运生活垃圾300余吨，清理坑塘5处、河塘28口、沟渠40千米、农业废弃物80余吨，清理乱堆乱放5000余处。（曹金昌）

镇·街道

公义镇

【概况】 公义镇位于彭山区西北部，距城区9千米，镇域面积7678公顷，属半丘半坝地形，辖7个行政村、2个社区，共65个村（居）民小组，总人口3.8万人，2021年稳定脱贫人口694户、1760人，党员1468人。公义镇是天下第一孝《陈情表》作者李密、宁远大将军岳钟琪、红色先驱彭山首任党支部书记郭祝三的故里，是省五星级农业园区——彭山岷江现代农业园区核心镇。先后荣获国家级水稻制种基地、省级安全社区、省级卫生乡镇、市先进党组织、市乡村振兴先进镇、市护林联防先进集体、“东坡文旅”先进集体等荣誉称号。2021年，公义镇获评农业农村部产业强镇；被中央电视台《走进乡村看小康》报道；荣获四川省“五良”融合全程机械化示范区称号；五马村党委荣获四川省脱贫攻坚先进集体称号；金岗村荣获四川省卫生村称号；居民盛恩利荣获第八届全国道德模范称号；新桥村第一书记时序获得四川省脱贫攻坚先进个人。

2021年公义镇各村（社区）基本情况表

表8

村（社区）	党总支书记、村（居）委会主任	耕地面积（公顷）	户数（户）	总人口（人）	农民人均可支配收入（元）	工农业总值（万元）	村（居）民小组个数（个）	总面积（公顷）	集体收入（万元）
欣荣村	刘兴建	324.7	1380	4922	17652	3820	6	584	4.9
农乐村	余朝寨	404.7	1773	5537	28652	8000	8	1170	2.644
天柱村	盛荣前	580	1471	3820	13850	4530	9	1044	9.8
龙安村	鲜富刚	266.7	828	2530	13000	2850	6	730	1.3

续表8

村（社区）	党总支书记、村（居）委会主任	耕地面积（公顷）	户数（户）	总人口（人）	农民人均可支配收入（元）	工农业总值（万元）	村（居）民小组个数（个）	总面积（公顷）	集体收入（万元）
金岗村	郭青勇	273	889	2945	12345	2700	6	842	3.6
新桥村	李顺科	146	1145	3246	14800	1280	5	650	4.88
五马村	罗崇良	166.3	935	2518	12000	869	7	1100	5.4
公义场社区	马刚	476.27	2485	9068	20800	5850	10	750	4.72
保胜场社区	张洪国	234.9	1070	3034	24123	3229.52	8	808	6.19

2021年度眉山市彭山区公义镇简况表

表9

镇域面积（公顷）	耕地面积（公顷）	年末人口数（人）	行政村（个）	居委会（个）	社区（个）	村民小组（个）	财政收入（万元）	国内生产总值（万元）				农业生产总值（万元）						农民人均纯收入（元）
								合计	第一产业	第二产业	第三产业	合计	农业	林业	牧业	渔业	农林牧渔服务业	
7678	2872.57	37620	7	2	2	65	6027.49	69277	23194	22201	23882	23054	12654	963	6339	2350	748	20669

【机构设置】 下设党政综合办公室、党建办公室、经济发展办公室（乡村振兴办公室、宅基地管理办公室、统计办公室）、社会治理和综合行政执法办公室（应急管理和安全生产监督管理办公室）、社会事务办公室、城乡建设管理和自然资源办公室（生态环境办公室）、财政所7个党政综合办事机构。直属事业机构有：眉山市彭山区公义镇便民服务中心（眉山市彭山区公义镇农民工服务中心、眉山市彭山区公义镇退役军人服务站），主要职责是承担企业和群众的便民服务、代办业务、就业和社会保障，农民工输出、培训、维权、回引及返乡创业服务，退役军人事务等服务性工作；眉山市彭山区公义镇农业农村综合服务中心（眉山市彭山区公义镇宣传文化旅游服务中心）；眉山市彭山区公义镇城乡环境综合治理中心；眉山市彭山区公义镇社会治安综合治理中心。建立村（居）民小组党支部31个，“两新”党支部14个，关工委、团委、妇联等群团组织同步全覆盖。

【农村经济】 公义镇属农业乡镇，有国家级水稻（制种）基地233.33公顷，国家地理标志彭山葡萄333.33公顷，优质柑柚1866.67公顷，产业以水稻、柑橘、葡萄、猕猴桃、蜜柚、枣子、川芎、生猪养殖等为主。有国家级农业合作社1家（农兴专业种植合作社）、省级家庭农场13家、省级家庭林场1家（瑞涵家庭林场）、省级农业龙头企业1家（果怡农业科技有限公司）、省级农业合作社1家（眉山市众人农业种植专业合作社）、市级农业龙头企业3家（臻润农业、永洪果业、天鑫农业）。

【项目建设】 4月，完成新桥村集体建设用地整理项目竣工验收，并取得区自规局出具的整理项目验收书。共腾退宅基地5.27公顷，其中农民安置区建设占地2.07公顷，节约可用于新规划产业用地1.8公顷，另有何家院子等原址留用图斑1.4公顷。推进新桥村“研学”社区建设，完成一期6栋安置房建设，基本完成二期15栋安置房和基础设施建设，完成“研学”社区入口节点打造，完成安置区内部21000平方米微菜园和8000平方米水乡湿地公园打造。协助川西北气矿做好观浅1井项目建设，协助开展种子中心建设工作。

【基层治理】 组织优化 通过合村并组和换届选举，村（社区）由16个优化为9个，村民小组由113个优化为65个，村（社区）党支部全面升级为党委，村（居）民小组全覆盖成立党支部。建立优秀农民工数据库，培养75名农民工后备力量，选拔任用41名优秀农民工担任村干部，常职干部中大专及以上占比69%，35岁以下占比38%。

公共服务 硬件按照一村一阵地，村村有场地建设思路，开展办公场所、村级阵地分类提升工程。完成新桥村、农乐村党群服务中心建设改造，启动剩余7个村（社区）亲民化改造。开展全域养老体系建设，建成十字、佛岩2个分中心，公义社区、欣荣村养老服务分中心投入使用，覆盖群众1万余人。

人居环境 推进秸秆禁烧，生态化处理秸秆1万余吨。推进污水革命，改建污水管网共3600米，新建一体化污水处理设施10处。推进厕所革命，卫生厕所覆盖率92%。全域开展农村饮水安全巩固提升工程，完成自来水主管道铺装22千米，入户供水近4600户，行政村通自来水率达60%。推动生活垃圾处理，全镇配备220升分类垃圾桶850个，在主要道路上放置集成式垃圾房100余个，垃圾收集率95%以上。

集体经济 天柱村通过制定《基础设施建设管理运营实施办法》，按照政府投资建设、村级管理运营、业主有偿使用原则，向业主适当收取维护管理费用，增加基础设施有偿使用收入17.5万元。公义场社区和金岗村通过整合上级资金和自有资金入股当地企业，按照“保底收入＋利润分红”形式，实现年收益6万元以上增长。

乡村法治 建立以镇党委为核心的社会治理体系，探索成立以综治办、派出所、司法所、治安巡逻等为一体的综治工作平台，建立纠纷调解服务队，通过强化社会治安、矛盾化解、禁毒戒毒、反邪教等方面的协作，化解矛盾纠纷等106件，全覆盖成立法律咨询服务队，开展法律宣讲和知识宣传50余次。

德治宣传 依托新时代文明实践所、站，村（社区）全覆盖成立志愿服务宣讲队伍，开展党史学习教育宣讲、中共十九大及系列会议精神宣讲38期，选树身边典型，弘扬主流价值观，开展星级文明户等评选活动，评选星级文明户113户。

小区治理 构建多元共治的“1234”治理模式，在红旗小区按照党员就近管理、就近活动、发挥作用原则，将小区划分4个片区网格，优化建立“镇党委＋社区党委＋小区党支部＋党员片长”的四级组织体系，建立“支部＋三会＋片长＋楼栋”管理机制，由支部牵头组建小区业委会、管委会、监委会等自治组织。引进社会组织，建立小区居家养老服务体系，开展创业培训、文明评选等活动，带动群众创业就业50人，居家服务200人次。

【乡村振兴】 巩固深化乡镇行政区划和村级建制调整改革成果，完成村社区换届选举，选好配强村级领导班子，选好领头雁，配齐主心骨，村社区实现书记主任一肩挑，选拔常职干部42名，其中大专及以上学历村干部占比69%，年龄35岁以下的占比

38%；推进村级党委标准化建设，推进村级党委下一级党支部设置，加强党组织对农村工作的领导。全覆盖建立村级集体经济组织并由村级党委书记兼任法人，按照资源禀赋、资金资产、特色优势等特点，推出资源盘活开发、资金资产入股、基础有偿使用、重点项目经营四种增收模式，发展壮大集体经济，强化集体经济带动乡村发展示范效用，村级集体经济收入年增加3万~20万元。与电子科技大学、西南财经大学、四川农业大学等院校开展校地共建，开展党建共建共联、科技成果共享、科技咨询服务、培养培育人才等活动，建立农育实践基地，迎接3期省委党校地厅级培训班调研。实施优秀农民工、乡土人才、在外知名人回引计划，“硕士农民”刘沈厅被《中央电视台》《人民日报》点赞，杨志明、高建刚等优秀农业企业家带领公义葡萄走向全国。

培养国家级农业合作社1家，提升水稻制种基地能级，培养川芎产业基地，竭力打造晚熟柑橘、葡萄区域性品牌，助推臻润农业等企业引领有机农业新时代。引入四川省农业科学院园艺研究所入驻，建成蔬菜科创基地4.8公顷，开展番茄、姜蒜、柑橘等品种的培优研发，园内试验品种2000余种，推动新品种培优研发和新技术辐射推广。建设农业大数据平台和气象病虫害监控站，实现产品质量、生产管理、销售管理、品牌营销等五大功能，为农业产业发展保驾护航。建设分拣、包装、仓储、运输、销售链，扶植集产购销于一体的冷链物流企业，农产品集配中心年加工量超过5万吨；实现对农业废弃物资源化综合利用，生态农业循环产业园年产有机肥10万吨，推动基础农业向现代农业转变。以郭祝三红色文化为基础，建成公义红色爱国主义教育实践基地，打造文旅融合的教育型、研学型红色景点，截至12月底顺利承接市委、区委中心组学习，接待各类红色教育活动80次。以葡萄、蜜柚、水稻制种基地等为基础，培育农旅融合的景观型、参与型精致农业，开发农事体验、农业科普课程，打造成眉近郊旅游目的地，每年乡村旅游人数超过10万人次，以乡村旅游促进农民收入增加。推动古堰新桥综合体、堰上人家民宿村、战胜水库民宿康养、乐天兔汽摩公园等项目，古堰新桥争创国家AAAA级旅游景区，打造北至新津梨花溪的“彭山渔乐康养乡村旅游度假区”。

2021年6月28日，市委书记慕新海（右二）等一行人参观公义红色教育研学基地（公义镇供图）

管理运行好2座镇级污水处理厂，建成一体化设施10处、微动力生活污水处理站10座。改厕7820户，完成92.1%；改水5612户，完成任务88%。推行垃圾减量化、资源化、无害化处理模式，建成奥北环保垃圾分类系统3套、垃圾收集地库5座、垃圾房235个，配备垃圾收集清运车辆9台，发放户用垃圾分类桶8000余个，实现户分类、村收集、镇转运、区处理的系统化管理。定期开展河道巡查，全面取缔水库肥水养鱼、投饵养鱼，清理河道43.6千米、淤泥杂物等554吨，改建污水管网共3600米，建成毛河水质生态绿坝2处，建成保胜生态湿地，完成农村生活污水治理“千村示范工程”。建设农业观光大道、观保路等“四好农村路”示范路近7000米，开展辖区道路管养，形成“以路促产、以产强路”的良性循环。修补坑洼路面约4000平方米，增设公共厕所2座、停车场2处，美化场镇干道1300余米，建设场镇周边小绿化节点4个，实施农户庭院美化、墙体风貌改造，整治村道、农户房前屋后脏乱差现象1000余处。

通过制定村庄规划，解决项目用地难、产业发

2021年7月9日，省农业厅领导到公义镇新桥村调研宅基地制度改革情况（公义镇供图）

展散、农村建房乱等问题，完成新桥马林连片村庄规划省级备案，启动五马村村规，全面指导用地、产业和民生发展。探索集体经营性建设用地入市路径，保障宅基地合理审批，以保障农户“户有所居”为前提，坚持节约集约利用，最大化盘活利用闲置宅基地，吸引新业态、新项目的落地，推动集体和农户收益“共享共赢”。新桥村宅基地改革做法经验在省宅基地改革工作现场会交流获好评。以闲置集体房产改造为基础，建设有效辐射周边老年群体，集社区照护、休闲健身、便民生活以及文化娱乐等功能于一体的社区养老服务中心，初步构建起“1＋N＋N”（中心＋分中心＋服务点）农村养老新服务网络。开展“村村讲历史”，鼓励各村挖掘民俗文化、讲好乡愁故事，建设有历史、有记忆、有情怀的村落；开展最美庭院89户、星级文明户、道德模范、文化能人等评选活动，实施评比、选树身边典型；开设道德讲堂、文化讲堂、法律讲堂，定期宣传法律法规、身边典型、好人好事，弘扬主流价值观。

2021年10月19日，海南省委政研室到公义镇新桥村调研宅基地制度改革推进情况及新桥村发展型改革模式（公义镇供图）

【交通整治】 整治道路安全隐患89处，新安装防护栏3700余米，投入150余万元整治道路。对镇主要道路及村社临水临崖道路安装警示标牌26处，禁止逆行警示标牌21处和减速带1处，清理遮挡道路视线绿植2000余米，拆除安全隐患围栏3处。

【环境保护】 根据上级环保工作总体部署，结合乡镇实际，成立镇、村两级环境保护工作领导小组。同时，结合环保各项具体工作开展，成立相应的“河长制”“三大战役”和问题整改工作领导小组。坚持党政同责、一岗双责，建立党委直接抓，镇生态环境办专门抓，9个驻村组协同抓的工作机制，组建18名巡河员，每天巡查、每周通报、每月评比，清单管理、限时整改。利用广播、专题会议、标语、宣传手册、巡逻车等方式，借助“世界环境日”、清明节等节日对环境保护进行宣传。制定公义镇巡河员管理及考核办法、河长制组织体系责任制、河长制工作目标责任书等制度，职责分工到各村（社），完善河道保护体系。收回水库7座、塘堰15口，关停鱼塘5口。发放《关于加强河道管理告知书》1500份、《关于规范养鱼和养殖尾水排放的告知书》85份，制作毛河排污举报奖励（试行）公示牌11个。对存在生活污水及养殖污水偷排、漏排的农户责令其限期整改或对其进行改水改厕。如对农户在养殖中偷排、漏排的行为进行责令整改；对农乐村生活污水漏排的农户进行改水改厕；对通济堰两侧部分居民存在生活污水直排漏排的农户，实施军用桥居民生活污水管道架设接管项目。将保胜场镇150余户居民生活污水全部纳入污水管网，大幅提升生活污水搜集和处理率。在金岗村2组、3组建设3个微动力设施，收集处理周边70户居民生活污水。坚持24小时不间断全面巡查和重点区域监督，执行乡干部包村、村干部包组、组干部护林员层层责任制，并执行日报告制，落实秸秆禁烧责任。利用无人机、宣传单、宣传横幅、宣传栏、宣传车等进行秸秆禁烧及综合利用宣传，共计印制宣传资料5000余份，制作宣传横幅、标语100余条。通过“生态守卫”App对重要点位进行秸秆禁烧实时监控，对出现火情的点位第一时间迅速进行排查和整治，遏制燃烧秸秆的行为。先后对红光、古井砖厂、佛岩石材厂进行覆土、播撒草籽、种植柑橘及农作物等措施进行覆土复绿。对劲飞尾矿进行硬化防渗处理，加强对排水沟和收集池等环境工程设施的日常管护。

【民生工程】 在人口聚集最多的红旗安置小区设立小区车辆进出智能识别系统，进出车辆实行一卡一车管理，投入14万元。在马林小区内安装高清摄像头，对入户盗窃、偷盗电瓶车电瓶等犯罪行为形成高压震慑，保障小区居民安全。在公义场社区建立“民心愿”墙，以公义场社区“童伴妈妈”、社会治理委员、网格员、志愿者为依托，收集民意，回复民意。

【脱贫攻坚】 通过区脱贫办组织的由四川云龙会计师事务所进行的历年来扶贫项目和扶贫资金审计，涉及扶贫项目金额1300余万元，完成相应问题整改。第一批种养殖项目受益脱贫户80户，主要为蔬菜种植和家禽养殖，补贴金额9.54万元，完成实施，通过区农业农村局验收；第一批公益性岗位受益脱贫户100户，补贴金额48万元，实施期为4—9月，10月完成镇级、区级验收；第二批公益性岗位受益脱贫户17户，补贴金额4.25万元；2021年易地搬迁户及脱贫户化肥补贴项目，受益户66户，发放化肥34.7吨。按照区脱贫办文件要求全面开展排查工作，对全镇的农户、脱贫户、监测户完成排查，新增监测户4户，并落实低保、特困、公益性岗位、医保等帮扶措施。安排机关干部、第一书记共23人，对47户监测户形成结对帮扶。金岗村2021年第一批资金扶贫道路长1592.45米，宽3米，厚0.2米，投入74.24万元，其中财政专项扶贫资金投入70.3万元，年底竣工交付使用。春节、端午节组织机关干部对联系的96户脱贫户进行慰问，按照脱贫不脱帮扶、脱贫不脱政策的原则，对脱贫户进行定期走访，确保帮扶成效。延续医保政策、教育政策，完成2021年春季雨露计划工作和栋梁工程工作。

【维稳工作】 落实41名社区戒毒康复人员、52名涉毒重点人员、15名重精管理人员、12名社区矫正人员、4名邪教人员等特殊人群管控责任，提升各类风险预测预警预防能力，落实特殊人群的衔接登记、定期走访谈话、帮教回访制度。全年社戒社康人员管控率全区乡镇（街道）排名第一。社区矫正人员中无重新犯罪的情况发生，无重点管控人员托管漏管、肇事肇祸等不稳定事件发生。各村（社区）建立法治宣讲队伍，利用逢场赶集、重要节点定期对辖区群众进行扫黑除恶、禁毒宣传、反邪教、防范金融诈骗、国家安全普法宣讲，并利用微信公众号、扫码识别等新媒体手段进行安全知识宣传，提高群众法治意识和参与平安创建活动的积极性、主动性和参与率。全域覆盖开展治安巡逻和夜间排查。

【安全生产】 定期对企业和学校、食品经营店、寺庙等开展安全检查，累计开展安全检查和食品安全检查100余次，全年无安全生产责任事故和食品安全事故。对辖区内生产经营单位、重点部门、重点场所进行安全生产隐患排查整治，全面落实安全生产责任。采取内部自查与政府督导的形式相结合，共检查烟花爆竹经营店5家、食品加工经营场所28家、超市12家、学校7所、卫生院2所、敬老院2所、加油站2家，出动检查次数100余次，排查隐患64处，整改64处。先后组织开展“防灭火培训”“驾驶员安全培训”专项培训会，利用逢场日和重要节点、敏感时期，开展“森林防火”“安全驾驶”“食品安全”等宣传，累计发放宣传手册20000余份。联合谢家交警中队分别在公义场片区和保胜场片区开展安全驾驶集中整治。利用镇赶集日组织开展对工业大道逆行人员车辆交通劝导，累计劝导逆行人员车辆5000人次。修订镇村两级森林火灾应急处置办法，制定森林火灾处置办法流程图，结合重要节日开展森林防火宣传、倡导鲜花祭祀及劝导传统祭祀工作，组织开展森林火灾应急处置演练。

【国土规划】 完成《彭山区公义镇新桥村马林村村规划》省级备案（全区第一个），通过规划对原有村庄布局进行优化，落实乐天兔、嘉年华、红色教育基地、臻润农业、何家院子和堰上人家等项目规划用地。启动《彭山区公义镇五马村村规划》，结合萱萱墙材、五马渔乐康养观光项目等进行编制，2021年年底形成成果，待报批。结合已完成的《公义镇集镇策划》，编制《公义镇“省级百强中心镇”入库候选申报材料》，并上报省住建厅。按照创建省级乡村振兴示范镇的要求，编制《眉山市彭山区公义镇新桥村乡村振兴项目实施方案》，项目涉及资金1800万元，报区政府待审批。

【亮点工作】 以古堰新桥·田园综合体、何家院子民宿村、堰上人家、四川省农业科学院蔬菜培育基地等9个项目为抓手，打造集农耕体验、科普研学、休闲观光、康乐养生于一体的“古堰新桥”田园研学社区。以郭祝三故居、乡村振兴学院、红色街区为基础，打造内容丰富、形式独特的爱国主义红色教育基地。组织开展“重温红色记忆，坚定理想信念”等党建活动10余次。“七一”期间组织开展表彰活动，对2020—2021年度涌现出的3个先进基层党组织、36名优秀共产党员和8名优秀党务工作者进行表彰，为全镇347名老党员颁发“光荣在党50年”纪念章。

（陈 超）

黄丰镇

【概况】2021年，黄丰镇域面积4038公顷，其中耕地面积2127公顷，辖4个村、2个社区，户籍人口17600人。2021年，全镇GDP总额4.62亿元，较2020年增长9.4%；农业总产值3.9亿元，较2020年增长5.9%；全镇村（居）民人均可支配收入2.5万元，较2020年增长16.2%。多项工作位列省、市、区前列，先后接待中央、省、市级考察学习团10余批次，镇、辖区村（社区）先后获得四川省实施乡村振兴战略先进镇、四川省实施乡村振兴战略示范村、四川省首批乡村治理示范村、市“七无”平安村等省、市级多项荣誉称号。

2021年度眉山市彭山区黄丰镇简况表

表10

镇域面积（公顷）	耕地面积（公顷）	年末户籍人口数（人）	社区居委会	村民委员会（个）	居民小组（个）	村民小组（个）	财政收入（万元）	国内生产总值（万元）				农业生产总值（万元）						城镇居民可支配收入（万元）	农民人均纯收入（万元）
								合计	第一产业	第二产业	第三产业	合计	农业	林业	牧业	渔业	农林牧渔服务业		
4038	2127	17600	2	4	5	47	3048.86	48893	19067	13689	16137	28100	17023	663	6870	2528	1016	2.983	3.0125

2021年度黄丰镇各村（社区）基本情况表

表11

村（社区）	党组织书记村（居）委会主任	耕地面积（公顷）	户籍（户）	户籍总人口（人）	农（居）民人均可支配收入（元）	工农业总值（万元）	村（居）民小组个数（个）	总面积（公顷）	集体收入（万元）
团结村	马怀江	242.31	1443	3977	33500	9900	6	938	44.5
共和村	张明	400.3	1446	3529	28000	9215	6	800	24.9
合力村	黄明高	118.2	700	1995	27000	5875	4	420	4.17
双塘村	何瑞俊	397	716	1778	27500	6143	3	410	2.3
丰华社区	张仕云	561.39	946	2688	33000	4200	7	630	138.6
新丰社区	袁明贵	407.8	1460	3633	30000	9100	5	840	13.98

【产业发展】 推广“高接换种”“留树保鲜”等新技术，引进明日见、甘平、沃柑等优质新品种5个；全镇柑橘种植面积2466.67公顷，建成“柑橘标准化生产示范园”2000公顷，年产柑橘8000万千克以上，年产值3.5亿元；引入品牌物流快递14家，培育完善新型农业主体247个，其中国家级2个、省级4个，绿色食品认证合作社2个，注册商标5个，双塘村三交界股份合作经验全省推广；完成团结村集体资产股份制改革，建成丰华村阵地和产业服务中心，探索建立柑橘种植、加工和销售产业链；鼓励引导40名党员干部发展水果种植、畜禽养殖产业，选拔85名党员作为产业带头人士、专家和返乡大学生融入组织建设。

产业发展 （黄丰镇供图）

【组织建设】 建立村（居）民小组党支部31个，“两新”党支部14个，关工委、团委、妇联等群团组织同步全覆盖，理顺“镇村组”组织架构的同时，实现党建带团建、党建带群建。完成镇村换届工作，43名村级“两委”成员较上一届平均年龄下降6岁，大专以上文化人数占比提升10个百分点（25%~14.6%）；9名镇党委班子成员全票当选，平均年龄35岁，大学以上学历占88.9%，实现平均年龄降、文化程度提的目标。动态储备优秀农民工后备干部45人，新发展党员16人，35岁下党员占86%。

【基础设施建设】 完成400公顷高标准农田建设，实施节水灌

农技推广　　（黄丰镇供图）

团结村日间照料中心。完成6村（社区）三级便民服务体系建设，深化“放管服”改革，镇、村（社区）便民服务中心（站）全部承接并纳入政务服务网站，公布乡镇群众“一件事一次办”目录25项、高频服务事项63项、政务服务事项192项、便民服务事项指导目录91项。全年累计受理办结各类项目8000余件，完成证件采集录入140余件，办结率100%；累计接待服务群众1万余人次，好评率100%；医保参保率97.5%。

溉100余公顷，新建田间生产道路23千米，蓄水池15处，提灌站9处，红光支渠10千米，硬化改造沟渠10余千米，整治山坪塘10余口，改造危旧房45户，提升改造运动场地1处，4个村、2个社区均配备文化器材，打造景观休憩点位3处，开展全镇“六网”基础设施建设工作。全镇天然气开通率67%，自来水开通率86%，公路、电力、互联网实现100%覆盖。

【脱贫攻坚】 建立动态监测机制，聚焦“两不愁三保障”和“四个好”目标，全镇380户1045名建档立卡贫困人口达到“一超六有”标准。2021年贫困户人均收入1.02万余元，比2020年增幅约15%。帮助品改柑橘6.67公顷，建立党员干部联系帮扶贫困户机制，解决实际问题20余个，确保辖区贫困人口人均收入6000元以上，无一例返贫。

【人居环境治理】 对沿线154户“彩钢棚”进行同步拆除，面积1.8万平方米；风貌提升改造370余户，面积3.78万平方米；对辖区18千米沿线道路进行绿化补植，彩化道路26千米；完成辖区600余户农户改水改厕工作，建成微动力污水处理设施3处；增加大件垃圾回收点4处，农业废弃物回收处理率80%以上；建成团结村、合力村停车场，提升改造橘花广场及岷东大道共和村入口节点形象。

【民生保障】 深化农村“三留守”关爱服务体系和农村养老服务体系创新，建成并投入使用合力村和

【社会治安】 开展安全生产“严排查、严整治、严监管”专项行动，整改安全隐患30处，强化防灾、减灾、救灾体系建设和宣传教育，发放资料5000余份。每季度定期组织安全知识讲座。依法开展信访工作，按照“三到位一处理”原则，实行镇、村、组三级矛盾纠纷调解机制，落实“一村（社区）一警务助理”和“一村一法律顾问”，邀请法律顾问参与问题化解咨询200余件。深入49处易制毒窝点排查100余次，全覆盖毛发检测无1例阳性，开展禁毒教育4次，集中宣传4次，发放宣传资料8000余份，“一人一策”强化吸毒人员“平安关爱”行动，实现“应帮尽帮”。推进实现安全生产无事故、重要节点“零非访”、禁毒工作“五不发生”的良好局面。

【乡村治理】 以团结村为基层治理示范点，打造邻里中心，完善“一约五会”运行机制，优化乡村自治；开展村娃造梦营、冬令营、元宵节等志愿活动20余场次；创建“德润团结·幸福家园”村民自治平台，强化村级农户“红黑榜”和“积分制”管理。

【正风肃纪】 完成双塘村阵地和廉政文化广场建设，强化项目和资金监管，执行项目实施前中后“三公示”，每年开展“三资”审计至少1次，纠正

作风问题10个，责令整改工作问题25个，接待上访群众90批、150人次，办理省、市、区转办信访件10个，党务政务服务热线（“12345”工单）123件，办结率100%。（罗琳丹）

凤鸣街道

【概况】 凤鸣街道历史悠久，民国21年（1932）始名凤鸣镇，街道位于彭山东南部，地处成都平原经济圈，东临岷江，南邻东坡区太和镇，西连谢家街道，北接观音街道，街道现有城乡接合部新型社区3个。2008年，撤销灵石镇、凤鸣镇建制，两镇合并为凤鸣镇，2016年撤镇设为凤鸣街道，是全区政治、经济、文化中心。2021年，凤鸣街道面积4050公顷，耕地面积1584.08公顷，户籍人口75335人，辖2个村、7个社区。辖区内交通发达、商贸繁荣，北距成都45千米，距双流机场30千米，成昆铁路、成绵乐城际轻轨、成乐高速、S103线、滨江路、太和大道纵贯全境，与全国各地相连，形成公路、铁路、航空运输通达网络。辖区内教育、医疗、商贸、建筑和服务业发达，共有街道130多条，商家2100多家，“吃、购、娱、住、学、医”体系完备。2021年，凤鸣街道实现城镇新增就业人口678人，完成率达113%。禁毒中心多次接受省、市考核检查。新建“两新”党组织1个。开展农村发展党员违规违纪问题排查整顿，严肃处理违规发展党员7名，规范发展党员35名。

2020年度眉山市彭山区凤鸣街道简况表

表12

街道面积（公顷）	耕地面积（公顷）	年末人口数（人）	社区居委会（个）	村民委员会（个）	居民小组（个）	村民小组（个）	财政收入（万元）	国内生产总值（万元）				农业生产总值（万元）						城镇居民可支配收入（万元）	农民人均纯收入（万元）
								合计	第一产业	第二产业	第三产业	合计	农业	林业	牧业	渔业	农林牧渔服务业		
4050	1584.08	75335	7	2	86	11	32420	69973.4	21300	36831.9	11841.5	21300	20180	500	0	580	40	2.8	2.2

2021年度凤鸣街道各村（社区）基本情况表

表13

村（社区）	党组织书记村（居）委会主任	耕地面积（公顷）	户籍（户）	户籍总人口（人）	农（居）民人均可支配收入（万元）	工农业总值（万元）	村（居）民小组个数（个）	总面积（平方千米）	集体收入（万元）
江渔村	詹崇浩	382.28	904	2889	2.3	0	4	6.8	8
金烛村	黄林	520.17	7115	2277	2.1	0	7	9	3.925
城东社区	李晓珊	0	5180	14000	3.6	0	14	2	0
城中社区	谢惠	0	8985	22000	3.4	0	34	2	11.4

续表13

村（社区）	党组织书记村（居）委会主任	耕地面积（公顷）	户籍（户）	户籍总人口（人）	农（居）民人均可支配收入（万元）	工农业总值（万元）	村（居）民小组个数（个）	总面积（平方千米）	集体收入（万元）
城西社区	袁晓梅	0	1882	6535	3.2	0	10	1.2	0
城南社区	邓翔	0	1913	9593	3.5	0	6	3.35	0
红星社区	谭复忠	240.16	4612	8700	3	500	11	7.2	0.04
平乐社区	肖红霞	0	926	2670	1.5	350	4	3.55	1.2
易埝社区	肖红波	441.47	2337	6671	2.2	0	7	8.2	9.38

【社会基层治理】 全覆盖完成村（社区）亲民化改造，完成城西社区、城东社区、平乐社区总占地约2300平方米新阵地改造，新建南街粮库2500平方米邻里中心，新建希望城700平方米党群活动中心。推动城乡基层治理示范点建设，优化便民服务体系，推行“全科全能、一站式服务”，实现1200余项政务服务事项到社区受理，总结提炼出“一三四五”工作法等一批可推广的经验。引入专业社工，对接社会组织，将开展志愿服务活动与便民服务项目有机结合，推出融合志愿服务的“我们的节日”系列活动，“列车进小区”等特色活动被“央广网”、“四川新闻网”、《眉山日报》等宣传推广，形成品牌效应。

开展法治赶场、法治文艺演出、法治夜校等活动35余次，发放宣传资料及用品6万余份。聘请专职法律顾问对规范性文件草拟、合同审查、人民调解、政策法律咨询、信访接待、违建拆除等各类涉法、涉诉事务工作提供意见和建议，为街道的重大行政决策提供法律依据。创新“互联网+法律服务”工作模式，全面推行一村（社区）一法律顾问制度，各村（社区）建立“法律顾问微信群”，加强法律顾问与村（社区）干部、群众之间的联系。分别续聘5家律师事务所共5名法律顾问，建立微信群10个。

做好人民武装工作，完成兵役登记工作，登记率100%，全年无一例退兵，无一起关于廉洁征兵的问题反映和举报。开展民兵整组工作，拉练6次，组织民兵应急排应急拉动演练2次、森林灭火、防洪抢险演练1次。开展劳保、民政、残联、卫计等工作。

【乡村振兴】 做好脱贫攻坚防返贫动态监测，确保143户、379名贫困对象真脱贫不返贫。完成改水改厕约1110户，完成大环线两侧违建拆除和屋顶改造，打造“最美庭院” 102户，绿化提升7000米，安装路灯168组。

依托岷江现代农业园区建设，流转土地1200公顷，土地流转率95%以上，建成杂柑、红心柚、花卉等种植基地，引进凤鸣花谷、百谷农旅等一三产融合企业。推进集体资产股份制改革工作，涉农4个村（社区）成立股份制合作社，全面完成清产核资并建立台账。发挥金烛村万水碾自然禀赋和区位条件优势，盘活闲置建设用地1.33公顷，打造占地面积6.67公顷的“水舞金烛”乡村亲子旅游项目，2021年年底初步成形。

全面完成改水改厕约1110户，通过区级验收769户。提升村容村貌，完成乡村振兴大环线风貌屋顶改造233户、22836.7平方米，拆除彩钢88户、4989.5平方米，风貌改造喷漆193户、29769.71平方米，完成高速公路沿线风貌改造336户墙面约66000平方米，屋顶改造113户约20000平方米。完成老彭谢路、石回路、毛菱路道路绿化提升7000米，新民场路段道路绿化提升2000米，完成老彭谢路、毛菱路太阳能路灯安装168组。规划实施大环线内经开区至农业园区新建道路3600米。

【精神文明建设】 建设和完善休闲文化活动广场6个，书写墙体宣传标语20余幅，打造老年人活动中心4个，实现村村有农家书屋、村村有文化活动室。完成庭院打造102户，重点打造“最美庭院”10户。弘扬中华传统美德，评选区级孝子1名、区级寿星1名，星级文明户46户。

巩固全国文明城市、国家卫生城市先进集体成果，完成背街小巷改造8条15020余平方米，增设停车位280个。深化“包保部门＋社区共建＋片长制”管理模式，推广“网格吹哨、部门报到”扁平化管理。对照国检标准，建立健全市、区、街道、村（社区）四级整改台账，严格实行“一整改、二曝光、三扣分、四问责”工作制度，模拟测评反馈和各级督查指出的问题，整改问题2500余个，约谈、问责工作不力的干部5名，解决卫生死角、乱搭乱建、乱停乱放等群众反映强烈的难点性问题。整合村（社区）及包保部门力量，完成全覆盖入户宣传12轮，开展周五志愿服务活动481次。

2021年9月14日，区委书记黄秀航（前左一）一行到城中社区检查“双创”工作（凤鸣街道供图）

【老旧小区改造和管理】 实施“六步七化”老旧小区改造流程及标准，全年共完成改造任务95个，工务段小区、银杏苑小区被列入全省老旧小区改造试点小区。老旧小区管理。实施“连片打包”物业模式，多个小区打包聘请一家物业公司的方式进行统一管理，破解老旧小区物业管理缺失难题，引进物业的老旧小区居民满意率由原来的40%提升到95%以上。

2021年3月29日，省住房城乡建设厅党组书记、厅长何树平（中）到彭山区调研城镇老旧小区改造、房屋建筑安全风险排查整治（凤鸣街道供图）

【疫情防控】 组织街道干部、社区“两委”、网格员、志愿者等对返彭人员开展地毯式摸排走访工作，做好重点场所防控管理、疫苗接种、居家隔离人员服务等工作。制发居民疫情防控明白卡、疫情防控责任告知书等宣传资料3万余份，上门摸排走访3万余户、10万余人，排查公安推送重点信息4000余条。疫情防控期间，管控境外回彭人员203人，国内重点地区返回彭山人员945人，为居家隔离人员服务800余次，开展第一、二、三针疫苗接种工作，街道居民疫苗接种率98%。

【环境治理】 推进“河长制”工作，推进毛河、通济堰东干渠流域生活污水治理，关停“散乱污”企业6家，治理污水直排口11个，总体水质基本稳定在Ⅲ类水水质。重修江渔堤垃圾打捞点，对华西路板涵周边空地进行场地平整和绿化。加强烟花爆竹禁限放、秸秆垃圾、树枝杂草禁烧、禁止露天烧烤及露天熏制腊肉等巡查，严格巡查企业、作坊污染防治设施运行情况，提升空气质量。处理群众投诉环保问题37件，群众满意率94%。

【安全生产】 每季度带队排查并整顿安全隐患点230余处，确保全年无一起重特大事故发生。加强森林火灾风险普查、森林防火隐患排查，签订森林防火责任书，劝导文明祭祀。开展道路交通联合检查，针对重点区域、领域开展食品药品安全检查。加强汛期巡查、汛期值守，严格执行汛期24小时街道主要领导及值班领导双带班制度，开展河堤巡查，排查涉水桥、内涝等隐患46个，6户D级危房住户全部搬离。

【综治和禁毒工作】 办结四川省网上信访系统案件23件、人民网领导信箱和区长信箱留言69件，“12345”市长热线341件。

组建由公安、村（社区）“两委”、网格员共计205人构成的禁毒专干队伍，开展每晚“十点档”易涉毒场所巡逻行动1328次。组建春季“踏查”小组，结合无人机开展拉网式“春季”踏查铲毒行动。开展禁毒专项整治行动5次，处置涉毒刑事案件7起，涉毒行政案件23起，刑事处理9人，行政处罚40人，强制戒毒13人。对重点人群分类实施管控，对重点场所实行分级定档、分级管控，定期对重点区域进行地下污水毒情专业检测，对毒情指数异常区域的地下管网开展专业清淤工作。（陶 婷）

观音街道

【概况】 观音街道于2019年12月由彭溪街道和观音镇合并而成，街道面积4411公顷，耕地面积1292.3公顷，户籍人口56504人，辖3个村、6个社区。观音街道党工委下设9个党委、89个党支部，党员2226人。观音街道地处彭山区北面，北接青龙街道、南至兴铁宾馆、西临公义镇、东至岷江，是彭祖新城和高铁片区建设的主战场，是彭山对接成都一体化发展的桥头堡。2021年，观音街道获“眉山市抗击新冠肺炎疫情先进集体”“眉山市先进基层党组织”“眉山市全国文明城市暨国家卫生城市创建工作先进集体”“眉山市关心下一代工作先进集体”“彭山区乡村振兴工作先进集体”“彭山区基层社会治理工作先进集体”等荣誉称号。

2021年度眉山市彭山区观音街道简况表

表14

街道面积（公顷）	耕地面积（公顷）	年末户籍人口数（人）	社区居委（个）	村民委员（个）	居民小组（个）	村民小组（个）	财政收入（万元）	国内生产总值（万元）									城镇居民可支配收入（万元）	农民人均纯收入（万元）
								合计	第一产业	第二产业	第三产业	农业	林业	牧业	渔业	农林牧渔服务业		
4411	1292.3	56504	6	3	44	27	—	589815	19695	335450	234670	—	—	—	—	—	—	—

2021年观音街道各村（社区）基本情况表

表15

村（社区）	党组织书记村（居）委会主任	耕地面积（公顷）	户籍（户）	户籍总人口（人）	农（居）民人均可支配收入（元）	工农业总值（万元）	村（居）民小组个数（个）	总面积（公顷）	集体收入（万元）
果园村	李永伟	260.5933	2564	7046	31000	22000	11	686	42
椿巅村	杨洪利	120.3762	1209	4476	16000	0	6	460	2.9
文昌村	张钦龙	240.4	1922	5815	22000	5409	10	586	1
蔡山社区	曾正纲	0	4237	10593	43313.2	0	5	220	1.6
龙门桥社区	管世祥	0.7645	1895	5565	16500	0	6	299	0
毛店社区	叶文安	72.2553	1562	4161	22000	320	9	470	0.19
观音铺社区	曾政力	145.5593	3012	7012	21600	2500	9	822	20.28
兴崇社区	沈建康	260.5721	1520	4600	24800	4000	6	423	15
五湖社区	毛建飞	191.7793	2132	7236	21300	800	9	445	1.4

【组织机构】 依托村（居）民小组建立二级党支部86个，配备支部书记86人，其中村（居）民小组长与支部书记“一肩挑”43人，占比50%。完成村（社区）及机关发展党员33名。

【社会治理】 引入成都爱有戏社区发展中心、乐善社会服务中心和成都“螺丝钉”科技有限公司等社会组织和社会企业。毛店社区依托辖区锦江学院资源优势，打造“毛店创意创业孵化中心”和大学生志愿者服务站。观音铺社区按照“1＋5”架构，发挥社区干部、退休党员、能力乡贤、五老人员、商会会员的政治、经验、威望优势，组建以社区党委书记为队长的“站林子”工作队。培育“乐龄互助”志愿服务队，发挥基层党组织战斗堡垒作用和共产党员先锋模范作用，通过志愿服务助力疫情和城市长效管理工作。开展“星级文明户”评选活动和文明村镇（单位）创建工作，共推选星级文明户代表89名。

完成蔡山社区、果园村等5个村（社区）亲民化改造，观音铺社区新型活动阵地打造。蔡山社区、毛店社区获评全省基层治理示范社区。观音铺社区作为区党代会现场视察点位之一，获得全市优秀基层党组织荣誉，创建全国“扫黄打非”先进基层示范点。果园小区“五三模式”案例入选《全国乡村治理示范村镇典型经验》。

【安全生产】 开展冬春火灾防治、秋冬季道路交通安全整治“百日攻坚”大会战、危险化学品安全生产专项整治、易燃易爆物品专项巡查及整治、食品药品安全专项整治等工作，紧盯森林防火、道路交通、建筑施工、危险化学品、食品药品等重点行业领域，开展隐患排查治理，督促企业加大培训增强从业人员事故防范意识和处置能力，遏制重特大安全事故，稳定安全生产总体形势。出动宣传车辆

100余次，劝导明火祭祀人员30次，消除隐患8起；5名幼儿园校车驾驶员签订《预防重特大道路交通事故校车安全责任书》，开展交通劝导500余次，查纠违章行为150余起；与面包车、电动车驾驶员签订农村面包车交通安全管理责任书、彭山区农村道路交通安全承诺书1000余份；与重点企业、人员签订街道安全工作目标责任书21份；处理星辰中心地下车库违规存放危化品群众举报。

【环境整治】 抓好秸秆禁烧、环保问题整改等工作，开展污染防治。筹集资金16万余元专项工作经费，转运秸秆85车进行综合利用。街道各级河长共巡河200余次；利用快检试剂检测8次，快检仪器测水质7次；成立巡河打捞队伍9支；聘用巡河保洁人员31人；设置各类型拦渣点位4个；建成部队团部一体化生活污水处理设施，观音中小学等2处微动力生活污水处理设施。通过第二轮第四批中央生态环境保护督察。

【城乡建设】 共受理房屋改建重建申请45宗，新建、改建防水隔热层133宗，新占地建房1宗。现场调查改建重建45宗，新建、改建防水隔热层133宗。受理违建举报49宗，发出停工通知8份，限期整改通知41份，督促整改且符合要求的30宗，接待来访2宗，列入调查计划的2宗。拆除彩钢11515平方米，拆除其他违建1030平方米，更换树脂瓦39706平方米，更换琉璃瓦344546平方米，粉刷墙面31827平方米。完成农业产业园区环路、毛兴路、二桥引道、成乐高速公路等主要道路两旁民居风貌整治。

老旧小区改造项目总任务数8个，完成三中、三小教师住宿和凤鸣派出所改造项目3个，正在改造5个。完成北外街文化街区改造项目拆迁协议资料收集整理，接待群众来信来访20件，完成北外街项目涉及国家粮库私人住房的拆迁协议签订10户。高铁小区项目征地2.36公顷，需拆迁21户，签订协议20户。吾悦广场项目五湖社区8组（原大石桥4、5组）拆迁总户数148户，签订协议112户。水仙子项目拆迁全面完成。五湖四海项目推进拆迁收尾工作。

【民生保障】 录入修改各类系统信息10000余条，为2731名特殊老年人购买意外保险，为200余名退休人员办理独生子女增发养老金，办理生育服务证145本，组织450名老年人体检，完成214名特扶人员资金发放，临时生活救助35人次，发放救助金51760元，办理免除城乡居民丧葬减免177人次。

【乡村振兴】 发展阳光玫瑰等优质、高端葡萄品种，完成葡萄品改100公顷。新发展家庭农场28个，新增区级示范农场49个、市级示范农场20个。省级龙头企业天鑫农业发挥龙头企业力量，采取“公司＋专业合作社＋种植大户＋农户”的发展模式，实施“六个统一”，实现种植规模扩大，打通产业链。50余个业主通过“两权融资”及“农担贷”渠道，解决农业产业发展资金不足问题。完成农村厕所改造3137户，生活改水改造4427户，建成一体化污水处理设施6个。打通断头路3处1300米，硬化道路2100米，“黑化”道路2000米，“彩化”道路6400米，浆砌沟渠2200米，风貌整治388处，安装路灯268盏。

【全国文明城市和国家卫生城市长效巩固】 通过5次全国文明城市长效管理市级测评、3次区级测评，测评状况良好。完成50项网报指标的月报、季报、半年报工作。在蔡山社区逐步推进残协规范化建设试点工作。依托五级整体联动机制，结合“社区吹哨、部门报到”，坚持问题导向，紧盯8次市、区长效测评及每月督查反馈问题，举一反三整改问题60余个。结合老旧小区改造和基层治理工作，开展86个无物管小区综合巡查及整治20次，完善1个街道、4个城市社区、5个农村社区（行政村）及10个新时代文明实践站所共20个全国文明城市复评实地点位打造。结合城乡环境综合治理工作，每周开展背街小巷、城中村及城乡接合部环境卫生整治，维护集中整治成果，推进城市管理常态化。结合志愿服务工作，组织开展卫生清扫、文明劝导等包保志愿服务活动200余次。（雷　静）

江口街道

【概况】　江口街道由原江口镇、武阳镇于2019年乡镇行政区划调整合并而成，北连天府新区、南接东坡区，位于府河南河汇聚而成的岷江交汇处，街道面积81.78平方千米，其中耕地面积2814.54公顷，辖7个村、3个社区，总人口3.8万人，财政收入10933.11万元，农村居民人均可支配收入21963元。江口街道是彭山融入成都的北上“桥头堡”，被誉为“千里岷江第一镇”，是首批省级历史文化名镇、省级森林小镇、省级小城镇建设试点镇，茶场村成功入选四川省乡村旅游重点村。辖区内有张献忠江口沉银、汉崖墓博物馆、彭祖山、武阳故郡、宋代石龙等文化旅游资源。布局有水郡未来城、中日国际康养城、彭祖山风景区、江口水镇、江口沉银博物馆、汉崖墓博物馆等重大文旅项目，南方家居产业园有企业56家。

2021年度眉山市彭山区江口街道简况表

表16

街道面积（公顷）	耕地面积（公顷）	年末人口数（人）	社区居委会（个）	村民委员会（个）	居民小组（个）	村民小组（个）	财政收入（万元）	国内生产总值（万元）				农业生产总值（万元）						农民人均纯收入（元）
								合计	第一产业	第二产业	第三产业	合计	农业	林业	牧业	渔业	农林牧渔服务业	
81.78	2814.54	38000	3	7	23	48	10933.11	—	—	—	—	—	—	—	—	—	—	21963

2021年度江口街道各村（社区）基本情况表

表17

村（社区）	党总支书记村（居）委会主任	耕地面积（公顷）	户数（户）	总人口（人）	农民人均可支配收入（元）	工农业总值（万元）	村（居）民小组个数（个）	总面积（公顷）	集体收入（万元）
泥湾村	魏守良	389.62	1201	4102	—	—	6	649.35	0.73
土桥村	张文强	148.8	643	1854	—	—	4	302.6	3.5
永丰村	王正均	266	1061	3304	—	—	7	1360	4.6
茶场村	袁章洪	440	1927	5508	—	—	9	980	6.36
大塘村	陈国清	335.5	1141	3586	—	—	5	690	28
石龙村	杨选东	150.6	892	2542	—	—	7	790	1.15
江口社区	王凡	0	509	1050	—	—	5	2.5	0

续表17

村（社区）	党总支书记村（居）委会主任	耕地面积（公顷）	户数（户）	总人口（人）	农民人均可支配收入（元）	工农业总值（万元）	村（居）民小组个数（个）	总面积（公顷）	集体收入（万元）
双江村	李俊凯	157	1144	3219	—	—	8	1000	2.4
泉水社区	万友强	190.9	1702	6020	—	—	8	983	1.62
武阳社区	姜 伦	736.12	1834	1805	—	—	10	645	1.75

【产业发展】 建成永丰村江东果蔬基地，延长片区柑橘产业链条，辖区内柑橘种植面积86.67公顷，产量7487吨，产值1.8亿元。推进柑橘产业集约化、技术化发展，培育孔雀山庄、丰桔苑、橘香苑等省、市、区级示范家庭农场44家。南方家居产业园内有企业56家，其中规模以上企业12家，另有农产品加工企业3家，年产值共计24.2亿元。依托彭祖山、汉崖墓、江口沉银博物馆等重点文旅资源，以特色民宿——盘桓小筑为样板，推进江口文旅、康养度假区建设，茶场村成功入选四川省乡村旅游重点村镇。

【重点项目】 完成环天府新区快速通道、岷江大桥、环湖东路、尖子山航电等重点交通项目66.67公顷土地征收及280户拆迁工作。完成水郡未来城、中日康养城项目共733.33公顷集体土地征收及2862户拆迁工作。完成彭祖山改造提升，通过国家AAAA级旅游景区省级资源评估，江口沉银博物馆主体工程建设过半，汉崖墓博物馆建成开馆。提高征拆家庭基本生活保障，推进征地农转非人员参保征收，中日康养城项目参保363人，蜀郡东岸项目参保272人，环湖东路项目参保170人，水郡未来城项目参保4652人。完成茶场长寿旅游小镇安置区二期112套安置房分配，完成武阳安置区922套安置房分配，改善征拆家庭居住条件。

【人居环境整治】 街道驻村工作组下沉村社逐一入户，严把标准、规格、质量关口，完成改水改厕3588户，建设公共厕所3个。开展河道打捞34次，河道清理5次，清理沟渠20余千米，巡查街道38个排污口和67个黑臭水体点位。全面检查辖区企业21家，责令停产整顿3家，落实中央、省环保督察交办及区环保自查8个问题的整改。集中开展私搭乱建等违建拆除行动，完成乡村示范点环线墙面风貌改造241户、27652平方米，拆除违建52户、2830平方米，改造层面96户、11750平方米，打造“最美庭院”69户。

2021年6月6日，江口街道泥湾村召开改水改厕工作推进会（江口街道供图）

【安全生产】 排查整改企业安全隐患286处，关停非法生产和存在重大安全隐患企业23家，排查道路交通安全隐患17处，整改完成15处，完成35处临水路段警示标志标牌安装，投入约210万元资金对各村社道路隐患点进行整治。地灾防治不留死角投入143万元资金对江口社区老派出所地质灾害点进行整治，协助完成原永利干家湾、永利3组张志元及原凯旋7组苏飞的地质灾害治理。对茶场村5组和泥湾村

6组及新增4处灾害点的受威胁群众进行避险搬迁，共计53户、141人。

【防汛抢险及森林防火】 制定2021年度防汛工作方案，落实“三定五包”责任制。开展隐患排查，对全域9座水库进行检查，提前腾出库容；排查农房5853户，发现隐患房屋105户并妥善安置；所有船只全部按要求登记上岸，劝离河道垂钓、戏水人员312人次；加大物资储备清点更新；选调85人组建街道应急抢险队伍，开展防汛演练13次；组织开展业务培训3次，明确专人巡山查哨，加大隐患监测，落实防汛值班。

明确街道站所、各村（社区）森林防火工作责任，做到定岗、定责、定人。强化隐患处置，严格火源管控，设置森林防火检查卡点18个，全天候开展进山人员火种排查，抓实21名巡山员打卡巡逻，全面排查发现并整治林下堆积物、清理路旁杂草、树枝压迫高压线等隐患。开展森林防灭火演练11次，以演代训，完成森林防灭火物资、器械储备及使用培训。加强防火宣传，提倡文明祭祀，提高群众防火意识，处理野外用火1次，全年无一起事故发生。

【政务服务】 江口街道便民服务中心是全市率先推行政务服务“好差评”国家标准试点，成功创建全省首批示范便民服务中心。完成泥湾、大塘、双江3个村的党群服务中心亲民化改造，打通服务群众的“最后一米”。

【社会保障及农民工服务】 完成锦江大道补征地10人、环天府新区快速通道补征地5人农转非人员参保征收，解决协调26起拖欠工资的事件，共计追回农民工工资349万元。推进低保兜底、救济救助、特困护理、残疾人救助等各项救助兜底。完成泥湾村养老服务中心建设及运行，泉水社区老年活动中心建设，保障社会民生。

【组织建设】 巩固深化乡镇行政区划和村级建制调整改革成果，完成村（社区）“两委”换届选举，吸纳优秀网格员7名充实村社区“两委”班子，选优配齐村（社区）常职干部62名，其中大专以上学历68%，党组织书记、村（居）委会主任“一肩挑”100%，动态储备村级后备力量28名。推进村（居）民小组党支部设置，完成69个村级二级支部委员选举工作，先行先试完成2个安置小区党支部设置，初步构建“街道党工委—村党委/党总支—党支部—党小组”四级党建引领机制，提升党组织覆盖面。（郑婷婷）

谢家街道

【概况】 谢家街道俗称谢家场，原系清代时谢姓人家在此设店经商，后因住户增多，成了集市而得名，素有“搬不空的谢家场”之美称。街道囊括四川彭山经开区核心区，地处成都平原南部，距城区约7000米。街道面积8323公顷，辖6个村、2个社区，人口4.3万人。境内交通十分便利，成乐高速新出入口直抵境内，成眉工业大道横贯全境，迎宾大道提档升级。产业发展不断向好。境内以平原和丘陵为主，产业主要为水稻制种和中药材、晚熟柑橘、猕猴桃等。街道领导践行“我为群众办实事”。全面推行书记领办基层项目，通过建设精品项目，建立14个“我为群众办实事”项目清单，推进党群服务中心亲民化改造。石山村、汉安村等4个村（社区）纳入基层治理示范点建设，7个村（社区）完成亲民化改造。落实惠民政策，发放各项惠民资金1330余万元。加强队伍管理，通报批评3人次，办理信访案件1起，纪律处分8人，其中党内警告7人、开除党籍1人。谢家街道地区生产总值（GDP）12.04亿元，固定资产投资4亿元，招商引资2亿元，工业产值1.28亿元，人均可支配收入24492元。通过审计署扶贫项目审计工作，获得省级脱贫攻坚先进集体称号；乡村振兴工作得到省级肯定，悦园村获得2020年度四川省乡村振兴先进示范村称号，石山村获得2020年度眉山市乡村振兴先进示范村称号；谢家街道和谢家场社区获得市级抗击新冠肺炎疫情先进集体称号。谢家街道获得省级安全社区（2021—2023年度）称号，悦园村获得2020年度省级“六无”、市级“七无”平安村称号，邓庙村获得2020年度市级“七无”平安村称号。受到表彰共计31个。

2021年度眉山市彭山区谢家街道简况表

表18

街道面积（公顷）	耕地面积（公顷）	年末人口数（人）	社区居委会（个）	村民委员会（个）	居民小组（个）	村民小组（个）	财政收入（万元）	国内生产总值（万元）				农业生产总值（万元）						农民人均纯收入（元）
								合计	第一产业	第二产业	第三产业	合计	农业	林业	牧业	渔业	农林牧渔服务业	
8323	4621	43652	2	6	26	44	17689.8	105553.49	40511.53	36573.53	28468.43	40511.53	21801.57	4480.48	4887.31	6082.71	3259.46	21427

2021年度谢家街道各村（社区）基本情况表

表19

村（社区）	党总支书记村（居）委会主任	耕地面积（公顷）	户数（户）	总人口（人）	农民人均可支配收入（元）	工农业总值（万元）	村（居）民小组个数（个）	总面积（公顷）	集体收入（万元）
汉安村	张永宏	870	2415	7651	23000	3000	8	870	3.6
石山村	骆洪刚	329.58	1526	5006	20200	2100	6	906	10.78
邓庙村	李继	314.4	1252	3274	23580	210	10	1178	3.18
李山村	万细玲	336.33	1236	3558	21000	1300	7	1030	63.68
悦园村	李春华	527.33	102	2046	13200	3400	10	1650	22.7
岐山村	张进	264.47	559	1568	14165	1400	3	520	6.3
谢家场社区	赵利德	187	4685	11029	22658	3968	18	980	2.25
义和场社区	谢仕威	932.87	2061	6224	22000	2600	8	860	8.2

【村（社区）换届】 完成8个村（社区）“两委”换届工作，村（社区）书记主任全部实现“一肩挑”，现任村干部平均年龄42.5岁，大专以上学历占73.8%；二级支部实现“一肩挑”比例占67%；新发展党员32名。通过党建引领、群众参与，回引“硕士农民”刘沈厅、高校教师向珊等一大批优秀农民工，动态储备后备干部18名。

【项目建设】 推进宝能高端制造产业等项目，全面完成宝能高端制造产业项目30.56公顷，四川彭山经济开发区安置房三期项目13.87公顷、经开区消防站2.25公顷征地拆迁任务、谢家街道工业大道西侧加油站项目1.97公顷，共计倒房580余栋。杉杉新能源新材料项目主动对接经开区了解征地意向面积，前期对拟征地区域提前谋划，通过走访进行摸底，了解征拆安置愿望，梳理风险点“定锚”化解，推进项目用地，顺利在1月4日举行全省重大项目开工仪式。年初，引进占地面积25.33万平方米、建筑总面积3.5万平方米的德康农牧科技有限公司谢家规范化种猪场项目，总投资1.26亿元，2021年年底全面完工，设备设施安装到位。投产后，存栏能繁母猪5000头、公猪60头，年出栏仔猪12万头。污水处理厂湿地公园、污水处理厂进出场通道和石山村环线建设等民生项目竣工投用。围绕“双创”工作，开展“五乱二线”治理、“基础设施”提升、“试点示范”创建三大行动，成功创建全国卫生乡镇。

【产业发展】 发展绿色特色农业，实现稻药园区1133.33公顷。发展特色产业猕猴桃，种植面积466.67公顷，挂果面积401.8公顷，主要有红阳、金艳、红什2号等7个品种，实现每公顷产值27万元，总产值8.2亿元。种植优质柑橘1276.47公顷，主要种植有爱媛38号、春见、沃柑、金秋砂糖橘等。种植葡萄79.55公顷，草莓8.67公顷，桃李133.33公顷；完成“绿荫彭山、全域增绿、美化乡村”任务；完成6个村2个社区的集体资产股份制改革工作。谢家街道有蓉兴化工、应林集团川西化工、三和集团等9家企业，主要以生产芒硝、混凝土添加剂为主。第三产业借力战备水库、邓庙村宅基地改革等原有生态环境，推进乡村旅游基础设施建设，探索一、三产业融合发展。培育新型职业农民，创立“丹蕖”“悦园”等4个猕猴桃品牌，做好猕猴桃产业的提档升级，构筑好猕猴桃产业链的延伸发展，石山学堂、毛河院子与三产旅游、招商引资相结合，增加村集体经济收入。谢家猕猴桃被农业厅认证为“无公害农产品”。争取上级资金3000万元打造高标准农田，采取“企业+农户”的模式，推进猕猴桃园区、稻药园区高质量持续发展。

【安全生产】 完成安全社区复评工作，开展安全隐患排查，对发现重大安全隐患7个全部整改完成；开展风险辨识、分级管控和隐患排查治理，形成“一企一清单”的安全生产清单制管理工作；开展安全生产月活动，制作安全生产宣传资料，向群众普及安全知识；建立应急救援队伍和9个乡村应急避灾安置点，如遇灾情及时救援和疏散；针对辖区内交通、涉水、森林防火、工矿企业等重点领域全方位监管，全年未发生一起安全事故。

【乡村振兴】 实施乡村振兴战略，聚焦“六个有”（有产业、有颜值、有底蕴、有秩序、有保障、有活力），做好交通环线建设、产业升级、城乡环境综合整治等工作，集中力量培育主导、品牌产业，形成规模化成片化产业集聚，实现乡村全面振兴。以农村垃圾、污水治理和村容村貌整治为突破口，实现乡村人居环境的改善，实施河道打捞、家庭院落整洁、臭水沟渠治理、院墙住房粉刷、重要节点景观打造、绿化亮化等城乡环境提升行动。将传承文化作为突破口，探索实现乡村繁荣新路径，推进市、区级乡村振兴先进示范村创建工作，将富民增收作为落脚点，探索推进产业振兴新模式，推动乡

2021年11月17日，市级乡村振兴战略工作考评

（谢家街道供图）

2021年12月21日，谢家街道党工委、街道办和市环保局领导视察邓庙村富堰河　（谢家街道供图）

村地区走上以特色产业为基础的乡村振兴之路。落实好脱贫攻坚与乡村振兴衔接，获得省级脱贫攻坚先进集体称号。对699户、1916人实行管理和帮扶，先后对全街道农村人口防返贫机制全覆盖排查，新增防返贫监测对象5户、14人，落实帮扶措施和帮扶责任人，确保“两不愁三保障”顺利达标。启动实施乡村振兴战略等各类项目共计44个，项目总投资约4800万元。其中，乡村振兴战略项目21个，产业基础设施发展项目5个，民生实事项目13个，生态环境改善项目5个。截至2021年年底，完成项目实施40个，完成投资约2980万元，剩余4个项目正在有序推进中。

做好省级乡村振兴先进县创建工作，完成全区乡村振兴6月拉练现场会。争取上级资金850余万元，围绕区级乡村振兴环线实施谢家湿地公园、石山学堂、毛河院子养老服务等乡村振兴项目共计23个。打造谢家湿地公园、石山学堂、毛河院子、悦园村猕猴桃文化广场、老杨庙村综合文化站5个区级环线点位，完成实施项目17个。通过街道与各村（社区）签订质量监管责任书，工匠到村备案、登记，并作质量承诺书，街道改水改厕专职干部每天下村抽查，驻村组与村共同参与验收。完成改水4800户，完成率95.01%，完成改厕2667户，完成率95.22%。在邓庙村开展农村宅基地改革试点工作，先后召开村民代表大会和户长会，通过《邓庙村农村宅基地资格权认定办法》《宅基地有偿使用办法》《宅基地自愿有偿退出实施方案》等10项决议，确定农村宅基地资格权3184人并形成台账进行动态化管理。

实施乡村振兴大环线风貌改造，推进违建拆除工作，统筹房顶、外墙改造工作，并结合庭院整治项目，“由里到外”优化人居环境。巩固“双创”成果，督促各村（社区）成立环境卫生治理领导小组，落实保洁人员、垃圾转运员，实行辖区网格化管理，开展街道环境卫生、停车秩序及市场治理工作。经市长效办委托第三方机构评估，谢家街道评估分取得排名全区并列第一，第二季度全市街道及乡镇排名第一成绩。依托开展“星级文明户”“美丽庭院”等评比活动，建立农村人居环境卫生整治长效机制，推进谢家街道、义和场社区分别争创乡村振兴市级示范街道、示范村，邓庙村争创区级示范村。

【生态环保】 检查企业9家，共计100余次，其中查处关停偷排漏排企业2家，妥善处理环保投诉信件5起，协助小微企业污水排放口登记共计53家，为后期小微企业污水排放口登记奠定基础。排查黑臭水体123处，全街道做到无一处黑臭水体。投入资金8.8万元对3条主要河道进行淤泥清淤、河道漂浮物打捞，共计清淤2900米，清理河岸垃圾和河面漂浮物25.5吨，协助上级部门开展毛河流域水质抽样检查共计300余处。利用街道、各村（社区）宣传车，在主要路口、田间地头广播宣传禁烧通告，在毛河流域安装进行水质监测设备7处，实时监控水质情况，落实河道专人保洁，负责毛河流域、通济堰、白马河等日常治理。投入和昌尾矿整治资金约60万元，应林川化工尾矿整治及覆土复绿投入资金150万余元，对关停的新宇涛泡菜厂盐积池污水进行转运和无害化处理，并对群众反映强烈的岐山村黑水虻场进行关停，对义和社区猪鬃厂进行断电处理。发放秸秆禁烧宣传资料，与村社签订禁烧工作目标责任书，再以村为单位与社签订责任书，与农户签订承诺书，层层落实禁烧责任。　（王　琪）

人　物

2021年眉山市彭山区党政群机关及其工作部门负责人任免名录

中共眉山市彭山区委

书　记：黄秀航
副书记：郭　红（2月止）
　　　　杨　静（2月起）
　　　　张　瑾（9月起）
　　　　郭建华（9月止）
　　　　黄　丽
常　委：李忠云（9月止）
　　　　郭　益（9月止）
　　　　张　川（9月止）
　　　　伍　懿（9月起）
　　　　彭盛东
　　　　廖　鹏（9月起）
　　　　王　松
　　　　梁　兰
　　　　徐　国（9月止）
　　　　冷劲涛（9月起）
　　　　李昇锦（9月起）
　　　　泽仁郎加（12月止）
　　　　唐国勇

眉山市彭山区人大常委会

党组书记：杨兴弘
主　任：杨兴弘
党组副书记：郭　茂（12月止）
　　　　　　游德华（12月起）
副主任：郭　茂（11月止）
　　　　胡志中（11月止）
　　　　钱　军（3月起）
　　　　游德华（11月起）
　　　　余　波（3月起）
　　　　李建伟（11月起）

专职委员：丁　越（11月止）
郑发启
廖志强（11月起）

眉山市彭山区人民政府

党组书记：郭　红（4月止）
杨　静（4月起）
区　长：郭　红（3月止）
杨　静（3月起）
党组副书记：李忠云（9月止）
王　松（9月起）
常务副区长：李忠云（9月止）
王　松（11月起）
副区长：廖长明（9月止）
游德华（11月止）
泽仁郎加（12月止）
王　胜
李昇锦（11月止）
周　浩
刘江涛（9月起）
周泽轩（9月起）
钟　华（11月起）

眉山市彭山区政协

党组书记：杨　红
主　席：杨　红
党组副书记：王　松（9月止）
彭盛东（9月起）
余利平
党组成员：许宏连
罗建斌（7月止）
宁　武（7月起）
骆志强（11月止）
罗鸿翔（1月起）
副主席：卓德松（3月止）
喻　旭（11月止）
毛太忠（11月止）
王　娜（3月止）
罗鸿翔（3月起）
赵　锐（6月起）
唐维苑（11月起）
秘书长：罗建斌（11月止）
宁　武（11月起）

纪律检查委员会

书　记：徐　国（9月止）
伍　懿（9月起）
副书记：任　柱
杜远虑
王婧筱（7月止）
常　委：张锦刚（7月止）
李　慧
向东平（7月止）
张志浩
马　强（9月起）
汪静飞（9月起）

合署办公机构

监察委员会

主　任：徐　国（3月起，9月止）
伍　懿（11月起）
代理主任：徐　国（3月止）
伍　懿（9月起，11月止）
副主任：任　柱
杜远虑
监委委员：张锦刚（7月止）
张志浩
刘芩宇（7月止）
马　强

冯　阳（11月起）

李　刚（11月起）

工作机构

组织部

部　长：舒　心

宣传部

部　长：杜风兵

办公室

主　任：（空缺）

党风政风监督室

主　任：汪静飞

案件审理室

主　任：刘芩宇（7月止）

信访室

主　任：（空缺）

案件监督管理室

主　任：（空缺）

第一纪检监察室

主　任：唐乙中

第二纪检监察室

主　任：冯　阳

第三纪检监察室

主　任：王　琴

第四纪检监察室

主　任：李　刚

派出机构

派驻区级部门纪检组

派驻区委办公室纪检监察组组长：游　雨

派驻区政府办公室纪检监察组组长：谌　兵

派驻区卫生健康局纪检监察组组长：

周　慧（7月止）

潘建兵（7月起）

派驻区委政法委纪检监察组组长：周　艳

派驻区委组织部纪检监察组组长：孙维炜

派驻区农业农村局纪检监察组组长：赵　轲

派驻区发展改革局纪检监察组组长：尹　刚

派驻区教体局纪检监察组组长：刘利平

派驻区住建局纪检监察组组长：盛晓波

派驻区公安分局纪检监察组组长：方　强

区委巡察办

主　任：吴　勇

副主任：胡晓斗（10月止）

赵　普（10月起）

区委第一巡察组

组　长：刘建军

副组长：徐永平

区委第二巡察组

组　长：游利琼

副组长：易建兵（7月止）

刘琴英（7月起）

区委第三巡察组

组　长：徐忠伦（7月止）

张锦刚（7月起）

副组长：高　勇

法　院

党组书记：田利军

院　　长：田利军（3月起）

代理院长：田利军（3月止）

常务副院长：周　文

副院长：张　梅（12月止）

陈　毅（12月起）

徐　惠（12月起）

政治部主任：张　英

人民法院执行局

局　长：谌　英

人民法院审判委员会

专职委员：段利霞（2月止）
　　　　　彭　明

青龙法庭

庭　长：李昌莹（7月止）
　　　　李　彬（7月起）

江口法庭

庭　长：邓　艳（7月起）

检察院

党组书记：龙　科（8月止）
　　　　　毕旭齐（8月起）
检察长：龙　科（9月止）
　　　　毕旭齐（11月起）
代理检察长：毕旭齐（9月起，11月止）
常务副检察长：徐惠林
副检察长：袁　玲（12月止）
　　　　　张　翔（12月止）
　　　　　毕旭齐（9月起，11月止）
　　　　　王　利（12月起）
　　　　　陈远萍（12月起）
政治处主任：张景遥

检察委员会

专职委员：王　利（11月止）
　　　　　李卫兵（11月止）
　　　　　袁　玲（11月起）

青龙镇派驻检察室

主　任：（空缺）

牧马镇派驻检察室

主　任：郭　武

区委办（区委政研室、区委保密机要局、区档案局）

主　任：周明强（兼档案局局长）
副主任：胡　水
　　　　夏海朝（4月止）
　　　　刁　阳
　　　　李沁阳（12月起）
区委机关党委书记：漆　影
总工程师：付玉龙

公务服务中心

主　任：张　海（12月止）
副主任：杨洪水

保密机要局（区委办挂牌）

局　长：胡　水
副局长：李　毅（2月止）
总工程师：黄光伟（4月止）
保密技术检查中心主任：龚开福（4月止）

区委组织部

部　长：张　川（9月止）
　　　　廖　鹏（9月起）
常务副部长：谢玉民（4月止）
　　　　　　先张玉（4月起）
副部长：袁凌铃
　　　　张怀庆
　　　　先张玉（4月止）
　　　　王晨蕾（4月止）
　　　　袁杰科（4月起）
　　　　贺　建（6月起）
　　　　汪　欢（4月起）
部务委员：刘舒蕾（6月止）
　　　　　袁杰科（4月止）

区直机关工委

书　记：张　川（9月止）
　　　　廖　鹏（9月起）
副书记：周天翔（4月止）

党建办

主　任：袁杰科（4月起）

非公有制经济组织、新社会组织

党工委书记：先张玉（4月止）
　　　　　　贺　建（6月起）

远教中心

主　任：梁卫东（10月止）
　　　　杨　鑫（11月起）
副主任：朱　玲（12月止）

人才工作服务中心

主　任：曾卫平
副主任：金琳琳

公务员局

局　长：王晨蕾（4月止）
　　　　汪　欢（4月起）

区委宣传部

部　长：梁　兰
常务副部长：胡凤翔
副部长：李永轶
　　　　夏海朝（4月起）
部务委员：唐　杨

区委对外宣传办公室

主　任：夏海朝（4月起）

区政府新闻办公室

主　任：任　柱（1月止）
　　　　夏海朝（4月起）

区委对外宣传新闻中心

主　任：徐莉莉

精神文明办公室

主　任：李永轶

社会科学界联合会

主　席：钟　华

文学艺术界联合会

主　席：袁志福

长寿文化研究所

所　长：宁　莉
副所长：李　桃
　　　　温选鹏

互联网信息办公室

主　任：任　柱（1月止）
　　　　夏海朝（6月起）

区委统战部

部　长：王　松（9月止）
　　　　彭盛东（9月起）
常务副部长：曾　进（9月止）
　　　　　　闵昌迪（9月起）
副部长：刘晓冬
　　　　李国廷
　　　　苟洪平
部务委员：张　鸥

民族宗教事务局

局　长：李国廷

侨务和港澳台事务办

主　任：苟洪平

区委政法委

书　记：郭　益（9月止）
　　　　冷劲涛（9月起）
常务副书记：徐　敏（11月止）
　　　　　　付卫平（11月起）
副书记：王　胜
　　　　成红敏
　　　　陈文涛
专职政法委员：何　霞
政治部主任：付慧林

法学会

专职副会长：王　军
秘书长：吴正维

多调中心

专职主任：杨海霞（12月止）

网格化服务中心

主　任：徐丽红（11月止）

　　　　杨海霞（12月起）

副主任：周　容

区委机构编制委员会办公室

主　任：袁凌铃

副主任：陈跃武

　　　　李怡媛

机构编制信息中心

主　任：（空缺）

信访局

党组书记：傅　艳（9月止）

　　　　　冯雅琴（10月起）

局　长：傅　艳（11月止）

　　　　冯雅琴（11月起）

副局长：冯雅琴（9月止）

　　　　代建辉

群众接待中心

副主任：何李霞

信访群众疏导调解中心

专职副主任：刘红霞

老干部工作服务中心

主　任：肖　敏

副主任：陈迎春

目标绩效中心

主　任：颜　菱（11月止）

副主任：曾　鑫

　　　　徐　勇

党　校

校　长：张　川（9月止）

　　　　廖　鹏（9月起）

常务副校长：王海英（10月止）

副校长：刘先清（2月止）

　　　　胡发军

　　　　向国彬

彭山乡村振兴学院

院　长：王海英（10月止）

副院长：胡发军

　　　　谢延平

眉山乡村振兴学院

院　长：王海英（4月起，10月止）

副院长：胡发军（4月起）

　　　　向国彬（4月起）

　　　　谢延平（4月起）

档案馆（党史和地方志编纂中心）

党组书记：辜　欣

馆长、主任：辜　欣

副馆长、副主任：徐　丽（4月止）

　　　　　　　　帅　辉（11月止）

　　　　　　　　刘黔玲

　　　　　　　　朱　玲（12月起）

总工会

主　席：王　松（10月止）

　　　　彭盛东（10月起）

党组书记：郭　平（12月止）
张　海（12月起）
常务副主席：郭　平
副主席：张洪良
康红艳

共青团眉山市彭山区委

书　记：许　蕾
副书记：张潇丹
余　佳
张景遥（9月起，挂职一年）
刘沈厅（11月起，挂职一年）

妇　联

党组书记、主席：巫燕平
副主席：黄　丹
段艳梅

科　协

主席、党组书记：郭　韬
副主席：唐　红（2月止）
陆晓辉
徐　东（10月起）

工商联

主　席：毛太忠（4月止）
许　鸣（4月起）
党组书记：刘晓冬
常务副主席：刘晓冬
副主席：陈　建（12月止）
孙　政（12月起）

残　联

理事长、党组书记：游德成（9月止）
曾　进（9月起）
副理事长：钟　铨（11月止）
梅晓佳
陈晓娟（12月起）

红十字会

会　长：彭盛东（10月起）
常务副会长：李　燕
秘书长：梁留彬（10月止）
谢　丽（10月起）

人民代表大会机构

法制委员会

主任委员：袁贵洪
专职副主任委员：刘　莉
副主任委员：黄　丹（11月止）

经济委员会

主任委员：杨开华（11月止）
徐忠伦（11月起）
专职副主任委员：梁卫东（11月起）

监察和司法委员会

主任委员：熊志红
专职副主任委员：金玉群（11月止）
唐俊刚（11月起）

预算委员会

主任委员：曾　理（11月止）
喻建勇（11月起）
专职副主任委员：徐渝嘉

教育科技文化卫生民族宗教委员会

主任委员：方廖华（11月止）
彭忠卫（11月起）

专职副主任委员：宁　武（7月止）
王　瑶（11月起）

农业与农村委员会

主任委员：凌茂君（11月止）
邓　兵（11月起）

专职副主任委员：杨正朝（7月起）

城乡建设环境资源保护委员会

主任委员：李　勇

专职副主任委员：罗洪刚

社会建设委员会

主任委员：伍建国

专职副主任委员：邓　兵（11月止）
毛丽沙（11月起）

副主任委员：袁建伟（11月止）

人大常委会工作部门

办公室

主　任：彭忠卫（11月止）
葛开红（11月起）

副主任：王　瑶（11月止）
王　嫦
陈　宇（11月起）

人事代表外侨工作委员会

主　任：胡小丁（11月止）
王海英（11月起）

副主任：梁　莉（11月止）

研究室

主　任：邓志勇（11月止）
蔡贵明（11月起）

副主任：陈　宇（7月起，11月止）
胡晓斗（11月起）

政府办公室

党组书记：钟　阳（2月止）
张　勇（2月起，9月止）
陈小军（9月起）

主　任：钟　阳（2月止）
张　勇（2月起，11月止）
陈小军（11月起）

副主任：江李梅
傅　艳（9月止）
罗建超（6月起）
冯雅琴（10月起）

政府机关党委书记：彭国英

政府信息及提案建议办理服务中心

主　任：蔡贵明（10月止）

副主任：汪　欢（4月止）

机关事务中心

主任、党组书记：巨晓峰（11月止）

副主任：周　静

行政学校

校　长：张　川（9月止）
廖　鹏（9月起）

常务副校长：王海英（10月止）

副校长：刘先清（3月止）
向国彬
胡发军

发展和改革局

局长、党委书记：熊　念（12月任区粮食和物资储备局局长）

副局长：曾大勇
佘　毅
余康林（12月止）
罗善超（12月止）
何怡瑶（12月起）

机关党委书记：张 玲

项目工作推进中心

副主任：黄 庆

杜 艾

价格认证中心

主 任：杨志伟

经济和信息化局

局长、党组书记：陈小军（2月止）

曾 敏（2月起）

副局长：成 钢

盛 帅

总经济师：张艳红（11月止）

姜 坤（11月起）

教育和体育局

局长、党委书记：罗鸿翔（2月止）

王仲文（2月起）

副局长：许 勇（9月止）

曾明华

帅 锋（11月起）

党委副书记、机关党委书记：

张海鹏

科技和数字经济发展局

党组书记：余卫斌（11月止）

颜 菱（11月起）

局 长：余卫斌（7月止）

许 鸣（7月起）

副局长：黄建波（4月止）

陈雅利（3月起）

周天翔（4月起）

大数据和信息技术服务中心

主 任：郭力滔

彭山区公安分局

党委书记：王 胜

局长、督察长：王 胜

政委、党委副书记：黄 耀

副政委：程 轲

赵建春

常务副局长：刘良贵

副局长：袁智勇

陈钇光

机关党委书记：干 艳

政治处

主 任：邓 剑

国保大队（更名为政保大队）

党委委员、大队长：徐成武（4月止）

民政局

局长、党组书记：潘 勇

副局长：彭 佳

谢勤快

退役军人事务局

党组书记、局长：易 雨

副局长：李 洪

赵红军

退役军人服务中心

主 任：陈 林

司法局

党组书记：谢 红（9月止）

傅 艳（9月起）

局 长：谢 红（11月止）

傅　艳（11月起）
副局长：陈建华
杨　坤
江　山（4月止）
李　拓
政治处主任：高其平
江口街道司法所所长：杨琳琳
凤鸣街道司法所所长：文　雯
观音街道司法所所长：谢　黎
谢家街道司法所所长：伍　涵（11月起）
黄丰镇司法所所长：童凤莉（6月起）
公义镇司法所所长：岳品忠（6月起）

财政局

党组书记：余　波（2月止）
陈小军（2月起，9月止）
曾淑敏（9月起）
局　长：余　波（2月止）
陈小军（2月起，11月止）
曾淑敏（11月起）
副局长：黄敬涛
任一珊（7月止，挂职）
邓吉炯（12月起）
总会计师：邓吉炯（12月止）
机关党委书记：潘　倩

财政评审中心

主　任：张小洋

政府与社会资本合作中心

主　任：倪　瑞（6月止）
卢　超（10月起）

国有资产和金融工作局

局长、党组书记：刘庆伟
副局长：张代君
黄茂珂（6月止）
张艳红（11月起）

国资金融服务中心

主　任：倪　瑞（6月起）
副主任：夏　萌

人力资源和社会保障局

局长、党组书记：张怀庆
副局长：温　晓
张　维
机关党委书记：王学江

就业服务中心

主　任：毛沛恒
副主任：彭　凯

社保中心

主　任：罗　涛（11月止）
余卫斌（11月起）
副主任：蒋　洋
侯　娅

劳务开发暨农民工服务中心

主　任：梅智勇

医疗保障局

局长、党组书记：刘　跃
副局长：陈　波
周　影（12月止）
吴定威（12月起）

医疗保险中心

主　任：丁诗韵
副主任：曾　萍

自然资源和规划局（挂林业局牌子）

局长、党组书记：潘　淼

副局长：方志良
李艳芬
倪 杨
机关党委书记：袁雪梅

城乡规划中心

主 任：罗 尧（12月止）
副主任：何志良（3月止）
黄 杰
朱镜江（3月起）

不动产登记中心

主 任：吴 宁

土地储备中心

主 任：朱镜江（3月止）
何志良（3月起）

测绘地理信息中心

主 任：何剑锋

彭山生态环境局

党组书记：蹇俊超
局 长：欧乙成
副局长：李红霞
罗 云（7月起）
总工程师：张冀川

彭山生态环境保护综合行政执法大队

大队长： 欧乙成（7月起）

彭山生态环境监测站

站 长：杨长林

住房和城乡建设局

局长、党组书记：张 奇（2月止）
吴 洪（2月起）
副局长：单兵权
林中飞
总工程师：（空缺）
机关党委书记：唐 嘉（11月止）
冯南溪（11月起）

房地产服务中心

主 任：夏礼俊（11月止）

人防办

主 任：张 奇（2月止）
吴 洪（2月起）

市政服务中心（路灯服务中心）

主 任：帅 海

城乡土地征收补偿安置中心

党组书记：喻建勇（10月止）
潘 淼（11月起，兼）
主 任：喻建勇（10月止）
唐建超（11月起）
副主任：陈元飞
胡家齐

交通运输局

局长、党组书记：付 华
副局长：杨 茗
郑碧波（9月止）
机关党委书记：毛晓蓓
总工程师：罗革胜

交通建设中心

主 任：蔡永祥

公路养护段

段 长：袁秦明
副段长：杨 健
邓迎红

海事航务服务中心

主 任：侯代喜

交通综合治理服务中心

主 任：陈 斌

副主任：何新泽
　　　　孙文涛

综合交通枢纽建设推进中心

党组书记、主任：周亚琳（11月止）
副主任：徐　军
　　　　柴康杰

水利局

局长、党组书记：柴洪军（2月止）
　　　　　　　　张鸿涛（2月起）
副局长：张明哲（12月止）
　　　　何海波（6月止）
　　　　陈红霞
　　　　夏传宝（12月起）
机关党委书记：刘　超
总工程师：时　序（6月起）

龚家堰水库维护中心

主　任：文　忠（4月止）

河道维护中心

主　任：张春祥（4月止）

防汛抗旱服务中心

主　任：刘洪春

农业农村局（挂扶贫开发局牌子）

局长、党组书记：张杰茜
副局长：杨　光
　　　　徐成君
　　　　邓文杰
　　　　杨魁锋
总农艺师：谢延平
总农经师：雷　雪
机关党委书记：汪红梅（9月止）

扶贫开发局（更名为乡村振兴局）

局　长：张杰茜（7月止）

乡村振兴局

局　长：张杰茜（7月起）

农业综合治理服务中心

主　任：李红继
副主任：曾　霞
　　　　巫　杰

农机监理服务中心

主　任：许　鸣（7月止）
　　　　徐丽红（11月起）
副主任：杨　强

农村能源促进服务中心

主　任：王林宽（12月止）

农业质量服务中心

主　任：胡敏枢（4月止）
　　　　王林宽（12月起）

农牧技术推广中心

主　任：袁敬勇（4月止）

乡村振兴服务中心

主　任：高洪水

区委农办

专职副主任：徐　萍（11月起）

商务局

党组书记：龚　涛（7月止）
　　　　　付卫平（7月起，11月止）
　　　　　巨晓峰（11月起）
局　长：龚　涛（7月止）
　　　　张　梅（11月起）
副局长：周国忠
　　　　杨　柯
机关党委书记：曾　利

文化广播电视和旅游局（挂文物局牌子）

局长、党组书记：张　敏

副局长：李　勤

　　　　隋艳莉

机关党委书记：赵　胜（4月止）

　　　　　　　蔡志利（4月起）

文物局

局　长：张　敏

文旅市场综合治理服务中心

主　任：刘庆煜

融媒体中心（挂广播电视台牌子）

党组书记：王志平（11月止）

主　任：王志平（11月止）

副主任：周记臣

　　　　张晓容

总编辑：周记臣

卫生健康局

党委书记：王太勇

局　长：王太勇

副局长：李　伟

　　　　刘晓卫（9月止）

　　　　王　蕾（9月起）

党委副书记、机关党委书记：熊小刚

爱卫中心

主　任：刘　娟

地防中心

主　任：余立刚

老龄工作服务中心

主　任：欧阳娟

审计局

党组书记：曾淑敏（9月止）

　　　　　谢　红（9月起）

局　长：曾淑敏（11月止）

　　　　谢　红（11月起）

副局长：刘　莉

　　　　祝　慧

总审计师：曾　群

经责审计分局

局　长：徐　宁（12月止）

统计局

党组书记：许　旺

局　长：许　旺

副局长：帅　虹

　　　　何怡瑶（12月止）

总统计师：张　莉

应急管理局

局长、党委书记：李桂平（兼安全生产委员会办公室主任）

副局长：孙　卫

　　　　陈　东

　　　　王译烽

安全生产监察执法大队

大队长：梁佳丽

应急服务中心

主　任：唐俊刚（9月止）

　　　　许　勇（9月起）

副主任：黄　伟

综合行政执法局

党组书记、局长：罗海波

副局长：邹　兵

　　　　刘江岸

城乡环境综合治理服务中心

主　任：袁　洪

副主任：伍宏伟

市场监督管理局

局长、党组书记：黎文林（兼食品安全委员会办公室主任）

副局长：蒋宗善（10月止）

　　　　何　平

　　　　夏文涛

　　　　周亚玲

机关党委书记：田　伟

药品安全总监：王　岚

食品安全总监：管夏西

总工程师：宋小明

凤鸣市场监管所所长：刘　健

观音市场监管所所长：陈福洪（10月起）

公义市场监管所所长：陈福洪（10月止）

谢家市场监管所所长：刘　伟

江口市场监管所所长：张　林

青龙市场监管所所长：邓　洪

林业和园林中心

党组书记：张　萍（11月止）

　　　　　罗　尧（12月起）

主　任：张　萍（11月止）

　　　　罗　尧（12月起）（兼区湿地保护中心主任）

副主任：肖佳鑫

　　　　王淼雨

行政审批局

党组书记：王仲文（2月止）

　　　　　谭　怡（4月起）

局　长：王仲文（2月止）

　　　　谭　怡（5月起）

副局长：谭　怡（4月止）

　　　　杨华良（10月起）

　　　　杨　成（4月起）

政务服务中心

主　任：徐　飞

第三产业发展中心

主　任：陈丽红

副主任：李　茂

　　　　张明亮

彭祖山发展推进中心

主　任：木宗锋

副主任：张　蓉（11月止）

　　　　宋冬梅

经济合作和外事工作局

党组书记：罗　佳（9月止）

　　　　　郑碧波（9月起）

局　长：罗　佳（11月止）

　　　　郑碧波（11月起）

副局长：范　昱

　　　　刘雪超（6月起）

总经济师：陈　好

台商服务中心

主　任：何　丽

投资促进服务中心

主　任：王昱凯

副主任：张　洁（4月止）

　　　　魏晨曦（4月起）

供销社

党组书记：梁　娟

主　任：何　锋

副主任：张　钰（11月止）

　　　　陈雅利（4月止）

　　　　张　洁（4月起）

公共资源交易分中心

党组书记：王仲文（2月止）

　　　　谭　怡（4月起，11月止）

　　　　罗　涛（11月起）

主　任：唐建超（11月止）

　　　　罗　涛（11月起）

副主任：李　巍

　　　　陈文秀

眉山市彭山区政协工作部门

办公室

主　任：骆志强（12月止）

副主任：刘　昶

　　　　杜筱玲（12月止）

提案委

主　任：李亚军

副主任：倪文玉

经济科技委

主　任：徐忠智

副主任：梁　跃

　　　　帅仕伦

农业和农村委

主　任：刘碧波

副主任：黄永红

教体医卫委

主　任：张进军

副主任：陈　平

社会法制联谊委

主　任：左建伟

副主任：梅　勇

民族宗教文化文史和学习委

主　任：许德英

副主任：管　莉

委员管理联络委

主　任：符洪林

副主任：刘红玉

资源环境保护监督委

主　任：何勇来（6月止）

　　　　龚　涛（7月起）

副主任：余红星

专职副主任：陈立雪

四川彭山经济开发区

党工委书记：李忠云（9月止）

　　　　张　瑾（9月起）

管委会主任：张仕兵

党工委副书记：张仕兵

　　　　张华建

纪检监察工委书记：张华建

管委会副主任：李　翔

　　　　王佑泽（6月止）

　　　　张　奇

　　　　钟　阳

沈卫国（10月止，挂职）

鲜成勇（挂职）

四川彭山经济开发区工作机构

办公室

主　任：向东平（7月起）

副主任：何　斌

党群工作部

部　长：宋　群

副部长：陈玲玲

经济发展局

局　长：赵景宏

副局长：雷　远（7月起）

投资促进局

局　长：江　科

自然资源局

局　长：马　翔

建设局

局　长：张文平

副局长：唐　嘉（11月起）

生态环境和应急管理局

局　长：李　里

副局长：杨　雨

社会事业局

局　长：王　熠

副局长：雷　丹（12月止）

财务审计局

局　长：许旺胡

副局长：张媛媛

项目服务中心

主　任：陈利军

副主任：余林春

政务服务中心

主　任：（空缺）

岷江现代农业示范园区

党工委书记：张杰茜

管委会主任：唐隆华（9月止）

王志平（11月起）

党工委副书记：唐隆华（9月止）

王志平（11月起）

黄利全（6月起）

纪工委书记：黄利全（6月起）

管委会副主任：宋小英

气象局

党组书记、局长：李　超

副局长：刘峻辰

朱　君

区消防救援大队

政治教导员：寇平福

大队长：童　鹏

国家税务总局眉山市彭山区税务局

党委书记、局长：卢　勇（1月止）

张　旭（3月起）

副局长：饶　伟

万晓峰（6月止）

胡雪懿

张焕明

机关党委书记：李卫民（1月止）

纪检组组长：黄　诚

第一税务分局（办税服务厅）

局　长：刘　恋（4月起）

负责人：刘　恋（4月止）

第二税务分局

局　长：张良军（4月起）

副局长（主持工作）：张良军（4月止）

观音税务分局

局　长：李红舟

武阳税务分局

局　长：张　平（4月起）

副局长（主持工作）：张　平（4月止）

乡镇机关负责人名录

凤鸣街道

党工委书记：张　勇（2月止）
　　　　　　赵耀洲（6月起）

办事处主任：赵耀洲（6月止）
　　　　　　毛　琨（11月起）

人大工委主任：游翎瀚

党工委副书记：赵耀洲（6月止）
　　　　　　　毛　琨（11月起）
　　　　　　　杨华良（10月止）
　　　　　　　唐子龙（10月起）
　　　　　　　李　端（挂职）

纪工委书记：周彭港

组宣统委员：冯南溪（11月止）
　　　　　　宋　涛（11月起）

政法委员：孙　政（12月止）

办事处副主任：吴定威（12月止）
　　　　　　　徐　宁
　　　　　　　宋　涛（11月止）
　　　　　　　张　杭
　　　　　　　陈　兵

城乡环境综合治理中心

主　任：雷　建

观音街道

党工委书记：吴　洪（2月止）
　　　　　　张敬林（6月起）

办事处主任：张敬林（6月止）
　　　　　　唐隆华（9月起）

人大工委主任：孙奕飞

党工委副书记：张敬林（6月止）
　　　　　　　毛　琨（11月止）
　　　　　　　杨　鑫（11月止）
　　　　　　　周　娜（7月止，挂职）
　　　　　　　唐隆华（9月起）
　　　　　　　郑　靓（11月起）

纪工委书记：郑　靓（11月止）
　　　　　　彭玲玉（11月起）

政法委员：陈　伟（10月止）

组宣统委员：蔡志利（4月止）
　　　　　　岳枭嫔（12月起）

办事处副主任：徐廷卫
　　　　　　　辜晓霞
　　　　　　　李旭斌（6月止）
　　　　　　　余雨龙（6月起，12月止）
　　　　　　　余　洋（11月起）

城乡环境综合治理服务中心

主　任：张　浩

江口街道

党工委书记：曾　敏（2月止）
　　　　　　罗　佳（9月起）
党工委副书记、办事处主任：
　　　　　　葛开红（10月止）
　　　　　　胡晓菲（10月起）
人大工委主任：胡晓菲（11月止）
　　　　　　陈　伟（11月起）
党工委副书记：康文翔（11月止）
　　　　　　徐　佩（11月起）
纪工委书记：吴玉君
组宣统委员：徐　佩（11月止）
政法委员：曾　勇（11月止）
　　　　　　李泓陶（11月起）
办事处副主任：姜　坤（11月止）
　　　　　　王　蕾（9月止）
　　　　　　雷　远（7月止）
　　　　　　邹　航
　　　　　　郭远玉（11月起）
　　　　　　舒鹏飞（11月起）

城乡环境综合治理服务中心

主　任：刘　媚

谢家街道

党工委书记：章　静
党工委副书记、办事处主任：
　　　　　　廖志强（9月止）
　　　　　　李俍岑（9月起）
人大工委主任：毛丽沙（11月止）
　　　　　　梁　伟（11月起）
党工委副书记：梁　伟（11月止）
　　　　　　杨文国（10月止，挂职）
　　　　　　雷　丹（12月起）
纪工委书记：帅　锋（11月止）
组宣统委员：赵俊林（6月止）
　　　　　　陈　婷（11月起）
办事处副主任：夏传宝（12月止）
　　　　　　徐　萍（11月止）
　　　　　　杨　勇
　　　　　　李沁阳（12月止）
　　　　　　孔子铭（11月起）
政法委员：杨　星

城乡环境综合治理服务中心

主　任：伍从凯

公义镇

党委书记：付卫平（6月止）
　　　　　　张永峰（6月起）
党委副书记：张永峰（6月止）
　　　　　　周　宇（6月起）
镇　长：张永峰（6月止）
　　　　　　周　宇（10月起）
党委副书记：贺　建（6月止）
　　　　　　周　怡（7月止，挂职）
　　　　　　孙　磊（6月起）
人大主席：陈　宇（6月止）
　　　　　　刘舒蕾（10月起）
人大专职副主席：刘琴英（6月止）
　　　　　　江雅婷（10月起）
纪委书记：黄利全（6月止）
　　　　　　董和麟（6月起）
副镇长：刘雪超（6月止）
　　　　　　罗建超（6月止）
　　　　　　岳品忠（6月止）
　　　　　　杨尚华（10月起）

金　宇（10月起）

袁　慧（10月起）

组宣统委员：孙　磊（6月止）

杜冰洋（6月起）

政法委员：包恒华

城乡环境综合治理服务中心

主　任：葛强洪

黄丰镇

党委书记：闵昌迪（6月止）

刘婷婷（6月起）

镇　长：刘婷婷（6月止）

李旭斌（10月起）

人大主席：杨正朝（6月止）

何海波（10月起）

党委副书记：刘婷婷（6月止）

周　宇（6月止）

李旭斌（6月起）

赵俊林（6月起）

纪委书记：潘建兵（6月止）

宋　倩（6月起）

副镇长：余雨龙（6月止）

吴树成（6月止）

宋　倩（6月止）

袁　奥（10月起）

李　科（10月起）

张建洪（10月起）

组宣统委员：周琳彦（6月止）

李晨宏（6月起）

政法委员：徐　东（6月止）

周琳彦（6月起）

2021年彭山区百岁老人名单

表20

序号	镇（街道）	村（社区）	姓名	性别	年龄
1	公义镇	保胜场社区	赵玉珍	女	101
2	公义镇	保胜场社区	高学英	女	101
3	公义镇	公义场社区	康佩群	女	105
4	公义镇	五马村	梁秀英	女	102
5	公义镇	公义场社区	熊刘氏	女	101
6	公义镇	农乐村	罗治山	男	101
7	公义镇	保胜场社区	黄素群	女	100
8	黄丰镇	丰华社区	徐成兴	男	102
9	黄丰镇	四塘村一组	叶素方	女	103
10	黄丰镇	四塘村三组	王心华	男	100
11	黄丰镇	团结村	向玉珍	女	102
12	黄丰镇	新丰社区	管叔华	女	101
13	凤鸣街道	平乐社区	兰少成	男	103
14	凤鸣街道	城中社区	肖彰荣	女	102
15	凤鸣街道	易埝村	张吴民	女	100
16	凤鸣街道	红星社区	李述珍	女	100
17	凤鸣街道	江渔村	周民均	女	100
18	凤鸣街道	易埝村	肖云森	男	100
19	凤鸣街道	城南社区	郭长轩	男	100
20	凤鸣街道	红星社区	陈淑良	女	100
21	凤鸣街道	城中社区	廖云丰	男	100
22	观音街道	梓桐村	刘余氏	女	105

续表20

序号	镇（街道)	村（社区）	姓名	性别	年龄
23	观音街道	曾家村	周维见	男	103
24	观音街道	五湖社区	向学华	女	102
25	观音街道	兴崇村	杨学彬	女	104
26	观音街道	龙门桥社区	龚学如	女	101
27	观音街道	观音村	任学彬	女	100
28	观音街道	毛店村	罗木华	男	100
29	观音街道	龙门桥社区	陶学英	女	100
30	观音街道	果园村	段学文	女	100
31	观音街道	文昌村	谢玉彬	女	100
32	观音街道	五湖社区	张绍清	男	100
33	江口街道	双江村	肖学彬	女	104
34	江口街道	顺江村	张开火	男	101
35	江口街道	顺江村	何淑均	女	101
36	江口街道	五一社区	王学勤	女	101
37	江口街道	顺江村	黄华俊	女	100
38	江口街道	泥湾村	敖春先	女	100
39	江口街道	半边街社区	赵步云	男	104
40	江口街道	将台社区	袁国军	男	100
41	江口街道	凯旋村	黄学珍	女	100
42	江口街道	五一社区	余彬林	男	100
43	谢家街道	汉安村	何彬如	女	103
44	谢家街道	悦园村	刘志成	男	102
45	谢家街道	活桥村	周跃成	男	104

2021年彭山区党龄达到50周年的老党员名单

表21

序号	姓名	单位、职务	入党时间	序号	姓名	单位、职务	入党时间
1	江国斌	江渔村村民	1965.05	37	蔡桂书	金烛村村民	1969.01
2	何学彬	江渔村村民	1955.02	38	陈俊华	金烛村村民	1966.05
3	肖国栋	江渔村村民	1958.01	39	方兴华	金烛村村民	1968.03
4	陈世有	江渔村村民	1957.12	40	郭学明	金烛村村民	1966.03
5	袁志安	江渔村村民	1958.07	41	何仕清	金烛村村民	1966.03
6	邹大海	江渔村村民	1965.02	42	黎松云	金烛村村民	1965.05
7	周桂仙	江渔村村民	1960.08	43	史兆祥	金烛村村民	1966.01
8	李保清	江渔村村民	1966.04	44	史明贵	金烛村村民	1970.03
9	李学明	江渔村村民	1966.04	45	郑俊英	金烛村村民	1964.03
10	李学成	江渔村村民	1971.03	46	史明祥	金烛村村民	1968.06
11	吴仲贵	江渔村村民	1960.08	47	方芝明	金烛村村民	1952.09
12	周朝万	江渔村村民	1968.08	48	汪志云	金烛村村民	1971.03
13	黄玉明	江渔村村民	1965.03	49	喻学华	金烛村村民	1955.03
14	李玉坤	江渔村村民	1965.03	50	史明金	金烛村村民	1963.07
15	邹大桃	江渔村村民	1968.12	51	吕明清	金烛村村民	1971.03
16	陈云书	江渔村村民	1965.05	52	周学英	金烛村村民	1967.02
17	熊智强	江渔村村民	1968.12	53	朱克文	金烛村村民	1965.02
18	彭福全	江渔村村民	1965.03	54	欧学成	金烛村村民	1970.04
19	江凤成	江渔村村民	1965.05	55	吴玉英	金烛村村民	1965.07.01
20	叶秀芝	江渔村村民	1966.05	56	吕俊福	金烛村村民	1967.04
21	方碧英	江渔村村民	1965.08	57	刘学华	金烛村村民	1968.08
22	陈建刚	江渔村村民	1970.04	58	张学良	金烛村村民	1958.02
23	旷学兰	金烛村村民	1955.08	59	万永清	金烛村村民	1968.05
24	李　荣	金烛村村民	1956.02	60	邹仕贵	金烛村村民	1965.03
25	李淑群	金烛村村民	1967.06	61	熊德新	金烛村村民	1961.03
26	李一清	金烛村村民	1966.03	62	周治安	金烛村村民	1966.03
27	帅国英	金烛村村民	1956.03	63	周治成	金烛村村民	1966.03
28	袁洪云	金烛村村民	1966.01	64	黎良元	金烛村村民	1967.03
29	郑学明	金烛村村民	1966.03	65	汪济忠	金烛村村民	1963.01
30	周学珍	金烛村村民	1966.03	66	盛国民	金烛村村民	1962.02
31	刘秀彬	金烛村村民	1966.03	67	谢学如	金烛村村民	1967.04
32	孙玉兰	金烛村村民	1964.03	68	袁志江	金烛村村民	1957.12
33	唐金元	金烛村村民	1966.01	69	于三明	退休人员	1962.08
34	徐桂仙	金烛村村民	1966.01	70	肖念功	公有经济控制企业专业技术岗位	1968.12
35	徐泽安	金烛村村民	1966.06	71	罗秀英	退休人员	1966.03
36	张廷富	金烛村村民	1971.04	72	杨志安	退休人员	1960.02

续表21

序号	姓名	单位、职务	入党时间	序号	姓名	单位、职务	入党时间
73	胡启平	公有经济控制企业专业技术岗位	1966.04	115	李兴亚	退休人员	1971.05
74	李新家	退休人员	1959.12	116	赵顺堂	退休人员	1956.08
75	刘新荣	公有经济控制企业专业技术岗位	1962.04	117	别振海	退休人员	1963.11
76	张淑华	退休人员	1967.09	118	邱会英	退休人员	1971.07.01
77	赵永福	公有经济控制企业专业技术岗位	1962.12	119	贾玉章	退休人员	1958.09
78	陈全生	公有经济控制企业专业技术岗位	1966.05	120	李万明	退休人员	1959.07.01
79	付桂琼	公有经济控制企业专业技术岗位	1966.03	121	陈福相	退休人员	1969.01
80	张书兰	退休人员	1966.08	122	刘高军	退休人员	1969.09
81	吴世根	退休人员	1959.11	123	黄学文	退休人员	1966.05
82	张光平	公有经济控制企业专业技术岗位	1960.09	124	朱兆平	退休人员	1963.11
83	余发江	退休人员	1961.10	125	张开君	退休人员	1970.12
84	朱清秀	退休人员	1963.03	126	周凯华	退休人员	1971.04
85	王柏林	公有经济控制企业专业技术岗位	1961.05	127	陈素芳	退休人员	1971.04
86	伍国英	公有经济控制企业专业技术岗位	1966.01	128	雷文亨	退休人员	1970.03
87	宋通树	退休人员	1956.09	129	梅才席	退休人员	1971.01
88	车树荣	退休人员	1969.01	130	唐清玖	退休人员	1971.02
89	乔一林	公有经济控制企业专业技术岗位	1960.12	131	唐建华	退休人员	1971.02
90	魏清富	退休人员	1961.12	132	蒋品贵	退休人员	1970.10
91	刘书恒	退休人员	1971.05	133	张文刚	退休人员	1968.11
92	张庆田	退休人员	1963.11	134	尹国财	其他无业人员	1971.02
93	吴太家	退休人员	1960.12	135	陈万如	退休人员	1960.02
94	王德昌	退休人员	1964.07.01	136	符志成	个体工商户中的从业人员	1967.07.01
95	徐永沛	退休人员	1966.03	137	余学珍	自由职业人员	1957.09
96	胡仁绍	退休人员	1960.09	138	吴忠才	自由职业人员	1966.07.01
97	葛继章	退休人员	1958.07.01	139	黄金成	原水泥厂职工退休	1967.07.01
98	田应生	退休人员	1965.06	140	赵举元	自由职业人员	1956.07.01
99	宋永一	退休人员	1956.05	141	肖金容	自由职业人员	1966.07.01
100	邓满清	其他无业人员	1971.07.01	142	陈云伙	平乐社区原村主任退休	1970.07.01
101	刘素英	退休人员	1948.03	143	陈志芳	平乐社区原妇女主任退休	1959.07.01
102	邢　程	退休人员	1960.12	144	卓冬英	自由职业人员	1964.07.01
103	宋香兰	退休人员	1949.01	145	胡淑君	自由职业人员	1966.07.01
104	贾振兴	退休人员	1960.07	146	周玉彬	平乐社区原书记	1970.07.01
105	李代禄	退休人员	1970.06	147	陈寿山	原碱厂退休人员	1969.07.01
106	王文成	退休人员	1960.12	148	陈葆芝	自由职业人员	1965.03
107	周志厚	退休人员	1971.05	149	陈荣华	原双漩村治保主任	1954.05
108	刘永江	退休人员	1971.06	150	陈荣琼	原双漩村治保主任	1970.03
109	李春茂	退休人员	1971.05	151	陈树清	中铁二局退休人员	1964.06
110	王志安	退休人员	1961.05	152	陈跃清	原双漩社区书记	1969.03
111	赵明惠	退休人员	1958.11	153	陈云安	联办农场退休人员退休	1963.02
112	安永台	退休人员	1957.12	154	季学蓉	原双漩村妇女主任	1966.07.01
113	张黑毛	退休人员	1971.07.01	155	姜淑彬	自由职业人员	1966.08
114	李崇田	退休人员	1971.01	156	刘保安	自由职业人员	1959.01

续表21

序号	姓名	单位、职务	入党时间	序号	姓名	单位、职务	入党时间
157	罗秀珍	自由职业人员	1966.01	199	张贵明	退休人员	1969.12
158	肖俊英	自由职业人员	1956.01	200	游玉轩	退休人员	1966.03
159	肖文彬	原碱厂退休人员	1969.01	201	颜泽荣	退休人员	1969.07.01
160	肖文吉	原双漩乡村医生	1969.02	202	严志清	退休人员	1965.03
161	易贵能	自由职业人员	1957.08	203	王秀文	退休人员	1966.04
162	张素彬	原双漩村书记	1966.04	204	瞿国成	退休人员	1958.11
163	钟志全	原双漩村治保主任	1958.01	205	刘仕金	退休人员	1960.10
164	卓志安	自由职业人员	1957.06	206	周淑华	退休人员	1956.11
165	卓志华	自由职业人员	1957.11	207	邹金元	退休人员	1966.06
166	陈志江	农牧渔业生产人员	1971.03	208	曹元全	退休人员	1969.11
167	卓从良	退休人员	1970.09	209	陈学英	退休人员	1964.03
168	肖志全	退休人员	1971.06	210	代富良	退休人员	1958.03
169	陈志祥	退休人员	1971.06	211	杜世芹	退休人员	1961.10
170	张正云	退休人员	1967.09	212	李新安	退休人员	1952.12
171	张云华	退休人员	1970.06	213	张德文	退休人员	1965.03
172	张学珍	退休人员	1957.06	214	秦淑英	退休人员	1970.06
173	伍学英	退休人员	1960.03	215	黎崇禄	退休人员	1967.07.01
174	杨成吉	退休人员	1959.11	216	江素英	退休人员	1953.02
175	陈华庚	退休人员	1969.09	217	金绍成	退休人员	1950.07.01
176	陈华荣	退休人员	1963.05	218	李季群	退休人员	1956.09
177	邹和进	退休人员	1968.02	219	李正清	退休人员	1966.03
178	夏桂英	退休人员	1955.03	220	廖志谦	退休人员	1964.10
179	王光荣	退休人员	1963.11	221	刘献秋	退休人员	1952.10
180	宋德汇	退休人员	1965.05	222	骆水英	退休人员	1964.01
181	余志清	退休人员	1955.10	223	饶学彬	退休人员	1964.01
182	岳学彬	退休人员	1965.07.01	224	苏绍英	退休人员	1964.02
183	曾慎云	退休人员	1965.03	225	徐永伦	退休人员	1962.06
184	唐跃生	退休人员	1955.02	226	杨学彬	退休人员	1957.07.01
185	徐树清	退休人员	1971.05	227	方仕松	退休人员	1964.03
186	张学彬	退休人员	1953.05	228	杨学清	退休人员	1964.03
187	杨智群	退休人员	1967.03	229	张永成	退休人员	1965.05
188	张远德	退休人员	1968.09	230	杨普明	退休人员	1970.01
189	张继洪	退休人员	1970.06	231	李孝兰	退休人员	1959.11
190	张开权	退休人员	1971.03	232	张志福	退休人员	1959.12
191	刘文方	退休人员	1970.08	233	姚志伦	退休人员	1951.05
192	李一彬	退休人员	1967.03	234	王殿忠	退休人员	1954.11
193	陈帮友	退休人员	1956.07.01	235	李朝云	退休人员	1963.05
194	李槐书	退休人员	1964.06	236	张景顺	退休人员	1969.05
195	袁碧英	退休人员	1966.03	237	李攀全	退休人员	1966.03
196	喻学文	退休人员	1955.03	238	唐素兰	退休人员	1957.01
197	方国栋	退休人员	1966.04	239	张志才	退休人员	1966.02
198	张明学	退休人员	1968.03	240	王学英	退休人员	1961.06

续表21

序号	姓名	单位、职务	入党时间	序号	姓名	单位、职务	入党时间
241	田恒恭	退休人员	1954.07.01	283	谢安旭	退休人员	1965.12
242	刘国忠	退休人员	1960.07.01	284	李载辉	退休人员	1966.05
243	郭养道	退休人员	1948.03	285	王学华	退休人员	1965.07.01
244	唐翠群	退休人员	1960.01	286	高俊德	退休人员	1971.06
245	刘述文	退休人员	1958.01	287	刘付林	农牧渔业生产人员	1964.06
246	何绍明	退休人员	1966.01	288	徐成英	退休人员	1956.08
247	廖玉彬	退休人员	1967.06	289	刘淑英	退休人员	1953.09
248	侯爱兰	退休人员	1954.05	290	岳荣烈	退休人员	1965.06
249	周德润	退休人员	1966.07.01	291	魏绍毅	退休人员	1964.12
250	程遂法	退休人员	1969.11	292	李仲文	退休人员	1965.06
251	杨文述	退休人员	1960.08	293	胡素珍	退休人员	1966.03
252	曹德华	退休人员	1970.02	294	李国荣	退休人员	1964.07.01
253	刘学彬	退休人员	1968.01	295	李国富	退休人员	1965.03
254	雷玉书	退休人员	1966.04	296	蒋思义	退休人员	1965.05
255	邓明友	退休人员	1957.06	297	冯家盛	退休人员	1949.05
256	周国均	退休人员	1964.12	298	张学英	退休人员	1966.01
257	周淑珍	退休人员	1970.02	299	吴玉兰	退休人员	1956.02
258	尹献雄	退休人员	1970.02	300	陈福如	退休人员	1965.01
259	宋佐才	退休人员	1956.12	301	夏光全	退休人员	1968.03
260	廖国才	退休人员	1966.02	302	杨海清	退休人员	1966.04
261	李同明	退休人员	1957.08	303	刘才福	退休人员	1969.01
262	陈玉才	退休人员	1969.11	304	罗远通	退休人员	1966.01
263	张密容	退休人员	1956.09	305	李绍明	退休人员	1956.11
264	谢国澄	退休人员	1960.01	306	陈玉芬	退休人员	1963.07
265	王星位	退休人员	1955.12	307	宋国英	退休人员	1967.03
266	骆绍清	退休人员	1953.12	308	刘学英	退休人员	1952.09
267	李永安	退休人员	1957.02	309	孙绍明	退休人员	1956.06
268	张大碧	退休人员	1966.08	310	龚学珍	退休人员	1971.07.01
269	张秀英	退休人员	1959.10	311	罗兰君	退休人员	1970.02
270	岳云福	退休人员	1966.01	312	姜文华	退休人员	1966.07.01
271	童辅成	退休人员	1956.03	313	何学琴	退休人员	1966.03
272	潘英泽	退休人员	1953.12	314	季帮忠	退休人员	1966.02
273	谢正华	退休人员	1957.02	315	张秀蓉	退休人员	1966.06
274	吴守经	退休人员	1956.12	316	方玉仙	退休人员	1966.01
275	宋学权	退休人员	1965.06	317	方玉彬	退休人员	1966.03
276	陈素彬	退休人员	1967.03	318	徐素英	退休人员	1966.07.01
277	程明贵	退休人员	1963.12	319	张洪全	退休人员	1966.01
278	钟廷书	退休人员	1951.12	320	刘东玉	退休人员	1966.07.01
279	刘其荣	退休人员	1965.09	321	吴朝柱	退休人员	1966.03
280	杨光骏	退休人员	1967.06	322	李文华	退休人员	1966.03
281	韩俊英	退休人员	1968.03	323	雷玉坤	退休人员	1967.09
282	殷毓成	退休人员	1965.12	324	肖学安	退休人员	1967.03

续表21

序号	姓名	单位、职务	入党时间
325	张继永	退休人员	1967.07
326	刘翠英	退休人员	1968.06
327	杨光和	退休人员	1965.03
328	卓介儒	退休人员	1933.03
329	曾学彬	退休人员	1963.09
330	黄天瑞	退休人员	1960.01
331	张廷珍	退休人员	1960.07.01
332	肖玉彬	退休人员	1959.08
333	戴国红	退休人员	1958.06
334	林忠志	退休人员	1956.07.01
335	唐楷明	退休人员	1956.12
336	安美才	退休人员	1956.07.01
337	徐学勤	退休人员	1956.07.01
338	牟文春	退休人员	1956.04
339	王德明	退休人员	1957.12
340	张玉彬	退休人员	1951.06
341	苏忠泰	退休人员	1958.07.01
342	罗诗华	退休人员	1967.07.01
343	张立言	退休人员	1953.05
344	李学珍	退休人员	1965.10
345	袁术文	退休人员	1966.03
346	曾定生	退休人员	1959.09
347	连仁明	退休人员	1969.09
348	曹淑莲	退休人员	1957.12
349	马立弟	退休人员	1948.05
350	张群英	退休人员	1952.08
351	王华清	退休人员	1968.10
352	张润莲	退休人员	1966.06
353	张学英	退休人员	1966.06
354	赵应彬	退休人员	1966.03
355	杨学华	退休人员	1965.03
356	陈碧英	退休人员	1959.04
357	廖正鑫	退休人员	1965.11
358	胡玉彬	退休人员	1966.03
359	周涿茹	退休人员	1958.08
360	李桂兰	退休人员	1964.03
361	郭　莹	退休人员	1955.06
362	谢正东	退休人员	1970.04
363	佘桂彬	退休人员	1963.05
364	朱家德	退休人员	1965.05
365	张宣良	退休人员	1965.03
366	戴学芳	退休人员	1962.05
367	冯敬怀	退休人员	1954.06
368	倪仁成	退休人员	1962.05
369	喻安华	退休人员	1959.10
370	朱承海	退休人员	1953.06
371	苏淑彬	退休人员	1959.12
372	刘永刚	退休人员	1965.05
373	祝秀英	退休人员	1958.06
374	尚承基	退休人员	1956.07
375	许世林	退休人员	1960.09
376	张家训	退休人员	1966.05
377	张学让	退休人员	1955.09
378	唐体成	退休人员	1949.10
379	袁富林	退休人员	1961.06
380	宋学彬	退休人员	1966.04
381	王咏芝	退休人员	1960.01
382	瞿伦武	退休人员	1966.06
383	程立生	退休人员	1961.07
384	刘新珍	退休人员	1960.08
385	胡家清	退休人员	1961.07
386	翟学彬	退休人员	1965.05
387	陈淑英	退休人员	1966.05
388	范树全	退休人员	1965.06
389	胡池材	退休人员	1955.12
390	何学英	退休人员	1966.04
391	付学芳	退休人员	1966.01
392	廖树琼	退休人员	1969.09
393	周普军	退休人员	1955.05
394	尹存明	退休人员	1955.05
395	袁仕华	退休人员	1955.06
396	陈志彬	退休人员	1955.12
397	姚　文	退休人员	1969.03
398	陈开平	退休人员	1953.10
399	唐清国	退休人员	1964.07
400	黄明全	退休人员	1960.03
401	向斌儒	退休人员	1964.12
402	赵云歧	退休人员	1949.10
403	陈昌伦	退休人员	1956.06
404	杨桂华	退休人员	1966.04
405	陈远清	退休人员	1965.03
406	吴桂生	退休人员	1966.10
407	吴应才	退休人员	1960.12
408	周玉旭	退休人员	1966.01

续表21

序号	姓名	单位、职务	入党时间	序号	姓名	单位、职务	入党时间
409	刘玉珍	退休人员	1966.03	451	王文彬	易埝村村民	1966.03
410	王克勤	退休人员	1966.10	452	梁学彬	易埝村村民	1963.07
411	张碧华	退休人员	1960.02	453	何志华	易埝村村民	1959.09
412	向学彬	退休人员	1966.12	454	肖昌跃	易埝村村民	1966.03
413	汪志清	退休人员	1964.05	455	方仕君	易埝村村民	1966.03
414	邓素清	退休人员	1966.01	456	谢金元	易埝村村民	1966.03
415	罗海淮	退休人员	1969.01	457	徐光华	菱角村村民	1966.03
416	汪淑明	退休人员	1965.05	458	谢学文	菱角村村民	1959.09
417	吴国英	退休人员	1960.06	459	李绍甫	菱角村村民	1966.07.01
418	张桂英	退休人员	1958.08	460	黄汉忠	菱角村村民	1955.11
419	罗志英	退休人员	1965.06	461	张学明	菱角村村民	1960.03
420	李学彬	退休人员	1966.03	462	李继根	菱角村村民	1966.01
421	吴光成	退休人员	1968.06	463	赵德祥	菱角村村民	1952.12
422	李学琼	退休人员	1964.01	464	杨成璋	易埝村村民	1965.07.01
423	刘学文	退休人员	1958.06	465	伍福元	易埝村村民	1954.07.01
424	冯全学	退休人员	1971.03	466	邹玉彬	易埝村村民	1965.07.01
425	罗伦全	退休人员	1966.05	467	张绍学	易埝村村民	1957.07.01
426	肖绍云	退休人员	1967.06	468	郭志成	易埝村村民	1967.07.01
427	薛子高	退休人员	1965.01	469	曾淑蓉	易埝村村民	1957.06
428	黄业富	退休人员	1953.03	470	余文均	易埝村村民	1959.05
429	祝忠文	退休人员	1969.10	471	余光华	易埝村村民	1967.01
430	李文秀	退休人员	1966.04	472	肖世伦	易埝村村民	1966.07.01
431	李秀如	退休人员	1966.01	473	余德江	易埝村村民	1966.03
432	梅伯勋	退休人员	1961.06	474	余国斌	易埝村村民	1964.05
433	陈达珍	退休人员	1962.03	475	干文全	易埝村村民	1964.12
434	方文明	退休人员	1964.05	476	陈玉清	易埝村村民	1960.08
435	王春华	退休人员	1971.03	477	张志明	易埝村村民	1960.10
436	代俊芳	退休人员	1956.08	478	杨联清	易埝村村民	1958.07.01
437	潘华英	退休人员	1956.08	479	宋旭如	易埝村村民	1966.07.01
438	邓学仕	退休人员	1953.09	480	张开明	红星路片区居民	1965.03
439	李甄夫	退休人员	1952.12	481	陈满芬	红星路片区居民	1965.03
440	田茂清	退休人员	1950.06	482	唐国根	红星路片区居民	1965.04
441	冯吉光	退休人员	1955.01	483	高素华	红星路片区居民	1965.02
442	孙海清	退休人员	1950.06	484	唐玉芳	红星路片区居民	1965.03
443	刘金蓉	退休人员	1959.03	485	张春婵	红星路片区居民	1965.01
444	梁福元	易埝村村民	1955.12	486	卢学英	红星路片区居民	1970.03
445	董留安	易埝村村民	1966.05	487	张怀玉	红星路片区居民	1967.08
446	刘光照	易埝村村民	1971.01	488	彭绍明	红星路片区居民	1965.03
447	梁元春	易埝村村民	1964.01	489	孙福炯	红星路片区居民	1958.07
448	陈辉英	易埝村村民	1959.09	490	王秀彬	红星路片区居民	1965.05
449	何国民	易埝村村民	1967.04	491	刘玉珍	红星路片区居民	1965.01
450	何廷友	易埝村村民	1965.01	492	秦启花	红星路片区居民	1959.03

续表21

序号	姓名	单位、职务	入党时间	序号	姓名	单位、职务	入党时间
493	赵学良	红星路片区居民	1965.01	535	颜志明	红星社区居民	1966.01
494	吴忠林	红星路片区居民	1955.08	536	汪淑芬	红星社区居民	1966.01
495	赵凤英	红平片区居民	1965.02	537	徐文江	红星社区居民	1965.05
496	刘德祥	红平片区居民	1965.01	538	孔祥恩	红星社区居民	1957.12
497	张宣水	红平片区居民	1967.09	539	赵龙启	红星社区居民	1955.03
498	宋长玖	红平片区居民	1964.03	540	牟开其	红星社区居民	1959.02
499	宋长金	红平片区居民	1970.03	541	吴全胜	红星社区居民	1957.06
500	陈胜全	宝珠小区居民	1969.01	542	林光务	红星社区居民	1955.04
501	张钦泉	宝珠小区居民	1965.03	543	刘玉祥	红星社区居民	1970.05
502	王庆云	宝珠小区居民	1965.04	544	周长玉	岷江路片区居民	1970.09
503	肖云留	宝珠小区居民	1965.03	545	刘正权	岷江路片区居民	1970.10
504	倪成信	宝珠小区居民	1965.01	546	熊光贵	惠灵村村民	1968.05
505	张尚全	宝珠小区居民	1969.03	547	陈跃元	盐关片区居民	1966.01
506	陈义全	宝珠小区居民	1965.05	548	李翠英	江渔村村民	1966.04
507	张宣培	宝珠小区居民	1965.05	549	卓德良	宝珠村村民	1966.03
508	李举华	宝珠小区居民	1969.07	550	张万超	宝珠村村民	1966.01
509	张学英	石家小区居民	1965.05	551	汪长清	惠灵村村民	1966.06
510	肖云安	石家小区居民	1966.01	552	张玉彬	金烛村村民	1966.01
511	李福秋	石家小区居民	1960.06	553	邹大奇	金烛村村民	1966.04
512	谭学成	石家小区居民	1966.05	554	陈祖才	城北片区居民	1966.01
513	黄玉英	石家小区居民	1966.07	555	周云松	城北片区居民	1966.12
514	毛春镜	石家小区居民	1960.08	556	张青连	石家村村民	1965.06
515	王志安	石家小区居民	1968.12	557	詹廷德	石家村村民	1965.01
516	袁忠清	石家小区居民	1967.01	558	宋学英	江渔村村民	1965.02
517	袁华清	石家小区居民	1966.06	559	刘洪德	平乐社区居民	1965.07.01
518	袁桂清	石家小区居民	1964.03	560	邹大才	石家村村民	1964.05
519	周国华	石家小区居民	1962.03	561	周定权	石家村村民	1963.06
520	帅学文	石家小区居民	1957.06	562	张世鑫	江渔村村民	1960.01
521	郑学英	石家小区居民	1959.05	563	牟炳安	菱角村村民	1960.03
522	赵树清	石家小区居民	1964.04	564	谢光银	菱角村村民	1959.12
523	李伯军	石家小区居民	1952.12	565	帅国民	石家村村民	1959.06
524	陈学英	石家小区居民	1970.01	566	李一明	菱角村村民	1957.12
525	周玉英	石家小区居民	1954.06	567	张宣富	红星社区居民	1957.12
526	夏彬述	石家小区居民	1964.01	568	田远和	岷江路片区居民	1957.05
527	钟学文	石家小区居民	1968.03	569	陈翠彬	集关社区居民	1957.06
528	周崇富	石家小区居民	1969.07	570	周德平	红星社区居民	1956.07
529	周桂英	石家小区居民	1966.03	571	徐中叶	惠灵村村民	1956.02
530	周朝安	石家小区居民	1965.06	572	王福成	集关社区居民	1956.09
531	钟桂琴	石家小区居民	1970.07	573	黄作章	菱角村村民	1956.01
532	何安华	石家小区居民	1970.01	574	方向和	金烛村村民	1956.05
533	季玉珍	石家小区居民	1970.01	575	王吉平	金烛村村民	1956.12
534	秦启一	红星社区居民	1963.07	576	但启基	80号片区支部委员会成员	1955.05

续表21

序号	姓名	单位、职务	入党时间	序号	姓名	单位、职务	入党时间
577	徐元之	80号片区支部委员会成员	1955.06	619	帅成英	观音铺社区居民	1958.12
578	唐正福	盐关片区居民	1955.04	620	叶玉林	曾家村支部书记	1956.03
579	陈荣清	原双漩社区支部委员会	1955.07.01	621	邓国清	观音铺社区居民	1966.01
580	蒋志勤	城西社区居民	1955.07.01	622	卓云丰	白庙村支部书记	1955.07.01
581	龚宗琦	城西社区居民	1955.07.01	623	舒占祥	观音粮站工人	1966.01
582	陈洪锡	平乐社区居民	1954.06	624	张洪文	观音供销社书记	1966.01
583	程世昌	岷江路片区居民	1954.12	625	连保全	观音铺社区居民	1958.07
584	严保安	东红社区居民	1954.01	626	张玉兴	观音铺社区居民	1966.04
585	周彬华	集关社区居民	1954.02	627	李朝平	观音供销社职工	1966.05
586	张仲华	集关社区居民	1954.06	628	邓乐华	观音供销社职工	1970.02
587	何绍春	岷江路片区居民	1953.02	629	潘俊芳	观音铺社区居民	1965.01
588	梅久雄	城西社区居民	1953.06	630	徐保生	观音铺社区居民	1965.01
589	王筛扣	盐关片区居民	1952.08	631	黄素珍	观音铺社区居民	1966.01
590	郭若绍	江渔村村民	1952.12	632	张中成	观音铺社区居民	1966.04
591	李栋成	粼江枫景片区支部委员会	1971.03	633	冯学彬	观音铺社区居民	1966.11
592	李学书	岷江路片区居民	1971.03	634	秦学华	观音铺社区居民	1956.07
593	陈书楷	平乐社区居民	1971.07.01	635	王翠琴	观音铺社区居民	1965.03
594	张德良	城北片区居民	1971.07	636	许群英	观音铺社区居民	1958.03
595	周学安	观音铺社区居民	1965.01	637	晏永贵	观音铺社区居民	1954.10
596	李元佑	观音铺社区居民	1965.07.01	638	喻群英	观音铺社区居民	1962.07.01
597	王学明	观音铺社区居民	1960.07.01	639	喻学华	观音铺社区居民	1965.03
598	王文高	白庙村支部书记	1966.04	640	张学珍	观音铺社区居民	1962.06
599	周永安	观音铺社区居民	1966.06	641	宋淑群	观音铺社区居民	1959.06
600	黄树元	观音铺社区居民	1955.07.01	642	喻泽安	观音铺社区居民	1955.05
601	周维秋	观音铺社区居民	1966.03	643	张开玉	观音铺社区居民	1966.03
602	周维东	观音铺社区居民	1966.04	644	舒纪英	观音铺社区居民	1970.12
603	李玉英	观音铺社区居民	1967.07.01	645	曾正明	观音铺社区居民	1970.03
604	周维海	曾家村支部书记	1958.11	646	王义平	观音铺社区居民	1970.12
605	李仁明	观音铺社区居民	1964.07.01	647	詹永伍	观音村支部书记	1969.10
606	曾国普	观音铺社区居民	1958.10	648	吴全义	观音铺社区居民	1961.07
607	徐碧群	观音铺社区居民	1964.06	649	李文学	观音铺社区居民	1971.07.01
608	王保平	观音铺社区居民	1965.07.01	650	汪国流	观音铺社区居民	1971.07.01
609	宋建长	观音铺社区居民	1964.06	651	张明均	观音铺社区居民	1971.07.01
610	李开忠	观音铺社区居民	1957.08	652	洪恩全	毛店社区居民	1962.05
611	陈文齐	观音铺社区居民	1961.08	653	张仕云	毛店社区居民	1970.07.01
612	方素芬	观音铺社区居民	1959.10	654	张万海	毛店社区居民	1966.04
613	梁泽明	白庙村支部书记	1966.01	655	陈学清	毛店社区居民	1966.01
614	卓崇明	白庙村支部书记	1966.04	656	吕春伦	毛店社区居民	1966.01
615	周邦明	观音铺社区居民	1959.07.01	657	秦彬如	毛店社区居民	1961.07
616	任彩容	观音铺社区居民	1966.06	658	熊翰卿	毛店社区居民	1966.05
617	王水平	观音铺社区居民	1965.07.01	659	毛明祥	毛店社区居民	1970.07.01
618	王彦平	观音铺社区居民	1965.07.01	660	毛秀彬	毛店社区居民	1954.05

续表21

序号	姓名	单位、职务	入党时间	序号	姓名	单位、职务	入党时间
661	张福华	毛店社区居民	1966.03	703	罗照友	观音退休人员	1964.06
662	张文良	毛店社区居民	1957.02	704	宛学芳	文昌村村民	1969.06
663	晏永培	毛店社区居民	1964.07.01	705	王兴良	文昌村村民	1961.04
664	陈学英	毛店社区居民	1971.03	706	王学华	文昌村村民	1965.01
665	张德彬	毛店社区居民	1965.06	707	王友清	退休人员	1965.05
666	蔡学英	毛店社区居民	1960.08	708	王玉彬	文昌村妇女主任	1959.04
667	伍学彬	毛店社区居民	1966.01	709	王忠权	文昌村治保主任	1965.04
668	廖金华	毛店社区居民	1966.12	710	黄国云	文昌村村民	1964.04
669	沈长云	毛店社区居民	1967.08	711	周国胜	文昌村村民	1964.08
670	张树才	毛店社区居民	1950.10	712	李先祥	企业退休人员	1965.08
671	谭友良	毛店社区居民	1966.02	713	吴庆贵	文昌村村民	1955.11
672	白学华	毛店社区居民	1966.03	714	吴学芬	文昌村村民	1966.04
673	周岐清	毛店社区居民	1966.03	715	吴志明	文昌村村民	1965.07.01
674	李金安	毛店社区居民	1970.12	716	向学华	原文埝村妇女主任	1965.04
675	苏学彬	毛店社区居民	1971.03	717	熊学文	文昌村村民	1963.04
676	张长清	毛店社区居民	1966.03	718	徐南福	彭山水泥厂退休人员	1970.04
677	陶明秀	毛店社区居民	1966.03	719	徐子中	文昌村村民	1965.04
678	赵学英	毛店社区居民	1966.10	720	晏登海	文昌村治保主任	1965.01
679	祝光清	毛店社区居民	1971.03	721	晏青海	深圳企业退休人员	1964.08
680	黄秀华	毛店社区居民	1966.06	722	张树根	文昌村村民	1971.04
681	吴光华	成都建筑退休人员	1961.07.01	723	张万清	文昌村村民	1969.07.01
682	曾洪朝	青龙氮肥厂退休人员	1959.10	724	张希汉	文昌村村民	1965.10
683	曾明春	文昌村村民	1971.06	725	张玉华	文昌村村民	1954.07.01
684	曾学勤	文昌村村民	1965.09	726	张泽东	文昌村村民	1955.08
685	曾志英	文昌村村民	1965.08	727	赵国珍	文昌村妇女主任	1959.11
686	陈大柱	文昌村村民	1957.11	728	周国友	退休教师	1963.06
687	陈桂英	文昌村村民	1966.03	729	周长久	普通党员	1965.08
688	陈国清	原文埝支部书记	1960.10	730	张明富	文昌村村民	1966.03
689	董成明	文昌村党小组组长	1966.02	731	袁明州	文昌村村民	1967.03
690	洪国群	文昌村村民	1964.10	732	刘久阳	文昌村村民	1958.04
691	黄国良	原文埝支部书记	1959.04	733	周国林	文昌村村民	1966.03
692	黄国祥	文昌村村民	1965.07.01	734	杨光清	文昌村村民	1966.03
693	李德华	文昌村村民	1965.07.01	735	卢文均	文昌村村民	1960.03
694	李学彬	文昌村村民	1968.04	736	张国清	原梓桐村3组组长	1971.04
695	李玉彬	文昌村村民	1964.06	737	葛忠友	原梓桐村支部书记	1958.01
696	李玉良	文昌村村民	1966.02	738	吴庆堂	原梓桐村9组组长	1966.04
697	李志明	文昌村村民	1965.10	739	田家珍	原梓桐村治保主任	1960.03
698	李志云	文昌村村民	1964.10	740	徐学彬	原梓桐村妇女主任	1958.12
699	梁学花	文昌村村民	1965.01	741	田学英	文昌村村民	1966.05
700	廖明根	村支部书记	1970.03	742	陈学明	文昌村村民	1954.09
701	刘桂珍	文昌村村民	1965.05	743	祝素芳	文昌村村民	1954.12
702	罗寿堂	文昌村村民	1963.08	744	廖盛清	兴崇社区居民	1954.04

续表21

序号	姓名	单位、职务	入党时间	序号	姓名	单位、职务	入党时间
745	文俊华	兴崇社区居民	1966.03	787	王克成	龙门桥社区居民	1956.06
746	罗桂珍	兴崇社区居民	1966.01	788	曹秀彬	龙门桥社区居民	1960.08
747	梁柱元	兴崇社区居民	1958.12	789	李凤林	龙门桥社区居民	1960.05
748	唐学芬	兴崇社区居民	1966.01	790	管同华	龙门桥社区居民	1956.01
749	罗良山	兴崇社区居民	1955.01	791	张学涛	龙门桥社区居民	1966.02
750	杨彦贵	兴崇社区居民	1965.05	792	周兴友	龙门桥社区居民	1966.08
751	叶云方	兴崇社区居民	1966.02	793	唐志明	龙门桥社区居民	1966.08
752	李志林	兴崇社区居民	1955.02	794	张智学	龙门桥社区居民	1956.07.01
753	梁桂英	兴崇社区居民	1968.07.01	795	龚华英	龙门桥社区居民	1966.01
754	徐　静	兴崇社区居民	1966.04	796	王彦华	龙门桥社区居民	1970.10
755	向庆金	兴崇社区居民	1969.08	797	王廷先	龙门桥社区居民	1969.07
756	向庆洋	兴崇社区居民	1961.10	798	管玉芬	龙门桥社区居民	1971.03
757	向子吉	兴崇社区居民	1956.08	799	杨　奎	龙门桥社区居民	1971.03
758	陈明福	兴崇社区居民	1966.07	800	钟万德	龙门桥社区居民	1971.03
759	黄志英	兴崇社区居民	1966.05	801	杨学琴	龙门桥社区居民	1971.03
760	骆克成	兴崇社区居民	1969.03	802	赵学英	龙门桥社区居民	1971.03
761	夏学英	兴崇社区居民	1966.01	803	李长清	龙门桥社区居民	1971.04
762	舒学勤	兴崇社区居民	1965.06	804	梁栋明	前椿巅村团支书	1970.03
763	黄素珍	兴崇社区居民	1966.06	805	连金堂	椿巅村村民	1965.03
764	李翠容	兴崇社区居民	1967.06	806	肖秀英	椿巅村村民	1965.02
765	段昌明	兴崇社区居民	1956.05	807	蒋利华	椿巅村村民	1965.05
766	毛吉轩	兴崇社区居民	1956.05	808	王文福	椿巅村村民	1965.08
767	王维双	兴崇社区居民	1970.04	809	李志元	椿巅村村民	1970.06
768	覃长明	兴崇社区居民	1966.01	810	宋双全	椿巅村村民	1965.03
769	曾立中	兴崇社区居民	1967.07.01	811	王文林	椿巅村村民	1970.06
770	刘元炳	兴崇社区居民	1968.01	812	连义明	退休人员	1954.06
771	万华安	兴崇社区居民	1966.03	813	廖彬如	椿巅村村民	1965.04
772	黄永清	兴崇社区居民	1966.03	814	杨增元	前椿巅村民兵连连长	1959.03
773	李学勤	龙门桥社区居民	1966.01	815	陈志明	椿巅村村民	1965.01
774	王学华	龙门桥社区居民	1966.05	816	梁学清	前椿巅村妇女主任	1955.07
775	冯从福	龙门桥社区居民	1958.10	817	袁富洄	退休人员	1965.03
776	冯玉琴	龙门桥社区居民	1958.11	818	祝银堂	退休教师	1965.06
777	梁福明	龙门桥社区居民	1958.10	819	王志明	椿巅村村民	1970.04
778	梁福全	龙门桥社区居民	1969.08	820	朱志祥	椿巅村村民	1969.11
779	帅洪田	龙门桥社区居民	1966.01	821	朱学英	前革委会主任	1965.01
780	帅廷学	龙门桥社区居民	1969.11	822	李群珍	前椿巅村治保主任	1965.03
781	张玉金	龙门桥社区居民	1961.09	823	干学英	椿巅村村民	1957.12
782	杨国祥	龙门桥社区居民	1966.07	824	韩树楷	椿巅村村民	1959.06
783	宋玉彬	龙门桥社区居民	1967.03	825	李志彬	椿巅村村民	1958.11
784	杨　华	龙门桥社区居民	1966.03	826	付群英	前同乐村妇女主任	1965.01
785	杨国清	龙门桥社区居民	1957.06	827	吴显明	椿巅村村民	1965.03
786	潘学祥	龙门桥社区居民	1967.02	828	张炳栋	椿巅村村民	1965.03

续表21

序号	姓名	单位、职务	入党时间
829	刘志斌	前唐河村治保主任	1965.03
830	赵俊芬	前唐河村妇女主任	1954.11
831	唐国清	前唐河村治保主任	1959.03
832	刘金海	江苏华兴公司职工	1958.11
833	余秀英	椿巅村村民	1965.07.01
834	唐双贵	椿巅村村民	1970.03
835	刘学彬	椿巅村村民	1959.11
836	程明泉	椿巅村村民	1965.04
837	刘金有	前唐河村会计	1957.11
838	唐银仁	前唐河村会计	1965.04
839	唐文开	前唐河村书记	1970.03
840	唐树银	前唐河村民兵连长	1955.09
841	唐福仁	椿巅村村民	1965.04
842	唐学仁	前唐河小学教师	1965.04
843	卢孝奎	椿巅村村民	1971.04
844	赵学彬	蔡山社区居民	1963.07
845	罗学平	蔡山社区居民	1965.03
846	管同均	蔡山社区居民	1959.10
847	葛学珍	蔡山社区居民	1954.04
848	杜济根	蔡山社区居民	1963
849	徐学英	蔡山社区居民	1963
850	何水仙	蔡山社区居民	1965.04
851	向树元	蔡山社区居民	1969
852	胡学珍	蔡山社区居民	1957.12
853	黎纪华	蔡山社区居民	1965.01
854	张万长	蔡山社区居民	1965.01
855	魏国平	蔡山社区居民	1965.05
856	饶木桃	蔡山社区居民	1964.05
857	费文怀	蔡山社区居民	1965.01
858	张玉华	蔡山社区居民	1965.03
859	徐学彬	蔡山社区居民	1955.08
860	李学彬	蔡山社区居民	1965.12
861	陈学祥	蔡山社区居民	1969.06
862	苏玉芳	蔡山社区居民	1945.07.01
863	陈玉英	蔡山社区居民	1960.07.01
864	梁长友	蔡山社区居民	1968.07.01
865	胡章伦	蔡山社区居民	1970.07.01
866	陈永碧	蔡山社区居民	1965.03
867	李明英	蔡山社区居民	1965.05
868	姜学英	蔡山社区居民	1957.09
869	伍大前	蔡山社区居民	1958.04
870	王福明	蔡山社区居民	1965.10
871	王仲兴	蔡山社区居民	1955.11
872	刘献昭	蔡山社区居民	1965.04
873	陈世文	蔡山社区居民	1965.06
874	宋梓祥	蔡山社区居民	1965.05
875	任秉禄	蔡山社区居民	1955.03
876	赵书琼	蔡山社区居民	1964.05
877	陈光志	蔡山社区居民	1967.08
878	陈科明	蔡山社区居民	1965.05
879	周福元	蔡山社区居民	1969.04
880	侯显明	蔡山社区居民	1955.03
881	陈志明	蔡山社区居民	1951.08
882	雷定全	蔡山社区居民	1965.03
883	胡长安	蔡山社区居民	1965.05
884	李顺富	蔡山社区居民	1960.08
885	肖春华	蔡山社区居民	1955.07
886	刘文成	蔡山社区居民	1965.02
887	李洪章	蔡山社区居民	1964.06
888	谢儒明	蔡山社区居民	1959.12
889	刘学安	蔡山社区居民	1970.06
890	曾榜玉	蔡山社区居民	1955.09
891	王祥福	蔡山社区居民	1965.06
892	代世金	蔡山社区居民	1952.03
893	王廷怀	蔡山社区居民	1960.10
894	曾学英	蔡山社区居民	1965.05
895	徐永权	蔡山社区居民	1967.05
896	何兴贵	蔡山社区居民	1968.12
897	刘世明	蔡山社区居民	1964.08
898	喻顺和	蔡山社区居民	1955.09
899	祝明全	蔡山社区居民	1965.07.01
900	余远和	蔡山社区居民	1967.03
901	张治平	蔡山社区居民	1958.11
902	张安桂	蔡山社区居民	1964.10
903	胡玉华	蔡山社区居民	1965.01
904	王满英	蔡山社区居民	1958.09
905	罗汉江	蔡山社区居民	1965.09
906	陈汝才	蔡山社区居民	1964.06
907	梁贵元	蔡山社区居民	1968.12
908	徐明芳	天海集团离退休	1969.04
909	曾洪贵	彭山电信分公司支部委员会成员	1953.01
910	李志荣	中国石油天然气股份有限公司四川眉山销售分公司委员会成员	1962.05
911	肖荣生	中国水利水电第七工程局有限公司委员会成员	1962.10

续表21

序号	姓名	单位、职务	入党时间
912	郭光泽	中国石油西南油气田分公司输气管理处委员会成员	1964.06
913	张国祥	中国水利水电第七工程局有限公司委员会成员	1964.09
914	马隆富	彭山电信分公司支部委员会成员	1966.01
915	祝益刚	四川省粮油集团有限责任公司委员会成员	1966.03
916	唐碧霞	彭山区烟草专卖局支部委员会成员	1966.03
917	张世怀	中国邮政集团有限公司眉山市彭山区分公司支部委员会成员	1966.04
918	李泽勋	中国邮政集团有限公司眉山市彭山区分公司支部委员会成员	1969.09
919	陈金友	中国邮政集团有限公司眉山市彭山区分公司支部委员会成员	1969.09
920	周长明	彭山电信分公司支部委员会成员	1969.12
921	余光庭	彭山区烟草专卖局支部委员会成员	1970.02
922	黎德成	彭山区烟草专卖局支部委员会成员	1970.07.01
923	周成东	蔡山社区居民	1970.03
924	黄彬茹	蔡山社区居民	1971.07.01
925	李学安	果园村村民	1966.05
926	钟朝云	果园村村民	1955.07.01
927	张玉涛	果园村村民	1965.03
928	李利英	果园村村民	1966.05
929	代仲伦	果园村村民	1966.01
930	冯潮海	果园村村民	1966.03
931	彭德成	果园村村民	1966.05
932	张玉成	果园村村民	1966.04
933	代成方	果园村村民	1966.04
934	郭纯友	果园村村民	1966.04
935	倪正友	果园村村民	1960.08
936	李玉刚	果园村村民	1966.05
937	李玉安	果园村村民	1956.03
938	廖学如	果园村村民	1958.12
939	李永才	果园村村民	1956.11
940	毛桂英	果园村村民	1960.06
941	叶方友	果园村村民	1966.05
942	李兴元	果园村村民	1966.01
943	陈玉花	果园村村民	1966.05
944	李朝钦	果园村村民	1953.09
945	张玉支	果园村村民	1966.02
946	杨彦金	果园村村民	1966.03
947	孙 浩	果园村村民	1965.04
948	方国英	果园村村民	1966.08
949	罗德文	果园村村民	1958.01
950	梁作双	果园村村民	1960.11
951	梁作银	果园村村民	1960.06
952	杨长明	果园村村民	1961.08
953	张德成	果园村村民	1965.01
954	陈大安	果园村村民	1966.05
955	陈志平	果园村村民	1958.03
956	苏桂彬	果园村村民	1966.04
957	何秀容	果园村村民	1966.07
958	刘福伦	果园村村民	1967.03
959	刘子清	果园村村民	1955.04
960	王光勤	果园村村民	1954.10
961	王志明	果园村村民	1965.08
962	张玉吉	果园村村民	1954.03
963	罗学彬	果园村村民	1966.03
964	汪金权	果园村村民	1969.12
965	周邦保	果园村村民	1957.07.01
966	李少云	果园村村民	1956.04
967	赵国勤	果园村村民	1955.04
968	周定国	果园村村民	1966.09
969	周学明	果园村村民	1966.05
970	周易祥	果园村村民	1953.07.01
971	何淑珍	果园村村民	1966.11
972	王利华	果园村村民	1959.06
973	王召中	果园村村民	1967.07.01
974	张玉书	果园村村民	1971.04
975	张绍清	五湖社区居民	1950.01
976	詹万清	五湖社区居民	1954.11
977	熊合元	五湖社区居民	1955.08
978	徐良忠	彭山县蚕茧公司退休人员	1955.11
979	郭福全	五湖社区居民	1956.06
980	谢德元	五湖社区居民	1956.07
981	万学良	深圳21公司退休人员	1956.08
982	徐海彬	五湖社区居民	1956.08
983	杨永江	五湖社区居民	1957.06
984	徐学如	五湖社区居民	1957.10
985	徐万林	观音机场退休人员	1958.11
986	张学英	五湖社区居民	1959.07
987	梁长银	五湖社区居民	1959.10
988	李松全	五湖社区居民	1959.11

续表21

序号	姓名	单位、职务	入党时间
989	陈绍荣	原杨柳村书记	1959.11
990	吴学勤	五湖社区居民	1959.11
991	徐翠彬	五湖社区居民	1959.11
992	刘举富	五湖社区居民	1960.04
993	谢俊成	五湖社区居民	1960.05
994	张福全	原七一村会计	1960.07
995	徐廷春	五湖社区居民	1961.06
996	王淑英	五湖社区居民	1961.04
997	陈占奎	五湖社区居民	1961.06
998	徐蜀明	五湖社区居民	1961.07
999	贺春全	五湖社区居民	1964.11
1000	梁发元	五湖社区居民	1966.01
1001	何水蓉	五湖社区居民	1966.02
1002	徐秀彬	五湖社区居民	1966.04
1003	梁福全	五湖社区居民	1966.04
1004	徐寿平	成都无缝钢管厂退休人员	1966.05
1005	梁志英	五湖社区居民	1966.06
1006	徐廷芝	青龙氮肥厂退休人员	1966.06
1007	任加根	彭山煤建公司厂长	1966.07.01
1008	汪学良	五湖社区居民	1966.10
1009	王翠兰	五湖社区居民	1966.11
1010	陈绍明	五湖社区居民	1967.01
1011	何学华	五湖社区居民	1967.01
1012	罗益贵	五湖社区居民	1967.01
1013	帅子清	五湖社区居民	1967.01
1014	帅万和	五湖社区居民	1967.01
1015	谢书群	五湖社区居民	1967.01
1016	李羲兴	五湖社区居民	1967.01
1017	熊术彬	五湖社区居民	1967.03
1018	梁学明	五湖社区居民	1967.03
1019	徐寿昌	五湖社区居民	1967.03
1020	徐万坤	五湖社区居民	1967.03
1021	彭学华	五湖社区居民	1967.04
1022	李淑彬	五湖社区居民	1967.04
1023	徐寿彬	五湖社区居民	1967.05
1024	车水清	五湖社区居民	1967.06
1025	张绍林	五湖社区居民	1968.03
1026	张学华	五湖社区居民	1969.06
1027	吴纪明	五湖社区居民	1969.08
1028	帅富长	成都无缝钢管厂车间主任	1969.08
1029	徐华元	五湖社区居民	1970.03
1030	熊盛发	五湖社区居民	1971.03
1031	徐成彬	五湖社区居民	1971.01
1032	徐寿元	五湖社区居民	1971.03
1033	郭志斌	五湖社区居民	1971.04
1034	李万安	观音街道退休人员	1966.07.01
1035	封昌银	观音街道退休人员	1956.07
1036	张金华	谢家场社区居民	1960.08
1037	马正章	谢家场社区居民	1966.03
1038	王文权	谢家场社区居民	1966.03
1039	李茂昌	谢家场社区居民	1966.04
1040	邓永全	谢家场社区居民	1966.05
1041	张国伦	谢家场社区居民	1966.06
1042	刘永成	谢家场社区居民	1966.06
1043	江永田	谢家场社区居民	1968.05
1044	李福良	谢家场社区居民	1969.07
1045	周文陆	谢家场社区居民	1970.06
1046	辛仕龙	谢家场社区居民	1970.06
1047	罗素英	谢家场社区居民	1971.05
1048	龚秀彬	谢家场社区居民	1955.04
1049	李学英	谢家场社区居民	1955.04
1050	贾明照	谢家场社区居民	1955.05
1051	杨学英	谢家场社区居民	1956.10
1052	李子清	谢家场社区居民	1958.08
1053	张学明	谢家场社区居民	1958.11
1054	骆廷树	谢家场社区居民	1959.02
1055	刘国清	谢家场社区居民	1959.12
1056	李孝基	谢家场社区居民	1965.03
1057	张学文	谢家场社区居民	1966.01
1058	周春元	谢家场社区居民	1966.01
1059	刘志海	谢家场社区居民	1966.01
1060	余树芳	谢家场社区居民	1966.01
1061	周学华	谢家场社区居民	1966.01
1062	左朝乐	谢家场社区居民	1966.03
1063	魏明成	谢家场社区居民	1966.03
1064	左方进	谢家场社区居民	1966.03
1065	刘国全	谢家场社区居民	1966.04
1066	李学芳	谢家场社区居民	1966.05
1067	张凤华	谢家场社区居民	1966.10
1068	刘德银	谢家场社区居民	1966.10
1069	李学勤	谢家场社区居民	1966.11
1070	刘双全	谢家场社区居民	1967.07
1071	张庆阳	谢家场社区居民	1971.03
1072	叶桂英	谢家场社区居民	1954.01

续表21

序号	姓名	单位、职务	入党时间
1073	文志华	谢家场社区居民	1954.08
1074	干有祥	谢家场社区居民	1956.02
1075	周学英	谢家场社区居民	1956.09
1076	胡素英	谢家场社区居民	1958.12
1077	何正福	谢家场社区居民	1960.07.01
1078	侯俊良	谢家场社区居民	1960.09
1079	张德明	谢家场社区居民	1963.03
1080	葛洪玉	谢家场社区居民	1965.01
1081	干昌华	谢家场社区居民	1965.09
1082	干长清	谢家场社区居民	1965.12
1083	岳培全	谢家场社区居民	1966.01
1084	李长炳	谢家场社区居民	1966.01
1085	汪桂松	谢家场社区居民	1966.01
1086	罗学英	谢家场社区居民	1966.03
1087	周学英	谢家场社区居民	1966.03
1088	王步清	谢家场社区居民	1966.11
1089	袁学华	谢家场社区居民	1966.11
1090	瞿学文	谢家场社区居民	1966.12
1091	姚志清	谢家场社区居民	1969.04
1092	赵志清	谢家场社区居民	1968.11
1093	李志安	谢家场社区居民	1971.04
1094	魏启炳	谢家场社区居民	1971.06
1095	万忠良	谢家场社区居民	1959.10
1096	王成安	谢家场社区居民	1964.11
1097	管树明	谢家场社区居民	1965.04
1098	黄明清	谢家场社区居民	1966.01
1099	李学珍	谢家场社区居民	1966.03
1100	马学华	谢家场社区居民	1966.03
1101	邹尚清	谢家场社区居民	1966.04
1102	方成跃	谢家场社区居民	1966.11
1103	李寿贵	谢家场社区居民	1970.04
1104	李寿培	谢家场社区居民	1970.07.01
1105	蒋治和	谢家场社区居民	1970.10
1106	杨光田	谢家场社区居民	1971.03
1107	鲜一良	义和场社区居民	1954.03
1108	王太良	义和场社区居民	1954.04
1109	刘俊华	义和场社区居民	1955.02
1110	刘文英	义和场社区居民	1955.12
1111	张甫成	义和场社区居民	1956.05
1112	王树成	义和场社区居民	1956.10
1113	李崇双	义和场社区居民	1956.11
1114	万忠林	义和场社区居民	1958.11
1115	朱玉彬	义和场社区居民	1959.06
1116	徐国英	义和场社区居民	1959.07
1117	张秀英	义和场社区居民	1960.06
1118	万其攀	义和场社区居民	1960.07
1119	唐清文	义和场社区居民	1965.07
1120	陈关海	义和场社区居民	1966.01
1121	王文坤	义和场社区居民	1966.01
1122	肖全生	义和场社区居民	1966.01
1123	柴忠明	义和场社区居民	1966.01
1124	吴学英	义和场社区居民	1966.01
1125	罗玉仙	义和场社区居民	1966.01
1126	杨国彬	义和场社区居民	1966.01
1127	王光成	义和场社区居民	1966.01
1128	罗廷生	义和场社区居民	1966.01
1129	陈淑君	义和场社区居民	1966.01
1130	李福元	义和场社区居民	1966.03
1131	刘国英	义和场社区居民	1966.03
1132	周维华	义和场社区居民	1966.03
1133	袁学明	义和场社区居民	1966.03
1134	沈云德	义和场社区居民	1966.04
1135	丁云华	义和场社区居民	1966.04
1136	王淑芬	义和场社区居民	1966.04
1137	黄学华	义和场社区居民	1966.05
1138	葛万元	义和场社区居民	1966.05
1139	胡金全	义和场社区居民	1966.06
1140	周凤如	义和场社区居民	1966.06
1141	魏兴国	义和场社区居民	1966.10
1142	代淑君	义和场社区居民	1966.12
1143	宋跃文	义和场社区居民	1967.05
1144	严仁明	义和场社区居民	1969.08
1145	王尚全	义和场社区居民	1970.06
1146	彭清云	义和场社区居民	1970.07
1147	宋庆文	义和场社区居民	1971.01
1148	冯良安	义和场社区居民	1971.01
1149	熊和成	义和场社区居民	1971.03
1150	柴志安	义和场社区居民	1971.03
1151	周维新	义和场社区居民	1971.04
1152	刘桂仙	义和场社区居民	1971.04
1153	万永钱	义和场社区居民	1971.04
1154	刘文祥	汉安村村民	1953.09
1155	夏绍林	汉安村村民	1955.07
1156	姜云朝	汉安村村民	1956.06

续表21

序号	姓名	单位、职务	入党时间	序号	姓名	单位、职务	入党时间
1157	任志成	汉安村村民	1956.07	1199	余学英	汉安村村民	1967.01
1158	杨学英	汉安村村民	1956.12	1200	廖文芳	汉安村村民	1967.01
1159	周学英	汉安村村民	1958.01	1201	李桂芳	汉安村村民	1967.01
1160	李少伦	汉安村村民	1958.08	1202	刘天斗	汉安村村民	1967.02
1161	赵玉华	汉安村村民	1958.11	1203	魏银安	汉安村村民	1967.05
1162	文学珍	汉安村村民	1959.07	1204	黄志福	汉安村村民	1967.06
1163	夏国华	汉安村村民	1959.09	1205	余国儒	汉安村村民	1968.03
1164	范明进	汉安村村民	1959.11	1206	余国林	汉安村村民	1969.07
1165	孙云安	汉安村村民	1959.12	1207	梁桂英	汉安村村民	1968.09
1166	周玉英	汉安村村民	1960.01	1208	张学贞	汉安村村民	1970.03
1167	张长明	汉安村村民	1960.06	1209	周汉清	汉安村村民	1970.03
1168	袁文学	汉安村村民	1964.02	1210	尹洪焱	汉安村村民	1970.07
1169	张义洲	汉安村村民	1964.04	1211	李德文	汉安村村民	1971.03
1170	张玉华	汉安村村民	1964.12	1212	何国成	汉安村村民	1971.04
1171	郑怀清	汉安村村民	1965.01	1213	陈国清	汉安村村民	1971.04
1172	彭贵福	汉安村村民	1965.06	1214	吴志华	汉安村村民	1971.07.01
1173	柴国伦	汉安村村民	1966.01	1215	张玉琴	岐山村村民	1955.08
1174	罗学文	汉安村村民	1966.01	1216	何俊芳	岐山村村民	1960.10
1175	刘俊安	汉安村村民	1966.01	1217	王仕全	岐山村村民	1965.01
1176	郭文彬	汉安村村民	1966.01	1218	王永成	岐山村村民	1965.12
1177	李万树	汉安村村民	1966.01	1219	周被英	岐山村村民	1966.01
1178	王树元	汉安村村民	1966.01	1220	何学芳	岐山村村民	1966.01
1179	陈述伦	汉安村村民	1966.03	1221	骆洪树	岐山村村民	1966.01
1180	刘光汉	汉安村村民	1966.03	1222	汪双全	岐山村村民	1966.02
1181	任志云	汉安村村民	1966.03	1223	刘翠华	岐山村村民	1966.04
1182	卢群华	汉安村村民	1966.03	1224	陈贤汝	岐山村村民	1966.04
1183	曾正良	汉安村村民	1966.03	1225	庞玉珍	岐山村村民	1966.04
1184	赵青朋	汉安村村民	1966.03	1226	方春元	岐山村村民	1966.07.01
1185	彭朝明	汉安村村民	1966.03	1227	廖华清	岐山村村民	1968.12
1186	魏明福	汉安村村民	1966.04	1228	陈克元	岐山村村民	1968.12
1187	任志伦	汉安村村民	1966.04	1229	郭成海	岐山村村民	1969.04
1188	王学英	汉安村村民	1966.04	1230	郑怀金	岐山村村民	1969.04
1189	干知行	汉安村村民	1966.04	1231	杨德元	岐山村村民	1969.04
1190	田学华	汉安村村民	1966.04	1232	张安阳	岐山村村民	1969.04
1191	张玉火	汉安村村民	1966.04	1233	王永庆	岐山村村民	1969.04
1192	龚正全	汉安村村民	1966.04	1234	陈克云	岐山村村民	1970.06
1193	张志全	汉安村村民	1966.05	1235	张尚明	李山村村民	1965.06
1194	周远富	汉安村村民	1966.05	1236	汪绍云	李山村村民	1966.07.01
1195	魏启伦	汉安村村民	1966.05	1237	余茂琼	李山村村民	1966.05
1196	王学彬	汉安村村民	1966.05	1238	李志华	李山村村民	1971.03
1197	周志仙	汉安村村民	1966.12	1239	刘群英	李山村村民	1971.04
1198	任学彬	汉安村村民	1967.01	1240	汪明学	李山村村民	1966.11

续表21

序号	姓名	单位、职务	入党时间	序号	姓名	单位、职务	入党时间
1241	李春华	李山村村民	1966.09	1283	刘树成	邓庙村村民	1970.07.01
1242	宋桂花	李山村村民	1966.03	1284	刘国章	邓庙村村民	1956.07.01
1243	龚登红	李山村村民	1966.03	1285	李进先	邓庙村村民	1958.07.01
1244	张素芳	李山村村民	1968.06	1286	刘俊安	邓庙村村民	1966.07.01
1245	李泽伦	李山村村民	1965.11	1287	张凤生	邓庙村村民	1965.07.01
1246	姚俊良	李山村村民	1966.05	1288	江洪安	邓庙村村民	1970.07.01
1247	李洪平	李山村村民	1966.05	1289	刘会珍	邓庙村村民	1960.11
1248	徐文珍	李山村村民	1966.01	1290	张凤成	邓庙村村民	1955.07.01
1249	沈显明	李山村村民	1966.01	1291	刘先明	邓庙村村民	1956.09
1250	赵友明	李山村村民	1966.05	1292	张治华	邓庙村村民	1966.03
1251	宋绍明	李山村村民	1956.01	1293	李玉英	邓庙村村民	1959.07.01
1252	王文清	李山村村民	1957.02	1294	袁治福	邓庙村村民	1966.07.01
1253	张从林	李山村村民	1959.09	1295	刘照美	邓庙村村民	1968.07.01
1254	李志全	李山村村民	1970.10	1296	江明清	邓庙村村民	1967.07.01
1255	张　云	李山村村民	1966.11	1297	魏泽民	邓庙村村民	1960.07.01
1256	宋玉芳	李山村村民	1966.03	1298	王学明	邓庙村村民	1970.07.01
1257	杨应富	李山村村民	1966.07.01	1299	梅当玉	邓庙村村民	1969.07.01
1258	葛少良	李山村村民	1966.03	1300	王玉芳	邓庙村村民	1969.07.01
1259	夏学刚	李山村村民	1971.04	1301	袁洪春	邓庙村村民	1965.07.01
1260	周双全	李山村村民	1966.05	1302	黎朝富	邓庙村村民	1970.07.01
1261	王仕田	李山村村民	1966.04	1303	张凤廷	邓庙村村民	1966.04
1262	周兴和	李山村村民	1958.11	1304	刘秀珍	邓庙村村民	1970.07.01
1263	方纪兰	李山村村民	1966.01	1305	刘学英	邓庙村村民	1960.07.01
1264	周国清	李山村村民	1966.07.01	1306	江洪智	邓庙村村民	1970.07.01
1265	王志留	李山村村民	1966.03	1307	张华甫	邓庙村村民	1956.07.01
1266	赵大春	李山村村民	1966.03	1308	张群英	邓庙村村民	1959.07.01
1267	谢学英	李山村村民	1956.09	1309	李寿江	邓庙村村民	1966.01
1268	张学文	李山村村民	1966.03	1310	邓永顺	邓庙村村民	1971.07.01
1269	郭步清	邓庙村村民	1956.12	1311	黎朝清	邓庙村村民	1971.03
1270	张菊芳	邓庙村村民	1967.07.01	1312	刘文玉	邓庙村村民	1971.07.01
1271	黄天水	邓庙村村民	1966.01	1313	李德全	邓庙村村民	1971.07.01
1272	柴俊良	邓庙村村民	1956.04	1314	张仕清	悦园村村民	1966.03
1273	袁洪堂	邓庙村村民	1966.01	1315	张玉芬	悦园村村民	1966.03
1274	袁洪玉	邓庙村村民	1968.04	1316	周保成	悦园村村民	1966.03
1275	张学良	邓庙村村民	1958.12	1317	喻子祥	悦园村村民	1951.01
1276	邓玉芳	邓庙村村民	1959.11	1318	周成万	悦园村村民	1966.03
1277	李德华	邓庙村村民	1958.07.01	1319	周栋良	悦园村村民	1968.01
1278	陈明华	邓庙村村民	1965.07.01	1320	周凤成	悦园村村民	1966.01
1279	王国明	邓庙村村民	1966.07.01	1321	周凤文	悦园村村民	1966.01
1280	李学勋	邓庙村村民	1960.07.01	1322	肖淑军	悦园村村民	1966.02
1281	刘学芝	邓庙村村民	1958.11	1323	冯明福	悦园村村民	1966.03
1282	宋平安	邓庙村村民	1966.04	1324	周在祥	悦园村村民	1966.01

续表21

序号	姓名	单位、职务	入党时间	序号	姓名	单位、职务	入党时间
1325	陈关林	悦园村村民	1965.04	1367	周志华	悦园村村民	1971.04
1326	余来海	悦园村村民	1966.03	1368	骆文彬	悦园村村民	1966.07
1327	冯光从	悦园村村民	1971.05	1369	冯永金	悦园村村民	1966.07
1328	郑贵英	悦园村村民	1955.11	1370	李茂全	石山村村民	1957.07
1329	冯明富	悦园村村民	1966.03	1371	陈大水	石山村村民	1965.05
1330	冯明孝	悦园村村民	1966.02	1372	鲁学英	石山村村民	1955.07.01
1331	冯明元	悦园村村民	1966.01	1373	王国芳	石山村村民	1967.10
1332	周栋梁	悦园村村民	1966.01	1374	刘树章	石山村村民	1969.07
1333	周万学	悦园村村民	1966.04	1375	舒明华	石山村村民	1970.04
1334	周载智	悦园村村民	1956.11	1376	侯永良	石山村村民	1962.07.01
1335	吴培江	悦园村村民	1966.02	1377	周永奎	石山村村民	1966.03
1336	宋立文	悦园村村民	1966.03	1378	骆洪水	石山村村民	1966.03
1337	张福银	悦园村村民	1958.07	1379	李朝忠	石山村村民	1966.07.01
1338	宋加兴	悦园村村民	1966.03	1380	李学华	石山村村民	1966.11
1339	陈高群	悦园村村民	1965.01	1381	张良轩	石山村村民	1954.10
1340	魏友良	悦园村村民	1966.04	1382	岳秀芳	石山村村民	1966.01
1341	瞿应炳	悦园村村民	1966.12	1383	刘忠文	石山村村民	1966.05
1342	魏兴祥	悦园村村民	1968.10	1384	郭绍林	石山村村民	1967.11
1343	杨志学	悦园村村民	1966.02	1385	周福明	石山村村民	1971.03
1344	李学珍	悦园村村民	1966.02	1386	范明清	石山村村民	1971.06
1345	刘进忠	悦园村村民	1959.04	1387	黄明安	石山村村民	1966.03
1346	童翠英	悦园村村民	1965.05	1388	李玉明	石山村村民	1966.03
1347	余秀珍	悦园村村民	1965.03	1389	张纪轩	石山村村民	1966.03
1348	罗纪光	悦园村村民	1966.03	1390	郭绍清	石山村村民	1971.03
1349	罗纪和	悦园村村民	1960.06	1391	李树清	石山村村民	1966.05
1350	陈善树	悦园村村民	1956.07	1392	陈大海	石山村村民	1965.08
1351	杨志安	悦园村村民	1968.09	1393	周永成	石山村村民	1960.04
1352	游学清	悦园村村民	1960.10	1394	赵学彬	石山村村民	1966.07
1353	王保元	悦园村村民	1954.11	1395	江煜兴	石山村村民	1971.05
1354	罗学英	悦园村村民	1956.12	1396	刘顺清	石山村村民	1967.03
1355	骆国元	悦园村村民	1966.01	1397	李纪平	石山村村民	1971.06
1356	宋朝阳	悦园村村民	1966.01	1398	范明全	石山村村民	1967.11
1357	王永清	悦园村村民	1970.03	1399	秦国彬	石山村村民	1960.04
1358	王福喜	悦园村村民	1959.07	1400	许国军	茶场村村民	1969.09
1359	王仲成	悦园村村民	1966.03	1401	刘洪清	茶场村村民	1958.11
1360	张中成	悦园村村民	1966.01	1402	周子云	茶场村村民	1960.07.01
1361	王成明	悦园村村民	1966.03	1403	曾长清	茶场村村民	1968.09
1362	杨成全	悦园村村民	1966.03	1404	张文清	茶场村村民	1966.02
1363	何学明	悦园村村民	1970.03	1405	赵成荣	茶场村村民	1956.06
1364	江学英	悦园村村民	1958.11	1406	曹天福	茶场村村民	1966.04
1365	陈福艮	悦园村村民	1966.04	1407	叶成勋	茶场村村民	1966.05
1366	何顺华	悦园村村民	1971.03	1408	黄万兴	茶场村村民	1966.03

续表21

序号	姓名	单位、职务	入党时间	序号	姓名	单位、职务	入党时间
1409	吴福蓉	茶场村村民	1966.02	1451	毛玉华	大塘村村民	1965.12
1410	袁国英	茶场村村民	1966.02	1452	徐学芳	大塘村村民	1969.11
1411	刘志英	茶场村村民	1966.05	1453	张俊如	大塘村村民	1965.12
1412	陈方远	茶场村村民	1966.02	1454	陈国民	大塘村村民	1965.12
1413	袁学彬	茶场村村民	1965.04	1455	陈泽明	大塘村村民	1965.12
1414	袁学成	茶场村村民	1966.04	1456	张泽安	大塘村村民	1965.12
1415	袁明友	茶场村村民	1966.01	1457	魏明泽	大塘村村民	1965.12
1416	袁良仕	茶场村村民	1966.03	1458	张建忠	大塘村村民	1965.12
1417	张俊如	茶场村村民	1966.05	1459	连克成	大塘村村民	1965.12
1418	汪明金	茶场村村民	1977.08	1460	魏德春	大塘村村民	1965.12
1419	刘美银	茶场村村民	1960.11	1461	张开伦	大塘村村民	1965.12
1420	吕学勤	茶场村村民	1959.01	1462	张华寿	大塘村村民	1953.12
1421	余志彬	茶场村村民	1966.03	1463	刘献桂	大塘村村民	1958.11
1422	张玉国	茶场村村民	1971.07	1464	帅学明	大塘村村民	1955.10
1423	付利珍	茶场村村民	1960.04	1465	帅万祥	大塘村村民	1965.12
1424	袁泽清	茶场村村民	1953.09	1466	陈贵清	大塘村村民	1971.03
1425	王术清	茶场村村民	1965.07	1467	张朝友	江口社区居民	1966.03
1426	胡方伦	茶场村村民	1966.02	1468	雷春凤	江口社区居民	1966.02
1427	胡世安	茶场村村民	1966.03	1469	袁巧如	江口社区居民	1958.12
1428	颜光珍	茶场村村民	1956.06	1470	袁火明	江口社区居民	1964.12
1429	王兴火	茶场村村民	1970.03	1471	杨义英	江口社区居民	1957.12
1430	袁桂芳	茶场村村民	1964.02	1472	刘俊如	江口社区居民	1958.12
1431	赵成文	茶场村村民	1964.03	1473	龙联方	江口社区居民	1955.12
1432	徐学英	茶场村村民	1964.08	1474	吴学彬	江口社区居民	1965.12
1433	段兆金	茶场村居民	1970.03	1475	卢世民	江口社区居民	1959.12
1434	袁　海	茶场村居民	1959.08	1476	杨国云	江口社区居民	1966.11
1435	段兆清	茶场村居民	1971.07.01	1477	罗志军	江口社区居民	1970.02
1436	刘美安	茶场村居民	1963.07.01	1478	曾跃如	江口社区居民	1971.04
1437	段兆兴	茶场村居民	1969.04	1479	邓凤英	泥湾村村民	1965.03
1438	宋平根	茶场村村民	1965.03	1480	肖金生	泥湾村村民	1967.09
1439	宋平玖	茶场村村民	1965.07.01	1481	李永明	泥湾村村民	1965.01
1440	宋平万	茶场村村民	1963.03	1482	刘献孝	泥湾村村民	1971.01
1441	侯长平	茶场村村民	1964.06	1483	周国明	泥湾村村民	1970.06
1442	侯建军	茶场村村民	1955.03	1484	周文安	泥湾村村民	1966.07.01
1443	侯国平	茶场村村民	1969.01	1485	罗秀英	泥湾村村民	1967.03
1444	胡方银	茶场村村民	1968.11	1486	许仕勤	泥湾村村民	1970.03
1445	吴树华	大塘村村民	1953.12	1487	胡绍成	泥湾村村民	1966.01
1446	吴春元	大塘村村民	1965.12	1488	白文轩	泥湾村村民	1970.06
1447	胡学如	大塘村村民	1965.12	1489	邹世松	泥湾村村民	1966.03
1448	张正平	大塘村村民	1965.12	1490	付炳南	泥湾村村民	1965.06
1449	吴凯云	大塘村村民	1965.10	1491	高福珍	泥湾村村民	1960.11
1450	张开山	大塘村村民	1954.12	1492	陈中孝	泥湾村村民	1971.02

续表21

序号	姓名	单位、职务	入党时间	序号	姓名	单位、职务	入党时间
1493	陈元富	泥湾村村民	1966.01	1535	魏云昌	石山村村民	1971.04
1494	张开贵	泥湾村村民	1970.09	1536	帅学明	双江村村民	1965.01
1495	刘献金	泥湾村村民	1964.04	1537	王学彬	双江村村民	1958.04
1496	杨茂银	泥湾村村民	1956.06	1538	陈胜前	双江村村民	1965.04
1497	刘宗富	泥湾村村民	1966.04	1539	梁贵元	双江村村民	1965.03
1498	刘仲康	泥湾村村民	1966.04	1540	桂学华	双江村村民	1965.01
1499	刘廷金	泥湾村村民	1966.09	1541	梁仕忠	双江村村民	1959.03
1500	赵文成	泥湾村村民	1966.01	1542	黄志明	双江村村民	1958.07
1501	廖金华	泥湾村村民	1970.06	1543	王永清	双江村村民	1969.09
1502	刘献安	泥湾村村民	1967.01	1544	谢开奇	双江村村民	1970.06
1503	刘绍全	泥湾村村民	1958.08	1545	蔡国清	双江村村民	1969.03
1504	江长清	泥湾村村民	1971.01	1546	陈元珍	双江村村民	1970.01
1505	刘献春	泥湾村村民	1960.06	1547	严术明	双江村村民	1970.07
1506	辜华英	泥湾村村民	1965.12	1548	张元述	双江村村民	1964.05
1507	周吉明	泥湾村村民	1965.06	1549	谢正轩	双江村村民	1966.08
1508	周泽土	泥湾村村民	1965.06	1550	徐贵芝	双江村村民	1965.02
1509	周泽富	泥湾村村民	1959.05	1551	黄志军	双江村村民	1955.01
1510	杨国英	泥湾村村民	1965.03	1552	姚国良	双江村村民	1955.08
1511	佘学勤	泥湾村村民	1966.12	1553	徐淑华	双江村村民	1965.05
1512	刘廷康	泥湾村村民	1966.12	1554	徐贵江	双江村村民	1953.03
1513	帅福文	泥湾村村民	1966.07.01	1555	侯学文	双江村村民	1968.08
1514	姜志远	泥湾村村民	1966.01	1556	何克林	双江村村民	1949.11
1515	杨甲春	石山村村民	1965.05	1557	张志平	双江村村民	1955.12
1516	杨学彬	石山村村民	1965.01	1558	汪朝安	双江村村民	1966.01
1517	帅西祥	石山村村民	1965.05	1559	郭玉学	双江村村民	1963.05
1518	杨甲华	石山村村民	1955.06	1560	李云彬	双江村村民	1957.09
1519	周远久	石山村村民	1968.09	1561	谢开明	双江村村民	1965.08
1520	袁启珍	石山村村民	1966.03	1562	谢述安	双江村村民	1966.05
1521	连仁均	石山村村民	1960.04	1563	姚福章	双江村村民	1956.03
1522	叶云华	石山村村民	1968.11	1564	周桂兰	双江村村民	1960.01
1523	杨淑群	石山村村民	1966.01	1565	李学华	双江村村民	1965.05
1524	曹学清	石山村村民	1966.02	1566	谢开全	双江村村民	1955.08
1525	苏连均	石山村村民	1966.01	1567	谢清华	双江村村民	1959.11
1526	张仕平	石山村村民	1966.01	1568	刘金容	土桥村村民	1965.01
1527	干学安	石山村村民	1966.05	1569	刘大川	土桥村村民	1965.02
1528	干志清	石山村村民	1970.06	1570	何学如	土桥村村民	1965.02
1529	魏国全	石山村村民	1966.03	1571	孙福有	土桥村村民	1964.04
1530	陈绍清	石山村村民	1966.01	1572	刘大明	土桥村村民	1970.03
1531	刘国华	石山村村民	1966.04	1573	夏永文	土桥村村民	1959.12
1532	颜仕清	石山村村民	1966.04	1574	冷明清	土桥村村民	1965.12
1533	叶华山	石山村村民	1952.11	1575	陶兴贵	土桥村村民	1966.04
1534	秦国玉	石山村村民	1970.12	1576	夏安江	土桥村村民	1964.07

续表21

序号	姓名	单位、职务	入党时间	序号	姓名	单位、职务	入党时间
1577	张锡华	土桥村村民	1958.09	1619	张元术	永丰村村民	1956.07
1578	夏成坤	土桥村村民	1958.01	1620	袁瑞明	永丰村村民	1963.05
1579	夏炳先	土桥村村民	1955.07	1621	夏永进	永丰村村民	1955.11
1580	刘从芳	土桥村村民	1959.11	1622	黄福明	永丰村村民	1966.03
1581	夏承兴	土桥村村民	1965.04	1623	张兴贵	永丰村村民	1971.05
1582	罗淑良	土桥村村民	1965.04	1624	陈方陆	永丰村村民	1971.07.01
1583	陶淑珍	土桥村村民	1965.03	1625	张绍均	泉水社区居民	1968.02
1584	王淑华	土桥村村民	1965.03	1626	王久长	泉水社区居民	1963.12
1585	张锡华	土桥村村民	1965.03	1627	周学华	泉水社区居民	1965.03
1586	张自华	土桥村村民	1970.04	1628	冯大斌	泉水社区居民	1967.04
1587	黄保元	土桥村村民	1965.01	1629	冯国芳	泉水社区居民	1970.04
1588	黄少才	土桥村村民	1965.05	1630	吴秀英	泉水社区居民	1965.04
1589	钟云华	土桥村村民	1965.01	1631	贾成福	泉水社区居民	1965.02
1590	钟华明	土桥村村民	1965.01	1632	杨玉英	泉水社区居民	1958.07
1591	张炳华	土桥村村民	1959.09	1633	余秀华	泉水社区居民	1958.11
1592	黄自全	土桥村村民	1953.06	1634	魏枝宇	泉水社区居民	1965.04
1593	张友全	永丰村村民	1966.03	1635	毛先友	泉水社区居民	1968.04
1594	干启群	永丰村村民	1966.03	1636	赵俊如	泉水社区居民	1952.08
1595	张怀金	永丰村村民	1966.01	1637	毛翠华	泉水社区居民	1965.04
1596	何学珍	永丰村村民	1966.02	1638	余先栋	泉水社区居民	1965.03
1597	石秀英	永丰村村民	1960.08	1639	李付书	泉水社区居民	1965.04
1598	张福清	永丰村村民	1970.04	1640	周国明	泉水社区居民	1958.12
1599	李长元	永丰村村民	1966.06	1641	徐青和	泉水社区居民	1964.01
1600	张保全	永丰村村民	1966.01	1642	毛守超	泉水社区居民	1964.01
1601	曾德兴	永丰村村民	1970.05	1643	周华清	泉水社区居民	1970.01
1602	谢天金	永丰村村民	1960.11	1644	廖少文	泉水社区居民	1965.01
1603	何良英	永丰村村民	1966.04	1645	周术彬	泉水社区居民	1965.03
1604	张光伦	永丰村村民	1970.03	1646	毛贵良	泉水社区居民	1965.03
1605	许如华	永丰村村民	1966.08	1647	田玉明	泉水社区居民	1965.06
1606	周玉彬	永丰村村民	1966.08	1648	田万清	泉水社区居民	1964.05
1607	李泽民	永丰村村民	1970.07	1649	陈光全	泉水社区居民	1965.06
1608	何庆明	永丰村村民	1966.07	1650	陈跃辉	泉水社区居民	1964.02
1609	覃福庭	永丰村村民	1966.07	1651	杜文彬	泉水社区居民	1965.04
1610	蒋万良	永丰村村民	1966.07	1652	曹向银	泉水社区居民	1964.06
1611	刘树清	永丰村村民	1966.08	1653	胡吉成	泉水社区居民	1964.12
1612	陈淑华	永丰村村民	1960.07	1654	余永福	泉水社区居民	1966.12
1613	夏志清	永丰村村民	1959.06	1655	刘海荣	泉水社区居民	1966.11
1614	张学富	永丰村村民	1956.07	1656	毛先群	泉水社区居民	1964.11
1615	刘中华	永丰村村民	1965.08	1657	陈志华	泉水社区居民	1963.12
1616	夏清元	永丰村村民	1966.01	1658	余永金	泉水社区居民	1968.11
1617	张华田	永丰村村民	1957.07	1659	余远全	泉水社区居民	1958.11
1618	冯志全	永丰村村民	1966.03	1660	余远火	泉水社区居民	1959.12

续表21

序号	姓名	单位、职务	入党时间	序号	姓名	单位、职务	入党时间
1661	余远久	泉水社区居民	1964.12	1703	杨琢安	武阳社区居民	1964.11
1662	袁彬如	泉水社区居民	1960.12	1704	姜先明	武阳社区居民	1961.12
1663	倪成茂	泉水社区居民	1964.12	1705	潘福安	武阳社区居民	1967.10
1664	余德友	泉水社区居民	1969.10	1706	刘献玉	武阳社区居民	1965.04
1665	余德水	泉水社区居民	1968.12	1707	廖国安	武阳社区居民	1966.02
1666	李长明	泉水社区居民	1965.12	1708	陈素英	武阳社区居民	1966.03
1667	徐术芳	泉水社区居民	1960.12	1709	祝金玉	武阳社区居民	1966.04
1668	曾志全	泉水社区居民	1970.06	1710	罗喜堂	武阳社区居民	1966.01
1669	袁秀英	泉水社区居民	1965.12	1711	陈昌元	武阳社区居民	1970.03
1670	毛天玉	泉水社区居民	1965.12	1712	罗学华	武阳社区居民	1966.01
1671	付伯兴	泉水社区居民	1965.12	1713	周素芳	武阳社区居民	1966.01
1672	赵步云	泉水社区居民	1949.11	1714	黄素琼	武阳社区居民	1967.11
1673	毛天清	泉水社区居民	1968.12	1715	曹福安	武阳社区居民	1970.05
1674	宋玉清	泉水社区居民	1967.12	1716	曹双全	武阳社区居民	1966.02
1675	余启才	泉水社区居民	1964.03	1717	潘华飞	武阳社区居民	1966.10
1676	余德乾	泉水社区居民	1964.01	1718	郭玉英	武阳社区居民	1966.03
1677	高东云	泉水社区居民	1961.12	1719	熊再明	武阳社区居民	1959.04
1678	余德锐	泉水社区居民	1970.05	1720	苏仕朝	武阳社区居民	1959.10
1679	余德忠	泉水社区居民	1970.03	1721	赵玉彬	武阳社区居民	1961.01
1680	谢登贵	泉水社区居民	1970.03	1722	游俊伦	武阳社区居民	1966.02
1681	赵长明	泉水社区居民	1970.04	1723	祝益全	武阳社区居民	1966.02
1682	陈玉明	泉水社区居民	1970.12	1724	苏国彬	武阳社区居民	1966.05
1683	曾行怀	武阳社区居民	1956.06	1725	余彬林	武阳社区居民	1953.01
1684	刘学英	武阳社区居民	1955.12	1726	王家友	武阳社区居民	1962.04
1685	李学英	武阳社区居民	1966.02	1727	吕玉仙	武阳社区居民	1965.12
1686	姜学英	武阳社区居民	1956.08	1728	章玉彬	武阳社区居民	1958.06
1687	潘华全	武阳社区居民	1960.07	1729	赵作如	武阳社区居民	1959.05
1688	潘英伦	武阳社区居民	1960.06	1730	陈才学	武阳社区居民	1965.12
1689	刘书桥	武阳社区居民	1958.12	1731	李国英	武阳社区居民	1966.03
1690	曾行成	武阳社区居民	1954.09	1732	袁学珍	武阳社区居民	1955.12
1691	喻正钦	武阳社区居民	1956.02	1733	赵洪兴	武阳社区居民	1964.07
1692	杜启林	武阳社区居民	1966.02	1734	赵学彬	武阳社区居民	1966.02
1693	姜留德	武阳社区居民	1966.02	1735	刘献纯	武阳社区居民	1966.03
1694	吕群洋	武阳社区居民	1966.05	1736	冯光汉	武阳社区居民	1966.01
1695	杨科明	武阳社区居民	1966.04	1737	晏学彬	武阳社区居民	1966.04
1696	刘学华	武阳社区居民	1966.01	1738	刘克明	武阳社区居民	1956.06
1697	张春元	武阳社区居民	1969.12	1739	袁学如	武阳社区居民	1966.05
1698	姜俊华	武阳社区居民	1965.12	1740	潘素琼	武阳社区居民	1968.07
1699	李玉彬	武阳社区居民	1965.12	1741	胡顺云	武阳社区居民	1956.03
1700	袁学如	武阳社区居民	1965.12	1742	刘世刚	武阳社区居民	1953.11
1701	张春林	武阳社区居民	1966.01	1743	刘世海	武阳社区居民	1966.05
1702	张廷元	武阳社区居民	1952.12	1744	周泽阳	武阳社区居民	1970.03

续表21

序号	姓名	单位、职务	入党时间	序号	姓名	单位、职务	入党时间
1745	李洪国	武阳社区居民	1955.02	1787	黄水泉	将台社区居民	1960.09
1746	夏秀英	武阳社区居民	1966.03	1788	候少奎	将台社区居民	1960.12
1747	赵树银	武阳社区居民	1966.01	1789	李正全	永丰村村民	1960.09
1748	杨茂前	武阳社区居民	1965.07	1790	陶淑英	永丰村村民	1960.07
1749	袁纪德	武阳社区居民	1971.01	1791	毛学英	五一社区居民	1960.04
1750	罗学东	江口街道退休支部成员	1966.01	1792	姜荣珍	武阳社区居民	1960.07
1751	赵念安	江口街道退休支部成员	1965.05	1793	周玉清	泥湾村村民	1959.06
1752	谢如华	江口街道退休支部成员	1965.05	1794	罗素芳	五一社区居民	1959.06
1753	陈福全	江口街道退休支部成员	1958.10	1795	甫秀英	武阳社区居民	1959.06
1754	徐正华	江口街道退休支部成员	1957.11	1796	陈玉培	泉水社区居民	1959.05
1755	徐成国	江口街道退休支部成员	1955.05	1797	廖德友	泉水社区居民	1959.07.01
1756	罗志远	江口街道退休支部成员	1971.07	1798	邓少章	土桥村村民	1958.11
1757	李正和	永丰村村民	1970.07	1799	韩学彬	土桥村村民	1958.08
1758	郭思明	双江村村民	1968.09	1800	王玉珍	石山村村民	1958.04
1759	李汉文	将台社区居民	1966.03	1801	雷国福	双江村村民	1958.11
1760	胡顺一	茶场村村民	1966.03	1802	符洪章	永丰村村民	1958.07
1761	许松华	江口街道退休支部成员	1966.05	1803	李学玉	石山村村民	1957.12
1762	刘安国	茶场村村民	1966.03	1804	吕华清	将台社区居民	1956.01
1763	刘天华	茶场村村民	1966.03	1805	汪明东	茶场村村民	1956.06
1764	宋元举	茶场村村民	1966.01	1806	祝国治	石山村村民	1956.03
1765	王长明	永丰村村民	1966.07	1807	苏文良	双江村村民	1956.12
1766	何庆芳	永丰村村民	1966.08	1808	谢青山	江口街道退休支部成员	1955.05
1767	谢国祥	双江村村民	1966.05	1809	江志红	公义镇机关党支部成员	1965.01
1768	毛前贵	泥湾村村民	1966.03	1810	付居流	公义镇机关党支部成员	1966.03
1769	陈中祥	泥湾村村民	1966.01	1811	李玉华	公义镇机关党支部成员	1966.03
1770	付海全	泥湾村村民	1966.08	1812	刘志福	公义镇机关党支部成员	1966.05
1771	刘国成	大塘村村民	1966.01	1813	李国民	公义镇机关党支部成员	1968.01
1772	刘廷仕	五一社区居民	1966.05	1814	宛加友	公义镇机关党支部成员	1970.01
1773	余德凤	五一社区居民	1966.03	1815	郑占奎	公义镇机关党支部成员	1970.07
1774	陈树明	五一社区居民	1966.02	1816	苏桂彬	公义镇古堰新桥农旅发展联合支部成员	1966.04
1775	胡元胜	五一社区居民	1966.01				
1776	章凤祥	五一社区居民	1966.03	1817	王海青	天柱村村民	1953.07.01
1777	赵玉翠	五一社区居民	1966.10	1818	周少云	天柱村村民	1955.11
1778	周海清	泉水社区居民	1966.03	1819	李学芬	天柱村村民	1958.12
1779	陈玉元	泉水社区居民	1966.05	1820	刘学芳	天柱村村民	1960.03
1780	陈正学	泉水社区居民	1966.05	1821	张学琴	天柱村村民	1965.03
1781	李加福	泉水社区居民	1966.04	1822	刘家明	天柱村村民	1965.07.01
1782	王志均	五一社区居民	1966.02	1823	张正水	天柱村村民	1965.07.01
1783	游元德	五一社区居民	1965.12	1824	高贵延	天柱村村民	1965.07
1784	赵洪云	五一社区居民	1965.12	1825	高福贵	天柱村村民	1966.01
1785	刘启生	武阳社区居民	1965.09	1826	刘仁明	天柱村村民	1966.01
1786	张清华	土桥村村民	1964.06	1827	盛宇冲	天柱村村民	1966.02

续表21

序号	姓名	单位、职务	入党时间	序号	姓名	单位、职务	入党时间
1828	陈德如	天柱村村民	1966.03	1870	江国安	保胜场社区居民	1957.07.01
1829	李天福	天柱村村民	1966.03	1871	杨文碧	保胜场社区居民	1958.01
1830	张友成	天柱村村民	1966.03	1872	岳高烈	保胜场社区居民	1958.12
1831	严发华	天柱村村民	1966.04	1873	王芝芳	保胜场社区居民	1959.06
1832	宛加培	天柱村村民	1966.06	1874	盛宇芳	保胜场社区居民	1959.12
1833	宛加树	天柱村村民	1966.07.01	1875	熊玉芳	保胜场社区居民	1960.02
1834	张树福	天柱村村民	1966.07.01	1876	陈正永	保胜场社区居民	1960.12
1835	刘素芳	天柱村村民	1966.07.01	1877	刘文清	保胜场社区居民	1966.01
1836	凌学安	天柱村村民	1966.07.01	1878	江玉英	保胜场社区居民	1966.01
1837	余光清	天柱村村民	1966.07.01	1879	李素芳	保胜场社区居民	1966.01
1838	宛加明	天柱村村民	1966.07.01	1880	赵井全	保胜场社区居民	1966.01
1839	李秀芬	天柱村村民	1966.12	1881	王兴学	保胜场社区居民	1966.01
1840	高福青	天柱村村民	1967.01	1882	刘天权	保胜场社区居民	1966.03
1841	赵术芳	天柱村村民	1970.06	1883	张洪兴	保胜场社区居民	1966.03
1842	赵根明	天柱村村民	1971.03	1884	白学珍	保胜场社区居民	1966.04
1843	罗学英	金烛村村民	1956.03	1885	包先火	保胜场社区居民	1966.04
1844	黄先贵	金烛村村民	1956.04	1886	黄福全	保胜场社区居民	1966.07.01
1845	高海文	金烛村村民	1958.10	1887	陈永安	保胜场社区居民	1966.07.01
1846	岳真烈	金烛村村民	1959.07	1888	张桂英	保胜场社区居民	1967.01
1847	王兴前	金烛村村民	1960.03	1889	祝芝兴	保胜场社区居民	1967.01
1848	倪学良	金烛村村民	1960.09	1890	王正明	保胜场社区居民	1967.03
1849	黄先友	金烛村村民	1964.07	1891	祝南木	保胜场社区居民	1967.07.01
1850	江学成	金烛村村民	1965.01	1892	杨俊明	保胜场社区居民	1968.04
1851	李福全	金烛村村民	1966.01	1893	舒云成	保胜场社区居民	1969.02
1852	高旭成	金烛村村民	1966.01	1894	王维华	保胜场社区居民	1969.06
1853	江怀祥	金烛村村民	1966.01	1895	谢元贵	保胜场社区居民	1970.02
1854	高学良	金烛村村民	1966.03	1896	汪玖明	保胜场社区居民	1970.09
1855	汪德华	金烛村村民	1966.03	1897	黄淑群	保胜场社区居民	1971.03
1856	曹元亨	金烛村村民	1966.03	1898	杨天才	保胜场社区居民	1971.06
1857	刘素芳	金烛村村民	1967.01	1899	周永贵	农乐村村民	1952.07.01
1858	高启全	金烛村村民	1967.03	1900	左茂明	农乐村村民	1954.01
1859	高学全	金烛村村民	1967.03	1901	李汉章	农乐村村民	1955.01
1860	高启成	金烛村村民	1967.03	1902	赵维春	农乐村村民	1955.05
1861	熊玉彬	金烛村村民	1967.05	1903	徐安良	农乐村村民	1956.06
1862	郭伦军	金烛村村民	1971.03	1904	祝南成	农乐村村民	1956.08
1863	袁学华	金烛村村民	1971.03	1905	李保全	农乐村村民	1957.07.01
1864	王兴平	金烛村村民	1971.06	1906	鲁国华	农乐村村民	1958.11
1865	李星安	保胜场社区居民	1952.04	1907	郑吉武	农乐村村民	1959.04
1866	杨作均	保胜场社区居民	1952.10	1908	熊现良	农乐村村民	1960.06
1867	张加元	保胜场社区居民	1954.07.01	1909	张秀芳	农乐村村民	1964.01
1868	白志斌	保胜场社区居民	1956.03	1910	杨泽文	农乐村村民	1963.06
1869	张光绪	保胜场社区居民	1956.12	1911	左茂田	农乐村村民	1964.07.01

续表21

序号	姓名	单位、职务	入党时间	序号	姓名	单位、职务	入党时间
1912	赵维学	农乐村村民	1965.01	1954	黄纪明	公义场社区居民	1960.02
1913	左国云	农乐村村民	1965.03	1955	沈学彬	公义场社区居民	1961.07
1914	何跃云	农乐村村民	1965.03	1956	马永生	公义场社区居民	1964.01
1915	代玉彬	农乐村村民	1966.01	1957	葛玉芬	公义场社区居民	1964.03
1916	刘万贤	农乐村村民	1966.01	1958	徐目英	公义场社区居民	1964.06
1917	赵维光	农乐村村民	1966.01	1959	谢国安	公义场社区居民	1965.01
1918	郑桂花	农乐村村民	1966.01	1960	潘华舫	公义场社区居民	1965.01
1919	李烈成	农乐村村民	1966.01	1961	张碧琴	公义场社区居民	1965.01
1920	鲁绍斌	农乐村村民	1966.01	1962	刘远玖	公义场社区居民	1965.01
1921	杨会芳	农乐村村民	1966.01	1963	王元长	公义场社区居民	1965.01
1922	汪国荣	农乐村村民	1966.03	1964	舒纪芳	公义场社区居民	1965.01
1923	李桂群	农乐村村民	1966.03	1965	宛学华	公义场社区居民	1965.01
1924	张学英	农乐村村民	1966.03	1966	祝玉明	公义场社区居民	1965.01
1925	任洪光	农乐村村民	1966.03	1967	何仕怀	公义场社区居民	1965.03
1926	余定炳	农乐村村民	1966.05	1968	左永清	公义场社区居民	1965.03
1927	李国祥	农乐村村民	1966.05	1969	王正留	公义场社区居民	1965.04
1928	蔡学芳	农乐村村民	1966.05	1970	梅素英	公义场社区居民	1965.04
1929	刘志文	农乐村村民	1966.05	1971	李玖元	公义场社区居民	1965.09
1930	何吉成	农乐村村民	1966.06	1972	毛国民	公义场社区居民	1965.12
1931	周永安	农乐村村民	1966.06	1973	李学华	公义场社区居民	1966.01
1932	葛富平	农乐村村民	1966.08	1974	周再元	公义场社区居民	1966.01
1933	李贵芳	农乐村村民	1966.11	1975	余光友	公义场社区居民	1966.01
1934	宛学彬	农乐村村民	1967.06	1976	余学成	公义场社区居民	1966.01
1935	罗　林	农乐村村民	1967.07.01	1977	袁学华	公义场社区居民	1966.01
1936	岳桂英	农乐村村民	1968.01	1978	舒玉英	公义场社区居民	1966.01
1937	陈学贵	农乐村村民	1968.03	1979	张秀英	公义场社区居民	1966.01
1938	郑海清	农乐村村民	1968.10	1980	郭长安	公义场社区居民	1966.02
1939	李成英	农乐村村民	1968.11	1981	张凤银	公义场社区居民	1966.03
1940	曾万怀	农乐村村民	1969.04	1982	冯学英	公义场社区居民	1966.03
1941	熊德良	农乐村村民	1969.06	1983	李国华	公义场社区居民	1966.03
1942	郑绍全	农乐村村民	1969.10	1984	毛长明	公义场社区居民	1966.03
1943	代廷福	农乐村村民	1970.05	1985	李华松	公义场社区居民	1966.03
1944	李显春	公义场社区居民	1952.04	1986	胡善全	公义场社区居民	1966.03
1945	盛少成	公义场社区居民	1952.07.01	1987	杨学彬	公义场社区居民	1966.03
1946	李学成	公义场社区居民	1952.10	1988	龚学英	公义场社区居民	1966.03
1947	龚吉成	公义场社区居民	1956.04	1989	张玉军	公义场社区居民	1966.03
1948	梁泽英	公义场社区居民	1956.05	1990	张学英	公义场社区居民	1966.03
1949	刘术英	公义场社区居民	1958.07.01	1991	王德全	公义场社区居民	1966.04
1950	刘正全	公义场社区居民	1959.05	1992	徐明中	公义场社区居民	1966.04
1951	宋永安	公义场社区居民	1959.09	1993	何德文	公义场社区居民	1966.04
1952	史群英	公义场社区居民	1959.11	1994	张冬秀	公义场社区居民	1966.05
1953	李华勤	公义场社区居民	1960.01	1995	何玉清	公义场社区居民	1966.05

续表21

序号	姓名	单位、职务	入党时间	序号	姓名	单位、职务	入党时间
1996	罗保仙	公义场社区居民	1967.03	2038	张玉英	五马村村民	1969.03
1997	徐学彬	公义场社区居民	1968.01	2039	任志东	五马村村民	1970.05
1998	周桂兰	公义场社区居民	1968.03	2040	骆学成	五马村村民	1971.03
1999	李云康	公义场社区居民	1968.03	2041	代元凯	五马村村民	1971.04
2000	毛学琴	公义场社区居民	1968.05	2042	刘树银	五马村村民	1966.01
2001	李华富	公义场社区居民	1968.10	2043	陈秀彬	五马村村民	1966.04
2002	刘兴贵	公义场社区居民	1969.05	2044	宛双清	五马村村民	1971.03
2003	秦国清	公义场社区居民	1970.01	2045	舒贵勤	五马村村民	1970.02
2004	杨加祥	公义场社区居民	1970.05	2046	舒学良	五马村村民	1971.09
2005	代国华	公义场社区居民	1970.05	2047	李玉成	新桥村村民	1954.08
2006	陈学安	公义场社区居民	1970.09	2048	晏学琴	新桥村村民	1959.07
2007	宋玉廷	公义场社区居民	1971.04	2049	王志忠	新桥村村民	1966.05
2008	余友仙	公义场社区居民	1971.06	2050	黄福清	新桥村村民	1966.05
2009	王正全	公义场社区居民	1971.07.01	2051	周崇彬	石家小区居民	1962.06
2010	郑景波	公义场社区居民	1970.10	2052	余义文	新桥村村民	1966.04
2011	罗兴良	公义场社区居民	1966.03	2053	张志成	公义场社区居民	1957.06
2012	鲁志安	公义场社区居民	1966.03	2054	徐万松	退休人员	1957.02
2013	余海云	五马村村民	1953.05	2055	余朝全	新桥村村民	1956.02
2014	李应章	五马村村民	1955.09	2056	余朝刚	新桥村村民	1956.08
2015	宛德孝	五马村村民	1955.10	2057	余朝富	新桥村村民	1959.11
2016	王泽安	五马村村民	1955.11	2058	张殿友	新桥村村民	1965.03
2017	陈秀英	五马村村民	1956.12	2059	吴学琴	退休人员	1958.01
2018	舒济平	五马村村民	1958.05	2060	黄现春	新桥村村民	1970.08
2019	舒登前	五马村村民	1960.05	2061	周万松	新桥村村民	1970.11
2020	杨少明	五马村村民	1965.01	2062	何长明	新桥村村民	1971.05
2021	方春福	五马村村民	1965.03	2063	赵桂芳	新桥村村民	1965.01
2022	谭树云	五马村村民	1965.03.	2064	冯廷金	新桥村村民	1960.06
2023	何栋明	五马村村民	1965.03	2065	刘元海	保胜场社区居民	1958.11
2024	黄天贵	五马村村民	1965.03	2066	曾明照	退休人员	1959.09
2025	郑学华	五马村村民	1966.01	2067	李华波	区政府机关离退休党支部成员	1966.07.01
2026	曾学英	五马村村民	1966.01	2068	马安国	新桥村村民	1970.04
2027	舒济贵	五马村村民	1966.02	2069	张长安	新桥村村民	1965.03
2028	舒登平	五马村村民	1966.02	2070	黄德祥	新桥村村民	1970.03
2029	王玉英	五马村村民	1966.03	2071	罗琼瑶	自由职业人员	1960.11
2030	龙作祥	五马村村民	1966.03	2072	岳烈荣	退休人员	1966.04
2031	郑怀贵	五马村村民	1966.06	2073	高学春	金烛村村民	1966.05
2032	葛玉英	五马村村民	1966.07.01	2074	周汉章	新桥村村民	1969.03
2033	王金生	五马村村民	1966.12	2075	伍学珍	新桥村村民	1966.03
2034	罗纪彬	五马村村民	1967.01	2076	李星举	保胜场社区居民	1965.01
2035	黄述全	五马村村民	1967.02	2077	王永泰	原安监局退休干部	1971.07.01
2036	魏光斗	五马村村民	1967.03	2078	张光钦	金烛村村民	1971.03
2037	舒登文	五马村村民	1967.08	2079	刘元春	保胜场社区居民	1966.10

续表21

序号	姓名	单位、职务	入党时间	序号	姓名	单位、职务	入党时间
2080	牟兴海	新桥村村民	1968.04	2122	罗从福	欣荣村村民	1966.07
2081	周学琴	新桥村村民	1966.01	2123	张金贵	欣荣村村民	1966.08
2082	周桂华	新桥村村民	1966.03	2124	黄国清	欣荣村村民	1966.08
2083	任元林	新桥村村民	1966.01	2125	伍崇银	欣荣村村民	1966.11
2084	胡国明	新桥村村民	1965.01	2126	李桂芬	欣荣村村民	1967.01
2085	黄树文	新桥村村民	1965.01	2127	梁栋芝	欣荣村村民	1967.01
2086	孙桂芳	退休人员	1967.03	2128	宛学英	欣荣村村民	1967.03
2087	刘学彬	欣荣村村民	1954.12	2129	李攀金	欣荣村村民	1968.01
2088	李洪泉	欣荣村村民	1955.11	2130	李攀树	欣荣村村民	1968.01
2089	李攀成	欣荣村村民	1956.08	2131	张淑彬	欣荣村村民	1968.07
2090	李桂英	欣荣村村民	1957.06	2132	范幼君	欣荣村村民	1969.09
2091	肖国彬	欣荣村村民	1958.01	2133	李攀兴	欣荣村村民	1970.07.01
2092	李玉儒	欣荣村村民	1958.11	2134	刘志军	欣荣村村民	1970.07.01
2093	郑少清	欣荣村村民	1959.09	2135	岳枝友	欣荣村村民	1971.01
2094	李绍安	欣荣村村民	1960.12	2136	葛兴田	欣荣村村民	1971.06
2095	刘志安	欣荣村村民	1963.07.01	2137	江泽明	龙安村村民	1956.11
2096	翟秀英	欣荣村村民	1964.05	2138	宋长金	龙安村村民	1959.07.01
2097	闵天华	欣荣村村民	1965.01	2139	陈德明	龙安村村民	1959.07.01
2098	李治清	欣荣村村民	1965.03	2140	黄国金	龙安村村民	1964.12
2099	张国栋	欣荣村村民	1965.05	2141	江华安	龙安村村民	1965.11
2100	张开贵	欣荣村村民	1965.05	2142	刘仲洋	龙安村村民	1966.01
2101	陈学金	欣荣村村民	1965.05	2143	李登明	龙安村村民	1966.01
2102	陈学华	欣荣村村民	1965.07.01	2144	陈瑞珍	龙安村村民	1966.01
2103	王泽明	欣荣村村民	1965.07.01	2145	杨学芳	龙安村村民	1966.01
2104	唐政明	欣荣村村民	1966.01	2146	李学彬	龙安村村民	1966.03
2105	张文学	欣荣村村民	1966.01	2147	陈学海	龙安村村民	1966.03.
2106	闵银富	欣荣村村民	1966.01	2148	李银同	龙安村村民	1966.03
2107	李术芳	欣荣村村民	1966.01	2149	刘秀英	龙安村村民	1966.03
2108	盛长元	欣荣村村民	1966.01	2150	杨祥明	龙安村村民	1966.03
2109	张宣鸿	欣荣村村民	1966.01	2151	宋绍明	龙安村村民	1966.06
2110	罗忠华	欣荣村村民	1966.01	2152	刘文福	龙安村村民	1967.03
2111	袁学英	欣荣村村民	1966.03	2153	江学彬	龙安村村民	1971.02
2112	盛国彬	欣荣村村民	1966.03	2154	李茂春	龙安村村民	1971.03
2113	李秀珍	欣荣村村民	1966.03	2155	李星全	龙安村村民	1971.03
2114	李俊英	欣荣村村民	1966.03.	2156	王志友	龙安村村民	1971.04
2115	鲁长友	欣荣村村民	1966.03	2157	陈治安	龙安村村民	1971.05
2116	张廷全	欣荣村村民	1966.04	2158	杨富荣	丰华社区居民	1966.02
2117	宋桂英	欣荣村村民	1966.04	2159	李少云	丰华社区居民	1966.01
2118	李国全	欣荣村村民	1966.04	2160	李明元	丰华社区居民	1966.05
2119	宛明松	欣荣村村民	1966.04	2161	王方清	丰华社区居民	1966.01
2120	张廷海	欣荣村村民	1966.07.01	2162	王建廷	丰华社区居民	1966.03
2121	黄万明	欣荣村村民	1966.07.01	2163	郑光廷	丰华社区居民	1970.06

续表21

序号	姓名	单位、职务	入党时间	序号	姓名	单位、职务	入党时间
2164	何少福	丰华社区居民	1966.01	2206	许弟孝	新丰社区居民	1966.06
2165	刘淑彬	丰华社区居民	1966.03	2207	何庆友	新丰社区居民	1970.05
2166	叶秀华	丰华社区居民	1966.01	2208	何少玉	新丰社区居民	1965.05
2167	袁学文	丰华社区居民	1966.06	2209	陈德奎	新丰社区居民	1969.07
2168	徐文贵	合力村村民	1965.03	2210	何少轩	新丰社区居民	1965.03
2169	徐文德	合力村村民	1971.01	2211	石述珍	新丰社区居民	1966.07.01
2170	金克明	合力村村民	1968.04	2212	何少勤	新丰社区居民	1961.07.01
2171	黄长贵	合力村村民	1968.01	2213	袁学明	新丰社区居民	1962.07.01
2172	张淑彬	合力村村民	1965.03	2214	何绍兰	新丰社区居民	1970.07.01
2173	徐文友	合力村村民	1966.04	2215	苏文波	新丰社区居民	1955.04
2174	何玉良	合力村村民	1968.04	2216	易秋明	新丰社区居民	1971.04
2175	李志云	合力村村民	1965.07	2217	王书文	新丰社区居民	1968.10
2176	王伍斌	合力村村民	1966.03	2218	何庆方	新丰社区居民	1970.11
2177	王学章	合力村村民	1965.03	2219	王维正	新丰社区居民	1970.04
2178	肖桂华	合力村村民	1968.04	2220	谢学英	新丰社区居民	1970.03
2179	吴平安	合力村村民	1957.04	2221	王希全	新丰社区居民	1969.10
2180	张玉英	合力村村民	1965.06	2222	何永祥	新丰社区居民	1971.07.01
2181	徐国珍	合力村村民	1968.04	2223	熊泽明	共和村村民	1957.08
2182	毛正明	合力村村民	1963.03	2224	吕从东	共和村村民	1966.03
2183	伍从华	合力村村民	1965.04	2225	谢天才	共和村村民	1963.04
2184	胡仕云	合力村村民	1965.04	2226	龚明贵	共和村村民	1966.07.01
2185	苏异清	合力村村民	1953.06	2227	余秀英	共和村村民	1966.01
2186	龚开明	合力村村民	1965.03	2228	谢天顺	共和村村民	1965.05
2187	苏异彬	合力村村民	1967.05	2229	罗永先	共和村村民	1956.12
2188	徐正安	合力村村民	1965.10	2230	张兴芝	共和村村民	1969.06
2189	毛学成	合力村村民	1970.12	2231	余国成	共和村村民	1964.02
2190	黄学彬	新丰社区居民	1966.07.01	2232	余向阳	共和村村民	1965.02
2191	张学华	新丰社区居民	1967.02	2233	郭学文	共和村村民	1966.01
2192	袁俊如	新丰社区居民	1967.04	2234	王庆忠	共和村村民	1964.12
2193	叶志明	新丰社区居民	1961.07.01	2235	王建安	共和村村民	1961.10
2194	符志安	新丰社区居民	1968.12	2236	周淑彬	共和村村民	1958.10
2195	陈光全	新丰社区居民	1966.05	2237	严文均	共和村村民	1965.04
2196	谢绍斌	新丰社区居民	1956.11	2238	徐同良	共和村村民	1966.04
2197	何克凡	新丰社区居民	1965.06	2239	王兴贵	共和村村民	1958.11
2198	何修权	新丰社区居民	1968.04	2240	唐少云	共和村村民	1966.01
2199	徐锡明	新丰社区居民	1966.07.01	2241	王泽安	共和村村民	1966.03
2200	袁明全	新丰社区居民	1965.07.01	2242	吕绍东	共和村村民	1954.03
2201	何少洪	新丰社区居民	1955.07.01	2243	徐志全	共和村村民	1966.03
2202	何福安	新丰社区居民	1967.04	2244	张金和	共和村村民	1960.03
2203	吕泽明	新丰社区居民	1964.07.01	2245	吕翼成	共和村村民	1968.06
2204	罗成民	新丰社区居民	1970.04	2246	胡进安	共和村村民	1966.06
2205	徐明得	新丰社区居民	1970.03	2247	严福珍	共和村村民	1966.03

续表21

序号	姓名	单位、职务	入党时间	序号	姓名	单位、职务	入党时间
2248	张国和	共和村村民	1966.06	2290	何德明	团结村村民	1967.07.01
2249	王顺祥	共和村村民	1953.03	2291	罗伦雍	团结村村民	1955.07.01
2250	桃学英	共和村村民	1970.03	2292	刘德贵	双塘村村民	1971.04
2251	伍玉珍	共和村村民	1970.04	2293	谢保清	双塘村村民	1966.05
2252	龚明国	共和村村民	1971.01	2294	金跃元	双塘村村民	1970.07.01
2253	徐春明	共和村村民	1970.11	2295	王文明	双塘村村民	1971.06
2254	张明贵	共和村村民	1971.06	2296	曹光明	双塘村村民	1966.05
2255	黄木平	共和村村民	1970.11	2297	刘显成	双塘村村民	1967.01
2256	郑子明	共和村村民	1960.04	2298	朱志云	双塘村村民	1970.02
2257	谢开华	共和村村民	1965.08	2299	黄继明	双塘村村民	1967.01
2258	王正华	共和村村民	1966.07.01	2300	李学支	双塘村村民	1968.01
2259	王正明	共和村村民	1959.07.01	2301	唐福明	双塘村村民	1960.07
2260	王志华	共和村村民	1970.07.01	2302	张明清	双塘村村民	1971.04
2261	应旻成	团结村村民	1971.07.01	2303	何加勤	双塘村村民	1967.01
2262	应旻明	团结村村民	1967.07.01	2304	何学良	双塘村村民	1967.01
2263	苏子云	团结村村民	1964.06	2305	刘贵芳	双塘村村民	1960.06
2264	吕从安	团结村村民	1970.07.01	2306	王兴明	彭山区公安分局退休人员	1966.02
2265	曾均富	团结村村民	1965.07.01	2307	吴金权	彭山区公安分局退休人员	1967.04
2266	何德云	团结村村民	1964.07.01	2308	罗启元	彭山区公安分局退休人员	1968.04
2267	马永朝	团结村村民	1971.07.01	2309	何玉铭	彭山区公安分局退休人员	1955.02
2268	罗春连	团结村村民	1965.07.01	2310	陈荣安	彭山区公安分局退休人员	1961.05
2269	刘登全	团结村村民	1964.07.01	2311	王光新	彭山区公安分局退休人员	1969.03
2270	徐成全	团结村村民	1970.07.01	2312	黄德昌	彭山区公安分局退休人员	1966.02
2271	李先福	团结村村民	1969.07.01	2313	杨仕伦	彭山区公安分局退休人员	1966.10
2272	倪光华	团结村村民	1957.07.01	2314	管力军	彭山区公安分局退休人员	1954.07.01
2273	张仕全	团结村村民	1970.04	2315	刘智臣	彭山区公安分局退休人员	1964.02
2274	雷国安	团结村村民	1969.07.01	2316	杨光富	彭山区公安分局退休人员	1962.11
2275	罗会玖	团结村村民	1965.07.01	2317	傅书祥	彭山区公安分局退休人员	1964.04
2276	苏中华	团结村村民	1968.07.01	2318	卫旭平	彭山区公安分局退休人员	1965.08
2277	谢如英	团结村村民	1963.07.01	2319	黄明生	彭山区公安分局退休人员	1958.06
2278	徐明忠	团结村村民	1970.07.01	2320	田金荣	彭山区公安分局退休人员	1970.11
2279	何仕贵	团结村村民	1963.07.01	2321	杨光明	彭山区公安分局退休人员	1965.12
2280	胡泽贵	团结村村民	1963.04	2322	陈堂玖	彭山区公安分局退休人员	1965.03
2281	徐明贵	团结村村民	1965.07.01	2323	周光继	彭山区公安分局退休人员	1966.10
2282	徐国安	团结村村民	1969.10	2324	方集华	彭山区公安分局退休人员	1957.07.01
2283	马开平	团结村村民	1962.07.01	2325	张惠明	彭山区公安分局退休人员	1970.07.01
2284	徐自琴	团结村村民	1965.07.01	2326	黄祥安	彭山区公安分局退休人员	1969.08
2285	罗善金	团结村村民	1965.07.01	2327	张国平	彭山区公安分局退休人员	1969.06
2286	李淑均	团结村村民	1968.07.01	2328	张兴富	彭山区公安分局退休人员	1971.03
2287	马永怀	团结村村民	1965.07.01	2329	吴文贵	彭山区公安分局退休人员	1969.05
2288	杨学珍	团结村村民	1965.07.01	2330	谢英发	彭山区公安分局退休人员	1970.04
2289	张开富	团结村村民	1965.07.01	2331	刘水康	彭山区公安分局退休人员	1970.04

续表21

序号	姓名	单位、职务	入党时间
2332	李寿玉	彭山区公安分局退休人员	1970.03
2333	刘学军	彭山区公安分局退休人员	1969.12
2334	梁全安	彭山区公安分局退休人员	1970.02
2335	宋正荣	彭山区公安分局退休人员	1969.05
2336	秦万清	彭山区公安分局退休人员	1970.10
2337	方荣华	区自然资源和规划局退休人员	1965.10
2338	杨学良	彭山法院退休干部	1966.07.01
2339	高明亮	彭山法院退休干部	1965.07.01
2340	刘献桃	彭山法院退休干部	1963.07.01
2341	廖玉华	彭山法院退休干部	1969.10
2342	胡富芳	彭山法院退休干部	1961.06
2343	夏安文	彭山法院退休干部	1970.09
2344	王出明	彭山法院退休干部	1967.07
2345	周　翔	彭山法院退休干部	1966.09
2346	郭开富	彭山法院退休干部	1952.11
2347	王学文	彭山法院退休干部	1955.03
2348	毛有根	彭山法院退休干部	1971.03
2349	尹建藩	彭山法院退休干部	1956.10
2350	徐学银	彭山法院退休干部	1966.03
2351	毛光平	彭山法院退休干部	1968.04
2352	官凤伦	彭山法院退休干部	1965.12
2353	袁兴和	彭山法院退休干部	1970.03
2354	江治平	彭山法院退休干部	1966.10
2355	汪继成	区供销社退休干部（副主任科员）	1963.05
2356	卢福康	区供销社正科级退休干部	1958.08
2357	汪国清	区供销社副科级退休干部（主任科员）	1966.04
2358	黄卫东	区供销社正科级退休干部	1966.03
2359	伍大顺	区供销社退休干部(主任科员)	1968.04
2360	谢正华	彭山区检察院退休干部	1961.01
2361	彭兴云	彭山区检察院退休干部	1970.01
2362	叶方成	彭山区检察院退休干部	1966.03
2363	黄金海	彭山区检察院退休干部	1966.04
2364	刘德荣	彭山区检察院退休干部	1966.11
2365	徐禄忠	彭山区检察院退休干部	1956.09
2366	张荣莲	彭山区检察院退休干部	1971.03
2367	曾明友	彭山区检察院退休干部	1965.06
2368	李朝俊	彭山区检察院退休干部	1956.11
2369	陈金见	区交通运输局工作人员	1962.12
2370	程述云	区交通运输局工作人员	1956.08
2371	龚文清	区交通运输局工作人员	1959.10
2372	袁德均	原运管所	1952.12
2373	唐贵方	原运管所	1958.04
2374	梁炳禄	眉山市彭山区公路养护段工作人员	1966.01
2375	余永元	眉山市彭山区公路养护段工作人员	1958.07.01
2376	杨健全	眉山市彭山区渡口服务中心工作人员	1957.06
2377	严孟挺	眉山市彭山区渡口服务中心工作人员	1969.07
2378	李树清	彭山区汽车运输公司工作人员	1961.07.01
2379	王树轩	彭山区汽车运输公司工作人员	1961.07.01
2380	陈德安	彭山区汽车运输公司工作人员	1964.01
2381	吕玉成	彭山区汽车运输公司工作人员	1955.07.01
2382	罗吉楷	彭山区汽车运输公司工作人员	1960.07.01
2383	刘太金	彭山区汽车运输公司工作人员	1970.07.01
2384	陈旭全	彭山区汽车运输公司工作人员	1970.07.01
2385	薛志勤	彭山区汽车运输公司工作人员	1966.07.01
2386	余定权	彭山区汽车运输公司工作人员	1970.07.01
2387	毛国金	彭山区汽车运输公司工作人员	1969.07.01
2388	何国华	彭山区汽车运输公司工作人员	1957.07.01
2389	孙学华	彭山区第二小学支部委员会成员	1966.03
2390	吴桂英	彭山区第二小学支部委员会成员	1966.07
2391	赵国辉	彭山区教育和体育局机关退休人员	1966.03
2392	王国华	彭山区第一小学支部委员会成员	1966.05
2393	张学清	彭山区第一小学支部委员会成员	1956.05
2394	曾修华	彭山区武阳镇初级中学支部委员会成员	1971.02
2395	黄绍宣	彭山区第二中学退休人员	1958.10
2396	吴明贤	彭山区第二中学退休人员	1958.06
2397	刘太清	彭山区武阳镇中心小学支部委员会成员	1965.02
2398	陈之发	彭山区第一中学退休人员	1972.01
2399	葛治祥	彭山区第一中学退休人员	1965.07
2400	陈永祥	彭山区第一中学退休人员	1960.07
2401	周国全	彭山区保胜乡中心小学支部委员会成员	1964.03
2402	何树根	彭山区保胜乡中心小学支部委员会成员	1968.08
2403	周泽雪	彭山区武阳镇初级中学支部委员会成员	1970.07
2404	张学勤	彭山区彭溪镇中心小学支部委员会成员	1971.04
2405	段学彬	彭山区彭溪镇中心小学支部委员会成员	1968.06

续表21

序号	姓名	单位、职务	入党时间
2406	邹惠君	彭山区幼儿园支部委员会成员	1966.06
2407	王玉清	彭山区幼儿园支部委员会成员	1972.06
2408	何学珍	彭山区教学研究和培训中心党支部成员	1972.07.01
2409	李光林	彭山区公义镇中心小学支部委员会成员	1967.11
2410	唐政坤	彭山区公义镇中心小学支部委员会成员	1967.09
2411	魏学明	彭山区公义镇中心小学支部委员会成员	1967.03
2412	翟保安	彭山区公义镇中心小学支部委员会成员	1971.04
2413	舒纪清	彭山区公义镇中心小学支部委员会成员	1971.04
2414	马玉英	彭山区公义镇中心小学支部委员会成员	1967.04
2415	杨秀英	彭山区公义镇中心小学支部委员会成员	1967.11
2416	易克容	彭山区第二中学退休人员	1956.08
2417	高丽如	彭山区第二中学退休人员	1965.03
2418	罗兴该	彭山区公义镇中心小学支部委员会成员	1967.04
2419	吴元凯	彭山区教育和体育局机关退休人员	1956.02
2420	李玉欣	彭山区幼儿园支部委员会成员	1966.06
2421	管升华	彭山区彭溪镇中心小学支部委员会成员	1971.08
2422	王翠英	彭山区彭溪镇中心小学支部委员会成员	1966.04
2423	袁中和	彭山区公义镇中心小学支部委员会成员	1967.04
2424	盛宇乾	彭山区保胜乡中心小学支部委员会成员	1972.04
2425	肖绍贤	彭山区第一中学退休人员	1964.01
2426	高学彬	彭山区第一中学退休人员	1967.06
2427	任集中	彭山区第二中学退休人员	1956.07
2428	余相高	彭山区公义镇初级中学人员	1966.08
2429	吴德俊	彭山区第一中学退休人员	1959.06
2430	许金元	新桥村村民	1966.01
2431	彭国洲	彭山区农业农村局工作人员	1970.02
2432	李培基	彭山区农业农村局工作人员	1968.10
2433	陈秀英	彭山区农业农村局工作人员	1966.07.01
2434	周玉芳	彭山区农业农村局工作人员	1966.01
2435	王永怀	彭山区农业农村局工作人员	1964.03
2436	朱桂英	彭山区农业农村局工作人员	1959.07.01
2437	郭发荣	彭山区农业农村局工作人员	1957.03
2438	张仕明	彭山区农业农村局工作人员	1957.01
2439	朱自成	彭山区农业农村局工作人员	1956.10
2440	张克成	彭山区农业农村局工作人员	1955.12
2441	林益荣	彭山区农业农村局工作人员	1952.12
2442	王元福	退休人员	1956.04
2443	周长安	工作人员	1966.05
2444	付梓羔	工作人员	1956.06
2445	程宗惠	工作人员	1952.06
2446	苏绍清	工作人员	1955.12
2447	段昌良	工作人员	1957.01
2448	袁素芳	工作人员	1966.01
2449	田仕轩	工作人员	1966.03
2450	陈永安	工作人员	1966.02
2451	宛启元	工作人员	1960.07
2452	陈忠炳	工作人员	1966.01
2453	刘树军	工作人员	1966.04
2454	王银清	工作人员	1966.03
2455	刘海云	工作人员	1959.11
2456	袁文友	工作人员	1962.06
2457	徐小初	工作人员	1968.08
2458	赵洪玉	工作人员	1966.02
2459	杨洪银	工作人员	1952.04
2460	杨玉安	工作人员	1966.01
2461	田有玉	彭山区市场监管局退休人员	1957.08
2462	杨德全	彭山区市场监管局退休人员	1960.07
2463	李兴顺	彭山区市场监管局退休人员	1968.04
2464	邓朝阳	彭山区市场监管局退休人员	1966.04
2465	徐绍兴	彭山区市场监管局退休人员	1965.05
2466	陈德金	彭山区市场监管局退休人员	1971.03
2467	帅仕成	退休人员	1952.04
2468	尹治藩	退休人员	1952.06
2469	田学茹	新桥村村民	1967.03
2470	张根发	退休人员	1965.10
2471	黎志华	退休人员	1966.01
2472	徐成富	退休人员	1966.01
2473	周福林	退休人员	1966.04
2474	徐文清	退休人员	1966.04
2475	叶志斌	退休人员	1970.09
2476	冯大田	退休人员	1971.03
2477	马锡玲	彭山区江口镇卫生院工作人员	1966.07.01
2478	周定忠	彭山区血吸虫病防治站工作人员	1966.08

续表21

序号	姓名	单位、职务	入党时间
2479	熊德儒	彭山区血吸虫病防治站工作人员	1970.01
2480	张思恭	彭山区血吸虫病防治站工作人员	1970.06
2481	欧阳政芬	彭山区血吸虫病防治站工作人员	1956.11
2482	李万鳌	彭山区谢家中心卫生院工作人员	1966.03
2483	江明清	彭山区人民医院退休人员	1955.02
2484	曾顺英	彭山区人民医院退休人员	1960.06
2485	唐文清	彭山区人民医院退休人员	1968.08
2486	李长清	彭山区凤鸣镇卫生院工作人员	1966.06
2487	王秀英	彭山区凤鸣镇卫生院工作人员	1968.06
2488	赵淑群	彭山区妇幼保健计划生育服务中心工作人员	1956.07.01
2489	易淑容	彭山区妇幼保健计划生育服务中心工作人员	1965.07.01
2490	杨文斌	彭山区公义镇卫生院工作人员	1965.07.01
2491	王琢茹	彭山区中医医院退休人员	1966.03
2492	王学琼	彭山区中医医院退休人员	1966.03
2493	方仕轩	彭山区疾病预防控制中心工作人员	1970.01
2494	吴文清	彭山区凤鸣社区卫生服务中心工作人员	1969.12
2495	黄治禄	彭山区保胜乡卫生院工作人员	1965.07.01
2496	梁世全	彭山区彭溪镇卫生院工作人员	1965.03
2497	尹春贵	彭山区卫生健康局工作人员	1966.03
2498	吴万玉	彭山区卫生健康局工作人员	1956.11
2499	周福荣	彭山区卫生健康局工作人员	1971.05
2500	李学彬	彭山新城医院工作人员	1966.03
2501	何玉文	彭山区卫生和计划生育监督执法大队工作人员	1971.04
2502	任元成	新桥村村民	1970.01
2503	谢先琴	区政协（原彭山县政协主席）	1966.04
2504	何图琴	区政协（原彭山县政协副主席）	1952.08
2505	苏万良	区政协（原彭山县政协提案委主任）	1970.01
2506	李诗诚	眉山市彭山区气象局退休人员	1966.03
2507	许群英	眉山市彭山区气象局退休人员	1963.04
2508	徐成明	县委原书记	1966.01
2509	倪成安	区委办工作人员	1966.10
2510	杨国安	区委办工作人员	1970.01
2511	曾文高	区委政研室工作人员	1956.06
2512	肖顺长	区委政研室工作人员	1959.06
2513	谢洪武	区委保密局工作人员	1969.10
2514	徐廷水	区委党史办工作人员	1967.02
2515	张绍勋	区委组织部工作人员	1966.04
2516	师家珣	区委组织部工作人员	1955.04
2517	陈德惠	区委党史办工作人员	1956.08
2518	李正彬	区纪委工作人员	1956.01
2519	张树清	区纪委工作人员	1954.09
2520	陈紫华	区纪委工作人员	1956.06
2521	骆景英	区纪委工作人员	1955.05
2522	常　亮	区委统战部工作人员	1946.02
2523	余跃群	区委统战部工作人员	1966.01
2524	李淑群	区委统战部工作人员	1971.06
2525	程德全	区委宣传部工作人员	1966.07
2526	周义金	区委宣传部工作人员	1966.05
2527	卢全武	区委政法委工作人员	1966.11
2528	吴正刚	区文明办工作人员	1956.12
2529	李秀英	区妇联工作人员	1971.03
2530	曹正明	区总工会工作人员	1967.02
2531	侯炳昆	区档案局工作人员	1654.10
2532	甘志成	区残联工作人员	1956.04
2533	郭学成	区总工会退休干部	1971.07
2534	王华奎	商务局退休人员	1967.08
2535	余正华	商务局退休人员	1964.08
2536	李绍清	商务局退休人员	1969.05
2537	徐　良	商务局退休人员	1960.07.01
2538	刘远根	商务局退休人员	1966.03
2539	张怀戚	八百寿退休人员	1966.05
2540	周远成	八百寿退休人员	1968.02
2541	夏大树	八百寿退休人员	1954.06
2542	李淑群	百货公司退休人员	1966.04
2543	廖学祥	百货公司退休人员	1958.08
2544	曾定海	百货公司退休人员	1969.01
2545	曾学平	百货公司退休人员	1966.01
2546	严德明	百货公司退休人员	1952.09
2547	俞芷彬	百货公司退休人员	1959.08
2548	张宣银	原城建股股长	1959.09
2549	胡云龙	原招标站站长	1971.03
2550	龚长安	原乡建股股长	1971.05
2551	寇明清	原区质安站站长	1966.03
2552	夏琏君	原房地产服务中心退休人员	1952.04
2553	谢必强	区财政局退休人员	1957.07.01
2554	阳　震	区残联退休人员	1968.05
2555	伍国伦	社保局干部	1967.10
2556	徐阳先	社保局干部	1965.06
2557	刘学林	社保局干部	1969.05

续表21

序号	姓名	单位、职务	入党时间
2558	徐廷富	社保局干部	1969.03
2559	马绪金	房产公司干部	1958.10
2560	王淑珍	人事局干部	1952.12
2561	金仕明	人事局干部	1971.07.01
2562	张志军	人事局干部	1971.07.01
2563	张定强	彭山区文化旅游广电新闻出版局退休人员	1966.05
2564	熊朝蕊	彭山区文化旅游广电新闻出版局退休人员	1956.08
2565	曾玉成	彭山区文化旅游广电新闻出版局退休人员	1969.07.01
2566	谢明举	彭山区文化旅游广电新闻出版局退休人员	1953.07.01
2567	姜玉清	彭山区文化旅游广电新闻出版局退休人员	1966.04
2568	代成元	彭山区文化旅游广电新闻出版局退休人员	1966.05
2569	倪光荣	彭山区文化旅游广电新闻出版局退休人员	1954.08
2570	秦国臣	彭山区文化旅游广电新闻出版局退休人员	1966.05
2571	余朝福	区人大退休支部党员	1966.04
2572	赵学儒	区人大退休支部党员	1960.02
2573	刘宗荣	区人大退休支部党员	1966.02
2574	王庆安	区人大退休支部党员	1967.07.01
2575	邹世铭	区人大退休支部党员	1966.03
2576	李翠琴	区政府机关离退休党支部	1971.02
2577	魏正强	区政府机关离退休党支部	1966.05
2578	张仕成	区政府机关离退休党支部	1964.04
2579	阳　震	区政府机关离退休党支部	1969.07.01
2580	宋继堂	区政府机关离退休党支部	1964.05
2581	王元福	区政府机关离退休党支部	1956.04
2582	李-良	区政府机关离退休党支部	1970.01
2583	谢安华	区政府机关离退休党支部	1970.04
2584	刘平安	区政府机关离退休党支部	1969.12
2585	江万学	区政府机关离退休党支部	1969.04
2586	苏尧章	区政府机关离退休党支部	1956.12
2587	张仕林	新桥村村民	1969.03
2588	黄友祥	区政府机关离退休党支部	1966.02
2589	黄克勤	区政府机关离退休党支部	1965.07.01
2590	葛万玉	区政府机关离退休党支部	1970.08
2591	黄吉光	区政府机关离退休党支部	1954.12
2592	刘文范	区政府机关离退休党支部	1958.06
2593	罗志明	区政府机关离退休党支部	1966.01
2594	陶富元	区政府机关离退休党支部	1971.08
2595	万素芳	保胜场社区居民	1971.03
2596	李明香	新桥村村民	1967.06
2597	闵文根	区政府机关离退休党支部	1965.04
2598	林德凤	区政府机关离退休党支部	1956.07.01
2599	苏文安	区政府机关离退休党支部	1969.08
2600	王春富	区政府机关离退休党支部	1966.12
2601	雷云雪	区政府机关离退休党支部	1966.03
2602	谭玉林	区政府机关离退休党支部	1952.11
2603	魏志清	区政府机关离退休党支部	1965.03
2604	何廷富	区政府机关离退休党支部	1969.07.01
2605	张志华	区政府机关离退休党支部	1970.02
2606	贺越山	区政府机关离退休党支部	1950.01
2607	钟继明	区政府机关离退休党支部	1960.06
2608	刘朝桂	区政府机关离退休党支部	1959.05
2609	杨成章	区政府机关离退休党支部	1952.07.01
2610	陈桂珍	区政府机关离退休党支部	1971.04
2611	彭德元	区政府机关离退休党支部	1971.06
2612	李学明	区政府机关离退休党支部	1971.07.01
2613	刘德富	区政府机关离退休党支部	1971.04
2614	张树华	区政府机关离退休党支部	1971.03
2615	吴洪久	区政府机关离退休党支部	1970.07.01
2616	马怀树	区政府机关离退休党支部	1970.05
2617	李先华	彭山区委党校退休人员	1966.04
2618	刘积龙	彭山区发展和改革局退休人员	1970.01
2619	肖学彬	彭山区发展和改革局退休人员	1966.03
2620	陈宗和	彭山区发展和改革局退休人员	1964.07
2621	汪建辉	彭山区发展和改革局退休人员	1960.03
2622	周平安	彭山区发展和改革局退休人员	1960.11
2623	王裕清	彭山区发展和改革局退休人员	1959.01
2624	王学纯	彭山区发展和改革局退休人员	1956.08
2625	樊安祥	彭山区发展和改革局退休人员	1953.06
2626	梅志英	彭山区发展和改革局退休人员	1952.02
2627	徐华安	彭山区发展和改革局退休人员	1949.04
2628	鲁学瑜	彭山区发展和改革局退休人员	1948.07.01
2629	孟培基	彭山区发展和改革局退休人员	1948.01
2630	王步林	彭山区发展和改革局退休人员	1947.01
2631	罗学华	彭山区发展和改革局退休人员	1966.01
2632	余思林	储备库党支部成员	1971.04

注：此表由区委组织部提供

先进代表简介

全国道德模范、四川省道德模范

盛恩利，男，48岁，中共党员，国网眉山市彭山供电公司谢家供电所外勤二班班长。从保家卫国的铁血军人到真心真情的光明使者，从忠诚坚毅的人民战士到舍生忘死的“水火英雄”，他退伍不褪色，在群众有危难时多次挺身而出。20多年，他救过5次火，水中救过3次人，是老百姓心底的“水火英雄”。

四川好人

袁学彬，女，汉族，1951年11月生，眉山市彭山区人，中共党员，现任彭山区方便粮行经理。粮站减员时，她主动带头下岗，创建彭山区方便粮行，自始至终坚持诚信经营。先后被评为眉山地区首届“劳动模范”、四川省“下岗失业女职工创业带头人”。

18年来，方便粮行经营品类从仅有的粮油和粮油制品系列10多个品种增加到现有的粮油及粮油制品、调味品、卫生纸品三大系列100多个品种；经营方式由单一的零售发展为批发零售兼营，再发展到成为30多个生产厂家驻彭山的总代理；总营业额从每年几万元到2021年的几百万元。

四川好人、眉山市道德模范、眉山好人

刘志岩，男，四川省文物考古研究院科技考古中心主任、江口工作站站长。

围堰考古被比喻为“涸泽而渔”。“江口沉银”围堰是四川首次开展的水下考古发掘项目，为了抢救文物，刘志岩主动放弃节假日，曾经连续工作98天。

“江口沉银”发掘项目全国瞩目，2018年被评为“2017年度全国十大考古新发现”，被誉为中国考古界的“奥斯卡”。该项目先后获评“中国人文学术十大热点”“四川十大历史文化地标”和“四川十大文化旅游品牌”等荣誉称号。

眉山市道德模范、眉山好人

王伟，中共党员，彭山区民政局慈善福利养老服务股股长。2020年1月16日晚9点左右，彭山区凤鸣街道南星社区南星花

园小区一栋居民楼5楼发生火灾，由于火势凶猛，一名80多岁男性老年人未及时撤离，被困家中。王伟发现灾情后，迅速配合物管进行断电、断天然气，并携带干粉灭火器进行火灾扑救。由于火势较大，干粉灭火器已无法压制火势的蔓延，在确定被困老年人位置后，王伟不顾个人安危，冒着窒息和可燃气体闪爆的危险，两次冲入被困老人房间，成功将其救出。

眉山好人

许海峰，男，汉族，中共党员，眉山市彭山区绿丝带志愿者协会会长、眉山市青年联合会委员。从2015年成立协会以来，先后自筹资金43.8万元，帮助困境家庭2436户，一对一长期帮助困境学生19人，完成大学梦想2人，长期和青龙敬老院、邓庙敬老院达成关爱协议。截至2021年年底，参与志愿服务工作85项，涉及助残支教、敬老爱老、文明交通、关爱儿童、绿色环保等多个领域，累计志愿服务20000个小时。在疫情期间募集抗疫物资，组织32名志愿者参与社区疫情防控。参与防洪抢险工作，对岷江河堤的安全排查采取对有安全隐患的房子及时拉警戒线的处理方式。组织36名志愿者派发宣传单3000份，入户宣传600户，在社区各个路口、彭山区5个点位进行文明交通劝导。

眉山好人

衣凤春，女，蒙古族，中共党员，彭山区凤鸣街道城南社区网格员。作为凤鸣街道城南社区11网格网格员之一，在疫情面前毅然决然地踏上了疫情即战情的一线，为抗击疫情贡献了自己的一份力量。衣凤春负责的网格区域有653户，常住居民1368人，疫情防控期间衣凤春入户排查600余户，开展疫情防控宣传千余次，承担了社区所有疫情报表类工作，在新冠肺炎防疫工作中共计摸排上报有湖北及境外出行记录人员400余人，每晚都加班到凌晨，保证信息全面性。疫情期间自己区域居家隔离人员12人，为居家隔离人员服务50余次，解决因疫情限制出行矛盾纠纷30余次。

附 录

先进集体及个人获奖名录

2021年度获市委、市政府及以上表彰的先进集体名录

表22

单位名称	荣誉名称	表彰机关	获奖文件字号或名称
区检察院	2021年度全国检察宣传先进单位	最高人民检察院、检察日报社	奖牌（2021年10月）
彭山区	2020年度全国信访工作“三无”县	国家信访局	《国家信访局关于四川省2020年度信访工作“三无”县（市、区、旗）创建情况的通报》
市公安局彭山区分局特巡警大队	集体一等功	公安部	公奖字〔2021〕80号
区自然资源和规划局	全国自然资源系统“七五”普法工作中成绩突出的集体	自然资源部	自然资源部通报增刊第一期（2021年6月7日）
区司法局	2016—2020年全国普法工作先进单位	中宣部、司法部、全国普法办	司发通〔2021〕90号
区司法局江口司法所	全国模范司法所	司法部	司发通〔2021〕66号
区融媒体中心	《桂家白糕，蒸出“家”的味道》荣获新华社新闻信息中心“小康中国千城早餐”第二季视频展示活动优秀奖	新华社新闻信息中心	荣誉证书
观音街道果园村	2021年全国乡村特色产业亿元村	农业农村部	奖牌
区农业农村局	促进家庭农场高质量发展制度创新试点	农业农村部办公厅	农办政改〔2021〕6号
区科协	“彭山一小科技周进校园活动”被评为“2021年全国科普日优秀活动”	中国科协办公厅	科协办函普字〔2021〕238号
区妇联	全国妇联系统先进集体	人力资源和社会保障部、全国妇联	人社部发〔2021〕109号
黄丰镇团结村	第二批全国乡村治理示范村	中央农村工作领导小组办公室、农业农村部、中宣部、民政部、司法部、国家乡村振兴局	中农发〔2021〕15号

续表22

单位名称	荣誉名称	表彰机关	获奖文件字号或名称
区档案馆（党史和地方志编纂中心）	《彭山年鉴（2020）》被评为第八届全国地方志优秀成果（年鉴奖）三等奖	中国地方志指导小组办公室	中指组字〔2021〕23号
彭山区	2021年度四川省乡村振兴先进区	省委、省政府	奖牌（2022年1月）
黄丰镇	2020年度四川省乡村振兴先进乡镇	省委、省政府	川委〔2021〕143号
黄丰镇团结村	2020年度四川省乡村振兴示范村	省委、省政府	川委〔2021〕143号
谢家街道悦园村	2020年度四川省乡村振兴示范村	省委、省政府	川委〔2021〕143号
黄丰镇团结村党委	四川省先进基层党组织	省委	川委〔2021〕447号
谢家街道	四川省脱贫攻坚先进集体	省委	川委〔2021〕262号
区人大办	2020—2021年度"宣传民主法制建设"工作先进单位	省人大办公厅	川人办〔2021〕108号
区创新创业服务中心	"四川省优秀公共就业创业服务成果"三等奖	省人社厅	川人社函〔2021〕696号
区关工委	四川省关心下一代工作先进集体	省关工委、省委老干部局、省文明办	川关委〔2021〕18号
区人民法院	四川省维护妇女儿童合法权益先进集体	省妇联	川妇知〔2021〕40号
区人民法院	《不忘初心　公正司法》获得四川省第五届平安中国看四川"三微"比赛优秀作品奖	省委政法委	荣誉证书
区人民法院	《不忘初心　公正司法》在"追寻光辉足迹　讲述法治故事"2021年川渝法治微视频微电影大赛中荣获三等奖	省委全面依法治省委员会办公室	荣誉证书
区人民法院	2021年度全省法院智慧法院建设先进集体	省高级人民法院	川高法〔2021〕12号
区人民法院	诉讼服务中心实质化建设先进单位	省高级人民法院	川高法〔2021〕299号
区人民法院	2021年度全省法院思想政治建设工作先进集体	省高级人民法院	川高法〔2021〕319号
区台办	对台经济（台商投诉协调）工作先进单位	省委台办	《关于表扬2021年度四川对台经济（台商投诉协调）工作先进单位的通知》
区台办	四川对台联络工作先进单位	省委台办	《关于表扬2021年度四川对台联络工作先进单位的通知》
区侨联	全省基层侨联组织和"侨胞之家"典型选树单位	省侨联	川侨联〔2021〕53号
区信访局	四川省2020年"人民满意窗口"	省信访局	川信发〔2021〕2号
区融媒体中心	创作的《初心》在全省"精彩短视频　百年映初心"庆祝中国共产党成立100周年四川省短视频创作传播活动中被评为提名作品（专业组）	省广播电视局	荣誉证书
区融媒体中心	创作的《百年党史薪火相传》在全省"精彩短视频　百年映初心"庆祝中国共产党成立100周年全省短视频创作传播活动中荣获优秀奖	省广播电视局	荣誉证书
区融媒体中心	推送的歌曲《寿乡水岸》在《乡村好声音》第三季暨"唱支山歌给党听百首金曲庆华诞"评选活动中荣获银奖金曲	省广播电视台	荣誉证书

续表22

单位名称	荣誉名称	表彰机关	获奖文件字号或名称
区政协	2021年度全省政协宣传思想工作先进单位	省政协办公厅	川政协厅〔2021〕29号
区市场监督管理局	扫黑除恶专项斗争工作成绩突出集体	省市场监督管理局	川市监发〔2021〕40号
区农业农村局	五星级葡萄农业现代园区	省政府	川府函〔2021〕41号
区农业农村局	全省农业农村系统扫黑除恶专项斗争先进集体	省农业农村厅	川农发〔2021〕65号
区农业农村局	2021年全省农业交流合作工作突出单位	省农业援外办公室	川农援〔2021〕7号
区农业农村局	2021年度四川省机电提灌建设工作突出单位	省农业农村厅	23N〔2021〕-3251号
区退役军人事务局	选送的微视频作品《退役军人李永伟——十年兵支书，缔造葡萄第一村》在“老兵永远跟党走·幸福都是奋斗出来的”微视频征集展播活动中被评为“优秀作品”	省退役军人事务厅	荣誉证书（2021年6月）
区应急管理局	2020年全省“安全生产月”和“安全生产天府行”活动先进单位	省安全生产委员会办公室	川安办函〔2021〕9号
区水利局	2020年度全省节水用水工作先进集体	省水利厅	川水函〔2021〕375号
市公安局彭山区分局江口派出所	2020年度全省公安机关“最强支部”	省公安厅	川公委发〔2021〕69号
市公安局彭山区分局特巡警大队	全省公安机关成绩突出集体	省公安厅	川公发〔2021〕63号
市公安局彭山区分局刑事侦查大队	扫黑除恶专项斗争成绩突出集体	省公安厅	川公奖字〔2021〕47号
市公安局彭山区分局警务督察审计大队	全省公安机关信访突出问题攻坚化解专项工作成绩突出集体	省公安厅	川公奖字〔2021〕63号
市公安局彭山区分局交警大队	全警实战大练兵标兵集体	省公安厅	川公传发〔2021〕546号
区消防救援大队	2020年度“先进基层单位”	省消防救援总队	川消党〔2021〕26号
区政府专职消防队	2020年度全员岗位大练兵先进单位	省消防救援总队	川消〔2021〕51号
区科协	2021年度精准服务科技工作者（团队）“优秀组织单位”	省科学技术协会	《四川省科学技术协会关于2021年度精准服务科技工作者（团队）优秀组织单位的通报》
区科协	在第36届四川省青少年科技创新大赛中被评为“基层赛事优秀组织单位”	省科学技术协会、省教育厅、省科学技术厅、省生态环境厅、省体育局、团省委、省妇联、中国科学院成都分院	荣誉证书
区文化馆	《生而平凡》在“四川省第十八届戏剧小品（小戏）比赛”中获三等奖	省委宣传部、省文旅厅	荣誉证书（2021年10月）
区教体局关工委	四川省关心下一代工作先进集体	省关工委、省委老干部局、省文明办	川关委〔2021〕18号
区教体局	2020—2021年度四川教育宣传工作先进单位	省教育融媒体中心	奖牌（2021年10月）
区教体局	四川省卫生单位	四川省爱国卫生运动委员会	川爱卫发〔2021〕2号
彭山职高	四川省卫生单位	四川省爱国卫生运动委员会	川爱卫发〔2021〕2号
黄丰初中	四川省卫生单位	四川省爱国卫生运动委员会	川爱卫发〔2021〕2号

续表22

单位名称	荣誉名称	表彰机关	获奖文件字号或名称
公义小学	四川省卫生单位	四川省爱国卫生运动委员会	川爱卫发〔2021〕2号
观音初中	四川省无烟单位	四川省爱国卫生运动委员会	川爱卫发〔2021〕2号
谢家小学	四川省无烟单位	四川省爱国卫生运动委员会	川爱卫发〔2021〕2号
黄丰小学	四川省无烟单位	四川省爱国卫生运动委员会	川爱卫发〔2021〕2号
彭山一中	2021年度省级防震减灾科普示范学校	省地震局、省应急管理厅、省教育厅、省科学技术厅、省科学技术协会	川震服发〔2021〕118号
区武阳自然资源所	省自然资源系统先进集体	省自然资源厅、省人力资源和社会保障厅	川自然资发〔2021〕2号
国网眉山市彭山供电公司江口供电所党支部	国网四川省电力公司电网先锋党支部	中共国网四川省电力公司委员会	川电党〔2021〕17号
国网眉山市彭山供电公司党委党建部	国网四川省电力公司2020年度安全生产业绩优秀专业班组	国网四川省电力公司	川电安委会〔2021〕2号
国网眉山市彭山供电公司工会委员会	四川省电力工会2020年度先进分工会	省电力工会	电力工会〔2021〕4号
国网眉山市彭山供电公司团支部	国网四川省电力公司2019—2020年度“五四红旗团支部”	共青团国网四川省电力公司委员会	川电团〔2021〕7号
区委政法委	2020年度全省法学研究工作先进集体	省法学会	川法学〔2021〕3号
区委政法委	2020年度省级平安铁道线	省铁路护路联防领导小组	川铁护〔2021〕2号
鹏利小学少先队大队	2021年度四川省优秀少先队集体	团省委、省青联	川青联发〔2021〕50号
凤鸣镇灵石小学少先队大队	2021年度四川省优秀少先队集体	团省委、省青联	川青联发〔2021〕50号
公义镇中心小学六（1）中队	2021年度四川省优秀少先队集体	团省委、省青联	川青联发〔2021〕50号
区委宣传部	第十八届“宣传四川好新闻奖”二等奖	省委宣传部	通报流水号〔2021〕1号
区社科联	四川省社科界庆祝建党100周年理论与实践征文活动评奖一等奖	省社科联	川社联发〔2021〕16号
区网信办	四川省网络安全和信息化工作先进集体	省委网信办、省人社厅	牌匾（2021年10月）
公义镇	四川省“五良”综合稻药全程机械化示范区	省农业农村厅	川农发〔2021〕127号
黄丰镇综合文化站	全省文旅公共服务高质量发展“四个一批”优秀站点	省文旅厅	川文旅办发〔2021〕199号
黄丰镇团结村	四川改革创新名村	四川村长论坛组委员会	奖牌（2021年10月）
黄丰镇团结村	四川省首批乡村治理示范村	省委城乡基层治理委员会	川委基治委通〔2021〕1号
谢家街道	四川省安全社区（2021—2023年）	省安全生产委员会	奖牌
谢家街道义和场社区	国家粮食调查点	国家统计局四川调查总队	奖牌
谢家街道	2021—2023年度四川省民间文化艺术之乡	省文旅厅	川文旅办发〔2021〕198号
凤鸣街道城南社区	四川省基层治理示范社区	省委组织部、省民政厅	证书
公义镇人民政府	四川省卫生乡镇	省爱国卫生运动委员会	川爱卫发〔2022〕1号

续表22

单位名称	荣誉名称	表彰机关	获奖文件字号或名称
江口街道办事处	2020年四川省安全社区	省安全生产委员会	川安委〔2021〕2号
观音街道毛店社区	四川省基层治理示范社区	省民政厅、省委组织部	川民发〔2021〕165号
观音街道蔡山社区	四川省基层治理示范社区	省民政厅、省委组织部	川民发〔2021〕165号
区人民医院党委	眉山市抗击新冠肺炎疫情先进集体	市委、市政府	眉委〔2021〕162号
区中医医院	眉山市抗击新冠肺炎疫情先进集体	市委、市政府	眉委〔2021〕162号
凤鸣街道社区卫生服务中心	眉山市抗击新冠肺炎疫情先进集体	市委、市政府	眉委〔2021〕162号
黄丰镇丰华社区居委会	眉山市抗击新冠肺炎疫情先进集体	市委、市政府	眉委〔2021〕162号
观音街道党工委	眉山市抗击新冠肺炎疫情先进集体	市委	眉委〔2021〕162号
区人民医院党委	眉山市抗击新冠肺炎疫情先进基层党组织	市委	眉委〔2021〕163号
凤鸣街道党工委	眉山市抗击新冠肺炎疫情先进基层党组织	市委	眉委〔2021〕163号
彭山区	统战工作先进集体	市委、市政府	眉委〔2021〕167号
区委办	全面深化改革工作先进集体	市委、市政府	眉委〔2021〕167号
区纪委监委	眉山市全国文明城市暨国家卫生城市创建工作先进集体	市委、市政府	眉委〔2021〕168号
区委宣传部	眉山市全国文明城市暨国家卫生城市创建工作先进集体	市委、市政府	眉委〔2021〕168号
区综合行政执法局	眉山市全国文明城市暨国家卫生城市创建工作先进集体	市委、市政府	眉委〔2021〕168号
区住建局	眉山市全国文明城市暨国家卫生城市创建工作先进集体	市委、市政府	眉委〔2021〕168号
区市场监督管理局	眉山市全国文明城市暨国家卫生城市创建工作先进集体	市委、市政府	眉委〔2021〕168号
市公安局彭山区分局	眉山市全国文明城市暨国家卫生城市创建工作先进集体	市委、市政府	眉委〔2021〕168号
区卫生健康局	眉山市全国文明城市暨国家卫生城市创建工作和先进集体	市委、市政府	眉委〔2021〕168号
凤鸣街道办事处	眉山市全国文明城市暨国家卫生城市创建工作先进集体	市委、市政府	眉委〔2021〕168号
凤鸣街道城中社区	眉山市全国文明城市暨国家卫生城市创建工作先进集体	市委、市政府	眉委〔2021〕168号
观音街道办事处	眉山市全国文明城市暨国家卫生城市创建工作先进集体	市委、市政府	眉委〔2021〕168号
观音街道蔡山社区	眉山市全国文明城市暨国家卫生城市创建工作先进集体	市委、市政府	眉委〔2021〕168号
观音街道观音铺社区	眉山市先进基层党组织	市委	眉委〔2021〕175号
区住建局	眉山市先进基层党组织	市委	眉委〔2021〕175号
鹏利小学党支部	眉山市先进基层党组织	市委	眉委〔2021〕175号
江口街道泥湾村党委	眉山市先进基层党组织	市委	眉委〔2021〕175号
公义镇天柱村党委	眉山市先进基层党组织	市委	眉委〔2021〕175号

续表22

单位名称	荣誉名称	表彰机关	获奖文件字号或名称
区人民法院	眉山市扫黑除恶专项斗争先进集体	市委、市政府	眉委〔2021〕205号
市公安局彭山区分局	眉山市扫黑除恶专项斗争先进集体	市委、市政府	眉委〔2021〕205号
观音街道	眉山市关心下一代工作先进集体	市委、市政府	眉委〔2021〕419号
区经济合作和外事工作局	眉山市2020年度开放发展攻坚年先进集体	市委、市政府	眉委〔2021〕422号
彭山区	2021年教育体育工作先进区县	市政府	眉府函〔2021〕52号
彭山区	2020年度生态环境党政同责工作先进集体	市委办、市政府办	眉委办〔2021〕16号
彭山区	2020年度城市工作先进集体	市委办、市政府办	眉委办〔2021〕16号
彭山区	2020年度统计调查工作先进集体	市委办、市政府办	眉委办〔2021〕16号
区人民检察院	2020年度保密机要工作先进集体	市委办、市政府办	眉委办〔2021〕16号
区信访局	2020年度信访工作先进集体	市委办、市政府办	眉委办〔2021〕16号
区委办	2020年度全市办公室工作先进集体	市委办、市政府办	眉委办〔2021〕16号
区市场监督管理局	2020年度全市办公室工作先进集体	市委办、市政府办	眉委办〔2021〕16号
区政府办	2020年度公共机构节能管理先进单位	市委办、市政府办	眉委办〔2021〕16号
凤鸣街道党政综合办公室	2020年全市办公室工作先进集体	市委办、市政府办	眉委办〔2021〕16号
区政府	2020年度优化营商环境先进集体	市政府办	眉府办函〔2021〕36号
区政府	2020年度卫生健康和医药卫生体制改革工作先进集体	市政府办	眉府办函〔2021〕36号
区政府	2020年度审计工作先进集体	市政府办	眉府办函〔2021〕36号
区林业和园林中心	2020年度加快推进竹产业高质量发展建设美丽乡村竹林风景线先进集体	市政府办	眉府办函〔2021〕36号

2021年度获市委、市政府及以上表彰的先进个人名录

表23

姓名	工作单位	荣誉名称	表彰机关	获奖文件字号或名称
盛恩利	国网眉山市彭山供电公司	第八届全国道德模范	中央文明委	第八届全国道德模范颁奖仪式
张　健	区红十字会	全国红十字志愿服务先进典型	中国红十字总会	中红字〔2021〕49号
何怡瑶	区发改局	第七次全国人口普查先进先进个人	国务院第七次全国人口普查领导小组	国人普组字〔2021〕1号
刘沈厅	团区委	首届“全国乡村振兴青年先锋”	共青团中央、农业农村部	中青联发〔2021〕10号
夏传宝	谢家街道	四川省脱贫攻坚先进个人	省委	川委〔2021〕262号
李绍鹏	区农业农村局	脱贫攻坚“五个一”帮扶先进个人	省委、省政府	川委〔2021〕372号
李晓珊	凤鸣街道	四川省优秀共产党员	省委	川委〔2021〕447号
张安强	彭山一中	“四川省特级教师（校长）”称号	省政府	川府发〔2021〕20号
盛光林	实验小学	“四川省特级教师（校长）”称号	省政府	川府发〔2021〕20号
彭忠卫	区人大	2020—2021年度“宣传民主法制建设”先进个人	省人大办公厅	川人办〔2021〕108号
许德英	区政协	2021年度全省政协宣传思想工作先进个人	省政协办公厅	川政协厅〔2021〕29号
刘　昶	区政协	2021年度全省政协宣传思想工作先进个人	省政协办公厅	川政协厅〔2021〕29号
陈立雪	区政协	2021年度全省政协优秀通讯员	省政协办公厅	川政协厅〔2021〕29号
陈远萍	区人民检察院	四川政法先锋	省委政法委、省人力资源社会保障厅	荣誉证书（2021年6月）
李雨燊	区委宣传部	四川省首届乡村文化振兴魅力乡镇竞演大赛优秀个人	省委宣传部、省农业农村厅	川宣通〔2021〕24号
梁则栋	区关工委	四川省关心下一代工作先进工作者	省关工委、省委老干部局、省文明办	川关委〔2021〕18号
何图琴	区关工委	四川省关心下一代工作先进工作者	省关工委、省委老干部局、省文明办	川关委〔2021〕18号
杨德勇	区人民法院	四川法院扫黑除恶专项斗争先进个人	省高级人民法院	川高法〔2021〕156号

续表23

姓名	工作单位	荣誉名称	表彰机关	获奖文件字号或名称
黄惠敏	区人民法院	审理的〔2021〕川1403刑初46号危险驾驶罪案为优秀庭审	省高级人民法院	川高法〔2021〕312号
黄惠敏	区人民法院	庭审标兵	省高级人民法院	川高法〔2021〕312号
卢齐康	区人民法院	制作的〔2021〕川1403刑初41号行政判决书为优秀裁判文书	省高级人民法院	川高法〔2021〕312号
潘　勇	区民政局	四川省乡镇行政区划和村级建制调整改革先进个人	省民政厅、省人社厅	川民发〔2021〕201号
黄　伟	区应急服务中心	市县防震减灾工作年度考核先进个人	省地震局	川震防发〔2021〕133号
晏　佳	区水利局	2020年度水政工作先进个人	省水利厅	川水函〔2021〕94号
车明辉	区水利局	2020年度四川水利宣传工作先进个人	省水利厅	川水函〔2021〕124号
何海波	区水利局	2020年度四川省水利系统先进个人	省水利厅	川水函〔2021〕139号
席　旺	区水利局	2020年度水资源管理工作先进个人	省水利厅	川水函〔2021〕256号
刘　超	区水利局	2020年度河湖管理保护工作先进个人	省水利厅	川水函〔2021〕323号
胡崇康	区水利局	2020年度全省节约用水工作先进个人	省水利厅	川水函〔2021〕375号
郎古邓知	市公安局彭山区分局江口派出所	全省公安机关成绩突出个人	省公安厅	川公发〔2021〕63号
李　巍	市公安局彭山区分局公义派出所	遂行建党100周年安保维稳任务先进个人	省公安厅、省人力资源社会保障厅	川公发〔2021〕117号
刘　禹	市公安局彭山区分局交警大队	全省公安机关防汛抗灾工作成绩突出个人	省公安厅	川公奖字〔2020〕93号
郑　超	市公安局彭山区分局网安大队	二等功	省公安厅	川公奖字〔2020〕94号
肖　静	市公安局彭山区分局治安管理大队	全省公安户政管理工作成绩突出个人	省公安厅	《四川省公安厅关于表扬2020年度全省公安户政管理工作成绩突出集体和个人的通报》
罗　兵	市公安局彭山区分局特巡警大队	全警实战大练兵第一批省级标兵	省公安厅	川公传发〔2021〕546号
王太勇	区卫生健康局	四川卫生健康系统先进个人	省卫生健康委员会、省人力资源社会保障厅	川卫发〔2021〕2号
严凌江	市公安局彭山区分局政保大队	驻京信访工作先进个人	省人民政府驻北京办事处	川京办发〔2021〕4号
刘　斐	市公安局彭山区分局治安管理大队	政务服务明星	省政府服务和公共资源交易服务中心	证书复印件
李　继	谢家街道	农村危房改造工作突出个人	省农村住房建设	川农房联席办〔2021〕3号

续表23

姓名	工作单位	荣誉名称	表彰机关	获奖文件字号或名称
潘　淼	区自然资源和规划局	自然资源系统先进个人	省自然资源厅、省人力资源社会保障厅	川自然资发〔2021〕2号
陈建华	区司法局	四川司法行政好榜样	司法厅	川司法发〔2021〕49号
王　玲	区司法局	四川省律师行业优秀党务工作者	省律师党委	川律师党委〔2021〕20号
付　华	区交通运输局	四川省交通运输系统先进个人	省交通运输厅、川省人力资源社会保障厅	川交发〔2021〕15号
王玉桃	国网眉山市彭山供电公司	四川省电力工会2020年度优秀工会积极分子	四川省电力工会	电力工会〔2021〕4号
唐建超	眉山市公共资源交易中心彭山区分中心	“我为群众办实事”政务服务明星	中共四川省政府政务服务和公共资源交易服务中心委员会	川政公党委〔2021〕55号
许　蕾	团区委	四川省优秀共青团干部	团省委	川青发〔2021〕4号
倪　萍	凤鸣镇灵石小学	四川省优秀共青团干部	团省委	川青发〔2021〕4号
刘　莉	彭山区职业高级中学	四川省优秀共青团员	团省委	川青发〔2021〕4号
刘沈厅	团区委	四川省五四青年奖章	团省委、省青联	川青联发〔2021〕10号
唐浩洋	眉山市彭山区第一小学	四川省优秀少先队员	团省委、省青联	川青联发〔2021〕50号
黄　豆	眉山市彭山区第三中学	四川省优秀少先队员	团省委、省青联	川青联发〔2021〕50号
周　熙	区教体局	四川省优秀少先队辅导员	团省委、省青联	川青联发〔2021〕50号
周廷苇	观音镇中心小学	四川省优秀少先队辅导员	团省委、省青联	川青联发〔2021〕50号
陈　虹	西部计划志愿者	四川省2020—2021年度大学生志愿服务西部计划优秀志愿者	四川省大学生志愿服务西部计划项目管理办公室	省项目办发〔2021〕9号
孙　超	西部计划志愿者	四川省2020—2021年度大学生志愿服务西部计划优秀志愿者	四川省大学生志愿服务西部计划项目管理办公室	省项目办发〔2021〕9号
曹美慧	西部计划志愿者	四川省2020—2021年度大学生志愿服务西部计划优秀志愿者	四川省大学生志愿服务西部计划项目管理办公室	省项目办发〔2021〕9号
赵心睿	西部计划志愿者	四川省2020—2021年度大学生志愿服务西部计划优秀志愿者	四川省大学生志愿服务西部计划项目管理办公室	省项目办发〔2021〕9号
曾渝玲	四川彭山经开区	第二届四川省红色故事讲解员大赛专业组优秀讲解员	省文旅厅、省委宣传部、省委党史研究室、省文物局	荣誉证书（2021年3月）
曾渝玲	四川彭山经开区	2021年四川省导游（讲解员）大赛三等奖	省文旅厅、省人力资源社会保障厅、共青团四川省委、省妇联	荣誉证书（2021年7月）

续表23

姓名	工作单位	荣誉名称	表彰机关	获奖文件字号或名称
刘婷婷	黄丰镇	眉山市抗击新冠肺炎疫情先进个人	市委、市政府	眉委〔2021〕162号
许仲辉	区卫生健康局	眉山市抗击新冠肺炎疫情先进个人	市委、市政府	眉委〔2021〕162号
秦小虎	市公安局彭山区分局情报大队	眉山市抗击新冠肺炎疫情先进个人	市委、市政府	眉委〔2021〕162号
包恒华	公义镇	眉山市抗击新冠肺炎疫情先进个人	市委、市政府	眉委〔2021〕162号
王 熠	四川彭山经开区	眉山市抗击新冠肺炎疫情先进个人	市委、市政府	眉委〔2021〕162号
张 鸥	区委统战部	全市统战工作先进个人	市委、市政府	眉委〔2021〕167号
谢 丽	区委统战部	全市统战工作先进个人	市委、市政府	眉委〔2021〕167号
刘晓冬	区委统战部	全市统战工作先进个人	市委、市政府	眉委〔2021〕167号
梁 兰	区委宣传部	眉山市全国文明城市暨国家卫生城市创建工作先进个人	市委、市政府	眉委〔2021〕168号
李 桃	区长寿文化研究所	眉山市全国文明城市暨国家卫生城市创建工作先进个人	市委、市政府	眉委〔2021〕168号
熊 炯	市公安局彭山区分局	眉山市全国文明城市暨国家卫生城市创建工作先进个人	市委、市政府	眉委〔2021〕168号
钱乐林	市公安局彭山区分局交警大队	眉山市全国文明城市暨国家卫生城市创建工作先进个人	市委、市政府	眉委〔2021〕168号
刘 娟	区卫生健康局爱卫中心	眉山市全国文明城市暨国家卫生城市创建工作先进个人	市委、市政府	眉委〔2021〕168号
何 嘉	区卫生健康局卫生和计生监督执法大队	眉山市全国文明城市暨国家卫生城市创建工作先进个人	市委、市政府	眉委〔2021〕168号
罗海波	区综合行政执法局	眉山市全国文明城市暨国家卫生城市创建工作先进个人	市委、市政府	眉委〔2021〕168号
邹 兵	区综合行政执法局	眉山市全国文明城市暨国家卫生城市创建工作先进个人	市委、市政府	眉委〔2021〕168号
赵耀洲	凤鸣街道	眉山市全国文明城市暨国家卫生城市创建工作先进个人	市委、市政府	眉委〔2021〕168号
张 杭	凤鸣街道	眉山市全国文明城市暨国家卫生城市创建工作先进个人	市委、市政府	眉委〔2021〕168号

续表23

姓名	工作单位	荣誉名称	表彰机关	获奖文件字号或名称
袁晓梅	凤鸣街道	眉山市全国文明城市暨国家卫生城市创建工作先进个人	市委、市政府	眉委〔2021〕168号
王　璇	凤鸣街道	眉山市全国文明城市暨国家卫生城市创建工作先进个人	市委、市政府	眉委〔2021〕168号
衣凤春	凤鸣街道	眉山市全国文明城市暨国家卫生城市创建工作先进个人	市委、市政府	眉委〔2021〕168号
骆志强	区政协	眉山市全国文明城市暨国家卫生城市创建工作先进个人	市委、市政府	眉委〔2021〕168号
喻　飞	观音街道龙门桥社区	眉山市全国文明城市暨国家卫生城市创建工作先进个人	市委、市政府	眉委〔2021〕168号
郑文贵	市公安局彭山区分局治安管理大队	眉山市优秀共产党员	市委	眉委〔2021〕175号
衣凤春	凤鸣街道	眉山市优秀共产党员	市委	眉委〔2021〕175号
赵利德	谢家街道谢家场社区	眉山市优秀共产党员	市委	眉委〔2021〕175号
袁兴红	彭溪街道社区卫生服务中心	眉山市优秀共产党员	市委	眉委〔2021〕175号
姜　庆	观音街道泊林郡小区	眉山市优秀党务工作者	市委	眉委〔2021〕175号
周晓华	彭山四小	眉山市优秀党务工作者	市委	眉委〔2021〕175号
张志浩	区纪委	眉山市扫黑除恶专项斗争先进个人	市委、市政府	眉委〔2021〕205号
杨德勇	区人民法院	眉山市扫黑除恶专项斗争先进个人	市委、市政府	眉委〔2021〕205号
王一明	区人民检察院	眉山市扫黑除恶专项斗争先进个人	市委、市政府	眉委〔2021〕205号
刘　星	市公安局彭山区分局	眉山市扫黑除恶专项斗争先进个人	市委、市政府	眉委〔2021〕205号
谢　红	区司法局	眉山市扫黑除恶专项斗争先进个人	市委、市政府	眉委〔2021〕205号
章　静	谢家街道	眉山市扫黑除恶专项斗争先进个人	市委、市政府	眉委〔2021〕205号
周明强	区委办	眉山市关心下一代工作先进工作者	市委、市政府	眉委〔2021〕419号
谢先琴	区关工委	眉山市关心下一代工作荣誉奖	市委、市政府	眉委〔2021〕419号
李淑群	区关工委	眉山市关心下一代工作突出贡献奖	市委、市政府	眉委〔2021〕419号
詹珂茜	区老干部工作服务中心	眉山市关心下一代工作先进工作者	市委、市政府	眉委〔2021〕419号

续表23

姓名	工作单位	荣誉名称	表彰机关	获奖文件字号或名称
张　海	区公务服务中心	眉山市2020年度开放发展攻坚年先进个人	市委、市政府	眉委〔2021〕422号
罗　佳	江口街道	眉山市2020年度开放发展攻坚年先进个人	市委、市政府	眉委〔2021〕422号
江　科	四川彭山经开区	眉山市2020年度开放发展攻坚年先进个人	市委、市政府	眉委〔2021〕422号
葛开红	区人大办	眉山市2020年度开放发展攻坚年先进个人	市委、市政府	眉委〔2021〕422号
蓝紫璇	区行政审批局	2020年度公共机构节能管理先进个人	市委办、市政府办	眉委办〔2021〕16号
赵耀洲	凤鸣街道	2020年度城市工作先进个人	市委办、市政府办	眉委办〔2021〕16号
陈　兵	凤鸣街道	2020年食品安全党政同责工作先进个人	市委办、市政府办	眉委办〔2021〕16号
岳　群	凤鸣街道	2020年度统计调查工作先进个人	市委办、市政府办	眉委办〔2021〕16号
陈世杰	区教体局	2020年度食品安全党政同责先进个人	市委办、市政府办	眉委办〔2021〕16号
刘建中	彭山一中	2020年度公共机构节能管理先进个人	市委办、市政府办	眉委办〔2021〕16号
万育红	区交通运输局	2020年度全市办公室工作先进个人	市委办、市政府办	眉委办〔2021〕16号
杨　茗	区交通运输局	2020年度安全生产党政同责工作先进个人	市委办、市政府办	眉委办〔2021〕16号
何　斌	四川彭山经开区	2020年度全市办公室先进个人	市委办、市政府办	眉委办〔2021〕16号
李　里	四川彭山经开区	2020年度安全生产党政同责工作先进个人	市委办、市政府办	眉委办〔2021〕16号
胡　颖	区政府办	2020年度全市办公室先进个人	市委办、市政府办	眉委办〔2021〕16号
彭国英	区政府办	2020年度保密机要工作先进个人	市委办、市政府办	眉委办〔2021〕16号
罗建超	区政府办	2020年食品安全党政同责工作先进个人	市委办、市政府办	眉委办〔2021〕16号
黄　帆	区人民法院	2020年度保密机要工作先进个人	市委办、市政府办	眉委办〔2021〕16号
何李霞	区群众接待中心	信访工作先进个人	市委办、市政府办	眉委办〔2021〕16号
刘黔玲	区档案馆	《眉山市志》编纂工作先进个人	市委办、市政府办	眉委办〔2021〕19号
赵耀洲	凤鸣街道	2020年度城乡社区治理先进个人	市政府办	眉府办函〔2021〕36号
杨华良	凤鸣街道	2020年度卫生健康和医药卫生体制改革工作先进个人	市政府办	眉府办函〔2021〕36号

续表23

姓名	工作单位	荣誉名称	表彰机关	获奖文件字号或名称
付　华	区交通运输局	2020年度交通运输工作先进个人	市政府办	眉府办函〔2021〕36号
郑碧波	区交通运输局	2020年度加快推进竹产业高质量发展建设美丽乡村竹林风景线先进个人	市政府办	眉府办函〔2021〕36号
张　萍	区林业和园林中心	2020年度加快推进竹产业高质量发展建设美丽乡村竹林风景线先进个人	市政府办	眉府办函〔2021〕36号
倪　瑞	区财政局	2020年度财政工作先进个人	市政府办	眉府办函〔2021〕36号
张丽琼	区财政局	2020年度卫生健康和医药卫生体制改革工作先进个人	市政府办	眉府办函〔2021〕36号
刘婷婷	黄丰镇人民政府	2020年度加快推进竹产业高质量发展建设美丽乡村竹林风景线先进个人	市政府办	眉府办函〔2021〕36号
余　渊	区行政审批局	2020年度优化营商环境先进个人	市政府办	眉府办函〔2021〕36号
曾淑敏	区审计局	2020年度审计工作先进个人	市政府办	眉府办函〔2021〕36号
张建才	区审计局	2020年度审计工作先进个人	市政府办	眉府办函〔2021〕36号

区委、区政府重要文件目录

2021年区委重要文件目录

表24

序号	文件标题	文件字号	发文时间
1	关于印发《余玺樟严重违纪违法案“以案促改”工作方案》的通知	眉彭委〔2021〕7号	2021-01-07
2	关于表彰2020年度纳税十强企业和十佳企业的通报	眉彭委〔2021〕20号	2021-01-22
3	关于印发《眉山市彭山区经济合作项目引荐奖励办法（试行）》的通知	眉彭委〔2021〕21号	2021-01-26
4	关于下达眉山市彭山区2021年度经济社会发展主要目标的通知	眉彭委〔2021〕24号	2021-01-28
5	关于表扬2020年“彭山榜样”的通报	眉彭委〔2021〕32号	2021-02-10
6	关于区委常委班子2020年度民主生活会情况的报告	眉彭委〔2021〕49号	2021-03-12
7	批转《政协眉山市彭山区委员会关于充分发挥政协专门协商机构作用全面开展“有事来商·和谐助寿乡”基层协商民主平台建设的实施意见》的通知	眉彭委〔2021〕56号	2021-04-06
8	关于办好2021年30件民生实事加快推动成眉民生同质率先突破的通知	眉彭委〔2021〕77号	2021-05-13
9	关于认真做好区第三次党代会代表推选工作的通知	眉彭委〔2021〕147号	2021-08-20
10	关于认真学习贯彻区委二届二十一次全会精神的通知	眉彭委办〔2021〕1号	2021-01-05
11	关于2020年全区重点项目1—12月完成情况的通报	眉彭委办〔2021〕2号	2021-01-15
12	关于印发《眉山市彭山区“片长制”实施方案》的通知	眉彭委办〔2021〕7号	2021-01-25
13	关于做好2021年眉山市彭山区重点项目工作的通知	眉彭委办〔2021〕10号	2021-01-28
14	关于进一步加强档案工作提升档案管理规范化水平的通知	眉彭委办〔2021〕11号	2021-02-01

续表24

序号	文件标题	文件字号	发文时间
15	关于印发《关于支持企业项目春节期间不停产不停工的若干措施》的通知	眉彭委办〔2021〕15号	2021-02-05
16	关于印发《规上工业企业和重点项目座谈会企业反映问题任务分工表》的通知	眉彭委办〔2021〕16号	2021-02-07
17	关于印发《2021年全区经济工作要点》的通知	眉彭委办〔2021〕17号	2021-02-07
18	关于印发《2020年度区委书记落实主体责任述职评议查摆问题整改方案》的通知	眉彭委办〔2021〕22号	2021-03-01
19	关于印发《中共眉山市彭山区委常委会会议学习制度》的通知	眉彭委办〔2021〕24号	2021-03-04
20	关于印发《〈中共眉山市委关于切实加强新时代人大工作和建设的实施意见〉目标任务分解表》的通知	眉彭委办〔2021〕27号	2021-03-10
21	关于印发《眉山市彭山区巩固深化“不忘初心、牢记使命”主题教育成果的实施方案》的通知	眉彭委办〔2021〕28号	2021-03-10
22	关于印发《加快建设现代化成都都市圈副中心成眉同城率先突破区“中强”核心增长极的决定责任分工》的通知	眉彭委办〔2021〕29号	2021-03-15
23	关于转发《眉山市彭山区关心下一代工作委员会2021年工作要点》的通知	眉彭委办〔2021〕30号	2021-03-15
24	关于印发《〈彭山区志（2001—2020）〉编纂工作方案》的通知	眉彭委办〔2021〕33号	2021-04-02
25	关于印发《眉山市彭山区节庆活动管理实施细则》的通知	眉彭委办〔2021〕34号	2021-04-10
26	关于印发《中共眉山市彭山区委常委会会议2021年度学法计划》的通知	眉彭委办〔2021〕39号	2021-04-16
27	关于印发《区委常委班子带头开展党史学习教育工作方案》的通知	眉彭委办〔2021〕44号	2021-04-29
28	关于印发《〈关于加快建设现代化成都都市圈副中心成眉同城率先突破区 “中强”核心增长极的决定〉2021年工作任务》的通知	眉彭委办〔2021〕45号	2021-04-29
29	印发《关于进一步规范公务、外事、商务接待工作的实施意见》的通知	眉彭委办〔2021〕49号	2021-05-24
30	关于印发《眉山市彭山区企业做大做强扶持政策（2021年修订版）》的通知	眉彭委办〔2021〕51号	2021-05-25
31	关于印发《眉山市彭山区全面加强危险化学品安全生产工作实施方案》的通知	眉彭委办〔2021〕57号	2021-06-23
32	关于印发《2021年度政党协商计划》的通知	眉彭委办〔2021〕62号	2021-07-06

续表24

序号	文件标题	文件字号	发文时间
33	关于实施干部综合调研能力提升行动的通知	眉彭委办〔2021〕63号	2021-07-12
34	关于印发《眉山市彭山区落实防止干预司法“三个规定”暂行办法》的通知	眉彭委办〔2021〕66号	2021-07-19
35	关于印发《眉山市彭山区关于做好乡镇行政区划和村级建制调整改革“后半篇”文章的实施方案》的通知	眉彭委办〔2021〕70号	2021-07-30
36	关于印发《眉山市彭山区村级纪检监察组织运行规则（试行）》的通知	眉彭委办〔2021〕72号	2021-08-06
37	关于印发《眉山市彭山区2021年领导联系重点企业名单》的通知	眉彭委办〔2021〕73号	2021-08-12
38	关于印发《眉山市彭山区共青团基层组织改革试点实施方案》的通知	眉彭委办〔2021〕78号	2021-09-09
39	关于印发《眉山市彭山区政务服务“区、镇（街道）、村（社区）”三级无差别受理实施方案》等5个实施方案的通知	眉彭委办〔2021〕80号	2021-09-16
40	关于印发《眉山市彭山区2021年创建省级生态文明建设示范区工作方案》的通知	眉彭委办〔2021〕86号	2021-10-26
41	印发《关于加强对“一把手”和领导班子监督工作任务分工》的通知	眉彭委办〔2021〕94号	2021-11-30
42	关于做好乡镇（街道）、村志编纂工作的通知	眉彭委办〔2021〕95号	2021-11-30
43	印发《贯彻落实〈关于进一步做好新时代关心下一代工作的意见〉责任分工清单》的通知	眉彭委办〔2021〕96号	2021-12-06
44	关于印发《2021年春节前区级领导走访慰问工作方案》的通知	眉彭委办〔2021〕99号	2021-12-31

2021年区政府重要文件目录

表25

序号	文件标题	文件字号	发文时间
1	关于印发《眉山市彭山区政府性投资工程建设项目新增工程管理办法》的通知	眉彭府发〔2021〕1号	2021-01-15
2	2021年森林防火命令	眉彭府发〔2021〕2号	2021-02-04
3	关于推进健康彭山行动的实施意见	眉彭府发〔2021〕3号	2021-03-19
4	关于印发《眉山市彭山区集体建设用地土地级别与基准地价》的通知	眉彭府发〔2021〕6号	2021-05-31
5	关于印发《眉山市彭山区农用地级别与基准地价》的通知	眉彭府发〔2021〕7号	2021-05-31
6	关于印发《眉山市彭山区加快建设成都都市圈区域消费中心实施方案》的通知	眉彭府发〔2021〕8号	2021-06-08
7	关于印发《眉山市彭山区城区和城镇土地级别与基准地价》的通知	眉彭府发〔2021〕9号	2021-06-29
8	关于印发《眉山市彭山区城区及城镇标定地价》的通知	眉彭府发〔2021〕10号	2021-06-29
9	关于印发《眉山市彭山区突发事件总体应急预案（2021试行）》的通知	眉彭府发〔2021〕11号	2021-08-10
10	关于印发《眉山市彭山区知识产权资助奖励管理办法》的通知	眉彭府发〔2021〕12号	2021-08-27
11	关于印发《眉山市彭山区“十四五”农业农村现代化规划》的通知	眉彭府发〔2021〕14号	2021-12-02
12	关于印发《眉山市彭山区“十四五”水安全保障规划》的通知	眉彭府发〔2021〕15号	2021-12-16

索　引

彭山年鉴（2022）
PENGSHAN YEARBOOK

使用说明

一、本索引采用主题分析索引法，按条目首字的汉语拼音字母顺序排列。

二、索引标目后的数字表示内容所在页码。

A

B

C

D

F

G

H

J

K

L

M

N

P

Q

R

S

T

W

X

Y

Z

【数字】